대한민국 고등학생 10명 중
4.7명이 보는 교과서

영어 고등 교과서 점유율 1위
(7차, 2007 개정, 2009 개정, 2015 개정)

능률보카

그동안 판매된
능률VOCA 1,100만 부

대한민국 박스오피스
천만명을 넘은 영화
단 28개

리딩튜터

그동안 판매된
리딩튜터 1,900만 부
차곡차곡 쌓으면 19만 미터

에베레스트
21배 높이

그래머존

그동안 판매된 450만 부의 그래머존을 바닥에 쭉 ~ 깔면
1000km 서울-부산 왕복가능

능률VOCA

어원편

지은이	NE능률 영어교육연구소
선임연구원	신유승
연구원	조은영, 이희진
영문 교열	Curtis Thompson, Bryce Olk, Tamar Harrington, Angela Lan
표지 · 내지 디자인	송현아
내지 일러스트	토끼도둑, 박응식
맥편집	김선희
영업	한기영, 이경구, 박인규, 정철교, 김남준, 이우현
마케팅	박혜선, 남경진, 이지원, 김여진

어원으로 쉽게 외우는 고등 어휘의 시작

능률 VOCA

어원편

NEUNGYULE
VOCA

왜 <능률VOCA 어원편>인가

오랜 기간 축적된 어원 학습의 Know-how

학생들이 무조건적인 암기방식에 익숙해져 있던 시절, 모두에게 생소하던 어원을 통한 영단어 암기라는 방식을 최초로 도입하여 소개한 것이 <능률VOCA 어원편>이다.

접두사: 단어의 머리(두)에 붙는(접) 말 **<방향성>**

접미사: 단어의 꼬리(미)에 붙는(접) 말 **<품사 변경>**

remove **removal**

어근: 말의 뿌리(근)가 되는 말 **<주요 의미>**

re(뒤로) + **move**(이동하다)

뒤로 이동시켜 보이지 않게 제거하다 ⇨ **remove 제거하다**

remove(제거하다) + **al**(명사형 접미사) ⇨ **removal 제거**

스펠링을 단순히 외우는 방법을 넘어 단어의 생성 원리를 시각화함으로써,
한 단어를 외워도 여러 단어를 알 수 있는 방법이다.

<능률VOCA 어원편>은 1983년 출시 이후 여러 차례의 개정을 거치며 어원을 분석하고 해설하는 데 있어 독보적인 know-how를 축적해왔으며, 학생들의 이해와 흥미, 연상효과를 증진시키기 위해 자연스럽고 상세하게 어원을 설명하고자 하는 노력을 지속함으로써 '최초'에 그치지 않고 30년이 넘는 시간 동안 '최고'의 자리를 지켜왔다.

적중률 높은 단어 선정

고등 교과서 및 수능, 모의고사 데이터를 철저히 분석하여 4,000여개의 필수 어휘를 수록하고 있으며, 매번 개정 시 기출 및 빈출 어휘에서 표제어 및 관련 어휘를 적절히 선정하고 교체해왔다. 이를 통해 항상 높은 시험 적중률과 학습 효율성을 자랑함은 물론, 영단어의 최신 트렌드를 반영하는 교재로 자리잡을 수 있었다.

하나를 알면 열을 외우는 풍부한 어휘 확장

<능률VOCA 어원편>은 이와 같이 대표 단어(표제어)를 세심하게 선정했을 뿐만 아니라, 하나의 표제어 아래 품사가 다른 변화형(파생어), 비슷한 뜻의 단어(유의어), 반대 뜻의 단어(반의어)를 모두 모아 제시함으로써 한번에 여러 단어를 외울 수 있도록 돕는다. 이처럼 잘 조직된 유기적인 구성을 통해, '하나를 알면 열을 외우는' 효과를 얻을 수 있을 것이다.

NEUNGYULEVOCA
능률 VOCA

새로워진 <능률VOCA 어원편>

❶ 책으로 외우고, 앱으로 확인하는 Blended Learning

교재에서 학습한 것을 외우고, 클래스카드(CLASS CARD)의 스마트 단어장으로 암기한 것을 확인하고 반복해서 교재만 암기하는 것보다 암기 효과를 더욱 높일 수 있다.

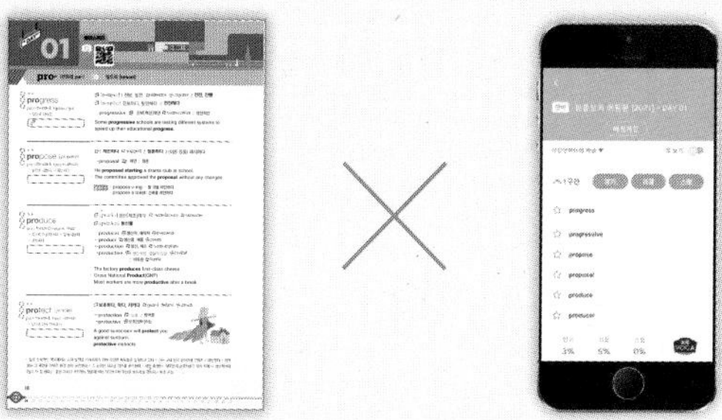

* 각 DAY마다 삽입된 QR코드를 찍으면 저절로 암기되게 하는 클래스카드로 이동합니다.
자세한 사용법은 HOW TO STUDY에서 확인하세요.

❷ 학습 효율성과 암기 효과를 높여주는 디자인

빈출/중요 단어는 별 표시를 삽입하여 최중요 단어★★, 중요 단어★를 구분하였다. 하단에는 60일 진도표를 제공하여 현재 학습 위치를 쉽게 알 수 있도록 했다. 페이지 옆에는 학습할 DAY를 쉽게 찾을 수 있도록 인덱스를 삽입하였다.

단어를 보고 바로 손으로 한 번 더 써보면 암기 효과가 배가 된다. 표제어를 따라 쓸 수 있게 칸을 마련하였으며, 잘 외워지지 않는 단어도 뜻과 함께 쓸 수 있는 표를 만들었다.

❸ 휴대용 <mini 능률VOCA 어원편> 보강

본책을 통째로 mini에 옮겨놓았다! 지하철에서도 버스에서도, 자투리 시간이 날 때도 mini만 있으면 된다. 어원과 단어를 함께 볼 수 있도록 어원바를 삽입했고, 접사/어근 리스트도 추가하여 접사나 어근만 먼저 외울 수 있도록 설계했다.

❹ 3가지 버전의 무료 MP3 파일 제공

- **full** 암기용 **표제어와 뜻+파생어와 뜻+예문**

최초 학습 시, 전반적으로 내용을 훑어보고 이해하고 싶을 때 듣는다.

- **quick** 암기용 **표제어+뜻**

본격적으로 암기를 시작할 때, 중요 단어 중심으로 외우고 싶을 때 듣는다.

- **test**용 **표제어 2회**

단어를 제대로 외웠는지 확인하고 싶을 때, 듣고 뜻을 쓴 후 맞는지 확인한다.

STRUCTURE & FEATURES

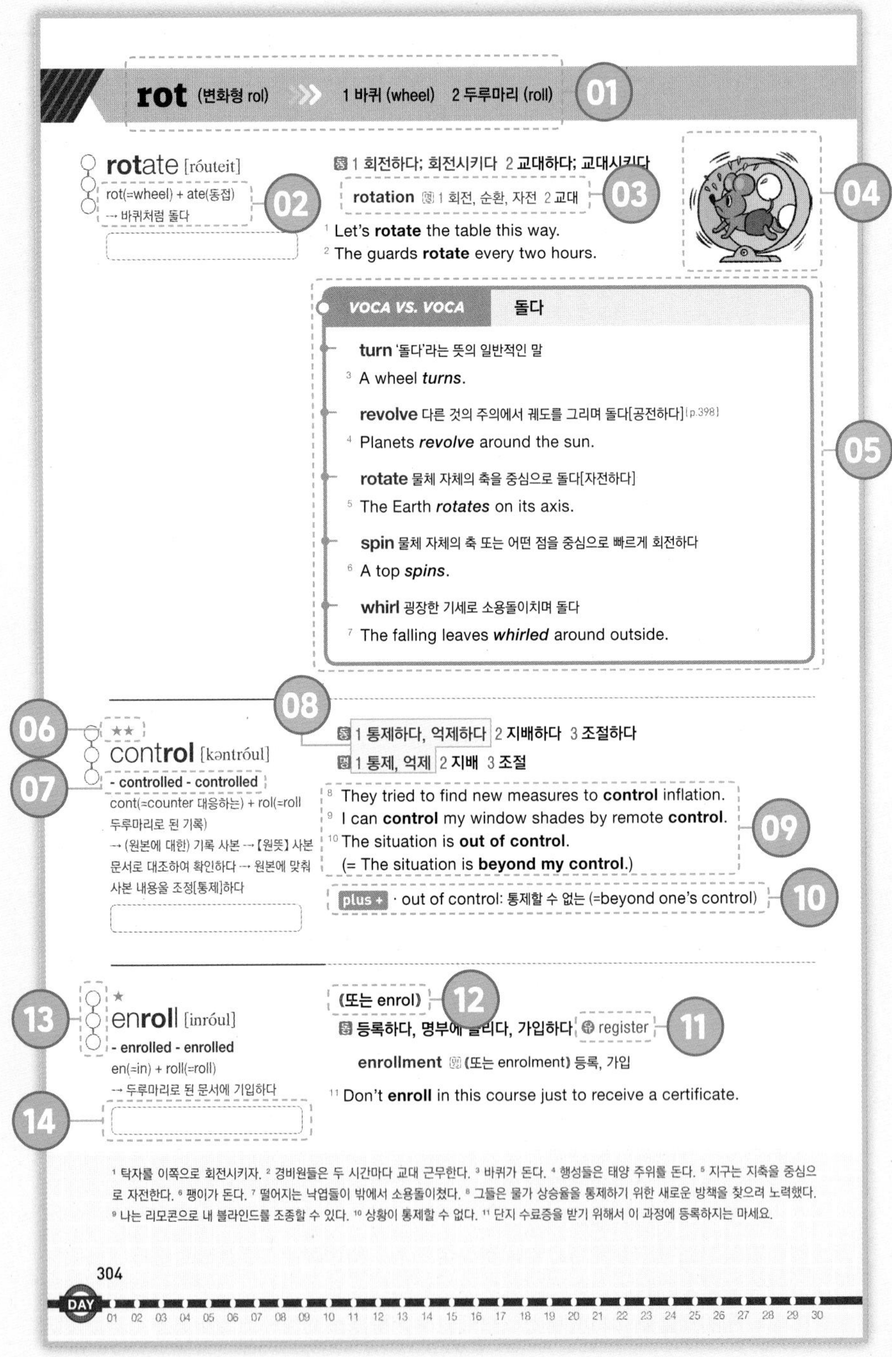

rot (변화형 rol) 1 바퀴 (wheel) 2 두루마리 (roll)

rotate [róuteit]

rot(=wheel) + ate(동접)
→ 바퀴처럼 돌다

동 1 회전하다; 회전시키다 2 교대하다; 교대시키다

rotation 명 1 회전, 순환, 자전 2 교대

1 Let's **rotate** the table this way.
2 The guards **rotate** every two hours.

VOCA VS. VOCA 돌다

turn '돌다'라는 뜻의 일반적인 말
3 A wheel ***turns***.

revolve 다른 것의 주위에서 궤도를 그리며 돌다[공전하다] [p.398]
4 Planets ***revolve*** around the sun.

rotate 물체 자체의 축을 중심으로 돌다[자전하다]
5 The Earth ***rotates*** on its axis.

spin 물체 자체의 축 또는 어떤 점을 중심으로 빠르게 회전하다
6 A top ***spins***.

whirl 굉장한 기세로 소용돌이치며 돌다
7 The falling leaves ***whirled*** around outside.

★★
con**trol** [kəntróul]
- controlled - controlled

cont(=counter 대응하는) + rol(=roll 두루마리로 된 기록)
→ (원본에 대한) 기록 사본 → 【원뜻】 사본 문서로 대조하여 확인하다 → 원본에 맞춰 사본 내용을 조정[통제]하다

동 1 통제하다, 억제하다 2 지배하다 3 조절하다
명 1 통제, 억제 2 지배 3 조절

8 They tried to find new measures to **control** inflation.
9 I can **control** my window shades by remote **control**.
10 The situation is **out of control**.
(= The situation is **beyond my control**.)

plus + · out of control: 통제할 수 없는 (=beyond one's control)

★
en**roll** [inróul]
- enrolled - enrolled

en(=in) + roll(=roll)
→ 두루마리로 된 문서에 기입하다

(또는 enrol)
동 등록하다, 명부에 올리다, 가입하다 유 register

enrollment 명 (또는 enrolment) 등록, 가입

11 Don't **enroll** in this course just to receive a certificate.

1 탁자를 이쪽으로 회전시키자. 2 경비원들은 두 시간마다 교대 근무한다. 3 바퀴가 돈다. 4 행성들은 태양 주위를 돈다. 5 지구는 지축을 중심으로 자전한다. 6 팽이가 돈다. 7 떨어지는 낙엽들이 밖에서 소용돌이쳤다. 8 그들은 물가 상승율을 통제하기 위한 새로운 방책을 찾으려 노력했다. 9 나는 리모콘으로 내 블라인드를 조종할 수 있다. 10 상황이 통제할 수 없다. 11 단지 수료증을 받기 위해서 이 과정에 등록하지는 마세요.

304

DAY 01 02 03 04 05 06 07 08 09 10 11 12 13 14 15 16 17 18 19 20 21 22 23 24 25 26 27 28 29 30

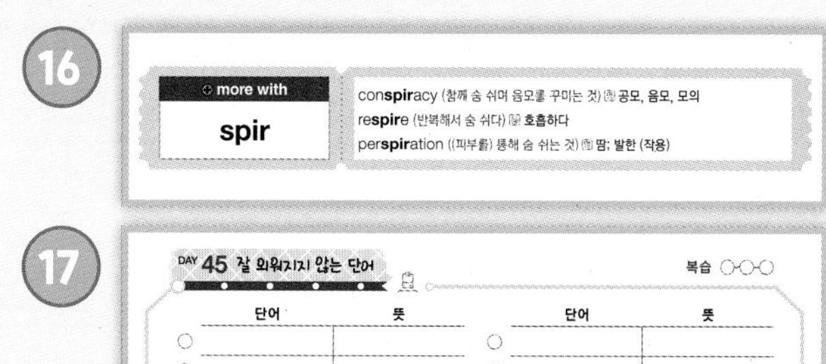

16
more with
spir
conspiracy (함께 숨 쉬며 음모를 꾸미는 것) 명 공모, 음모, 모의
respire (반복해서 숨 쉬다) 동 호흡하다
perspiration ((피부를) 통해 숨 쉬는 것) 명 땀; 발한 (작용)
17
DAY 45 잘 외워지지 않는 단어
복습
단어
뜻
단어
뜻

01 시각적으로 명료하게 제시된 어원과 의미
02 어휘 의미의 이해를 돕는 상세한 어원 풀이
03 어휘의 주요 파생어까지 한번에 학습할 수 있도록 제시
04 학습 효과를 높여주는 재미있는 삽화
05 유사한 의미를 가진 어휘들의 차이를 설명한 VOCA VS. VOCA
06 내신/수능/모의고사 빈출 단어 표시 (★★ 최중요 ★ 중요)
07 불규칙 변화 동사의 3단 변화형 제시
08 기출에 자주 쓰인 의미를 색으로 표시
09 학습에 도움이 되는 실용적인 예문 제시
10 연관된 주요 어휘나 표현, 문법, 문화적 요소 등을 제공하는 plus +
시험에 나오는 핵심 다의어 헷갈리는 어휘를 함께 제공하는 혼동어휘
11 유의어 및 반의어 수록
12 자주 쓰이는 다른 스펠링 제시
13 암기 횟수나 자신이 느끼는 어휘 난이도를 표시할 수 있는 3회독 체크박스
14 표제어를 보고 써볼 수 있는 쓰기 칸
15 클래스카드로 바로 접근할 수 있는 DAY별 QR코드
16 동일한 접사나 어근을 갖는 어휘를 추가로 제시하는 more with
17 해당 DAY를 학습한 후 잘 외워지지 않는 단어와 뜻을 쓸 수 있는 잘 외워지지 않는 단어

학습 효과를 높이는 다양한 부가 학습 자료

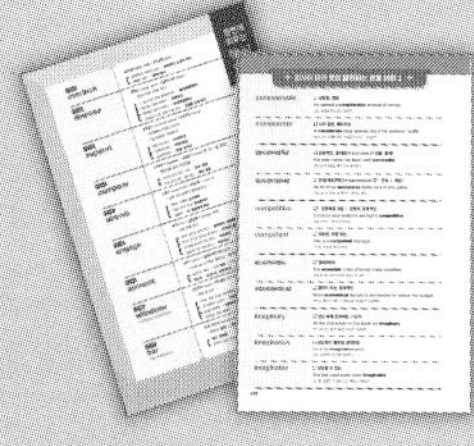
권미부록
핵심 다의어 와 혼동어휘

테스트용
별책 워크북

휴대용
mini 능률VOCA

2가지 버전의
단어 가리개

3가지 버전의
무료 MP3 파일

HOW TO STUDY

암기 효과가 높아지는 이 책의 활용법

예문을 꼭 봐야 하나요?

최초 학습 시 예문은 꼭 확인하는 것이 좋습니다. 왜냐하면, 단순히 뜻만 암기하면 나중에 잘 생각나지도 않고, 무엇보다 정확한 뜻을 알기 위해서는 예문을 통해 확인하는 것이 좋습니다. 하단의 해석을 미리 보지 말고 예문을 읽어 보는 것이 좋은데, 단어도 외워야 하는데 너무 힘들다 싶은 학생들은 하단의 해석을 함께 봐도 괜찮습니다.

파생어와 유반의어까지 외워야 하나요?

파생어는 표제어와 스펠링이 매우 흡사하므로, 함께 외우는 것이 효율적입니다. 접두사와 접미사를 완전히 파악하고 난 후에는 파생어를 외우는 것이 아주 쉬워질 거예요. **유의어와 반의어**는 한 묶음으로 외우면 효율성이 높고 어휘력 확장에 도움이 됩니다. 하지만 표제어를 외울 때 방해된다고 느낀다면 확인 정도만 하고 지나가도 좋습니다.

이 동그라미들은 뭐죠?

3번 학습했는지를 확인할 수 있는 상자예요.

방법 1) 암기할 때마다 동그라미에 ✔ 표시하기

▶ 몇 번을 외웠는지 쉽게 확인할 수 있어요.
적어도 3번 이상 외워야 효과가 있어요!

방법 2)

① 뜻을 확실히 외운 단어는 ○ 표시하기

② 알쏭달쏭한 단어는 △ 표시하기

③ 생각이 잘 안나는 단어는 ☆ 표시하기

▶ 반복학습 할 때마다 표시하면, 중점적으로 외워야 할 단어를 알 수 있어요.
더불어, 모두 ○이 될 때까지 외우면 더 좋겠죠?!

쓰는 칸이 생겼네요?

네, **어원 풀이 아래 네모 칸**은 표제어를 써볼 수 있도록 마련된 공간입니다. 물론, 따로 연습장을 꺼내 써봐도 좋지만, 보는 순간 책에 바로 써보면 훨씬 간편하겠죠?! 각 DAY 뒤에는 **잘 외워지지 않는 단어** 상자가 있어요. 다른 곳에 적어 놓으면 잃어버리기 쉽기 때문에 책 안에 넣었어요. 무엇보다, 뒤에서 언급할 메타인지를 시각화하는 아주 좋은 방법이거든요.

mini 능률VOCA와 워크북이 다른 건가요?

네, 둘은 아주 다른 용도를 가지고 있습니다. **mini 능률VOCA**는 '휴대용'이기 때문에 책을 들고 다닐 수 없는 환경에서 책 대신 보면서 학습할 수 있어요. 물론 예문이나 관련 단어가 없기 때문에 암기용으로 사용하면 더욱 좋아요. 뒤에는 접사/어근 리스트도 있으니 꼭 활용해보세요. **워크북**은 확인용 문제가 들어 있어요. 단어를 학습하고 외운 뒤에 정말로 외웠는지, 뜻을 알고 있는지 확인하기 위한 간단한 문제들이 있으니 꼭 사용해보세요.

단어 가리개와 MP3는 한 가지만 제공하나요?

단어 가리개는 외울 때, 외웠는지 확인할 때 중요한 수단입니다. 어원 풀이를 보고 힌트를 얻을 수 있는 버전과 표제어만 보고 확인할 수 있는 버전 2가지가 있으니, 용도에 맞게 사용하세요. **MP3**도 보강되어 full 암기용, quick 암기용, test용이 있으니 목적에 따라 사용할 수 있습니다.

클래스카드 QR코드는 언제 사용하나요?

QR코드를 찍으면 바로 클래스카드 학습창으로 연결됩니다. 암기 효과를 높이고 싶을 때 사용하면 되는데, '암기', '스펠', '리콜' 등 다양한 기능이 있으니, 뒤에 나오는 클래스카드 이용법을 확인하세요.

효과적이고 쉬운
어휘 학습·암기법

1 눈, 입, 귀, 손, 머리의 collaboration

① 공부할 단어를 미리 훑어본다. 무엇을 알고 모르는지 파악하며 워밍업을 한다.
② 눈으로 읽고 동시에 소리 내어 읽는다. 소리 내어 읽으면 귀로도 듣게 된다.
③ 위 과정을 책이나 연습장에 단어를 쓰면서 함께 한다.
④ 단어와 뜻을 보고, 말하고, 듣고, 쓰는 것을 무의식적으로 하지 않는다. 학습을 시작하는 즉시 머리로는 '이 단어를 외운다'는 생각으로 되뇌어야 한다.
⑤ 이때, 다양한 학습 도구를 사용하는 것도 도움이 된다. 적어도 본책, mini 능률 VOCA, 워크북, MP3는 모두 암기 수단으로 사용해보자.

2 망각의 경향에 따른 복습

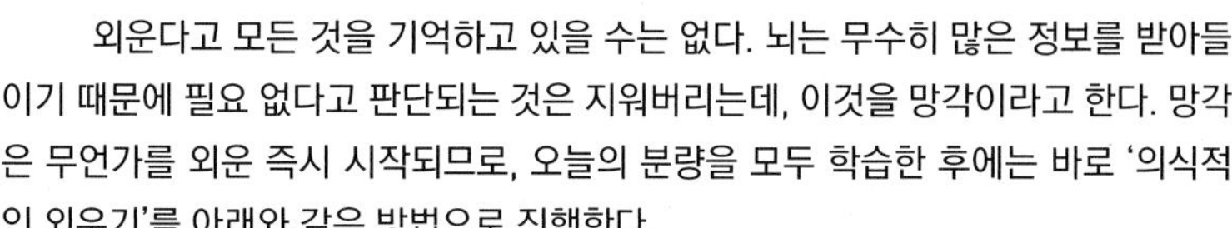

외운다고 모든 것을 기억하고 있을 수는 없다. 뇌는 무수히 많은 정보를 받아들이기 때문에 필요 없다고 판단되는 것은 지워버리는데, 이것을 망각이라고 한다. 망각은 무언가를 외운 즉시 시작되므로, 오늘의 분량을 모두 학습한 후에는 바로 '의식적인 외우기'를 아래와 같은 방법으로 진행한다.

① **학습:** 단어와 뜻을 보고, 예문을 통해 의미를 제대로 파악한다. 파생어/유반의어를 정리한다.
② **즉각적인 복습(의식적인 외우기):** 스펠링과 뜻을 외우고, 관련 단어도 함께 암기한다.
③ **다음 날 Test와 재 암기:** 학습 다음 날 어느 만큼 외우고 있는지 먼저 Test를 통해 확인하고, 틀린 단어는 다시 외운다.
④ **6일 후 Test와 재 암기:** 학습 6일 후, Test와 재 암기 과정을 반복한다.

3 알고 있는지 확인하는 TEST, 메타인지

'메타인지, 즉, 내가 무엇을 알고, 무엇을 모르는지 아는 것'이 성적을 가르는 제일 중요한 요소라는 말이 있다. '이 단어는 본 적이 있다', '뜻이 생각날 듯 말 듯하다', '분명히 외운 단어다' 등은 모두 **'나는 이 단어를 모른다'**는 뜻이다. 좀더 객관적으로 무엇을 모르는지 확인하는 것이 Test이다. 점수를 확인하는 용도가 아니다. 단어 가리개, 워크북, mini 능률VOCA 등 제공되는 모든 자료를 이용해 '내가 아직 외우지 못한 단어'를 확인한다.

CLASS CARD 이용법

1. 먼저 Google Play 스토어 또는 Apple App Store에서 "클래스카드" 앱을 설치하세요.
2. 오늘 분량을 모두 학습하고 난 뒤 QR코드를 찍어보세요.
3. 원하는 대로 구간 크기를 설정하여 학습할 수 있습니다.
(1구간에 10개 단어씩 기본으로 설정되어 있습니다.)

Tip! **QR코드 찍는 방법**

스마트폰 카메라로 QR을 찍으면 자동으로 인식됩니다.
혹시 QR 인식이 안되나요? 스마트폰 기종이나 환경설정에 따라 안될 수도 있습니다.
이럴 때는 네이버나 다음 앱을 이용하세요.

- 네이버 앱 실행 → 하단 녹색 동그란 버튼 누르기 → 메뉴 중 왼쪽 하단의 'QR바코드' 누르기
- 다음 앱 실행 → 검색창 오른쪽 코드 모양 누르기 → 오른쪽 끝 '코드검색' 누르기

→ QR코드를 찍으세요!

◀ **암기학습**

단어를 누르면 뜻을 확인할 수 있고 음성도 들어볼 수 있습니다. 뜻을 먼저 생각해보고 단어를 눌러 확인하면 더욱 효과를 높일 수 있어요.

리콜학습 ▶

단어가 제시되면 4개의 선택지 중에서 올바른 뜻을 찾아 체크합니다.

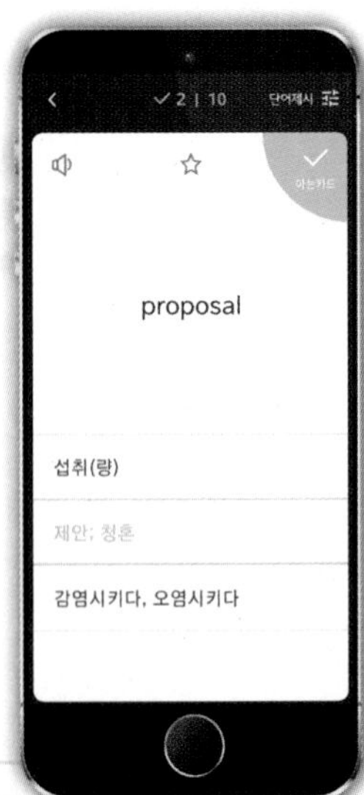

◀ 스펠학습

제시된 우리말 뜻을 보고 생각나는 단어를 써보세요.
힌트보기를 누르면 잠시 나타났다가 사라집니다.

▼ 5일마다 제시되는 반복 학습, Matching Game

클래스카드의 Matching Game은 단어와 뜻을 연결시키는 게임입니다. 빠르게 지나가기 때문에 정확하게 외우지 않고서는 높은 점수를 받을 수 없죠. 다른 학생과 점수 ranking을 비교할 수 있기 때문에 의외로 중독성이 강하고, 여러 번 게임을 반복하다 보면 저절로 단어가 암기되는 신기한 체험을 하게 될 거예요. 점수가 만족스럽지 못하다면 암기, 리콜, 스펠로 돌아가거나 본책, mini 능률VOCA 등으로 복습한 뒤 게임에 도전해보세요. 점점 상승하는 점수를 볼 수 있을 거예요.

STUDY PLAN

<하루에 1 DAY! 60일 집중 완성!>

	DAY 01	DAY 02	DAY 03	DAY 04	DAY 05
1일차	최초 학습				
2일차	복습 필수	최초 학습			
3일차	복습 권장	복습 필수	최초 학습		
4일차	훑어보기	복습 권장	복습 필수	최초 학습	
5일차	훑어보기	훑어보기	복습 권장	복습 필수	최초 학습
6일차	복습 필수	훑어보기	훑어보기	복습 권장	복습 필수

- 이 책의 평균 일일 학습량은 표제어 기준 25개 안팎이고 총 60개 DAY이다. 중요 어휘인지 아닌지에 따라 뜻과 파생어, 유반의어 분량이 달라지므로, 일일 학습 시간은 유동적으로 조정한다.
- 권미부록으로 제공되는 '한번에 외우는 핵심 다의어'와 '혼동하기 쉬운 중요 어휘'는 반복해서 훑어 보는 것을 추천한다.
- <개인별 학습 진도 CHECK-UP>을 활용하여 본인의 학습 진도를 기록한다. 물론, 계획을 기입해도 좋다.

스타일별 학습법!

나는 꾸준한 편

계획을 세워 꼼꼼히 학습하는 것을 즐기는 당신. 모르는 것이 나와도 그냥 넘어가지 않는군요! 시간이 걸릴지라도 아주 학습 효과가 좋은 타입입니다. 복습 시 '나만의 단어장'을 만들어 사용해보세요. 단어와 뜻만 쓰는 간단 버전도 좋고, 예문과 파생어, 유반의어까지 몽땅 쓰는 버전도 도움이 될 거예요.

항상 작심3일이지

끈기가 없는 편인 당신. 하지만 중요한 부분은 놓치고 싶지 않군요! 필살기 알려 드립니다. 모두 보기 어렵다면 01 접두사, 02 접미사 부분은 꼭 학습하세요. 접사만 알아도 모르는 단어를 유추할 수 있는 힘이 생깁니다. 혹시나 작심3일이 끝나지 않았다면, 핵심 다의어와 별2개 단어도 한 번 외워보세요. 아는 단어가 많아지면 공부하는 재미도 느낄 수 있을 거예요. 작심을 20번만 해볼까요?

급한 성격의 소유자

중요한 부분만 쏙쏙 골라 효율적으로 공부하는 당신. 호흡을 짧게 끊어 여러 번 복습하는 게 효과적입니다. 처음에는 표제어와 뜻, 예문만 소설 읽듯이 읽어보세요. 두 번째는 핵심 다의어와 별2개 단어 중심으로 유반의어, Plus 등 꼼꼼히 챙겨봅니다. 어느 정도 외웠다 싶을 때는 반복적인 Test를 통해 학습하면 더 좋아요.

산만한 게 아냐, 멀티형인 거지

인터넷이나 앱을 찾아보는 게 익숙한 당신. 이것저것 다양한 학습 도구를 즐겨 쓰는군요! 반복 학습 주기에 따라 저희가 제공하는 다양한 tool을 써보기를 추천 드려요. mini, 워크북, MP3, 단어 가리개, 3회독 체크박스 등 모든 학습 도구를 사용하는 데 도전해보세요. 또, 새로 도입된 클래스카드로 매우 큰 효과를 볼 것 같은 예감이 들어요!

<개인별 학습 진도 CHECK-UP>

※ DAY별로 학습 여부를 체크하거나 학습 날짜를 기입해보세요. 필요에 따라 계획표로 사용해도 좋습니다.

Session 1		DAY 01	DAY 02	DAY 03	DAY 04	DAY 05	DAY 01-05	DAY 06	DAY 07	DAY 08	DAY 09	DAY 10	DAY 06-10
학습 여부 / 계획	본책												
	워크북												
	클래스 카드												

Session 2		DAY 11	DAY 12	DAY 13	DAY 14	DAY 15	DAY 11-15	DAY 16	DAY 17	DAY 18	DAY 19	DAY 20	DAY 16-20
학습 여부 / 계획	본책												
	워크북												
	클래스 카드												

Session 3		DAY 21	DAY 22	DAY 23	DAY 24	DAY 25	DAY 21-25	DAY 26	DAY 27	DAY 28	DAY 29	DAY 30	DAY 26-30
학습 여부 / 계획	본책												
	워크북												
	클래스 카드												

Session 4		DAY 31	DAY 32	DAY 33	DAY 34	DAY 35	DAY 31-35	DAY 36	DAY 37	DAY 38	DAY 39	DAY 40	DAY 36-40
학습 여부 / 계획	본책												
	워크북												
	클래스 카드												

Session 5		DAY 41	DAY 42	DAY 43	DAY 44	DAY 45	DAY 41-45	DAY 46	DAY 47	DAY 48	DAY 49	DAY 50	DAY 46-50
학습 여부 / 계획	본책												
	워크북												
	클래스 카드												

Session 6		DAY 51	DAY 52	DAY 53	DAY 54	DAY 55	DAY 51-55	DAY 56	DAY 57	DAY 58	DAY 59	DAY 60	DAY 56-60
학습 여부 / 계획	본책												
	워크북												
	클래스 카드												

CONTENTS

01 접두사

02 접미사

03 어근

LEGEND

명	명사
동	동사
형	형용사
부	부사
접	접속사
전	전치사
감	감탄사

유	유의어
반	반의어
명접, 동접, 형접	명사형 접미사, 동사형 접미사, 형용사형 접미사
《***AmE***》	미국 영어
《***BrE***》	영국 영어
[ ]	대체 가능 어구
( )	생략 가능 어구, 보충 설명
《 》	약자, 복수형, 보충 설명
【 】	해당 의미가 쓰이는 분야
to-v	to 부정사
v-ing	동명사
N	명사 상당 어구 (명사, 동명사, 명사구)
《복수형》	복수형으로 쓰임
《주로 복수형》	주로 복수형으로 쓰임
《**the** +》	해당 어휘 앞에 the가 함께 쓰임
《+ *전치사*》	해당 어휘와 제시된 전치사가 항상 함께 쓰임
《주로 + *전치사*》	해당 어휘와 제시된 전치사가 주로 함께 쓰임
《+ **to-v**》	해당 어휘 뒤에 to 부정사가 함께 쓰임
e.g.	설명에 대한 예시
cf.	해당 어휘와 관련된 표현
※	해당 어휘와 관련된 참고 사항이나 설명

01 접두사

단어나 어근(단어 의미를 나타내는 중심부)의
앞에 붙어 새로운 단어를 만드는 말

DAY 01

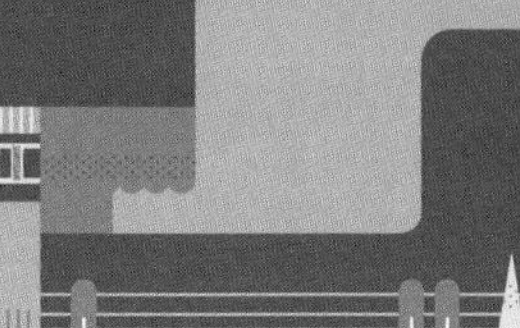

pro- (변화형 pur-) >> 앞으로 (forward)

★★
progress
pro(=forward) + gress(=go)
→ 앞으로 나아감

명 [prá:gres] 1 진보, 발전 유 advance 반 regress 2 전진, 진행
동 [prəgrés] 1 진보하다, 발전하다 2 전진하다

progressive 형 1 진보[혁신]적인 반 conservative 2 점진적인

1 Some **progressive** schools are testing different systems to speed up their educational **progress**.

★★
propose [prəpóuz]
pro(=forward) + pose(=place)
→ 앞으로 내놓다 → 제안하다

동 1 제안하다 유 suggest 2 청혼하다 3 (이론 등을) 제시하다

★ **proposal** 명 1 제안 2 청혼

2 He **proposed starting** a drama club at school.
3 The committee approved the **proposal** without any changes.

plus + · propose v-ing: …할 것을 제안하다
· propose a toast: 건배를 제안하다

★★
produce
pro(=forward) + duce(=lead)
→ 앞으로 이끌어내다 → 앞에 내놓다 → 생산하다

동 [prədú:s] 생산[제조]하다 유 manufacture 반 consume
명 [prá:du:s] 농산물

★ **producer** 명 생산자, 제작자 반 consumer
★★ **product** 명 생산품, 제품 유 goods
★★ **production** 명 생산, 제조 반 consumption
★ **productive** 형 1 생산적인, 결실이 많은 유 fruitful
2 비옥한 유 fertile

4 The factory **produces** first-class cheese.
5 Gross National **Product**(GNP)
6 Most workers are more **productive** after a break.

★★
protect [prətékt]
pro(=forward) + tect(=cover)
→ 앞으로 나와 막아주다

동 보호하다, 막다, 지키다 유 guard, defend 반 attack

★★ **protection** 명 1 보호 2 방어물
★ **protective** 형 보호[방어]하는

7 A good sunscreen will **protect** you against sunburn.
8 **protective** instincts

1 일부 진보적인 학교에서는 교육 발전을 가속화하기 위해 다양한 제도들을 실험하고 있다. 2 그는 교내 연극 동아리를 만들자고 제안했다. 3 위원회는 그 제안을 아무런 변경 없이 승인했다. 4 그 공장은 최고급 치즈를 생산한다. 5 국민 총생산 6 대부분의 근로자들은 휴식 후에 더 생산적이다[일이 더 잘 된다]. 7 좋은 자외선 차단제는 햇볕에 타는 것으로부터 당신을 보호해줄 것이다. 8 보호 본능

★★
purchase [pə́ːrtʃəs]
pur(=forward) + chase(쫓다)
→ 앞으로 쫓아가 얻으려 하다
→ 구매하다

동 구매하다, 구입하다
명 구매, 구입

9 They tried to **purchase** a computer online, but the **purchase** was unsuccessful because their credit card had expired.

⊕ more with
pro-

proceed (앞으로 가다) 동 계속[진행]하다; 나아가다 p.129
project (앞쪽으로 던지다) 명 프로젝트, 계획 동 예상[추정]하다; 계획하다 p.204
promote (앞으로 움직이다) 동 장려[촉진]하다; 승진[승격]시키다 p.248

pre- » 미리, 먼저 (before, beforehand)

★★
predict [pridíkt]
pre(=before) + dict(=tell)
→ 미리 말하다 → 예언하다

동 예언하다, 예측[예상]하다 유 foresee, foretell, forecast
★ **prediction** 명 예언, 예측 유 prophecy
predictable 형 예측 가능한, 뻔한 반 unpredictable

1 Experts **predict** that gas prices will continue to rise.

★
precaution [prikɔ́ːʃən]
pre(=before) + caution(주의)
→ 미리 주의를 줌 → 예방책

명 1 조심, 경계 2 예방책

2 Always **take precautions** when using dangerous equipment.

plus + · take precautions: 조심하다
· a safety precaution: 안전 예방(책)

★
premature
[prìːmətʃúr]
pre(=before) + mature(무르익은)
→ 무르익기 전의
→ 시기상조의; 너무 이른

형 1 시기상조의, 조급한 2 너무 이른, 조기의

3 We tried not to draw any **premature** conclusions.
4 a **premature** birth[baby]

plus + · premature death: 요절(젊은 나이에 죽음)
· premature retirement: 조기 퇴직
cf. mature: 성숙한
immature: 미숙한

9 그들은 컴퓨터를 온라인으로 구매하려고 했지만, 그들의 신용 카드가 만료됐었기 때문에 그 구매는 성공적이지 못했다[못 샀다]. / 1 전문가들은 석유 가격이 계속해서 오를 것이라고 예측한다. 2 위험한 장비를 사용할 때는 항상 조심하세요. 3 우리는 어떤 성급한 결론도 내리지 않으려 노력했다. 4 조산(早産)[조산아]

preview [príːvjùː]

pre(=before) + view(보다)
→ 미리[앞서] 봄

명 1 미리 보기, 사전 검토
2 (극·영화 등의) 시사(회), 시연, 예고편
동 (시사·시연 따위를) 보다[보여주다]

5 Have you seen the **preview** for that movie?

⊕ more with

pre-

precede (…보다 먼저 존재하다) 동 …보다 먼저 일어나다, …에 선행하다 (p.129)
preface ((본문에) 앞서 하는 이야기) 명 머리말, 서문
prejudice (미리 판결을 내림) 명 편견, 선입견 (p.206)
prepare (미리 준비하다) 동 준비[대비]하다 (p.259)

fore- ≫ … 앞에, 전에 (before)

forehead [fɔ́ːrhed]

fore(=before) + head
→ 머리의 앞쪽

명 이마 유 brow

1 He wiped the sweat off his **forehead** with a towel.

---

forefather [fɔ́ːrfὰːðər]

fore(=before) + father
→ 아버지보다 앞서 계셨던 분

명 선조, 조상 유 ancestor 반 descendant

2 We learned how inventive our **forefathers** were.

---

foremost [fɔ́ːrmòust]

fore(=before) + most(가장)
→ 가장 먼저의

형 1 가장 중요한, 최고의 유 leading
2 선두의, 맨 앞[먼저]의

3 She is the **foremost** expert in this field.

---

foresee [fɔːrsíː]

- foresaw - foreseen
fore(=before) + see
→ 미리 보다

동 예견[예지]하다 유 predict, foretell, forecast

4 What he had **foreseen** in a dream came true.

5 그 영화 예고편 봤어요? / 1 그는 수건으로 이마의 땀을 닦았다. 2 우리는 우리 조상들이 얼마나 독창적이었는지를 알게 되었다. 3 그녀는 이 분야에서 최고의 전문가이다. 4 그가 꿈속에서 예견했던 일이 실제로 일어났다.

post- >>> … 뒤에, 후에 (after)

★
postpone [pous*t*póun]
post(=after) + pone(=pos:put)
→ … 이후로 놓다 → 연기하다

동 연기하다, 뒤로 미루다 유 delay, put off, put back (to) 반 bring forward

1 Let's **postpone making** a decision until next week.

plus + · postpone v-ing: …하는 것을 미루다

VOCA VS. VOCA 연기하다

put off 사정이 있거나 하기 싫어서 미룬다는 뜻으로 회화에서 잘 쓰임
2 Never ***put off*** till tomorrow what can be done today.

put back (to) (*BrE*) 주로 to와 함께 쓰이며, 일정을 이후로 연기할 때 쓰임
3 The meeting has been ***put back to*** next Monday.

postpone 공식적인 모임이나 행사 등이 연기될 때 주로 쓰임
4 The match has been ***postponed*** till tomorrow.

delay 적절한 때가 올 때까지 연기하다, 지연시키다의 뜻 (p.210)
5 The flight will be ***delayed*** an hour due to the storm.

---

postwar [pòus*t*wɔ́:r]
post(=after) + war(전쟁)
→ 전쟁 이후의

형 전후(戰後)의

6 During the **postwar** period, there were too many people who needed to work and wages fell.

in¹- (변화형 il-) >>> 안에 (in), 위에 (on, upon)

※ in²- ⇨ p.46

★★
income [ínkʌm]
in(=in) + come
→ 안으로 들어오는 것 → 소득

명 수입, 소득 유 earnings

1 Her monthly **income** is less than $1,000.

[1] 다음 주까지 결정을 연기합시다. [2] 오늘 할 수 있는 일을 내일로 미루지 마라. [3] 회의가 다음 주 월요일로 연기되었다. [4] 시합이 내일로 연기되었다. [5] 폭풍으로 인해 비행기가 한 시간 지연되겠습니다. [6] 전후 시기 동안에 일자리가 필요한 사람들은 너무 많았고 임금은 떨어졌다. / [1] 그녀의 한 달 수입은 천 달러 미만이다.

intake [íntèik]

in(=in) + take
→ 안으로 가져감 → 섭취

명 섭취(량)

[2] You should reduce your daily **intake** of sugar.

★
infection [infékʃən]

in(=in) + fect(=fac:put 두다, 넣다) + ion(명접)
→ 안에 (병균을) 넣는 것

명 1 감염 2 오염

infect 동 1 감염시키다 2 오염시키다
infectious 형 1 (병이) 전염성의
2 (감정·습관이) 남에게 옮기 쉬운

[3] Your immune system is working to fight off the **infection**.
[4] He **became infected with** malaria while in the jungle.
[5] Most **infectious** diseases can be prevented.

plus + · be[become] infected with: …에 감염되다

★
insight [ínsàit]

in(=in) + sight(시야)
→ 안을 들여다보는 시야

명 통찰력

[6] His writing shows deep **insight** into human relationships.

---

inherent [inhíərənt]

in(=in) + herent(=adhere 들러붙다)
→ 안에 붙어 있는 → 내재된

형 내재된, 고유의 유 intrinsic

inherently 부 본질적으로

[7] The **inherent** complexity of English is something common to all languages.

★★
investment [invéstmənt]

in(=on) + vest(=clothe) + ment(명접)
→ 옷을 입히는 것 → 관직에 맞는 옷[관복]을 입히는 것 → (이익을 얻기 위해) 돈에 관복을 입히는 것 → 투자

명 투자, 투자 자금

★★ **invest** 동 투자하다

[8] We should attract foreign **investment**.
[9] Businesses that refuse to **invest** in the future fail.

[2] 너는 1일 당분 섭취량을 줄여야 한다. [3] 당신의 면역 체계는 감염과 싸우기 위해 작동하고 있다. [4] 그는 밀림지대에 있는 동안 말라리아에 감염되었다. [5] 대부분의 전염병은 예방이 가능하다. [6] 그의 글은 인간 관계에 대한 깊은 통찰력을 보여준다. [7] 영어에 내재된 복잡성은 모든 언어에 공통적인 것이다. [8] 우리는 외국인 투자를 이끌어내야[유치해야] 한다. [9] 미래에 대한 투자를 하지 않는 사업은 실패한다.

★★
investigate
[invéstəgèit]

in(=into) + vestigate(=track 추적하다)
→ 안으로 추적하다
→ 깊이 추적하여 조사하다

동 1 수사[조사]하다
2 **조사[연구]하다** 유 examine, research, inspect, inquire

★★ **investigation** 명 1 수사[조사] 2 조사[연구]

10 Cheryl got down on her hands and knees to **investigate** the tunnel.

11 The east wing of the building will be closed until the **investigation** is finished.

★
illustrate [íləstrèit]

il(=upon) + lustrate(=illuminate 불을 비추다)
→ … 위로 불을 비추다
→ 불을 비춘 듯 잘 보이게 하다
→ 잘 이해되도록 설명하다

동 **설명하다, 삽화를 쓰다, 예시를 보여주다**

illustration 명 삽화, 예시

12 This experiment **illustrates** the problems created by pollution from factories.

13 Every **illustration** in the book looked original and fresh.

DAY 01

more with in[1]-

include (안에 넣고 닫다) 동 포함[함유]하다; 넣다, 포함시키다 (p.141)
indoor (문 안쪽의) 형 실내의
input (안에 넣음) 명 투입
install (어떤 장소 안에 놓다) 동 설치하다

DAY 01 잘 외워지지 않는 단어 복습

단어	뜻	단어	뜻

10 Cheryl은 그 터널을 조사하기 위해 손과 무릎을 짚어 엎드렸다. 11 동쪽 부속 건물은 조사가 끝날 때까지 폐쇄될 것이다. 12 이 실험은 공장에서 발생시키는 오염으로 인해 생기는 문제를 설명한다. 13 그 책에 있는 모든 삽화는 독창적이고 생생하게 보였다.

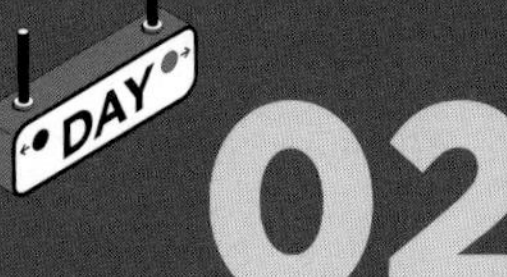
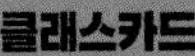

DAY 02

클래스카드

out- (변화형 ut-) 1 … 밖으로 (outside) 2 …을 능가하는 (better than, more than)

★★
outcome [áutkʌ̀m]

out(=outside) + come
→ 밖으로 나온 것 → 결과, 성과

명 결과, 성과 유 result, consequence

1 What was the **outcome** of the presidential election?

VOCA VS. VOCA 결과

effect 어떤 원인의 직접적인 영향으로 나타난 변화 (p.167)

2 cause and ***effect***

result 이전에 있었던 일로 인해 생긴 최종적인 상황 (p.347)

3 He said the incident was the ***result*** of a misunderstanding.

outcome 회의·선거·전쟁 등의 결과. 특히 끝까지 결과를 알 수 없을 때 쓰임

4 What was the ***outcome*** of the Korean War?

consequence 특정한 행위나 사건 뒤에 뒤따르는 결과 (주로 부정적) (p.314)

5 You must accept the ***consequences*** of your actions.

outline [áutlàin]

out(=outside) + line
→ 바깥 선 → 개요, 외형

명 1 개요 2 윤곽, 외형
동 1 개요를 서술하다 2 윤곽을 보여주다[나타내다]

6 Let me give you an **outline** of the plan.

outlook [áutlùk]

out(=outside) + look
→ 밖을 보다 → 전망; 경치

명 1 (+ for) 전망, 예측 유 prospect
2 견해, 사고방식 유 perspective, viewpoint
3 경치

7 The **outlook for** new business is not good.
8 She has a positive **outlook** on life.

1 대통령 선거 결과가 어떻게 나왔나요? 2 원인과 결과 3 그는 그 사고가 오해에서 비롯된 결과였다고 말했다. 4 한국 전쟁의 결과는 어떠했습니까? 5 너는 네 행동의 결과를 받아들여야 한다. 6 내가 그 계획의 개요를 설명해줄게. 7 새로운 사업에 대한 전망이 좋지 않다. 8 그녀는 삶에 대해 긍정적인 사고방식을 가지고 있다.

★
outstanding
[autstǽndiŋ]
out(=outside) + standing
→ 밖으로 튀어나온 → 뛰어난, 두드러진

형 뛰어난, 아주 훌륭한, 두드러진 유 excellent, prominent, notable
반 ordinary(보통의)

9 We were surprised by his **outstanding** performance.

---

outlet [áutlet]
let out(밖으로 내보내다)에서 온 말

명 1 (가스·감정 등의) 배출구, 표출 방법 2 상점, 아울렛
3 《*AmE*》【전기】 콘센트

10 Many people say talking to their friends is a good **outlet** for their emotions.

---

utter [ʌ́tər]
utt(=outside) + er〈비교급〉
→ 더욱 밖으로 튀어나온
→ 다른 것보다 더 완전한

형 《명사 앞에만》 완전한, 전적인 유 complete, total
동 1 말하다 유 say, speak 2 (소리 등을) 내다

utterance 명 1 (입 밖으로 낸) 말, 언급된 것 유 statement
2 말하는 행동, 발화, 발성
utterly 부 완전히, 철저히 유 completely, totally

11 The words that she **utters** are **complete and utter** nonsense.
12 We were **utterly** wrong about the cause of the problem.

plus + · complete and utter: 완전히 전적으로, 순

---

utmost [ʌ́tmòust]
ut(=more than) + most(가장 많은)
→ 가장 많은 것보다 더 많은 → 극도의

형 최대의, 극도의 유 extreme

13 All drugs should be treated with **utmost** care.

⊕ more with
out-

outskirts (치마의 가장자리 → 바깥 테두리) 명 (도시·읍 등의) 교외, 변두리
outgoing (밖에 나가길 좋아하는) 형 사교적인, 외향적인
outcast (밖으로 던져진 사람) 명 부랑자, 추방당한 사람, 왕따
output (밖으로 내놓음) 명 생산(고), 산출
outnumber (…보다 수가 많다) 동 …보다 수적으로 우세하다
outweigh (…보다 크다, 대단하다) 동 …보다 뛰어나다, 중요하다 p.88

9 우리는 그의 뛰어난 실적에 놀랐다. 10 많은 사람이 친구들과 이야기하는 것은 좋은 감정 표출 방법이라고 말한다. 11 그녀가 하는 말들은 완전히 전적으로 말도 안 되는 소리이다. 12 우리는 그 문제의 원인에 대해 완전히 틀렸다. 13 모든 약물은 최대한의 주의를 기울여 다루어져야 한다.

over- 1 넘어, … 너머 (over), 위에 (above) 2 과도하게 (too much)

★★
overcome [òuvərkʌ́m]
- overcame - overcome
over(넘어) + come(오다)
→ (난관을) 넘어가다 → 극복하다

동 (곤란·장애·적 등을) 극복하다, 이겨내다, 이기다 유 get over

1 The boxer **overcame** fatigue and got the better of his opponent.

★★ 핵심 다의어
overlook [òuvərlúk]
over(넘어; 위에) + look(보다) →
넘어서[건너뛰어] 보다 → **간과하다**
위에서 보다 → **내려다보다**

동 1 간과하다, 못보고 넘어가다 유 miss, neglect
2 눈감아 주다 유 excuse, forgive
3 (경치 등을) 내려다보다

2 Though they built the house to **overlook** the sea, they **overlooked** the fact that it could be easily damaged by strong winds.

---

overseas
over(… 너머로) + seas(바다)
→ 바다 너머로 → 외국으로

부 [òuvərsíːz] 해외로 유 abroad
형 [óuvərsìːz] 해외에 있는, 외국의

3 Have you ever traveled **overseas**?

---

overhead
over(=above) + head(머리)
→ over one's head 머리 위로

부 [òuvərhéd] 머리 위에, (하늘) 높이
형 [óuvərhèd] 머리 위의

4 I saw something fly **overhead**.

---

overtake [òuvərtéik]
- overtook - overtaken
over(=above) + take(=catch 잡다)
→ 따라잡다

동 1 (생산·득점 등에서) 능가하다;
(*BrE*) 따라잡다, 추월하다 유 catch up with
2 (재난·감정 등이) 덮치다, 압도하다

5 We expect our company to quickly **overtake** the competition and become a leader in the industry.
6 A: Did you manage to catch up with them?
B: Yes, I **overtook** them at the traffic light.

1 그 권투 선수는 피로를 극복하고 상대 선수를 이겼다. 2 그들은 바닷가가 내려다보이도록 집을 지었으나, 집이 강풍의 피해를 받기 쉽다는 사실은 미처 고려하지 못했다. 3 해외여행 가본 적 있으세요? 4 나는 무엇인가가 머리 위로 날아가는 것을 봤다. 5 우리는 우리 회사가 경쟁사를 빠르게 능가하여 이 산업에서 선두자가 될 거라고 기대한다. 6 A: 그들을 따라잡을 수 있었니? B:응. 신호등이 있는 데서 그들을 따라잡았어.

★
overwhelm
[òuvərwélm]
over(=above) + whelm(…을 짓누르다) → 위에서 짓누르다 → 압도하다

동 (주로 수동태로) 1 압도하다 2 당황하게 하다 3 너무 많아 감당하기 힘들게 하다

overwhelming 형 압도적인

7 I **was overwhelmed by** his power and couldn't say a word.
8 **overwhelming** majority

plus + · be overwhelmed by[with]: 1 …에 압도되다 2 …에 당황하다 3 …이 너무 많아 감당하기 힘들다

overlap
over(=above) + lap(감싸다) → 위에서 감싸다 → 위에 겹치게 하다

동 [òuvərlǽp] 1 겹치다, 포개지다 2 중복되다, 공통점이 있다
명 [óuvərlæ̀p] 겹침, 중복

9 Spread the papers out on the table so that none of them **overlap**.

★
overflow
over(=too much) + flow(흐르다) → 과도하게 흐르다 → 넘쳐 흐르다

동 [òuvərflóu] 1 넘치다, 범람하다 유 spill over 2 …로 넘쳐나다
명 [óuvərflòu] 1 넘침, 범람 유 flood 2 초과 유 excess

10 The drain in the sink isn't working very well, so be careful and don't let it **overflow**.
11 There are two rooms next to the auditorium to accommodate an **overflow**.

⊕ more with **over-**

overall (모든 것의 위에 있는) 형 전반적인 부 전반적으로
overestimate (너무 높게 평가하다) 동 명 과대평가(하다) [p.163]
overload (너무 많이 싣다) 동 과적하다; 너무 많이 부과하다 명 과부하
overeat (너무 많이 먹다) 동 과식하다, 너무 많이 먹다

extra- (변화형 extro-, exter-) » 1 … 밖의 (outside) 2 …을 넘어서 (beyond)

extracurricular
[èkstrəkəríkjələr]
extra(=outside) + curricular(교과 과정의) → 교과 과정 밖의

형 정규 교과 과정 이외의, (클럽 활동 등) 과외의

1 The school has many **extracurricular** activities.

7 나는 그의 기세에 압도되어 한마디도 할 수 없었다. 8 압도적인 다수 9 종이를 탁자 위에 펼쳐서 겹치지 않게 하세요. 10 싱크대의 배수관이 제대로 작동하지 않기 때문에 조심해서 넘치지 않게 해. 11 강당 옆에 초과 인원을 수용하기 위한 2개의 방이 있다. / 1 그 학교는 많은 과외 활동이 있다.

extraterrestrial

[èkstrətəréstriəl]

extra(=outside) + terre(=land) + stri(=stand) + al(형접)
→ 지구 밖에 서 있는 → 지구 밖의 (것)

형 지구 밖의, 외계의
명 외계인, 우주인

2 Scientists are searching for **extraterrestrial** life.

혼동어휘 · extraterritorial: 치외법권의

★

extraordinary

[ikstrɔ́ːrdnèri]

extra(=beyond) + ordinary(보통의)
→ 보통을 넘어선

형 1 이상한 유 unusual
2 비범한, 대단한 유 exceptional, incredible 반 common

3 It's **extraordinary** to get this much snow in this part of the country.
4 She has an **extraordinary** talent for painting.

---

extrovert [ékstrəvə̀ːrt]

extro(=outside) + vert(=turn)
→ 밖에서 돎 → 외향적인 사람

명 외향적인 사람 반 introvert

extroverted 형 외향적인, 외향성의 반 introverted

5 Are you an **extrovert** or an introvert?

★★

external [ikstə́ːrnl]

extern(=outside) + al(형접)

형 외부의, 밖의 유 exterior 반 internal

externally 부 외부적으로, 외부에서 반 internally
externalize 동 표면화하다 반 internalize
externalization 명 표면화 반 internalization

6 Everyone thought the **external** lighting on the house was beautiful.

mis- ≫ 잘못된 (bad, wrong)

misfortune

[misfɔ́ːrtʃən]

mis(=bad) + fortune(운)
→ 나쁜 운 → 불운, 불행

명 불운, 불행, 역경 유 adversity 반 fortune

1 The farmer bore his **misfortunes** with patience.

2 과학자들은 외계 생명체를 찾고 있다. 3 이 지역에 이렇게 많은 눈이 내리는 것은 이상한 일이다. 4 그녀는 그림에 대단한 재능을 가지고 있다. 5 당신은 외향적인 사람인가요 아니면 내성적인 사람인가요? 6 모든 사람이 그 집의 외부 조명이 아름답다고 생각했다. / 1 그 농부는 인내심을 갖고 역경을 견뎠다.

★
mislead [mislíːd]

- misled - misled

mis(=wrong) + lead(이끌다)
→ (남을) 잘못 이끌다

동 1 잘못 인도하다
2 속이다, 오해하게 하다 유 deceive

misleading 형 잘못된 정보를 주는, 오해의 소지가 있는 유 deceptive

[2] I didn't mean to **mislead** readers **about** my book.
[3] The advertisement was exaggerated and **misleading**.

plus + · mislead A about N/v-ing: …에 대해 A가 오해하게 하다

---

misbehave

[mìsbihéiv]

mis(=wrong) + behave(행동하다)
→ 잘못 행동하다

동 1 버릇 없이 굴다 2 비행을 저지르다

misbehavior 명 (또는 misbehaviour) 1 나쁜 행실 2 비행

[4] Some children **misbehave** when they need some attention.

DAY 02

DAY **02** 잘 외워지지 않는 단어

복습

	단어	뜻		단어	뜻
○			○		
○			○		
○			○		

[2] 나는 독자들이 내 책에 대해 오해하게 만들 의도는 없었다. [3] 그 광고는 과장되었고 잘못된 정보를 주는 것이었다. [4] 어떤 아이들은 관심이 필요할 때 버릇 없이 굴기도 한다.

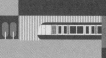

클래스카드

re- 1 다시 (again) 2 뒤에 (back)

★★ recall [rikɔ́ːl]

re(=again) + call(=부르다)
→ (기억을) 다시 불러내다 → 기억해내다

동 1 기억해내다, 회상[상기]하다 유 recollect 2 상기시키다 유 evoke 3 회수[리콜]하다
명 1 기억 2 소환, 회수

1 I **recall** that he was a very tall gentleman.

★★ record

re(=again) + cord(=heart)
→ 다시 마음에 → 마음에 새길 수 있도록 돕는 것 → 기록

명 [rékərd] 1 기록 2 음반
동 [rikɔ́ːrd] 1 기록하다 2 녹음[녹화]하다

2 Very few of us have a complete photo **record** of our life.
3 If you have a funny thought, **record** it as an audio note.

plus + · off the record: 비공개를 전제로

★★ recover [rikʌ́vər]

re(=again) + cover(=take)
→ 다시 취하다 → 되찾다

동 1 (건강·기능 등을) 회복하다 2 되찾다, 회수하다

⋆ **recovery** 명 1 회복 2 되찾기, 회수

4 A: Have you **recovered from** your cold yet?
B: Not completely. I'm making a very slow **recovery**.

plus + · recover from: …에서 회복하다

★ recycle [riːsáikəl]

re(=again) + cycle(순환시키다)
→ (자원을) 다시 순환시키다 → 재활용하다

동 재활용하다, 재생하다

recycling 명 재활용, 재생

5 Everyone is asked to **recycle** household waste.

★★ research [risə́ːrtʃ]

re(=again) + search(찾다)
→ 다시 찾아 조사하기

명 연구, 조사 유 investigation
동 연구[조사]하다 유 investigate

researcher 명 연구원

6 I **research** how weather changes affect bird populations.

[1] 내가 기억하기로 그는 키가 매우 큰 신사였다. [2] 우리 중 우리 인생의 완벽한 사진 기록을 가지고 있는 사람은 거의 없다. [3] 만약 재미있는 생각이 떠오르면, 음성노트의 형태로 그것을 기록해라. [4] A: 감기는 좀 나았니? B: 완전히 낫지는 않았어. 아주 서서히 회복되고 있는 중이야. [5] 모든 사람이 가정에서 배출되는 쓰레기를 재활용하도록 요구 받는다. [6] 나는 날씨 변화가 어떻게 조류 개체수에 영향을 미치는지 연구한다.

★★
replace [ripléis]
re(=again) + place(놓다)
→ 다시 (다른 것으로) 놓다

동 1 (…의 역할을) 대신하다 2 교체하다, 대체하다 유 substitute

⋆ **replacement** 명 1 교체, 교환(물) 2 후임자

7 I'm **replacing** Mr. Mason, who is on leave.
8 He **replaced** meat **with** vegetables in his diet.

plus + · replace[substitute] A with B: A를 B로 대체[교체]하다 (=substitute B for A)

★
reproduce [rìːprədúːs]
re(=again) + produce(생산하다)
→ 다시 낳다

동 1 생식[번식]하다 2 복제[복사]하다 3 재생[재현]하다

reproduction 명 1 생식, 번식 2 복제(품) 3 재생, 재현

9 Salmon return to their birthplace to **reproduce**.
10 No one has been able to perfectly **reproduce** the Koryo pottery made by our ancestors.

revive [riváiv]
re(=again) + vive(=live)
→ 다시 살아나다

동 1 소생[회복]시키다; 소생[회복]하다 2 (유행·기억 등이) 되살아나게 하다 3 재상영하다, 재상연하다

revival 명 1 부활, 되살아남 2 재상영, 재상연

11 an attempt to **revive** the economy
12 The fashion designer **revived** a shirt style that was popular in the 1960s.

★★
remove [rimúːv]
re(=back) + move(이동하다)
→ (안 보이게) 뒤쪽으로 옮기다

동 1 제거하다 유 get rid of, eliminate 2 옮기다, 이전[이동]시키다

⋆ **removal** 명 1 제거 2 이전, 이동

13 Fish farms are placed in sites where there is good water flow to **remove** fish waste.

★
retire [ritáiər]
re(=back) + tire(끌다)
→ 뒤로 끌어내다 → (자리에서) 뒤로 물러나다 → 은퇴하다

동 은퇴[퇴직]하다; 은퇴[퇴직]시키다

⋆ **retirement** 명 은퇴, 퇴직
retired 형 은퇴한, 퇴직한

14 Professor Peterson plans to **retire** at the end of the year.
15 Most people start planning for their **retirement** around age 60.

7 저는 Mason 씨 역할을 대신하고 있는데, 그는 휴가 중입니다. 8 그는 자신의 식단에서 고기를 채소로 대체했다. 9 연어는 번식하기 위해서 자신들이 태어난 곳으로 되돌아간다. 10 어느 누구도 우리 조상들이 만든 고려자기를 완벽하게 재현해내지 못하고 있다. 11 경제를 회복시키기 위한 시도 12 그 패션 디자이너는 1960년대에 유행했던 셔츠 스타일을 되살렸다. 13 양어장은 물고기 배설물을 제거하기 좋은 물의 흐름이 있는 장소에 위치한다. 14 Peterson 교수는 올해 말에 은퇴할 계획이다. 15 대부분의 사람은 60세쯤 은퇴를 위한 계획을 시작한다.

★★
remain [riméin]

re(=back) + main(=stay)
→ stay back in place 뒤에 남다

동 1 여전히 …인 상태이다 2 머무르다, 체류하다 유 stay
3 남아 있다, 남다

remainder 명 나머지, 잔여 (부분) 유 the rest
remains 명 남은 것, 유적, 유물

16 The true author of the book **remains** unknown.
17 the **remains** of ancient Rome

VOCA VS. VOCA …인 상태로 있다

stay 어떤 상태를 변화 없이 그대로 유지하다
18 I could barely ***stay*** awake.

remain stay보다 격식을 차린 말
19 They have ***remained*** silent about the problem.

leave 있던 곳이나 어떤 상태 그대로 두다
20 Don't ***leave*** your books on the kitchen table.

★★
represent [rèprizént]

re(=back) + present(내놓다)
→ 뒤에서 (앞으로) 내놓다 → 앞으로 나오다
→ 대표하다

동 1 (법정·의회 등에서) 대변하다, 대표하다
2 나타내다, 상징하다 유 stand for, symbolize

⋆ **representative** 명 1 대표자, 대리인 유 delegate
2 《Representative》 (미국의) 하원의원
형 대표하는

⋆ **representation** 명 1 표시, 표현 2 대리, 대변, 대표

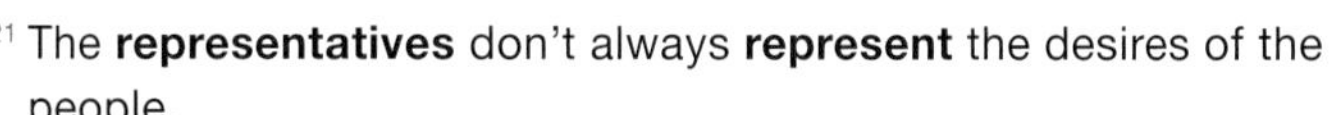

21 The **representatives** don't always **represent** the desires of the people.
22 Red lines on the map **represent** railways.

⊕ more with

re-

renew (다시 새롭게 하다) 동 갱신하다; 재개하다 p.254
reveal (다시 베일을 벗기다) 동 드러내다, 폭로하다
review (다시 보기) 명 동 재검토(하다); 비평(하다) p.393
revise (다시 보다) 동 수정하다; 개정하다 p.392
restrain (뒤로 잡아당겨 두다) 동 제지하다; 억누르다 p.344

16 그 책의 진짜 저자는 여전히 알려지지 않고 있다. 17 고대 로마의 유적 18 나는 간신히 깨어있었다. 19 그들은 그 문제에 대해 침묵을 지켜왔다.
20 식탁 위에 책을 올려 두지 마세요. 21 대표자들이 항상 사람들의 요구를 대변하는 것은 아니다. 22 지도상의 붉은 선은 철도를 나타낸다.

inter- 1 … 사이에 (between) 2 상호 간 (each other)

★★
international
[ìntərnǽʃənəl]
inter(=between) + national(국가의)
→ 국가와 국가 간의

형 국제적인, 국가 간의 반 domestic(국내의)

1 I majored in **international** trade.

★★
interpret [intə́ːrprit]
inter(=between) + pret(=price)
→【원뜻】중간에서 양측의 가격을 설명하다
→ 통역하다

동 1 통역하다 유 translate
2 (…의 의미로) 이해[해석]하다, 파악하다 유 understand
3 (자기 해석에 따라) 연주[연기]하다

★★ **interpretation** 명 해석, 설명
interpreter 명 통역관 유 translator

2 I'll **interpret** the speech for you.
3 I **interpreted** his silence as a refusal.
4 There are various **interpretations** of the law.

★
interfere [ìntərfíər]
inter(=each other) + fere(=strike)
→ 서로 치다 → 간섭하다

동 1 (+ in) 간섭하다 유 meddle in
2 (+ with) 방해하다 유 get in the way of

★ **interference** 명 간섭, 방해

5 Don't **interfere in** my private affairs.

★★
interaction
[ìntərǽkʃən]
inter(=each other) + action(행동)
→ 서로에게 영향을 미치는 행동

명 상호 작용, 상호 영향

★ **interact** 동 상호 작용하다, 서로 영향을 주다
interactive 형 상호 작용하는, 쌍방향의

6 Good **interaction** between teachers and students is essential for learning.
7 I prefer **interactive** classes to one-sided lectures.

1 저는 국제 무역을 전공했습니다. 2 제가 당신을 위해 연설을 통역해드리겠습니다. 3 나는 그의 침묵을 거절로 이해했다. 4 그 법률에 관한 다양한 해석이 있다. 5 내 개인적인 문제에 간섭하지 마세요. 6 교사와 학생 간의 좋은 상호 작용은 배움에 있어 필수적이다. 7 나는 일방적인 강의보다는 (교사·학생이 서로 주고 받는) 쌍방향 수업을 선호한다.

+ more with

inter-

interrupt (사이를 부수고 들어가다) 동 가로막다, 방해하다; 중단시키다 (p.305)
intercept (… 사이에서 취하다) 동 가로채다
intermission (임무의 사이) 명 (연극·오페라 등의) 휴식 시간, 막간
interview (서로 (마주) 보다) 명 동 면접(하다[보다]); 회견[인터뷰](하다) (p.393)

dia- » 1 … 사이에 (between) 2 가로질러 (across)

dialogue [dáiəlɔ̀:g]

dia(=between) + logue(=speak)
→ 서로 간에 이야기하는 것

《또는 dialog》
명 **대화, 문답, 회화** 유 conversation

1 The TV show had a lot of funny **dialogue**.

dialect [dáiəlèkt]

dia(=between) + lect(=speak)
→ (특정 지방 사람들) 사이에서 쓰이는 말

명 **방언, 사투리** ('특정 지역에서 쓰는 언어'라는 중립적인 뜻)

2 In this region, the **dialect** sounds a lot like German.

plus + *cf.* accent: 보통 '… 지역 말투[사투리]를 쓴다'라고 할 때 쓰임
e.g. He has a strong Irish **accent**.
(그는 아일랜드 말투를 심하게 쓴다.)

diameter [daiǽmətər]

dia(=across) + meter(=measure)
→ 가로질러 잰 치수

명 **지름, 직경**

3 This circle is five centimeters in **diameter**.

trans- » 1 이쪽에서 저쪽으로 (across) 2 …을 통해 (through)

★★
transfer

- transferred - transferred
trans(=across) + fer(=carry)
→ 이쪽에서 저쪽으로 가져가다
→ 옮기다

동 [trænsfə́:r] 1 **이동시키다, 옮기다; 전근[전학]하다** 유 shift, transport
2 **갈아타다** 3 **(파일·데이터 등을) 전송하다**
명 [trǽnsfə:r] 1 **이동; 전근, 전학** 2 **갈아타기** 3 **(파일) 전송**

1 She's going to be **transferred** to the marketing department.
2 How long does it take to **transfer** money internationally?

[1] 그 TV 쇼에서는 많은 재미있는 대화가 있었다. [2] 이 지역 방언은 독일어와 꽤 유사하게 들린다. [3] 이 원은 지름이 5cm이다. / [1] 그녀는 마케팅 부서로 옮겨질 예정이다. [2] 나라 간 돈을 송금하는 데 얼마나 걸리나요?

★ **trans**form [trænsfɔ́ːrm]
trans(=across) + form(형성하다)
→ 형태를 이쪽에서 저쪽으로 바꾸다

동 변형[변화]시키다 유 change, convert, alter
★ **transformation** 명 변형, 변화

3 Scientists are finding new ways to **transform** solar power into electricity.

★ **trans**late [trænsléit]
trans(=across) + late(=carry)
→ (말·글 등을) 이쪽에서 저쪽으로 옮기다

동 1 번역하다 2 …로 여기다, 해석하다 유 interpret
★ **translation** 명 1 번역, 통역 2 해석 유 interpretation
translator 명 1 번역가 2 통역사 유 interpreter

4 A: Can you **translate** this article into English?
B: Yes, but the **translation** may not be perfect.

---

transplant
trans(=across) + plant(심다; 식물)
→ 이쪽에서 저쪽으로 (옮겨) 심다
→ 이식하다

동 [trænsplǽnt] 1 옮겨 심다 2 (기관·조직 등을) 이식하다
명 [trǽnsplæ̀nt] 이식

5 I **transplanted** the flowers to a pot.
6 Organ **transplants** can save lives.

DAY 03

⊕ more with **trans-**

transit (가로질러 가기) 명 통과, 통행; (사람·화물의) 운송, 수송 (p.202)
transparent (…을 통해 보이는) 형 투명한, 비치는; 명쾌한, 명백한 (p.260)
transaction (…을 통해 행동하는 것) 명 거래

DAY 03 잘 외워지지 않는 단어 복습 ○-○-○

	단어	뜻		단어	뜻
○			○		
○			○		
○			○		

3 과학자들은 태양 에너지를 전기로 바꿀 새로운 방법을 찾고 있다. 4 A: 이 기사를 영어로 번역할 수 있습니까? B: 네, 하지만 번역이 완벽하지 않을지도 몰라요. 5 나는 그 꽃을 화분에 옮겨 심었다. 6 장기 이식은 생명을 구할 수 있다.

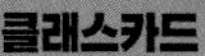
클래스카드

de- »

1 아래로 (down) 2 떨어져 (away from, removed)
3 '반대' (opposite, undo) 4 '강조' (intensive)

depress [diprés]

de(=down) + press(누르다)
→ press[push] down
→ (마음을) 내리누르다

동 1 낙담시키다, 우울하게 하다 2 불경기로 만들다

★ **depression** 명 1 우울 2 불경기, 불황
depressed 형 1 우울한, 낙담한 2 불경기의, 불황의

1 Thinking about endangered animals **depresses** me.
2 the Great **Depression** of the 1930s
3 What's the matter? You look **depressed** today.

---

despise [dispáiz]

de(=down) + spise(=spect:look)
→ 아래로 낮추어 보다 → 업신여기다

동 경멸하다, 얕보다 유 look down on, scorn
반 look up to, respect, admire

4 She **despised** her coworkers for gossiping about her private life.

★ depart [dipá:rt]

de(=away from) + part(갈라지다)
→ …로부터 갈라져 멀어지다

동 떠나다, 출발하다 유 leave, go away 반 arrive

★ **departure** 명 떠남, 출발 반 arrival

5 We'll be **departing for** the States next week.
6 The flight **departs from** Gimpo Airport at 2 o'clock.
7 Passengers must check in at least two hours before **departure** time.

plus + · depart for: …을 향해 출발하다
· depart from: …로부터 떠나다

★ derive [diráiv]

de(=away from) + rive(=stream)
→ 개울에서 갈라져 나오다
→ …에서 유도되어 나오다

동 1 이끌어내다, 얻다 2 (+ from) …에서 유래하다, 파생되다

derived 형 파생된, 유래된
derivative 명 파생물; 파생어

8 The organization is looking for ways to **derive** more profit.
9 Alice **derives** a lot of pleasure **from riding** horses.
10 Penicillin is **derived from** a certain type of mold.

plus + · derive A from N/v-ing: …로부터 A를 이끌어내다

1 멸종 위기의 동물들에 대해 생각하면 우울하다. 2 1930년대 대공황 3 무슨 일 있니? 너 오늘 우울해 보여. 4 그녀는 자신의 사생활에 대해 떠들어 댄 것 때문에 그녀의 동료를 경멸했다. 5 우리는 다음 주에 미국으로 떠난다. 6 그 항공편은 김포공항에서 2시에 출발한다. 7 승객들은 출발 시간 최소 2시간 전에는 탑승 수속을 해야 한다. 8 그 단체는 더 많은 이익을 이끌어낼 방법들을 찾고 있다. 9 Alice는 말을 타는 것에서 많은 즐거움을 얻는다. 10 페니실린은 어떤 유형의 곰팡이에서 얻는다.

★★
detect [ditékt]

de(=removed) + tect(=cover)
→ 감싼 것을 제거하다 → 밝혀내다

동 발견하다, 찾아내다 유 discover, find out

★ **detective** 명 탐정, 형사

[11] Small quantities of poison were **detected** in his blood.
[12] a private **detective**

plus + · a lie detector: 거짓말 탐지기

---

detach [ditǽtʃ]

de(=opposite) + attach(붙이다)
→ '붙이다'의 반대 뜻 → 떼어내다

동 분리하다, 떼어내다 유 separate, take apart 반 attach

detachment 명 1 분리, 이탈 2 파견 (부대)

[13] You can **detach** the speaker from the TV if you want to.

★★
develop [divéləp]

de(=undo) + velop(=wrap up)
→ '싸다'의 반대 행위 → 싸인 것을 풀어 존재가 더욱 드러나게 하다 → 발전하다

동 1 발전[발달]하다, 성장하다 2 개발하다

★★ **development** 명 1 발달, 성장 유 advancement 2 개발

[14] When will the company **develop** their new cell phone model?
[15] Every technological **development** is met with resistance.

plus + · developing country: 개발 도상국
· developed country: 선진국

★★
declare [dikléər]

de(「강조」) + clare(=clear)
→ make fully clear 분명히 하다
→ 선언하다

동 1 선언[발표]하다 유 proclaim, announce, profess, state
2 (세관 등에) 신고하다

★ **declaration** 명 1 선언(문), 발표 유 statement 2 신고

[16] Americans **declared** they were free in 1776.
[17] Do you have anything to **declare**?

★★
debate [dibéit]

de(「강조」) + bate(=beat)
→ (상대방을) 철저히 치다

동 1 토론[논쟁]하다 유 discuss, dispute 2 숙고하다, 검토하다
명 토론, 논쟁 유 discussion

[18] Let's **debate** the issues when the meeting starts.

[11] 소량의 독극물이 그의 혈액에서 검출되었다. [12] 사립 탐정 [13] 원하신다면 TV에서 스피커를 뗄 수 있습니다. [14] 그 회사는 언제 그들의 새로운 휴대폰 모델을 개발할까? [15] 모든 기술적 발전은 저항을 만나게 된다. [16] 미국인들은 1776년에 그들이 독립했음을 선언했다. [17] (세관) 신고할 물건이 있습니까? [18] 회의가 시작되면 그 문제들에 대해 토론합시다.

★★
demonstrate
[démənstrèit]
de(「강조」) + monstrate(to point out)
→ 분명히 지적하다 → 설명하다

동 1 입증[증명]하다, 설명하다
2 (행동으로) 보여주다 유 display
3 시위하다 유 protest

* **demonstration** 명 입증, 설명
demonstrative 형 드러내 놓고 표현하는

19 Our physical trainer **demonstrated** the effectiveness of the machine.

---

depict [dipíkt]
de(「강조」) + pict(=paint)
→ 자세히 그리다

동 1 (그림으로) 그리다 유 portray 2 (말로) 묘사하다 유 describe

depictive 형 묘사적인
depiction 명 묘사, 서술

20 The way the king was **depicted** in the movie made him look very bad.

under- 》 아래에 (under, below)

undergraduate
[ʌ̀ndərgrǽdʒuit]
under(아래에) + graduate(졸업생)
→ 졸업생보다 아랫사람

명 형 대학생(의), 학부생(의)

1 After completing their **undergraduate** studies, college students may apply to graduate school.

plus + *cf.* graduate: (대학) 졸업생, 학사 p.193
graduate school: 대학원

★
undergo [ʌ̀ndərgóu]
- underwent - undergone
under(아래에) + go(가다)
→ (변화·곤란함 등의) 아래로 가다 → 겪다

동 (변화·곤란함 등을) 겪다, 경험하다 유 go through, experience

2 They have **undergone** dramatic changes in recent years.

★
undertake [ʌ̀ndərtéik]
- undertook - undertaken
under(아래에) + take(받다)
→ 아래에서 (짐을) 받다

동 1 (떠)맡다, …의 책임을 지다 유 take on
2 《+ to-v》 (…하겠다고) 약속하다 유 promise

3 To **undertake** that kind of work is to take on a great responsibility.

19 우리 헬스 트레이너는 그 기계의 효과를 입증했다. 20 그 왕이 영화에서 묘사된 방식은 그를 매우 나빠 보이게 만들었다. / 1 대학생들은 학부 과정을 마친 후에 대학원에 지원할 수 있다. 2 그들은 최근 몇 년 사이에 급격한 변화를 겪었다. 3 그런 종류의 일을 맡는 것은 큰 책임을 떠안는 것이다.

underlie [ʌ̀ndərlái]
- underlay - underlain
under(아래에) + lie(있다, 두다)
→ …의 맨 아래에 위치해 있다

동 …의 기저를 이루다, 기본이 되다

underlying 형 근본적인, 근원적인

4 A theme of love **underlies** many of his movies.
5 My teacher taught me the **underlying** principles of nature.

ex- (변화형 e-)

1 밖으로 (out) 2 '강조' (intensive)
3 …을 넘어서 (beyond) 4 이전에 (before)

exhale [ekshéil]
ex(=out) + hale(=breathe)
→ 안에 있는 것을 밖으로 뿜어내다

동 (숨을) 내쉬다, (공기·가스 등을) 내뿜다 유 breathe out
반 inhale, breathe in

1 Inhale deeply and **exhale** slowly through your nose or mouth.

★★
expand [ikspǽnd]
ex(=out) + pand(=spread)
→ 밖으로 펼쳐나가다

동 1 커지다, 팽창하다; 확대[팽창]시키다 반 contract
2 (사업·조직 등을) 확장[확대]하다

★ expansion 명 1 팽창 2 확장

2 Heat **expands** metal.
3 Our plan to **expand** the business ended in failure.

★
explicit [iksplísit]
ex(=out) + plic(=fold) + it(형접)
→ 접은 것을 밖으로 펼쳐 보이는

형 1 뚜렷한, 명백한 반 implicit
2 노골적인, 숨김없는 유 frank

explicitly 부 명백하게 반 implicitly

4 She gave me **explicit** directions on how to do the work.

★★
explain [ikspléin]
ex(=out) + plain(분명한)
→ 밖으로 드러내어 분명하게 하다

동 설명하다, 해명하다 유 account for

★★ explanation 명 설명, 해명

5 Would you please **explain** why you are late today?
6 His **explanation** of the rules of the game was easy to understand.

4 사랑이라는 주제가 그의 여러 영화의 기저를 이룬다. 5 나의 선생님은 자연의 근본 원리를 가르쳐 주셨다. / 1 숨을 깊이 들이마신 후 코나 입으로 천천히 내쉬세요. 2 열은 금속을 팽창시킨다[열을 가하면 금속은 팽창한다]. 3 사업을 확장하려던 우리의 계획은 실패로 끝났다. 4 그녀는 나에게 그 일을 하는 방법에 대한 명확한 지침을 주었다. 5 오늘 당신이 왜 늦었는지 설명해주시겠어요? 6 그 게임의 규칙에 대한 그의 설명은 이해하기 쉬웠다.

★★
expose [ikspóuz]
ex(=out) + pose(=place)
→ 밖으로 내놓다

동 1 (햇볕·위험·특정 환경 등에) 노출시키다, 드러내다 유 reveal
2 폭로하다 유 disclose

★ **exposure** 명 1 노출 2 폭로, 탄로
exposition 명 1 설명, 해설
2 전시[박람]회 《줄여서 expo》 유 exhibition

7 It is harmful to **expose** yourself to the sun for too long.

★
exaggerate
[igzǽdʒərèit]
ex(「강조」) + agger(=heap 쌓다) + ate(동접) → (보다) 크게 쌓아올리다 → 과장하다

동 과장하다, 과장해서 말하다 유 magnify

exaggeration 명 과장

8 He tends to **exaggerate** a lot when he talks.

★★
exchange [ikstʃéindʒ]
ex(「강조」) + change(바꾸다)
→ 서로 완전히 바꾸기

명 1 교환, 주고받기 2 환전
동 교환하다

9 What's the won-dollar **exchange** rate at present?
10 The bride and groom **exchanged** rings during the wedding ceremony.

★
exhaust [igzɔ́:st]
ex(「강조」) + haust(=draw out)
→ (모든 것을) 완전히 끌어내다

동 1 지치게 하다 2 다 써 버리다, 고갈시키다 유 use up
명 (자동차 등의) 배기가스

★ **exhausted** 형 1 기진맥진한 유 worn out
2 다 써 버린, 소모된, 고갈된
exhaustion 명 1 기진맥진 2 소모, 고갈

11 car **exhaust** emission standards
12 I was **exhausted** after the long flight.

evaporation
[ivæ̀pəréiʃən]
e(=out) + vapor(증기) + ation(명접)
→ 증기를 밖으로 내보내는 것

명 증발; 발산

evaporate 동 증발하다; 증발시키다
vapor 명 증기 동 증발하다; 증발시키다

13 Snow can prevent **evaporation** of water from the ground.
14 When seawater **evaporates**, it leaves behind salt that can be harvested for use.

7 햇볕에 자신을 너무 오래 노출되게 하는 것은 해롭다. 8 그는 말할 때 많이 과장하는 경향이 있다. 9 원 달러의 환율은 현재 얼마입니까? 10 신랑과 신부는 결혼식에서 반지를 교환했다. 11 자동차 배기가스 배출 기준 12 나는 장시간의 비행(기 여행) 후에 기진맥진했다. 13 눈이 땅으로부터 물이 증발하는 것을 막을 수 있다. 14 바닷물이 증발할 때 거둬들여 사용할 수 있는 소금을 남긴다.

⊕ more with

ex-

except (밖으로 빼다) 전 …을 제외하고, … 이외에는 [p.122]
expel (밖으로 몰아내다) 동 추방하다, 쫓아내다 [p.267]
export (밖으로 실어나르다) 동 수출하다 명 수출(품) [p.284]
extend (밖으로 뻗다) 동 연장하다, 확장하다; 뻗다, 내밀다 [p.358]
excellent (남보다 더 앞선) 형 우수한, 뛰어난
ex-president (이전의 대통령) 명 전직 대통령

DAY 04

DAY 04 잘 외워지지 않는 단어

복습 ○-○-○

	단어	뜻		단어	뜻
○			○		
○			○		
○			○		

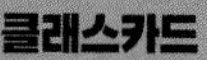

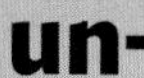

un- »» '부정' (not), '반대' (opposite)

uneasy [ʌníːzi]

un(=not) + easy(편한)
→ (마음이) 편치 않은

형 1 **불안한, 걱정스러운** 유 worried, anxious
2 **편치 않은, 불편한** 유 uncomfortable

★ **ease** 명 1 쉬움, 용이함 2 편안함
동 1 완화하다 유 relieve, moderate 2 편하게 하다

1 I always feel **uneasy** when I talk with strangers.
2 Interior designers often paint darker colors below brighter colors to put the viewer **at ease**.

plus + · at ease: 편안한
· ill at ease: 불편해 하는

unfair [ʌnféər]

un(=not) + fair(공평한)
→ 공평하지 않은

형 **불공평한, 부당한** 유 unjust, biased 반 fair, just

3 They complained that the referee's judgement was **unfair**.

unfortunate [ʌnfɔ́ːrtʃənit]

un(=not) + fortunate(운이 좋은)
→ 운이 좋지 않은

형 1 **불운한, 불행한** 유 unlucky 반 fortunate
2 **유감스러운** 유 regrettable

★★ **unfortunately** 부 불행하게도 유 regrettably 반 fortunately

4 He lost both his legs in an **unfortunate** accident.

unlikely [ʌnláikli]

un(=not) + likely(할 것 같은)
→ …할 것 같지 않은

형 **…할 것 같지 않은, 가망 없는** 반 likely

5 The work is **unlikely** to be completed in a year.

unusual [ʌnjúːʒuəl]

un(=not) + usual(보통의)
→ 흔하지 않은, 보통이 아닌

형 1 **보통이 아닌, 평소와 다른** 유 uncommon 반 ordinary, common
2 **유별난, 색다른** 유 unique

unusually 부 평소와 다르게, 특이하게

6 It is not **unusual** for her to be late for school.

1 나는 낯선 사람들과 이야기할 때면 항상 마음이 편치 않다고 느낀다. 2 인테리어 디자이너는 종종 보는 이를 편안하게 해주기 위해 밝은 색 아래에 어두운 색을 칠한다. 3 그들은 그 심판의 판정이 부당하다고 불평했다. 4 그는 불운한 사고로 양쪽 다리를 잃었다. 5 그 일이 1년 안에 끝날 것 같지 않다. 6 그녀가 학교에 지각하는 것은 이상한 일이 아니다.

unlock [ʌnlɑ́:k]

un(=opposite) + lock(잠그다)
→ '잠그다'의 반대 뜻 → 열다

동 (문 등 잠긴 것을 열쇠로) 열다 반 lock

7 Please leave the door **unlocked**.

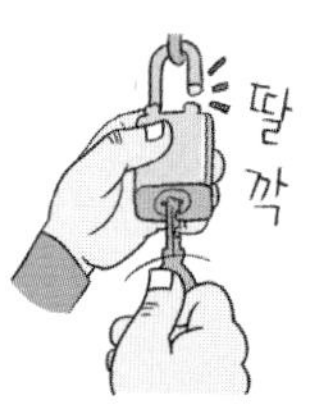

dis- (변화형 dif-) 1 '부정' (not), '반대' (opposite) 2 떨어져, 분리된 (away, apart)

★ disagree [dìsəgrí:]

dis(=not) + agree(동의하다)
→ 동의하지 않다

동 1 《+ with》 (…와) (의견이) 다르다 유 differ with;
《+ with/about/on/over》 (…에) 동의하지 않다
2 (결과·수치·진술 등이) 일치하지 않다

disagreeable 형 싫은, 불쾌한 유 unpleasant 반 agreeable
★ **disagreement** 명 1 의견 차이, 논쟁 유 discord 2 (수치·진술 등의) 불일치

1 Whether you agree or **disagree with** me doesn't matter.

★★ disappear [dìsəpíər]

dis(=opposite) + appear(나타나다)
→ '나타나다'의 반대 뜻 → 사라지다

동 1 (시야에서) 사라지다, 없어지다 유 vanish 반 appear, show[turn] up
2 (존재가) 없어지다, 소멸하다

disappearance 명 1 실종 2 사라짐, 소멸 유 extinction(멸종)

2 The man **disappeared** from his home in Busan.

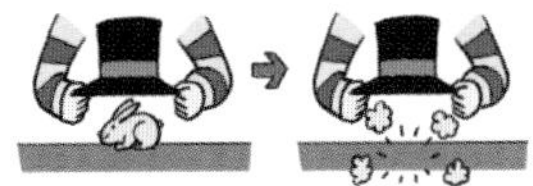

VOCA VS. VOCA 사라지다

disappear 눈에 보이지 않게 사라지다
3 The sun *disappeared* behind the clouds.

vanish 갑자기 영문을 알 수 없게 사라지다 [p.379]
4 The magician made the rabbit *vanish* into thin air.

fade ① 서서히 사라지다 ② 밝기·소리·기운 등이 점점 약해지다
5 The woman *faded* into the shadows.

go away 여행 등으로 일정 기간 동안 멀리 떠나 있거나 돌아오지 않다
6 If you *go away*, I'll be lonely.

7 문을 잠그지 않은 상태로 두세요. / 1 네가 나에게 동의하든 말든 상관없다. 2 그 남자는 부산에 있는 자신의 집에서 사라졌다. 3 해가 구름 뒤로 사라졌다. 4 그 마술사는 토끼를 흔적도 없이 사라지게 했다. 5 그 여자는 어둠 속으로 서서히 사라졌다. 6 네가 떠나버리면, 난 외로울 거야.

★
disorder [disɔ́ːrdər]
dis(=not) + order(순서, 질서)
→ 순서, 질서가 없음 → 무질서

명 1 **무질서, 혼란** 유 chaos
2 **(심신의) 이상, 불편**

7 Her mother accused her of leaving the room **in disorder**.
8 He suffers from a mental **disorder**.

plus + · in disorder: 혼란하게, 무질서하게

★★
discount
dis(=away, apart) + count(계산하다)
→ 떨어지게 계산하다

명 [dískaunt] **(주로 + on 상품/off 가격) 할인** 유 reduction
동 1 [dískaunt] **할인하다** 유 reduce
2 [diskáunt] **중요하지 않게 생각하다**

discountable 형 할인 가능한

9 The store is offering a **discount on** these socks if you buy three pairs.
10 It's really worth buying **at** such **a discount**!

plus + · at a discount: 할인하여, 할인가에

★★
discourage
[diskə́ːridʒ]
dis(=away, apart) + courage(용기)
→ 용기와 분리시키다

동 1 **그만두게 하다, 단념시키다**
2 **낙담[실망]시키다** 반 encourage

discouraged 형 낙담한, 의기소침한
반 encouraged

11 Don't let others' opinions **discourage** you from doing what you want.

★
dismiss [dismís]
dis(=away, apart) + miss(=mit:send)
→ send away → 떠나게 하다

동 1 **(의견·생각 등을) 묵살[일축]하다**
2 **해고하다, 내쫓다** 유 fire
3 **(모임 등을) 해산시키다** 유 discharge

dismissal 명 1 해고, 퇴학 2 해산

12 The government **dismissed** the criticism that its educational policy had many problems.
13 A: Why was he **dismissed** from his job?
B: He was fired for missing work too much.

7 그녀의 어머니는 그녀가 방을 어질러 놓았다고 나무랐다. 8 그는 정신 이상을 겪고 있다. 9 그 상점은 양말을 세 켤레 구매할 경우 할인을 해준다. 10 이건 정말로 이러한 할인가에 살 만한 가치가 있습니다! 11 다른 사람의 의견 때문에 네가 원하는 일을 하는 것을 그만두지 마라. 12 정부는 교육 정책에 많은 문제점이 있다는 비판을 묵살했다. 13 A: 그는 왜 직장에서 해고되었습니까? B: 그는 결근을 너무 많이 해서 해고당했습니다.

★ 핵심 다의어

dispose [dispóuz]

dis(=away, apart) + pose(=place)
→ 멀리 (다른 곳에) 두다 →
- (…을) 다른 곳에 위치시키다 → **배치[배열]하다**
- (물건을) 멀리 치우다 → **처분하다**
- (문제를) 멀리 치우다 → **처리[해결]하다**
- (관심을) 다른 곳에 두게 하다 → **경향을 갖게 하다**

동 1 **(물건·군대 등을) 배치[배열]하다** 2 (+ of) (…을) **처분하다, 없애다** 3 (+ of) **(문제 등을) 처리[해결]하다** 4 **경향을 갖게 하다**

disposed 형 1 (+ to-v) …할 마음이 있는, …하고 싶어 하는 유 inclined to-v
2 (+ to) …하는 경향이 있는 유 inclined to

disposable 명 형 일회용품(의)

★ **disposal** 명 처리, 처분, 폐기

disposition 명 1 (사람의) 기질 유 temperament
2 배치, 배열 유 arrangement

14 A: Don't **dispose of** this data. I need it for my research.
B: Okay. I'll leave it **at your disposal**.

plus + · at one's disposal: …가 마음대로 처분[사용]할 수 있는

DAY 05

★★

display [displéi]

dis(=away, apart) + play(=plic:fold)
→ 접힌 것을 여기저기 펼쳐 놓다

동 1 **전시[진열]하다** 유 exhibit
2 **(감정 등을) 보이다, 표현하다**

명 1 **전시, 진열** 유 exhibition 2 **보이기, 표현**

15 Various works of art are **displayed** in the museum.

plus + · on display: 진열[전시]하여

★★

differ [dífər]

dif(=away, apart) + fer(=carry)
→ 동떨어진 것을 지니다 → 다르다

동 1 (+ from) (…와) **다르다**
2 (+ with) **(의견 등이) 일치하지 않다** 유 disagree with

★★ **difference** 명 1 차이(점) 반 similarity
2 의견의 차이, 불화

★★ **different** 형 1 다른 반 similar 2 각각 다른, (각양)각색의

16 His taste in fashion **differed from** most of his peers.
17 It **makes no difference** to me whether he goes or not.

plus + · make no difference: 차이가 없다, 상관없다

⊕ more with

dis-

- **dis**close ('닫다'의 반대) 동 들추어내다, 폭로하다; 드러내다 (p.142)
- **dis**like ('좋아하다'의 반대) 동 싫어하다
- **dis**approve ('동의하다'의 반대) 동 동의[찬성]하지 않다
- **dis**advantage ('이점, 이익'의 반대) 명 불리, 불이익
- **dis**solve (느슨하게 따로 떨어뜨리다) 동 녹이다; 녹다; 해산시키다 (p.324)

14 A: 이 데이터를 처분하지 마세요. 제 연구에 필요하거든요. B: 좋아요. 당신 마음대로 쓰실 수 있게 둘게요. 15 그 박물관에는 다양한 예술 작품이 전시되어 있다. 16 그의 패션 취향은 그의 대부분의 친구들과는 다르다. 17 그가 가건 말건 나에겐 상관없다.

in²- (변화형 il-, im-, ir-) »» '부정' (not)

★
independent
[ìndipéndənt]
in(=not) + depend(의존하다) + ent(형접) → 의존하지 않는

형 1 독립한, 자주의
2 독립심이 강한 반 dependent

* **independence** 명 1 (…로부터의) 독립 2 자립(심)
* **independently** 부 독립하여, 자주적으로

1 India became an **independent** nation in 1947.
2 She was **independent** of her parents at the age of 18.
3 **Independence** Day

★
inevitable [inévətəbəl]
in(=not) + evitable(=avoidable 피할 수 있는) → 피할 수 없는

형 피할 수 없는, 불가피한 유 unavoidable

* **inevitably** 부 필연적으로, 반드시

4 It was **inevitable** that the company would lay off staff.

inexpensive
[ìnikspénsiv]
in(=not) + expensive(값비싼) → 비싸지 않은

형 저렴한, 비싸지 않은 유 cheap, low-priced

5 The furniture is **inexpensive** but well-made.

VOCA VS. VOCA 저렴한

inexpensive 품질은 좋은 데 비해 가격이 저렴한 경우에 사용함
6 It is *inexpensive* for its quality.

cheap '싸다' 이외에 '싸구려로 보이다'라는 부정적 의미가 있음
7 I think it's the color that makes the bag look *cheap*.

illegal [ilíːgəl]
il(=not) + legal(합법적인) → 합법적이지 않은

형 불법의 반 legal

8 Making copies of software is **illegal**.

1 인도는 1947년에 독립국이 되었다. 2 그녀는 18세에 부모로부터 독립했다. 3 독립 기념일 4 그 회사가 직원들을 해고하려 한 것은 불가피한 일이었다. 5 그 가구는 저렴하지만, 잘 만들어졌다. 6 그것은 품질에 비해 저렴하다. 7 제 생각에는 색깔 때문에 그 가방이 싸구려로 보이는 것 같아요. 8 소프트웨어를 복제하는 것은 불법이다.

★ **immoral** [imɔ́ːrəl]

im(=not) + moral(도덕적인)
→ 도덕적이지 않은

형 **부도덕한** 반 moral

9 He was punished for his **immoral** acts.

★ **immune** [imjúːn]

im(=not) + mune(=task)
→ 일에서 제외된 → 면제된
→ 질병에서 면제된

형 1 **면역성을 가진** 2 **면제된**

immunity 명 1 면역력 2 면제
immunize 동 면역력을 갖게 하다

10 Not everyone is **immune** to the virus yet.
11 The man was granted **immunity** in exchange for information about the crime.

★ **irrelevant** [iréləvənt]

ir(=not) + relevant(관계가 있는)
→ 관계가 없는

형 **《주로 + to》 (…와) 관계가 없는, 상관없는** 반 relevant

12 Your comment is **irrelevant to** the subject of today's discussion.
13 If a person can do the job well, his or her age is **irrelevant**.

⊕ more with **in²-**

intolerable ('참을 수 있는'의 반대) 형 참을 수 없는
illiterate ('글을 읽고 쓸 줄 아는'의 반대) 형 문맹의, 글을 모르는
impersonal ('개인적인'의 반대) 형 (비평 등이) 개인적인 감정을 섞지 않은; 비인격적인
irresponsible ('책임감 있는'의 반대) 형 책임감이 없는, 무책임한

DAY 05 잘 외워지지 않는 단어 복습 ○-○-○

	단어	뜻		단어	뜻
○			○		
○			○		
○			○		

9 그는 부도덕한 행동으로 처벌받았다. 10 모든 사람이 아직 그 바이러스에 면역성을 가진 것은 아니다. 11 그 남자는 범죄에 대한 정보 제공을 대가로 (처벌을) 면제 받았다. 12 네 의견은 오늘의 토론 주제와 무관하다. 13 일만 잘 할 수 있다면, 그 사람의 나이는 상관없다.

Matching Game

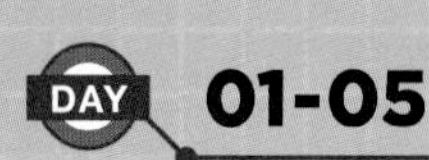

※ QR코드를 스캔하여 Matching Game을 한 후 점수를 기록해보세요.

My Scoreboard

	1차 시도	2차 시도	3차 시도
8000점 이상 나 자신 칭찬해. 최고야!			
7000~7999 이게 바로 공부의 재미?!			
6000~6999 글쎄 …			
5000~5999 이름은 쓸 수 있나?			
4999점 이하 순위에도 안 나와 …			

※ Matching Game 후 틀린 단어 또는 잘 외워지지 않는 단어를 써보세요.

	단어	뜻		단어	뜻
○			○		
○			○		
○			○		
○			○		
○			○		

클래스카드

super- (변화형 sover-, sur-) ≫ 위에, 초월해서 (above, beyond)

★
superior
[suːpíəriər]
super(=above) + ior〈비교급〉
→ 보다 위의

형 1 우수한, 보다 나은 반 inferior
2 (…보다) 상위[상급]의
명 상급자 유 senior

★ **superiority** 명 우수(성), 탁월, 우월 반 inferiority

1 This product is **superior to** the other.

plus + · superior[inferior] to: (품질·지위 등이) …보다 나은[못한]
· a sense of superiority[inferiority]: 우월감[열등감]

DAY 06

superb [supə́ːrb]
super(=above) + b(=be)
→ 다른 것보다 위에 있는

형 뛰어난, 멋진 유 excellent, outstanding, terrific

2 The hotel offers **superb** views of the lake.

superficial
[sùːpərfíʃəl]
super(=above) + fic(=face 표면)
+ ial(형접) → 표면상의

형 1 표면의, 외관상의
2 피상적인 반 profound(심오한)

3 a **superficial** wound
4 a **superficial** knowledge
5 A **superficial** resemblance doesn't necessarily mean you are part of the family.

sovereign [sáːvərin]
sover(=beyond)
+ eign(=an:형접) → 초월하는
→ 최고 권력의

형 1 주권이 있는 2 최고 권력의
명 통치자 유 emperor, monarch

sovereignty 명 주권

6 Goguryeo was a **sovereign** nation, not just a mere subject of China.

[1] 이 제품은 다른 것보다 우수하다. [2] 그 호텔은 호수의 멋진 광경을 보여준다. [3] 외상(外傷) [4] 피상적인 지식 [5] 외관상의 유사함이 꼭 당신이 가족의 일원이라는 것을 뜻하지는 않는다.(→외모가 비슷해야지만 가족인 것은 아니다.) [6] 고구려는 중국의 한낱 속국이 아니라 주권이 있는 국가였다.

★★
surface [sə́ːrfis]

sur(=above) + face(얼굴, 표면)
→ 얼굴[표면]의 윗면

명 1 표면 2 외관
동 1 (수면으로) 올라오다
2 드러나다, 나타나다 유 emerge

[7] The **surface** of the lake was smooth and peaceful.

⊕ more with **super-**

supervise (위에서 내려다보다) 동 감독하다, 관리하다 (p.392)
surpass (…보다 위로 통과하다) 동 …을 능가하다, …보다 낫다 (p.264)
survive (…보다 오래 생존하다) 동 살아남다, 생존하다 (p.395)

up- ≫ 위로 (up)

uphold [ʌphóuld]
- upheld - upheld

up(위로) + hold(지탱하다, 붙잡고 있다)
→ hold up 떠받치다

동 (법·제도·판결 등을) 지지하다, 옹호하다 유 support, sustain

[1] Citizens must **uphold** the laws of their country.

upright [ʌ́pràit]

up(위로) + right(똑바른)
→ 똑바로 선

형 1 똑바른; 수직으로 세운 유 erect 2 (도덕적으로) 올바른, 정직한
부 똑바로, 수직으로
명 (건축물 등의) 수직 기둥

[2] The books were placed **upright** on the shelf.

★★
upset [ʌpsét]
- upset - upset

up(위로) + set(놓다)
→ (아랫 부분이) 위가 되게 놓다
→ 뒤집어엎다 → 속이 뒤집힌

형 1 기분이 상한, 화난 2 (위장 등이) 탈이 난
동 1 (마음을) 상하게 하다
2 뒤집어엎다 유 turn over

[3] She was **upset** about her shipment being delayed.

upside [ʌ́psàid]

up(위로) + side(측, 면) → 윗면

명 위쪽, 윗면 반 downside

[4] Don't hold the box **upside down**.

plus + · upside down: 거꾸로, 뒤집혀

[7] 호수 표면은 부드럽고 잔잔했다. / [1] 국민들은 자국의 법을 지지해야 한다. [2] 책들은 선반 위에 똑바로 꽂혀 있었다. [3] 그녀는 배송이 늦어지는 것에 기분이 상했다. [4] 그 상자를 거꾸로 들지 마세요.

⊕ more with

up-

update (오늘 날짜까지 올리다) 명 동 갱신(하다), 최신의 것(으로 하다)
upgrade (등급을 올리다) 명 동 【컴퓨터·기계】 (품질·성능을) 향상(하다)

sub- (변화형 suf-, sug-, sup-)  …의 아래에 (under, down)

submarine

[sʌ̀bməríːn]

sub(=under) + marine(바다의)
→ 바다 아래로 다니는 것

명 잠수함
형 해저의

1 A **submarine** floated to the surface of the water.

DAY 06

★

suffer [sʌ́fər]

suf(=under) + fer(=bear:carry 견디다)
→ (고통) 밑에서 견디다

동 1 (고통 등을) 겪다 유 undergo, go through
2 《+ from》 …로 괴로워하다, (병 등을) 앓다

⋆ **suffering** 명 (육체적·정신적) 고통

2 Thousands of children are **suffering from** hunger and disease at this moment.

★★

suggest [sədʒést]

sug(=under) + gest(=bring)
→ (생각을) 아래로 가져오다 → 암시하다

동 1 제안[제의]하다 유 propose
2 암시[시사]하다 유 imply, indicate

⋆ **suggestion** 명 1 제안 2 암시, 시사

3 I **suggest finishing** your homework before going out.
4 These findings **suggest** that pride responses are innate.

plus + · suggest v-ing: …하는 것을 제안하다

★★ 핵심 다의어

support [səpɔ́ːrt]

sup(=from below) + port(=carry)
→ 아래에서 (위로) 나르다
→ (힘 따위를) 건네주다 →
├ (정신적으로) → **지지(하다)**
├ (경제적으로) → **부양(하다)**
└ (물리적으로) → **받침; 받치다**

동 1 (의견·정책·사람 등을) 지지하다
2 (금전적으로) 부양하다
3 받치다
명 1 지지, 지원 2 부양 3 받침

5 I **support** the idea in principle.
6 My mother worked two jobs to **support** us.

1 잠수함이 물의 표면으로 떠올랐다. 2 지금 이 순간에도 수천 명의 아이들이 배고픔과 질병으로 고통받고 있다. 3 외출하기 전에 너의 숙제를 끝내는 것이 좋겠다. 4 이러한 연구 결과는 자부심(을 드러내는) 반응이 선천적이라는 것을 시사한다. 5 나는 원칙적으로 그 생각을 지지한다. 6 어머니께서는 우리를 부양하기 위해 두 가지 일을 하셨다.

★
suppress [səprés]

sup(=down) + press(누르다)
→ 아래로 누르다

동 1 **진압하다** 유 put down
2 **억제하다**
3 **(감정 등을) 참다, 억누르다** 유 restrain

★ **suppression** 명 진압, 억제

7 The new government quickly **suppressed** the uprising.
8 It was hard to **suppress** my laughter.

⊕ more with **sub-**

subconscious (의식 아래에 있는) 명 형 잠재의식(의) p.309
subscribe (신청서 아래쪽에 쓰다) 동 (신문·잡지 등을) (정기) 구독하다 p.310
submerge (물 아래로 완전히 잠기다) 동 잠수하다, 잠기다; 잠그다 p.236
subtitle (제목 아래에 있는 것) 명 동 부제(를 달다); (영화 등의) 자막 (처리를 하다)

anti- (변화형 ant-) ≫ …에 대항[반대]하여 (against, opposite)

★
antibiotic [æ̀ntibaiɑ́:tik]

anti(=against) + biotic(생물의)
→ (미)생물의 번식을 억제하는
→ 미생물의 번식을 억제할 수 있는 물질

명 **항생제, 항생 물질**

1 An **antibiotic** is used to kill harmful bacteria.

antibody [ǽntibɑ̀:di]

anti(=against) + body(몸)
→ 몸에 들어온 병원균에 대항하는 것

명 **항체**

2 **Antibodies** in the blood protect against disease.

plus + *cf.* antigen: 항원(체내에 들어가 항체를 형성하게 하는 물질)

antarctic [æntɑ́:rktik]

ant(=opposite) + arctic(북극, 북극의)
→ 북극의 반대쪽

형 **남극의** 반 arctic(북극의)
명 **(the Antarctic) 남극 대륙** 반 the Arctic(북극(지방))

3 The man plans to cross the **Antarctic** Circle.

7 새 정부는 반란을 빠르게 진압했다. 8 나는 웃음을 참기가 힘들었다. / 1 항생 물질은 해로운 박테리아를 죽이기 위해 사용된다. 2 혈액 속의 항체는 질병으로부터 보호해준다. 3 그 남자는 남극권 횡단을 계획하고 있다.

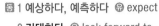

★
anticipate
[æntísəpèit]
anti(=before) + cip(=cap:take) + ate(동접) → 미리 잡아내다[파악하다]

동 1 예상하다, 예측하다 유 expect
2 기대하다 유 look forward to

⋆ **anticipation** 명 1 예상 2 기대 유 expectation

1 The management is seeking ways to **anticipate** customers' needs.

---

antique [æntíːk]
anti(=before) + ique(=ic:형접) → 이전의, 옛날의

형 고대의, 옛날의 유 ancient
명 골동품

2 These **antiques** are only for display; they're not for sale.

★★
adv**ant**age
[ədvǽntidʒ]
adv(=ab:from) + ant(=before) + age(명접) → (남보다) 앞서는 것 → 유리함

명 1 유리한 조건[입장] 반 disadvantage
2 이점

advantageous 형 유리한, 이익이 되는
유 profitable, beneficial, helpful

3 It's an **advantage** to be tall when you play basketball.
4 You should **take** full **advantage of** this opportunity.

plus + · take advantage of: …을 이용하다 (=make use of, utilize)

★★
ancestor [ǽnsèstər]
an(=before) + cest(=cede:go) + or(명접:「행위자」) → 먼저 간 사람

명 조상, 선조 유 forefather 반 descendant

ancestral 형 1 조상의 2 대대로 내려오는

5 The descendants honor their **ancestors** at a memorial ceremony on the first day of the New Year.

★★
ancient [éinʃənt]
anci(=before) + ent(형접) → 앞의

형 고대의, 옛날의 반 modern

6 The drama is based on **ancient** Korean history.

1 경영진은 고객의 수요를 예측하는 방법들을 찾고 있다. 2 이 골동품들은 진열해 놓은 것이지 판매용이 아닙니다. 3 농구를 할 때는 키가 큰 것이 유리한 조건이다. 4 너는 이 기회를 최대한 이용해야 한다. 5 후손들은 새해 첫날 차례에서 그들의 조상들을 기린다. 6 그 드라마는 한국 고대사를 바탕으로 한다.

★★
advance [ədvǽns]

adv(=ab:from) + ance(=before)
→ …에서 앞으로 나아가기

명 1 전진 2 진보

동 1 전진하다 유 progress 반 retreat
2 진보하다; 진보시키다 유 develop

⋆ **advanced** 형 1 진보한, 매우 앞선 2 고급의, 고등의
⋆ **advancement** 명 1 승진 유 promotion
2 진보, 발전 유 development

7 IT has **advanced** dramatically since the 1960s.
8 Do I have to make a reservation **in advance**?
9 an **advanced** country (=a developed country)

plus + · in advance: 앞서서, 미리 (=beforehand)

VOCA VS. VOCA 진보, 발전

progress 시간이 가면서 앞으로 또는 발전·향상된 단계로 나아감 (p.18)
10 He made remarkable ***progress*** in English.

advance 기술이나 문명의 발전 정도가 고도로 앞섬
11 Medical ***advances*** allow us to live longer.

development 크기·규모·수준 등이 낮은 단계에서 높은 단계로 성장함 (p.37)
12 Vitamins are essential for proper physical ***development***.

DAY 06 잘 외워지지 않는 단어 복습

단어	뜻	단어	뜻

7 IT 기술은 1960년대부터 급격하게 진보해왔다. 8 미리 예약을 해야 하나요? 9 선진국 10 그는 영어 실력이 눈에 띄게 향상되었다. 11 의학의 발달은 우리가 더 오래 살도록 해준다. 12 비타민은 알맞은 신체 발달에 필수적이다.

클래스카드

com- (변화형 con-, cor-, col-) 1 함께 (with, together) 2 '강조' (intensive)

★★
combine [kəmbáin]
com(=together) + bine(=two by two)
→ 두 개가 함께 있도록 하다

동 1 결합하다; 결합되다 유 unite, get[put] together 2 겸비하다

⋆ **combination** 명 1 결합, 조합 2 (자물쇠 등의) 번호 (조합)

1 Most young people like to **combine** homework **with** a lot of instant messaging.
2 Only "mother-daughter" or "father-son" **combinations** will be accepted.

plus + · combine A with B: A를 B와 결합하다

★★ 핵심 다의어
company [kʌ́mpəni]
com(=together) + pan(=bread 빵; 돈) + y(명접) → 빵[돈]을 같이 먹음[벎] →
- 식사를 같이 하는 사람 → **친구; 일행**
- 돈을 같이 버는 것[사람] → **회사; 동료**

명 1 회사 유 business, firm
2 **친구, 동료** 유 companion 3 **일행, 동석, 동행**

3 Which **company** do you work for?
4 He **keeps good[bad] company**.
5 He enjoys her **company**.

plus + · keep good[bad] company: 좋은[나쁜] 친구와 어울리다

---

compile [kəmpáil]
com(=together) + pile(쌓아올리다, 모으다) → 함께 모아 놓다

동 1 **편집[편찬]하다**
2 **(자료를) 수집하다**

6 The report is based on data **compiled** by 100 researchers.

★
compose [kəmpóuz]
com(=together) + pose(=put 두다)
→ 함께 조립하여 두다

동 1 **구성하다** 유 make up, constitute, comprise
2 **작곡하다, (글을) 쓰다** 유 create

⋆ **composition** 명 1 구성, 조립 2 작문, 작곡 3 (음악·미술·시) 작품
⋆ **composer** 명 작곡가

7 Water **is composed of** hydrogen and oxygen.
8 She likes to write lyrics and **compose** music.

plus + · be composed of: …로 구성되다 (=be made up of, consist of)

[1] 대부분의 젊은 사람들은 과제와 많은 문자 메시지를 동시에 하고 싶어 한다. [2] 오직 '엄마와 딸' 또는 '아빠와 아들' 조합만 허용됩니다. [3] 어느 회사에서 근무하십니까? [4] 그는 좋은[나쁜] 친구들과 어울려 다닌다. [5] 그는 그녀와 함께하는 것을 좋아한다. [6] 그 보고서는 100명의 연구자들이 수집한 자료를 기반으로 한다. [7] 물은 수소와 산소로 구성되어 있다. [8] 그녀는 작사와 작곡을 하는 것을 좋아한다.

compromise [kɑ́:mprəmàiz]

com(=together) + promise(약속하다)
→ (합의에 따르기로 하는) 서로 간의 약속

명 타협, 절충
동 타협[절충]하다

9 After an hour of discussion, they reached a **compromise**.

★★
complain [kəmpléin]

com(「강조」) + plain(=lament 한탄하다)
→ 매우 한탄하다

동 불평하다, 항의하다

★ **complaint** 명 불평, 항의

10 The customer **complained** to the store manager about a broken product.
11 I **made a complaint** about the noise.

plus + · make a complaint: 불만을 제기하다

★
conform [kənfɔ́:rm]

con(=together) + form(형식, 관례)
→ 서로 같은 형식을 취하다

동 《주로 + to》 (관습·법·규칙 등에) 순응하다, 따르다 유 obey, observe

conformity 명 1 따름, 순응 2 일치
conformist 명 순응주의자

12 One must **conform to** proper etiquette in public places.

★
confront [kənfrʌ́nt]

con(=together) + front(정면)
→ 서로 마주 보다

동 1 (문제·어려움 등에) 직면하다 유 face 2 …에 맞서다

confrontation 명 대립, 대결

13 When you'**re confronted with** difficulties, you should find solutions rather than complaining.

plus + · be confronted with: …와 직면하다

★★
confirm [kənfə́:rm]

con(「강조」) + firm(확고한)
→ 더욱 확고하게 하다

동 1 (예약·약속 등을) 확인하다, 확정하다
2 (…이 사실임을) 보여주다, 확인해주다
3 (…이 맞다고) 인정하다

confirmation 명 확인, 확증

14 Don't forget to **confirm** your flight reservation.
15 The research results **confirmed** what he had suspected.
16 The politician refused to **confirm** the rumor.

---

9 한 시간의 토론 끝에 그들은 합의에 이르렀다. 10 고객은 고장 난 제품에 대해 점장에게 항의했다. 11 나는 소음에 대해 불만을 제기했다. 12 공공 장소에서는 적합한 에티켓을 지켜야 한다. 13 어려움에 직면했을 때 불평하기보다는 해결책을 찾아야 한다. 14 비행기 예약 확인하는 거 잊지 마세요. 15 그 연구 결과는 그가 의심했던 것이 사실임을 보여주었다. 16 그 정치인은 소문을 인정하기를 거부했다.

condense [kəndéns]

con(「강조」) + dense(밀도 높은, 진한)
→ 매우 진하게 하다

동 1 농축[응축]시키다; 농축[응축]되다
2 (말·글 등을) 간략하게 하다, 요약하다

17 Water vapor **condenses** and forms clouds.

★

correspond [kɔ̀:rəspɑ́:nd]

cor(=together) + respond(응답하다)
→ 서로 응답하다

동 1 (…에) 해당[대응]하다 2 일치[부합]하다 유 match
3 서신을 주고받다

- ★ **corresponding** 형 《주로 + to》 (…에) 상응하는 유 equivalent to
- ★ **correspondence** 명 1 서신 왕래 2 대응[상응], 일치
- **correspondent** 명 1 통신원, 특파원 유 reporter 2 서신 왕래하는 사람

18 The broad lines on the map **correspond to** roads.
19 The problem is that what she says doesn't **correspond with** what she does.
20 a war **correspondent**

plus + · correspond to[with]: 1 …에 해당[대응]하다 2 …와 일치하다

★

collapse [kəlǽps]

col(=together) + lapse(=fall)
→ 함께 떨어지다

동 1 붕괴되다, 무너지다 2 (의식을 잃고) 쓰러지다
명 1 붕괴 2 쓰러짐 3 실패

21 The old house **collapsed** during the windstorm.
22 The **collapse** of that global company seemed certain.

⊕ more with

com-

combat (서로 치다, 싸우다) 동 싸우다 명 전투
confess (모두 말하다) 동 인정하다, 시인하다; 고백하다 (p.165)

sym- (변화형 syn-) ≫ 함께 (together, with)

symphony [símfəni]

sym(=together) + phon(=sound) + y(명접) → 함께 조화를 이루는 소리

명 교향곡, 심포니

1 **Symphonies** are usually composed of three or four movements.

[17] 수증기가 응축되어 구름을 형성한다. [18] 지도상의 굵은 선은 도로에 해당한다. [19] 문제는 그녀의 말과 행동이 일치하지 않는다는 것이다. [20] 종군기자 [21] 그 오래된 집은 폭풍에 붕괴되었다. [22] 그 세계적 기업의 붕괴는 확실해 보였다. / [1] 교향곡은 대개 3악장 또는 4악장으로 구성된다.

synthetic [sinθétik]

syn(=together) + thet(=place) + ic(형접) → 한 곳에 함께 모아 둔

형 1 **합성한, 인조의** 유 artificial 반 natural 2 **종합적인**

synthesize 동 1 합성하다 2 종합하다, 종합적으로 다루다

2 Is the material made from natural or **synthetic** fibers?

multi- 많은 (many)

multimedia [mʌ̀ltimíːdiə]

multi(=many) + media(매체) → 여러 매체

명 형 **멀티미디어(의)** (여러 매체를 사용한 커뮤니케이션)

1 The museum uses **multimedia** equipment to help visitors learn about the art.

★ **multiple** [mʌ́ltəpəl]

multi(=many) + ple(겹, 배수의) → 여러 겹의, 많은 수의

형 1 다수의, 다양한 2 **배수의**

명 **배수**

multiply 동 1 증가하다; 증가시키다 유 increase 2 곱하다 반 divide 3 번식하다

2 Dealing with **multiple** tasks requires time management.

3 Cybercrimes have **multiplied** greatly over the past five years.

---

multitude [mʌ́ltətùːd]

multi(=many) + tude(명접) → 많은 상태

명 1 **다수** 2 **(문어체) 군중** 유 crowd

4 I saw **a multitude of** stars in the sky last night.

plus + · a multitude of: 수많은 …, 다수의 …

VOCA VS. VOCA 군중

crowd 일정한 장소에 밀집해 모여 있는 대단히 많은 수의 사람

5 Can you see your sister in the ***crowd***?

mob 부정적인 의미로, 소란을 피우거나 폭력성을 띤 다수의 무리

6 She was surrounded by the angry ***mob***.

multitude 문어적인 표현으로, 일반 대중을 뜻함

7 The Pope finally appeared to the ***multitude***.

group 한 장소에 무리를 이루고 있거나 연관성을 가진 여러 사람이나 사물

8 Are you in the same ***group*** as them?

2 그 재료는 천연 섬유로 만들어졌나요 아니면 합성 섬유로 만들어졌나요? / 1 그 박물관은 관람객들이 작품을 이해할 수 있도록 돕고자 멀티미디어 장비를 사용한다. 2 다수의 일을 처리하는 데에는 시간 관리가 요구된다. 3 지난 5년 동안 사이버 범죄가 크게 증가했다. 4 나는 어젯밤에 하늘에 떠 있는 수많은 별을 봤다. 5 군중 속에서 네 누나를 찾을 수 있겠니? 6 그녀는 화난 폭도들에게 둘러싸였다. 7 교황은 마침내 대중에게 모습을 드러냈다. 8 저 분들과 일행이세요?

ab- 1 떨어져 (away from) 2 '강조' (intensive)

★★ 핵심 다의어

absorb [əbsɔ́ːrb]

ab(=away from) + sorb(=suck in)
→ 다른 것으로부터 빨아들이다 →
- (액체·기체를) **흡수하다**
- (정보·지식 등을) **받아들이다**
- (사람이 …에) **열중하게 하다**

통 1 (액체·기체를) 흡수하다 유 take[suck] in
2 (정보·지식 등을) 받아들이다 3 열중하게 하다

1 The sponge **absorbs** water well.
2 Time passes quickly when you **are absorbed in** your work.

plus + · be absorbed in: …에 열중하다

abnormal [æbnɔ́ːrməl]

ab(=away from) + normal(정상적인)
→ 정상적인 것과 거리가 먼

형 비정상적인 반 normal

abnormality 명 비정상, 이상

3 Snow is **abnormal** for this time of year.

★

absolute [ǽbsəlùːt]

ab(=away from) + sol(=solv:loosen) + ute(형접) → 느슨한 것에서 벗어난

형 1 완전한, 전적인, 절대적인 유 complete, total
2 확실한 3 전제적인, 무제한의

★ **absolutely** 부 1 완전히, 전적으로 유 completely, totally 2 그렇고 말고

4 There was **absolute** silence after his comment.
5 A: Are you **absolutely** sure?
B: **Absolutely**!

absurd [əbsə́ːrd]

ab(「강조」) + surd(=deaf 귀먹은)
→ 들어보지도 못한 → 엉뚱한

형 1 어리석은, 터무니없는 유 silly, foolish, ridiculous
2 불합리한 유 unreasonable 반 sensible, reasonable

6 That's an unrealistic and **absurd** idea.

DAY 07 잘 외워지지 않는 단어 복습 ○-○-○

단어	뜻	단어	뜻
○		○	
○		○	
○		○	

1 스펀지는 물을 잘 흡수한다. 2 당신의 일에 열중하면 시간이 금방 지나간다. 3 일 년 중 이 시기에 눈이 내리는 것은 비정상적이다. 4 그의 말이 있은 후 완전한 침묵만이 있었다. 5 A: 정말로[전적으로] 확실해? B: 그렇고 말고! 6 그것은 비현실적이고 터무니없는 아이디어다.

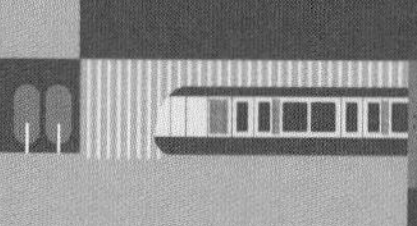
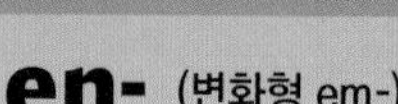

en- (변화형 em-) 1 …이 되게 하다 (make) 2 … 안에 (in)

★★
enable [inéibəl]
en(=make) + able(가능한)
→ 가능하게 만들다

동 …할 수 있게 하다, 가능하게 하다

[1] Their cooperative attitude **enabled** them **to reach** a compromise.

plus + · enable A to-v: (주로 사물이 주어로 쓰여) A가 …할 수 있게 하다

★
enforce [infɔ́ːrs]
en(=make) + force(힘)
→ 힘을 사용하다, 강력하게 하다

동 1 (법률 등을) 시행[집행]하다
2 강요하다 유 force, compel

enforcement 명 1 (법률 등의) 시행 2 강제

[2] The police often have to use force to **enforce** the law.

★★
enhance [inhǽns]
en(=make) + hance(=high)
→ 높아지게 만들다

동 (질·가치를) 향상하다 유 improve

enhancement 명 향상

[3] Adding some pepper would really **enhance** the flavor of this soup.
[4] After the recent **enhancement**, the app runs faster.

---

enlarge [inlɑ́ːrdʒ]
en(=make) + large(큰)
→ 크게 하다

동 크게 하다, 확장하다; 확장되다 유 broaden, expand 반 diminish

[5] I want to have this photograph **enlarged**.

★
enrich [inrítʃ]
en(=make) + rich(부유한)
→ 부유하게 하다

동 1 (질·가치·빛깔·맛 등을) 높이다, 풍부하게 하다
2 부유하게 하다

[6] Being curious and creative will **enrich** every part of your life.

[1] 그들의 협조적인 태도는 그들이 타협에 이를 수 있게 했다. [2] 경찰은 법을 집행하기 위해 종종 무력을 사용해야 한다. [3] 후추를 조금 넣으면 수프의 풍미가 훨씬 좋아질 것입니다. [4] 최근의 (기능) 향상 이후, 앱이 더 빠르게 작동한다. [5] 이 사진을 확대하고 싶습니다. [6] 호기심을 갖고 창의적인 것이 삶의 모든 영역을 풍부하게 해줄 것이다.

★
entitle [intáitl]

en(=make) + title(제목; 자격)
→ give a title to 자격을 주다

동 《주로 수동태로》 1 자격[권리]을 주다
2 표제[명칭]를 붙이다

7 Being a member **entitles** you to discounts on tickets.
8 The book is **entitled** *Crime and Punishment*.

enclose [inklóuz]

en(=in) + close
→ 안에 넣고 닫다

동 1 (물건·장소를) 둘러싸다 유 surround
2 동봉하다

enclosure 명 1 울타리를 친 장소 2 울타리 치기
3 동봉된 것

9 The documents you requested are **enclosed**.

★★
encounter [inkáuntər]

en(=in) + counter(=contra:against)
→ in front of → 맞은편에 나타나다
→ 마주치다

동 1 (문제·일에) 직면하다 유 face
2 우연히 만나다 유 come across
명 《주로 + with》 우연한 만남

10 She didn't want to **encounter** a big crocodile on her kayak journey.

★★ 핵심 다의어
engage [ingéidʒ]

en(=in) + gage(=pledge 서약)
→ 서약 안에 있다
- (서약 안으로 들어가다) → **참여하다, 관여하다**
- (서약 안으로 들어오게 하다) → **(주의를) 끌다, 사로잡다**
- (서약에 들어가기로 하다) → **약속하다**
- (결혼하기로 약속하다) → **약혼하다**

동 1 《+ in/with》 참여[관여]하다, 종사시키다 반 disengage(풀다, 떼어내다)
2 (주의를) 끌다, 사로잡다
3 약속하다 4 약혼하다

★ **engagement** 명 1 약속; 약혼 2 참여
★★ **engaged** 형 1 《+ in/on》 …에 열중인, 바쁜 유 occupied with
2 《+ to》 약혼한
engaging 형 관심을 끄는, 매력적인

11 His daughter loves to **engage in** conversation with new people.
12 I missed the party because I had an important **engagement**.
13 People who **are engaged in** service to others, such as volunteering, tend to be happier.
14 Daniel and Ava are **engaged**.

plus + · be engaged in: 1 …에 관련되다, 종사하다 2 …하느라 바쁘다

7 회원이 되는 것은 표를 할인 받을 수 있는 자격을 부여합니다[회원이 되면 표를 할인해 드립니다]. 8 그 책은 〈죄와 벌〉이라는 제목이 붙어 있다. 9 귀하께서 요청하신 자료가 동봉되어 있습니다. 10 그녀는 카약 여행에서 큰 악어를 마주치고 싶지는 않았다. 11 그의 딸은 새로운 사람들과의 대화에 참여하는 것을 매우 좋아한다. 12 나는 중요한 약속이 있어서 그 파티에 가지 못했다. 13 봉사활동처럼, 사람들을 대하는 서비스(업)에 종사하는 사람은 더 행복한 경향이 있다. 14 Daniel과 Ava는 약혼한 사이다.

embrace [imbréis]

em(=in) + brace(=arms)
→ 두 팔 안에 넣다

동 1 껴안다 유 hug
2 수락하다, 받아들이다 유 accept, adopt
명 1 포옹 2 수락

15 He **embraced** me like I was a brother.
16 It's nice to feel the warm **embrace** of someone you're close to.

tele- »» 멀리 (far off)

telescope [téləskòup]

tele(=far off) + scope(=range 범위, 영역) → 먼 영역까지 볼 수 있음

명 망원경

1 He bought a **telescope** to gaze at the stars.

auto- »» 자신의, 스스로의 (self)

autograph [ɔ́:təgræ̀f]

auto(=self) + graph(=write)
→ write with one's own hand
자필로 쓰다

명 사인, 자필 서명
동 자필 서명하다

1 I'm a big fan of yours. Can I get your **autograph**?

VOCA VS. VOCA 서명, 사인

autograph 특히 기념이 될 만한 유명인(연예인 등)의 사인
2 Fans crowded around the singer to get his ***autograph***.

signature 계약서·편지 등의 끝에 본인이 직접 한 서명 [p.320]
3 She put her ***signature*** on the contract.

autobiography
[ɔ̀:təbaiɑ́:grəfi]

auto(=self) + biography(전기)
→ 자신에 대해 쓴 전기

명 자서전

4 Have you ever read Benjamin Franklin's **autobiography**?

15 그는 내가 남동생인 것처럼 나를 안아주었다. 16 당신의 가까운 사람의 따뜻한 포옹을 느껴보는 것은 좋은 일이다. / 1 그는 별을 보려고 망원경을 샀다. / 1 당신의 열렬한 팬이에요. 사인 좀 받을 수 있을까요? 2 팬들이 사인을 받으려고 그 가수 주위에 몰려들었다. 3 그녀는 계약서에 서명을 했다. 4 Benjamin Franklin의 자서전을 읽어본 적이 있습니까?

★
automobile
[ɔ́:təməbì:l]
auto(=self) + mobile(=moving)
→ self-moving 자동으로 움직이는 것

명 형 자동차(의)

5 The **automobile** industry has led the country's economic growth.

⊕ more with
auto-

autocracy (혼자서 마음대로 함) 명 독재 정치
automatic (스스로 움직이는) 형 (기계·장치 등이) 자동인
autonomy (스스로 다스림) 명 자치(권)

DAY 08

per- 1 완전히 (thoroughly) 2 두루 (through)

★★
perfect
per(=thoroughly) + fect(=fac:do)
→ 완전한; 완벽하게 하다

형 [pə́:rfikt] 완전(무결)한, 완벽한 반 imperfect
동 [pərfékt] 완벽하게 하다

* **perfectly** 부 나무랄 데 없이, 완벽하게, 완전히
perfection 명 완벽(함) 반 imperfection

1 Though I'm far from **perfect**, I always aim for **perfection**.
2 The brain can learn to **perfect** many different skills.

★
permanent
[pə́:rmənənt]
per(=thoroughly) + man(=remain) + ent(형접) → 끝까지 남아 있는

형 1 영구적인, 불변의 유 everlasting
2 오랫동안 지속되는; 정규(직)의 반 temporary

* **permanently** 부 영구적으로

3 a **permanent** tooth
4 I'm looking for a **permanent** job, not a temporary one.

plus + · permanent: (*AmE*) 파마 (줄여서 perm)

persevere [pə̀:rsəvíər]
per(=thoroughly) + severe(엄격한, 진지한) → 매우 진지한 → 진지하게 계속하다

동 (끈질기게) 노력하다, 인내하다, 견디다

perseverance 명 끈기, 인내(력) 유 persistence

5 To succeed, you must **persevere** until the end.

5 자동차 산업이 그 나라의 경제 성장을 이끌었다. / 1 저는 결코 완벽하지 않지만, 항상 완벽함을 목표로 삼아요. 2 뇌는 많은 다양한 기술을 완벽히 하는 법을 배울 수 있다. 3 영구치 4 나는 임시직이 아닌 정규직을 찾고 있다. 5 성공하기 위해서는 마지막 순간까지 노력해야 한다.

★

persist [pərsíst]

per(=thoroughly) + sist(=stand) → 끝까지 서 있다

동 1 《+ in/with》 (어려움·반대에도 불구하고) 계속 …하다, 고집하다
2 (주로 좋지 않은 일이) 지속하다, 존속하다

* **persistent** 형 1 지속적인 2 고집하는, 끈질긴
persistence 명 1 고집 2 영속, 지속성

6 He **persisted in** his ways till the day he died.
7 You have to see a doctor if the symptoms **persist**.

plus + · persist in v-ing: …하는 것을 고집하여 계속하다

★★

persuade [pərswéid]

per(=thoroughly) + suade(=urge 촉구하다) → 철저히 촉구하다 → 설득하다

동 1 설득하다, 권해서 …하게 하다
2 믿게 하다, 납득시키다 유 convince

persuasion 명 1 설득 2 확신, 신념
persuasive 형 설득력이 있는

8 We **persuaded** him **to take** some time for himself.
9 How can I **persuade** you that I am innocent?
10 I used **persuasion**, not force, to make him change his mind.

plus + · persuade A to-v: A가 …하도록 설득하다

★★

perspective [pərspéktiv]

per(=through) + spect(=look) + ive(명접) → 전체를 두루 봄

명 1 《+ on》 관점, 시각, 견해 유 viewpoint on
2 균형 잡힌 관점, 사리분별(력)
3 원근법

11 What's your **perspective on** that issue?

se-  떨어져 (apart)

★★

separate

se(=apart) + par(=prepare) + ate(형접) → 따로 마련해 놓은

형 [sépərit] 1 분리된, 갈라진 2 별개의, 따로따로의
동 [sépərèit] 분리하다, 갈라놓다; 분리되다, 갈라지다

* **separately** 부 따로따로, 개별적으로 유 individually
* **separation** 명 1 분리, 분할, 구별 2 (부부 간의) 별거, 이별

1 Food waste should **be separated from** other waste before disposal.

plus + · separate A from B: B에서 A를 분리하다

6 그는 죽는 날까지 자신의 방식을 고집했다. 7 증상이 지속된다면 병원에 가야 합니다. 8 우리는 그에게 그 스스로를 위해 시간을 좀 가져보라고 설득했다. 9 어떻게 하면 너에게 내가 결백하다는 것을 납득시킬 수 있을까? 10 나는 그가 마음을 바꾸도록 강요가 아닌 설득을 했다. 11 그 문제에 대한 당신의 견해는 무엇입니까? / 1 음식물 쓰레기는 버려지기 전에 다른 쓰레기와 분리되어야 한다.

★★
secure [sikjúər]
se(=apart) + cure(=care 걱정)
→ 걱정에서 멀어져

형 1 **안전한** 유 safe 반 insecure
2 **확실한** 유 guaranteed
동 1 **확보하다** 2 **안전하게 하다, 위험으로부터 보호하다**

★ **security** 명 1 안전, 보호 (수단) 2 보안, 경비 3 안도(감), 안정

2 A: You're lucky to have such a **secure** job.
B: Yes, but you can't imagine the trouble I went through in **securing** it.
3 Some repetition gives us a sense of **security**, in that we know what is coming next.

★★
select [silékt]
se(=apart) + lect(=choose)
→ 따로 골라내다

동 **선택하다, 고르다** 유 choose, pick

★★ **selection** 명 선택, 선발(된 것) 유 choice
★ **selective** 형 1 (주로 명사 앞에서) 선택적인 2 까다롭게[꼼꼼히] 선택하는

4 He had hopes of being **selected** for the national team.
5 We offer a wide **selection** of electronic goods.

plus + · make a selection: 선택하다

VOCA VS. VOCA 선택하다

choose '여럿 중에서 선택하다'라는 뜻의 가장 일반적인 표현
6 You can *choose* between coffee and tea.

pick 기분이나 느낌으로 여럿 중에서 선택하다
7 *Pick* out whatever you want.

select 최선의 것을 신중하게 선택하다 (pick, choose에 비해 객관적인 선택)
8 They *selected* the cheapest restaurant.

2 A: 그렇게 확실한 직장을 다니다니 운이 좋으시군요. B: 네, 하지만 당신은 제가 그 일자리를 확보하기 위한 과정에서 겪은 고생을 상상도 못 할 거예요. 3 어떤 반복은 다음에 무엇이 올지 우리가 안다는 점에서 안도감을 준다. 4 그는 국가대표팀에 선발되길 바랐다. 5 우리는 다양한 종류의 전자 제품을 제공합니다. 6 커피와 차 중에 선택하실 수 있어요. 7 아무거나 원하는 것으로 골라보세요. 8 그들은 가장 값이 저렴한 식당을 선택했다.

segregation
[sègrəgéiʃən]
se(=apart) + greg(e)(=flock 무리) + ation(명접)
→ 무리를 갈라 떨어뜨림

명 1 **(인종·성별 등에 의한) 분리, 차별**
2 **분리, 격리** 유 separation, isolation 반 integration

segregate 동 1 (인종·성별 등에 따라) 분리[차별]하다
2 분리[격리]하다 유 separate, isolate 반 integrate

9 Gender **segregation** is a stain on society.

DAY 08 잘 외워지지 않는 단어

복습

단어	뜻	단어	뜻

9 성차별은 사회의 오점이다.

ad- (변화형 ac-, ap-, a-, ab-, ar-) ≫ …에, …로 (to), …을 향해 (toward)

★★
adjust [ədʒʌ́st]

ad(=to) + just(올바른)
→ …의 목적에 맞게 하다, 바로잡다

동 1 맞추다, 조정[조절]하다 유 modify
2 (주로 + to) 적응[순응]하다 유 adapt to

adjustment 명 1 수정, 조절 2 적응, 순응

1 Learning English will help you **adjust to** life in England.
2 I made a few minor **adjustments** to the basic design.

★★
accompany [əkʌ́mpəni]

ac(=to) + company(동행, 일행)
→ …로 가는 길의 일행이 되다

동 1 …와 동행하다 유 escort
2 (주로 수동태로) (현상 등이) …에 수반하여 일어나다
3 【음악】 반주하다

3 Children under ten must **be accompanied by** an adult.
4 Adventure **is** always **accompanied by** risk.

plus + · be accompanied by: …을 동반하다; …을 수반하다

★★ 핵심 다의어
account [əkáunt]

ac(=to) + count(계산하다)
→ count up to (계산 결과가) …에 달하다
(금전의) 계산 → 은행 **계좌** → 이용 **계정**
계산서 → **보고(서), 설명** → **이유**

명 1 계좌 2 보고(서), 설명 3 계정
4 이유, 원인 유 reason 5 계산서 유 bill
동 (+ for) 1 …의 이유를 밝히다, …을 설명하다 유 explain
2 …의 원인이 되다
3 (…의 비율을) 차지하다

accountant 명 회계사

5 I'd like to open a new **account**.
6 Can you **account for** your behavior today?
7 Global warming may **account for** the rise in ocean temperatures.
8 The election had a record turnout, **accounting for** over 70% of the population.

plus + · take A into account: A를 고려하다 (=take account of A)
· on account of: … 때문에 (=because of)
· of no[little] account: 중요치 않은

1 영어를 배우는 것은 영국에서의 생활에 적응하는 데 도움이 될 것이다. 2 나는 기본 디자인에 몇 개의 작은 수정을 가했다. 3 10세 미만의 어린이들은 어른을 동반해야 한다. 4 모험은 항상 위험을 수반한다. 5 계좌를 신설하고 싶습니다. 6 오늘 네 행동에 대해 설명해줄래? 7 지구 온난화가 바다 온도 상승의 원인일 수 있다. 8 그 선거는 인구의 70% 이상의 비율을 차지하는 기록적인 투표율을 보였다.

★
accumulate
[əkjúːmjəlèit]
ac(=to) + cumulate(쌓다)
→ …에 (추가하여) 쌓아올리다

동 (돈·재산·물건 등을) 모으다, 축적하다; 모이다, 축적되다
유 pile up, collect

* **accumulation** 명 축적, 쌓아올림

9 How did he **accumulate** that much money?

★
accustomed
[əkʌ́stəmd]
ac(=to) + custom(습관) + ed〈과거분사〉
→ …에 습관이 배어

형 (…에) 익숙해진, 습관이 된 유 habitual

accustom 동 (+ to) 익숙하게 하다

10 You'll soon **be accustomed to** the new environment.

plus + · be accustomed to N/v-ing: …에 익숙하다
(=be used to N/v-ing)

★
appoint [əpɔ́int]
ap(=to) + point
→ 어떤 지점으로 위치시키다
→ 자리를 지정하다 → 임명하다; 약속 시간·장소를 지정하다

동 1 임명[지정]하다 유 name, nominate, assign
2 (시간·장소를) 정하다 유 fix, arrange

* **appointment** 명 1 (회의·예약 등의) 약속 2 임명, 지명

11 Jack was **appointed** as the leader of our team.
12 She **made an appointment** with her hairdresser for next Monday.

plus + · make an appointment: (회의·예약 등의) 약속을 정하다
· have an appointment: (회의·예약 등의) 약속이 있다
※ 회의·예약 등의 약속을 의미할 때에는 promise를 쓰지 않는다.

★★
approach [əpróutʃ]
ap(=to) + proach(=near)
→ …에 가까이 가다

동 1 …에 접근하다[다가가다]; 다가오다 유 come up[near] (to)
2 (부탁·교섭 등을 위해) (…에게) 이야기를 꺼내다
3 (문제 등을) 다루다 유 deal with
명 1 접근법, 해결 방법 2 가까워짐, 접근

13 What a chilly wind! Winter must be **approaching**.
14 We need to find a new **approach** to the problem.

await [əwéit]
a(=to) + wait → …을 기다리다

동 기다리다, 대기하다 유 wait for

15 She is anxiously **awaiting** her exam results.

9 그는 어떻게 그 많은 돈을 모았습니까? 10 당신은 곧 새로운 환경에 익숙해질 것입니다. 11 Jack은 우리 팀의 리더로 임명되었다. 12 그녀는 다음 주 월요일에 자신의 미용사와 약속을 잡았다. 13 바람이 몹시 차네! 겨울이 다가오고 있음이 틀림없어. 14 우리는 그 문제에 대한 새로운 해결 방법을 찾아야 한다. 15 그녀는 마음을 졸이며 시험 결과를 기다리고 있다.

★
abandon [əbǽndən]
a(=to) + bandon(힘, 통제)
→ …에게 힘[통제권]을 (내어)주다

동 1 (사람·장소 등을) 버리다, 떠나다 유 leave, desert
2 (계획·생각·신념 등을) 포기하다 유 give up

16 The poor little kitty was **abandoned**.
17 I'll never **abandon** my dreams nor give up hope.

arrogant [ǽrəgənt]
ar(=toward) + rog(=ask) + ant(형접) → (권리도 없는데) …을 향해 요구하는 → 건방진

형 거만한, 오만한 반 modest, humble
arrogance 명 거만, 오만

18 I can't stand his **arrogant** attitude.

⊕ more with **ad-**

advocate ((…에게 도움을 주기 위해) 부름을 받다) 동 옹호하다, 지지하다
명 옹호자, 지지자 (p.396)
accelerate (… 방향으로 빠르게 하다) 동 가속화하다; 빨라지다

a- 1 …에 (on, in) 2 '강조' (intensive) 3 '완료' (completion)

aboard [əbɔ́ːrd]
a(=on) + board(판, 갑판)
→ 갑판 위에

부 (배·기내·기차 등에) 탑승[승선]하여 유 on board
전 (배·열차·항공기 등의) 안에서[으로]

1 There were already many people **aboard** the train when it arrived.

abroad [əbrɔ́ːd]
a(=on, in) + broad(넓은)
→ 널리 흩어져 있는 → 널리, 사방에

부 1 외국에, 해외로 유 overseas
2 《격식체》 (소문 등이) 널리 퍼져

2 If you go **abroad**, the experience will open your mind.

★
alike [əláik]
a(「강조」) + like(닮은) → 아주 닮은

형 《명사 앞에 쓰지 않음》 (아주) 비슷한, 서로 같은 유 similar
부 마찬가지로, 같게, 동등하게

3 They don't look **alike** even though they are sisters.

16 그 불쌍한 새끼 고양이는 버려졌다. 17 나는 결코 내 꿈을 버리지도 희망을 포기하지도 않을 것이다. 18 나는 그의 거만한 태도를 참을 수 없다. / 1 기차가 도착했을 때 이미 많은 사람이 안에 타고 있었다. 2 해외로 나가면 경험을 통해 마음[시야]이 넓어질 거야. 3 그들은 자매임에도 불구하고 (외모가) 닮아 보이지 않는다.

★
arise [əráiz]
- arose - arisen
a(「강조」) + rise(오르다)
→ 일어나다, 발생하다

동 1 (문제·사건 등이) 발생하다, 생기다 유 happen, occur
2 《문어체》 (잠에서) 깨다, 일어나다 유 get up

4 As soon as one problem was settled, another one **arose**.

arouse [əráuz]
a(「강조」) + rouse(각성시키다, 자극하다)
→ 깨우다

동 1 (감정을) (불러) 일으키다 유 stir up
2 《문어체》 (잠에서) 깨우다

5 Her behavior **aroused** the suspicions of the police.

★★
amaze [əméiz]
a(「강조」) + maze(당황)
→ 크게 당황케 하다

동 깜짝 놀라게 하다 유 astonish, surprise

* **amazing** 형 놀라운, 경탄할 만한
amazement 명 놀람 유 astonishment

6 He was **amazed** by how smart his dog was.
7 I stared in **amazement** at your performance.

VOCA VS. VOCA 놀라운

surprising 평소와 다르거나 예상치 못한 것을 접해 놀라운 p.290
8 It's *surprising* that fires can spread so quickly.

amazing 믿기 힘들 정도로 놀라운, 굉장한, 훌륭한(extremely surprising)
9 It is *amazing* that he suffered no injuries in the accident.

astonishing 믿기 어려울 정도로 아주 놀라운(amazing)
10 He made an *astonishing* decision.

startling 순간적으로 깜짝 놀라게 하거나 매우 기이해서 놀라운
11 Nobody responded to her *startling* suggestion.

★
ashamed [əʃéimd]
a(「강조」) + shame(부끄럽게 하다)
+ ed(형접) → 매우 부끄러운

형 부끄러워하는, 창피한

12 You should **be ashamed of** yourself for lying.

plus + · be ashamed of: …을 부끄러워하다

4 하나의 문제가 해결되자마자, 또 다른 문제가 발생했다. 5 그녀의 행동은 경찰의 의혹을 불러 일으켰다. 6 그는 그의 개가 얼마나 똑똑한지 깜짝 놀랐다. 7 나는 네 연기에 깜짝 놀라 빤히 쳐다봤어. 8 불이 그렇게 빨리 번질 수도 있다는 것이 놀랍다. 9 그가 그 사고에서 다치지 않은 것은 정말 놀랍다. 10 그는 (믿기 어려울 정도로) 놀라운 결정을 했다. 11 아무도 그녀의 깜짝 놀랄 만한 제안에 대답하지 않았다. 12 너는 거짓말을 한 것에 대해 네 자신을 부끄러워해야 한다.

★★
afford [əfɔ́ːrd]

a(「완료」) + fford(=manage 해내다)
→ 해낼 수 있게 되었다

동 《수동태로 쓰지 않음》 《주로 can[be able to] +》
…할 여유가 있다

affordable 형 감당할 수 있는

13 I **can afford** that bag.
14 We **aren't able to afford** a new car this year.
15 You **can't afford to lose** your job.
16 This apartment is the most **affordable** in this neighborhood.

with- 1 뒤쪽으로 (back) 2 …에 대항하여 (against)

★ 핵심 다의어
withdraw [wiðdrɔ́ː]

- withdrew - withdrawn
with(=back) + draw(당기다)
→ 뒤로 당기다 →
- (약속·지원 등을) 되가져오다 → **취소하다**
- (조직에서) 나오다 → **그만두다**
- (돈을) 되찾다 → **인출하다**
- (병력을) 뒤로 빼내다 → **철수하다**

동 1 (원조·약속·지원 등을) 철회[취소]하다
2 (조합·조직·학교 등을) 그만두다
3 (예금을) 인출하다
4 (군대 등이) 물러나다, 철수하다 유 retreat

withdrawal 명 1 (군대의) 철수, 물러남
2 (원조·서비스 등의) 철회
3 (예금 등의) 인출 반 deposit(예금)

1 I'll **withdraw** my complaint if you admit you were wrong.
2 I can **withdraw** a maximum of $1,000 at a time.
3 the **withdrawal** of forces

withhold [wiðhóuld]

- withheld - withheld
with(=back) + hold(갖고 있다)
→ (주지 않고) 뒤에 둔 채로 갖고 있다

동 1 (꽉 쥐고) 주지 않다
2 (지원·승낙 등을) 유보하다

4 The company is **withholding** the workers' pay.

withstand [wiðstǽnd]

- withstood - withstood
with(=against) + stand(서다, 견디다)
→ 대항하여 서다[견디다]

동 1 저항하다 유 resist
2 견디다 유 endure, put up with

5 Though the general ordered his army to resist, they couldn't **withstand** the enemy attack.

13 나는 그 가방을 살 여유가 있다. 14 우리는 올해 새 차를 살 여유가 없다. 15 너는 직장을 잃을 여유가 없어[잃어서는 안 돼]. 16 이 아파트가 이 근처에서 가장 감당할 만하다[감당할 수 있는 가격이다]. / 1 당신이 잘못을 인정하면 고소를 철회하겠다. 2 저는 한 번에 최대 천 달러까지 인출할 수 있어요. 3 병력의 철수 4 그 회사는 근로자들의 임금을 주지 않고 있다. 5 장군은 자신의 군대에게 저항할 것을 명령했지만, 그들은 적의 공격을 견뎌낼 수 없었다.

geography [dʒiάːgrəfi]
geo(지구의) + graph(=write) + y(명접) → 지구에 대해 쓴 것

명 1 지리학
2 (특정 지역의) 지리, 지세

geographical 형 《또는 geographic》 1 지리학(상)의 2 지리적인

[1] I purchased a world map to study **geography**.

---

geology [dʒiάːlədʒi]
geo(땅의) + logy(명접:「학문」) → 땅에 관한 학문

명 1 지질학
2 (어떤 지역의) 지질학적 특징, 지질

[2] Interested in rocks, I decided to major in **geology**.

---

geometry [dʒiάːmətri]
geo(땅의) + metr(=measure 측정하다) + y(명접) → 지면을 측정하는 것

명 기하학 (점, 선, 면, 부피, 위치 등을 연구하는 수학의 한 분야)

[3] You need **geometry** to measure the distance to nearby stars.

DAY 09 잘 외워지지 않는 단어 복습

단어	뜻	단어	뜻

[1] 나는 지리학을 공부하기 위해 세계지도를 구입했다. [2] 나는 암석에 관심이 많아서, 지질학을 전공하기로 결정했다. [3] 가까이 있는 별들까지의 거리를 측정하기 위해서는 기하학이 필요하다.

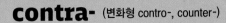

DAY 10

클래스카드

contra- (변화형 contro-, counter-)  …에 반대[대항]하여 (opposite, against)

★
contrary [kάːntrèri]

contra(=opposite) + ry(형접)
→ 반대의

형 (…와) 반대의 유 opposite
명 ((the contrary)) 반대(되는 것)

1 A: I guess you don't have anything to do.
B: **On the contrary**, I have piles of work.
2 The actual result of the research was **contrary to** what he expected.

plus + · on the contrary: 그와는 반대로, 오히려
· contrary to: …와 반대의, …에 반하는

★★
contrast

contra(=opposite) + st(=sta:stand)
→ 정반대의 위치에 서 있는 것

명 [kάːntræst] 1 대조, 대비 2 정반대의 물건, 대조가 되는 것
동 [kəntrǽst] 1 대조[대비]하다 2 대조를 이루다

3 **By contrast**, many present-day stories have a less definitive ending.
4 In this book, the writer **contrasts** Europe **with** America.

plus + · by[in] contrast (to/with): (…와) 대조적으로
· contrast A with B: A와 B를 대조하다

★★
controversy
[kάːntrəvəːrsi]

contro(=opposite) + vers(=turn) + y(명접) → 한쪽을 향했다가 (서로) 반대로 돌아섬 → 논란

명 논쟁, 언쟁, 논란

★★ **controversial** 형 논란의 여지가 있는, 논쟁의

5 a heated **controversy** over educational policies
6 I didn't realize the decision would be so **controversial**.

---

counterattack
[káunt̬ərətæ̀k]

counter(=against) + attack(공격)
→ 대항해 공격(하다)

명 동 반격(하다), 역습(하다)

7 Our army attacked the enemy first, and then they **counterattacked**.

[1] A: 너 할 일이 없는 것 같은데. B: 오히려, 일이 잔뜩 쌓여 있어. [2] 그 연구의 실제 결과는 그가 예상했던 것과 반대였다. [3] 대조적으로, 많은 오늘날의 이야기는 덜 확정적인 결말[열린 결말]이다. [4] 이 책에서, 저자는 유럽과 미국을 대조하고 있다. [5] 교육 정책에 대한 열띤 논쟁 [6] 나는 그 결정이 이렇게 논란이 될 줄 알지 못했다. [7] 아군이 먼저 적군을 공격하자 그들이 반격했다.

counterfeit

[káuntərfit]

counter(=against) + feit(=fac:make)
→ 진품에 대항해 만든

형 위조의, 가짜의 유 fake 반 genuine

동 (화폐·문서 등을) 위조하다

8 Someone passed me a **counterfeit** $20 **bill**.

9 The **counterfeiting** of documents is a serious crime.

plus + · counterfeit note[money/currency/bill]: 위조지폐 (=fake money)

★

counterpart

[káuntərpɑ̀ːrt]

counter(=against) + part
→ 상대하는 한쪽의 것

명 (직위·목적 등이) 대응하는 사람, 상대(방)

10 A meeting was scheduled between the Korean president and his Japanese **counterpart**.

mono-/uni- 하나의 (one), 혼자의 (alone)

monologue

[mɑ́ːnlɑ̀ːg]

mono(=alone) + logue(=dialog)
→ 혼자 말하기

《또는 monolog》

명 1 (혼자서만 하는) 긴 이야기
2 (배우의) 독백

1 I especially liked her closing **monologue**.

★★

union [júːnjən]

uni(=one) + on(명접)
→ 하나가 됨

명 1 (노동) 조합 2 (동일한 관심사나 목표를 가진) 단체, 클럽
3 결합, 연합 유 alliance

2 The labor **union** held a vote to decide whether they should go on strike.

3 a trade **union** 《*BrE*》

4 the European **Union**(EU)

★★

unique [juːníːk]

uni(=one) + ique(=ic:형접)
→ 하나만 있는

형 1 보통이 아닌, 특별한, 독특한 유 unusual 반 usual, common
2 유일(무이)한, 하나밖에 없는 유 sole, only, single
3 《+ to》 (특정 장소·사람·사물에서) 특유의, 고유의

5 The artist has a **unique** style of drawing.

6 Each product has its own **unique** code number.

8 누군가 내게 20달러짜리 위조지폐를 건넸다. 9 문서를 위조하는 것은 심각한 범죄이다. 10 한국 대통령과 그의 일본 측 상대방(수상)과의 회담이 예정되어 있었다. / 1 난 특히 그녀의 마지막 독백을 좋아했다. 2 노동 조합은 파업을 할지 결정하기 위해 투표를 진행했다. 3 노동 조합 4 유럽 연합 5 그 화가는 독특한 그림체를 가지고 있다. 6 각 상품은 고유의 코드 번호를 가지고 있다.

unify [jú:nəfài]

uni(=one) + fy(=fac:make)
→ 하나로 만들다

동 (갈라져 있던 것을) 통일하다, 통합하다 유 unite 반 divide

unification 명 통일, 통합

7 Genghis Khan **unified** the Mongol tribes in 1206.

★

unite [ju:náit]

uni(=one) + te(=ate:동접)
→ 한 개로 만들다

동 (본래 개별적인 것들을 하나로) 결합[통합]하다, 연합하다 유 join, unify

★ **unity** 명 1 통합, 통일 2 통일성, 조화

8 One founder of a famous social media company believed social media would **unite** us.
9 A common language builds a sense of **unity**.

★★

unit [jú:nit]

uni(=one) + t(어미)
→ 한 개인 것

명 1 구성 단위, 측정 단위, 유닛
2 단일체, 한 개
3 (병원·군대 등의) 부문, 부(部)

10 a monetary **unit**
11 We completed the first **unit** of our textbook today.
12 an intensive care **unit** (I.C.U.)

★

universe [jú:nəvə̀:rs]

uni(=one) + verse(=turn)
→ turned into one 한 덩어리가 된 것

명 1 우주, 만물 유 cosmos
2 전 세계 유 world

★ **universal** 형 1 만인의, 전 인류의, 전 세계의 2 보편[일반]적인
★★ **university** 명 (종합) 대학교 (줄여서 Univ.)

13 How the **universe** was created is still a mystery.
14 **universal** standards

bi- (변화형 ba-)/du-/twi- 둘 (two)

bilingual [bailíŋgwəl]

bi(=two) + ling(=tongue) + ual(형접)
→ 두 개의 혀[언어]를 가진

형 1 2개 국어를 구사할 수 있는
2 2개 국어를 사용하는
명 2개 국어 구사자

1 She is **bilingual** in English and Spanish.
2 a **bilingual** dictionary

7 칭기즈 칸은 1206년에 몽골 부족들을 통일했다. 8 한 유명한 소셜미디어 회사의 창업자는 소셜미디어가 우리를 통합할 것이라고 믿었다. 9 공통된 언어는 일체감을 만들어준다. 10 화폐 단위 11 우리는 오늘 교과서 첫 번째 과를 마쳤다. 12 중환자실 13 우주가 어떻게 생겨났는지는 여전히 수수께끼이다. 14 보편적 기준 / 1 그녀는 영어와 스페인어 2개 국어를 구사할 수 있다. 2 2개 국어로 된 사전

★★
balance [bǽləns]

ba(=two) + lance(=scale pan 저울 접시) → 두 개의 저울 접시 → 둘 사이의 균형; 합을 이루는 두 가지 중 남은 한 쪽의 것

명 1 (양·무게·몸 등의) 균형, 평형 반 imbalance
2 잔고, 잔액

동 1 균형을 잡다
2 상쇄하다 유 offset
3 (+ against) (…와) 견주어 보다

3 **balance** between work and leisure
4 The **balance** in your account is 1.4 million won.
5 How did the sculptor **balance** that large plane on top of the ball?

---

duplicate

du(=two) + plic(=fold) + ate(동접) → 접어서 (서로 같은) 두 개로 만들다

동 [djú:pləkèit] 1 (서류 등을) 복사[복제]하다 유 copy
2 (똑같이) 되풀이하다 유 repeat, reproduce

형 [djú:pləkit] 복사의, 복제의

명 [djú:pləkit] 복사본, 복제품

duplication 명 1 복사, 복제 2 이중, 중복

6 You can delete the information that was accidentally **duplicated**.

---

twilight [twáilàit]

twi(=two) + light(빛) → light between (night and day) 낮과 밤 두 시간대 사이의 빛

명 1 황혼, 땅거미, 어스름 유 dusk
2 (전성기 뒤의) 황혼기, 쇠퇴기

7 I saw a dark figure moving in the **twilight**.
8 the **twilight** of life

plus + *cf.* dawn: 새벽, 동 틀 무렵

★
twist [twist]

twi(=two) + st(어미) → 두 가닥으로 된 것

명 1 비틀기, 꼬임 2 (도로·강 등의) 굴곡

동 1 (철사·실 등을) 꼬다, 감다, 비틀다, (몸을) 틀다
2 (사실·의미 등을) 왜곡하다 유 distort

9 She **twisted** the thread around her finger.
10 He always **twists** the facts.

---

3 일과 여가 사이의 균형 4 귀하의 계좌의 잔액은 140만 원입니다. 5 그 조각가는 어떻게 공 위에서 저 큰 비행기의 균형을 잡았을까? 6 실수로 복제된 정보를 삭제하실 수 있어요. 7 나는 황혼 속에서 어두컴컴한 형체가 움직이는 것을 보았다. 8 인생의 황혼기 9 그녀는 자신의 손가락에 실을 감았다. 10 그는 항상 사실을 왜곡한다.

tri- ≫ 셋 (three)

triangle [tráiæ̀ŋgəl]
tri(=three) + angle(각, 각도)
→ 세 개의 각이 이루는 것

명 1 삼각형 (모양) 2【악기】트라이앵글 3 삼각관계

triangular 형 1 삼각형의 2 삼자[국] 간의

1 a love **triangle**
2 Sharks have a **triangular** fin on their back.

★
tribe [traib]
라틴어 tribus(세 갈래로 갈라진 로마 민족)에서 온 말

명 부족, 종족

3 How many different native American **tribes** are there in North America?

---

trivial [tríviəl]
tri(=three) + via(=way) + al(형접)
→ 세 길이 만나는 곳의 → 누구나 모이는 곳의 → 평범한, 대단치 않은

형 사소한, 하찮은 유 insignificant, trifling

4 You'd better apologize to him, as that wasn't a **trivial** mistake.

DAY 10 잘 외워지지 않는 단어 복습

	단어	뜻		단어	뜻
○			○		
○			○		
○			○		

1 사랑의 삼각관계 2 상어는 등에 삼각형 모양의 지느러미가 있다. 3 북미에는 각기 다른 원주민 부족들이 얼마나 많이 있습니까? 4 그건 사소한 실수가 아니었으니, 네가 그에게 사과하는 편이 좋겠다.

✦ 그 외의 숫자 접두사 ✦

hemi- **semi-**	반(half)	**hemi**sphere [hémәsfìәr] 명 (지구·하늘·뇌의) 반구(半球) **semi**annual [sèmiǽnjuәl] 형 연 2회의, 반년의 **semi**final [sèmifáinl] 명 【경기】 준결승
quadr-	넷(four)	**quadr**angle [kwɑ́:drӕ̀ŋgәl] 명 4각형 **quar**ter [kwɔ́:rtәr] 명 1 《비율》 4분의 1　2 《시간》 15분　3 《돈》 25센트 **quar**tet [kwɔ:rtét] 명 【음악】 4중주, 4중창
penta-	다섯(five)	**penta**gon [péntәgɑ̀:n] 명 1 5각형　2 《the Pentagon》 미(美) 국방성 (※ 미 국방성 건물은 5각형) **penta**thlon [pentǽθlɑ̀:n] 명 5종 경기 (*cf.* triathlon [traiǽθlɑ̀:n] 3종 경기)
hexa-	여섯(six)	**hexa**gon [héksәgɑ̀:n] 명 6각형
sept(em)-	일곱(seven)	**Septem**ber [septémbәr] 명 9월 (※ 원래는 7월을 의미함 → 로마의 통치자 Julius Caesar의 이름을 딴 July(7월)와 그 뒤를 이은 황제 Augustus의 이름을 딴 August(8월)가 중간에 삽입되어 9월로 변경 → 원래 8월, 9월, 10월로 쓰이던 October, November, December는 각각 10월, 11월, 12월로 변경)
octo-	여덟(eight)	**Octo**ber [ɑ:któubәr] 명 10월 **octo**pus [ɑ́:ktәpәs] 명 문어 (※ 문어는 다리가 8개)
novem-	아홉(nine)	**Novem**ber [nouvémbәr] 명 11월
dec(a)- **decem-** **deci-**	열(ten)	**deca**de [dékeid] 명 10년 **Decem**ber [disémbәr] 명 12월 **deci**mal [désәmәl] 명 소수 (e.g. 0.1) 형 1 십진법의　2 소수의
cent(i)-	백(hundred), 백 분의 일	**Centi**grade [séntәgrèid] 명 형 섭씨(의) (=Celsius) (*cf.* Fahrenheit [fǽrәnhàit] 화씨(의)) **centi**meter [séntәmì:tәr] 명 센티미터 **cent**ury [séntʃәri] 명 1세기, 100년
kilo-	천(thousand)	**kilo**meter [kilɑ́:mәtәr] 명 킬로미터
milli-	백만	**milli**on [míljәn] 명 형 1 백만(의)　2 다수(의), 무수(한) **milli**onaire [mìljәnéәr] 명 백만장자

Matching Game

※ QR코드를 스캔하여 Matching Game을 한 후 점수를 기록해보세요.

My Scoreboard

	1차 시도	2차 시도	3차 시도
8000점 이상 나는 단어 신이야.			
7000~7999 인간계에서 최고네 ㅋㅋ			
6000~6999 지상은 밝고 좋구만!			
5000~5999 아직 땅속인가 …			
4999점 이하 암흑이여 ㅠㅠ			

※ Matching Game 후 틀린 단어 또는 잘 외워지지 않는 단어를 써보세요.

	단어	뜻		단어	뜻
○			○		
○			○		
○			○		
○			○		
○			○		

02 접미사

단어나 어근(단어 의미를 나타내는 중심부)의
뒤에 붙어 다른 품사의 단어를 만들어내는 말

명사형 접미사

주로 동사·형용사·명사 뒤에 붙어 「행위자」, 「지칭」, 「학문」, 「행위·성질·상태」, 「자격·특성」, 「시대·관계」 등을 나타내는 명사를 만든다.

-er -ee -or
행위자

interviewer [íntərvjù:ər]
interview 면접보다 + er

면접관, 인터뷰 진행자

1 A **good interviewer** prepares his or her questions in advance.

interviewee [ìntərvjuí:]
interview 면접보다 + ee

면접[인터뷰] 대상자

2 The **interviewee** refused to answer a few questions.

inventor [invéntər]
invent 발명하다 + or

발명가

★ **invention** 명 발명품
inventive 형 창의력이 있는, 독창적인

3 He is the **inventor** of a new cooking appliance.
4 Painkillers are a relatively recent **invention**.

★ **supervisor** [sú:pərvàizər]
supervise 감독하다 + or

감독관, 관리자

supervision 명 감독, 관리

5 There will be two **supervisors** per exam room.

※ -er, -or은 「…을 하는 사람」을 나타내는 반면, -ee는 「…을 당하는 사람」을 나타냄

-ant -ent
행위자

★ **assistant** [əsístənt]
assist 돕다 + ant

명 보조자, 조수 형 보조의, 하위 직급의

★ **assistance** 명 보조, 도움

6 The **assistant** director helped film the scene.

1 좋은 면접관은 질문을 미리 준비한다. 2 그 면접 대상자는 몇몇 질문에 대답하기를 거부했다. 3 그는 새로운 조리용 가전의 발명가이다. 4 진통제는 비교적 최근에 발명된 것이다. 5 한 시험실 당 2명의 감독관이 있을 것이다. 6 조감독은 그 장면을 촬영하는 것을 도왔다.

attendant [əténdənt]
attend 수행하다 + ant

1 시중드는 사람 2 수행원
** **attention** 명 주목, 주의; 관심; 시중, 돌봄
attentive 형 주의 깊은, 세심한

1 The flight **attendant** started to serve lunch to the passengers.
2 I was satisfied with the hotel service and the **attentive** staff.

servant [sə́:rvənt]
serve 봉사하다 + ant

하인, 고용인
service 명 서비스, 봉사

3 He was seen as an upright public **servant**.

★★
resident [rézədənt]
reside 거주하다 + ent

명 거주자 유 dweller, inhabitant
형 거주하는, 살고 있는
residential 형 주택가의, 거주지의
residence 명 거처; 거주

4 All of the building's **residents** paid their rent last month.

※ 접미사 -ant, -ent는 형용사형 접미사로도 쓰임(p.99)

-ist
행위자

★
journalist [dʒə́:rnəlist]
journal 저널, 신문 + ist

언론인, 기자
journalism 명 저널리즘, 기사 보도, 언론계

5 The news cycle, and thus the work of a **journalist**, is never-ending.

★
psychologist [saikɑ́:lədʒist]
psychology 심리학 + ist

심리학자
* **psychological** 형 1 심리적인 2 심리학의

6 **Psychologists** help people with mental or emotional issues.

-ive
행위자

★★
relative [rélətiv]
relate 관계가 있다 + ive

명 친척, 인척 형 상대적인

7 We discovered that we were distant **relatives**.

[1] 승무원이 승객들에게 점심 식사를 나누어주기 시작했다. [2] 나는 그 호텔의 서비스와 세심한 직원들에 만족했다. [3] 그는 청렴한 공무원 같았다. [4] 그 건물의 모든 거주자는 지난달에 집세를 냈다. [5] 뉴스의 순환, 그리고 곧 기자의 일은 끝이 없다. [6] 심리학자들은 정신적이거나 감정적인 문제를 가진 사람들을 돕는다. [7] 우리는 먼 친척이라는 것을 알게 되었다.

★ **representative** [rèprizéntətiv]
represent 대표하다 + ive

명 대표자, 대리인 유 delegate
형 대표하는
⋆ **representation** 명 표시, 표현; 대리, 대표
1 a **representative** of the UN

-ary
행위자·지칭

★ **boundary** [báundəri]
bound 경계 + ary

경계선
2 It is important to establish clear **boundaries** for children.

secretary [sékrətèri]
secret 비밀 + ary

비서
3 The manager hired a new **secretary**.

missionary [míʃənèri]
mission 전도 + ary

명 선교사, 전도사 형 전도의
4 He spent five years as a **missionary** in Africa.

-ic(s)
학문

★ **economics** [ì:kənɑ́:miks]
economy 경제 + ics

경제학
economist 명 경제학자
5 The field of **economics** focuses on how goods are bought and sold.

★★ **politics** [pɑ́:lətìks]
political 정치의 + ics

정치(학)
politician 명 정치인
6 The lawmaker has degrees in **politics** and law.

★ **physics** [fíziks]
physical 물리적인 + ics

물리학
physicist 명 물리학자 (*cf.* physician (내과) 의사)
7 The laws of **physics** explain how the universe works.
8 The **physicist** assumes that the **physical** world is lawful.

※ 접미사 -ic(s)가 붙어 '…학'을 나타내는 단어들은 단수 취급함

1 UN 대표 2 아이들에게 분명한 경계선을 설정해주는 것이 중요하다. 3 그 관리자는 새로운 비서를 채용했다. 4 그는 아프리카에서 선교사로 5년을 보냈다. 5 경제학 분야는 재화가 구입되고 판매되는 방식에 집중한다. 6 그 입법자는 정치학과 법학 학위를 가지고 있다. 7 물리학 법칙은 우주가 어떻게 작동하는지를 설명해준다. 8 물리학자들은 물리적 세계가 법칙적이라고 가정한다.

-ance
-ence
행위·성질·상태

★★
appearance [əpíərəns]
appear 나타나다 + ance

1 외모, 외관
2 등장, 출현, 출연 ㊐ advent ㊃ disappearance

1 The man changed his **appearance** by dyeing his hair.

★★
conference [kɑ́:nfrəns]
confer 의논하다 + ence

1 회담, 회견 2 회의, 협의회

2 That matter will be discussed at the **conference** tomorrow.

plus + · a press conference: 기자 회견

-(e)ty
-ity
행위·성질·상태

★★
variety [vəráiəti]
vary 다르다 + ety

다양성, 다양함 ㊐ diversity
★★ **various** ㊎ 다양한, 가지각색의

3 Their website has **a variety of** products to choose from.
4 Nowadays, people can communicate in **various** ways.

plus + · a variety of: 다양한 …

★★
ability [əbíləti]
able 할 수 있는 + ity

할 수 있음, 능력 ㊃ inability(무능, 불능), disability(장애)
★★ **able** ㊎ …할 수 있는; 유능한

5 Not every species of bird has the **ability** to fly.

★
authority [əθɔ́:rəti]
author 저자, 개시자 + ity

권한, 권위
authoritative ㊎ 권위적인
authorize ㊍ 권한을 주다
authorized ㊎ 권한을 받은, 인정받은

6 The doctor spoke with **authority** on the disease.
7 Only **authorized** members can have access to the room.

-y
-ry
행위·성질·상태

discovery [diskʌ́vəri]
discover 발견하다 + y

발견

8 Their **discovery** of the molecular structure of DNA won them the Nobel Prize.

[1] 그 남자는 머리를 염색해서 외모에 변화를 주었다. [2] 그 문제는 내일 회의에서 논의될 것이다. [3] 그들의 웹사이트는 고를 수 있는 다양한 제품들을 보유하고 있다. [4] 오늘날 사람들은 다양한 방법으로 소통할 수 있다. [5] 모든 조류에게 날 수 있는 능력이 있는 것은 아니다. [6] 그 의사는 그 질환에 대해 권위를 갖고 말했다. [7] 권한을 부여 받은 회원만 그 방에 들어갈 수 있다. [8] DNA의 분자 구조에 대한 발견은 그들에게 노벨상을 안겨주었다.

theory [θíːəri]
theor- 보다 + y
(→ …에 대해 본 것을 정리한 것)

이론, 학설
theorize 동 이론으로 만들다
theoretical 형 이론상의
theorist 명 이론가

1 Many **theories** in physics are still being debated.
2 Melissa combined her **theoretical** knowledge with her practical skills.

surgery [sə́ːrdʒəri]
surgeon 외과 의사+ ry

수술
3 I grew anxious because the time for **surgery** was drawing closer.

-al
행위·성질·상태

arrival [əráivəl]
arrive 도착하다 + al

도착 반 departure
4 The hotel prepared for the **arrival** of its guests.

★
proposal [prəpóuzəl]
propose 제안하다 + al

1 제안 2 청혼
5 The company will consider the **proposal** we sent.

-ure
행위·성질·상태

★
creature [kríːtʃər]
create 창조하다 + ure

1 생물 2 창조물, 인간
6 Hundreds of **creatures** can live in a drop of water.

★★
failure [féiljər]
fail 실패하다 + ure

실패(자), 낙제(자) 반 success
7 Her business was a **failure**, but she plans to try again someday.

-ment
행위·성질·상태·결과물

★★
agreement [əgríːmənt]
agree 동의하다 + ment

1 협정 2 동의, 합의 반 disagreement
8 Everyone was in **agreement** with the plan.

1 물리학의 많은 이론은 여전히 논쟁이 이루어지고 있다. 2 Melissa는 그녀의 이론적 지식과 실제적 기술을 결합했다. 3 수술 시간이 가까이 다가와서 나는 불안해졌다. 4 그 호텔은 손님들의 도착을 준비했다. 5 그 회사는 우리가 보낸 제안을 고려해볼 것이다. 6 물 한 방울 안에 수백 마리의 생물이 살 수 있다. 7 그녀의 사업은 실패였으나 그녀는 언젠가 다시 도전할 계획이다. 8 그 계획에 모두가 동의했다.

★ **assessment** [əsésmənt]
assess 평가하다 + ment

1 평가, 판단 ⊜ evaluation 2 평가액

1 A precise **assessment** of the situation will have to wait until the inspector arrives.

★ **document** [dɑ́:kjəmənt]
docu- 가르치다 + ment (→ 가르친 결과물)

명 서류, 문서 동 기록하다
documentary 명 다큐멘터리, 기록물
documentation 명 기록, 문서화

2 Can you print off two copies of this **document** for me?

3 A social scientist's job is to **document** people's behavior.

-ion
-(a)tion
행위·성질·상태

★ **pollution** [pəlú:ʃən]
pollute 오염시키다 + ion

오염, 공해
pollutant 명 오염 물질

4 Air **pollution** has become a much more serious concern in recent years.

★ **translation** [trænsléiʃən]
translate 번역하다 + ion

1 번역, 통역 2 해석 ⊜ interpretation
translator 명 번역가; 통역사

5 Some of the **translation** does not correspond to the original passage.

★★ **introduction** [ìntrədʌ́kʃən]
introduce 소개하다 + tion

1 소개 2 도입

6 Each student made a brief **introduction** at the start of class.

invitation [ìnvətéiʃən]
invite 초대하다 + ation

초대

7 The wedding **invitations** were sent out around the beginning of March.

[1] 상황에 대한 정확한 판단을 위해서는 검사관이 올 때까지 기다리셔야 합니다. [2] 저에게 이 서류 2부를 뽑아줄 수 있겠습니까? [3] 사회학자들의 일은 사람들의 행동을 기록하는 것이다. [4] 대기 오염은 최근 몇 년 간 훨씬 더 심각한 문제가 되었다. [5] 번역된 내용의 일부는 원문과 일치하지 않는다. [6] 각 학생은 수업 시작 시 간단히 소개를 했다. [7] 청첩장은 3월 초쯤에 발송되었다.

-th
-t
행위·성질·상태

★ **wealth** [welθ]
weal- 바라다 + th

1 부, 재산 2 풍부함
wealthy 형 부유한 《*cf.* the wealthy 부유한 사람들》

1 The easiest way to build up **wealth** is to invest wisely.
2 Janet didn't need to work since she came from a **wealthy** family.

weight [weit]
weigh 무게를 재다 + t

무게, 체중
overweight 형 과체중인 **lightweight** 형 가벼운
outweigh 동 …보다 뛰어나다, 중요하다

3 The **weight** of the ball was enough to break the window.
4 People who aren't active are usually more **overweight**.

-ness
행위·성질·상태

★ **witness** [wítnis]
wit- 보다 + ness

명 1 목격자, 입회인 2 (법정에서) 증인
동 1 목격하다 2 증언하다

5 When there are multiple **witnesses** to an event, they are not allowed to discuss it before giving their testimony.
6 We are now **witnessing** a fundamental shift in our resource demands.

★ **fitness** [fítnis]
fit 건강한; 적절한 + ness

1 건강(함) 2 적절함
★★ **fit** 형 1 건강한 2 적절한
동 1 …에 알맞다[어울리다] 2 맞게 하다

7 There are lots of gym programs to improve your **fitness**.

-(a)cy
행위·성질·상태

★ **accuracy** [ǽkjərəsi]
accurate 정확한 + cy

정확(성), 정밀(도) 반 inaccuracy
★★ **accurate** 형 (정보·수치·기계 등이) 정확한, 정밀한

8 The **accuracy** of that information is doubtful.

★ **privacy** [práivəsi]
private 사적인 + cy

사생활

9 They wanted **privacy**, so they closed the office door.

1 부를 쌓는 가장 쉬운 방법은 현명하게 투자하는 것이다. 2 Janet은 부유한 가정 출신이라 일하지 않아도 되었다. 3 그 공의 무게는 창문을 충분히 깰 만했다. 4 활동적이지 않은 사람들은 보통 더 과체중이다. 5 한 사건에 다수의 목격자가 있을 때, 그들은 증언하기 전에 그것을 논의하면 안 된다. 6 우리는 현재 자원에 대한 수요에서의 근본적인 변화를 목격하고 있다. 7 당신의 건강을 증진시킬 많은 체육 프로그램이 있다. 8 그 정보의 정확성이 의심스럽다. 9 그들은 사생활 존중을 원했기 때문에 사무실 문을 닫았다.

-ship
자격·특성

citizen**ship**
[sítəzənʃìp]
citizen 시민 + ship

시민권, 시민으로서의 신분 ⊕ civil rights

1 She acquired **citizenship** in the United States.

leader**ship**
[lí:dərʃìp]
leader 지도자 + ship

통솔력, 지도력

2 If the team had had better **leadership**, their project would have been a success.

-hood
시대·관계

child**hood**
[tʃáildhùd]
child 아이 + hood

유년기

3 Jane has many memories of her **childhood**.

neighbor**hood**
[néibərhùd]
neighbor 이웃 + hood

근처, 이웃

4 There are many flower shops in this **neighborhood**.

-ism
주의·특성

real**ism** [rí:əlìzəm]
real 현실의 + ism

1 현실주의 2 사실성
★★ **reality** 명 현실 **realistic** 형 현실적인
★★ **realize** 동 1 깨닫다 2 실현하다

5 The **realism** of this painting makes it resemble a photograph.

optim**ism**
[á:ptəmìzəm]
optimistic 낙관적인 + ism

낙관론, 낙천주의 반 pessimism
optimist 명 낙관론자, 낙천주의자

6 The news gave us **optimism** about our plan.

★★
critic**ism** [krítəsìzəm]
criticize 비평하다 + ism

1 비판, 비난 2 비평, 평론
★ **critic** 명 비평가, 평론가
★★ **critical** 형 비판적인; 중대한; 비평의

7 The government is facing increasing **criticism** for its actions.

[1] 그녀는 미국 시민권을 획득했다. [2] 팀에 더 나은 통솔력이 있었다면, 그들의 프로젝트는 성공했을 것이다. [3] Jane에겐 유년기 시절 기억이 많다. [4] 이 근처에는 꽃집이 많다. [5] 이 그림의 사실성이 마치 그림을 사진인 듯 보이게 한다[이 그림은 사실적이어서 사진처럼 보인다]. [6] 그 소식은 우리 계획에 대한 낙관론을 가져다주었다. [7] 정부는 정부 조치에 대해 늘어가는 비판을 마주하고 있다.

-(l)et
-ette

작은 것을 가리키는 말

target [tá:rgit]
targ- 방패 + et

명 목표, 대상 동 목표로 삼다, 대상으로 하다

1 The company's **target** is to reach $300 million in sales by 2025.
2 This charity **targets** the youngest and poorest children from every nation.

booklet [búklit]
book 책 + let

소책자

3 There is an instruction **booklet** in the cabinet.

leaflet [lí:flit]
leaf 잎사귀 + let

(광고용) 전단

4 An old man handed out **leaflets** to people.

etiquette [étikit]
etiqu- 표, 티켓 + ette
(→ 지침이 쓰인 작은 종이)

예의, 에티켓

5 Good **etiquette** is very important when interacting with strangers.

-le
-el

작은 것을 가리키는 말

angle [ǽŋgəl]
ang- 구부리다 + le
(→ 구부러져 있는 것)

명 1 각도, 각 2 관점 동 (+ for) 노리다
angular 형 각이 진, 모난

6 The **angle** of the hill determines how fast your bicycle will go.
7 The medieval castle was very tall and **angular**.

label [léibəl]
lab-(=lap) 덮개 + el

명 라벨, 표 유 tag 동 라벨을[표를] 붙이다
labeled 형 《또는 labelled》 표를 붙인, 분류한

8 The **label** says "Dry clean only."
9 She **labeled** each of the files in her cabinet drawer.

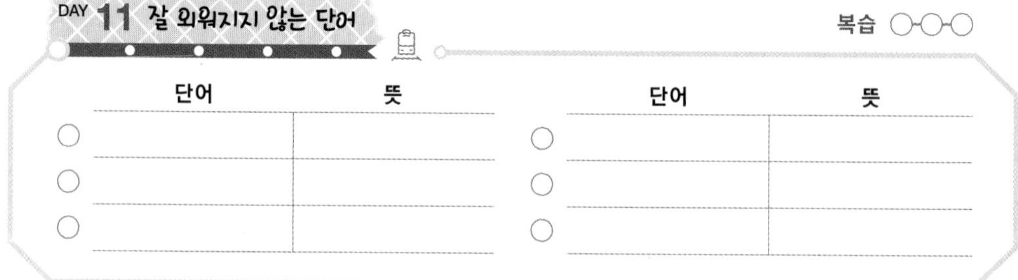

DAY 11 잘 외워지지 않는 단어
복습
단어
뜻
단어
뜻

[1] 그 회사의 목표는 2025년까지 3억 달러 매출에 도달하는 것이다. [2] 그 자선단체는 모든 나라에 있는 가장 어리고 불우한 어린이들을 대상으로 한다. [3] 수납장에 설명서가 한 부 있다. [4] 한 나이 든 남자가 사람들에게 전단지를 나누어주었다. [5] 처음 본 사람과 소통할 때는 바른 예의가 매우 중요하다. [6] 언덕의 각도[가파르기]가 자전거의 속도를 결정한다. [7] 그 중세 시대 성은 매우 높고 각이 져 있었다. [8] 라벨에는 '드라이클리닝만 가능'이라고 적혀 있다. [9] 그녀는 캐비닛 서랍의 파일들에 각각 라벨을 붙였다.

12

클래스카드

형용사형 접미사 1

동일한 동사·명사에 다른 형태의 접미사가 결합하여 의미가 다른 형용사를 만든다.

child (아이)+ **-ish**

childish [tʃáildiʃ]

유치한 ㊐ immature ㊏ mature

1 Although she is **childish**, she has a brilliant mind.

-like

childlike [tʃáildlàik]

천진난만한

2 The man had a **childlike** innocence.

---

compare (비교하다)+ **-able**

★ **comparable** [kɑ́:mpərəbəl]

비교될 만한, 비슷한 ㊏ incomparable

3 The two machines are **comparable** in price.

-ative

★ **comparative** [kəmpǽrətiv]

비교의, 비교적인, 상대적인 ㊐ relative ㊏ absolute

comparatively 副 비교적, 어느 정도

4 the **comparative** comfort of a new car model

---

consider (고려하다)+ **-able**

★ **considerable** [kənsídərəbəl]

(양·정도 등이) 상당한, 많은 ㊐ significant

considerably 副 꽤, 상당히

5 The job required **considerable** effort.

-ate

considerate [kənsídərət]

사려 깊은, 배려하는 ㊐ thoughtful ㊏ inconsiderate

★ **consideration** 名 1 숙고, 고려 2 참작, 배려

6 He was an honest and **considerate** person.

---

1 그녀는 유치하기는 해도 머리가 좋다. 2 그 남자는 천진난만한 순수함을 지니고 있었다. 3 두 기계는 가격 면에서 비교될 만하다. 4 새로운 자동차 모델의 상대적인 편안함 5 그 일에는 상당한 노력이 요구되었다. 6 그는 정직하고 사려 깊은 사람이었다.

continue (계속되다)+ **-al**

continu**al** [kəntínjuəl]

반복[거듭]되는, 끊임없는
㊎ repeated
continually ㊌ 계속해서, 줄곧

1 She disliked dealing with the **continual** complaints of customers.

-ous

continu**ous** [kəntínjuəs]

끊임없는, 계속적인
㊎ incessant, ceaseless
continuously ㊌ 끊임없이, 계속

2 The **continuous** efforts of the rescue workers saved many lives.

---

economy (경제)+ **-ic**

★★ econom**ic** [ì:kənɑ́:mik]

경제(학)의

3 The **economic** crisis caused many problems.

-ical

★★ econom**ical** [ì:kənɑ́:mikəl]

절약이 되는, 경제적인 ㊇ uneconomical

4 Small cars are generally very **economical**.

---

history (역사)+ **-ic**

histor**ic** [histɔ́:rik]

역사적으로 중요한

5 The army's victory was a **historic** moment.

-ical

★ histor**ical** [histɔ́:rikəl]

역사(상)의

6 The museum has many **historical** documents.

[1] 그녀는 고객들의 거듭되는 불만을 처리하기가 싫었다. [2] 구조대원들의 끊임없는 노력이 많은 생명을 구했다. [3] 경제 위기는 많은 문제를 초래했다. [4] 소형차는 대개 매우 경제적이다. [5] 육군의 승리는 역사적으로 중요한 순간이었다. [6] 그 박물관은 많은 역사적 문건을 소장하고 있다.

intellect (지성) + **-ual**

★ intellect**ual** [ìntəléktʃuəl]

지적인, 지성의

1 He was driven by an abundance of **intellectual** curiosity.

-ent

★ intellig**ent** [intélədʒənt]

(사람·동물의 머리가) 영리한, 총명한

유 clever 반 unintelligent

intelligence 명 지능, 지성, 이해력

2 You must be **intelligent** to understand the professor's lectures.

---

respect (존경하다) + **-able**

respect**able** [rispéktəbəl]

존경할 만한, 훌륭한

3 He is a **respectable** man admired by many.

-ful

★ respect**ful** [rispéktfəl]

존경[존중]하는, 공손한 반 disrespectful

4 There was a **respectful** silence when the king entered the room.

---

sense (느끼다) + **-ible**

★ sens**ible** [sénsəbəl]

분별[지각] 있는, 현명한 유 rational

5 It isn't **sensible** to try to finish all this work today.

-tive

★ sensi**tive** [sénsətiv]

1 섬세한 2 민감한, 예민한 반 insensitive

sensitivity 명 섬세함, 감수성; 민감성, 예민함

6 Are your eyes **sensitive** to bright lights?

---

society (사회) + **-al**

★★ soci**al** [sóuʃəl]

사회의, 사회적인

7 The country suffers from many **social** problems.

-able

soci**able** [sóuʃəbəl]

사교적인, 붙임성 있는 반 unsociable

8 If Donna were more **sociable**, she would have more friends.

1 그는 풍부한 지적 호기심에 이끌렸다. 2 그 교수님의 강의를 이해하다니 머리가 좋구나. 3 그는 많은 사람에게 인정받는 존경할 만한 사람이다. 4 왕이 방에 들어서자 경의를 표하는 침묵이 흘렀다. 5 오늘 이 일을 모두 끝내려는 것은 현명하지 못하다. 6 네 눈은 밝은 조명에 민감하니? 7 그 나라는 많은 사회적 문제로 고통받고 있다. 8 Donna가 좀 더 사교적이라면 친구가 더 많을 텐데.

succeed (성공하다; 계승하다)+ **-ful**

★★ **successful** [səksésfəl]

성공적인, 출세한 ⓑ unsuccessful
successfully ⓟ 성공적으로

1 The book was so **successful** that it was turned into a movie.

-ive

★ **successive** [səksésiv]

연속[계속]적인 ⓢ consecutive

2 It snowed for three **successive** days.

---

literature (문학)+ **-al**

literal [lítərəl]

글자 그대로의
★ **literally** ⓟ 글자 그대로

3 There is no wall around the city in the **literal** sense.

-ary

★ **literary** [lítərèri]

문학의, 문예의

4 **Literary** works include novels and plays.

-ate

literate [lítərit]

읽고 쓸 줄 아는 ⓑ illiterate
★ **literacy** ⓝ 읽고 쓰는 능력 ⓑ illiteracy(문맹(률))

5 Thanks to the education system, most of the nation's population is **literate**.

---

imagine (상상하다)+ **-able**

imaginable [imǽdʒənəbəl]

상상할 수 있는 ⓑ unimaginable

6 The farmer's market sells every type of vegetable **imaginable**.

-ative

imaginative [imǽdʒənətiv]

상상력이 풍부한, 창의적인 ⓢ inventive

7 **Imaginative** children can make up entire worlds in their minds.

-ary

★ **imaginary** [imǽdʒənèri]

상상 속에 존재하는, 가상의

8 Dragons are **imaginary** creatures.

1 그 책은 매우 성공적이어서 영화로 만들어졌다. 2 3일 연속 눈이 내렸다. 3 그 도시 주변에는 말 그대로 벽이 없다. 4 문학 작품은 소설과 극을 포함한다. 5 교육 제도 덕분에 그 나라의 인구 대부분은 읽고 쓸 줄 안다. 6 그 농산물 시장에서는 상상할 수 있는 모든 종류의 채소를 판매한다. 7 상상력이 풍부한 아이들은 마음속에 세상 전체를 만들어낼 수 있다. 8 용은 가상의 존재이다.

regret (후회하다) + **-ful**

★ **regretful** [rigrétfəl]

후회하는, 유감스러워 하는

1 Chris let out a **regretful** sigh when he realized he had made a mistake.

-able

regrettable [rigrétəbəl]

(상황·사건이) 유감스러운 ㊒ unfortunate

2 It was **regrettable** that he had come all this way and forgotten his wallet.

---

industry (산업; 근면) + **-al**

★★ **industrial** [indʌ́striəl]

산업의, 산업이 발달한

3 It is an **industrial** city with many factories.

-ous

industrious [indʌ́striəs]

근면한 ㊒ hard-working, diligent ㊥ lazy

4 Ants are considered **industrious**, since they never stop working.

DAY 12

형용사형 접미사 2

주로 동사·명사 뒤에 붙어 「가능성·능력·적합성」, 「풍부」, 「결핍·결여」, 「성질·성향」 등을 나타내는 형용사를 만든다.

-able
-ible

가능성·능력·적합성

favorable [féivərəbəl]

favor 호의 + able

호의적인, 찬성하는

5 The judge seems **favorable** toward the respondent's case.

★★ **reliable** [riláiəbəl]

rely 신뢰하다 + able

의지할 수 있는, 믿을 만한

㊒ dependable, trustworthy ㊥ unreliable

6 It may be high-priced, but it is **reliable**.

★ **visible** [vízəbəl]

vision 시력 + ible

1 눈에 보이는 ㊥ invisible

2 뚜렷한 ㊒ noticeable, obvious

★★ **visual** ㊌ 시각[시력]의; 눈으로 보는

7 Although the driver had no **visible** injuries after the accident, he went to see a doctor.

8 Eleanor is a **visual** learner, so having the charts is helpful to her.

[1] Chris는 자신이 실수한 것을 깨달았을 때 후회하는 한숨을 내쉬었다. [2] 그가 여기까지 왔는데 그의 지갑을 두고 온 것은 유감스러웠다. [3] 그곳은 많은 공장이 있는 산업 도시이다. [4] 개미는 쉬지 않고 일하기 때문에 근면하다고 여겨진다. [5] 판사는 그 피고인의 주장에 대해 찬성하는 것처럼 보인다. [6] 그것은 가격은 비쌀 수 있지만 믿을 만하다. [7] 그 운전사는 사고 이후 눈에 보이는 부상은 없었지만 병원에 갔다. [8] Eleanor는 시각적 학습자여서 차트가 있는 것이 그녀에게 도움이 된다.

-ful
풍부

★ **hopeful** [hóupfəl]
hope 희망 + ful

희망에 찬, 기대하는 ㊓ optimistic ㊔ pessimistic
1 He is **hopeful** that he will be on time.

★ **doubtful** [dáutfəl]
doubt 의심 + ful

의심스러운, 확신이 없는
doubtfully 㪇 의심스럽게, 미심쩍게
doubtfulness 명 의심스러움, 불확실함
2 The doctor says it's **doubtful** Anna will recover the full use of her left arm.
3 "I guess we could try," he said **doubtfully**.

forceful [fɔ́ːrsfəl]
force 힘 + ful

(사람·말 등이) 강력한, 힘이 있는
㊓ powerful, assertive
4 Effective leaders speak in a **forceful** voice.

-ic
-ical
성질·성향

★★ **basic** [béisik]
base 기초 + ic

기초적인, 기본적인 ㊓ fundamental
basically 㪇 본질적으로, 본래
5 a guide to the **basic** rules of chess

★★ **characteristic** [kæ̀riktərístik]
character 특징 + ist(명접) + ic

형 특징적인, 독특한 명 특징
character 명 1 성격 2 특성 3 등장인물
characteristically 㪇 특징적으로
characterize 동 특징 짓다
6 The triangular sails are the most **characteristic** feature of ships built at that time.
7 The **character** of an individual changes over time.

★★ **typical** [típikəl]
type 유형 + ical

전형적인
8 Please give me a **typical** example.

1 그는 제시간에 도착할 것이라는 희망에 차 있다. 2 의사는 Anna가 그녀의 왼쪽 팔을 완전히 쓸 수 있게 회복될지 확신이 없다고 말한다. 3 "우리가 해볼 수 있을 것 같아."라고 그가 미심쩍게 말했다. 4 유능한 리더는 힘 있는 어조로 말한다. 5 체스의 기본 규칙 안내 6 삼각형 돛은 그 시기에 지어진 배들의 가장 특징적인 점이다. 7 개인의 성격은 시간이 흐름에 따라 바뀐다. 8 전형적인 예를 들어주세요.

-ar(y)
-ory
성질·성향

★★
familiar [fəmíljər]
family 가족+ar

친근한 ⓑ unfamiliar
1 My sister is **familiar** with Russian culture.

peculiar [pikjúːljər]
peculi- 소, 사유 재산 + ar
(→ 소유주에게만 있는)

기이한, 독특한 ⓤ eccentric, odd
2 *Alice in Wonderland* is a very **peculiar** story indeed.

supplementary [sʌ̀pləméntəri]
supplement 보충 + ary

보충의 ⓤ additional
3 This textbook has a **supplementary** workbook.

★
satisfactory [sæ̀tisfǽktəri]
satisfy 만족시키다 + tory

충분한, 만족스러운 ⓤ acceptable ⓑ unsatisfactory
satisfaction 명 만족(감)
4 It was hard to get **satisfactory** sleep on the train.

DAY 12

DAY 12 잘 외워지지 않는 단어 복습

단어	뜻	단어	뜻

1 나의 언니는 러시아 문화에 익숙하다. 2 〈이상한 나라의 앨리스〉는 정말 기이한 이야기이다. 3 이 교과서는 보충 워크북이 있다. 4 기차에서 만족스러운 수면을 취하는 것은 어려웠다.

13

클래스카드

형용사형 접미사 2

주로 동사·명사 뒤에 붙어 「가능성·능력·적합성」, 「풍부」, 「결핍·결여」, 「성질·성향」 등을 나타내는 형용사를 만든다.

-ly
성질·성향

costly [kɔ́:stli]
cost 비용 + ly

1 값비싼 ㊌ expensive 2 손실[희생]이 큰

1 Their dinner was **costly** but delicious.

timely [táimli]
time 시간 + ly

시기적절한, 때를 맞춘

2 Everyone arrived at the meeting in a **timely** manner.

※ -ly는 부사형 접미사로 쓰이는 경우가 많으므로 품사 구분에 특히 주의할 것(p.104)

-ous
성질·성향

★ **furious** [fjúəriəs]
fury 분노 + ous

1 몹시 화가 난 2 맹렬한
furiously ㊝ 맹렬히, 극단적으로

3 The local human population was cutting down the reed beds at a **furious** rate.

ambitious [æmbíʃəs]
ambition 야망 + ous

야심 있는 ㊙ unambitious

4 She became more **ambitious** as she got older.

-ate
성질·성향

fortunate [fɔ́:rtʃənit]
fortune 행운 + ate

운이 좋은 ㊌ lucky ㊙ unfortunate, unlucky

5 I was **fortunate** to find a job I love.

intimate [íntəmit]
intima- 마음 깊은 곳의 + ate

친밀한
intimacy ㊔ 친밀함

6 My birthday was celebrated with a small and **intimate** gathering of friends.

7 Every child needs **intimacy** from his or her parents.

※ 접미사가 -ate인 단어의 경우, 형용사일 때는 [-it] 또는 [-ət]로 발음되고 동사일 때는 [-eit]로 발음됨. moderate(온건한; 누그러뜨리다), separate(분리된; 분리시키다) 등과 같이 형용사와 동사로 모두 쓰이는 경우에도 품사에 따라 발음이 달라짐(p.102)

1 그곳의 저녁 식사는 비쌌지만 맛있었어요. 2 모두가 제시간에 회의에 도착했다. 3 지역 주민들이 맹렬한 속도로 갈대밭을 베고 있었다. 4 그녀는 나이가 들면서 더욱 야심 차졌다. 5 좋아하는 일을 찾다니 나는 운이 좋았다. 6 나의 생일은 친밀한 친구들과의 조촐한 모임으로 축하를 받았다. 7 모든 어린이는 그들의 부모님으로부터 친밀함을 필요로 한다.

-ant
-ent
성질·성향

★
pleasant [plézənt]
please 기쁘게 하다 + ant

즐거운, 기분 좋은 ㉥ unpleasant
pleasure ㉠ 기쁨, 즐거움

1 It was a **pleasant** day, so they went for a walk.

★★
violent [váiələnt]
violence 폭력 + ent

1 폭력적인, 난폭한 2 거센
violently ㉡ 1 거세게, 격렬히 2 난폭하게

2 Some storms are more **violent** than others.
3 Most would agree that domestic **violence** needs to stop.

★
urgent [ə́ːrdʒənt]
urge 촉구하다 + ent

긴급한, 다급한
urgently ㉡ 급히
urgency ㉠ 긴급함

4 According to our boss, this request is **urgent**.
5 Medical equipment is **urgently** needed at the disaster site.

※ -ant, -ent는 「행위자」를 나타내는 명사형 접미사로도 쓰임(p.82)

-ish
성질·성향

★
foolish [fúːliʃ]
fool 바보 + ish

어리석은 ㉤ silly, stupid, absurd, ridiculous

6 It was **foolish** to go jogging on a rainy day.

reddish [rédiʃ]
red 빨간색의 + ish

발그레한, 불그스름한

7 My heart beat quickly and my face became **reddish**.

※ -ish는 형용사에 붙어 '…의 기미가 있는', '…한 경향이 있는'의 뜻으로도 쓰임

★
selfish [sélfiʃ]
self 자신 + ish

이기적인 ㉥ unselfish, selfless

8 His **selfish** behavior made him unpopular at his school.

[1] 날이 좋아서 그들은 산책을 갔다. [2] 어떤 폭풍은 다른 것들보다 더 거세다. [3] 대부분은 가정 폭력이 근절될 필요가 있다는 데 동의할 것이다. [4] 우리 사장님에 따르면, 이 요청은 긴급하다. [5] 재난 지역에 의료 장비가 급히 요구된다. [6] 비오는 날에 조깅을 한 것은 어리석었다. [7] 내 심장은 빨리 뛰었고 얼굴은 발그레해졌다. [8] 이기적인 행동 때문에 그는 학교에서 인기가 없었다.

-al
-ial
-ual

성질·성향

★★
ideal [aidíːəl]
idea 생각 + al

이상적인, 완벽한
- **ideally** 부 이상적으로
- **idealist** 명 이상주의자
- **idealistic** 형 이상주의적인
- **idealize** 동 이상화하다, 이상적으로 생각하다

1 It would be **ideal** if we could finish this project by Friday.
2 Is it too **idealistic** to think I can be a professional athlete?
3 We often **idealize** the things we want the most.

★★
verbal [vɔ́ːrbəl]
verb 동사 + al

언어의, 말로 된 반 nonverbal(말을 쓰지 않는, 비언어적인)
- **verbally** 부 말로, 구두로
- **verbalize** 동 말로 표현하다

4 **Verbal** abuse can be as mentally harmful as physical abuse.
5 Some people prefer to use their words, while others are much more **nonverbal**.

★★
internal [intə́ːrnl]
intern- 안에 + al

내부의, 내적인 반 external
- **internally** 부 내부로, 내적으로
- **internalize** 동 내면화하다

6 The architect explained the **internal** structure of the building in detail.

★
racial [réiʃəl]
race 인종+ ial

인종의, 민족의
- **racism** 명 인종 차별 (주의)
- **racist** 명 인종 차별 주의자

7 **Racial** discrimination continues to be a problem in many countries around the world.
8 Intelligence has nothing to do with what **race** you are.

spiritual [spíritʃuəl]
spirit 정신 + ual

정신의, 정신적인 반 material

9 **spiritual** health and well-being

1 우리가 이 프로젝트를 금요일까지 끝낼 수 있다면 이상적일 것이다. 2 내가 프로 운동 선수가 될 수 있다고 생각하는 게 너무 이상주의적이니? 3 우리는 우리가 가장 원하는 것을 종종 이상화한다. 4 언어적 학대는 신체적 학대만큼이나 정신적으로 해로울 수 있다. 5 어떤 사람들은 말을 사용하는 것을 선호하는 반면 다른 사람들은 훨씬 더 비언어적이다. 6 그 건축가는 건물 내부의 구조를 자세히 설명했다. 7 인종 차별이 전 세계 많은 나라에서 계속 문제가 되고 있다. 8 지능은 당신이 어떤 인종인지와는 상관없다. 9 정신적인 건강과 행복

-ive
-ative
성질·성향

★★
active [ǽktiv]
act 행동하다 + ive

1 활동적인 ㊜ energetic, lively ㊝ inactive
2 적극적인 ㊝ passive
★★ **activity** ㊔ 1 (목표 달성을 위한) 활동, 행동 2 여가 활동
activate ㊕ 작동시키다, 활성화하다

1 Most bats sleep during the day and are **active** at night.

informative [infɔ́ːrmətiv]
inform 알리다 + ative

유익한, 정보를 제공하는
★★ **information** ㊔ 정보, 지식

2 We hope you found the lecture **informative**.

-y
성질·성향

hasty [héisti]
haste 서두름 + y

성급한, 서두르는 ㊜ hurried
hasten [héisən] ㊕ 1 서둘러 하다 2 재촉하다

3 I won't make any **hasty** decisions again.

gloomy [glúːmi]
gloom 우울 + y

1 우울하게 하는 ㊜ depressing
2 우울한 ㊜ depressed

4 The weather was so **gloomy** that we kept the lights on all day yesterday.

-less
결핍·결여

★
countless [káuntlis]
count 세다 + less

셀 수 없는, 무수히 많은 ㊜ innumerable, endless

5 **Countless** people climbed aboard the ship.

★
endless [éndlis]
end 끝내다 + less

끝없는 ㊜ infinite, limitless, countless ㊝ finite

6 The lawyer's work seemed **endless**.

1 대부분의 박쥐는 낮에 자고 밤에 활동한다. 2 당신에게 유익한 강의였기를 바랍니다. 3 나는 다시는 어떤 성급한 결정도 내리지 않을 것이다. 4 날씨가 너무 우울해서 우리는 어제 하루 종일 불을 켜두고 있었다. 5 셀 수 없이 많은 사람이 배에 탑승했다. 6 그 변호사의 일은 끝이 없어 보였다.

동사형 접미사

형용사·명사·어근 뒤에 -ize, -ate, -(i)fy, -en, -le 등이 붙어 「…화하다」, 「…하게 만들다」, 「…되게 하다」, 「(반복적인 행동을) 하다」라는 의미의 동사를 만든다.

-ize

★★ **realize** [ríːəlàiz]
real 현실의 + ize

1 깨닫다 2 실현하다
realization 명 1 깨달음 2 실현, 현실화

1 Nobody **realized** how upset she was until she started to cry.

civilize [sívəlàiz]
civil 시민의 + ize

문명화하다
civilized 형 문명화된, 교양 있는
★★ **civilization** 명 문명 (사회)

2 The scholars tried to **civilize** the tribe.

-ate

★ **fascinate** [fǽsənèit]
fascina- 주문을 걸다 + ate

매혹하다, 마음을 사로잡다
fascination 명 매력, 매혹됨

3 All of the new car designs here absolutely **fascinate** me!
4 John's **fascination** with Rachael has become obvious to everyone except her.

★ **frustrate** [frʌ́streit]
frustra- 헛된 + ate
(→ 헛되게 만들어 좌절시키다)

1 좌절감을 주다, 불만스럽게 만들다 2 (계획을) 좌절시키다
★ **frustration** 명 좌절감, 불만

5 Don't **frustrate** yourself by focusing on one problem for too long.

★ **imitate** [íməlèit]
imit- 따라하다 + ate

1 모방하다 2 (재미로) 따라하며 흉내내다 유 mimic
imitation 명 1 모방, 흉내 2 모조품
imitative 형 모방적인

6 We should try to be original rather than **imitate** others.
7 His **imitation** of a chicken was very hilarious.

★ **irritate** [írətèit]
irrit- 흔들다 + ate
(→ 흔들어서 짜증나게 하다)

1 짜증나게 하다
2 (피부를) 자극하다
irritation 명 짜증(나게 하는 것)

8 It **irritates** me when Travis whistles like that.

[1] 그녀가 울기 시작하기 전까지 그 누구도 그녀가 얼마나 화가 났는지 알지 못했다. [2] 학자들은 그 부족을 문명화시키려 노력했다. [3] 여기 있는 모든 새 자동차 디자인은 정말 내 마음을 사로잡는걸! [4] John이 Rachael에게 매혹된 것은 그녀를 제외한 모두에게 분명해졌다. [5] 한 가지 문제에 너무 오래 집중해서 너 자신에게 좌절감을 주지마. [6] 우리는 다른 사람들을 모방하기보다는 독창적이려고 노력해야 한다. [7] 그가 닭을 흉내낸 것은 매우 웃겼다. [8] Travis가 저렇게 휘파람을 불 때 나는 짜증이 난다.

★★
motivate [móutəvèit]
motive 동기 + ate

동기를 부여하다, 자극하다
★★ **motivation** 명 동기 부여, 자극, 열의
1 Watching a ballet **motivated** him to become a dancer.
2 His **motivation** to succeed really inspired his peers.

★
originate [ərídʒənèit]
origin 기원, 유래 + ate

1 비롯되다, (…에서) 일어나다 2 발명[고안]하다
3 It is well known that curry **originated** in India.

※ -ate가 동사형 접미사인 경우 발음이 [-eit], 형용사형 접미사인 경우 발음이 [-it] 또는 [-ət]가 됨(p.98)

-(i)fy

★
justify [dʒʌ́stəfài]
just 정당한 + ify

정당화하다, 옳다고 하다
justified 형 당연한, 정당한 반 unjustified
justification 명 정당화; 정당한 이유
4 The child tried to **justify** her bad behavior by blaming her brother.
5 It is the presence of the enemy that gives meaning and **justification** to war.

simplify [símpləfài]
simple 단순한 + ify

단순화하다, 간단하게 하다
simplification 명 단순화, 간소화
simplicity 명 단순함, 간단함 반 complexity
6 We need to **simplify** these procedures.
7 I liked the **simplicity** of the furniture design.

-en

strengthen [stréŋθən]
strength 힘 + en

강화하다; 강화되다 반 weaken
8 Using emoticons **strengthens** the intensity of a verbal message.

frighten [fráitn]
fright 공포 + en

무섭게 하다
9 The darkness didn't **frighten** her at all.

※ 접두사 en-도 접미사 -en과 같이 동사를 만들기도 함(p.60)
e.g. en + courage(용기) → encourage 용기를 북돋우다 / en + large(큰) → enlarge 크게 하다, 확장하다

1 발레를 본 것은 그에게 무용수가 되도록 동기를 부여했다. 2 성공하려는 그의 동기가 동료들을 크게 고무시켰다. 3 카레가 인도에서 유래했다는 사실은 잘 알려져 있다. 4 그 아이는 오빠를 탓함으로써 자신의 나쁜 행동을 정당화하려 했다. 5 전쟁에 의미와 정당성을 주는 것은 적의 존재이다. 6 이 절차를 간소화해야 합니다. 7 나는 그 가구 디자인의 단순함이 맘에 들었다. 8 이모티콘을 사용하는 것은 언어적 메시지의 강도를 강화한다. 9 어둠은 그녀를 전혀 무섭게 하지 않았다.

-le

★★
struggle [strʌ́gəl]
strugg- 발이 걸리다 + le(「반복」)
(→ 계속 발이 걸리게 하다)

동 투쟁하다, 고군분투하다
명 투쟁, 분투

1 My child **struggled** to ride his bicycle at first.
2 Many countries have experienced the **struggle** for independence.

wrestle [résəl]
wrest 비틀다 + le(「반복」)
(→ 반복적으로 몸을 비틀다)

몸싸움하다, 레슬링을 하다
wrestling 명 레슬링
wrestler 명 레슬링 선수

3 The police officer **wrestled** the thief to the ground.

부사형 접미사 »

주로 형용사·명사·부사 뒤에 붙어 「방식」, 「방향」, 「방법」 등을 나타내는 부사를 만든다.

-ly
방식

★★
extremely [ikstríːmli]
extreme 극도의 + ly

극도로, 극히

4 Music is an **extremely** important aspect of culture.

★
rarely [réərli]
rare 드문 + ly

드물게, 거의 …하지 않는

5 There is **rarely** enough quiet time during regular business hours to sit and concentrate.

※ -ly가 형용사형 접미사로 쓰이는 경우에 유의(p.98)

-ward
방향

homeward
[hóumwərd]
home 집 + ward

집 쪽으로, 집으로 향하는

6 It was getting dark, so we turned **homeward**.

upward [ʌ́pwərd]
up 위로 + ward

위쪽으로

7 Stretch your arms **upward** to release tension.

1 우리 아이는 처음 자전거를 타느라고 고군분투했다. 2 많은 나라가 독립을 위한 투쟁을 겪었다. 3 경찰이 도둑과 몸싸움을 벌여 땅에 눕혔다. 4 음악은 문화에서 극히 중요한 측면이다. 5 정규 업무 시간에는 앉아서 집중할 수 있는 조용한 시간이 충분하지 않다. 6 어두워지고 있어서 우리는 집 쪽으로 방향을 돌렸다. 7 긴장을 이완시키기 위해 팔을 위쪽으로 뻗어라.

-way
-wise
방법

halfway [hǽfwéi]
half 반 + way

가운데쯤에, 중간에 ㊌ midway

1 The restaurant is located **halfway** between the station and the hotel.

likewise [láikwàiz]
like 같은 + wise

똑같이, 비슷하게

2 I don't agree with this decision, and the rest of my coworkers feel **likewise**.

otherwise [ʌ́ðərwàiz]
other 다른 + wise

달리, 다르게

3 I thought he was nice, but my friends thought **otherwise**.

DAY 13 잘 외워지지 않는 단어

복습

단어	뜻	단어	뜻

[1] 식당은 역과 호텔 중간쯤에 있다. [2] 나는 이 결정에 동의하지 않고, 나머지 동료들도 똑같이 느낀다. [3] 나는 그가 괜찮은 사람이라고 생각했는데, 내 친구들은 다르게 생각했다.

03 어근

단어의 중심이 되어 실질적 의미를
가지는 최소 단위

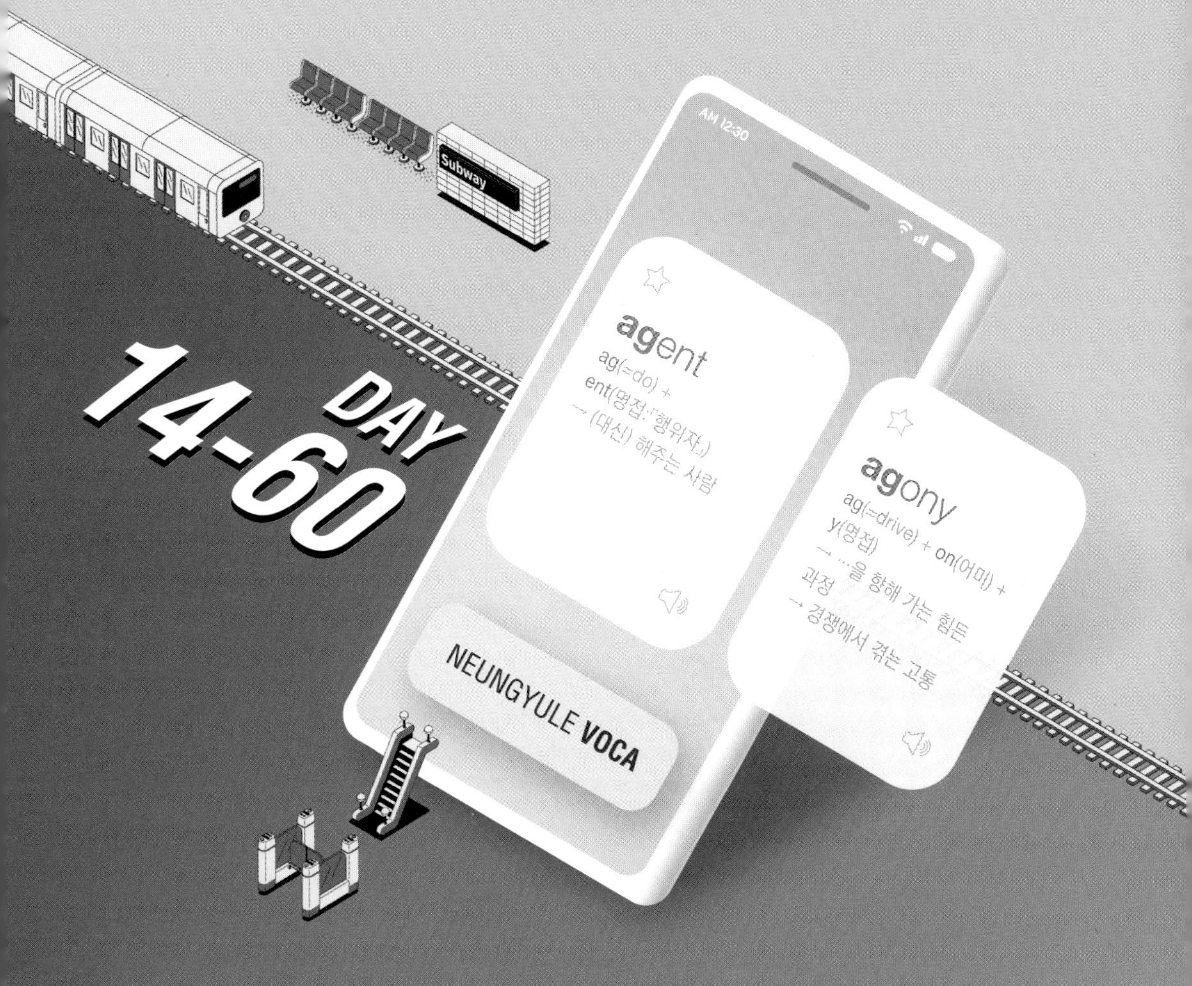

DAY 14-60

NEUNGYULE **VOCA**

14

클래스카드

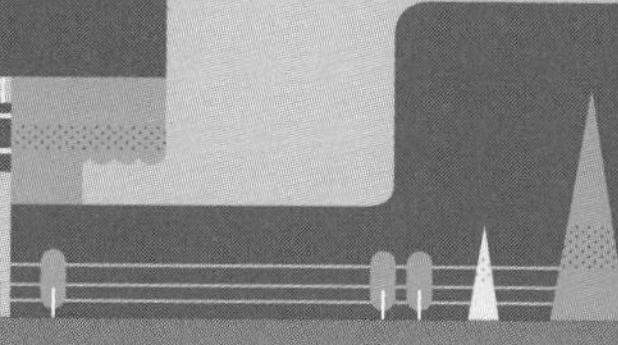

ag (변화형 act, ig) 》 1 행하다 (do) 2 작용하다 (act) 3 몰다 (drive)

★★
agent [éidʒənt]
ag(=do) + ent(명접:「행위자」)
→ (대신) 해주는 사람

명 1 대리인[점], 대행사, 중개인 2 (배우·선수 등을 관리하는) 에이전트 3 (첩보원, 정보원 등의) 정부 요원 4 매개(물), 요인

★★ **agency** 명 1 대리점 2 (배우·선수 등의) 소속사, 에이전시 3 (정부 등의) 기관

1 Seeds of plants are delivered by many **agents**, including bees and wind.
2 a(n) advertising[travel] **agency**
3 Central Intelligence **Agency**(CIA)

agony [ǽgəni]
ag(=drive) + on(어미) + y(명접)
→ …을 향해 가는 힘든 과정
→ 경쟁에서 겪는 고통
※ agon: 고대 그리스의 '대회, 경연'

명 (정신적·육체적으로) 극심한 고통, 슬픔 유 torment, anguish

4 It's hard watching people suffer in **agony**.

★★
active [ǽktiv]
act(=do) + ive(형접:「성질」)
→ 행하고 있는 → 움직이는

형 1 활동적인 유 energetic, lively 반 inactive
2 적극적인 반 passive

★★ **activity** 명 1 (목표 달성을 위한) 활동, 행동 2 여가 활동
★★ **action** 명 1 활동, 행동, 행위 2 작동, 움직임 3 (약 등의) 효과, 작용
activate 동 작동시키다, 활성화하다

5 She **is** very **active in** providing free legal assistance.
6 **Actions** speak louder than words.

plus+ · be active in: …에 적극적이다
· take action: 조치[행동]를 취하다

★★
actual [ǽktʃuəl]
act(=do) + ual(형접)
→ 행하여 실현하는 → 실제의

형 (주로 명사 앞에서) 실제의, 정확한, 진짜의 유 real

★★ **actually** 부 실제로, 정말로, 사실상 유 really, in fact

7 The **actual** number was higher than reported.
8 Expectation is **actually** based on a person's past experiences.

1 식물의 씨앗은 벌과 바람을 포함한 많은 매개물을 통해서 전달된다. 2 광고대행사[여행사] 3 중앙정보국 4 사람들이 고통을 겪는 것을 보는 것은 힘들다. 5 그녀는 무료 법률 지원을 제공하는 것에 매우 적극적이다. 6 【속담】 말보다 행동이 더 중요하다. 7 실제 수치는 보고된 것보다 높았다. 8 기대는 사실 한 사람의 과거 경험에 기초한다.

★
exact [igzǽkt]
ex(=out) + act(=do)
→ 행하여 밖으로 드러나게 보여주는

형 정확한, 꼼꼼한 유 precise

** **exactly** 부 정확히, 틀림없이 유 precisely
exactness = **exactitude** 명 정확성, 정밀성

9 For old inventions, it can be difficult to know their **exact** origins.
10 It was **exactly** what I had always dreamed of.

★
react [riǽkt]
re(=back) + act(작용하다)
→ 되받아 작용하다

동 1 (사건·행동·자극·화학 작용 등에) 반응하다
2 (음식·약 등에) (거부) 반응을 나타내다, 반작용하다

** **reaction** 명 1 반응 2 거부 반응, 반작용

11 A: How do you think they'll **react**?
B: I'm afraid their **reaction** may not be very favorable.

DAY 14

---

ambiguous
[æmbígjuəs]
ambi(=around) + ig(=drive) + uous(형접)
→ (정확하지 않게) 주변으로 몰아가는

형 (애매)모호한, 분명하지 않은 반 unambiguous

ambiguously 부 (애매)모호하게
ambiguity 명 (애매)모호함

12 Emoticons are much more **ambiguous** relative to face-to-face cues.
13 He refused to sign the contract because of the **ambiguities** it contained.

---

navigate [nǽvəgèit]
nav(=ship) + ig(=drive) + ate(동접)
→ 배를 조종하다

동 1 길을 찾다 2 항해[비행]하다 3 (어려운 상황 등을) 잘 다루다

navigation 명 항해(술), 운항(술)

14 Some birds are believed to **navigate** by the stars.

alt (변화형 ol) » 1 높은 (high) 2 자라다, 성장하다 (grow)

altitude [ǽltətù:d]
alti(=high) + tude(명접) → 높음

명 고도, 높이, 해발 유 height

1 The plane flew at an **altitude** of 30,000 feet.

[9] 오래된 발명품들에 관해서는, 그것들의 정확한 기원을 알기 어렵다. [10] 그것은 정확히 내가 항상 꿈꿔 왔던 것이었다. [11] A: 당신 생각에는 그들이 어떻게 반응할 것 같습니까? B: 그들의 반응이 그리 호의적일 것 같지는 않습니다. [12] 이모티콘은 얼굴을 마주하고 보내는 신호에 비해서 훨씬 더 애매모호하다. [13] 그는 그 계약서에 모호함이 있어서 서명하길 거절했다. [14] 어떤 새들은 별을 보고 길을 찾는 것으로 여겨진다. / [1] 그 비행기는 고도 3만 피트로 비행했다.

abolish [əbɑ́:liʃ]
ab(=away) + ol(=grow) + ish(동접)
→ 더 이상 자라지 못하게 하다

동 (법률·제도·관습 등을) 폐지하다, 없애다 유 do away with 반 establish

abolition 명 (법률·제도 등의) 폐지

[2] They insisted that the death penalty should be **abolished**.

---

adolescent [æ̀dlésənt]
ad(=to) + ol(=grow) + escent(형접)
→ …로 성장하고 있는

명 형 사춘기 청소년(의), 청년(의)

adolescence 명 사춘기, 청소년기

[3] They were just **adolescents** when they fell in love.

alter (변화형 al) »» 다른 (other, another)

★ **alter** [ɔ́:ltər]
alter(=other) → 다른 것으로 만들다

동 달라지다, 변하다; 바꾸다, 변하게 하다 유 change

alteration 명 (작은) 변화

[1] The internet is **altering** the way we move data.

VOCA VS. VOCA 변하다; 바꾸다

change 가장 일반적이고 넓은 의미의 '변하다'
[2] ***Changing*** your study habits is one way to improve your grades.

alter 격식체 표현으로, 어떤 것의 본질이 아닌 특성·성질·모양 등을 바꾸다
[3] We had to ***alter*** our plans at the last minute.

shift 위치·방향을 이동시키거나 여론·의견 등이 변하다
[4] They tend to ***shift*** from one place to another.

[2] 그들은 사형 제도가 폐지되어야 한다고 주장했다. [3] 사랑에 빠졌을 때 그들은 그저 사춘기 청소년들이었다. / [1] 인터넷은 우리가 정보를 이동하는 방식을 바꾸고 있다. [2] 학습 습관을 바꾸는 것은 성적을 향상하는 하나의 방법이다. [3] 우리는 마지막 순간에 우리의 계획을 변경해야 했다. [4] 그들은 장소를 이리저리 옮겨 다니는 경향이 있다.

★★
alternative
[ɔːltə́ːrnətiv]
alter(=other) + native(형접)
→ 다른 것의

형 《명사 앞에서》 대안(代案)의, 대체할 수 있는
명 대안(代案), 대체(물)

alternate 형 [ɔ́ːltərnit] 1 번갈아 하는
2 격일의, 격주의, 하나 거르는
3 대안의, 대체할 수 있는
동 [ɔ́ːltərnèit] 1 《+A+with B》 번갈아 (나오게) 하다;
《+ with》 번갈아 나오다
2 《+ between》 … 사이에서 왔다 갔다 하다
alternately 부 번갈아, 교대로
alternatively 부 그 대신에

5 **alternative** energy
6 One **alternative** for easing traffic congestion is to have car owners drive on **alternate** days.
7 The weather **alternated between** rain and sunshine.

DAY 14

★
alien [éiliən]
ali(=another) + en(형접)
→ 다른 것에 속하는

형 1 외국(인)의 유 foreign
2 이질적인, 다른 유 strange
3 외계의
명 1 (시민권 없이 거주하는) 외국인 2 우주인, 외계인

alienate 동 (사람을) 멀어지게 하다, 소외시키다

8 This culture is completely **alien** to us.
9 Do you believe in **aliens** from outer space?

ang (변화형 anx) 질식시키다 (choke)

anguish [ǽŋgwiʃ]
angu(=choke) + ish(=ia:명접)
→ 질식할 정도로 누르기 → 고통

명 극심한 고통, 고뇌 유 agony, torment, distress

1 His heart was torn with **anguish** when his best friend died.

5 대체 에너지 6 교통 혼잡을 완화시킬 수 있는 한 가지 대안은 차를 갖고 있는 사람들이 격일로 운전하게 하는 것이다. 7 비가 오다가 해가 나다가 하며 날씨가 왔다 갔다 했다. 8 이 문화는 우리에게 완전히 이질적이다. 9 우주에 외계인이 있다고 믿니? / 1 가장 친한 친구가 죽었을 때 그는 고통으로 가슴이 찢어졌다.

★
anxious [ǽŋkʃəs]
anx(=choke) + ious(형접)
→ 질식할 정도로 (마음을) 짓누르는

형 1 걱정하는, 불안해하는 유 concerned
2 갈망[열망]하는 유 eager, keen

★ **anxiety** 명 1 걱정, 불안 유 concern
2 갈망, 열망

2 He'**s anxious about** the exam results.
3 Everyone **is anxious to learn** more about your story.

plus + · be anxious about: …에 대해 걱정[염려]하다
· be anxious to-v[for N]: …(하기)를 갈망하다
(=be eager to-v[for N])

VOCA VS. VOCA 걱정하는

worried '걱정하는'이라는 뜻의 가장 일반적인 표현
4 What are you so ***worried*** about?

anxious 지속적으로 불안·초조해하며 걱정하고 있는 상태
5 I'm ***anxious*** about the safety of the children.

concerned 관심과 애정을 가지고 걱정하는 상태 (p.132)
6 I'm ***concerned*** because I love you.

ann 1년의, 해마다 (yearly)

★
anniversary
[ӕ̀nəvə́ːrsəri]
anni(=yearly) + vers(=vert:turn 돌다) + ary(명접) → 매년 돌아오는 것

명 (해마다 있는) 기념일

1 a wedding **anniversary**
2 To celebrate our company's 10th **anniversary**, we have arranged a small event.

★★
annual [ǽnjuəl]
ann(=year) + ual(형접)
→ 일 년의

형 1 해마다의 2 일 년(간)의

annually 부 매년, 일 년에 한 번씩

3 an **annual** event[visit/report]
4 What are the **annual** sales[profits] of your company?

plus + *cf.* biannual: 연 2회의 (=semiannual)

2 그는 시험 결과에 대해 걱정하고 있다. 3 모두가 네 이야기에 대해 좀 더 알고 싶어 한다. 4 뭐가 그렇게 걱정이니? 5 나는 아이들의 안전이 정말 걱정된다. 6 널 사랑하기 때문에 내가 걱정하는 거야. / 1 결혼 기념일 2 저희 회사의 10주년을 기념하기 위해 저희가 작은 행사를 준비했습니다. 3 연례 행사[방문/보고서] 4 귀사의 연간 매출[수익]은 어느 정도입니까?

apt (변화형 att) ≫ 적합한 (fit)

apt [æpt]
apt(=fit) → 적절한

형 1 …하는 경향이 있는, …하기 쉬운 유 likely, liable
2 **적절한** 유 appropriate

aptitude 명 재능, 소질, 적성

1 People who gain prosperity **are apt to forget** their early days.
2 an **aptitude** test

plus + · be apt to-v: …하는 경향이 있다, …하기 쉽다
(=be inclined[prone] to-v, tend to-v)

★
adapt [ədǽpt]
ad(=to) + apt(=fit)
→ …에 적합하게 하다

동 1 (주로 + to) 적응시키다, 적합하게 하다; 적응하다 유 adjust to
2 (소설·극 등을) 각색하다, 개작하다

adaptation 명 1 각색, 개작(물) 2 적응, 적합
adaptive 형 적응할 수 있는, 조정하는

3 She **adapted to** the new school easily.

혼동어휘 · adopt: 입양하다; 채택하다

★★
attitude [ǽtətù:d]
atti(=fit) + tude(명접)
→ …에 적합한 (마음가짐) → 태도

명 1 (…에 대해 내비치는) 태도, 의견, 심정, 마음가짐
2 **자세**

4 His positive **attitude** towards life brought him his current success.

DAY 14 잘 외워지지 않는 단어 복습 ○-○-○

단어	뜻	단어	뜻

1 부귀영화를 얻은 사람들은 그들의 지난 시절을 잊는 경향이 있다. (=【속담】 개구리 올챙이 적 생각을 못 한다.) 2 적성 검사 3 그녀는 새 학교에 쉽게 적응했다. 4 그의 삶에 대한 긍정적인 태도가 그에게 현재의 성공을 가져다주었다.

DAY 15

클래스카드

art >> 1 인공 2 예술, 기술

★
artificial [àːrtəfíʃəl]

arti(인공) + fic(=make) + ial(형접)
→ 인공적으로 만든

형 1 인공의, 모조의 반 natural
2 (태도·행동 등이) 거짓된, 꾸며진 반 genuine

1 an **artificial** satellite[flavor]
2 **Artificial** intelligence(AI) allows non-biological devices to perceive things around them and take actions.

★
artistic [ɑːrtístik]

art(예술) + ist(명접:「사람」) + ic(형접)
→ 예술 하는 사람의

형 예술[미술]의, 예술적인

★★ **artist** 명 예술가, 화가

3 This **artistic** design was made by a famous Korean architect.

aster (변화형 astro, sider) >> 별 (star)

★
dis**aster** [dizǽstər]

dis(=ill 나쁜) + aster(=star)
→ 불길한 별
※ 점성술에서 별의 위치가 나쁜 것은 불길함을 뜻함

명 (뜻밖의) 재난, 참사, 큰 불행 유 catastrophe

disastrous 형 재난의, 비참한, 불행한

1 After the **disaster** struck, people were left homeless.
2 The study warned that the economic policy could have **disastrous** effects.

astronomy [əstrɑ́ːnəmi]

astro(=star) + nomy(명접:「학문/법」)
→ 별에 관한 학문

명 천문학

astronomer 명 천문학자

3 **Astronomy** is the scientific study of the universe.

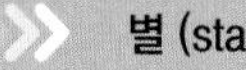

1 인공 위성[조미료] 2 인공 지능은 비생물체인 기계가 주변의 사물을 인지하고 행동을 취하도록 한다. 3 이 예술적인 디자인은 한 유명한 한국인 건축가에 의해 고안되었다. / 1 재난이 닥친 후에, 사람들은 집을 잃었다. 2 그 연구는 경제 정책에 처참한 결과가 따를 수 있다고 경고했다. 3 천문학은 우주에 대한 과학적 연구이다.

astronaut [ǽstrənɔ̀ːt]

astro(=star) + naut(=sailor)
→ 별 사이를 항해하는 선원

명 우주 비행사

4 Sally Ride was the first American female **astronaut** in space.

astrology [əstráːlədʒi]

astro(=star) + logy(명접:「학문」)
→ 별에 관한 학문

명 점성학, 점성술

5 Astronomy and **astrology** seem similar, but **astrology** is related to superstition.

★★
consider [kənsídər]

con(=com:「강조」) + sider(=star)
※ 별을 신중하게 관측하여 운세를 판단한다는 데서 온 말

동 1 (곰곰이) 생각하다, 숙고하다 유 think over
2 (…로) 여기다, 간주하다 유 regard, look on[upon]
3 **(특정 사실을) 고려[참작]하다, (타인·감정을) 존중[배려]하다**

- ★ **consideration** 명 1 숙고, 고려 2 참작, 배려
- ★ **considerable** 형 (양·정도 등이) 상당한, 많은 유 significant
- **considerably** 부 꽤, 상당히
- **considerate** 형 사려 깊은, 배려하는 유 thoughtful 반 inconsiderate
- **considering** 전 접 …을 고려하면 유 in view of

6 I **consider** Ms. Jones to be a very **considerate** woman.
7 **Taking** everything **into consideration**, the results seem good.
8 **considerable** damage

plus + · take A into consideration: A를 고려[참작]하다

aud/ey »» 듣다 (listen, hear)

★★
audience [ɔ́ːdiəns]

audi(=listen) + ence(명접)
→ 듣는 것[사람]

명 청중, 관객, 시청자, 청취자

1 The **audience** at the opera was very quiet, but the spectators at the soccer game were very noisy.

VOCA VS. VOCA 관객, 관중

audience TV 시청자, 라디오 청취자, 음악회·연극·영화 등의 관객
2 The *audience* enjoyed the performance.

spectator 스포츠 경기 등의 관중 (p.325)
3 The *spectators* tried to catch the baseball.

4 Sally Ride는 미국 최초의 여자 우주 비행사였다. 5 천문학과 점성학은 비슷해 보이지만, 점성학은 미신과 관련이 있다. 6 나는 Jones 씨가 매우 사려 깊은 여성이라고 생각한다. 7 모든 것을 고려해볼 때, 결과가 좋아 보인다. 8 상당한 손해 / 1 오페라의 관객들은 매우 조용했지만, 축구 경기의 관중들은 매우 소란스러웠다. 2 관객들은 그 공연을 즐겼다. 3 관중들은 야구공을 (서로) 잡으려고 애썼다.

obey [oubéi]

ob(=to) + ey(=listen)
→ listen to (명령·충고 등에) 귀를 기울이다

동 (…에) 복종하다, 따르다 반 disobey

obedient 형 복종하는, 순종하는
obedience 명 복종, 순종, 준수

4 **obey** the rules
5 The dog is very **obedient** to his family.

⊕ more with

aud/ey

audition (들어보는 것) 명 (가수·배우 등을 뽑는) 오디션
auditorium (공연·강연 등을 듣는 방) 명 강당, 객석
auditory (듣는 것의) 형 청각의

band (변화형 bond, bund, bind)  묶다 (bind)

bandage [bǽndidʒ]

band(=bind) + age(명접) → 묶는 것

명 동 붕대(를 감다)

1 Wrap a **bandage** around the patient's hand.

★ bond [bɑ:nd]

bond(=bind) → 묶는 것; 묶다

명 1 결속, 유대 2 채권 3 접착제, 본드
동 1 유대를 맺다 2 접착시키다

2 The agreement strengthened the **bond** between the two nations.
3 **bond** market

bundle [bʌ́ndl]

bund(=bind) + le(명접)
→ 묶인 것, 다발

명 다발, 꾸러미 유 bunch

4 Can I get **a bundle of** papers?

plus + · a bundle of: 한 다발[뭉치]의 …; 다양한 …

4 규칙을 준수하다 5 그 개는 주인 가족에게 매우 순종적이다. / 1 환자의 손에 붕대를 감으세요. 2 협정은 두 국가 간의 결속을 강화했다. 3 채권 시장 4 신문지 한 뭉치를 얻을 수 있을까요?

★★
bind [baind]
- bound - bound
중세 영어 binden(=bind)에서 온 말

동 1 묶다 유 tie, fasten
2 (사람·국가 등을) 결속시키다 유 unite
3 (약속·의무 등으로) 속박[제한]하다, …하게 하다

5 The victims were found **bound** by their hands and feet.
6 You **are** not **bound to follow** the rules.

plus + · bind A to-v: A가 …하게 하다

혼동어휘 · bound: 1 …할 것 같은 2 …할 의무가 있는 3 …로 향하는
※ be bound to-v: 반드시 …하다
(=be sure[certain] to-v)

bar »» 1 막대 (rod) 2 장애 (barrier)

DAY 15

★★ 핵심 다의어
bar [bɑːr]
- barred - barred
중세 라틴어 barra(=bar)에서 유래
→ 막대기; **토막**
→ **빗장**(문을 닫아 거는 막대) →
┌ **막다; 장애물**
└ 칸막이 (있는 곳) ┌ **주점**
└ **법정**

명 1 **주점, 바** 2 막대, 빗장 3 (초콜릿·비누 같은) 긴 토막
4 **장애(물)** 5 **법원, 법정**
동 막다, 금하다 유 ban, prevent

1 Poor health may be a **bar** to success in life.
2 Anyone under 19 is **barred from entering** the **bar**.

plus + · bar A from v-ing: A가 …하지 못하게 하다

---

embarrass [imbǽrəs]
em(=in) + barra(막대) + ss(어미)
→ 가는 길에 막대를 놓아 방해하다

동 **당황하게 하다, 난처하게 하다** 유 perplex, puzzle

* **embarrassing** 형 당황[난처]하게 하는
embarrassed 형 당황[난처]한, 어색한
embarrassment 명 1 당황, 난처 2 골칫거리

3 She **embarrassed** me by asking **embarrassing** questions.

---

barrier [bǽriər]
barr(=bar 장애) + ier(명접)
→ 장애가 되는 것

명 1 **울타리**
2 **장애물, 장벽** 유 obstacle, block

4 The language **barrier** makes communication difficult.

5 희생자들은 손발이 묶인 채로 발견되었다. 6 당신이 그 규칙을 따라야 하는 것은 아닙니다. / 1 건강하지 못한 것은 인생에서의 성공에 장애가 될 수 있다. 2 19세 미만(미성년자)은 술집에 들어가는 것이 금지된다. 3 그녀는 난처한 질문들로 나를 당황하게 했다. 4 언어 장벽은 의사소통을 어렵게 한다.

bio »» 생명 (life)

biography [baiάːgrəfi]

bio(=life) + graph(=write) + y(명접)
→ 일생에 관해 쓴 것

명 전기, 일대기

biographer 명 전기 작가

1 I enjoyed reading the **biography** of the famous artist.

plus + *cf.* autobiography: 자서전

★ biology [baiάːlədʒi]

bio(=life) + logy(=명접:「학문」)
→ 생명체를 연구하는 학문

명 생물학

biologist 명 생물학자
biological 형 생물학적인

2 marine **biology**

3 **Biological** warfare is the use of infectious diseases against your enemy.

⊕ more with bio

anti**bio**tic (생물[미생물]의 번식을 억제하는 것) 명 항생제, 항생 물질 (p.52)
biorhythm (생체가 가지는 주기성) 명 바이오리듬, 생체리듬
biodegradable (생명체로 분해할 수 있는) 형 자연 분해되는
biodiversity (생명체가 다양함) 명 생물 다양성

DAY 15 잘 외워지지 않는 단어

복습 ○-○-○

단어	뜻	단어	뜻

1 나는 그 유명한 예술가의 전기[일대기]를 즐겁게 읽었다. 2 해양 생물학 3 생물학전[세균전](戰)은 적을 상대로 전염병을 이용한다.

Matching Game

※ QR코드를 스캔하여 Matching Game을 한 후 점수를 기록해보세요.

My Scoreboard

	1차 시도	2차 시도	3차 시도
8000점 이상 역시 해낼 줄 알았어요!			
7000~7999 만렙이 떠지 않았는걸요?			
6000~6999 단어가 어디서 새는 걸까요?			
5000~5999 와우, 어디 내놔도 부끄러운 랭킹이군요!			
4999점 이하 최소 기록은 가능하네요···			

※ Matching Game 후 틀린 단어 또는 잘 외워지지 않는 단어를 써보세요.

	단어	뜻		단어	뜻
○			○		
○			○		
○			○		
○			○		
○			○		

클래스카드

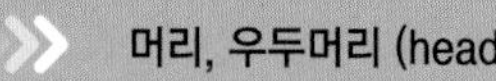

cap[1] (변화형 chief[v]) 머리, 우두머리 (head)

★★ 핵심 다의어
capital [kǽpətl]

capit(=head) + al(명접) → 머리 →
- 국가의 머리 → **수도**(首都)
- 문장의 앞머리 → **대문자**
- 짐승의 머릿수(예전의 재산) → **자본**

명 1 **수도, 중심지** 2 **대문자** 3 **자본(금)**
형 1 **대문자의** 2 **주요한**

capitalism 명 자본주의
capitalist 명 1 자본주의자 2 자본가

1 Milan is one of the fashion **capitals** of the world.
2 She sent me an email typed in **capital** letters.
3 He doesn't have enough **capital** to start a business.

plus + · capital punishment: 사형, 극형(법정 최고형)

★★
chief [tʃiːf]

chief(=head) → 머리, 수뇌

명 (조직·단체의) **우두머리, 장(長)**
형 1 **주요한, 중요한** 유 main, major, principal
2 **(지위·계급 등에 있어) 최고의, 우두머리의**

chiefly 부 대개, 주로 유 mainly, mostly

4 The **chiefs** of several government agencies met today.
5 The **chief** item discussed was the economy.

★★
achieve [ətʃíːv]

a(=ad:to) + chieve(=head)
→ 머리(정점)까지 도달하다

동 **(일·목적 등을 노력하여) 이루다, 성취하다, 달성하다**
유 attain, accomplish, carry out

★★ **achievement** 명 1 업적, 공적 2 성취, 달성

6 All this cannot be **achieved** overnight.
7 Her **achievements** are remarkable.

1 밀라노는 전 세계의 패션 중심지들 중에 하나이다. 2 그녀는 내게 대문자로 쓴 이메일을 보냈다. 3 그는 사업을 시작할 만큼의 충분한 자본금이 없다. 4 몇몇 정부 기관장(長)들이 오늘 만났다. 5 논의된 주요 항목은 경제였다. 6 이 모든 것이 하룻밤 사이에 이루어질 수는 없다. 7 그녀의 업적은 뛰어나다.

cap² (변화형 cupy, cip, cept, ceive) ≫ 잡다, 취하다 (take, hold)

★★
capable [kéipəbəl]

cap(=hold) + able
→ able to hold 담을 수 있는
→ 감당할 수 있는

형 1 …할 수 있는 유 able 반 incapable
2 유능한 유 competent

⋆ **capability** 명 능력 유 ability
⋆⋆ **capacity** 명 1 (최대) 수용량
2 능력, 역량, (기계 등의) 생산 능력

1 **Are** you **capable of** making a public speech?
2 What is the memory **capacity** of this computer?

plus + · be capable[incapable] of: …할 수 있다[없다], …할 능력이 있다[없다]
· be filled[packed] to capacity: 꽉 차다, 만원이다

DAY 16

★
capture [kǽptʃər]

cap(=take) + ture(명접:「행위」)
→ 잡기, 포획

명 1 생포, 포획 2 점령 3【컴퓨터】(데이터) 저장, 캡처
동 1 (사람·동물 등을) 붙잡다, 생포하다 유 seize
2 (적지 등을) 점령하다 유 occupy
3 (관심·마음 등을) 사로잡다
4 (사진·영상 등으로) 기록[포착]하다,
(화면 등을) 캡쳐하다

captive 형 사로잡힌, 포로의 명 전쟁 포로
captivity 명 (주로 in +) 사로잡혀 있음, 감금, 억류

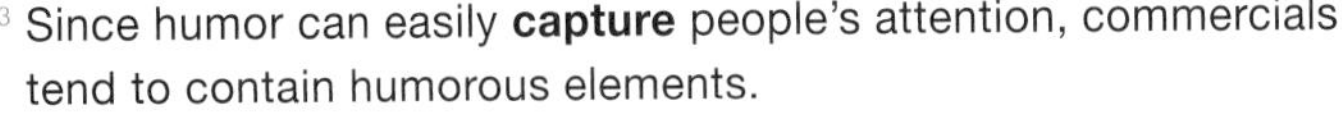

3 Since humor can easily **capture** people's attention, commercials tend to contain humorous elements.
4 The wild animal was held **in captivity**.

★★ 핵심 다의어
occupy [ɑ́ːkjəpài]

oc(=ob:「강조」) + cupy(=hold, take)
→ (시간·공간 등을) 꽉 잡다
- 차지하다
- (방 등을) 차지하다 → **사용하다**
- (강제로) 차지하다 → **점거하다**

동 1 (시간·공간·마음·지위·일 등을) 차지하다 유 take up
2 (방·건물 등을) 사용하다 3 점령[점거]하다

⋆ **occupation** 명 1 직업 유 job, profession
2 점령, 점유
3 여가 활동 유 pastime

5 For most of the day, I was **occupied** with writing essays.
6 A: What's your **occupation**?
B: I'm a computer programmer.

[1] 사람들 앞에서 연설을 할 수 있겠습니까? [2] 이 컴퓨터의 저장 용량은 얼마나 됩니까? [3] 유머가 쉽게 사람들의 관심을 사로잡기 때문에 상업 광고는 유머스러운 요소들을 포함하는 경향이 있다. [4] 그 야생 동물은 가두어져 있었다. [5] 나는 그날의 대부분을 에세이를 쓰는 데 보냈다. [6] A: 직업이 무엇입니까? B: 컴퓨터 프로그래머입니다.

★
participate
[pɑːrtísəpèit]

parti(=part) + cip(=take) + ate(동접)
→ take part …의 부분을 차지하다
→ 참가하다

동 (+ in) (…에) 참가[참여]하다 유 take part in, join

★ **participation** 명 참가, 참여
★ **participant** 명 참가자, 참여자

7 A: How many people will **participate in** this event?
B: There will be about 100 **participants**.

★★
accept [əksépt]

ac(=ad:to) + cept(=take)
→ …을 취하다, 받다

동 1 수락하다, 받아들이다 반 refuse, reject, turn down
2 (설명·학설·사실 등을) 믿다, 인정하다
3 (기구·모임 등에) 구성원으로 받아들이다

★ **acceptable** 형 받아들일 수 있는 반 unacceptable
★ **acceptance** 명 1 수락, 받아들임 2 용인, 승인

8 I **accepted** his apology.
9 Such behavior is not **acceptable** here.
10 I received an **acceptance** letter from that college.

★★
except [iksépt]

ex(=out) + cept(=take)
→ take out …을 빼다, 꺼내다
→ …을 빼놓고, 제외하고

전 접 …을 제외하고, … 이외에는 유 apart from, but for

★★ **exception** 명 예외, 제외
★ **exceptional** 형 1 아주 뛰어난 유 extraordinary, outstanding
2 예외적인

11 All the students in the class are having trouble with math **except (for)** John. He's an **exceptional** student.

plus + · except (for): …을 제외하고

★
conceive [kənsíːv]

con(=com:together) + ceive(=take)
→ (마음·자궁 속에) 품다

동 1 (의견·계획 등을) 생각해내다, 착상하다, 고안하다 유 devise
2 (+ of) (특정한 상황 등을) 상상하다 3 임신하다

★★ **concept** 명 개념, 관념 유 idea, notion
★ **conception** 명 1 개념, 생각 2 구상, 착상 3 임신

12 It's hard to **conceive of** an idea that would completely solve the problem.
13 an abstract **concept**

7 A: 이번 행사에 몇 명이 참가하나요? B: 약 100명의 참가자가 있을 것입니다. 8 나는 그의 사과를 받아들였다. 9 그런 행동은 여기에선 용납되지 않는다. 10 나는 그 대학으로부터 입학 허가서를 받았다. 11 반에서 John을 제외한 모든 학생이 수학 때문에 애를 먹고 있다. 그는 뛰어난 학생이다. 12 그 문제를 완벽하게 해결할 방안을 생각해내는 것은 힘들다. 13 추상적인 개념

★
deceive [disíːv]

de(=away) + ceive(=take)
→ take away 빼앗다
→ (빼앗기 위해) 속이다

동 **속이다, 기만하다** 유 cheat, fool

deceptive 형 속이는, 기만적인
deception 명 속임수, 사기 (행위)
deceit 명 속이기, 거짓말

14 I'd rather be cheated by enemies than **deceived** by friends.
15 Social lies such as making **deceptive** but flattering comments may benefit mutual relations.

VOCA VS. VOCA 속이다

deceive 진실을 숨기거나 왜곡하여 속이다(특히 문어적 표현으로 쓰임)
16 He ***deceived*** the police by hiding the evidence.

cheat 경쟁, 시험 등의 상황에서 자신의 이익을 위해 부정하게 속이다
17 You shouldn't ***cheat*** on an exam.

fool (누군가를 놀리거나 바보처럼 보이게 하려고) 속이다
18 I was ***fooled*** by your stupid lies.

trick 돈이나 소유물을 얻기 위해 어떤 계략을 써서 속이다
19 He tried to ***trick*** me into buying it.

DAY 16

★
perceive [pərsíːv]

per(=thoroughly) + ceive(=take)
→ 철저히 취하다 → 파악하다

동 **인지하다, 알아차리다** 유 notice, recognize

★ **perception** 명 지각 (작용), 인지(력)

20 I **perceived** a subtle change in her manner.

★★
receive [risíːv]

re(=back) + ceive(=take)
→ 다시 받다, 가져오다

동 1 받다, 수령하다 2 **(제안·의견 등을) 받아들이다** 3 **(전화·방송 등을) 수신하다**

★ **reception** 명 1 환영(회), 리셉션 2 (호텔 등의) 안내 데스크 3 수신
★ **receipt** 명 1 영수증 2 받음, 수령
recipient 명 수령인, 수취인

21 I **received** an invitation to the wedding **reception**.
22 Don't forget to get a **receipt**.

14 나는 친구에게 기만을 당하느니 차라리 적에게 당하겠다. 15 기만적이지만 아첨하는 말을 하는 것과 같은 사회적 거짓말은 상호 관계에 이득이 될지도 모른다. 16 그는 증거를 숨김으로써 경찰을 속였다. 17 시험에서 부정행위를 해서는 안 된다. 18 난 네 멍청한 거짓말에 속았어. 19 그는 나를 속여서 그것을 사게 하려고 했다. 20 나는 그녀의 태도에서 미묘한 변화를 감지했다. 21 나는 결혼 피로연에 초대를 받았다. 22 영수증 챙기는 거 잊지 마.

car (변화형 char) 1 마차 (carriage), 탈것 (vehicle) 2 운반하다 (carry), 짐을 싣다 (load)

★★
career [kəríər]
car(=vehicle) + eer(=ary:명접)
→ (탈것들이) 다니는 길
→ (직업 면에서) 걸어온 길

명 1 (오래 해온 전문적) 직업 유 profession, job
2 경력, 커리어
형 직업적인

1 Are you satisfied with your **career**?
2 He had a long and successful **career**.

---

carpenter
[ká:rpəntər]
carpent(um)(=carriage) + er(명접:「사람」)
→ 나무로 수레를 만드는 사람 → 목공일 하는 사람

명 목수

3 My brother is a skilled **carpenter**.

carriage [kǽridʒ]
carri(=carry) + age(명접)
→ 운반하는 것

명 1 마차 2 운반
3 《*BrE*》 (기차의) 객차 《*AmE*: *car*》

4 The couple went to the palace in a horse-drawn **carriage**.

---

carrier [kǽriər]
carri(=carry) + er(명접:「행위자」)
→ 운반하는 것[사람]

명 1 운송 회사 2 운반인, 운반[수송]기
3 【의학】 (전염병) 보균자

5 Our mail **carrier** comes every Tuesday and Friday.

1 당신의 직업에 만족하십니까? 2 그는 장기간 성공적인 경력을 쌓았다. 3 우리 형은 솜씨 좋은 목수이다. 4 그 부부는 말이 끌어주는 마차를 타고 궁전으로 갔다. 5 우편 집배원은 매주 화요일과 금요일에 온다.

★★ 핵심 다의어

charge [tʃɑːrdʒ]

char(=load) + ge(어미)
→ 무거운 짐을 지우다 →
- 금전상 부담을 지우다
  → **요금·대가를 청구하다**
- 일에 있어서 부담을 지우다
  → **의무·책임을 지우다**
- 죄를 씌우다 → **고발하다, 비난하다**

동 1 요금을 청구하다 2 **고발[기소]하다; 비난하다**
3 **책임을 지우다** 4 **채우다, 충전하다**

명 1 요금, 비용 2 **고발, 기소; 비난** 3 **책임, 담당**

6 The hotel **charges** $200 a night.
7 They **were charged with** robbery.
8 We found extra **charges** on our bill.
9 She is **in charge of** teaching English to third-year students.

plus + · be charged with: …의 혐의를 받다, …로 기소되다 (=be accused of)
· free of charge: 공짜의, 무료인
· in charge of: … 담당의, …을 맡고 있는

VOCA VS. VOCA 요금

fare 교통 기관의 요금(차비 등) (p.171)
10 bus[taxi] *fares*

fee 수업료, 입장료, (의사·변호사 등) 전문직 종사자의 보수
11 a lawyer's *fee*

charge 청구 대금(진찰료, 운임, 식사비 등)
12 room *charge*

VOCA VS. VOCA 가격

price 상인이 물건에 대해 요구하는 값, 판매가
cost 물건을 만드는 데 소요된 일체의 비용 (p.339)
13 The *prices* of the goods are high because production *costs* are very great.

rate 단위당 기준 가격 (p.300)
14 *Rates* for high speed internet service have gone down over the past ten years.

6 그 호텔은 하룻밤 숙박비가 200달러이다. 7 그들은 절도죄로 기소되었다. 8 우리는 계산서에서 추가 요금을 발견했다. 9 그녀는 3학년 학생들에게 영어를 가르치는 일을 담당한다. 10 버스[택시] 요금 11 변호사 수임료 12 숙박비 13 그 상품은 생산 비용이 매우 크기 때문에 가격이 높다. 14 초고속 인터넷 서비스 가격은 지난 10년에 걸쳐 하락했다.

★

discharge

dis(「반대」) + charge(짐을 싣다)
→ (실었던 것을) 내리다 →
- (지위) **해임시키다**
- (병원) **퇴원시키다**
- (감옥) **석방시키다**
- (군대) **제대시키다**
- (실었던 것을 책임지고 내릴 의무를) **이행하다**

동 [distʃɑ́ːrdʒ] 1 **《주로 수동태로》 해임하다**
2 **(병원·감옥·군대 등에서) 내보내다**
3 **(액체·가스 등을) 방출하다**
4 **(의무 등을) 이행하다**

명 [dístʃɑːrdʒ] 1 **해임** 2 **퇴원; 석방; 제대**
3 **방출, 배출(물)** 4 **(책임) 이행**

[15] He was **discharged** from the military last week.

[16] The chemical company failed to **discharge** its duty to provide proper warnings.

DAY 16 잘 외워지지 않는 단어 복습

	단어	뜻		단어	뜻
○			○		
○			○		
○			○		

[15] 그는 지난주에 제대했다. [16] 그 화학 업체는 적절한 경고를 해야 할 의무를 이행하지 않았다.

17

클래스카드

cast >>> 던지다 (throw)

★★ 핵심 다의어

cast [kæst]

- cast - cast

cast(=throw) → 던지다 →
- (빛·그림자 등을) 던지다 → 드리우다
- (배역을 배우에게) 던지다 → 배역을 맡기다
- (눈길을) 던지다

동 1 (빛·그림자를) 드리우다
2 (그물·주사위·표 등을) 던지다 유 throw
3 배우를 정하다, 배역을 맡기다
4 (시선을) 던지다, (눈길을) 주다

명 1 (영화·공연 등의) 출연진 2 【의학】 깁스
3 주형(鑄型), 거푸집, 주조물 4 던지기

1 The moonlight **cast** a long shadow behind him.
2 Who will you **cast your vote for**?
3 The musical has a great **cast** of singers and dancers.
4 After taking X-rays, they decided to **put a cast on** his leg.

plus +
· cast a[your] vote for: …에 투표하다
· cast doubt on: …에 의문을 던지다[제기하다]
· put a cast on: …에 깁스를 하다
· have … in a cast: …에 깁스를 하고 있다

★

broad**cast** [brɔ́ːdkæ̀st]

- broadcast(ed) - broadcast(ed)

broad(넓게, 널리) + cast(=throw) → 널리 던지다 → (전파를 통해) 퍼뜨리다

동 방송하다, 방영하다
명 방송, 방영(물)

broadcaster 명 1 방송인, 아나운서 2 방송국

5 The game will be **broadcast** all over the world.
6 The BBC is the major public **broadcaster** in the UK.

★

fore**cast** [fɔ́ːrkæ̀st]

- forecast(ed) - forecast(ed)

fore(=before) + cast(=throw) → (주사위를) 먼저 던져서 점쳐 보다

동 예상[예측]하다, 예보하다 유 foresee, predict
명 예상[예측], 예보 유 prediction

7 The company's sales are **forecast** to increase by 15% this year.
8 A: What's the weather **forecast** for tomorrow?
B: It'll be partly cloudy.

[1] 달빛은 그의 뒤로 긴 그림자를 드리웠다. [2] 너는 누구에게 투표할 거니? [3] 그 뮤지컬은 가수와 댄서 출연진이 훌륭하다. [4] 엑스레이 촬영을 한 후에 그들은 그의 다리에 깁스를 하기로 결정했다. [5] 그 경기는 전 세계에 방송될 것이다. [6] BBC는 영국의 주요 공영 방송국이다. [7] 회사의 매출은 올해 15% 오를 것이라고 예측된다. [8] A: 내일 일기 예보는 어떠니? B: 부분적으로 흐리대.

cause (변화형 cuse)  이유 (cause, reason)

★★
cause [kɔːz]

cause(=reason 이유)
→ 어떤 일의 이유가 되다

명 원인, 이유
동 야기하다, 초래하다

* **causal** 형 인과 관계의
  causality 명 인과 관계

1 The slippery roads were the **cause** of the car accident.
2 What **caused** him **to start** screaming at me like that?
3 Even though two variables seem to be related, there may not be a **causal** relationship.

plus + · cause A to-v: A가 …하도록 (야기)하다

★★
accuse [əkjúːz]

ac(=ad:to) + cuse(=cause)
→ …에 대한 (특정한) 이유로 (고발하다)

동 1 (범죄 등의 혐의로) 고발하다, 기소하다 2 비난하다

accusation 명 비난; 고발

4 He **was accused of** theft.
5 If you know the truth, you can't **accuse** her **of** anything.

plus + · accuse A of B (=charge A with B):
1 A를 B의 혐의로 고발[기소]하다 2 A를 B에 관해 비난하다

★
excuse

ex(=out) + cuse(=cause)
→ 원인 밖으로 제외되다

동 [ikskjúːz] 1 용서하다, 봐주다
2 변명하다, 변명이 되다
3 양해를 구하다
명 [ikskjúːs] 변명, 이유

excusable 형 변명이 되는, 용서할 수 있는 반 inexcusable

6 Could you **excuse** me for a moment?
7 People make **excuses** in order to avoid doing something they don't want to do.

[1] 미끄러운 도로가 그 교통 사고의 원인이었다. [2] 무엇이 그가 나에게 저렇게 소리치기 시작하도록 했을까? [3] 두 변수가 관계되어 보이더라도 인과 관계가 없을 수도 있다. [4] 그는 절도죄로 기소됐다. [5] 당신이 진실을 안다면, 그녀를 어떤 것에 대해서도 비난할 수 없을 거예요. [6] 잠시만 양해를 구해도 될까요? [7] 사람들은 그들이 하기 싫은 일을 하지 않으려고 변명을 만들어낸다.

cede (변화형 ceed, cess, ceas) ≫ 가다 (go)

★
precede [prisíːd]

pre(=before) + cede(=go)
→ go before (다른 것보다) 먼저 존재[발생]하다

동 …보다 먼저 일어나다, …에 선행하다, …보다 앞서가다 반 follow

precedent 명 전례, 선례, 【법】 판례
unprecedented 형 전례 없는, 유례 없는

1 The ceremony **was preceded by** a parade.
2 an **unprecedented** price increase

plus + · B be preceded by A: B 앞에[이전에] A가 오다[있다]
cf. A be followed by B: A 뒤에[다음에] B가 오다[있다]

★
exceed [iksíːd]

ex(=beyond) + ceed(=go)
→ go beyond …을 넘어가다

동 (수·양·한도·권한 등을) 넘다, 초과하다

excess 명 형 초과(량)(의), 과잉(의)
excessive 형 지나친, 과도한 유 extreme 반 moderate

3 Carry-on luggage must not **exceed** eight kilograms.
4 Even the best things in life aren't so great in **excess**.
5 **Excessive** demand for oil is causing prices to rise.

★★
proceed [prəsíːd]

pro(=forward) + ceed(=go)
→ 앞으로 가다

동 1 계속하다, 진행하다; 계속되다, 진행되다 유 continue
2 나아가다 유 advance, go forward

★★ **procedure** 명 절차, 진행 방식
★★ **process** 명 1 진행, 과정
2 (생산) 공정, 가공 처리
동 1 (식품·재료 등을) (가공) 처리하다
2 (서류·정보 등을) 처리[정리]하다
★ **proceeding** 명 1 《복수형》 행사, 일련의 행위들
2 《주로 복수형》 소송 (절차)

6 The rocket launch **proceeded** according to plan.
7 The entry **procedure** at the airport is quite simple.
8 The **process** of research includes more than just observing and recording facts.

[1] 그 의식은 퍼레이드 후에 진행되었다. [2] 전례 없는 물가 상승 [3] 기내용 짐은 8킬로그램을 초과해서는 안 된다. [4] 심지어 인생에서 가장 좋은 것도 지나치면 그리 좋지 않다. [5] 석유에 대한 지나친 수요로 인해 가격이 오르고 있다. [6] 로켓 발사는 계획대로 진행되었다. [7] 공항에서의 입국 절차는 아주 간단하다. [8] 연구 과정은 단순히 사실들을 관찰하고 기록하는 그 이상을 포함한다.

★★ 핵심 다의어

succeed [səksíːd]

suc(=sub:under) + ceed(=go) →
(바로) 아래에서 가다 → 뒤따라가다 →
…의 뒤를 잇다, 계승하다
(목표를) 뒤따라가다 → **성공하다**

동 1 (…에) 성공하다, 성과를 거두다 반 fail
2 **뒤를 잇다, 계승하다** 유 follow

** **success** 명 성공, 출세 반 failure
** **successful** 형 성공적인, 출세한 반 unsuccessful
* **succession** 명 1 연속 2 계승
* **successive** 형 연속[계속]적인 유 consecutive
* **successor** 명 후임자, 후계자 반 predecessor

9 I **succeeded** in swimming two kilometers on two **successive** days.
10 Mr. McCarthy **succeeded** Mr. Lawrence as our teacher.
11 What's the secret of her **success**?

★

predecessor [prédəsèsər]

pre(=before) + de(=away) + cess(=go) + or(명접) → 앞서간 사람

명 **전임자** 반 successor

12 He wasn't really as successful as his **predecessor** or his successor.

★★

access [ǽksès]

ac(=to) + cess(=go) → …로 들어가는 것

명 **(+ to)** 1 (장소·정보 등에의) 접근(성), 이용(성)
2 **진입[접근] 방법**
동 (정보 등을) 입수하다, (정보에) 접근하다, (장소에) 들어가다

accessible 형 1 (장소·사람에) 접근하기 쉬운 유 approachable 반 inaccessible
2 (정보·물건이) 입수[이용]하기 쉬운

13 The internet allows easy **access to** all kinds of information.
14 They denied everyone **access to** military secrets.
15 You can't **access** the building without proper ID.

9 나는 이틀 연속 2km를 수영하는 데 성공했다. 10 McCarthy 씨는 Lawrence 씨의 뒤를 이어 우리 선생님이 되셨다. 11 그녀의 성공 비결은 무엇입니까? 12 그는 그의 전임자나 후임자만큼 성공적이지는 못했다. 13 인터넷은 모든 종류의 정보 이용을 용이하게 해준다. 14 그들은 모든 사람의 군사 기밀에의 접근을 차단했다. 15 적합한 신분증 없이는 그 건물에 들어갈 수 없다.

★
cease [siːs]

cease(=go away)
→ 물러가다 → 그만두다

동 그만두다, 멈추다; 끝나다 유 stop

ceaseless 형 끊임없는 유 continuous, incessant

16 **Cease** fire!
17 In some cases, their brains had **ceased** to function altogether.

VOCA VS. VOCA 멈추다

stop 하고 있던 일이나 동작 등을 더 이상 하지 않고 멈추다
18 That girl never ***stopped*** talking.

cease stop보다 격식 차린 말
19 The factory has ***ceased*** operations.

quit 나쁜 행동이나 습관, 하기 싫은 일을 더 이상 하지 않다 (특히, 직장·학교 등을 중도에 그만두는 경우에 쓰임)
20 He got tired of his job and ***quit***.

pause 다시 시작하기 전에 하고 있던 일을 잠시 멈추다
21 We ***paused*** for breath before continuing our climb.

hesitate 자신이 없거나 긴장하여 망설이며 잠시 멈추다
22 If you need help, don't ***hesitate*** to ask.

DAY 17

centr 중심 (center)

★★
concentrate [kάːnsəntrèit]

con(=com:together) + centr(=center) + ate(동접)
→ (모든 힘을) 중심부에 함께 모으다

동 1 (+ on) 집중하다, 전념하다 유 focus on 반 distract(집중을 방해하다)
2 (인구 등을[이] 한 곳에) 모으다, 집중시키다[모이다, 집중하다]
3 농축시키다

★★ **concentration** 명 1 집중(력) 2 (인구 등의) 집중 3 농도, 농축

1 Don't distract me. I have to **concentrate on** studying.

16 사격 중지! 17 어떤 경우에는 그들의 뇌가 모두 기능하기를 멈췄다. 18 그 소녀는 이야기를 멈추지 않았다. 19 그 공장은 가동을 중단했다. 20 그는 자기 일에 싫증을 느껴 그만뒀다. 21 우리는 등산을 계속하기 전에 한숨 돌리기 위해 잠깐 멈췄다. 22 도움이 필요하면, 망설이지 말고 부탁하세요. / 1 나를 방해하지 마. 나는 공부에 집중해야 돼.

cern (변화형 cri, crimin) 1 체로 쳐서 가려내다 (sift) 2 분리하다 (separate)

★★
concern [kənsə́ːrn]

con(=com:together) + cern(=sift) → 함께 체로 쳐서 (옳고 그름을) 가려내는 것 → (문제 등에) 갖는 **걱정[관심]** → **관심을 갖고 관계하다**

명 1 걱정, 염려 2 관심사 3 관계
동 1 걱정하다; 걱정시키다 2 관심을 갖다 3 (…에) 관계하다

★★ **concerned** 형 1 걱정하는, 염려하는 유 anxious, worried
2 관여[관계]하고 있는
★ **concerning** 전 …에 관하여 유 about, regarding

1 There is a rising **concern** over global warming.
2 They **are concerned about** losing their jobs.
3 The immigration office sent him a letter **concerning** his application.

plus + · be concerned about: …에 대해 걱정하다
· be concerned with[in]: …와 관계가 있다

★
discern [disə́ːrn]

dis(=apart) + cern(=sift) → 체로 쳐서 걸러내다 → 분별하다

동 1 알아차리다, 인식하다 유 perceive, detect
2 분별[분간]하다

discernible 형 알아볼 수 있는 반 indiscernible

4 He **discerned** a hidden code in the message.

★★
crisis [kráisis]

cri(=separate) + sis(명접) → 분리되어 갈라짐 → 위기

명 위기, 어려운 상황, 최악의 국면

5 The flooding ruined a number of crops and caused a financial **crisis** for farmers.

★★
criticize [krítəsàiz]

crit(=separate) + ic(명접) + ize(동접) → (좋고 나쁨을) 구분 짓다 → 비판하다

동 1 비판하다, 비난하다 유 blame 반 praise
2 비평하다

★★ **criticism** 명 1 비판, 비난 2 (문예) 비평, 평론
★ **critic** 명 (문예·영화 등의) 비평가, 평론가
★★ **critical** 형 1 비판[비난]적인 2 중대한 유 crucial, decisive
3 위기의, 위독한 4 비평의

6 Don't be disrespectful when you **criticize** something.
7 a movie[film] **critic**
8 The patient is in **critical** condition.

1 지구 온난화에 대한 우려가 커지고 있다. 2 그들은 일자리를 잃을까 봐 걱정한다. 3 출입국 관리소에서 그의 신청서에 관한 편지를 그에게 보냈다. 4 그는 그 메시지의 숨겨진 암호를 알아차렸다. 5 홍수가 많은 농작물을 망쳤고 농부들에게 경제적 위기를 야기했다. 6 어떤 것을 비판할 때 무례하게 굴어서는 안 된다. 7 영화 평론가 8 그 환자는 위독한 상태이다.

★ **discriminate** [diskrímənèit]

dis(=apart) + crimin(=separate) + ate(동접) → 따로 분리하여 구별하다

동 1 (+ against) 차별(대우)하다
2 (+ between) (차이점을) 식별[구별]하다
유 distinguish, differentiate

★ **discrimination** 명 1 (인종·성별 등의) 차별
2 식별[판별]력

9 It's illegal to **discriminate against** others because of their race, religion, or gender.
10 You must **discriminate between** facts and opinions.
11 racial **discrimination**

cert >>> 확실한 (sure)

DAY 17

★★ **certain** [sə́:rtn]

cert(=sure) + ain(=an:형접) → 확실한, 믿을 만한 →
- 틀림없는
- (확실히) 정해진, 일정한
- 어떤

형 1 확실한, 틀림없는 유 sure 반 uncertain
2 (명사 앞에서) (어느) 일정한, 특정한
3 (명시하지 않고) 어떤

★★ **certainly** 부 확실히 유 of course, beyond question
★ **certainty** 명 확실함, 확신 유 confidence, assurance

1 Kate said that she was **certain** she would visit tomorrow.
2 Korean is **certainly** a difficult language.
3 I can say with **certainty** that this is the best restaurant in town.

plus +
· make certain: 확실히 하다 (=make sure)
· for certain: 틀림없이, 확실히

certificate [sərtífəkət]

certi(=sure) + fic(=make) + ate(명접) → 확실하게 만드는 것

명 증명서, 이수[수료] 증명서

4 I needed a copy of my birth **certificate** to apply for a new passport.
5 a teaching **certificate**

DAY 17 잘 외워지지 않는 단어 복습 ○-○-○

	단어	뜻		단어	뜻
○			○		
○			○		
○			○		

9 인종, 종교, 성별 때문에 다른 사람들을 차별하는 것은 불법이다. 10 너는 사실과 의견을 구별해야 한다. 11 인종 차별 / 1 Kate가 내일 방문하는 것이 확실하다고 했습니다. 2 한국어는 확실히 어려운 언어이다. 3 나는 이곳이 시내에서 가장 훌륭한 식당이라고 확신을 갖고 말할 수 있다. 4 나는 새 여권을 신청하기 위해 출생 증명서 한 부가 필요했다. 5 교사 자격증

클래스카드

char (변화형 cher) 사랑하는, 소중한 (dear)

charity [tʃǽrəti]

char(=dear) + ity(명접)
→ 사랑하는 마음으로 베푸는 것

명 1 자선 단체, 자선 2 관대함

1 Paul decided to donate his excess clothes to **charity**.

cherish [tʃériʃ]

cher(=dear) + ish(동접)
→ 소중하게 여기다

동 소중히 생각하다, 아껴주다

2 I **cherish** my artistic ability.

cid (변화형 cas, cay) 떨어지다 (fall)

★ accident [ǽksədənt]

ac(=ad:to) + cid(=fall) + ent(명접)
→ …에게 우연히 떨어져 겪게 되는 것

명 1 사고(특히 교통사고), 재난 2 우연한 일

* **accidental** 형 우연한, 뜻밖의 반 deliberate(의도적인, 고의의)
* **accidentally** 부 우연히, 실수로 반 on purpose, deliberately

1 Two people died in a traffic **accident** yesterday.
2 Scientists often make their discoveries **by accident**.

plus + · by accident: 우연히 (=by chance)

coincidence [kouínsədəns]

co(m)(=together) + in(=on) + cid(=fall) + ence(명접)
→ 함께 … 위에 떨어져 겪게 되는 것 → 우연(의 일치)

명 1 우연 2 (우연의) 일치

coincident 형 (+ with) 1 일치하는 2 동시에 일어나는
coincidental 형 우연의 (일치인)
coincidentally 부 우연히

3 It was such a **coincidence** that we called each other at the exact same time.
4 Her aim was **coincident with** his.
5 How commonly do **coincidental** correspondences occur between dream and waking reality?

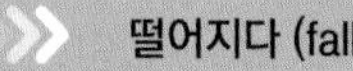

[1] Paul은 그의 넘치는 옷들을 자선 단체에 기부하기로 결정했다. [2] 나는 나의 예술적 재능을 소중히 생각한다. / [1] 어제 교통사고로 두 명이 사망했다. [2] 과학자들은 종종 우연히 발견을 하고는 한다. [3] 우리가 정확히 동시에 서로에게 전화한 것은 대단히 우연이었다. [4] 그녀의 목적은 그의 것과 일치했다. [5] 꿈과 깨어있는 현실 사이에서 우연의 일치는 얼마나 흔히 발생하는가?

★
incident [ínsədənt]

in(=on) + cid(=fall) + ent(명접)
→ … 위에 떨어져 겪게 되는 것
→ 사건

명 (특히 폭력적이거나 위험한) 사건

incidence 명 (질병·범죄·사고 등의) 발병(률), 발생(률)
incidental 형 (…에) 부수적으로 일어나는, 부차적인
incidentally 부 1 부수적으로
2 그건 그렇고, 그런데 유 by the way

6 The **incident** made newspaper headlines.
7 a high **incidence** of lung cancer among smokers

VOCA VS. VOCA 사건, 사고

accident 아무도 예측하지 못한 뜻밖의 사고나 사건(주로 교통사고와 관련)
8 Talking on a cell phone while driving causes ***accidents***.

incident 주로 폭력적이거나 위험한 사건
9 The bombing ***incident*** left many dead and injured.

event ① 의미 있고 중요한 역사적 (대)사건 p.383
② 행사·경기 종목
10 What were the chief ***events*** of 2021?
11 an athletic ***event***

occurrence 단순히 어떤 사건이나 일어난 일 p.150
12 It is a frequent ***occurrence***.

★
casual [kǽʒuəl]

cas(=fall) + ual(형접)
→ 우연히 떨어져 겪게 된 → 우연한

형 1 느긋한, 무관심한 2 격식을 차리지 않는, 평상시의 반 formal
3 《명사 앞에서》 우연한, 뜻하지 않은
명 《주로 복수형》 평상복

casually 부 1 격식 차리지 않고 2 우연히, 별 생각 없이

13 His **casual** dress reflects his **casual** attitude towards life.

★★
occasion [əkéiʒən]

oc(=ob:down) + cas(=fall) + ion(명접) → falling down 갑자기 떨어지는[겪는] 것 → 특별한 경우[행사]

명 1 (특정한) 때, 경우 2 특별한 일[행사]

⋆ **occasional** 형 때때로의, 가끔 일어나는
⋆ **occasionally** 부 때때로, 가끔 (=on occasion(s))
유 at times, from time to time, now and then

14 Hey, you're dressed up! What's the **occasion**?
15 We **occasionally** gather for a fancy dinner.

6 그 사건은 신문에 주요 뉴스로 기사화되었다. 7 흡연자들 사이에서의 높은 폐암 발병률 8 운전하면서 휴대폰으로 통화하는 것은 사고를 유발한다. 9 폭격 사건으로 많은 사람이 죽고 다쳤다. 10 2021년에는 어떤 중요한 사건이 있었나요? 11 운동 경기 12 그런 일은 비일비재하다. 13 그의 편안한 옷차림이 삶에 대한 그의 느긋한 태도를 말해준다. 14 어이, 옷을 차려입었네! 무슨 특별한 일이라도 있어? 15 우리는 가끔 모여서 근사한 저녁 식사를 해.

★
decay [dikéi]

de(=down) + cay(=fall)
→ (썩어) 내려앉다

동 1 썩다, 부식[부패]하다 유 rot
2 쇠퇴하다 유 decline
명 1 부패 2 쇠퇴

16 You should cut down on sweets. I'm worried your teeth will **decay**.

cide (변화형 cis)  1 죽이다 (kill) 2 자르다 (cut)

suicide [sú:əsàid]

sui(=self) + cide(=kill)
→ 자신을 죽임

명 자살

1 The organization began a new campaign to prevent **suicide**.

plus + · commit suicide: 자살하다 (=kill oneself)

★★
decision [disíʒən]

de(=off) + cis(=cut) + ion(명접)
→ (문제의 매듭을) 잘라냄
→ 해결, 결정

명 1 결정 유 determination 2 결단력

★★ **decide** 동 결정하다
★ **decisive** [disáisiv] 형 1 결정적인
2 결단력 있는 반 indecisive(우유부단한)

2 I find it difficult to **make decisions**. I'm not **decisive**.
3 **decision** by majority
4 play a **decisive** role

plus + · make a decision: 결정하다

---

precise [prisáis]

pre(=in front of) + cise(=cut)
→ 앞을 잘라낸 → 군더더기를 생략하고 정확히 제시한

형 (수치·정보 등이) 정확한, 정밀한 유 accurate, exact 반 inaccurate

precisely 부 정확히, 정밀하게 유 exactly
precision [prisíʒən] 명 정확[정밀](도) 유 accuracy

5 The directions he gave us were very **precise**.
6 **precision** instruments

[16] 단것을 좀 줄여. 네 이가 썩을까 봐 걱정이다. / [1] 그 기관에서는 자살을 예방하기 위한 새로운 캠페인을 시작했다. [2] 나는 결정을 내리는 것이 어려워. 나는 결단력이 없어. [3] 다수결 [4] 결정적인 역할을 하다 [5] 그가 우리에게 내린 지침은 매우 정확했다. [6] 정밀 기기

circul (변화형 circu(m)) 1 원 (circle) 2 둘레에 (around)

★
circulate [sə́ːrkjəlèit]
circul(=circle) + ate(동접)
→ 돌게 하다

동 1 돌다, 순환하다 2 (소문·정보 등이) 퍼지다
3 (물건 등을) 유통[유포]하다, 배포하다

circular 형 1 원형의, 둥근 2 순환하는, 순회의
circulation 명 1 (혈액의) 순환 2 유통, 유포 3 (신문·잡지 등의) 판매 부수

1 Blood **circulates** through the body.
2 The satellite follows a **circular** orbit around the earth.
3 the **circulation** of money

★★
circumstance [sə́ːrkəmstæ̀ns]
circum(=around) + st(=sta:stand) + ance(명접) → 주위에 서 있는 것

명 (주로 복수형) 1 주위 사정, 상황 2 (경제적·물질적) 환경, 처지

4 **Under no circumstances** should any teacher discriminate between students.

plus + · under no circumstances: 어떤 일이 있어도 (결코) … 않다 (=never)

★
circuit [sə́ːrkit]
circu(=around) + it(=go)
→ 둘레를 도는 것

명 1 순회 (여행) 2 주위, 둘레 3 【전기】 회로

5 We did the **circuit** of major cities in the US.
6 closed **circuit** television(CCTV)

cit 소환하다, 부르다 (summon, call)

cite [sait]
cite(=summon)
→ 불러내다 → 언급하다, 소환하다

동 1 (예시·근거로서) 언급하다
2 (책 등을) 인용하다 유 quote
3 (법정으로) 소환하다 유 summon

1 The lawyer **cited** DNA evidence in defense of his client.

recite [risáit]
re(=back) + cite(=summon)
→ 다시 소리내어 부르다

동 낭송하다, 낭독하다

recital 명 독주회, 독창회

2 Joyce **recited** the poem she had selected.

[1] 혈액은 온몸을 순환한다. [2] 위성은 지구의 순환 궤도를 따라 돈다. [3] 화폐의 유통 [4] 어떤 경우라도 교사는 학생들을 차별해서는 안 된다. [5] 우리는 미국의 주요 도시들을 순회했다. [6] 폐쇄 회로 텔레비전 / [1] 그 변호사는 자신의 의뢰인을 변호하기 위해 유전자 증거를 언급했다. [2] Joyce는 자신이 골라 두었던 시를 낭송했다.

excite [iksáit]

ex(=out) + cite(=call)
→ (감정을) 불러일으키다

동 흥분시키다, (남을) 자극하다 유 arouse, stir up

★★ **exciting** 형 흥분시키는
★ **excited** 형 신이 난, 흥분한
excitement 명 흥분, 자극

3 Are you looking for fun and **exciting** classes?
4 I'm **excited** about the new medical discovery.
5 Some brain chemicals give a powerful burst of **excitement** with sudden success.

civi (변화형 citi) » 1 시 (city) 2 시민 (citizen)

★★
civil [sívəl]

civi(=citizen) + il(형접)
→ belong to citizens 시민의

형 1 시민의, 민간인의 2【법률】 민사의 반 criminal(형사상의)

civilian 명 형 (군인·경찰에 소속되지 않은) 민간인(의)

1 Martin Luther King, Jr. was an important leader in the **civil** rights movement.
2 a **civil** lawsuit

civilize [sívəlàiz]

civil(=citizen) + ize(동접)
→ 시민답게 하다

동 문명화하다

civilized 형 문명화된, 교양 있는
civilization 명 문명 (사회)

3 People don't act that way in a **civilized** society.

★★
citizen [sítəzən]

citiz(=city) + en(명접:「사람」)
→ 도시의 사람

명 1 시민 2 국민

citizenship 명 시민권, 시민으로서의 신분 유 civil rights

4 All **citizens** have a duty to vote.

3 재미있고 흥미로운 수업을 찾고 있나요? 4 나는 그 새로운 의학적 발견에 흥분된다. 5 어떤 뇌 화학물질은 갑작스런 성공을 겪으면 강력하게 흥분을 분출한다. / 1 마틴 루터 킹 주니어는 인권 운동에서 중요한 지도자였다. 2 민사 소송 3 문명 사회에서는 사람들이 그렇게 행동하지 않는다. 4 모든 국민은 투표할 의무가 있다.

claim (변화형 cil) »» 부르다 (call), 외치다 (cry out)

★★
claim [kleim]
claim(=call) → 큰 소리로 부르다 → 주장하다

명 동 1 (권리·소유권·사실 여부 등을) 주장(하다) 유 maintain, assert
2 (손해 배상 등을) 요구[청구](하다) 유 demand

1 She **claimed** she was not guilty.
2 He **claimed** damages for the accident.

---

exclaim [ikskléim]
ex(=out) + claim(=cry) → cry out → 크게 외치다

동 외치다, 큰 소리로 말하다 유 cry out, shout

exclamation 명 외침, 절규

3 "Our team won!" the fans **exclaimed** with delight.

아악

---

proclaim [proukléim]
pro(=forward) + claim(=cry out) → 앞을 향해 외치다

동 (공식적으로) 선언하다, 공표하다 유 announce, declare

proclamation 명 선언(서)

4 The government **proclaimed** a state of emergency.

---

council [káunsəl]
coun(=com:together) + cil(=call) → 불러서 함께 모이는 것

명 1 협의회, 심의회 2 지방 의회

5 the UN Security **Council**
6 My uncle is a member of the city **council**.

DAY 18 잘 외워지지 않는 단어 복습

단어	뜻	단어	뜻

1 그녀는 자신이 무죄라고 주장했다. 2 그는 그 사고에 대한 손해 배상을 청구했다. 3 "우리 팀이 이겼다!"고 팬들이 기쁨에 차 소리 질렀다. 4 정부는 비상 사태를 선포했다. 5 유엔 안전 보장 이사회 6 우리 삼촌은 시의회 의원이다.

DAY 19

클래스카드

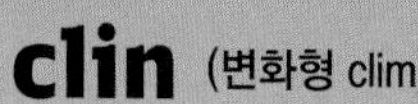

clin (변화형 clim) 1 굽다 (bend) 2 경사지다 (slope)

★★
decline [dikláin]

de(=away, aside) + cline(=bend)
→ …로부터 옆으로 굽다 →
- 직선에서 벗어나다 → 기울다 → **감소하다**
- 제의에 대해 외면하다 → **거절하다**

동 1 감소[하락]하다 2 악화되다 3 (정중히) 거절하다, 사양하다
명 감소, 하락; 쇠퇴, 악화

1 School violence has **declined** in recent years.
2 She **declined** my offer to help her find a job.
3 The economy recovered after a period of **decline**.

VOCA VS. VOCA 거절하다

refuse 요구·부탁·제의 등에 대해 거절하다 [p.186]
4 The embassy ***refused*** my visa application.

decline 초대나 제안에 대해 정중히 거절하다
5 I'm afraid I must ***decline*** your request for help.

turn down 《구어체》 제안·요구 등을 예상치 못하게 거절하다
6 He invited Ann to dinner, but she ***turned*** him ***down***.

reject 제안·제의에 대해 강하게 거절하다 [p.205]
7 He ***rejected*** the offer of financial help.

---

incline [inkláin]

in(=towards) + cline(=bend)
→ … 쪽으로 굽다, 기울다

동 1 …할 마음이 내키게 하다
2 (특정한 방향으로) 기울다; 기울이다

inclined 형 1 (강하지는 않지만) …할 마음이 있는
2 …하는 경향이 있는
inclination 명 1 의향, 성향 2 경향

8 He**'s inclined to get** upset over small things.

plus + · be inclined to-v: 1 …하는 경향이 있다 2 …하고 싶어 하다

1 최근 몇 년 동안 학교 폭력이 감소했다. 2 그녀는 취업을 도와주겠다는 내 제의를 거절했다. 3 한동안의 불경기 후에 경기가 회복되었다. 4 대사관은 내 비자 신청을 거절했다. 5 유감스럽게도 당신의 도와달라는 부탁을 거절해야 할 것 같습니다. 6 그는 Ann을 저녁 식사에 초대했지만, 그녀는 거절했다. 7 그는 재정적인 지원 제안을 거절했다. 8 그는 사소한 일에도 기분이 상하는 경향이 있다.

★
climate [kláimət]

clim(=slope) + ate(명접) → sloping surface of Earth 경사진 지구 표면 → zone of latitude 위도대 → 기후
※ 위도가 유사하면 기후도 유사함

명 1 (특정 지역의) 기후
2 **(어떤 지역·시기의) 풍토, 풍조, 분위기**

9 The **climate** here is generally hot, but today's weather is rather cool.

clud (변화형 clos)  닫다 (close, shut)

★★
conclude [kənklú:d]

con(=com:「강조」) + clude(=close) → 완전히 닫다

동 1 결론을 내리다 2 **결말짓다, 종결하다**

★★ **conclusion** 명 1 결론 2 결말, 종결, (조약 등의) 체결

1 What did you **conclude** from reading the report?
2 We **drew a conclusion** after looking at all the data.

plus + · draw a conclusion: 결론을 도출하다
· in conclusion: 마지막으로, 끝으로

★★
in**clude** [inklú:d]

in(=in) + clude(=shut) → 안에 넣고 (밖에서) 닫다

동 1 **포함하다, 함유하다** 유 contain
2 **넣다, (전체의 일부로서) 포함시키다** 반 exclude

inclusion 명 포함, 함유(물) 반 exclusion
inclusive 형 1 (가격·경비에) 포함된 2 포괄적인, 폭넓은

3 The plane ticket costs $430, **including** tax.
4 Don't forget to **include** me on your invitation list.

★★
ex**clude** [iksklú:d]

ex(=out) + clude(=shut) → 밖에 두고 못 들어오게 닫다

동 1 **(고의로) 제외하다, 배제하다, 배척하다** 반 include
2 **(참여·입장 등을) 막다**

exclusion 명 제외, 배제, 배척 반 inclusion
exclusive 형 1 독점적인 2 배타적인 3 (장소·옷 등이) 고급의, 일류의
명 (신문 기사의) 독점, 특종
★ **exclusively** 부 독점적으로, 오로지 …만 유 only, solely

5 Some products are **excluded** from the sale.
6 The actor appeared in an **exclusive** interview.
7 This part of the sea is Malaysia's **Exclusive** Economic Zone(EEZ).

9 이곳의 기후는 대체로 덥지만, 오늘 날씨는 다소 서늘하다. / 1 그 보고서를 읽고 어떤 결론을 내렸습니까? 2 우리는 모든 데이터를 본 후에 결론을 도출했다. 3 그 비행기표는 세금을 포함해서 430달러이다. 4 초대 명단에 내 이름 넣는 거 잊지 마. 5 일부 제품은 세일 품목에서 제외됩니다. 6 그 배우는 독점 인터뷰 자리에 모습을 나타냈다. 7 이 해역은 말레이시아의 배타적 경제 수역이다.

closet [klá:zit]

clos(=close) + et(명접)
→ (사방이) 닫혀 있는 작은 곳

명 《AmE》 (붙박이형) 벽장 《BrE: wardrobe》

8 I found my mom's old wedding dress in the back of the **closet**.

★
disclose [disklóuz]

dis(「반대」) + close(닫다)
→ '닫다, 덮다'의 반대

동 1 들추어내다, 폭로하다 유 reveal 반 conceal
2 드러내다 유 reveal, expose

★ **disclosure** 명 폭로, 탄로; 폭로된 비밀

9 He requested that his identity not be **disclosed**.

---

cogn (변화형 (g)no, kno, quaint) >> 알다 (know)

★★
recognize [rékəgnàiz]

re(=again) + cogn(=know) + ize(동접)
→ know again 다시 알아보다

동 1 알아보다, 식별하다, 분간하다
2 (사실·권위·중요성 등을) 인정하다 유 admit, acknowledge

★★ **recognition** 명 1 인식, 인지
2 (수고·공로 등의) 인정, 감사 3 승인

1 I'm sorry that I didn't **recognize** you.
2 The company **is recognized as** a global leader in the biotechnology industry.

plus + · be recognized as: …로서 인정받다

★
diagnose [dáiəgnòus]

dia(=apart) + gno(=know) + se(동접)
→ 따로따로 구분해 알아내다

동 진단하다, (병 등의) 원인을 규명하다

diagnosis 명 진단, 원인 규명

3 He **was diagnosed with** diabetes last year.
4 an early **diagnosis**[checkup]

plus + · be diagnosed with[as]: …로 진단받다

★★
ignore [ignɔ́:r]

i(=in:not) + gno(=know) + re(어미)
→ 모르는 척하다 → 무시하다

동 (의도적으로) 무시하다 유 neglect, overlook, disregard

ignorant 형 (+ of) …을 모르는, 무지한
★ **ignorance** 명 무지, 알지 못함

5 I said hello to her, but she **ignored** me completely!
6 It's not an excuse that you were **ignorant of** the rules.

[8] 나는 옷장 뒤에서 엄마의 오래된 웨딩드레스를 찾았다. [9] 그는 자신의 신원이 노출되지 않게 해줄 것을 요구했다. / [1] 몰라 봬서 죄송합니다. [2] 그 회사는 생명공학 산업의 세계적인 선두주자로서 인정받고 있다. [3] 그는 지난해 당뇨병 진단을 받았다. [4] 조기 진단[검진] [5] 내가 그녀에게 인사를 했는데 그녀는 날 완전히 무시했어! [6] 네가 그 규칙을 몰랐다는 것은 변명이 될 수 없다.

noble [nóubəl]

no(=know) + ble(형접)
→ (잘) 알려진 → 저명한 → 고귀한

형 1 (성품·행위 등이) 고상한, 숭고한 반 ignoble(비열한)
2 귀족의 반 humble
명 귀족

nobility 명 1 고결함, 숭고함 2 (the +) 귀족 (계급)

7 Helping people in need is a **noble** goal.

★
acknowledge [əknɑ́:lidʒ]

폐어인 acknow(=admit)와 knowledge의 혼성어
→ admit knowledge of (…에 대해) 알고 있다고 인정하다

동 1 (사실·중요성·권위 등을) 인정하다 유 admit, recognize 반 deny
2 사례하다, 감사하다
3 (선물·편지 등을) 받았음을 알리다

acknowledgment 명 ((또는 acknowledgement)) 1 승인, 인정 2 사례, 감사

8 She **acknowledged** her mistakes and apologized.

---

acquaint [əkwéint]

ac(=ad:to) + quaint(=know perfectly)
→ (…에게) 완전히 알게 하다

동 (정보 등을) 주다, 숙지시키다

acquainted 형 1 …와 아는 사이인 2 …을 알고 있는
acquaintance 명 (친하지는 않은) 지인, 그냥 아는 사이

9 **Are** you **acquainted with** anyone on the council?
10 He has many **acquaintances** in the film industry.

plus + · be acquainted with: 1 (만나서) 아는 사이이다
2 (사실 등을) 알다, …에 관해 자세히 알다

cord (변화형 co(u)r) >>> 마음 (heart)

discord [dískɔ:rd]

dis(=apart) + cord(=heart)
→ 마음이 따로따로 떨어져 있음
→ 불일치

명 1 (의견 등의) 불일치, 불화 유 disagreement 반 accord
2 불협화음 반 harmony

1 There has been **discord** between the two nations recently.

7 어려운 사람들을 돕는 것은 숭고한 목표이다. 8 그녀는 자신의 실수를 인정하고 사과했다. 9 그 협의회에 누구 아는 사람 있습니까? 10 그는 영화계에 아는 사람이 많다. / 1 최근 양국 간에 불화[분쟁]가 있었다.

★
accord [əkɔ́ːrd]

ac(=ad:to) + cord(=heart)
→ be heart-to-heart with
마음을 터놓아 일치하는 상태가 되다

동 1 부여하다 2 (+ with) 부합하다, 일치하다
명 1 (생각 등에 대한) 일치 2 협정

accordance 명 (규칙·제도 등과의) 일치, 부합
accordingly 부 1 따라서, 그러므로 유 therefore
2 그에 맞게, 그에 따라서

2 His statement doesn't **accord with** the police evidence.
3 Everything is **in accordance with** the plan.
4 **According to** the report, most people agree with the proposal.

plus + · in accord with: …와 일치하여
· in accordance with: (규칙·원리 등)에 따라, …대로
· according to N: …에 따르면, …에 의하면

★
courage [kə́ːridʒ]

cour(=heart) + age(명접)
→ 마음으로부터 나오는 것

명 용기, 대담함 유 bravery

courageous 형 용기[담력] 있는 유 brave 반 cowardly, timid

5 I didn't have the **courage** to start again.

★★
encourage [inkə́ːridʒ]

en(=make) + courage(용기)
→ 용기를 북돋우다

동 1 용기를 북돋우다 반 discourage
2 (…하는 것을) 장려하다, 조장하다

★ **encouragement** 명 1 격려, 고무
반 discouragement
2 장려, 조장

6 He **encouraged** me **to** never **give up**.
7 I was **encouraged** by your words.

plus + · encourage A to-v: A가 …하도록 격려[장려]하다

★
core [kɔːr]

core(=heart) → 중심부

명 1 핵심, 가장 중요한 (중심) 부분 2 (사물의) 심, 속
형 핵심의, 가장 중요한, 가장 기본적인

8 the **core** of the Earth
9 The high cost of housing is a **core** issue for many people.

[2] 그의 진술은 경찰의 증거와 일치하지 않는다. [3] 모든 것이 계획대로이다. [4] 그 보고서에 따르면, 대부분의 사람들이 그 제안에 동의한다. [5] 나는 다시 시작할 용기가 없었다. [6] 그는 내게 결코 포기하지 말라고 용기를 북돋웠다. [7] 나는 당신의 말에 용기를 얻었어요. [8] 지구의 핵 [9] 높은 주거비가 많은 이에게 핵심(적인) 문제이다.

corp >>> 몸, 단체, 조직체 (body)

corporate [kɔ́ːrpərət]

corpor(=body 조직체) + ate(형접)
→ 한 조직체로 된

형 1 회사의, 법인의 2 **단체의, 공동의**

★ **corporation** 명 1 (사단) 법인, 기업, (AmE) 유한[주식] 회사 (줄여서 Corp.)
2 단체, (BrE) 지방 자치 단체

1 A **corporate** logo is an important part of a **corporation**'s identity.

2 Multinational **corporations** have business operations in many countries.

★ incorporate [inkɔ́ːrpərèit]

in(=in) + corpor(=body 조직체) + ate(동접)
→ 조직체 안에 들어가게 하다

동 1 **법인으로 만들다**
2 **포함하다, 합병하다** 유 include

incorporation 명 1 (AmE) 법인, 회사 2 (회사) 설립; 합병; 결합

3 Agriculture has lost its local character and has become **incorporated** into the global economy.

※ 법인 또는 유한 책임 회사(주주가 자신이 출자한 지분만큼 책임지는 회사)라는 의미로 회사 이름 뒤에 Inc.(Incorporated의 약자) 또는 Ltd.(Limited의 약자)를 쓰기도 함
e.g. Microsoft Inc. / LG Chemical Ltd.

---

corps [kɔːr]

corps(=body)
→ (구성원들의) 몸체[덩어리]
→ 군단; 단체

명 **(복수형 corps [-z])**
1 **【군대】 군단, 단(團)** 2 **(특정 일·활동을 하는) 단체**

4 The press **corps** was criticized by the mayor for disclosing a secret.

혼동어휘 · corpse [kɔːrps]: (사람의) 시체, 송장

DAY 19 잘 외워지지 않는 단어

복습 ○-○-○

	단어	뜻		단어	뜻
○			○		
○			○		
○			○		

1 회사 로고는 회사의 정체성에 중요한 부분이다. 2 다국적 기업들은 많은 나라에서 사업을 한다. 3 농업은 지역적 특성을 잃고 세계 경제로 편입되었다. 4 시장은 비밀을 폭로한 것에 대해 기자단을 비난했다.

DAY 20

crea (변화형 cre, cruit) >>> 1 만들다 (make) 2 자라다 (grow)

★★
create [kriéit]
crea(=make) + te(어미)
→ 만들어내다

동 창조하다, 창작하다, 만들어내다

- ★ **creature** 명 1 (기이한) 동물 2 ~한 사람, ~한 자
- ★★ **creation** 명 창조(물), 창작(물)
- ★ **creative** 형 창조적인, 창의적인, 독창적인
- **creator** 명 창조자, 창설자, (the Creator) 조물주

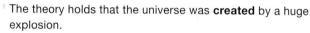

1 The theory holds that the universe was **created** by a huge explosion.
2 We saw a strange **creature** near the Han River.
3 **creative** thinking

recreate [rìkriéit]
re(=again) + crea(=make) + te(어미)
→ 다시 만들다 → 기분을 다시 만들다

동 1 다시 만들다, 재현하다 2 기분을 전환시키다

- ★ **recreation** 명 1 재창조, 재현
2 기분 전환 활동, 여가 활동, 레크레이션 유 pastime, leisure

4 Mars was **recreated** in the Israeli desert.
5 For **recreation**, he works in his garden.

★★
increase
in(=on) + crease(=grow)
→ … 위에 (더해져서) 자라나다
→ 증가하다

동 [inkríːs] (수량·정도 등이[을]) 증가하다, 늘다[증가시키다, 늘리다]
반 decrease, reduce
명 [ínkriːs] (+ in) 증가 반 decrease, reduction

- ★ **increasingly** 부 점점 더, 더욱 더

6 More importantly, we need to **increase** productivity.
7 Online shopping has become **increasingly** popular.

★★
decrease
de(=opposite) + crease(=grow)
→ '자라나다'의 반대 뜻
→ 줄어들다, 감소하다

동 [dikríːs] (수량·정도 등이[을]) 감소하다, 줄다[감소시키다, 줄이다]
유 diminish, reduce 반 increase
명 [díːkriːs] (+ in) 감소 유 reduction

8 Too much caffeine can **decrease** your performance.
9 a **decrease in** appetite

1 그 이론은 우주가 큰 폭발로 생성되었다고 주장한다. 2 우리는 한강 근처에서 이상한 동물을 보았다. 3 창의적인 사고 4 화성이 이스라엘 사막에 재현되었다. 5 여가 활동으로, 그는 정원을 가꾼다. 6 무엇보다도, 생산성을 높일 필요가 있습니다. 7 온라인 쇼핑이 점점 더 인기를 끌고 있습니다. 8 지나친 카페인 섭취는 능률을 저하시킬 수 있다. 9 식욕 감소

★
concrete [kɑ́:ŋkri:t]

con(=com:together) + crete(=grow)
→ 함께 결합되어 자라 (안이) 꽉 차고 탄탄한 → (정보 등이) 알차고 구체적인

형 1 구체적인, 확실한 반 abstract
2 콘크리트로 만든
명 콘크리트

10 There's no **concrete** evidence that he is guilty.

★
recruit [rikrú:t]

re(=again) + cruit(=grow)
→ (인원을) 다시 늘리다 → 모집하다

동 (조직·군대 등에 사람을) 채용하다, 모집하다
명 신병, 신입 사원

recruitment 명 신규 모집[채용], 신병 모집

11 The company plans to **recruit** 30 new employees.

DAY 20

cred (변화형 creed, grant) ≫ 믿다 (believe)

★★
credit [krédit]

cred(=believe) + it(어미)
→ 믿다 →
┌ 신용을 통한 거래
└ (결과물을) 믿고 인정하는 것 → 칭찬

명 1 신용[외상] (거래) 2 칭찬, 공로 3 (대학) 이수 학점
동 1 입금하다 2 믿다, 신용하다

creditor 명 채권자 반 debtor(채무자)

1 What's the **credit** limit on your **credit** card?
2 You **deserve** a lot of **credit for** the sales profit increase.
3 It was hard to **credit** her statement.

plus + · take[deserve/claim] (the) credit for:
…에 대한 공로를 인정받다[받을 만하다]

★
incredible [inkrédəbəl]

in(=not) + cred(=believe) + ible(형접)
→ 믿을 수 없는, 믿어지지 않는

형 1 믿어지지 않는, 놀랄 만한 유 unbelievable 2 뛰어난, 엄청난

* **incredibly** 부 대단히, 놀랍게도
credible 형 믿을 수 있는, 신용할 수 있는
유 believable, reliable, trustworthy

4 The president has an **incredible** influence on the public.

---

creed [kri:d]

creed(=belief) → 믿음 → 신조

명 1 신조, 신념, 원칙 2 (종교상의) 교의(敎義)

5 "Honesty is the best policy" is his **creed** in all his business dealings.

---

10 그가 유죄라는 구체적인 증거는 없다. 11 그 회사는 30명의 신입 사원을 채용할 계획이다. / 1 당신의 신용 카드의 신용[외상] 거래 한도는 얼마입니까? 2 매출 이익 증가는 상당 부분 당신의 공로입니다. 3 그녀의 진술은 믿기 어려웠다. 4 대통령은 대중에 대한 영향력을 미친다. 5 '정직은 최상의 정책이다'가 모든 사업 거래에 있어서 그의 신조이다.

★★
grant [grænt]

grant(=believe) → 믿다 → 승인하다, 믿고 주다

동 1 (요청을) 승인하다, (권리·상·학위 등을) 부여[수여]하다
2 인정하다
명 (특히 정부에서 주는) 보조금

6 Ownership of the property was **granted** to her daughter after she died.
7 The university offered Meredith a **grant** that would cover half of her tuition.

plus + · take A for granted: A를 당연하다고 생각하다
[take it for granted (that) ...]

cult (변화형 colon) 》 경작하다 (cultivate)

★
cultivate [kʌ́ltəvèit]

cult(=cultivate) + iv(e)(형접) + ate(동접) → 경작하다, 재배하다

동 1 경작하다, 재배하다 2 (능력 등을) 계발하다

cultivation 명 1 경작, 재배 2 계발, 수양

1 We cannot **cultivate** coffee in that climate.

★★
culture [kʌ́ltʃər]

cult(=cultivate) + ure(명접) → 경작 →
- 경작을 시작하며 생긴 것 → 문화
- (품성을) 경작함 → 지적·예술적 활동 → 교양

명 1 문화, 문명 2 (미술·문학·음악 등의) 지적·예술적 활동, 교양

★★ **cultural** 형 1 문화의, 문화적인
2 (미술·문화·음악 등의) 예술적인

2 **culture** shock
3 **cultural** diversity[differences]
4 TV has done much to shape popular **culture**.

★★
agri**cult**ure [ǽgrikʌ̀ltʃər]

agri(=field) + cult(=cultivate) + ure(명접) → 땅[농경지]을 경작하는 것

명 농업, 농사, 농학

★ **agricultural** 형 농업의, 농사의, 농학의

5 **Agriculture** evolved slowly over thousands of years.
6 **agricultural** products

6 그녀가 죽은 후 부동산 소유권이 그녀의 딸에게 부여되었다. 7 대학에서 Meredith에게 등록금의 절반을 충당하게 되는 보조금[장학금]을 주었다. / 1 우리는 그런 기후에서 커피를 재배할 수 없다. 2 문화 충격 3 문화적 다양성[차이점] 4 TV는 대중문화 형성에 많은 기여를 했다. 5 농업은 수천 년에 걸쳐 서서히 발달했다. 6 농산물

colony [kάːləni]

라틴어 colonia((외부인에 의해) 정착되어 경작된 땅)에서 온 말

명 1 식민지 2 (특정인·동식물의) 집단, 부락

colonial 형 식민지의, 식민지 시대의
colonist 명 식민지 이주자, 식민지 주민
colonize 동 1 식민지화하다 2 (동식물이) 집단으로 서식하다

7 Canada was once a British **colony**.

cur

1 달리다, 흐르다 (run, flow) 2 주의, 관심, 돌봄 (care)

★★ 핵심 다의어

current [kə́ːrənt]

curr(=run) + ent(형접·명접)
→ 흐르고 있는 (것) →
→ **현재의** → 유통되고 있는
→ **흐름** ┌ 시세의 흐름 → **경향**
　　　　└ 전기의 흐름 → **전류**

형 현재의, 현행의
명 1 (물·공기·전기 등의) 흐름 2 (생각 등의) 경향, 풍조

★★ **currently** 부 현재
★★ **currency** 명 1 (유통) 화폐, 통화 2 (화폐 등의) 유통

1 A: The **current** of the river was very strong.
B: **Currently**, children are not allowed near the river.
2 foreign **currency**

---

curriculum [kəríkjələm]

curri(=run) + culum(=c(u)le:명접)
→ a running course 달리기 코스, 과정

명 《복수형 curriculums 또는 curricula》
교과[이수] 과정, 교과목

curricular 형 교과[교육] 과정의

3 Math is part of all high school **curriculums**.

---

excursion [ikskə́ːrʒən]

ex(=out) + cur(=run) + sion(명접)
→ running out 밖으로 달려 나가기

명 (특정 목적을 위한) 짧은 여행, 소풍

4 We got acquainted on a school **excursion**.

DAY 20

[7] 캐나다는 한때 영국의 식민지였다. / [1] A: 강의 물살이 매우 세던데요. B: 현재, 어린이들이 강 근처에 가는 것이 금지되어 있습니다. [2] 외화 [3] 수학은 모든 고등학교 교과 과정의 일부이다. [4] 우리는 수학 여행 중에 서로 알게 되었다.

★★
occur [əkə́ːr]
- occurred - occurred

oc(=ob:to) + cur(=run) → …로 달리다 → 달려가서 만나다 → 사건을 마주치다

동 1 발생하다, 일어나다 유 happen, take place
2 《+ to》 (생각 등이) 떠오르다 유 come to (one's) mind

⋆ **occurrence** 명 1 (사건 등의) 발생 2 사건, 일어난 일

5 When did the accident **occur**?
6 **It occurred to** her **that** she was lost.

plus + · it occurs to A that …: A에게 …라는 생각이 문득 들다

VOCA VS. VOCA 발생하다

happen '발생하다'라는 뜻의 가장 일반적인 말
7 No one knew what would ***happen***.

occur happen보다 격식을 차린 말. 특히 예기치 못한 일이 일어났을 때 사용
8 The accident ***occurred*** at 10:00 a.m.

take place happen과 유사. 특히 예정된 일[행사] 등이 발생했을 때 사용
9 The next meeting will ***take place*** on Thursday.

★★
cure [kjuər]
cure(=care) → (병이 낫도록) 돌보다 → 치료하다

동 1 치료하다 유 heal 2 (문제 등을) 해결하다
명 1 치료(법), 치료약 2 해결책
유 remedy

curable 형 고칠 수 있는 반 incurable

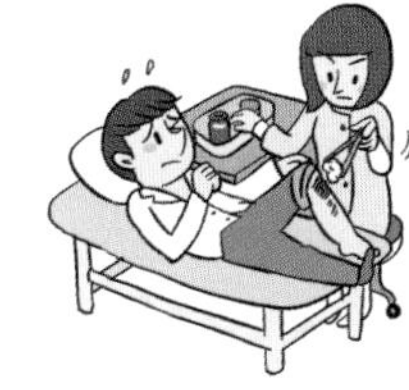

10 We tried many times to **cure** him **of** the bad habit.
11 A: Is there a **cure** for his disease?
B: Well, I'm afraid it's incurable.

plus + · cure A of B: A로부터 B를 고치다[없애다]

★
curious [kjúəriəs]
curi(=care) + ous(형접) → 관심 있는

형 1 호기심이 강한, …을 알고 싶어 하는 반 indifferent
2 이상한, 묘한

⋆ **curiosity** 명 1 호기심 2 진기함, 진기한 것[사람]

12 Why are you so **curious** about what he said?

5 언제 그 사고가 발생한 거죠? 6 그녀는 길을 잃었다는 생각이 문득 들었다. 7 무슨 일이 일어날지 아무도 알지 못했다. 8 그 사고는 오전 10시에 발생했다. 9 다음 회의는 목요일에 열릴 것입니다. 10 우리는 그의 나쁜 버릇을 고치려고 여러 번 시도해보았다. 11 A: 그의 병에 대한 치료법이 있습니까? B: 유감스럽게도 불치병입니다. 12 너는 그가 뭐라고 말했는지 왜 그렇게 알고 싶어 하니?

★★
accurate [ǽkjərit]
ac(=ad:to) + cur(=care) + ate(형접)
→ done with care 주의를 기울여 집중한 → 정확한

형 (정보·수치·기계 등이) 정확한, 정밀한 유 exact, precise
반 inaccurate

* **accuracy** 명 정확(성), 정밀(도)

13 Scientists try to conduct highly **accurate** research.

dam (변화형 demn) » 1 손실 (loss) 2 비난 (blame)

★★
damage [dǽmidʒ]
dam(=loss) + age(명접)
→ 손해, 피해

명 손해, 손상, 훼손 유 harm, injury
동 손해[손상]를 입히다, 훼손하다 유 harm, injure

1 He was responsible for all the **damages**.
2 The falling tree **damaged** the house and the garage.

DAY 20

condemn [kəndém]
con(=com:「강조」) + demn(=blame)
→ 강력히 비난하다

동 1 비난하다, 책망하다 2 (+ to) …에게 형을 선고하다

condemnation [kɑ̀:ndəmnéiʃən] 명 비난

3 I did not **condemn** her for what she had done.
4 He was found guilty and **condemned to** a year in prison.

DAY 20 잘 외워지지 않는 단어 복습

단어	뜻	단어	뜻

13 과학자들은 고도로 정밀한 연구를 수행하려고 노력한다. / 1 그는 (발생한) 모든 손실에 대해 책임이 있었다. 2 나무가 쓰러지면서 집과 차고를 손상시켰다. 3 나는 그녀가 한 일에 대해 그녀를 비난하지 않았다. 4 그는 유죄가 인정되었고 징역 1년을 선고받았다.

Matching Game

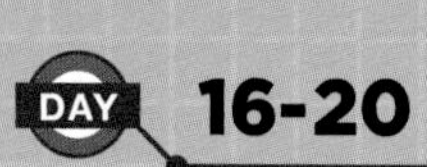

※ QR코드를 스캔하여 Matching Game을 한 후 점수를 기록해보세요.

My Scoreboard

	1차 시도	2차 시도	3차 시도
8000점 이상 나이스 샷!			
7000~7999 게임 좀 하네.			
6000~6999 방심하면 내려간다!			
5000~5999 포기하긴 아까워.			
4999점 이하 도전 정신 칭찬해.			

※ Matching Game 후 틀린 단어 또는 잘 외워지지 않는 단어를 써보세요.

단어	뜻	단어	뜻
○		○	
○		○	
○		○	
○		○	
○		○	

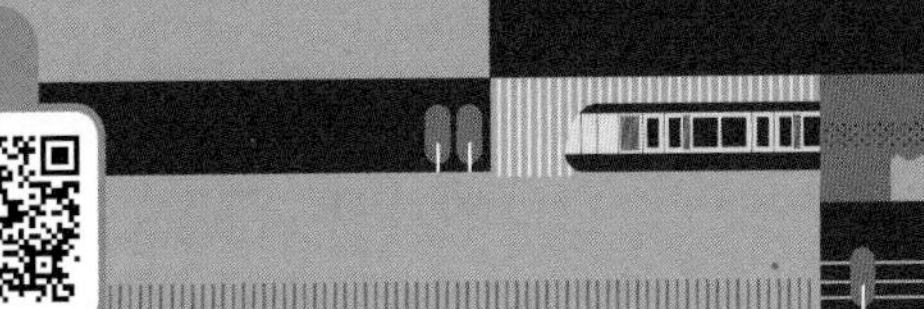

deb (변화형 du) 신세 지다 (owe)

★★
debt [det]
debt(=owed) → 신세 짐

명 1 빚, 채무 2 (남에게 진) 신세, 빚진 것

debtor 명 채무자 반 creditor(채권자)

1 Brunel was imprisoned for several months because of his **debt**.

★★ 핵심 다의어
due [duː]
due(=owe) → 신세[빚] 지고 있는 → (마땅히) **치러야 할** → **…하기로 되어 있는** / **마땅한, 적합한**; …의 덕택인 → **…에 기인하는**

형 1 …하기로 되어 있는; 도착 예정인 2 지불되어야[치러야] 할, 만기가 된 3 (+ to) …에 기인하는 4 적합한 유 proper, suitable

명 (복수형) 회비

2 He's **due** to go on a business trip to Europe this weekend.
3 The electricity bill is **due** on July 3.
4 The game was postponed **due to** rain.
5 He often failed to pay his **dues**.

plus + · due to N: … 때문에 (=because of N)

★★
duty [dúːti]
du(=owe) + ty(명접) → 신세진 것 → 해야 할 것

명 1 (법적·도덕적인) 의무; (주로 복수형) 직무, 임무 유 obligation 2 세금

duty-free 형 부 면세의[로]

6 As citizens, we have several **duties** to carry out.

plus + · on[off] duty: 근무 중인, 당번인[근무가 아닌, 비번인]

der (변화형 t[d], dit) 주다 (give)

render [réndər]
re(=back) + n(삽입) + der(=give) → give back 돌려주다, 보답하다

동 1 …을 ~한 상태로 만들다 2 (도움 등을) 주다, 제공하다 유 offer, provide

1 The flood **rendered** hundreds of people homeless.
2 **render** assistance to victims of the earthquake

1 Brunel은 그의 빚 때문에 몇 달을 수감되었다. 2 그는 이번 주말에 유럽으로 출장을 갈 예정이다. 3 전기 요금은 7월 3일까지 지불되어야 한다. 4 비 때문에 경기가 연기되었다. 5 그는 종종 회비를 내지 못했다. 6 시민으로서, 우리에겐 수행해야 할 몇 가지 의무가 있다. / 1 홍수로 수백 명의 사람이 집을 잃게 되었다. 2 지진 피해자들에게 도움을 주다

surrender [səréndər]

sur(=over) + render(=give back)
→ (모든 것을) 넘겨줘 버리다

동 1 항복하다 유 yield 2 넘겨주다, 양도하다
명 1 항복 2 양도, 포기

3 They **surrendered** to the enemy after years of fighting.

★★
rent [rent]

라틴어 rendere(주다, 갚다)의 과거분사형 rendita에서 온 말 → 지불된 (돈) → 임대료

명 임대[임차]료, 집세, 사용료
동 임대[임차]하다, 빌려주다, 빌리다

rental 명 1 사용료, 임대료 2 임대(물), 대여(물)
형 임대의, 임대할 수 있는

4 When is the **rent** due?

VOCA VS. VOCA 빌리다

borrow 돌려주는 것을 전제로 다른 사람의 물건을 무상으로 잠시 빌리다
5 Can I *borrow* books from the university library?

rent 건물·물건 등을 돈을 내고 일정 기간 동안 빌리다
6 Some farmers *rent* their land from a landlord.

lease 토지·건물 등을 (사업상 목적으로) 장기 임대하다
7 The building was *leased* to a dental clinic.

★★
add [æd]

ad(=to) + d(=give)
→ …에 보태지도록 주다

동 (주로 + to) 1 추가하다, 더하다, 늘리다 반 subtract
2 덧붙여 말하다, 부언하다

★★ **addition** 명 1 첨가(물), 추가(물) 2 덧셈 반 subtraction
★★ **additional** 형 추가의, 부가의 유 extra
additionally 부 게다가, 추가적으로

8 Powerful features have been **added** to this version.
9 **In addition to** discounts, they offer a free gift.
10 an **additional** tax[fee]

plus + · in addition to N/v-ing: …에 더하여, … 외에 또

3 그들은 수년 간 계속된 싸움 끝에 적에게 항복했다. 4 집세는 언제 지불해야 하나요? 5 대학 도서관에서 책을 대출할 수 있나요? 6 일부 농부들은 땅주인으로부터 땅을 빌린다. 7 그 건물은 치과에 임대되었다. 8 강력한 기능들이 이 버전에 추가되었다. 9 그들은 할인해줄 뿐만 아니라, 공짜 선물도 준다. 10 부가세[수수료]

★
edit [édit]

e(=ex:out) + dit(=give)
→ give out (출판해) 밖으로 내보내다

동 (책·잡지·신문·영상 등을) 편집하다

editor 명 편집자, 에디터
edition 명 (간행물의) 판(版)
editorial 명 사설 형 편집의

11 an **edited** version of a film
12 When can I get the latest **edition**?

dict (변화형 dic, dex)  말하다, 부르다 (say, tell, speak, call)

★
dictate [díkteit]

dict(=say) + ate(동접)
→ 말하다

동 1 (말한 것을) 받아쓰게 하다, 구술하다
2 명령[지시]하다

dictator 명 독재자
dictation 명 1 받아쓰기, 구술 2 명령, 지시

1 You can **dictate** a text message to this AI speaker.

---

addiction [ədíkʃən]

ad(=to) + dict(=call) + ion(명접)
→ …로 불러들여 ~에 빠지게 함

명 중독, 열중, 탐닉

addict 명 [ǽdikt] 중독자
동 [ədíkt] 《주로 수동태로》 중독되게[빠지게] 하다
addicted 형 중독된
addictive 형 중독(성)의

2 the predictors of children's media **addiction**
3 caffeine[alcohol] **addicts**
4 He kicked the habit of drinking before he became **addicted**.

---

contradict [kɑ̀:ntrədíkt]

contra(=opposite) + dict(=speak)
→ 반대되게 말하다

동 1 반박하다 2 …와 모순되다

* **contradiction** 명 1 모순 2 반박
contradictory 형 (진술·정보 등이) 모순되는

5 They **contradict** each other all the time.
6 There's a **contradiction** between your behavior and your principles.

[11] 영화의 편집본 [12] 최신판을 언제 구할 수 있죠? / [1] 당신은 이 인공지능 스피커가 문자 메시지를 받아 적게 할 수 있습니다. [2] 어린이들의 미디어 중독에 대한 예측변수 [3] 카페인[알콜] 중독자 [4] 그는 중독되기 전에 음주하는 습관을 버렸다. [5] 그들은 항상 서로의 말에 반박한다. [6] 당신의 행동과 원칙 사이에는 모순이 있습니다.

★

dedicate [dédəkèit]

de(=away) + dic(=say) + ate(동접)
→ (…을 위해) 따로 챙겨두겠다고 말하다[맹세하다]
※라틴어 dedicare(따로 챙겨뒀다가 바치겠다고 단언하다)의 과거분사형인 dedicatus에서 온 말

동 (시간·노력·정성·돈 등을) 바치다, 헌신하다 유 devote

dedicated 형 헌신적인 유 devoted, committed
dedication 명 헌신, 헌납, 헌정

7 She **dedicates** much of her time **to** teaching students.
8 a **dedicated** public servant

plus + · dedicate A to B: A를 B에 바치다[헌신하다]
· dedicate oneself to[be dedicated to]: …에 전념하다

★★

indicate [índəkèit]

in(=in, to) + dic(=say) + ate(동접)
→ (말하여) 가리키다

동 1 가리키다, 지적하다
2 암시하다, 나타내다

indication 명 표시 유 sign
indicator 명 지표, 지수

9 His silence **indicates** disapproval.

★

index [índeks]

라틴어 indicare(=indicate 가리키다)에서 온 말 → 가리키는 것 → 색인; 지표

명 1 《복수형 indexes》 (책 뒤쪽의) 색인, 목록
2 《복수형 indices [índisìːz] 또는 indexes》 지표, 지수

10 Use the **index** at the back of the book.
11 a consumer price **index**

⊕ more with dict

pre**dict** (미리 말하다) 동 예언하다, 예측[예상]하다 p.19
ver**dict** (ver(=true) + dict: 진실을 말하는 것) 명 (배심원단의) 평결

dom

1 집(house) 2 주인(master)

★★

domain [douméin]

라틴어 domus(=house)에서 유래
→ 집, 집의 주인 → 주인의 영역

명 1 (활동·관심 등의) 영역, 범위
2 소유지, 영토 3 【컴퓨터】 도메인

1 Mobile games were once the **domain** of younger people but not anymore.
2 The territory was placed under the government's **domain**.

7 그녀는 학생들을 가르치는 데 많은 시간을 쏟는다. 8 헌신적인 공무원 9 그의 침묵은 못마땅함을 나타낸다. 10 책 뒤에 있는 색인을 사용하세요. 11 소비자 물가 지수 / 1 모바일 게임은 한때 젊은이들의 영역이었으나 이제는 그렇지 않다. 2 그 영토는 정부의 소유지로 들어갔다.

domestic [dəméstik]

dome(=house) + stic(=istic 형접)
→ 집에 속하는

형 1 국내의 2 가정의, 가정적인

domestically 부 국내에서; 가정적으로
domesticate 동 (동물을) 사육하다, 길들이다

3 Gross **Domestic** Product (GDP)
4 We try to divide **domestic** chores fairly, although I do more of them.
5 That cheese is imported, but this one is produced **domestically**.

★ **dom**inate [dɑ́:mənèit]

domin(=master) + ate(동접)
→ 주인이 다스리다

동 1 지배하다, 다스리다 2 두드러지다, 우세하다

dominant 형 지배적인, 우세한; 우성의
★ **dominance** 명 권세, 우월함; 우성
domination 명 지배, 통치, 우세

6 He didn't intend to **dominate** the group; they just liked his ideas, so he became the natural leader.
7 My favorite basketball players usually **dominate** every game they're in.
8 The **dominant** language in this area of Belgium is German.

---

pre**dom**inant [pridɑ́:mənənt]

pre(=before) + dominant
→ 앞서서 지배하는

형 1 두드러진, 현저한 2 지배적인, 우세한 유 dominant

predominantly 부 대부분, 주로
predominate 동 (수·양적으로) 지배적이다, 우세하다

9 The **predominant** factors in the size of the crop each year are the temperature and rainfall of the area.
10 Tall red wood and pine trees **predominate** in Northern California.

don (변화형 dot, dos) »» 주다 (give)

★ **don**ate [dóuneit]

don(=give) + ate(동접)
→ 주다

동 (학교·자선 단체·병원 등에) 기부하다, 기증하다 유 contribute

donation 명 기부(금), 기증(품) 유 contribution
donor 명 1 기부자, 제공자
2【의학】(혈액·조직·장기 등의) 기증자

1 He agreed to **donate** his kidney.
2 Our company has made large **donations** to charities.
3 an organ **donor**

[3] 국내 총생산 [4] 비록 내가 더 많이 하지만, 우리는 가사 일을 공평하게 나누려고 노력한다. [5] 그 치즈는 수입된 것인데, 이건 국내에서 생산된 것이다. [6] 그는 그 집단을 지배하려는 의도는 없었는데, 그들이 그의 생각을 마음에 들어 했고 그는 자연스럽게 리더가 되었다. [7] 내가 가장 좋아하는 농구 선수들은 참여하는 모든 경기에서 보통 두드러진다. [8] 벨기에의 이 지역에서 지배적인 언어는 독일어이다. [9] 매해 농작물의 크기에 있어서 두드러진 요인은 그 지역의 온도와 강수량이다. [10] 키 큰 적목과 소나무는 캘리포니아 북부에 지배적으로 많다. / [1] 그는 자신의 신장을 기증하는 데 동의했다. [2] 우리 회사는 자선 단체에 많은 기부금을 제공해 왔다. [3] 장기 기증자

anecdote [ǽnikdòut]

an(=not) + ec(=ex:out) + dote(=given)
→ not given out 알려지지 않은 일들

명 일화

4 He told us interesting **anecdotes** about his youth.

dose [dous]

dose(=giving)
→ 1회 복용분으로 주어진 약의 양

명 (약의 1회분) 복용량, 투여량 유 dosage
동 (+ with) …에게 (약을) 투여하다

5 Do not exceed the recommended **dose** of this medicine.

DAY 21 잘 외워지지 않는 단어

복습 ○-○-○

	단어	뜻		단어	뜻
○			○		
○			○		
○			○		

4 그는 우리에게 자신의 젊은 시절의 흥미로운 일화들을 얘기해주었다. 5 이 약의 1회 복용 권장량을 초과하지 마세요.

duc >> 인도하다 (lead)

★★ 핵심 다의어
conduct
con(=com:together) + duct(=lead)
┌ 함께 이끌다 → **인도하다; 지휘하다**
└ (연구 등을) 지휘하다 → **수행하다**

동 [kəndʌ́kt] 1 (조사·연구 등을) 수행하다, 실시하다
2 인도하다, 이끌다
3 지휘하다 4 《+ oneself》 처신하다
명 [kɑ́:ndʌ̀kt] 1 처신, 행위 유 behavior 2 수행, 실시

conductor 명 1 지휘자 2 (열차·버스 등의) 차장

1 The second interview will be **conducted** in English.
2 **conduct** an orchestra
3 a strict code of **conduct**

★★
educate [édʒəkèit]
e(=ex:out) + duc(=lead) + ate(동접)
→ 밖으로 (능력을) 이끌어내다

동 교육하다, 가르치다

★★ **education** 명 교육
★★ **educational** 형 교육의, 교육적인
educator 명 교육자, 교사

4 We must **educate** students about environmental issues.
5 Elementary **education** is compulsory in most countries.

---

deduct [didʌ́kt]
de(=down) + duct(=lead)
→ 아래로 끌어내다 → 빼버리다

동 빼다, 공제하다 유 subtract

deduction 명 공제

6 Taxes **are deducted from** my monthly salary.

plus + · be deducted from: …에서 빼다, 제하다

---

deduce [didú:s]
de(=down) + duce(=lead)
→ (논리) 아래에서 이끌어내다 → 추론하다

동 추론하다, 연역하다 유 infer 반 induce(귀납하다)

deduction 명 추론, 연역(법) 반 induction(귀납법)

7 From the size of this footprint, we **deduced** that the criminal was an adult male.

※ deduct와 deduce의 명사형이 deduction으로 같음에 주의

1 2차 면접은 영어로 실시됩니다. 2 오케스트라를 지휘하다 3 엄격한 행동 수칙[강령] 4 우리는 환경 문제에 대해 학생들을 교육해야 한다. 5 초등 교육은 대부분의 나라에서 의무이다. 6 세금은 내 월급에서 공제된다. 7 이 발자국의 크기로 우리는 범인이 성인 남자라고 추론했다.

induce [indúːs]

in(=into) + duce(=lead)
→ (행동·생각을) …로 이끌다
→ 유도하다

동 1 설득하여 …하게 하다
2 야기하다, 일으키다 3 귀납하다

induction 명 1 도입, 유발 2 귀납(법) 반 deduction
inducement 명 권유, 유도[유인](하는 것)

8 What **induced** them **to give** such a large donation?

plus + · induce A to-v: A가 …하게 설득하다, 유도하다

★★
introduce [ìntrədúːs]

intro(=into) + duce(=lead)
→ 안으로 이끌다
→ 끌어와서 보여주다

동 1 (…에게 ~을) 소개하다
2 (제도·물건 등을) 도입하다, 들여오다

★★ **introduction** 명 1 소개 2 도입
3 (책의) 서론, (학문의) 개론[입문]서

9 Can you **introduce** your sister to me?
10 I would like to recommend **introducing** flextime.
11 the **introduction** of foreign capital

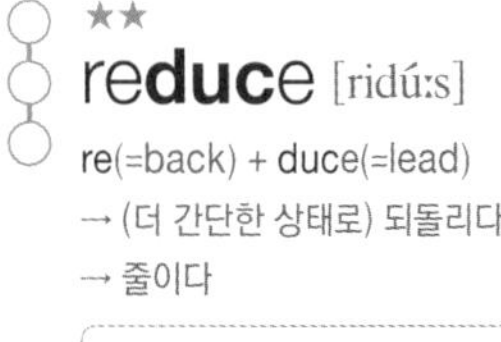

★★
reduce [ridúːs]

re(=back) + duce(=lead)
→ (더 간단한 상태로) 되돌리다
→ 줄이다

동 감소시키다, 줄이다, 낮추다 유 decrease, diminish, lessen
반 increase

★ **reduction** 명 감소, 축소, 삭감(액)

12 How do you **reduce** stress?
13 Technological advances have led to a dramatic **reduction** in the cost of processing and transmitting information.

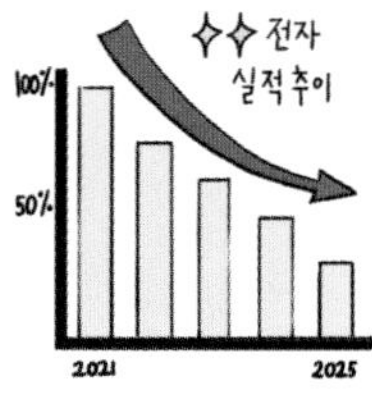

electr

1 【화석학】 호박(琥珀)의 (amber) 2 전기의 (electric)

★
electric [iléktrik]

electr(=amber) + ic(형접)
→ '화석 보석인 호박(琥珀)을 마찰해서 생기는 전기 현상'에서 유래된 말
→ 전기의

형 전기의, 전기로 작동하는, 전기를 띤[일으키는]

★★ **electricity** 명 전기, 전류
electrical 형 전기(상)의

1 A: Before I change the light bulb, shouldn't the **electricity** be turned off?
B: Absolutely. If you're not careful, you can get an **electric** shock.

8 무엇이 그들로 하여금 그렇게 많은 기부금을 내게 했나요? 9 나에게 네 여동생을 소개해줄 수 있니? 10 탄력 근무제(근무 시간의 자유 선택 제도)의 도입을 건의합니다. 11 외국 자본의 도입 12 당신은 어떻게 스트레스를 줄이나요? 13 기술적 발전은 정보를 처리하고 전송하는 비용을 급감시켰다. / 1 A: 제가 전구를 갈아 끼우기 전에 전원을 내려야 하지 않을까요? B: 물론이지. 조심하지 않으면 감전될 수도 있으니까.

★
electronic [ilektrɑ́:nik]
electr(=electric) + on(어미:「원자 구성 요소의 이름」) + ic(형접) → 전자의

형 전자의, 전자 공학의

electronics 명 1 (단수취급) 전자 공학
2 (복수취급) 전자 제품
electron 명 【물리·화학】 전자

2 These **electronic** products use a lot of electricity.

equ/ident

같은 (same, equal)

DAY 22

★★
equal [í:kwəl]
- equaled - equaled
(또는 **equalled - equalled**)
equ(=same) + al(형접)
→ 정도가 같은

형 (수·양·크기·가치·기회 등이) 같은, 평등한 반 unequal
동 …와 같다, …에 필적하다

★★ **equally** 부 동등하게, 평등하게, 균등하게
★ **equality** 명 평등 반 inequality
equate 동 (+ with) 동일시하다; 일치하다
★ **equation** 명 【수학】 방정식
equator 명 (the equator 또는 Equator) 적도

1 the principle of **equal** opportunity
2 Our constitution is based on the **equality** of all individuals.

★
equivalent
[ikwívələnt]
equi(=same) + val(=worth) + ent(형접·명접)
→ 같은 가치의 (것)

형 1 (양·가치·중요성 등이) 동등한, 대등한
2 (+ to) …에 상당하는
명 동등한 것

3 The cost of the damage caused by the typhoon was **equivalent to** about one million dollars.

---

adequate [ǽdəkwit]
ad(=to) + equ(=equal) + ate(형접)
→ made equal to
→ (수요·필요에) 필적하는

형 1 (어떤 목적에 맞게 양·질 등이) 충분한, 적당한 유 sufficient 반 inadequate
2 (훌륭하지는 않지만) 괜찮은, 고만고만한

4 There was **adequate** evidence to back up their claim.

2 이 전자 제품들은 전력을 많이 소비합니다. / 1 기회 균등의 원칙 2 우리 헌법은 모든 개인의 평등에 기초한다. 3 태풍으로 인한 피해액은 대략 100만 달러에 상당했다. 4 그들의 주장을 뒷받침할 충분한 증거가 있었다.

★★
identify [aidéntəfài]
ident(=same) + ify(동접)
→ 동일한 것으로 여기다

동 1 (신원·사실·문제 등을) 확인하다
2 《+ with》 (…와) 동일시하다

★★ **identity** 명 1 신원, 정체 2 정체성 3 동일함, 일치
identification 명 신분 증명(서)(=ID), 신원 확인
★ **identical** 형 동일한

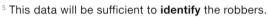

5 This data will be sufficient to **identify** the robbers.
6 Customs can reveal the **identity** of a society.
7 Your passport is acceptable for **identification**.
8 **identical** twins (*cf.* fraternal twins 이란성 쌍둥이)

ess (변화형 sent) »» 존재하다 (be, exist)

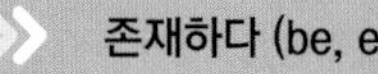

★
essence [ésəns]
ess(=be) + ence(명접)
→ 존재, 본질

명 1 본질, 진수, 정수 2 핵심 3 (식물·꽃 등의) 원액

★★ **essential** 형 1 필수적인 유 necessary, indispensable
2 본질적인 유 fundamental
★★ **essentially** 부 본질적으로, 본래 유 basically

1 This film contains the **essence** of Eastern culture.
2 Vitamins are **essential** for proper physical development.

---

absent
ab(=away from) + sent(=being)
→ being away from …에 없는[떨어져 있는] 상태인

형 [ǽbsənt] 《+ from》 1 결석[결근]한, 없는, 결여된 반 present
2 (표정이) 멍한, 집중하지 않는
동 [æbsént] 《+ oneself》 결석[결근]하다

★★ **absence** 명 결석, 부재(不在) 반 presence

3 He was **absent from** the meeting.
(= He **absented himself from** the meeting.)

★★ 핵심 다의어
present
pre(=in front of) + sent(=being)
→ 앞에 있는 →
- 출석하고 있는
- 현재(의)
- 앞에 내놓다
  - 보여주다
  - 소개하다
  - 선물하다 → 선물

형 [prézənt] 1 출석하고 있는 반 absent 2 현재의
동 [prizént] 1 주다, 제출하다 2 나타내다, 보여주다
3 (문제·기회 등이) 생기다 4 (정식으로) 소개하다
명 [prézənt] 1 선물 2 《the present》 현재

★★ **presence** 명 출석, 참석, 있음 반 absence
presentation 명 1 제출, 제시 2 발표, 설명 3 공연

4 None of them were **present**.
5 I'm very happy to **present** this award.

5 이 자료는 강도들의 신원을 밝혀내는 데 충분할 것이다. 6 관습은 한 사회의 정체성을 드러낼 수 있다. 7 여권을 신분증으로 사용하실 수 있습니다. 8 일란성 쌍둥이 / 1 이 영화는 동양 문화의 정수를 담고 있다. 2 비타민은 적절한 신체 발달에 필수적이다. 3 그는 회의에 불참했다. 4 그들 중 아무도 출석하지 않았다. 5 이 상을 수여하게 되어 대단히 기쁩니다.

estim (변화형 esteem) » 평가하다 (value)

★★
estimate
estim(=value) + ate(동접)
→ 가치를 평가하다

동 [éstəmèit] **(가치·비용 등을) 평가하다, 추정하다, 견적하다**
명 [éstəmit] **평가, 추정; 견적(서)**

estimation 명 판단, 평가(치)

1 The amount of damage is **estimated** to be one billion won.
2 The mechanic gave us an **estimate** for the repairs.

VOCA VS. VOCA 평가하다

evaluate 성적·실력 등 내면적인 가치를 평가하다 p.378
3 Employees are ***evaluated*** on the basis of their performance.

estimate 수량·가격·가치 등을 어림잡아 평가하다
4 We ***estimate*** high profits this quarter.

assess 어떤 것을 사거나 팔기 전에 그것의 가치·비용을 계산[사정]하다 p.318
5 The house was ***assessed*** at $45,000.

overestimate
[òuvəréstəmèit]
over(=too much)
+ estimate(평가하다)
→ 너무 높게 평가하다

동 **과대평가하다**
명 **과대평가**
반 underestimate

6 I think you are **overestimating** his abilities.

★
esteem [istíːm]
라틴어 aestimare(=value)에서 유래
→ 가치 있고 소중하게 생각하다

동 **존경하다, 존중하다**
명 **존경, 경의** 유 respect 반 disrespect(무례), disregard(무시, 경시)

7 She is **held in great esteem** by those who know her well.

plus +
· hold A in high[great] esteem: A를 높이 평가하다
· self-esteem: 자부심, 자존감

1 피해액은 10억 원으로 추정된다. 2 정비사가 우리에게 수리 견적서를 주었다. 3 직원들은 그들의 성과에 기초해 평가된다. 4 우리는 이번 분기에 높은 수익을 올린 것으로 평가한다. 5 그 집은 45,000달러로 평가되었다. 6 나는 네가 그의 능력을 과대평가하고 있다고 생각한다. 7 그녀는 그녀를 잘 아는 사람들에 의해 매우 존경받고 있다.

fable [féibəl]

fa(=talk) + ble(어미)
→ 말하다 → 이야기

명 **우화**(寓話: 인격화한 동물 등이 나오는 교훈적인 이야기)

fabulous 형 1 기막히게 멋진 2 엄청난
3 우화 같은, 전설적인

1 Aesop's **Fables**
2 We met on a **fabulous** spring day.

---

fate [feit]

fate(=speak) → 신(神)의 말씀
→ 운명, 숙명

명 **운명, 숙명** 유 destiny

fatal 형 1 치명적인, 죽음에 이르게 하는
2 (부정적으로) 결정적인, 중대한

3 No one knows what his or her **fate** may be.
4 a **fatal** wound

VOCA VS. VOCA 운명; 운명짓다

fate 인력으로는 어찌할 수 없는 사태 전개. 특히 불운의 의미로 많이 쓰임
5 It was my ***fate*** never to return home.

destiny fate와 비슷하지만 반가운 결과를 암시하는 경우도 있음 (p.340)
6 It was ***destiny*** that we met.

doom 끔찍한 운명(terrible fate)을 나타냄
7 The expensive movie was ***doomed*** to fail.

★ fame [feim]

fame(=talk) → (공공연한) 이야기
→ 명성, 평판

명 **명성, 평판** 유 reputation

★★ **famous** 형 유명한 유 well-known
infamous 형 악명 높은 유 notorious

8 He began to appear on TV as his **fame** spread.
9 A: The **famous** woman's photo was in the newspaper.
B: Yes, she caught the **infamous** bank robber.

1 이솝 우화 2 우리는 멋진 봄날에 만났다. 3 아무도 자신의 운명이 어떻게 될지 모른다. 4 치명상 5 나는 절대 집에 돌아가지 못할 운명이었다. 6 우리가 만난 건 운명이었어. 7 돈이 많이 든 그 영화는 실패할 운명이었다. 8 그는 명성이 높아지자 TV에 출연하기 시작했다. 9 A: 그 유명한 여자의 사진이 신문에 실렸어. B: 응, 그녀가 그 악명 높은 은행 강도를 검거했지.

★
infant [ínfənt]

in(=not) + fa(=speaking) + nt(=ant 명접) → 말하지 못하는 사람
※ 생후 일 년 동안은 infant가 한두 마디 정도밖에는 말하지 못하는(not yet speaking) 데서 만들어진 말

명 형 1 유아(의), 걷기 이전의 갓난아기(의) 2 초기(의)

infancy 명 1 유아기 2 초기 (단계)

10 Human newborn **infants** also show a strong preference for sweet liquids.
11 The project is still in its **infancy**.

plus + *cf.* toddler: 막 걷기 시작한 어린 아이

---

confess [kənfés]

con(=com:「강조」) + fess(=say) → 모두 말하다 → 고백하다

동 1 ((+ to)) (범죄·잘못 등을) 인정하다, 시인하다
유 acknowledge, admit
2 고백하다, 고해하다

confession 명 1 (범죄 등의) 자백 2 고백, 고해

12 I don't know why he **confessed to** a crime that he didn't commit.

★★
professional [prəféʃənəl]

pro(=forth, in public) + fess(=say) + ion(명접) + al(형접) → (대중) 앞에서 말하는 직업을 가진 → 전문적인

형 1 전문적인, 프로의 2 직업(상)의
명 1 전문가, (지적) 직업인 2 프로 (선수)

profess 동 1 (남들이 믿지 않는 것을) 주장하다 2 (감정·신념 등을) 공언하다 유 declare, proclaim
★ **professor** 명 교수
profession 명 1 (전문직 등의) 직업 2 공언, 선언

13 You can get **professional** advice from the company.
14 He **professed** to be a strong believer in the idea.

DAY 22 잘 외워지지 않는 단어 복습

단어	뜻	단어	뜻

10 갓 태어난 아기들도 달콤한 액체를 매우 선호한다. 11 그 프로젝트는 아직 초기 단계에 있다. 12 나는 왜 그가 자신이 실제로 저지르지도 않은 죄를 자백했는지 모르겠다. 13 그 회사에서 전문적인 조언을 얻으실 수 있습니다. 14 그는 그 사상을 강하게 신봉한다고 공언했다.

DAY 23

클래스카드

fac (변화형 fec, fi(c[g]), fy, fair) >>> 1 만들다 (make) 2 행하다 (do)

★
manufacture [mæ̀njəfǽktʃər]

manu(=hand) + fact(=make) + ure(명접) → making by hand
손으로 만들기 → 제조(하다)

동 1 (주로 대량으로) 제조하다, 생산하다
2 (이야기·구실 등을) 꾸며내다, 만들어내다
명 (대규모의) 제조, 생산

** **manufacturer** 명 제조업자, 제작사 유 producer

1 What sort of products do you **manufacture**?

★★ 핵심 다의어
facility [fəsíləti]

facil(=facile 손쉬운) + ity(명접) →
- (사용이) 손쉬운 것 → **(편의) 시설**
- (용도·목적에 손쉬운) **기능; 장소; 재능**

※ **facile**: fac(=make) + ile(형접:「…에 적합한」) → 만들기에 적합한 → 손쉬운

명 1 《주로 복수형》 (편의) 시설, 설비
2 (장비·체계 등의) 특질, 기능
3 (특정 용도의) 건물, 장소
4 (타고난) 재능, 솜씨 유 talent

facilitate 동 가능하게 하다, 용이하게 하다
facile [fǽsəl] 형 1 (별 생각 없이) 술술 하는, 안이한
2 《명사 앞》 손쉬운, 쉽게 얻은

2 public **facilities**
3 She has a great **facility** for playing the piano.

★
faculty [fǽkəlti]

facul(=facile 손쉬운) + ty(명접) → 쉽게 할 수 있음 → 능력

명 1 (대학 등의) 학부; (대학의) 교수진
2 (타고난) 재능, 능력 유 ability, talent

4 The university has an excellent **faculty**.

★★
factor [fǽktər]

fact(=do) + or(명접) → 작용하는 것 → 요소, 인자

명 요소, 요인 유 element

5 We have to consider all the **factors**.

1 어떤 종류의 제품을 생산합니까? 2 공공 시설 3 그녀는 피아노 연주에 대단한 재능이 있다. 4 그 대학은 훌륭한 교수진을 갖추고 있다. 5 우리는 모든 요인을 고려해야 한다.

factual [fǽktʃuəl]

fact(=do) + ual(형접)
→ (실제) 행한 것에 대한 → 사실적인

형 사실에 입각한, 사실적인 유 actual

6 The soldier gave a **factual** account of the war.

★★
effect [ifékt]

ef(=ex:out) + fect(=make)
→ (…에 의해) 만들어져 밖으로 드러난 것
→ 효과; 결과

명 1 효과, 영향
2 결과 유 result, outcome, consequence

★★ **effective** 형 1 효과적인 반 ineffective 2 (법 등의) 시행이 시작되는
★ **effectively** 부 1 효과적으로 2 사실상, 실제로

7 Our advice **had** no **effect on** him.
8 an **effective** medical treatment

plus + · have an effect on: …에 영향을 미치다[효과가 있다]

★★
affect [əfékt]

af(=ad:to, on) + fect(=do)
→ do something to …에 ~을 하다
→ 영향을 미치다

동 1 영향을 미치다 유 influence, have an effect on
2 …인 체하다, 가장하다

affection 명 정(情), 애정 **affectionate** 형 애정 있는
affective 형 정서적인

9 It is easier to **affect** children's behavior by being kind and **affectionate** than by being harsh.

★
defect [díːfekt]

de(=away from) + fect(=do)
→ (바른) 행위·작용에서 벗어난 것
→ 결함, 결핍

명 결점, 결함, 결핍 유 fault

defective 형 결함[결점]이 있는 유 faulty

10 His job is to look for **defects** in the devices.
11 If you find a **defective** product, let us know.

---

deficient [difíʃənt]

de(=away) + fici(=do) + ent(형접)
→ 작용하여 (결과에서) 떨어진
→ 부족한

형 1 (+ in) (필수적인 것이) 부족한, 모자라는 반 sufficient
2 결함이 있는

★ **deficit** 명 1 적자, 부족액 반 surplus, excess 2 결손
★ **deficiency** 명 1 부족, 결핍 반 sufficiency 2 결함

12 This diet is **deficient in** proteins and fat.
13 Rats display an immediate liking for salt when they experience a salt **deficiency**.

6 그 군인은 전쟁에 관하여 사실에 입각한 보고를 했다. 7 우리의 조언은 그에게 아무 효과가 없었다. 8 효과적인 의학적 치료법 9 호되게 하는 것보다 애정을 가지고 친절하게 대함으로써 아이들의 행동에 영향을 미치는 것이 더 쉽다. 10 그의 일은 기기에서 결함을 찾아내는 것이다. 11 결함 있는 제품을 발견한다면 저희에게 알려주세요. 12 그 식이요법은 단백질과 지방이 부족하다. 13 쥐들은 소금 부족을 경험할 때 소금에 대한 즉각적인 선호를 드러낸다.

★
efficient [ifíʃənt]
ef(=ex:out) + fici(=do) + ent(형접)
→ 작용하여 (결과를) 밖으로 나오게 하는

형 **능률적인, 효율적인** 반 inefficient

★ **efficiency** 명 능률, 효율 반 inefficiency

14 To improve the **efficiency** of the manufacturing process, we need to develop more **efficient** technologies.

---

proficient [prəfíʃənt]
pro(=forward) + fici(=make) + ent(형접)
→ (…에서 실력이) 전진한, 발달한

형 **숙달된, 능숙한** 유 skillful, competent

proficiency 명 숙달, 능숙, 능란

15 Gloria is very **proficient** at her job now.

★★
sufficient [səfíʃənt]
suf(=sub:under, up to) + fici(=make) + ent(형접)
→ 아래부터 위까지 되게 한[만들어진]
→ 충분한

형 **충분한** 유 enough, adequate 반 insufficient, deficient

16 Human beings need **sufficient** sleep.

VOCA VS. VOCA 충분한

enough 필요나 목적을 충족시킬 만큼 있어서 더 이상 필요 없음을 의미
17 Did you have ***enough*** to eat?

sufficient enough보다 격식을 갖춘 말
18 We had ***sufficient*** time to study.

adequate 요구·목적에 맞을 만큼 양과 능력이 충분함 (p.161)
19 These tools are not ***adequate*** for the task.

★
fiction [fíkʃən]
fic(=make) + tion(명접)
→ 만든 것 → 창작, 지어낸 이야기

명 1 **소설** 유 novel 반 non-fiction
2 **꾸며낸 이야기, 허구** 유 fantasy

fictional 형 지어낸, 허구적인

20 Is that book **fiction** or non-fiction?
21 His stories seemed to be more **fictional** than factual.

14 제조 과정에서 능률을 향상하기 위해서는 더 효율적인 기술을 개발해야 한다. 15 Gloria는 이제 자신의 직업에 매우 능숙하다. 16 인간은 충분한 수면이 필요하다. 17 충분히 드셨습니까? 18 우리는 공부할 충분한 시간이 있었다. 19 이 도구들은 그 일에 적합하지 않다. 20 그 책은 허구야 아니면 실화야? 21 그의 이야기는 사실적이기보다는 허구적인 것 같았다.

★★ 핵심 다의어

figure [fígjər]

fig(=make) + ure(명접)
→ 만들어 놓은 모양 → **모양**
- 모양, 형태 → **모습; (대표하는) 인물**
  → **중요한 부분을 차지하다**
- 형태를 구성하기 위해 합을 이루다
  → **계산하다** → **수치**
- 모양을 떠올리다 → **생각하다**

※ **figur**ative: figur(e)(모양) + ative(형접) → 모양이 상징하는 → 이면의 뜻을 가진 → 비유적인

명 1 숫자, 수치; (돈의) 액수 2 중요한 인물 3 모양, 도형 4 사람의 모습, (그림의) 모델

동 1 (+ in) 중요한 부분을 차지하다 2 …라고 생각하다 3 계산하다

figurative 형 비유적인

22 The strong sales **figures** in the report surprised almost everyone present.
23 Charlie Chaplin is a famous **figure** in American comedy.
24 Alexander Graham Bell, the inventor of the telephone, **figured** prominently **in** the development of education for the deaf.
25 Did you **figure out** how to fix the washing machine?

plus + · figure out: (생각·조사 끝에) …을 알아내다

★★

profit [prá:fit]

pro(=forward) + fit(=make)
→ 나아간 것 → 성취한 것

명 1 (금전상의) 이익, 수익 반 loss 2 이득, 이점 유 advantage

동 …에 득[도움]이 되다; (+ from) 이익을 얻다

⋆ **profitable** 형 이익이 되는, 유익한 반 unprofitable

26 The **profits** from his business have decreased.
27 It was a **profitable** investment.

plus + · non-profit organization: 비영리기관

★★

benefit [bénəfit]

bene(=good) + fit(=do)
→ good deed 좋은 행위

명 1 (주로 복지와 관련된) 이익, 이점
유 advantage, profit 반 loss
2 (정부·직장·보험을 통해 제공되는) 수당, 혜택

동 …에 득[도움]이 되다; (+ from) 득을 보다

⋆ **beneficial** 형 유익한, 유리한

28 The **benefits** of the idea were easy to see.
29 claim[receive] unemployment **benefits**
30 Laughter is **beneficial** to your health.

plus + *cf.* profit: 주로 물질적·금전적 이익

22 보고서 상의 높은 판매 수치는 참석한 거의 모든 사람을 놀라게 했다. 23 Charlie Chaplin은 미국의 코미디에서 유명한 인물이다. 24 전화기의 발명가인 Alexander Graham Bell은 청각 장애인을 위한 교육의 발전에서 매우 중요한 역할을 했다. 25 세탁기 고치는 법을 알아냈니? 26 그가 사업에서 얻은 이익은 감소했다. 27 그것은 수익성 있는 투자였다. 28 그 아이디어의 이점은 분명했다. 29 실업 수당을 청구하다[받다] 30 웃음은 건강에 유익하다.

★ **qualify** [kwɑ́:ləfài]

quali(ty)(품질, 양질) + fy(=make)
→ (적격인) 품질로 만들다
→ 적격이 되게 하다

동 자격[권한]을 얻다, 적임이다; 자격[권한]을 주다

★ **qualification** 명 1 자격 (부여), 자질 2 자격 증명서
★ **qualified** 형 자격 있는, 적임의

31 A: Do you think he will **qualify** for the program?
B: Yes, he meets all the **qualifications**.

★ **satisfy** [sǽtisfài]

satis(=enough) + fy(=make)
→ 충분하게 해주다

동 (사람·규칙·조건 등을) 만족[충족]시키다 유 content 반 dissatisfy

satisfaction 명 만족(감) 유 contentment 반 dissatisfaction
★ **satisfactory** 형 충분한, 만족스러운 유 acceptable 반 unsatisfactory

32 He **is** quite **satisfied with** his income.
33 The results of his test seemed to be **satisfactory**.

plus + · be satisfied with: …에 만족하다

★★ **affair** [əféər]

af(=ad:to) + fair(=do)
→ 해야 할[하는] 것

명 1 (복수형) (정부·정치·경제·일상 등과 관련된) 일, 활동
2 사건, 스캔들, 추문

34 The ambassador and I discussed international **affairs**.

fals (변화형 fail, faul) » 1 속이다 (deceive) 2 잘못된 (wrong)

★★ **false** [fɔ:ls]

라틴어 falsus(=deceive)에서 온 말

형 1 거짓의, 가짜의 유 untrue 반 true
2 그릇된, 틀린 유 wrong 반 correct

falsehood 명 거짓말, 허위 반 truth

1 The witness gave a **false** statement about the incident.
2 a **false** report[rumor/impression]

31 A: 그가 그 프로그램에 적임이라고 생각하시나요? B: 네, 그는 모든 자격 조건을 만족시켜요. 32 그는 자신의 수입에 꽤 만족하고 있다. 33 그의 시험 결과는 만족스러워 보였다. 34 그 대사와 나는 국제 문제에 대해 토론했다. / 1 목격자가 그 사건에 대해 허위 진술을 했다. 2 잘못된 보고[소문/인상]

★★
fail [feil]

fail(=wrong) → 틀리다, 잘못하다 → 실패[낙제]하다

통 1 실패하다 반 succeed
2 《주로 + to-v》 …하지 않다[못하다]
3 (시험 등에) 낙제하다; 낙제시키다
명 실패, 낙제

★★ **failure** 명 실패(자), 낙제(자) 반 success

3 The attempt **failed** in the end.
4 The business **failed to make** a profit.
5 This **failure** taught me a good lesson.

★★
fault [fɔːlt]

fault(=wrong) → 잘못된 것

명 1 잘못, 과실 2 결점, 흠 유 defect, flaw

faulty 형 1 결점[흠]이 있는 유 defective 2 잘못된, 그릇된
faultless 형 결점이 없는, 흠 잡을 데 없는, 완벽한 유 perfect

6 He always finds **fault** with my cooking.

VOCA VS. VOCA 결점, 결함

defect 가장 일반적인 의미의 결함. 사물이 손상되거나 불완전함 (p.167)
7 Products with ***defects*** should be recalled.

fault 사람의 성격이나 습관상 결점. 사물이나 구조상의 결함을 의미하기도 함
8 Everyone has some ***faults***.

flaw 구조적 결함 혹은 부조화적 의미의 결점
9 We have detected a ***flaw*** in our new product.

imperfection 완벽성에 흠이 되는 부분적 결함
10 Handicrafts contain minor ***imperfections***.

fare »» 가다 (go)

★
fare [fɛər]

fare(=go, travel) → 여행 →「요금·운임」의 뜻으로 발전

명 (교통 기관의) 요금, 운임

1 I have just enough money for the taxi[bus] **fare**.
2 a one-way[round-trip] **fare**

3 그 시도는 결국 실패했다. 4 그 사업은 수익을 내지 못했다. 5 이 실패는 나에게 좋은 교훈이 되었다. 6 그는 항상 나의 요리에 대해 흠을 잡는다. 7 결함이 있는 제품은 회수되어야 한다. 8 모두가 결점이 있다. 9 우리는 신제품에서 결함을 발견했다. 10 수공예품에는 작은 결함들이 있다. / 1 나는 딱 택시[버스] 요금 정도의 돈만 가지고 있다. 2 편도[왕복] 요금

farewell [fὲərwél]

fare(=go) + well
→ '잘 가라'라는 인사

명 작별 (인사) 형 작별의, 이별의, 송별의
감 (작별하는 인사말) 잘 가요.

3 He waved **farewell** to his friend.
4 a **farewell** speech[party]

---

wel**fare** [wélfeər]

wel(=well) + fare(=go)
→ go well 잘 되어 가는 것, 잘 지냄

명 1 (건강·안전 등을 포함한) 행복, 번영
2 복지, 복리후생

5 The government should improve the current **welfare** system.

DAY 23 잘 외워지지 않는 단어 복습

	단어	뜻		단어	뜻
○			○		
○			○		
○			○		

3 그는 손을 흔들어 친구에게 작별 인사를 했다. 4 고별사[송별회] 5 정부는 현재의 복지 체계를 개선해야 한다.

클래스카드

fend >>> 때리다, 치다 (strike)

★
defend [difénd]

de(=away) + fend(=strike)
→ (공격 등을) 쳐서 멀리 보내다
→ 방어하다

동 1 방어하다 유 guard, protect
2 옹호하다, 변호[변론]하다

defendant 명 피고인 유 the accused
★ **defense** 명 1 방어 반 offense, attack
2 옹호, 변호, 변론
defensive 형 방어(용)의, 방어적인 반 offensive, aggressive

[1] How can the **defendant defend** himself against such charges?
[2] national **defense**
[3] **defensive** weapons

offend [əfénd]

of(=against) + fend(=strike)
→ (사람·법 등에) 반(反)하여 치다
→ 화나게 하다, 위반하다

동 1 화나게 하다, 불쾌감을 주다
2 위반하다, 죄를 범하다

offense 명 1 위반, 범죄 2 무례 3 공격 반 defense
offensive 형 1 화나게 하는, 불쾌한 2 공격(용)의, 공격적인

[4] I am sorry if I have **offended** you.
[5] An **offense** is considered a crime only when it violates the law.

VOCA VS. VOCA 위반, 죄

offense 넓은 뜻에서의 위반 행위
[6] The penalty for a minor traffic *offense* is a small fine.

crime 살인·강도·사기 등과 같이 개인이나 사회에 해를 입히는 법률상의 죄
[7] Robbery is a serious *crime*.

sin 주로 종교상·도덕상의 죄. 신의 율법이나 도덕에 위반되는 죄
[8] He cried, "Will God forgive me my *sins*?"

[1] 어떻게 피고인이 그러한 혐의에 대해 스스로를 변호할 수 있습니까? [2] 국방 [3] 방어용 무기 [4] 제가 기분을 상하게 했다면 죄송합니다. [5] 위반 행위는 법률을 위반했을 경우에만 범죄로 간주된다. [6] 사소한 교통 법규 위반에 대한 처벌은 약간의 벌금이다. [7] 강도는 심각한 범죄이다. [8] 그는 "신이 나의 죄를 용서해 주실까?"라고 울부짖었다.

fer »» 1 나르다, 가져가다 (carry, bring)   2 (작물 등을) 산출하다 (bear)

★★
prefer [prifə́ːr]
- preferred - preferred
pre(=before) + fer(=carry)
→ …을 (택하여) 먼저 나르다

동 **…을 더 좋아하다, 차라리 …을 택하다**

* **preference** 명 선호(하는 것)
  preferable 형 (…보다) 더 좋은, 더 잘 맞는

1 I **prefer** staying home **to** going out.
2 Our musical **preferences** are very different.

plus + · prefer A to B: B보다 A를 더 좋아하다

★★ **핵심 다의어**
refer [rifə́ːr]
- referred - referred
re(=back, again) + fer(=carry)
→ (아는[본] 것을) 다시 전달하다[보다]
→ **언급하다; 참조하다**

동 **(+ to) 1 언급하다, 지칭하다 2 참조하다, 조회하다**
3 (도움·조언을 얻기 위해) …에게 보내다

* **reference** 명 1 언급, 지칭, 가리킴 2 참조(문), 참고
  3 추천서

3 He asked us not to **refer to** his past mistakes.
4 Please **refer to** the attached document.
5 There are some cultures that can be **referred to as** "people who live outside of time."

plus + · refer to A as B: A를 B라고 부르다, 언급하다

---

confer [kənfə́ːr]
- conferred - conferred
con(=com:together) + fer(=carry, bring) → (사람들을) 모두 한곳에 데려다 놓다 → 협의하다

동 **1 (+ with) 의논하다, 협의하다** 유 consult with
2 (+ (up)on) 수여하다, 주다

** **conference** 명 1 회담, 회견 2 회의, 협의회

6 She asked for more time to **confer with** her client.
7 a press **conference**

---

infer [infə́ːr]
- inferred - inferred
in(=in) + fer(=carry)
→ (사실·증거를) 끌어 나르다 → 결론을 (미리) 끌어내다 → 추론하다

동 **추론하다, 추정[추측]하다** 유 deduce

inference 명 추론, 추정, 추측 유 deduction

8 From the evidence, we can **infer** that he is innocent.

[1] 나는 외출하는 것보다 집에 있는 것을 더 좋아한다. [2] 우리의 음악적 선호는 매우 다르다. [3] 그는 우리에게 자신의 과거의 실수를 언급하지 말라고 부탁했다. [4] 첨부된 문서를 참조하시기 바랍니다. [5] "시간의 바깥에(시간 개념 없이) 사는 사람들"로 불릴 수 있는 몇몇 문화가 있다. [6] 그녀는 의뢰인과 의논할 시간을 더 요청했다. [7] 기자 회견 [8] 그 증거로부터, 우리는 그가 결백함을 추론할 수 있다.

indifferent

[indífrənt]

in(=not) + differ(다르다) + ent(형접)
→ 의견이 다르지 않은 → 어떻든 상관없는
→ 무관심의
※ differ: dif(=dis:away) + fer(=carry)
→ 동떨어진 것을 지니다
→ 다르다

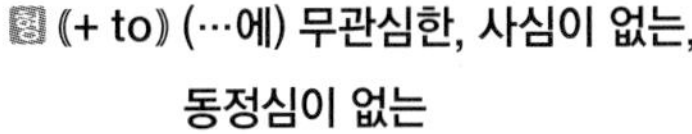

형 ((+ to)) (…에) 무관심한, 사심이 없는, 동정심이 없는

indifference 명 무관심, 냉담

9 How can you be **indifferent to** the suffering of starving people?

10 Many people have an **indifference** to politics.

---

fertile [fə́:rtl]

fert(=bear) + ile(형접)
→ 작물을 산출하는

형 1 (땅이) 기름진, 비옥한 유 productive 반 barren
2 많이 낳는, 생식 능력이 있는

fertilize 동 1 …을 수정시키다 2 (땅을) 비옥하게 하다
fertilizer 명 (화학) 비료
fertility 명 1 비옥함 2 다산(多産)

11 Overuse of chemical **fertilizers** makes **fertile** land barren.

fid (변화형 faith, fy)  믿다 (trust)

★★
confident [kɑ́:nfədənt]

con(=com:「강조」) + fid(=trust) + ent(형접) → 믿고 있는

형 1 확신하고 있는 2 자신만만한, 자신이 있는

★★ **confidence** 명 1 신뢰, 신용 2 확신, 자신감
confide 동 ((+ in/to)) (비밀을 지켜줄 거라고 믿고) 털어놓다
confidential 형 (일급) 비밀의, 기밀의

1 She is **confident** that she will be the winner.

2 He lacks **confidence** in everything he does.

★★
faith [feiθ]

라틴어 fidere(=trust)에서 온 말

명 1 신뢰, 믿음 유 trust, confidence 2 신념, 신앙

faithful 형 1 충실한, 신의가 두터운 유 loyal, devoted
2 사실대로의, 원본에 충실한

3 I have **faith** that he will help me.

4 She remained **faithful** to her religious beliefs.

[9] 어떻게 당신은 굶주리고 있는 사람들의 고통에 무관심할 수 있습니까? [10] 많은 사람이 정치에 무관심하다. [11] 화학 비료의 과도한 사용은 비옥한 토지를 척박하게 만든다. / [1] 그녀는 자신이 승자가 될 거라고 확신한다. [2] 그는 그가 하는 모든 일에 자신감이 부족하다. [3] 나는 그가 나를 도와줄 것이라는 믿음이 있다. [4] 그녀는 자신의 종교적 믿음에 충실했다.

defy [difái]

de(=dis:「반대」) + fy(=trust)
→ '신뢰하다'의 반대 뜻 → (기존의 것을 의심하여) 반항[도전]하다

[동] (권위 등에) 반항[도전]하다, (법률 등을) 무시하다 [유] disobey, rebel

5 The soldier **defied** the order of his commander.

fin  1 끝내다 (end) 2 경계 (end) 3 한정하다 (limit)

★★ final [fáinl]

fin(=end) + al(형접) → 끝의

[형] 최종적인, 최후의, 마지막의 [유] last

[명] 1 최후의 것 2 결승(전) 3 《복수형》 기말고사 [유] final exams

★★ **finally** [부] 1 마침내, 드디어 [유] at last, eventually, in the end
2 최종적으로

1 The **final** decision is up to us.
2 After a long delay, the plane **finally** left.

★★ finance [fáinæns]

fin(=end) + ance(명접) → (빚을) 끝내게 해주다 → 지불; 재정(지원)

[명] 1 재정, 재무 2 《복수형》 (공적·개인적) 자금

[동] 자본을 제공하다, 자금을 융통하다 [유] fund

★★ **financial** [형] 재정(상)의, 재무의, 금융상의

3 She is in charge of the company's **finance**.
4 They hope to receive **financial** aid from the bank.

★ confine [kənfáin]

con(=com:together) + fine(=end)
→ 같은 경계(end)를 가지다 → 경계선을 만들다 → 제한하다

[동] 《주로 + to》 1 (…에) 한정[제한]하다
[유] limit to, restrict to
2 (…에) 가두다, 감금하다

5 Let's **confine** today's discussion **to** this matter.
6 John **was confined to** bed due to illness.

plus + · be confined to: …에만 있다[한정되다]

---

refine [rifáin]

re(=again) + fine(=end)
→ 반복해서 (잘게) 끝까지 (분쇄)하다
→ 불순물을 제거하다 → 정제하다

[동] 1 정제하다 [유] make pure
2 (의견·방법·제도 등을) 개선하다, 다듬다

refined [형] 1 정제된 2 개선된, 다듬어진 3 세련된, 고상한
refinement [명] 1 정제, 순화 2 개선 3 세련됨, 고상함

7 the process of **refining** oil
8 Here is a **refined** version of my earlier proposal.

5 그 군인은 지휘관의 명령에 불복종했다. / 1 최종 결정은 우리에게 달렸다. 2 오랜 지연 끝에, 그 비행기는 마침내 떠났다. 3 그녀는 회사의 재무를 담당하고 있다. 4 그들은 은행에서 재정상의 지원을 받기를 희망한다. 5 오늘의 토론은 이 문제에만 한정하도록 합시다. 6 John은 아파서 침대에 누워있었다. 7 석유 정제 과정 8 저의 이전 기획안의 개선안입니다.

★★
define [difáin]

de(=off, from) + fine(=limit)
→ …로부터의 (뜻의) 경계를 정하다
→ 규정하다

동 1 (범위·경계 등을) 규정하다, 한정하다
2 (의미를) 정의(定義)하다

★★ **definition** 명 정의(뜻을 정하는 것)
★ **definite** 형 명확한, 확실한, 확정된 유 clear 반 indefinite
definitely 부 틀림없이 유 certainly, undoubtedly

9 **Defining** the word "love" is almost impossible.
10 Some questions have no **definite** answer.

---

infinite [ínfənit]

in(=not) + finite(유한한)
→ 유한하지 않은 → 무한한
※ finite: fin(=limit) + ite(형접)
→ 유한한

형 무한한 유 endless 반 finite

infinity 명 1 무한(성), 무궁 2【수학】무한대

11 You need **infinite** patience for this job.

DAY 24

flect (변화형 flex)  굽히다 (bend)

★★
reflect [riflékt]

re(=back) + flect(=bend)
→ (빛이) 다시 굽다

동 1 (열·빛 등을) 반사하다, (거울·유리 등에) 비치다
2 반영하다, 나타내다 3 《+ on》 숙고하다, 곰곰이 생각하다

★ **reflection** 명 1 반사 2 반영 3 (심사)숙고

1 My face was **reflected** in the bathroom mirror.
2 The results of the survey **reflect** public opinion.
3 You should **reflect on** your mistakes.

★
flexible [fléksəbəl]

flex(=bend) + ible(형접:「적합한, …하기 쉬운」) → 구부리기 쉬운

형 1 (사람·상황 등이) 융통성 있는, 탄력적인
반 inflexible
2 구부리기 쉬운, (신체 등이) 유연한

flexibility 명 융통성, 탄력성, 유연성

4 a **flexible** personality
5 **flexible** working hours
6 Children's bodies are more **flexible** than those of adults.

9 '사랑'이라는 말을 정의하는 것은 거의 불가능하다. 10 몇몇 질문은 확실한 답이 없다. 11 이 일에는 무한한 인내가 필요하다. / 1 나의 얼굴이 욕실 거울에 비쳤다. 2 그 설문의 결과는 여론을 반영한다. 3 너는 네 실수에 대해 곰곰이 생각해봐야 한다. 4 융통성 있는 성격 5 탄력적인 근무 시간 6 아이들의 몸은 어른들의 몸보다 유연하다.

flict »» 치다 (strike)

★★
conflict

con(=com:together) + flict(=strike)
→ (서로) 함께 치다 → 대립하다

동 [kənflíkt] 《+ with》 (의견 등이) 대립하다, 충돌하다
명 [kɑ́:nflìkt] 《+ with/between/over》
1 (의견 등의) 대립, 충돌, 갈등 2 싸움, 분쟁

[1] This evidence **conflicts with** the witness's statement.
[2] mental[social] **conflict**
[3] How do you handle **conflict**?

---

inflict [inflíkt]

in(=on, against) + flict(=strike)
→ strike against …을 상대로 치다

동 《주로 + on》 (고통이나 타격을) 가하다, (벌 등을) 주다

[4] Humankind has **inflicted** great harm **on** the environment.

DAY 24 잘 외워지지 않는 단어 복습

	단어	뜻		단어	뜻
○			○		
○			○		
○			○		

[1] 이 증거는 목격자의 진술과 상반된다. [2] 심리적[사회적] 갈등 [3] 분쟁을 어떻게 해결하십니까? [4] 인간은 환경에 큰 해를 입혀 왔다.

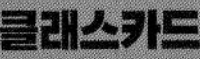

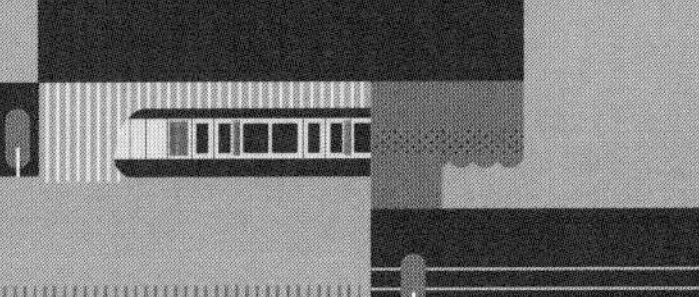

DAY 25

flo (변화형 flee) 1 흐르다 (flow) 2 날다 (fly)

★
float [flout]
중세 영어 flote(물위에 떠 있다)에서 온 말

동 1 물 위에 뜨다[떠다니다] 2 공기 중에 떠서 움직이다

afloat 형 부 1 물에 뜬[떠서] 2 (사업 등이) 망하지는 않는[않아]

1 All of the children held hands and **floated** in the pool.

★
flood [flʌd]
중세 영어 flode(물이 흘러 넘침)에서 온 말

명 1 홍수 2 쇄도, 폭주
동 1 물에 잠기다 2 범람하다 3 쇄도하다, 밀려들다

2 The heavy rain caused a great **flood** in my hometown.
3 When the concert ended, the audience **flooded** onto the stage.

★★
flow [flou]
중세 영어 flouen(흐르다)에서 온 말

명 1 (액체·기체·전기 등의) 흐름 2 교통의 흐름
3 (상품·정보 등의) 유통, 흐름
동 (막힘 없이) 흐르다

★ **overflow** 동 넘치다 유 spill over
명 넘침 유 flood; 초과 유 excess
inflow 명 유입 반 outflow

4 We benefit from a constant **flow** of new information.
5 The stream **flows** by the western side of the city.
6 He retold the story of the time the toilet **overflowed**.
7 The evaporation exceeded the **inflow** of fresh water and reduced the lake to one-twentieth of its former size.

★
flee [fli:]
-fled-fled
중세 영어 fleen(날다)에서 온 말
※ 뜻이 '흐르다' → '달아나다' → '날아가다'로 확장된 것으로 추정

동 재빨리 도망치다, 달아나다

flight 명 비행

8 The driver was trying to **flee** the scene of the accident.
9 Their **flight** to Europe took longer than Anne expected.

1 모든 아이가 손을 잡고 수영장에서 떠다녔다. 2 큰 비가 내 고향에 큰 홍수를 일으켰다. 3 콘서트가 끝나자, 관객들이 무대 위로 몰려들었다. 4 우리는 새로운 정보의 끊임없는 흐름으로 혜택을 누리고 있다. 5 그 시내는 도시의 서쪽으로 흐른다. 6 그는 화장실이 넘쳤던 때를 바꾸어 이야기했다. 7 증발이 신선한 물의 유입을 넘어서서 호수는 이전 크기의 20분의 1로 줄어들었다. 8 그 운전자는 교통사고의 현장에서 도망치려 하고 있었다. 9 유럽으로 향하는 그들의 비행은 Anne이 예상했던 것보다 오래 걸렸다.

flu »» 흐르다 (flow)

fluid [flúːid]

flu(=flow) + id(어미)
→ 흐르는 것

명 액체 유 liquid

형 1 부드러운, 우아한 2 유동적인, 변하기 쉬운

1 The doctor told him to drink plenty of **fluids**.

plus + *cf.* solid: 고체; 고체의, 딱딱한
gas: 기체; 가스; 휘발유(=gasoline)

★ fluent [flúːənt]

flu(=flow) + ent(형접)
→ 흐르는 듯한 → (물 흐르듯) 유창한

형 유창한, 능통한

fluently 부 유창하게
fluency 명 유창함

2 She was **fluent** in three languages.

★★ influence [ínfluəns]

in(=into) + flu(=flow) + ence(명접)
→ 안으로 흘러 들어와 영향을 미침

명 영향(력) 동 영향을 미치다

⋆ **influential** 형 1 영향을 미치는 2 유력한, 세력 있는

3 The book **had a** great **influence on** his life.
(= The book **influenced** his life greatly.)
4 Some lawmakers are **influenced** by **influential** interest groups.

plus + · have an influence[effect] (up)on: …에 영향을 미치다

VOCA VS. VOCA 영향

influence 다른 것에 어떤 작용을 미치어 변화를 일으키는 것
5 Friends have a great *influence* on us.

impact 새로운 것이나 급격한 변화 등이 강력한 영향을 주는 것
6 That commercial has a lot of *impact*.

effect 어떤 대상에게 영향을 미쳐 일으킨 효과, 결과 [p.167]
7 Anxiety has a damaging *effect* on mental performance of all kinds.

1 의사는 그에게 물 같은 종류를 많이 마시라고 말했다. 2 그녀는 3개 국어에 능통했다. 3 그 책은 그의 삶에 큰 영향을 미쳤다. 4 몇몇 법률 제정자들은 유력한 이익단체의 영향을 받는다. 5 친구들은 우리에게 커다란 영향을 미친다. 6 그 광고는 많은 영향을 끼친다. 7 불안은 모든 종류의 정신적 활동에 해로운 영향을 끼친다.

influenza [ìnfluénzə]

influence(영향)와 같은 어원
※ 중세 말 전염병(성홍열)의 창궐이 별의 influence(영향) 때문이라는 미신에서 유래. 이후 독감을 지칭함

명 유행성 감기, 독감 (줄여서 flu)

8 Be careful not to catch the **flu**.

form >> 형태, 구성 (form, shape)

★★
form [fɔːrm]

라틴어 forma(form, shape)에서 온 말

명 1 형태, 모양 유 shape
2 형식, 양식 3 종류, 유형
동 형성하다; 형성되다

★★ **formal** 형 1 정식의, 격식을 차린 2 공식적인
★ **informal** 형 1 비공식적인 2 격식을 차리지 않은
formation 명 1 형성, 구성 2 구조

1 Can you complete this **form** and return it by Monday?
2 It's a **formal** dinner, so wear a suit.
3 A person's home environment affects the **formation** of his or her character.

★★
inform [infɔ́ːrm]

in(=into) + form(형태)
→ (마음 속에) 개념을 형성시키다
→ (어떤 것을) 알리다

동 알리다, 통지하다 유 notify

★★ **information** 명 정보, 지식
informative 형 유익한, 정보를 제공하는

4 The police **informed** us **of** the accident.
5 The internet is the best place for finding free **information**.

plus + · inform A of B: A에게 B를 알리다

★
reform [rifɔ́ːrm]

re(=again) + form(구성)
→ 다시 구성하다

동 개혁하다, 개선하다; 개혁되다, 개선되다
명 개혁, 개선 유 reformation

reformer 명 개혁가, 개혁론자

6 The new government has promised to **reform** the educational system.

8 독감에 걸리지 않게 조심하세요. / 1 이 양식을 작성하여 월요일까지 돌려줄 수 있습니까? 2 공식적인 만찬이니, 정장을 입어라. 3 한 사람의 가정환경은 그 사람의 인격 형성에 영향을 준다. 4 경찰이 우리에게 그 사고를 알려주었다. 5 인터넷은 무료 정보를 찾기에 가장 좋은 곳이다. 6 새로운 정부는 교육 제도를 개선하기로 약속했다.

★
formula [fɔ́ːrmjələ]
form(형식) + ula(작은 것)
→ 작은 형식 → 공식

명 1 **방식, 방법** 2 **[수학·화학] 공식, 식**

formulate 동 만들어내다, 공식화하다

7 The only magic **formula** for a successful marriage is good communication.

⊕ more with **form**	
	trans**form** (형태를 이쪽에서 저쪽으로 바꾸다) 동 변형[변화]시키다 (p.35)
	con**form** (서로 같은 형식을 취하다) 동 순응하다, 따르다 (p.56)
	uni**form** (하나의 형태를 따르는 (것)) 명 제복, 군복 형 획일적인, 균일한

fort (변화형 for)  강한 (strong)

fort [fɔːrt]
라틴어 fortis(=strong)에서 유래
→ 튼튼하게 강화된 곳

명 **요새, 성채, 보루**

fortress 명 (fort보다 대규모의) 요새
fortify 동 1 요새화하다 2 (태도를) 강화하다

1 The troops strengthened the **fort** for the battle.

★★
effort [éfərt]
ef(=ex:out) + fort(=strong)
→ (강한) 힘을 밖으로 냄

명 **노력, 수고** 유 endeavor

2 I'll **make an effort** to lose weight.

plus + · make an effort: 노력하다, 애쓰다 유 try, endeavor, strive
cf. endeavor: effort보다 장기간에 걸친 진지한 노력

★
comfort [kʌ́mfərt]
com(「강조」) + fort(=strong)
→ (마음을) 강하게 하다
→ 기운을 북돋우다

동 1 **편안하게 하다** 2 **위로하다** 유 console
명 1 **편안함, 안락** 반 discomfort 2 **위로**

★★ **comfortable** 형 편안한, 안락한 반 uncomfortable

3 Parents should provide their children with **comfort** and care.

7 성공적인 결혼의 유일한 마법 공식은 원활한 소통이다. / 1 그 군대는 전투에 대비해 요새를 강화했다. 2 나는 체중을 줄이기 위해 노력할 것이다. 3 부모님은 자녀들에게 편안함과 보살핌을 줘야 한다.

★★
force [fɔːrs]

고대 프랑스어 forcer(=strong)에서 온 말

명 1 (물리적) 힘 2 폭력 3 《복수형》 병력, 군대
동 억지로 …하게 하다, 강요하다 유 compel, oblige

forceful 형 (사람·말 등이) 강력한, 힘이 있는 유 powerful, assertive

4 The CEO was **forced** to resign because of the financial scandal.

plus + · force A to-v[into N/v-ing]: A가 …하도록 강요하다 (=compel[oblige] A to-v)
· air force: 공군
cf. the army: 육군 / the navy: 해군 / the marine: 해병대

★
reinforce [rìːinfɔ́ːrs]

re(=again) + in(=en:make) + force(=strong)
→ 다시 강하게 만들다

동 강화하다, 증강[보강]하다

reinforcement 명 강화, 증강, 보강

5 The anti-smoking laws will be **reinforced** by strict penalties.

DAY 25

frag (변화형 frac) »» 부수다 (break)

fragment [frǽgmənt]

frag(=break) + ment(명접)
→ 부서진 부분 → 파편, 조각

명 파편, 조각

1 There were **fragments** of egg shell in the soup.

fragile [frǽdʒəl]

frag(=break) + ile(형접:「…하기 쉬운」)
→ 부서지기 쉬운

형 1 부서지기 쉬운, 깨지기 쉬운 유 breakable
2 (체질이) 허약한 유 weak

fragility 명 부서지기 쉬움, 연약함

2 When mailing packages, you should write "**fragile**" on any box containing breakable items.

fraction [frǽkʃən]

frac(=break) + tion(명접)
→ 부서진 것 → 부분, 분수

명 1 단편, 일부, 소량
2 【수학】 분수

3 Only a **fraction** of the students had done their homework.

4 그 최고 경영자는 금전상의 스캔들 때문에 사임해야 했다. 5 금연법은 엄격한 처벌로 강화될 것이다. / 1 수프에 달걀 껍질의 조각들이 있었다.
2 소포를 부칠 때, 깨지기 쉬운 물건을 넣은 상자에는 모두 '깨지기 쉬운'이라고 써야 합니다. 3 학생의 극히 일부만이 숙제를 해왔다.

fund (변화형 found) 1 바닥 (bottom) 2 기초를 두다 (lay the bottom for)

★★
fund [fʌnd]
라틴어 fundus(=bottom, foundation)에서 유래
→ (상인의) 토대[기반]가 되는 자본[자금]

명 (종종 복수형) 기금, 자금
동 (사업·행사 등을 위해) 자금을 제공하다

1 We must raise the necessary **funds** by next week.

plus + · IMF(International Monetary Fund): 국제 통화 기금
· fundraising: 모금, 자금 조달

★★
fundamental [fʌ̀ndəméntl]
funda(=bottom) + ment(명접:「상태」) + al(형접) → 기본이 되는

형 1 근본적인, 기본적인 유 basic
2 중요한, 필수의 유 essential

fundamentally 부 1 근본적으로, 기본적으로
2 필수적으로

2 There is a **fundamental** difference between novels and biographies.

★
profound [prəfáund]
pro(=forward) + found(=bottom)
→ 바닥으로 향하여 나아간 → 깊은

형 1 (영향·효과 등이) 강한
2 (사상·의미 등이) 심오한 반 superficial 3 깊은 유 deep

3 The recent changes in the finance sector had **profound** effects on the economy.

★★
found [faund]
- founded - founded
found(=lay the bottom for)
→ 기초를 다지다 → 설립하다

동 1 설립하다 유 establish, set up 2 …에 기초[근거]를 두다

★★ **foundation** 명 1 기초, 기반 유 basis 2 설립 3 재단

4 The museum was **founded** in 1932.
5 lay a solid **foundation**
6 a scholarship **foundation**

DAY 25 잘 외워지지 않는 단어 복습 ○-○-○

단어	뜻	단어	뜻
○		○	
○		○	
○		○	

1 우리는 다음 주까지 필요한 자금을 조달해야 한다. 2 소설과 전기(일대기) 사이에는 근본적인 차이가 있다. 3 금융 부문의 최근 변화들은 경제에 강한 영향을 끼쳤다. 4 그 박물관은 1932년에 건립되었다. 5 확고한 기초를 세우다 6 장학 재단

Matching Game

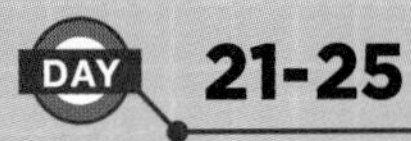

※ QR코드를 스캔하여 Matching Game을 한 후 점수를 기록해보세요.

My Scoreboard

	1차 시도	2차 시도	3차 시도
8000점 이상 나 자신 칭찬해. 최고야!			
7000~7999 이게 바로 공부의 재미?!			
6000~6999 글쎄 …			
5000~5999 이름은 쓸 수 있나?			
4999점 이하 순위에도 안 나와 …			

※ Matching Game 후 틀린 단어 또는 잘 외워지지 않는 단어를 써보세요.

단어	뜻	단어	뜻
○		○	
○		○	
○		○	
○		○	
○		○	

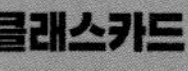

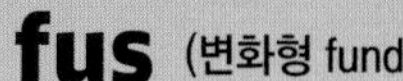 (변화형 fund)  1 붓다 (pour) 2 녹이다 (melt)

★★
confuse [kənfjúːz]
con(=com:together) + fuse(=pour)
→ 함께 붓다 → 마구 뒤섞다

동 1 혼동시키다, 혼란스럽게 하다 유 puzzle 2 혼동하다

★ **confusing** 형 혼동시키는, 혼란스럽게 하는
★★ **confused** 형 혼란스러운
★★ **confusion** 명 혼란, 혼동

1 His answer really **confused** me.
2 Lots of students **confuse** "adapt" and "adopt."
3 Mr. Smith always **confuses** me **with** my brother.

plus + · confuse A with B: A를 B와 혼동하다

★★
refuse [rifjúːz]
re(=back) + fuse(=pour)
→ (받은 것을) 도로 붓다 → 거절하다

동 (제의·초대·허가 등을) 거절하다, 사절하다
유 decline, turn down, reject

★ **refusal** 명 거절, 거부 유 rejection

4 You can **refuse** their invitation.
However, your **refusal** may insult them.

★
refund
re(=back) + fund(=pour)
→ (샀던 것을) 다시 쏟아내다
※ refuse와 어원이 같으며
fund(자금)에서 파생된 어휘가 아님

명 [ríːfʌnd] 환불, 반환(금)
동 [rifʌ́nd] 환불하다, 반환하다 유 pay back

5 I returned the clothes and got a **refund**.

⊕ more with
fus

trans**fus**ion (이쪽에서 저쪽으로 쏟아 부음) 명 1 수혈 2 (자금 등의) 투입
dif**fus**ion (여러 방향으로 부음) 명 발산, 확산; 전파
fusion (함께 녹인 것) 명 1 융합, 결합 2 퓨전 음악

1 그의 대답은 나를 몹시 혼란스럽게 했다. 2 많은 학생이 'adapt'와 'adopt'를 혼동한다. 3 Smith 씨는 항상 나를 우리 형과 혼동한다. 4 너는 그들의 초대를 거절할 수는 있어. 하지만 네 거절은 그들을 모욕할지도 몰라. 5 나는 그 옷을 돌려주고 환불받았다.

gard (변화형 gar, guard, guarant)  1 지켜보다 (watch) 2 보호하다 (protect)

★★
regard [rigά:rd]

re(「강조」) + gard(=watch)
→【원뜻】지켜보다 → 주의를 기울이다

동 1 (…로) 여기다, 간주하다 유 consider
2 (어떤 감정을 갖고) 응시하다, 보다

명 1 존중, 존경 2 주목, 주의 3《복수형》안부

* **regardless** 형 무관심한, 개의치 않는
* **regarding** 전 …에 관해서(는) 유 concerning

1 We must **regard** this situation **as** very serious.
2 He has little **regard** for safety.
3 We will continue, **regardless of** what happens.
4 We have no problems **regarding** the finances.

plus + · regard A as B: A를 B로[B하다고] 여기다 (=look upon A as B)
· with[in] regard to: …와 관련하여
· regardless of: …을 개의치 않고, …에 관계없이

DAY 26

garment [gά:rmənt]

gar(=protect) + ment(명접)
→ (몸을) 보호해주는 것

명 의류, 옷가지 유 apparel

5 The queen always dresses in beautiful **garments**.

★★
guard [gα:rd]

고대 프랑스어 garder(=guard)에서 온 말

명 1 경호원, 경비원, 보초 2 보호 (장비)

동 1 지키다, 보호하다 유 protect
2 감시[경계]하다

guardian 명 보호자, (미성년자 등의) 후견인

6 The prison **guard** carried a lantern.

★★
guarantee [gæ̀rəntí:]

guarant(=protect) + ee(명접)
→ (위험으로부터) 보호하는 것
→ 보증, 담보

명 1 보증, 보장; (상품 등의) 보증서 유 warranty
2 담보(물)

동 1 보장[보증]하다, 장담하다 유 assure
2 …을 확실하게 하다 유 ensure

7 In business, there is no **guarantee** of success.
8 We **guarantee** the quality of all our products.

1 우리는 이 상황을 매우 심각하게 받아들여야 한다. 2 그는 안전에는 관심이 거의 없다. 3 우리는 무슨 일이 있든지 계속할 것이다. 4 우리는 자금에 관해서는 아무 문제가 없다. 5 여왕은 항상 아름다운 옷을 입는다. 6 교도관이 손전등을 들고 있었다. 7 사업에 있어, 성공의 보장은 있을 수 없다. 8 우리는 자사의 모든 제품의 품질을 보장합니다.

gener (변화형 gen, gn) >> 1 출생 (birth) 2 생성하다 (produce)

★
generate [dʒénərèit]
gener(=birth) + ate(동접)
→ bring birth to 낳다, 발생시키다

동 1 생산[창출]하다, 일으키다 유 produce, create
2 (전기 등을) 발생시키다

** **generation** 명 1 세대, 일대(一代) 2 발생

1 The project **generated** high profits.
2 We live in a society where gender roles are not as strict as in prior **generations**.

★
generous [dʒénərəs]
gener(=birth) + ous(형접)
→ of noble birth 귀족 태생의
→ 여유가 있어 (성품이) 관대한

형 1 (성품이) 관대한, 인색하지 않은 반 stingy
2 (크기·양 등이) 풍부한

generosity 명 관대함, 인심이 좋음

3 A: Tom is very **generous**, isn't he?
B: Yes, he always shares his things with others.

★★
general [dʒénərəl]
gener(=birth) + al(형접)
→ (출생이 서로 연결된) 종족 전체에 관계되는 → **보편적인** → 영역 전체를 관장하는 사람 → **장군, 대장**

형 1 일반적인, 보편적인 유 common, universal
2 대체적인, 대략적인 반 specific
3 전체적인, 전반적인 유 whole
명 장군, 장성, 대장

** **generally** 부 일반적으로, 대개 유 in general, usually
generalize 동 일반화하다

4 **general** knowledge[interest]
5 My **general** impression about him was good.
6 a **general** hospital[election]
7 **Generally** speaking, prices are likely to rise.

plus + · UN Secretary General: UN 사무총장

★
gender [dʒéndər]
고대 프랑스어 gendre(=race, kind)에서 유래 → 같은 특성을 가진 사람 → 성별

명 성, 성별

genderless 형 성별 구분이 없는

8 The selection of leaders should be based on qualifications and aptitude, not on **gender**.
9 Most clothing nowadays is practically **genderless**.

---

1 그 사업은 높은 수익을 창출했다. 2 우리는 성 역할이 이전 세대만큼 엄격하지는 않은 사회에 살고 있다. 3 A: Tom은 정말 관대해, 그렇지 않니? B: 응, 그는 항상 그의 것을 다른 사람과 함께 사용하잖아. 4 일반적인 지식[공통의 관심사] 5 그의 대체적인 첫인상은 좋았다. 6 종합 병원[총선거] 7 전반적으로 말해서, 물가가 오를 것 같다. 8 지도자를 뽑는 것은 성별이 아니라 자격과 적성에 기반을 두어야 한다. 9 요즘 대부분의 옷은 사실상 성별 구분이 없다.

★★
gene [dʒiːn]
gene(=birth) → 출생할 때 가지게 되는 것

명 유전자

10 Characteristics like eye and hair color come from our **genes**.

★★
genetic [dʒənétik]
gene(=birth) + tic(형접)
→ (출생 관련) 유전학의

형 유전의; 유전학의

genetics 명 《단수 취급》 유전학
genetically 부 유전적으로; 유전학적으로

11 More companies should provide funding for **genetic** engineering research.
12 Certain diseases are **genetically** inherited from parents.

genius [dʒíːnjəs]
gen(=birth) + ius(어미)
→ 【원뜻】 출생과 관계되는 신성; 수호신

명 《복수형 geniuses》 천재(적 재능) 반 idiot

13 **Genius** displays itself even in childhood.

VOCA VS. VOCA 재능, 재주

talent 타고났으면서도 연습이나 훈련으로 더 갈고 닦을 수 있는 재주·재능
14 She has a remarkable ***talent*** for music.

gift 노력에 의해 얻어지는 것이 아닌 본래 타고난 재주·재능
15 I've always been able to learn languages easily; it's a ***gift***.

genius 예술·과학과 같은 창조적인 일을 할 수 있는 천부적 재능
16 the ***genius*** of Edison

faculty 실무를 처리하는 특별한 능력·재능·수완 [p.166]
17 She seems to have a ***faculty*** for making friends.

aptitude 특정한 일에 대한 적성 [p.113]
18 He has an ***aptitude*** for taking care of children.

DAY 26

10 눈이나 머리카락의 색깔 같은 특징은 우리 유전자로 정해진다. 11 더 많은 기업이 유전 공학 연구에 자금을 지원해야 한다. 12 어떤 질병들은 부모로부터 유전된다. 13 【속담】 될성부른 나무는 떡잎부터 알아본다. 14 그녀는 음악에 뛰어난 재능이 있다. 15 나는 언제나 쉽게 언어를 배울 수 있었다. 그것은 타고난 재능이다. 16 에디슨의 천재성 17 그녀는 친구를 사귀는 데 재능이 있어 보인다. 18 그는 아이들을 돌보는 데 적성이 있다.

★ **gen**tle [dʒéntl]

gent(=birth) + le(형접)
→ of noble birth 가문이 좋게 태어난
→ 고상한; 온화한

형 1 온화한, 상냥한, 친절한
2 적당한, 부드러운, 완만한

gently 부 다정하게, 부드럽게

[19] There's a **gentle** breeze blowing, so it doesn't feel too hot outside.

★ **gen**uine [dʒénjuin]

genu(=birth) + ine(어미)
→ native 본토박이인 → 진짜의

형 1 진짜의, 진품의 유 authentic
2 진실된, 진정한 유 sincere

[20] Who can say whether this information is **genuine** or fake?

진품

---

in**gen**ious [indʒíːnjəs]

in(=in) + geni(=birth) + ous(형접)
→ inborn talent 타고난 능력의
→ 영리한; 독창적인

형 1 (생각·물건 등이) 기발한
2 (사람이) 독창적인, 발명에 재능이 있는

[21] The scientist invented an **ingenious** device.

★ pre**gn**ant [prégnənt]

pre(=before) + gn(=birth) + ant(형접)
→ 탄생 이전의

형 1 임신한
2 (의미·중요성 등을) 품은, 내포하고 있는

pregnancy 명 임신

[22] She is seven months **pregnant**.

⊕ more with

gener

oxy**gen** (산(酸: acid)을 만들어냄) 명 산소 (원자기호 O)
hydro**gen** (물(水)을 만들어냄) 명 수소 (원자기호 H)

[19] 산들바람이 불어서 밖이 너무 덥지는 않다. [20] 이 정보의 진위 여부를 누가 말할 수 있는가? [21] 그 과학자가 기발한 장치 하나를 발명했다. [22] 그녀는 임신 7개월이다.

gest (변화형 gist) ≫ 1 나르다 (carry) 2 가져오다 (bring)

★
gesture [dʒéstʃər]
gest(=carry) + ure(명접)
→ (행동으로) 전달하는 것

명 1 몸짓, 제스처
2 (감정·의사 등의) 표현, 표시
동 몸짓[손짓]을 하다

1 We communicated with signs and **gestures**.

---

digest
di(=dis:apart) + gest(=carry)
→ 작게 나누어 나르다 → 음식물을 분해하여 내려가게 하다 → 내용을 이해하여 흡수하다

동 [daidʒést] 1 소화하다; 소화되다 2 이해하다
명 [dáidʒest] 요약, 개요

digestion 명 소화(작용), 소화력 반 indigestion(소화불량)

2 Pandas can only **digest** about 20% of what they eat.

★★
register [rédʒəstər]
re(=back) + gister(=bring)
→ (기억 속으로) 다시 가져오다
→ 기록(하다); 기록부
※ 기록은 다시 생각나게 하기 위한 것

동 1 등록하다, (장부에) 이름을 적다 유 sign up, enroll, enlist
2 (기기가 수치·기록 등을) 나타내다, 기록하다
명 기록(부), 등록

★★ **registration** 명 등록, 신고; 등록 서류[증명서]
registry 명 등기소, 등록소; 등기, 등록

3 You can't take this class unless you **register** first.
4 The earthquake **registered** 6.8 on the Richter scale.

gra (변화형 gri) ≫ 붙잡다 (seize)

★
grab [græb]
- grabbed - grabbed
중세 네덜란드어 grabben(=seize)에서 온 말

동 움켜잡다, 잡아채려고 하다
명 움켜잡으려고 함

1 On your way out of the house, make sure you **grab** your car keys.
2 Let's **grab a bite to eat**!

plus + · grab a bite to eat: 간단하게 먹다

1 우리는 손짓과 몸짓을 이용해 의사소통했다. 2 판다는 먹는 양의 약 20%만을 소화시킬 수 있다. 3 등록을 먼저 하지 않으면 이 수업을 들을 수 없습니다. 4 그 지진은 리히터 규모 6.8을 나타냈다. / 1 집에서 나올 때, 차 키를 손에 쥐고 있는지 확인해라. 2 간단하게 뭐 먹자!

grasp [græsp]

중세 영어 grapsen(=touch)에서 온 말

동 1 꽉 잡다, 움켜쥐다 유 grip
2 완전히 이해하다, 파악하다

명 1 꽉 쥐기[움켜잡기] 2 이해, 파악

3 He kept a firm **grasp** on the ladder so that he wouldn't fall.
4 It was difficult to **grasp** the meaning of the message.

---

grip [grip]

- gripped - gripped

고대 영어 gripa(=handful)에서 온 말

명 1 꽉 잡음, 움켜잡는 방식 유 grasp 2 통제권

동 1 꽉 잡다, 움켜잡다 2 사로잡다

5 In practicing a complex movement such as a golf swing, we experiment with different **grips**, positions, and swing movements.

DAY 26 잘 외워지지 않는 단어

복습 ○-○-○

	단어	뜻		단어	뜻
○			○		
○			○		
○			○		

3 그는 넘어지지 않도록 사다리 위에서 단단히 붙잡고 있었다. 4 그 메시지의 의미를 이해하는 것은 어려웠다. 5 골프 스윙처럼 복잡한 동작을 연습할 때, 우리는 다양한 잡기 방식, 자세, 스윙 동작 등을 가지고 실험하게 된다.

클래스카드

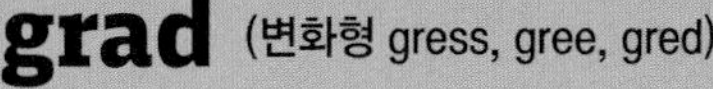

grad (변화형 gress, gree, gred)

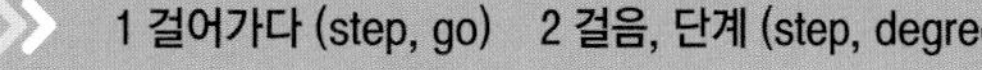

1 걸어가다 (step, go) 2 걸음, 단계 (step, degree)

gradual [grǽdʒuəl]

grad(=step) + ual(형접)
→ step by step 단계적으로

형 1 점진적인, 점차적인 반 sudden
2 (경사가) 완만한 반 steep(가파른)

* **gradually** 부 서서히, 점점, 차차 유 by degrees

1 The education system has **gradually** improved over the last few years.

★ graduate

gradu(=degree 단계:학위)
+ ate(동접·명접)
→ (단계를 밟아) 학위를 딴 사람
→ 졸업하다; 졸업생

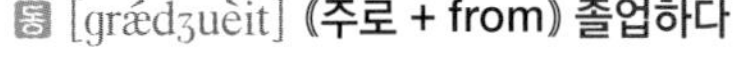

동 [grǽdʒuèit] 《주로 + from》 졸업하다
명 [grǽdʒuit] (대학) 졸업생, 학사 《줄여서 grad》

graduation 명 졸업

2 He **graduated from** high school last year.

plus + · graduate student: 대학원생
· graduate school: 대학원
cf. undergraduate: 학부생(졸업 전의 대학생) p.38

★ aggressive [əgrésiv]

ag(=ad:toward) + gress(=step)
+ ive(형접) → (남의 영역으로) 발을 내딘
→ 공격하는

형 1 공격적인 유 offensive 반 defensive
2 적극적인, 진취적인 유 active, vigorous 반 passive

aggression 명 1 공격, 침략 (행위) 유 attack, invasion
2 (정신적) 공격성

3 She's very **aggressive**, while her husband is passive.

---

congress [kɑ́:ŋgris]

con(=com:together) + gress(=go)
→ coming together 함께 (와서) 만남

명 (미국·중남미 국가들의) 의회, 국회 《고유명사로 쓰일 때 Congress》

4 She was elected to **congress**.

plus + · congressman: 남성 국회의원(특히 미국의 남성 하원의원) /
congresswoman: 여성 국회의원(특히 미국의 여성 하원의원)
cf. National Assembly: 한국 국회
Parliament: 영국·캐나다 국회 / The Diet: (스웨덴, 일본 등의) 국회

1 교육 제도는 지난 몇 년 동안 점차 나아졌다. 2 그는 지난해 고등학교를 졸업했다. 3 그녀는 매우 적극적인 반면, 그녀의 남편은 소극적이다. 4 그녀는 국회에 (의원으로) 선출되었다.

★★ 핵심 다의어

degree [digríː]

de(=down) + gree(=step)
→【원뜻】내려가는 층계 → **단계** →
- (수치의) 단계 → **도(度), 정도**
- (학력의) 단계 → **학위**

명 1 **정도, 단계** 2 (온도·각도 등의) **도(度)** 3 **학위**

5 The temperature went up to 35 **degrees** Celsius.
6 I have a master's **degree** in English literature.
7 I agree with him **to a certain degree**.

plus + · by degrees: 차차, 서서히 (=gradually)
· to a (certain) degree: 다소, 어느 정도

★

ingredient [ingríːdiənt]

in(=into) + gredi(=go) + ent(명접)
→ … 안에 들어가는 것

명 1 (음식 등의) **재료** 2 **성분, (구성) 요소**

8 Mix all the **ingredients** in a bowl.

⊕ more with **grad**

de**grad**e (단계를 내리다) 동 1 비하하다 2 (화학적으로) 분해하다; 분해되다
re**gress** (뒤로 걸어가다) 명 동 후퇴(하다), 퇴보(하다)

graph

1 그리다 (draw) 2 쓰다 (write)

graphic [grǽfik]

graph(=draw) + ic(형접)
→ 그림 같은 → 생생한

형 1 **생생한, 사실적인** 유 vivid
2 **그림의, 도표의, 그래픽의**

graphics 명 《단수 취급》 (컴퓨터로 만든) 이미지, 그림

1 The newspaper article gave a **graphic** description of the earthquake.

★

photograph [fóutəgræ̀f]

photo(=light) + graph(=draw)
→ 빛으로 그린 것 → 사진

명 **사진** 유 photo, picture
동 **사진을 찍다**

photographer 명 사진사
photography 명 사진 촬영(업)
photographic 형 사진(용)의, 사진에 의한

2 Don't forget to smile when I take your **photograph**.

5 온도가 섭씨 35도까지 올랐다. 6 나는 영문학 석사 학위를 가지고 있다. 7 나는 그의 의견에 어느 정도 동의한다. 8 모든 재료를 그릇에 넣고 섞어 주세요. / 1 그 신문 기사는 지진을 생생하게 묘사했다. 2 제가 당신의 사진을 찍을 때 웃는 것을 잊지 마세요.

grat (변화형 gree, grac) 1 기쁘게 하는 (pleasing) 2 감사하는 (thankful)

congratulate [kəngrǽtʃəlèit]

con(=com:together) + grat(=pleasing) + ul(어미) + ate(동접) → 함께 기뻐하다

동 축하하다, 축하의 말을 하다

congratulation 명 축하, 경축

1 I **congratulated** him **on** his recent achievement.

plus + · congratulate A on B: A에게 B에 대해 축하하다
· Congratulations!: 축하합니다!

---

gratitude [grǽtətù:d]

grati(=thankful) + tude(명접) → 감사하기

명 감사(의 마음) 반 ingratitude(고마움을 모름, 배은망덕)

grateful 형 감사하는, 고마워하는

2 He wishes to express his **gratitude** for your generosity.
3 I would be **grateful** if you reconsider your decision.

★★

agree [əgríː]

a(=ad:to) + gree(=pleasing) → be pleasing to …에게 기분 좋게 하다

동 1 (+ with) (의견·생각 등에) 동의하다, (…와) 의견이 일치하다 반 disagree with
2 (+ to) (제안에) 찬성하다, 응하다 유 consent to, assent to 반 refuse
3 (+ with) (정보 등이) 일치하다

★★ **agreement** 명 1 협정
2 동의, 합의 반 disagreement

agreeable 형 1 기분 좋은 유 pleasant 반 disagreeable
2 (+ to) 동의하는, 받아들일 수 있는

4 I **agree with** you **on** this issue.
5 I **agreed to** his proposal.
6 The suspect's story doesn't **agree with** the evidence.
7 After the **agreement** was signed, he was in a happy and **agreeable** mood.

plus + · agree with: '어떤 사람이나 생각·의견에 동의하다'의 의미 (뒤에 사람이나 opinion, idea와 같은 말이 올 수 있음)
· agree to: 기본적으로 'say yes'의 의미 (뒤에 사람은 올 수 없고 proposal, request와 같은 말이 옴)
· agree (with A) on[about] B: B에 대해 (A와) 의견이 일치하다

[1] 나는 그의 최근 업적을 축하해주었다. [2] 그는 당신의 관대함에 감사를 표하고 싶어합니다. [3] 당신의 결정을 다시 고려해주신다면 감사하겠습니다. [4] 나는 이 문제에 있어 너와 생각이 같아. [5] 나는 그의 제안에 찬성했다. [6] 그 용의자의 진술은 그 증거와 일치하지 않는다. [7] 그 계약에 서명한 후, 그는 행복하고 기분이 좋았다.

★ **grace** [greis]

grace(=pleasing)
→ 기쁘게 해주는 것 → 친절함, 은총

명 1 우아함 2 친절함 3 (신의) 은총, 은혜

gracious 형 1 친절한, 정중한 유 kind, polite
2 (생활 등이) 품위 있는

★ **graceful** 형 우아한, 고상한 유 elegant 반 disgraceful(수치스러운)

disgrace 명 불명예, 창피 유 shame, dishonor

8 He had the **grace** to ignore the man's embarrassing mistake.
9 The impala is one of the most **graceful** four-legged animals.
10 a national **disgrace**

grav (변화형 grief)  무거운 (heavy)

★ **grave** [greiv]

grave(=heavy)
→ 무거운, 중대한 → 중요하여 새기다
→ 묘비명이 새겨진 무덤

명 무덤

형 1 중대한, 심각한 유 serious 반 insignificant 2 진지한, 엄숙한

동 조각하다, 새기다 유 engrave

★ **gravity** 명 1 중력, 무게 2 중대함, 진지함

1 The **grave** mistake you made has created a serious problem.
2 the law of **gravity**

★ **grief** [gri:f]

grief(=heavy) → 무거워하다
→ 마음의 고통을 느끼다

명 (깊은) 슬픔, 비탄 유 sorrow

grieve 동 1 (특히 누군가의 죽음에 대해) 비통해하다
2 슬프게 하다

3 the parents' **grief** at the loss of their child
4 The whole country **grieved** over Princess Diana's death.

hab (변화형 hib, ab, have)  1 갖다 (have, hold) 2 살다 (dwell)

★ **habit** [hǽbit]

habit(=have)
→ (계속) 가지고 있는 것 → 습관

명 (몸에 밴) 습관, 버릇

habitual 형 습관적인, 상습적인

1 A: I am concerned about Oliver's **habitual** overeating.
B: Let's help him **break the habit**.

plus + · break a[the] habit: 습관을 고치다

8 그는 그 남자의 부끄러운 실수를 모른 척해줄 정도로 친절했다. 9 임팔라는 네 다리를 가진 가장 우아한 동물 중 하나이다. 10 국가적 창피[치욕] / 1 네가 저지른 중대한 실수는 심각한 문제를 불러 일으켰다. 2 중력의 법칙 3 아이를 잃은 부모의 슬픔 4 온 나라가 다이애나 비의 죽음을 슬퍼했다. / 1 A: 나는 Oliver의 습관적인 과식이 걱정된다. B: 그가 그 습관을 고칠 수 있게 도와주자.

inhabit [inhǽbit]

in(=in) + habit(=dwell)
→ … 안에 살다

동 (…에) 살다, 서식하다, 거주하다 유 dwell in, reside in

inhabitant 명 1 주민, 거주자 유 resident 2 서식 동물

2 People **inhabit** even the most difficult climates, such as Siberia.
3 Helen is the oldest **inhabitant** of the town.

habitat [hǽbətæ̀t]

habit(=dwell) + at(명접)
→ 사는 곳

명 (동식물의) 서식지, 거주지

habitable 형 살 수 있는, 거주할 수 있는

4 Modern zoos strive to recreate animals' natural **habitats**.

★ exhibit [igzíbit]

ex(=out) + hibit(=hold)
→ 밖에 지니다 → 전시하다

동 전시하다, 진열하다 유 show, display
명 전시(품), 진열(품) 유 display

★ **exhibition** 명 전시(회), 전람회

5 A: Is the *Mona Lisa* on display at the Louvre?
B: Yes, they **exhibit** it all the time.
6 an international trade **exhibition**

prohibit [prouhíbit]

pro(=in front) + hibit(=hold)
→ …의 앞에 놓다 → 가로막다

동 (법·규칙 등으로) 금지하다, 제지하다 유 ban, forbid 반 permit, allow

prohibition 명 금지(령)

7 Food and pets are **prohibited** in the museum.

plus + · prohibit A from v-ing: A가 …하지 못하게 하다 (=forbid A to-v)

VOCA VS. VOCA 금지하다

forbid 개인적으로 어떤 행동을 금지하다
8 My mother ***forbade*** me to see that movie.

prohibit 법률이나 규칙에 의해 공식적으로 어떤 행동을 금지하다
9 Smoking is ***prohibited*** on all public transportation.

ban 도덕적인 면에서 비난을 받거나 반대에 부딪힐 만한 행동을 금지하다
10 The government has ***banned*** the use of chemical weapons.

[2] 사람들은 시베리아 같은 가장 험한 기후에서도 산다. [3] Helen은 그 마을에서 가장 나이가 많은 주민이다. [4] 요즘 동물원들은 동물들의 자연 서식지를 재현하기 위해 노력한다. [5] A: 〈모나리자〉가 루브르 박물관에 전시되어 있습니까? B: 네, 항상 전시합니다. [6] 국제 무역 박람회 [7] 음식과 반려동물은 박물관에서 금지된다. [8] 어머니께서 내가 그 영화를 보는 것을 금지하셨다. [9] 흡연은 모든 대중교통에서 금지된다. [10] 정부는 화학무기의 사용을 금지하였다.

★★
able [éibəl]

ab(=have) + le(=ile:형접:「…할 수 있는」) → (손안에) 가질 수 있는 → (쉽게) 다룰 수 있는 → 능력이 있는

형 1 ((+ to-v)) …할 수 있는 반 unable to-v
2 유능한 유 capable, competent

★★ **ability** 명 할 수 있음, 능력 반 inability(무능, 불능), disability(장애)

11 Due to his unique **ability**, he was **able to succeed** where others failed.

★★
behave [bihéiv]

be(「강조」) + have(=have) → 확실한 태도를 가지다 → **특정한 방식으로 행동하다** → (완벽한 태도를 가지고) **예의 바르게 행동하다**

동 1 (어떤 방식으로) 행동하다 유 act
2 예의 바르게 행동하다

misbehave 동 1 버릇 없이 굴다 2 비행을 저지르다
★★ **behavior** 명 ((또는 behaviour)) 행동, 행실; 행동 방식
반 misbehavior((또는 misbehaviour))(나쁜 행실; 비행)
★ **behavioral** 형 행동의, 행동에 관한

12 I wonder why Finn is **behaving** so strangely today.
13 Carol told her children not to **misbehave** at the movie theater.
14 Dr. Jones studies the social **behavior** of ants.

hered (변화형 herit, heir) >>> 상속인 (heir)

heredity [hərédəti]

hered(=heir) + ity(명접) → 상속되는 것 → 유전

명 유전

hereditary 형 유전(상)의

1 My basic reason for studying genetics is to understand the principles of **heredity**.

★
heritage [hérətidʒ]

herit(=heir) + age(명접) → 상속된 것

명 (가치·언어·유적 등의) 전통문화, 유산

2 The tribe has preserved their wonderful cultural **heritage**.

11 그는 특별한 능력 때문에 다른 사람들이 실패한 분야에서 성공할 수 있었다. 12 나는 Finn이 오늘 왜 이렇게 이상하게 행동하는지 궁금해. 13 Carol은 아이들에게 영화관에서 버릇 없이 굴지 말라고 말했다. 14 Jones 박사는 개미의 사회적 행동을 연구한다. / 1 내가 유전학을 공부하는 근본적인 이유는 유전의 원리들을 이해하기 위해서이다. 2 그 부족은 그들의 훌륭한 문화 유산을 보존해왔다.

★
inherit [inhérit]

in(=en:make) + herit(=heir)
→ make an heir 상속인으로 만들다

동 1 (재산 등을) 물려받다, 상속하다
2 (신체적·정신적 성질 등을) 물려받다, 유전되다

inheritance 명 1 상속 (재산) 2 유전적 성질

3 Is it true that he **inherited** a huge fortune from his father?
4 an **inheritance** tax

★
heir [eər]

라틴어 heres(=heir)에서 유래

명 (재산·지위 등의) 상속인, 후계자

5 Kelly is the sole **heir** to her mother's estate.

DAY 27

DAY 27 잘 외워지지 않는 단어

복습

단어	뜻	단어	뜻

3 그가 아버지로부터 막대한 재산을 물려받은 것이 사실입니까? 4 상속세 5 Kelly는 그녀의 어머니 재산의 유일한 상속인이다.

클래스카드

host (변화형 hospit)  1 손님 (guest) 2 낯선 사람 (stranger)

★ host [houst]

중세 영어 hoste(=guest를 맞아들이는 사람)에서 온 말

명 1 (손님을 접대하는) 주인 반 guest 2 (행사 등의) 주최자 3 (TV·라디오 프로그램) 진행자
동 1 (모임·행사를) 주최하다 2 (TV·라디오 프로를) 진행하다

hostess 명 (연회 등의) 여주인

1 After the party, we thanked our **host** and went home.
2 The country is going to **host** the Olympics next year.

★ hostile [há:stl]

host(=stranger, enemy) + ile(형접)
→ (낯설어서) 적으로 여기는

형 적대적인, 비우호적인 반 friendly

hostility 명 적의, 적개심 유 hatred

3 They were openly **hostile** to each other.

---

hospitality [hà:spətǽləti]

hospit(=guest) + ality(명접)
→ 손님을 맞이함 → 환대

명 환대, 후한 대접

hospitable 형 환대하는, 친절한, (대접이) 후한 반 inhospitable

4 Thank you very much for your **hospitality**.
5 We stayed with a very **hospitable** family in Athens.

hum (변화형 humili)  땅 (earth)

★ humanity [hju:mǽnəti]

human(=earth) + ity(명접)
→ 땅에 발을 딛고 있음 → 인간적임

명 인류(애), 인간

★★ **human** 형 인간의, 사람의
명 인간, 사람 (주로 human being으로 많이 쓰임)
humane [hju:méin] 형 인도적인, 자비로운 반 inhumane

1 Criminals represent the worst of **humanity**.
2 Bacteria cannot be seen with the **human** eye.

[1] 파티가 끝난 후에, 우리는 주인에게 감사의 뜻을 표하고 집에 갔다. [2] 그 나라는 내년에 올림픽을 주최할 예정이다. [3] 그들은 공공연히[드러내놓고] 서로에게 적대적이었다. [4] 귀하의 환대에 매우 감사드립니다. [5] 우리는 아테네에서 매우 친절한 가족의 집에 머물렀다. / [1] 범죄자들은 최악의 인간성을 대변한다. [2] 박테리아는 인간의 눈으로 볼 수 없다.

humble [hʌ́mbəl]

hum(=earth) + ble(형접)
→ 땅에 가까운 → 낮은
→ 천한, 자기를 낮추는

형 1 겸손한, 자기를 낮추는 유 modest 반 arrogant
2 (신분 등이) 낮은, 비천한
동 겸손하게 만들다

3 He is a genuinely **humble** man.
4 She doesn't think she has a **humble** occupation.

humility [hjuːmíləti]

humili(=humble) + ty(명접)
→ 자신을 낮추는 것 → 겸손

명 겸손 유 modesty 반 arrogance

5 She accepted the award with grace and **humility**.

humiliate [hjuːmílièit]

humili(=humble) + ate(동접)
→ (다른 사람을) 낮추다 → 굴욕감을 주다

동 굴욕감을 주다, 자존심을 상하게 하다

humiliation 명 굴욕(감); 창피 주기

6 I felt **humiliated** when I made a stupid mistake.

DAY 28

insul (변화형 isol) >>> 섬 (island)

isolate [áisəlèit]

isol(=island) + ate(동접)
→ 섬처럼 만들다 → 고립시키다

동 1 고립시키다, 격리하다 2 분리하다
유 separate

isolation 명 고립, 격리, 분리

1 The six other patients were immediately **isolated from** the four that were infected.
2 **Isolation** can result in boredom and loneliness.

plus + · isolate A from B: B로부터 A를 격리하다

more with **insul**

pen**insul**a (거의 섬에 가까움) 명 반도
insulate (분리되어 있는 섬으로 만들다) 동 1 단열[방음]하다 2 분리[격리]하다

3 그는 진정으로 겸손한 사람이다. 4 그녀는 자기가 보잘것없는 직업을 가졌다고 생각하지 않는다. 5 그녀는 우아하고 겸손하게 그 상을 수상했다. 6 나는 멍청한 실수를 했을 때 굴욕감을 느꼈다. / 1 6명의 다른 환자들은 감염된 4명으로부터 즉시 격리되었다. 2 고립은 따분함과 외로움을 초래할 수 있다.

exit [égzit]

ex(=out) + it(=go)
→ to go out 밖으로 나가기

명 1 출구 유 way out 반 entrance
2 나감, 퇴장
동 나가다, 퇴장하다

1 The **exit** led us into the parking lot.

★★
initial [iníʃəl]

in(=in) + it(=go) + ial(형접)
→ 들어가는 → 착수[시작]하는

형 처음의, 최초의 유 first
명 머리글자, 이니셜

initially 부 처음에, 시초에

2 My **initial** impression of him was very good.
3 He wrote "OMS" in the book, which are the **initials** of his name.

---

initiate [iníʃièit]

in(=in) + it(=go) + iate(동접)
→ 들어가다; 들어가게 하다

동 1 시작하다, 개시하다 유 start, begin
2 (방법·기술 등을) 전(수)하다, 가르치다

★ **initiative** 명 계획, 주도(권), 솔선, 선도

4 I tried to **initiate** a conversation with her, but I didn't know where to start.
5 He **took the initiative in leading** the group.

plus + · take the initiative (in N/v-ing): (…에서) 주도권을 잡다, 솔선하다

★
transit [trǽnzit]

trans(=across) + it(=go)
→ 가로질러 가기

명 1 통과, 통행
2 (사람·화물의) 운송, 수송 유 transportation

★ **transition** 명 이행, 과도기, 변이

6 Seoul has an extensive mass **transit** system.
7 The **transition** from child to adult is filled with many problems, which must be overcome.

---

perish [périʃ]

per(=completely) + ish(=go)
→ 완전히 가버리다

동 죽다, 소멸하다 유 pass away, die

8 Thousands **perished** in the tsunami disaster.

1 그 출구로 나가니 주차장이 나왔다. 2 나의 그에 대한 첫인상은 매우 좋았다. 3 그는 책에 'OMS'라고 썼는데, 그것은 자기 이름의 머리글자(이니셜)이다. 4 나는 그녀와 대화를 시작해 보려고 했지만 어디서부터 시작해야 할지 몰랐다. 5 그는 그 단체를 이끄는 데 주도권을 잡았다. 6 서울에는 광범위한 대중 운송 체계가 있다. 7 아이에서 어른으로 넘어가는 과도기는 많은 문제로 가득하고 극복되어야 한다. 8 쓰나미 참사로 수천 명이 사망했다.

★★ 핵심 다의어

issue [íʃuː]

고대 프랑스어 issir의 과거분사형인 issue에서 유래
※ issir: iss(=ex:out) + ir(=it:go)
→ 밖으로 나가게 하다 →
- (의견 등이) 나가게 하다 → **발표(하다)**
- (책 등을) **발행하다** → **발행물**
- (토론 중) 밖으로 나온 것 → **쟁점, 문제**

명 1 논쟁점, 문제 2 발행(물), 출판(물)
동 1 발표[공표]하다
2 (신분증·잡지 등을) 발권[발행]하다 유 publish

9 The **issue** of rising unemployment will be discussed in next week's **issue** of *Time* magazine.
10 The journal **issued** last month contains the information **issued** by the university president.

ject ≫ 던지다 (throw)

inject [indʒékt]

in(=in) + ject(=throw)
→ 안으로 던지다 → 주입하다

동 주입하다, 주사하다

★ **injection** 명 주입, 주사 유 shot

1 The nurse **injected** the patient with the drug.
2 Did the doctor **give** you **an injection**?

plus + · give A an injection: A에게 주사를 놓다

★★ 핵심 다의어

object

ob(=toward) + ject(=throw)
→ …로 던져진 것 → 앞에 놓인 **대상** →
- **목적**
- 앞으로 던져져 (마주 보고) 서 있음 → **반대하다**

명 [ɑ́ːbdʒekt] 1 물체, 사물
2 목적, 목표 유 purpose, goal, aim
3 (감정·행동의) 대상 4【문법】목적어
동 [əbdʒékt] ((+ to)) 반대하다, 반박하다

★ **objective** 명 목표, 목적 유 goal
형 객관적인 반 subjective
★ **objection** 명 반대, 거부

3 What's that black **object** under the water?
4 The **object** of the game is to improve your math skills.
5 I **object to** being an **object** of ridicule.
6 Let's get an **objective** opinion from the counselor.

9 증가하는 실업 문제가 다음 주에 발행되는 〈타임〉지에서 다뤄질 것이다. 10 지난달 발행된 학술지는 그 대학 총장이 공표한 정보를 포함한다. / 1 간호사가 환자에게 약물을 주사했다. 2 의사가 주사를 놓아주었니? 3 물속의 저 검은 물체는 뭐지? 4 그 게임의 목적은 수학 능력을 향상하는 것이다. 5 나는 조롱의 대상이 되는 것에 반대한다. 6 전문 상담가에게 객관적인 의견을 얻도록 하자.

★★ 핵심 다의어

subject

sub(=under) + ject(=throw)
→ 아래에 던져 두다 → **통치[지배]하다** →
- 군주의 지배를 받는 사람 → **국민, 백성**
- … 아래에 던져진 → **…의 영향을 받는**
- 연구거리로 밑에 놓인 것 → **주제** / **학과, 과목** / **피실험자**

명 [sʌ́bdʒekt] 1 (토론·연구 등의) 주제 2 학과, 과목 3【문법】주어 4 (실험·연구 등에서) 피실험자, 대상 5 국민

형 [sʌ́bdʒekt] 《+ to》 1 (…에) 영향받기 쉬운 2 (…의) 지배를 받는

동 [səbdʒékt] 지배하다, 복종시키다 유 bring under control

★★ **subjective** 형 주관적인 반 objective

7 What is the **subject** of today's discussion?
8 The experiment requires female **subjects**.
9 Flight schedules are **subject to change** due to weather conditions.

plus + · subject to change: 변경되기 쉬운

★★ 핵심 다의어

project

pro(=forward) + ject(=throw)
→ 앞쪽으로 던지다 →
- 실행을 위해 앞으로 내놓다 → **계획(하다)**
- 내던지다 → **투영하다**

명 [prɑ́:dʒekt] 프로젝트, 계획 유 plan, scheme

동 [prədʒékt] 1 예상[추정]하다 2 투영하다, 비추다 3 계획하다 4 돌출되다

projection 명 1 예상, 추정 2 투영; 영상 3 돌기, 돌출부

10 They illustrated their **project** by **projecting** some slides onto the screen.
11 They **project** an increase in profits this quarter.
12 The rock-climber grabbed the **projecting** rock.

VOCA VS. VOCA 계획

project 정부·기업 등이 조직한, 특정 목적을 위한 계획
13 The *project* will be completed in two years.

plan 앞으로 할 일을 생각하여 미리 정한 계획
14 We will have a meeting to discuss the new *plan*.

strategy 목표 달성을 위한 전략적인 세부 실행 계획
15 Your *strategy* sounds creative, but will it be effective?

program 일련의 일·행사·활동 등의 진행 방법이나 순서를 담은 계획
16 This fitness *program* will help you lose weight.

schedule 주어진 시간에 맞추어 세워진 계획
17 We have a busy *schedule* at work this week.

7 오늘의 토론 주제는 무엇입니까? 8 그 실험은 여성 피실험자들을 필요로 한다. 9 항공 (운행) 일정은 기상 조건에 따라 변경되기 쉽다. 10 그들은 스크린에 여러 슬라이드를 비추면서 자신들의 계획안을 설명했다. 11 그들은 이번 분기에 수익 증가를 예상한다. 12 그 암벽 등반가는 돌출된 바위를 잡았다. 13 그 프로젝트는 2년 안에 완료될 것이다. 14 우리는 새 계획에 대해 논의하기 위한 회의를 할 것이다. 15 너의 계획은 창의적인 것 같긴 하지만 효과가 있을까? 16 이 운동 프로그램은 네가 체중을 줄일 수 있게 도와줄 것이다. 17 이번 주는 업무 일정이 빡빡하다.

★★
reject
re(=back) + ject(=throw)
→ (받아들이지 않고) 도로 던져 버리다

동 [ridʒékt] **거절[거부]하다** 유 refuse, decline, turn down 반 accept
명 [ríːdʒekt] **불합격품[자], 거부된 것[사람]**

★ **rejection** 명 거절, 거부 유 refusal

18 A: How many times did they **reject** your offer?
B: I was turned down three times.

jus (변화형 ju(r))  1 법 (law) 2 올바른 (right)

★★ 핵심 다의어
just [dʒʌst]
just(=law) → lawful 법에 맞는
→ 올바른

형 **올바른, 공평한** 유 fair
부 **1 바로, 틀림없이** 유 exactly **2 방금**
3 단지, 그저 유 only

★★ **justice** 명 1 정의, 공정 반 injustice 2 사법, 재판(관)

1 The judge **just** said that a jail sentence was a **just** punishment for his crimes.
2 That's **just** what I wanted.
3 a sense of **justice**

★
justify [dʒʌ́stəfài]
just(올바른, 정당한) + ify(동접: 「…화하다」) → 정당화하다

동 **정당화하다, 옳다고 하다**

justified 형 당연한, 정당한 반 unjustified
justification 명 정당화; 정당한 이유

4 The end doesn't always **justify** the means.
5 There is no **justification** for breaking the law.

★★
judge [dʒʌdʒ]
ju(=law) + dge(=dict:say)
→ 법으로 말하다 → 판결(하다)

명 **1 재판관, 판사 2 (경기·대회 등의) 심사위원, 심판**
동 **1 판단하다 2 심사하다, 판정하다**
3 재판하다, 판결을 내리다

★ **judgment** 명 (또는 judgement)
1 판단(력), 판정 2【법】판결

6 Don't **judge** people by their looks.
7 In my **judgment**, we spent too much money.

18 A: 그들은 몇 번이나 당신의 제안을 거절했습니까? B: 저는 세 번 거절당했습니다. / 1 판사는 징역형이 그의 범죄에 대한 정당한 벌이라고 방금 말했다. 2 그것이 바로 내가 원했던 것이다. 3 정의감 4 목적이 항상 수단을 정당화하는 것은 아니다. 5 그 법을 위반하는 것에 대한 정당한 이유는 없다. 6 겉모습으로 사람을 판단하지 마라. 7 내 판단에, 우리는 돈을 너무 많이 썼다.

★
prejudice [prédʒədis]

pre(=before) + ju(=law) + dice(=say)
→ 미리 판결을 내림 → 편견, 선입견

명 편견, 선입견 유 bias
동 편견을 갖게 하다

8 racial **prejudice**
9 He has a **prejudice** against foreigners.

★
injure [índʒər]

in(=not) + jure(=right)
→ 옳지 않은 일을 하다 → 해치다

동 1 상처 입히다, 다치게 하다 유 wound, hurt, damage, harm
2 (감정·명예 등을) 손상시키다, 훼손하다

** **injury** 명 1 상해, 부상 2 손상, 훼손
injurious 형 해로운, 유해한

10 They were badly **injured** in the accident, and their car was damaged beyond repair.

VOCA VS. VOCA 다치게 하다, 손상시키다

injure 우연한 사고로 사람의 건강이나 외관 등을 손상시키다
11 A family of five was ***injured*** in the accident.

wound 주로 교통사고나 전쟁에서의 부상 등으로 인해 다치는 경우에 쓰임
12 The soldier was badly ***wounded*** in the war.

hurt 육체적 또는 정신적으로 상처 입히다
13 He ***hurt*** his arm when he fell.

damage 물건의 가치나 신용 등을 손상시키다 (p.151)
금전적으로 계산할 수 있는 손해를 말하는 경우가 많음
14 Their house was ***damaged*** by the storm.

harm 사람·사물 등을 다치게 하여 괴로움·고통·손실 등을 주다
15 There was a fire, but nobody was ***harmed***.

DAY 28 잘 외워지지 않는 단어

복습

단어	뜻	단어	뜻

8 인종적 편견 9 그는 외국인에 대해 편견을 가지고 있다. 10 그들은 그 사고로 심하게 다쳤고, 차는 수리가 불가능할 정도로 망가졌다. 11 일가족 5명이 그 사고로 다쳤다. 12 그 군인은 전쟁에서 중상을 입었다. 13 그는 떨어지며 팔을 다쳤다. 14 그들의 집은 폭풍우로 인해 손상을 입었다. 15 화재가 있었지만, 아무도 다치지 않았다.

클래스카드

labor »» 일하다 (work)

★
labor [léibər]
라틴어 labor(일)에서 온 말

《또는 labour》

명 1 (정신적·육체적) 노동, 근로 2 《집합적》 노동자

동 (열심히) 일하다, 노력하다

laborer 명 (육체) 노동자
laborious 형 힘든, 고된

1 The **labor** union leaders were discussing the new contracts as the **laborers** were demonstrating outside.

★
laboratory [lǽbrətɔ̀:ri]
labora(=work) + tory(명접:「장소」)
→ 일을 하는 곳

명 실험실, 연구소[실] 《줄여서 lab》

2 **laboratory** equipment
3 Inventions must be submitted to the science **lab** by July 1.

elaborate
e(=ex:「강조」) + labor(=work)
+ ate(형접) → (열심히) 일한
→ 공들여 만든

형 [ilǽbərit] 정교한, 정성들여 만든

동 [ilǽbərèit] 1 상세히 말하다 2 갈고 다듬다

4 Elephants have evolved **elaborate** greeting behaviors.

collaborate [kəlǽbərèit]
col(com:together) + labor(=work)
+ ate(동접)
→ 함께 일하다

동 협력하다, 공동으로 하다

collaboration 명 협력, 협업

5 The company agreed to **collaborate with** them **on** a new project.
6 It is necessary to improve **collaboration** in the workplace.

plus + · collaborate with A on B: B에 대해 A와 협력하다
(= A와 함께 B를 하다)

1 노동자들이 밖에서 시위를 벌이고 있을 때 노동 조합 지도자들은 새로운 (노동) 계약에 대해 논의하고 있었다. 2 실험실 장비 3 발명품은 7월 1일까지 과학실에 제출되어야 한다. 4 코끼리는 정교한 인사 행동을 진화시켜왔다. 5 그 회사는 새로운 프로젝트에 그들과 협업하는 것에 동의했다. 6 회사 내 협력을 증진시키는 것은 필수적이다.

lack (변화형 leak)  부족 (deficiency)

★★
lack [læk]

중세 독일어 lak(부족)에서 온 말

명 (+ of) 부족, 결핍 유 deficiency, shortage 반 surplus
동 …이 부족하다, 없다

1 The **lack** of meat in his burger made him disappointed.
2 One distinguishing feature of Manx cats is they **lack** a tail.

---

leak [li:k]

중세 독일어 leken(새다)에서 온 말
※ '물이 부족함' → '물이 샘'으로 의미가 변화함

명 1 새는 곳 2 누출, 누설
동 1 (액체·기체 등이) 새다; 새게 하다 2 (비밀을) 유출[누설]하다

leakage 명 새어나감, 누출

3 The **leak** in the basement pipes was making all of their storage boxes wet.
4 Our real feelings continually **leak out** in the form of gestures, tones of voice, facial expressions, and posture.

plus + · leak out: 유출되다, 새다
· leak A to B: A를 B에 유출하다

lat 나르다 (carry)

★★
relate [riléit]

re(=back, again) + late(=carry)
→ (일어난 상황 등을) 다시 (연결되게) 나르다

동 1 관계를 짓다, 관련시키다 유 connect
2 (사건 등을) 이야기하다, 설명하다

★★ **relation** 명 (주로 복수형) 관계, 관련
★★ **relationship** 명 1 관계(됨), 관련 2 (연인) 관계
★★ **relative** 명 친척, 인척
형 상대적인 유 comparative 반 absolute
★★ **relatively** 부 비교적, 다른 것에 비해 유 comparatively

1 The professor discussed causal **relationships** and other **related** topics in his lecture.
2 We invited our **relatives** to dinner.
3 **relative** poverty

plus + · be related to: …와 관계가 있다
(=be concerned[connected] with)

[1] 그의 햄버거에 고기가 부족해서 그는 실망했다. [2] 맹크스 고양이의 한 구별되는 특징은 꼬리가 없다는 것이다. [3] 지하실 파이프가 새서 그들의 모든 저장 상자를 젖게 하고 있었다. [4] 우리의 진짜 감정은 제스처와 목소리 톤, 표정, 자세의 형태로 계속해서 새어 나온다. / [1] 교수는 그의 강의에서 인과관계와 더불어 다른 관련 주제들에 대해 논의했다. [2] 우리는 친척들을 저녁 식사에 초대했다. [3] 상대적 빈곤

legislate [lédʒəslèit]

legis(=law) + late(=carry)
→ 법을 나르다[만들다]

동 **법률을 제정하다, 입법하다**

legislation 명 법률, 법규, 입법

4 Congress has **legislated** a new minimum wage.
5 This new **legislation** promises to get tough on cybercrime.

lax/ly (변화형 leas, lay) 》 1 느슨하게 하다 (loosen) 2 내버려 두다 (leave)

★★
relax [rilǽks]

re(=again) + lax(=loosen)
→ 다시 느슨해지다

동 1 쉬다, 긴장을 풀다
2 (법·규칙 등을) 완화하다, (근육을) 이완하다

relaxation 명 1 휴식 2 (법·규칙의) 완화, (근육의) 이완

1 Doing yoga helps me **relax** my mind and body.

DAY 29

★★
analysis [ənǽləsis]

ana(=throughout) + ly(=loosen) + sis(명접)
→ 완전히 (분해하여) 풀어놓음

명 **(복수형 analyses [-siːz]) 분석, 검토, 분해**

⋆ **analyze** 동 분석하다, 검토하다, 분해하다

2 We made a careful **analysis** of the problem.
3 The doctor **analyzed** the blood test.

---

paralysis [pərǽləsis]

para(=against) + ly(=loosen) + sis(명접)
→ (몸의 근육 등이) (의지에) 반하여 풀림

명 **마비[활동 불능] (상태)**

paralyze 동 마비시키다, 활동 불능이 되게 하다

4 His mistake caused the **paralysis** of the whole system.
5 Their father was **paralyzed** by a stroke.

★★ 핵심 다의어
release [rilíːs]

re(=back) + lease(=loosen)
→ (쥐고 있던 것을) 풀어서 되돌려주다 →
– (죄수를) 풀어주다 → **석방(하다)**
– (정보·영화·음반 등을) 풀어주다 → **발표[개봉](하다)**
– (물질을) 풀어주다 → **방출(하다)**

동 1 **석방하다, 놓아주다** 유 set free, liberate
2 **공개하다, 발표하다** 유 publish
3 **(영화·음반 등을) 개봉하다, 발매하다**
4 **(감정·화학 물질 등을) 표출하다, 방출하다**

명 1 **석방** 2 **공개, 발표** 3 **(영화·음반 등의) 개봉, 발매**
4 **표출, 방출**

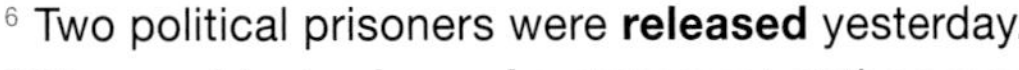

6 Two political prisoners were **released** yesterday.
7 The president **released** a statement at the press conference.
8 The band will **release** its third album soon.

4 의회는 새로운 최저 임금을 법률로 정했다. 5 새로운 법률은 사이버 범죄에 대해 단호하게 대처하겠다고 약속한다. / 1 요가를 하는 것은 나의 몸과 마음의 긴장을 푸는 데 도움이 된다. 2 우리는 그 문제를 주의 깊게 분석했다. 3 그 의사는 혈액 검사를 분석했다. 4 그의 실수는 시스템 전체의 마비를 초래했다. 5 그들의 아버지는 뇌졸중으로 (전신이) 마비되었다. 6 두 명의 정치범이 어제 석방됐다. 7 대통령이 기자회견에서 담화문을 발표했다. 8 그 밴드는 곧 그들의 세 번째 앨범을 발매할 것이다.

★★
delay [diléi]

de(=away) + lay(=leave)
→ (약속·일 등을) 멀리 떼어 두다

동 연기하다, 늦추다 유 put off, postpone
명 연기, 지연

9 Due to the heavy snow, the airlines faced many **delays**.

---

relay [rí:lei]

re(=back) + lay(=leave)
→ leave behind 남겨놓다
※ 원래는 사냥터의 여러 지점에 배치시켜 놓은 교대용의 사냥개나 말을 뜻함

동 1 (정보·소식 등을) 전달하다 2 (라디오·TV 등을 통해) 중계하다
명 1 릴레이 경주 2 중계 (장치)

10 The Olympic Games were **relayed** live via satellite.

plus + · in relays: 교대로, 교체로

lect[1] (변화형 leg) 》 1 모으다 (gather) 2 선택하다 (choose)

★★
collect [kəlékt]

col(=com:together) + lect(=gather)
→ 한데 모으다

동 1 수집하다, 모으다 유 gather
2 (세금·집세 등을) 징수하다 3 모금하다

★ **collection** 명 1 수집(물) 2 (세금 등의) 징수 3 모금
collective 형 집단의, 공동의 반 individual

1 Julie **collects** Barbie dolls for her hobby.
2 The **collection** of the data for this report took me a lot of time.
3 a **collective** responsibility

---

recollect [rèkəlékt]

re(=again) + collect(=gather)
→ (과거의 일을 머릿속에) 다시 모으다

동 생각해내다, 회상하다 유 recall, remember

recollection 명 추억, 기억(력) 유 memory

4 I remember the man very well, but I just cannot **recollect** his name.

★
elect [ilékt]

e(=ex:out) + lect(=choose)
→ 선택하여 밖으로 뽑아내다

동 선거하다, 선출하다

★★ **election** 명 선거

5 Who was **elected** president of the student council?
6 a presidential **election**

9 폭설 때문에, 항공사들이 지연 사태에 직면했다. 10 올림픽 경기는 인공위성을 통해 생중계되었다. / 1 Julie는 취미로 바비 인형을 수집한다. 2 내가 이 보고서를 쓰려고 자료를 수집하는 데는 많은 시간이 걸렸다. 3 공동의 책임 4 나는 그 남자를 아주 잘 기억하지만, 그 남자의 이름은 생각이 나지 않는다. 5 누가 학생 회장으로 선출되었니? 6 대통령 선거

★
neglect [niglékt]

neg(=not) + lect(=choose)
→ 선택하지 않다 → 무시하다

동 1 (의무·일·보살핌 등을) 소홀히 하다, 게을리 하다
2 무시[경시]하다, 간과하다 유 overlook, ignore
명 1 태만, 소홀, 방치 2 무시, 경시

[7] You've been **neglecting** your work.

---

intellect [íntəlèkt]

intel(=inter:among) + lect(=choose)
→ 여러 가지 중에서 골라내는 힘
→ 사고력, 지력

명 1 지성, 지력, 사고력 2 지식인, 식자(識者)

★ **intellectual** 형 지적인, 지성의 명 지식인, 인텔리
★ **intelligent** 형 (사람·동물의 머리가) 영리한, 총명한
유 clever 반 unintelligent
intelligence 명 1 지능, 지성, 이해력
2 (정부·군대 등의) 정보(부), 첩보 기관

[8] Anxiety undermines the **intellect**.
[9] Apes are **intelligent**, but they can never be **intellectual**.

plus +
· intellectual: 사람이 교육·지적 훈련 등을 받아 지적인
· intelligent: 본래 머리가 좋은 (동물에게도 사용)
· intellectual property (right): 지적 재산(권)

DAY 29

★
elegant [éləgənt]

e(=ex:out) + leg(=choose)
+ ant(형접) → 잘 골라서 뽑아낸

형 우아한, 고상한, 세련된 유 graceful, refined

elegance 명 우아함, 고상함, 기품

[10] an **elegant** silk dress
[11] The queen was famous for her **elegance**.

lect² (변화형 leg) 읽다 (read)

★
lecture [léktʃər]

lect(=read) + ure(명접)
→ 읽기, 낭독 → 강연

명 동 1 강의[강연](하다) 2 훈계(하다)

lecturer 명 강연자, (대학 등의) 강사

[1] I couldn't attend his **lecture** in the evening.

[7] 당신은 본인의 일에 소홀히 해왔습니다. [8] 불안은 지성을 약화시킨다. [9] 유인원은 영리하긴 하지만, 결코 지적일 수는 없다. [10] 우아한 실크[비단] 드레스 [11] 그 여왕은 우아함으로 유명했다. / [1] 나는 저녁에 그의 강의를 들을 수 없었다.

★ **legend** [lédʒənd]

leg(=read) + end(어미)
→ things to read 읽을 거리
※ 원래는 성인(聖人)의 일대기를 의미했음

명 1 **전설** 2 **전설적인 인물**
3 **범례, 기호 일람표**

legendary 형 전설의; 전설적인, 유명한

2 Dragons appear in Greek myths, **legends** about England's King Arthur, Chinese New Year parades, and many tales throughout human history.

3 He is a **legendary** figure in the film industry.

DAY 29 잘 외워지지 않는 단어 복습

	단어	뜻		단어	뜻
○			○		
○			○		
○			○		

2 용은 그리스 신화와 영국의 아서 왕에 관한 전설, 중국의 새해 퍼레이드, 그리고 인간의 역사를 통틀어 많은 이야기에서 나타난다. 3 그는 영화계의 전설적인 인물이다.

leg (변화형 leag, loy) 1 법률 (law) 2 위임하다 (choose as deputy)

★ **legal** [líːgəl]
leg(=law) + al(형접)
→ 법률의

형 1 법률(상)의
2 합법적인 유 legitimate 반 illegal

1 Unfortunately, we will have to take **legal** action.
2 The labor movement should be conducted in a **legal** and peaceful manner.
3 the **legal** system

★ **privilege** [prívəlidʒ]
privi(=individual 개인) + lege(=law)
→ 특정 개인에게만 적용되는 법

명 특권, 특전
동 특권을[특혜를] 주다

privileged 형 특권을 가진

4 In some countries, education is still not a right but a **privilege**.
5 She felt **privileged** to talk to the author in person.

★ **delegate**
de(=away) + leg(=choose as deputy) + ate(동접)
→ (권한을 위임하여) 보내다 → 대표로 파견하다

동 [déləgèit] 1 (권한·임무 등을) 위임하다 2 대표로 임명[파견]하다
명 [déləgit] 대표자, 대리인 유 representative, deputy

delegation 명 1 위임 2 대표단

6 There were **delegates** from many different nations at the conference.
7 If you are not concerned about how you deliver information, you'll ultimately fail at **delegation**.

★ **legacy** [légəsi]
leg(=choose as deputy) + acy(명접)
→ 위임에 의하여 물려받은 것

명 유산, 유물, 물려받은 것 유 inheritance

8 The system is a colonial **legacy**.

1 유감스럽게도, 우리는 법적 조치를 취해야 할 것이다. 2 노동 운동은 합법적이고 평화적인 방법으로 행해져야 한다. 3 사법 제도 4 일부 나라에서, 교육은 여전히 권리가 아니라 특권이다. 5 그 작가와 직접 이야기를 한다는 것에 그녀는 특권을 가진 것처럼 느꼈다. 6 그 회의에는 각국에서 온 대표들이 있었다. 7 당신이 정보를 어떻게 전달하느냐에 관심이 없다면 궁극적으로 위임에 실패할 것이다. 8 그 제도는 식민시대의 잔재이다.

★★
colleague [káːliːg]
col(=com:together) + league (=choose as deputy)
→ (직장의 일을) 함께 위임받은 사람

명 (직장) 동료 유 co-worker

9 The man's **colleagues** were shocked at his mistake.

★
loyal [lɔ́iəl]
loy(=law) + al(형접)
→ 법률의 → 법을 잘 지키는 → 충실한

형 충성스러운, 충실한 유 faithful 반 disloyal

★ **loyalty** 명 충성(심), 충실

10 Companies should put more focus on keeping **loyal** customers.

lev (변화형 liev) 올리다 (raise)

elevate [éləvèit]
e(=ex:up) + lev(=raise) + ate(동접)
→ 들어올리다

동 1 (지위·수준·압력 등을) 높이다, 향상하다, 승진시키다
유 raise, promote
2 (물리적 위치를) (들어)올리다 유 lift

elevator 명 엘리베이터, 승강기

1 Caffeine temporarily **elevates** blood pressure.

★★
relevant [réləvənt]
re(=again) + lev(=raise) + ant(형접)
→ (문제와 연관되어) 다시 올라온
→ 관련된

형 《+ to》 (당면 문제와) 관계가 있는, 관련된 유 connected with 반 irrelevant

relevance 명 관련성, 타당성

2 We provided all the **relevant** information to the police.
3 These are topics **relevant to** my new project.

★
relieve [rilíːv]
re(=again) + lieve(=raise)
→ lift up again (기분·감정을) 다시 고양시키다[가볍게 하다]

동 (고통·고민 등을) 경감[완화]하다 유 ease, lessen

★★ **relief** 명 1 안도, 안심 2 (고통·근심 등의) 경감, 완화
3 구호[원조] 물자

4 Take this painkiller. It will **relieve** your headache.
5 The commander was **relieved of** his duties.

plus + · relieve A of B: 1 A에게서 B를 없애다
2 A를 B의 직위에서 해임시키다

9 그 남자의 동료들은 그의 실수에 충격을 받았다. 10 회사들은 충성 고객을 유지하는 데 더 초점을 둬야 한다. / 1 카페인은 일시적으로 혈압을 높인다. 2 우리는 모든 관련 정보를 경찰에게 제공했다. 3 이것들이 내 신규 프로젝트와 관련된 주제들이다. 4 이 진통제를 드세요. 두통을 완화시켜 줄 것입니다. 5 그 사령관은 직위 해제되었다.

liber (변화형 liver) >> 자유롭게 하다 (free)

★
liberal [líbərəl]

liber(=free) + al(형접:「…같은, …에 알맞은」)
→ 자유인에게 알맞은 → 자유로운 →
- 마음속에 구속이 없는 → **개방적인**
- 정치적으로 자유로운 → **자유주의의**
- 자유로이 주는 → **인심이 후한**

형 1 **(의견·생각 등이) 관대한, 개방적인**
2 **자유[진보]주의의** 반 conservative
3 **인색하지 않은, 후한** 유 generous

liberalize 동 (법률·제재 등을) 완화하다 유 relax, ease
★ **liberty** 명 1 자유 2 해방, 석방

1 The **liberal** group complained that the government has robbed the people of their **liberty**.

VOCA VS. VOCA 자유

freedom 사람이 일반적으로 가진 구속·억제가 없는 절대적 의미의 자유
2 People in some countries don't have ***freedom*** of speech.

liberty 노예가 해방된 것처럼 과거의 구속·억제에서 벗어나 얻게 된 자유
3 Korea obtained ***liberty*** from Japan in 1945, but the country didn't get to completely enjoy its ***freedom*** until years later.

---

liberate [líbərèit]

liber(=free) + ate(동접)
→ 자유롭게 하다

동 **자유롭게 하다, 해방[석방]하다** 유 set free, release

liberation 명 해방, 석방

4 The army **liberated** the country from the enemy, and many prisoners were set free.

★★ 핵심 다의어
deliver [dilívər]

de(「강조」) + liver(=free)
→ 자유롭게 하다 →
- (가지고 있다가) 넘겨주다 → **배달하다**
- (마음속의 말하고 싶은 바를) **말하다[강연하다]**
- (뱃속의 아이를) **분만하다**

동 1 **배달하다, 전하다** 2 **강연하다, 연설하다**
3 **(아기를) 분만하다; 분만시키다** 4 **(약속 등을) 이행하다**

★★ **delivery** 명 1 배달(품) 2 분만 3 연설

5 The package was **delivered** this morning.
6 The speech was **delivered** by Noah.
7 She **delivered** a baby girl.

1 그 진보 단체는 정부가 국민들로부터 자유를 빼앗았다고 항의했다. 2 몇몇 국가의 국민들은 언론의 자유가 없다. 3 한국은 일본으로부터 1945년에 해방되었지만, 수년이 지나고 나서야 온전히 자유를 누리기 시작했다. 4 군대가 그 나라를 적으로부터 해방시켰고 많은 포로가 석방되었다. 5 소포가 오늘 아침 배달되었다. 6 Noah가 연설을 했다. 7 그녀는 딸을 낳았다.

★
ob**lig**e [əbláidʒ]

ob(=to) + lige(=bind)
→ bind to …에 묶어 두다
→ (강제적인) 의무를 지우다

동 1 (…하도록) 의무를 지우다, 강요하다 유 compel, force
2 **(도움 등을) 베풀다, (요청받은 것을) 해주다, 돕다**

obligate 동 [ά:bləgèit] 강요하다 형 [ά:bləgit] 의무적인
obligation 명 의무, 책임 유 duty
obligatory 형 의무적인, 강제적인, 필수의 유 compulsory, mandatory

1 We **are obliged to pay** taxes.
2 She asked me to move the boxes, and I happily **obliged**.

plus + · be obliged to-v: …할 의무가 있다, 어쩔 수 없이 …하다 (=be compelled[forced] to-v)
· be much obliged to A (for B): A에게 (B에 대해) 고마워하다
· I'd be obliged if ….: (공손한 요청의 의미로) …해주시면 감사하겠습니다.

★★
re**lig**ion [rilídʒən]

re(=back) + lig(=bind) + ion(명접)
→ (뒤로) 단단히 묶여 있는 것 → bond between man and god '인간과 신 사이의 유대'의 뜻으로 발전

명 1 종교 2 **신조**

★★ **religious** 형 1 종교(상)의 2 신앙심이 깊은, 독실한

3 Which university offers lectures on **religion**?
4 Monica is a very **religious** person.

★
al**ly**

al(=ad:to) + ly(=bind)
→ bind to …에 함께 묶다 → 동맹하다

동 [əlái] **동맹[결연]을 맺다, 지지하다**
명 [ǽlai] **동맹[연합]국, 동맹[협력]자**

★ **alliance** 명 동맹, 연합; (집합적) 동맹국, 동맹자

5 During World War I, Turkey and Germany were **allies**.
6 Korean Air established a global airline **alliance** in 2000.

plus + · ally (oneself) to[with]: …와 동맹하다, …을 지지하다

★
ra**lly** [rǽli]

r(=re:again) + ally(동맹하다)
→ 다시 동맹하다 → 모이다

동 1 **모으다, 모이다** 유 assemble, gather
2 **(기력·시장 상황 등이) 회복되다**
명 1 **집회, 대회** 2 **(주가 등의) 회복**

7 World financial markets **rallied** after the report.
8 a political **rally**

1 우리는 세금을 내야 한다. 2 그녀는 내게 그 상자들을 옮기는 것을 부탁했고 나는 기꺼이 해주었다. 3 종교에 대한 강의는 어느 대학에 개설되어 있습니까? 4 Monica는 매우 신앙심이 깊은 사람이다. 5 1차 세계대전 동안, 터키와 독일은 동맹국이었다. 6 대한항공은 2000년에 세계 항공사들의 연합을 설립했다. 7 그 보고서가 발표된 후 세계 금융 시장은 회복되었다. 8 정치 집회

★★
rely [rilái]
re(「강조」) + ly(=bind)
→ 강하게 묶다 → 서로 지탱하다

동 (+ (up)on) 의지하다, 믿다 유 depend (up)on

★★ **reliable** 형 의지할 수 있는, 믿을 만한 유 dependable, trustworthy 반 unreliable

reliance 명 의지, 의존 유 dependence

reliability 명 신뢰도

9 It's wonderful to have a friend I can **rely on** nearby.
10 Are the sources of information **reliable**?

★
liable [láiəbəl]
li(=bind) + able(형접)
→ 얽어 매어 구속하는
→ …할 수밖에 없는

형 1 (+ for) (…에 대해) 책임을 져야 할, 법적 책임이[의무가] 있는
2 (+ to-v) …하는 경향이 있는, …하기 쉬운 유 likely, apt

★ **liability** 명 1 (법적) 책임
2 (주로 복수형) 빚, 부채 유 debt

11 He was not **liable for** the damage.
12 The baby is **liable to swallow** anything he picks up.

VOCA VS. VOCA …할 것 같은, …하기 쉬운

likely 가능성·확률이 다소 높은 경우에 쓰임
13 It is *likely* that he will pass the exam.

apt 선천적 혹은 습관적 경향에 대하여 쓰임 (p.113)
14 She was *apt* to exercise when she was upset.

liable 위험·실패 등 불쾌하고 부정적인 일에 주로 쓰임
15 We all are *liable* to make mistakes.

DAY 30

limin (변화형 limit) 》 문턱 (threshold), 경계 (border)

★★
eliminate [ilímənèit]
e(=ex:out) + limin(=threshold) + ate(동접) → 문턱 밖으로 쫓아내다

동 제거하다, 없애다 유 get rid of, do away with

elimination 명 제거, 삭제

1 Fatty foods should be **eliminated** from your diet.

[9] 가까운 곳에 내가 의지할 수 있는 친구가 있다는 건 멋진 일이야. [10] 정보의 출처는 믿을 만한가요? [11] 그는 그 피해에 대해 책임이 없었다. [12] 그 아기는 집는 것은 무엇이든지 삼키는 경향이 있다. [13] 그는 시험에 합격할 것 같다. [14] 그녀는 화가 날 때 운동을 하는 편이었다. [15] 우리 모두가 실수하기 쉽다. / [1] 기름진 음식은 식단에서 없어져야 한다.

★ **preliminary** [prilímənèri]

pre(=before) + limin(=threshold) + ary(형접) → 문턱 앞에 놓인 → 준비된

형 예비의, 준비의, 서두의 유 introductory

명 예비, 준비, 서두

2 He was relieved when he passed the **preliminary** exam.

★★ **limit** [límit]

라틴어 limes(=border)에서 온 말

【원뜻】 밭과 밭의 경계를 이루는 작은 길

명 1 (양·속도 등의) 제한(선); 경계
2 한계(량), 극한, 최대치

동 제한하다, 한정하다 유 restrict, confine

★ **limitation** 명 제한, 한계, 규제

★★ **limited** 형 제한적인, 한정된 반 unlimited

3 exceed the speed **limit**

4 a time **limitation**

5 Use of the sauna is **limited** to our members.

DAY 30 잘 외워지지 않는 단어

복습 ○-○-○

단어	뜻	단어	뜻

2 그는 예비시험에 합격하자 안심이 되었다. 3 제한 속도를 초과하다 4 시간 제한 5 사우나 이용은 저희 회원에 한합니다.

Matching Game

※ QR코드를 스캔하여 Matching Game을 한 후 점수를 기록해보세요.

My Scoreboard

	1차 시도	2차 시도	3차 시도
8000점 이상 나는 단어 신이야.			
7000~7999 인간계에서 최고네 ㅋㅋ			
6000~6999 지상은 밝고 좋구만!			
5000~5999 아직 땅속인가 ···			
4999점 이하 암흑이여 ㅠㅠ			

※ Matching Game 후 틀린 단어 또는 잘 외워지지 않는 단어를 써보세요.

	단어	뜻		단어	뜻
○			○		
○			○		
○			○		
○			○		
○			○		

DAY 31

클래스카드

liter >> 글자 (letter)

literal [lítərəl]

liter(=letter) + al(형접:「…의」)
→ 글자의

형 1 (의미 등이) 글자 그대로의
2 (번역 등이) 원문에 충실한

★ **literally** 부 글자 그대로 유 to the letter

1 I was joking, but he took it **literally**.

literate [lítərit]

liter(=letter) + ate(형접)
→ 글자를 읽고 쓸 줄 아는

형 읽고 쓸 줄 아는 반 illiterate

★ **literacy** 명 읽고 쓰는 능력
반 illiteracy(문맹(률))

2 Only one third of the population of the country is **literate**.

plus + · computer-illiterate: 컴퓨터 사용 불능자 (컴맹)
· media literacy: 다양한 매체의 정보를 해독할 수 있는 능력

★★ literature [lítərətʃər]

liter(=letter) + at(=ate:형접) + ure(명접) → 문자로 쓰인 것

명 1 문학 2 문헌

★ **literary** 형 문학의, 문예의

3 James teaches 1st and 2nd grade **literature**.
4 modern[contemporary] **literature**
5 **literary** works[writings]

loc >> 장소 (place)

★★ local [lóukəl]

loc(=place) + al(형접:「…의」)
→ 장소의

형 1 (그) 지역의, 지방의, 현지의 2 국부(전체 중 일부)의
명 (주로 복수형) (특정 지역의) 주민, 현지인

1 a **local** newspaper
2 The Olympic games are scheduled to be shown at 7:00 p.m. **local** time.
3 Lasik surgery is usually done under **local** anesthetic.

[1] 난 농담으로 얘기했지만, 그는 그것을 글자 그대로 받아들였다. [2] 그 나라 인구의 3분의 1만이 글을 읽고 쓸 수 있다. [3] James는 1학년과 2학년에게 문학을 가르친다. [4] 현대 문학 [5] 문학 작품 / [1] 지역 신문 [2] 올림픽 경기는 현지 시각으로 저녁 7시에 중계될 예정이다. [3] 라식 수술은 대개 국부 마취를 한 채 행해진다.

★
locate [lóukeit]

loc(=place) + ate(동접:「되게 하다」)
→ 위치시키다

동 1 …의 위치[장소]를 파악하다
2 …의 위치를 ~에 정하다, 두다, 설치하다

★★ **location** 명 (건물 등이 있는) 위치, 장소

4 This app can help you **locate** your keys if you lose them.
5 His apartment **was located** right next to the police station.

plus + · be located (in): (…에) 위치하다

allocate [ǽləkèit]

al(=ad:to) + loc(=place) + ate(동접)
→ 각자에게 (몫을) 위치시키다 → 할당하다

동 (임무·자금·시간 등을) 할당하다, 배분하다 유 assign

allocation 명 할당(량), 배당(액)

6 The money was **allocated** for building a new school.

DAY 31

log >>> 말 (word, speech)

★
logic [lɑ́:dʒik]

log(=speech) + ic(명접:「학문」)
→ 이야기하는 법

명 논리(학), 논법

★ **logical** 형 1 논리적인 반 illogical 2 논리학의

1 He used sound **logic** and reasoning to win the debate.
2 **logical** and creative thinking

★
apology [əpɑ́:lədʒi]

apo(=away) + log(=speech)
+ y(명접) → (비난을) 피하기 위한 말

명 사과, 사죄

★ **apologize** 동 사과하다, 사죄하다
apologetic 형 사과의, 사죄하는

3 Civic groups demanded a public **apology for** his remarks.
4 I don't know why I have to **apologize to** them.

plus + · apologize (to A) (for B): (A에게) (B에 대해) 사과하다

prologue [próulɔ:g]

pro(=before) + logue(=speech)
→ 앞서 하는 말

(또는 prolog)
명 1 머리말, 프롤로그 유 preface 반 epilogue(또는 epilog)
2 전조, 발단

5 In the **prologue** of the book, the author quoted a passage from the Bible.

4 이 앱은 당신이 열쇠를 잃어버렸을 때 위치를 찾을 수 있도록 도와준다. 5 그의 아파트는 경찰서 바로 옆에 있었다. 6 새 학교를 건설하는 데에 자금이 할당되었다. / 1 그는 논쟁에서 이기기 위해 타당한 논리와 근거를 들었다. 2 논리적이고 창의적인 사고 3 시민 단체들은 그의 발언에 대해 공식적인 사과를 요구했다. 4 나는 왜 내가 그들에게 사과해야 하는지 모르겠다. 5 그 책의 서문에서, 작가는 성경의 한 구절을 인용했다.

ecology [ikά:lədʒi]

eco(=house 주거지)
+ log(=word) + y(명접)
→ (모든 생물의) 주거 환경에 관한 학문
→ 생태학
※ logy는 '어떤 주제에 대해 모아 놓은 말'이라는 의미로, '학문'을 나타냄

명 **생태학, 생태계**

ecological 형 생태학의, 생태계의

6 **Ecology** is the study of the relationship between living things and their environments.
7 an **ecological** crisis

★
psychology [saikά:lədʒi]

psycho(=breath 숨, soul 정신)
+ logy(명접:「학문」)
→ 정신에 관한 학문

명 1 심리학 2 심리 (상태)

* **psychological** 형 1 심리적인 유 mental 반 physical
  2 심리학의
* **psychologist** 명 심리학자

8 experts in the field of developmental **psychology**
9 Many physical problems arise from **psychological** problems.

more with log

ana**log**y (…에 대한 말) 명 1 비유, 유사점 2 유추
ideo**log**y [àidiά:lədʒi] (생각, 형태의 학문) 명 이데올로기, 관념

long (변화형 leng, ling)  1 갈망하다 (want) 2 긴 (long)

★★
long [lɔ:ŋ]

중세 영어 longen(갈망하다)에서 온 말

동 **(+ for) 간절히 바라다**

유 yearn for, desire, be anxious for

형 **긴, 오랜**

부 **길게, 오랫동안**

longing 명 형 갈망(하는), 동경(하는)

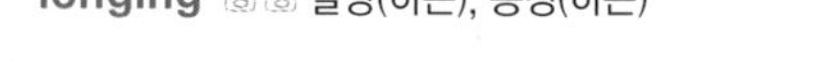
1 I **long for** the late summer sunsets of home.
2 **Before long**, the reality hit Jeremy hard.

plus + · before long: 머지 않아, 얼마 후

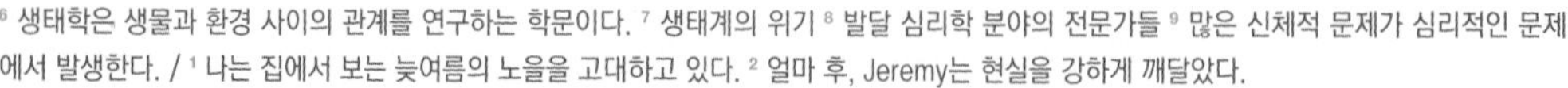
6 생태학은 생물과 환경 사이의 관계를 연구하는 학문이다. 7 생태계의 위기 8 발달 심리학 분야의 전문가들 9 많은 신체적 문제가 심리적인 문제에서 발생한다. / 1 나는 집에서 보는 늦여름의 노을을 고대하고 있다. 2 얼마 후, Jeremy는 현실을 강하게 깨달았다.

★★
belong [bilɔ́ːŋ]

be(「강조」) + long(갈망하다)
→ (…에 있기를) 갈망하다 → 속하다

동 1 (주로 + to) (…에) 속하다, …의 것이다
2 (…에 대한) 소속감이 들다

belongings 명 소유물 유 possessions

3 Whom does this cell phone **belong to**?
4 I didn't **belong** there, so I took my **belongings** and left.

prolong [prəlɔ́ːŋ]

pro(=forth) + long(긴)
→ 앞쪽으로 길게 늘리다

동 연장하다, 지속시키다, 늘리다 유 lengthen, extend 반 shorten

5 He **prolonged** his visit to Korea by two weeks by shortening his stay in Japan.

★★
length [leŋkθ]

leng(=long 긴) + th(명접) → 길이

명 1 길이, 세로 2 기간

lengthen 동 길게 하다[늘이다]; 길어지다 유 prolong, extend 반 shorten

6 What is the **length** and width of those curtains?
7 The days **lengthen** in spring.

plus + · at length: 1 길게, 자세히 2 드디어, 마침내
cf. deep → depth 깊이 / wide → width 폭, 너비
high → height 높이 / strong → strength 힘

linger [líŋgər]

ling(=long 긴) + er(동접)
→ (시간을) 길게 끌다

동 오래 머무르다, (오랜 기간) 지속되다

8 The dark clouds **lingered** overhead.

3 이 휴대전화는 누구 것이니? 4 나는 그곳 소속이 아니었기에, 나의 소지품들을 챙겨 떠났다. 5 그는 일본에 머무르는 기간을 줄여 한국 방문 기간을 2주 연장했다. 6 그 커튼의 길이와 폭이 얼마입니까? 7 봄에는 낮이 길어진다. 8 먹구름이 머리 위에 오랫동안 머물러 있었다.

lus 》 놀다 (play)

★★
illusion [ilúːʒən]

il(=in) + lus(=play) + ion(명접)
→ (사람의 생각·마음) 안에서 놀기
→ 생각 속에서 제멋대로 일으키는 착각, 환영

명 1 (사람·상황에 대한) 착각, 오해 2 환영, 환각

illusionary 형 환영의, 착각의
illusionist 명 마술사 유 magician
illusive 형 (실제처럼 보이지만) 환영인 유 illusory

1 Wearing all black gives the **illusion** that we're taller and thinner than we really are.

---

delusion [dilúːʒən]

de(=down) + lus(=play) + ion(명접)
→ (사람을 자기 생각) 아래에서 가지고 놀기
→ 속이기 → 속아서 하는 생각

명 (스스로의) 망상, 착각

delusional 형 망상의
delude 동 속이다, 착각하게 만들다 유 deceive

2 She was under the **delusion** that there were ghosts in her house.
3 The actor had **deluded himself into thinking** he really was the detective he was playing.

plus + · delude A[oneself] into v-ing: A를[자신을] …하도록 속이다

DAY 31 잘 외워지지 않는 단어 복습 ○-○-○

	단어	뜻		단어	뜻
○			○		
○			○		
○			○		

1 모두 검은색으로 옷을 입으면 우리가 실제보다 더 키가 크고 날씬해 보이는 착각을 일으킨다. 2 그녀는 집안에 귀신이 있다는 망상에 빠져 있었다. 3 그 배우는 그가 연기하고 있는 진짜 형사라고 스스로 생각하게 만들었다.

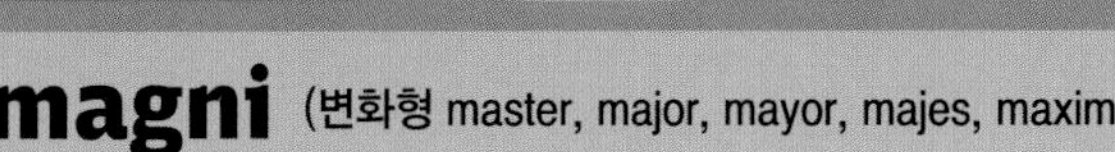

DAY 32

magni (변화형 master, major, mayor, majes, maxim) >> 거대한 (great)

magnitude [mǽgnətùːd]
magni(=great) + tude(명접)
→ 거대함, 중요함

명 1 (크기나 범위 등이) 거대함, 규모
2 중요함, 중대성
3 (별의) 광도, (지진의) 진도

1 They do not recognize the **magnitude** of the problem.

---

magnify [mǽgnəfài]
magni(=great) + fy(동접)
→ 크게 하다

동 1 확대하다, 크게 (보이게) 하다
2 (크기·중요성 등을) 과장하다 유 exaggerate

magnification 명 확대
magnificent 형 훌륭한, 굉장한, (매우) 인상적인

2 The microscope **magnified** objects 500 times.
3 The photography exhibit was **magnificent**.

★
master [mǽstər]
master(=great)
→ (특정 분야의) 큰 사람 → 대가

명 1 대가, 정통한 사람 유 expert 2 주인, 지배자
3 석사 (학위) 4 원판
형 명인의, 일류의, 뛰어난
동 1 (…에) 정통하다, 숙달하다
2 (감정 등을) 억제하다 3 지배하다

4 a **master**'s degree
5 Mr. Kim is a **master** *gayageum* player who has **mastered** the art of folk music.

★
masterpiece [mǽstərpìːs]
master(=great) + piece(작품)
→ 훌륭한 작품

명 (최고) 걸작, 대표작, 명작 유 masterwork

6 The work is considered a **masterpiece** of modern literature.

1 그들은 그 문제의 중요성을 깨닫지 못하고 있다. 2 그 현미경은 대상을 500배로 확대하여 보여주었다. 3 그 사진 전시회는 굉장했다. 4 석사 학위
5 김 선생님은 민속 음악의 기예를 터득한 가야금 연주의 명인이다. 6 그 작품은 현대 문학의 걸작으로 평가된다.

★★ 핵심 다의어

major [méidʒər]

라틴어 magnus(=great)의 비교급
→ 더 큰 ┌ **더 중요한**
　　　　└ 더 큰 비중으로 하는 것
　　　　　→ **전공(하다)**

형 1 (더) 중요한, 주된 반 minor 2 【음악】 장조의
명 1 (군대) 소령 2 전공
동 (+ in) 전공하다 유 specialize in

★★ **majority** 명 1 대다수, 대부분 반 minority 2 (전 투표수의) 과반수

7 He **majored in** math while in college. Now, however, his **major** interest is art.
8 A long time ago, the **majority** of people believed the earth was flat.

★

mayor [méiər]

라틴어 magnus(=great)의 비교급인 major의 변화형
→ (도시의) 더 높은 사람

명 시장(市長)

9 She decided to run for **mayor** of New York City.

---

majestic [mədʒéstik]

majest(=greater) + ic(형접)
→ 보다 위대한

형 위엄 있는, 장엄한 유 grand, spectacular

majesty 명 1 위엄, 장대함 2 폐하 ((보통 Your Majesty로 씀))

10 The palace was **majestic** in its design.

★

maximum [mǽksəməm]

maxim(=greatest) + um(명사형 어미)
→ 가장 큰 (것)
※ 라틴어 magnus(=great)의 최상급인 maximus의 명사적 용법

명 형 최대(의), 최고(의) 반 minimum

maximal 형 최대한의, 최고조의 반 minimal
maximize 동 극대화하다, 최대한 활용하다 반 minimize

11 Our goal is to achieve **maximum** efficiency with minimum effort.

---

7 그는 대학에서 수학을 전공했다. 그러나 지금 그의 주된 관심사는 미술이다. 8 오래 전에 대다수의 사람들은 지구가 평평하다고 믿었다. 9 그녀는 뉴욕 시장 선거에 출마하기로 결심했다. 10 그 궁전은 디자인이 웅장했다. 11 우리의 목표는 최소의 노력으로 최대의 효율을 얻는 것이다.

mand (변화형 mend) » 1 맡기다 (entrust) 2 명령하다 (order)

★★
demand [dimǽnd]

de(「강조」) + mand(=entrust)
→ (타인에게 행위를) 맡기다 → 요구하다

동 요구[요청]하다, 청구하다 유 request, ask for, insist
명 1 요구 2 수요

demanding 형 1 많은 노력을 요하는, 힘든
2 (사람이) 요구가 지나친

1 The price changes according to supply and **demand**.
2 Teaching is a very **demanding** job.

★★ 핵심 다의어
command [kəmǽnd]

com(「강조」) + mand(=order)
→ 명령하다
→ (위에서 내려다보며) 지휘하다
→ (위에서) 내려다보이다

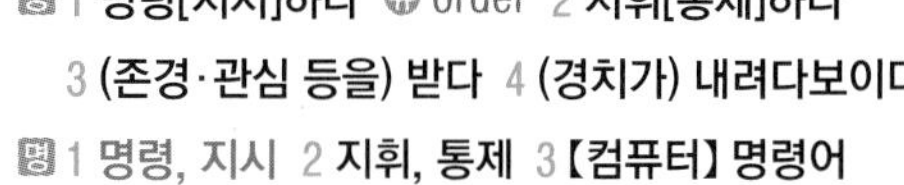

동 1 명령[지시]하다 유 order 2 지휘[통제]하다
3 (존경·관심 등을) 받다 4 (경치가) 내려다보이다
명 1 명령, 지시 2 지휘, 통제 3 【컴퓨터】 명령어

3 He **commanded** that the house be built to **command** a fine view of the sea.
4 He had only a few soldiers at his **command**.

VOCA VS. VOCA 명령[지시]하다

order '명령하다'라는 가장 일반적인 말. 주로 '(사적으로) 시키다'의 뜻
5 Ethan *ordered* his dog to bring the ball back.

command 권위자가 정식으로 엄중하게 명령하여 복종을 요구하다
6 The general *commanded* the soldiers to attack.

direct 주로 '(공식적으로) 명령[요구]하다'라는 의미 p.302
7 The judge *directed* the witness to answer the question.

instruct 무엇을 해야 하는지 알려주며 하라고 지시하다 p.345
8 Our boss *instructed* us to arrange the meeting.

tell 구어적이며 명령의 뜻이 가장 약한 말
9 The mother *told* her child to come home.

1 가격은 공급과 수요에 따라 변한다. 2 가르치는 것은 아주 많은 노력을 요하는 일이다. 3 그는 그 집을 바다의 멋진 전경이 내려다보이게 짓도록 명령했다. 4 그는 자신의 지휘 하에 겨우 몇 명의 병사만이 있었다. 5 Ethan은 그의 개에게 공을 가져오라고 명령했다. 6 장군은 군인들에게 공격하라고 명령했다. 7 그 판사는 증인에게 질문에 답하라고 명령했다. 8 상사는 우리에게 회의를 준비하라고 지시했다. 9 그 어머니는 아이에게 집으로 오라고 말했다.

mandate [mǽndeit]

mand(=order) + ate(동접)
→ 명령하다

동 1 명령하다, (법률로) 규정하다 2 위임하다
명 1 (선거로 부여된) 권한, 위임 2 명령, 지시, 규정

mandatory 형 (법·규칙에 의해) 의무적인 유 compulsory, obligatory

10 The president **mandated** that people stay inside.
11 The new **mandate** requires factories to reduce air pollution.
12 It is **mandatory** for workers to wear masks.

★★
recommend [rèkəménd]

re(「강조」) + com(=together) + mend(=order)
→ (함께) …하도록 명하다 → 권하다

동 1 (…하도록) 권하다 2 추천하다

recommendation 명 1 권고 (행위)
2 추천(장)

13 His doctor **recommended** not **taking** any sleeping pills.
14 a letter of **recommendation**

plus + · recommend v-ing: …하도록 권하다

manu (변화형 main, man(i))  손 (hand)

manual [mǽnjuəl]

manu(=hand) + al(형접) → 손의

형 1 육체 노동의 2 수동의 반 automatic
명 소형 책자, 안내서

1 Does your new camera have automatic and **manual** functions?
2 The first **manuals** to teach "table manners" were written in the 12th century.

---

manuscript [mǽnjəskrìpt]

manu(=hand) + script(=write)
→ 손으로 쓰인 것

명 1 원고
2 손으로 쓴 책[문서], 사본

3 She sent her **manuscript** to a publishing company.

10 대통령은 국민들이 실내에 머무르도록 명령했다. 11 새로운 규정은 공장들이 대기 오염을 줄이기를 요구한다. 12 근로자들이 마스크를 쓰는 것이 의무적이다. 13 그의 의사는 어떤 수면제도 복용하지 말 것을 권고했다. 14 추천서 / 1 네가 새로 산 카메라는 자동 기능과 수동 기능을 가지고 있니? 2 '식탁 예절'을 가르치는 최초의 안내서가 12세기에 쓰였다. 3 그녀는 출판사에 원고를 보냈다.

★★ 핵심 다의어

maintain [meintéin]

main(=hand) + tain(=hold)
→ hold in hand 손안에 꼭 쥐고 있다
→ **유지하다** →
- (상태를) 유지하다 → **지속하다**
- (특정 입장을) 유지하다 → **주장하다**
- (생계를) 유지하다 → **부양하다**

동 1 (관계·상태·수준 등을) 유지하다, 지속하다 유 preserve
2 **(기계·건물 등을 점검·보수해가며) 유지하다**
3 **주장하다, 단언하다** 유 assert, claim
4 **(가족 등을) 부양하다** 유 support, provide for

★ **maintenance** 명 1 보수, 정비 2 유지, 지속

4 Part of her job is to **maintain** good relationships with our suppliers.
5 Throughout the trial, he **maintained** his innocence.
6 We bought an old house that needs **maintenance**.

★

manipulate [mənípjəlèit]

mani(=hand) + pul(=fill) + ate(동접)
→【원뜻】한 움큼 가득 쥐다
→ 손안에 넣고 처리하다 → 조종하다

동 1 (사람·여론 등을) (부정하게) 조종하다, 조작하다
2 **(기계 등을) 잘 다루다**

manipulation 명 교묘한 조작[조종], 잘 다룸

7 They tried to **manipulate** public opinion.

★★

manage [mǽnidʒ]

이탈리아어 maneggiare(=handle 다루다)에서 온 말

동 1 (사업·자금 등을) 관리하다, 경영하다 유 run
2 **(+ to-v)** (어려운 일·문제 등을) 어떻게든 (결국) 해내다

★★ **management** 명 1 관리, 경영
2 **(집합적)** 경영진, 경영자측

8 She **managed** the company while her father was away.
9 He **managed to fix** the computer's hard drive and recover the data.
10 The company adopted a new **management** style.

mechan (변화형 machin)  기계 (machine)

mechanism [mékənìzəm]

mechan(=machine) + ism(명접)
→ 기계의 구조

명 1 **기계 장치**
2 **방법; 구조, 기제** 유 the mechanics(기술, 기법)

1 The inner **mechanism** of this clock is broken.
2 Every city has a **mechanism** for changing its regulations.
3 a defense **mechanism**

4 그녀가 하는 일의 일부는 우리의 공급처들과 좋은 관계를 유지하는 것이다. 5 재판받는 동안 내내 그는 자신의 무죄를 주장했다. 6 우리는 보수가 필요한 오래된 집을 샀다. 7 그들은 여론을 조작하려 했다. 8 그녀는 아버지가 부재중인 동안 회사를 관리했다. 9 그는 결국 컴퓨터 하드 드라이브를 고쳐 데이터를 복원해냈다. 10 그 회사는 새로운 경영 방식을 채택했다. / 1 이 시계의 내부 기계 장치가 고장이다. 2 모든 도시는 각자의 규정을 변경하는 방법이 있다. 3 방어 기제

mechanic [mikǽnik]

mechan(=machine) + ic(명접)
→ 기계를 다루는 사람[학문]

명 기계공, 수리공

mechanical 형 1 기계의, 기계에 관한
2 기계적인, 자동적인

mechanics 명 《단수 취급》 기계학

4 a car **mechanic**

5 He holds a doctorate[bachelor's degree] in **mechanical** engineering.

★ **machinery**
[məʃíːnəri]

machin(=machine) + ery(명접)
→ 기계들의 집합

명 《집합적》 기계류

6 Managers of each department must make sure that all dangerous equipment and **machinery** are safely stored.

DAY 32 잘 외워지지 않는 단어 복습

단어	뜻	단어	뜻

4 자동차 수리공 5 그는 기계 공학 박사[학사] 학위를 가지고 있다. 6 각 부서의 관리자는 모든 위험한 장비와 기계가 안전하게 보관되도록 해야 한다.

DAY 33

클래스카드

medi (변화형 me) >> 중간(middle)

★
medium [míːdiəm]
medi(=middle) + um(명사형 어미)
→ 중간의 것

명 (복수형 media 또는 mediums) (전달 등의) 매개(물), 매체, 수단
형 1 중간의 2 (스테이크가) 중간 정도로 구워진

1 mass **media**
2 Which **medium** of communication do you prefer the most?
3 A: How would you like your steak?
B: **Medium**[Well-done/Rare], please.

medieval [mèːdiíːvəl]
medi(=middle) + ev(=age) + al(형접)
→ of the Middle Ages 중세의

(또는 mediaeval)
형 중세의, 중세풍의

4 **Medieval** history began with the fall of the Roman Empire.

mediate [míːdièit]
medi(=middle) + ate(동접)
→ 중간 위치에 서다

동 조정하다, 중재하다, 화해시키다

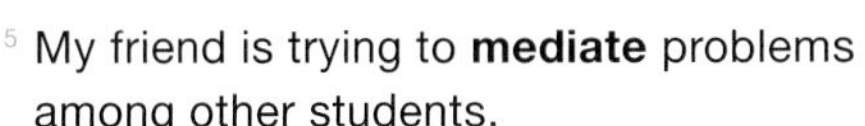

mediation 명 조정, 중재, 매개
mediator 명 조정인, 중재인, 매개자

5 My friend is trying to **mediate** problems among other students.
6 A **mediator** who "takes sides" is likely to lose all credibility.

★★
immediate [imíːdiət]
im(=in:not) + medi(=middle) + ate(형접)
→ 중간에 끼어드는 것이 없는
→ 직접의, 즉시의

형 1 즉시의, 즉각의 유 instant, prompt
2 시급한, 당면한

★★ immediately 부 즉시, 곧 유 at once

7 Our government must take **immediate** action.
8 What's the **immediate** problem?
9 I left **immediately** after I heard the news.

1 대중 매체 2 어떤 통신 매체를 가장 선호하세요? 3 A: 스테이크를 어떻게 해드릴까요? B: 중간 정도로[완전히/살짝] 익혀주세요. 4 중세사는 로마 제국의 몰락과 함께 시작되었다. 5 내 친구는 다른 학생들 사이의 문제를 조정하려고 노력하고 있다. 6 '편을 드는' 중재자는 모든 신뢰를 잃기 쉽다. 7 우리 정부는 즉각적인 조치를 취해야 한다. 8 가장 시급한[당면한] 문제는 무엇입니까? 9 나는 그 소식을 듣자마자 즉시 떠났다.

intermediate

[ìntərmíːdiət]

inter(=between) + medi(=middle) + ate(형접) → 둘의 중간에 놓인

형 1 **중급의** 2 중간의, 중간 단계의

명 **(학생·선수 등) 중급자**

10 Did you sign up for the **intermediate** course this month?

★★ 핵심 다의어

mean [miːn]

- meant - meant

me(=middle) + an(어미) →
- 중간의 → **평균의**
- …의 가운데에 있는 것[핵심]을 담다 → **의미하다**
- 양쪽[모두]의 중간에 있어 공유되는 → 흔한 → **천한, 초라한**
- 중간에서 둘을 연결해주는 것 → **수단**

※ '의미하다'의 뜻은 라틴어 mens(=think)에서 유래한 것으로 보기도 함
※ '천한, 초라한'의 뜻은 라틴어 communis(공통의, 흔한)에서 유래한 것으로 보기도 함

동 1 의미하다 2 **의도하다**

형 1 **비열한, 못된** 유 cruel

2 **(*BrE*) 인색한** 유 stingy

3 **(신분이) 천한, 초라한**

4 **평균의** 유 average

★★ **meaning** 명 의미, 뜻

means 명 (단·복수 취급) 수단 유 method

11 It **means** that he's pleased with my behavior.

12 He's not being **mean**. He just wants you to learn something.

13 a **means** of transportation

14 This is **by no means** an excuse for skipping class.

plus + · by no means ...: 결코 …이 아니다 (=not ... at all)

★

meanwhile

[míːnwàil]

mean(중간의) + while(동안, 기간) → 두 시기의 사이 동안에

부 1 **그동안에, 이럭저럭 하는 사이에** 유 in the meantime

2 **한편으로는**

15 I'll be back soon. **Meanwhile**, why not get some rest?

[10] 당신은 이번 달에 중급 과정에 등록하셨습니까? [11] 그것은 그가 내 행동에 만족한다는 것을 의미한다. [12] 그는 못되게 구는 것이 아니야. 네가 무언가를 깨우치길 바라는 것뿐이야. [13] 교통수단 [14] 이건 결코 수업을 빠지는 이유가 될 수 없어. [15] 곧 돌아올게. 그동안 좀 쉬는 게 어때?

memor (변화형 member) >>> 마음에 새겨 두는 (mindful)

★★
memory [méməri]
memor(=mindful) + y(명접)
→ 마음에 새겨진 것

명 1 기억(력), 추억 2 기념, 추모
3 【컴퓨터】 메모리, 기억 장치

memorize 동 암기하다, 기억하다 유 learn by heart
* **memorial** 명 기념물, 기념관[비] 형 기념[추도]의
* **memorable** 형 기억[주목]할 만한

1 I'm very forgetful lately. My **memory** isn't what it used to be.
2 What are some good ways of **memorizing** English words?
3 We visited a war **memorial** in Yongsan.

plus + · in memory of: …을 기념[추도]하여

DAY 33

★★
remember [rimémbər]
re(=again) + member(=mindful)
→ 마음에 되새기다 → 기억하다

동 1 기억하다 반 forget
2 상기하다, 생각해내다 유 recall, recollect

remembrance 명 1 기념, 추모 2 기억, 추억, 회상

4 I can still **remember** the first day we met.

plus + · in remembrance of: …을 기념[추모]하여
cf. commemorate: (중요 인물·사건을) 기념하다

VOCA VS. VOCA 기억하다, 생각해내다

remember (의식적인 노력 없이) 기억하다; (의식적인 노력으로) 생각해내다
5 I have a hard time ***remembering*** names.

recall / recollect (누구에게 말해주려고) 의식적으로 과거의 일을 생각해내다 (p.30, 210)
6 I can't ***recollect*** what I did last night.

remind (남으로 하여금) 생각나게 하다, 회상시키다 (p.234)
7 The girl ***reminds*** me of her mother.

1 나는 최근에 잘 잊는다. 기억력이 예전 같지 않다. 2 영어 단어를 암기하는 몇몇 좋은 방법들은 무엇입니까? 3 우리는 용산에 있는 전쟁 기념관을 방문했다. 4 나는 여전히 우리가 처음 만난 날을 기억할 수 있다. 5 나는 이름을 기억하는 데 어려움이 있다. 6 나는 지난밤에 한 일을 기억할 수 없다. 7 그 소녀는 나로 하여금 그녀의 어머니를 생각나게 한다.

ment (변화형 min, mon) >>> 1 마음 (mind) 2 생각나게 하다 (remind) 3 기억하다 (remember) 4 경고하다 (warn)

★★
mental [méntl]
ment(=mind) + al(형접) → 마음의

형 정신의, 마음의 반 physical

1 **Mental** problems are often very difficult to deal with.

★★
mention [ménʃən]
ment(=mind) + ion(명접) → 생각나게 함 → 언급

명 언급
동 언급[거론]하다, …에 대해 말하다 유 refer to

2 As I **mentioned** yesterday, the class was canceled.

plus + · Don't mention it.: 천만에요. (=Not at all.)
· not to mention: …은 말할 것도 없고

★★
remind [rimáind]
re(=again) + mind(마음) → bring to mind again 마음에 다시 가져오다

동 1 (해야 할 일을) 상기시키다, 일깨워주다
2 (과거의 사건·사람 등을) 생각나게 하다

reminder 명 생각나게 하는 것; 독촉장, (상기시키는) 메모

3 Please **remind** me to call the airline to reconfirm my flight.
4 That picture **reminds** me **of** my childhood home.

plus + · remind A of B: A에게 B를 생각나게 하다

★★
comment [káːment]
com(「강조」) + ment(=remember) → (작품 등에 대해) 기억해내 말하는 것 → 의견을 내어 평하다

명 동 의견(을 말하다), 논평(하다) 유 remark

5 No **comment**.
6 The critics **commented** favorably on his new book.

★
monument [máːnjəmənt]
monu(=remind) + ment(명접) → (과거의 것을) 생각나게 하는 것

명 기념물, 기념관

monumental 형 기념비적인, 역사적 가치를 지닌

7 We build **monuments** in honor of great people.
8 a **monumental** achievement

1 대개 정신적인 문제는 대처하기 매우 어렵다. 2 어제 얘기했던 것처럼, 그 수업은 취소되었습니다. 3 항공사에 전화해 비행편을 재확인하도록 저에게 상기시켜주세요. 4 그 사진은 나에게 어린 시절의 집을 생각나게 한다. 5 아무것도 말하지 않겠습니다. 6 비평가들은 그의 새 책에 대해 호의적으로 논평했다. 7 우리는 위대한 사람들에게 경의를 표하기 위해 기념물을 세운다. 8 기념비적인 성과

★

monitor [mά:nətər]

monit(=warn) + or(명접:「행위자」)
→ one who warns 경고하는 자[것]

명 1 (컴퓨터·TV 등의) 화면, 모니터
2 감시(자), 관찰(자)
동 감독[감시]하다, 관찰하다

9 We use TV **monitors** to watch everyone who enters our bank.
10 The security guard is **monitoring** the crowd.

summon [sʌ́mən]

sum(=sub:under 남몰래)
+ mon(=warn) → 남몰래 경고하다
→ 법원에 소환하다

동 1 호출하다, (법원에) 소환하다
2 (회의 등을) 소집하다

summons 명 《단수 취급 / 복수형 summonses》 (법원) 소환장, 호출

11 I demanded that he be **summoned** to court.
12 The prosecutor has issued a **summons** to the suspect.

merc » 1 장사하다 (trade) 2 보상하다 (reward)

commerce [kά:məːrs]

com(=together) + merce(=trade)
→ 상품을 서로 함께 사고 팔기

명 상업, 무역 유 trade

commercial 형 1 상업(상)의, 무역의
2 (음반·영화 등이) 영리적인, 상업적인
명 상업 광고

1 international **commerce**
2 That actor is in a lot of **commercials** these days.

merchant [mə́ːrtʃənt]

merch(=trade) + ant(명접:「…하는 사람」) → 장사하는 사람

명 상인, 무역상

merchandise 명 제품, 상품 유 commodity
동 (광고하여) 판매하다

3 A street **merchant** sold me this watch at a discount.
4 This website sells exclusive **merchandise** that can't be found anywhere else.

9 우리는 은행에 들어오는 모든 사람을 관찰하기 위해 TV 모니터를 사용한다. 10 안전 요원이 사람들을 감시하고 있다. 11 나는 그에게 법정에 출두할 것을 요구했다. 12 검사는 그 용의자에게 소환장을 발부했다. / 1 국제 무역 2 저 배우는 요즘 광고에 많이 나온다. 3 한 노점 상인이 내게 할인가로 이 시계를 팔았다. 4 이 웹사이트는 다른 어떤 곳에서도 찾을 수 없는 독점적인 제품을 판매한다.

mercy [mə́ːrsi]

merc(=reward) + y(명접)
→ 보상을 베풀어 줌

명 자비, 관용

merciful 형 (남에게) 자비로운, 인정 많은
merciless 형 무자비한, 잔인한 유 cruel, pitiless, ruthless

5 The judge often showed **mercy** to young prisoners.
6 They were lost at sea, **at the mercy of** harsh weather.

plus + · at the mercy of: …에 좌우되어, …의 마음대로 되어

merge »» 물에 잠기다 (sink)

merge [məːrdʒ]

merge(=sink) → 한 쪽이 다른 쪽으로 빠져 흡수되다 → 결합하여 하나가 되다

동 (+ with/into) 결합하다, 합병하다, 융합하다

merger 명 (조직·기업의) 합병

1 This lane is going to **merge into** the one to the left.

★★
emerge [imə́ːrdʒ]

e(=ex:out) + merge(=sink)
→ 잠겨있던 것이 밖으로 나오다

동 1 (+ from) (모습이) 드러나다 2 (사실이) 알려지다, 부각되다

★ **emergence** 명 (+ from) 출현, 등장
emergent 형 신생의, 신흥의 유 emerging

2 It took some time for the whale to **emerge from** the water.
3 Katie's **emergence from** behind the stage startled everyone.
4 an **emergent[emerging]** market

혼동어휘 · emergency: 비상 상황

---

submerge [səbmə́ːrdʒ]

sub(=under) + merge(=sink)
→ 물 아래로 완전히 잠기다

동 1 잠수하다, 잠기다; 잠그다 2 (감정·의견 등을) 완전히 감추다

5 How does a submarine **submerge**?

DAY 33 잘 외워지지 않는 단어 복습

단어	뜻	단어	뜻

5 그 판사는 종종 어린 죄수들에게 자비를 보였다. 6 그들은 바다에서 항로를 잃어, 거친 날씨에 내맡겨졌다. / 1 이 도로는 왼쪽에 있는 도로로 합쳐질 것이다. 2 고래가 물속에서 모습을 드러낼 때까지는 시간이 좀 걸렸다. 3 무대 뒤에서 Katie가 등장한 것은 모두를 매우 놀라게 했다. 4 신흥 시장 5 잠수함은 어떻게 잠수하나요?

34

클래스카드

meter (변화형 meas, mens) 재다 (measure)

★★
measure [méʒər]

meas(=measure) + ure(명접)
→ 재는 기준

명 1 조치, 대책 유 step 2 척도, 기준 3 (많은) 양, 정도
동 1 재다, 측정하다 2 판단하다, 평가하다 유 assess

measurement 명 1 《주로 복수형》(길이·높이 등의) 치수
2 측정(법), 측량

measurable 형 1 측정할 수 있는 반 immeasurable
2 주목할 만한 유 noticeable

1 Drastic **measures** should be taken to prevent crime.
2 Do you know how to **measure** the amount of rainfall?
3 A tailor took my waist **measurement**.

---

dimension [diménʃən]

di(=dis:off) + mens(=measure) + ion(명접)
→ measuring off 재어서 나눔 → 치수

명 1 《주로 복수형》(길이·높이·폭 등의) 치수, 크기 유 measurement
2 측면 유 aspect 3【수학·물리】차원

dimensional 형 1 치수의 2 차원의

4 What are the **dimensions** of the package you want to ship?
5 a three-**dimensional**[3-D] picture[film]

plus + · four-dimensional space: 4차원 공간

★
immense [iméns]

im(=in:not) + mense(=measure)
→ 잴 수 없을 만큼 큰

형 거대한, 매우 큰 유 huge, tremendous, enormous

6 The fundraiser was an **immense** success.

⊕ more with **meter**

dia**meter** (가로질러 잰 치수) 명 지름, 직경 (p.34)
baro**meter** (baro(=press) + meter: 압력을 재는 기구) 명 기압계; 지표
thermo**meter** (열을 재는 기구) 명 온도계

1 범죄를 예방하기 위한 과감한 조치가 취해져야 한다. 2 강우량을 어떻게 측정하는지 알고 있나요? 3 재단사가 내 허리 치수를 쟀다. 4 보내시려는 소포의 크기가 어떻게 됩니까? 5 입체 영화 6 기금 마련 행사는 대성공이었다.

migr >> 이동하다 (move)

migrate [máigreit]
migr(=move) + ate(동접)
→ 이동하다

동 (사람이) 이주하다, (동물·새 등이 계절에 따라) 이동하다

* **migration** 명 (사람·동물 등의) 이주, 이동

1 The researchers are studying the seasonal **migration** of birds.

---

immigrate [íməgrèit]
im(=in:into) + migr(=move) + ate(동접)
→ 이사하여 들어오다

동 (다른 나라에서) 이민 오다, 이주해 오다

* **immigration** 명 (다른 나라로부터의) 이민, 이주
immigrant 명 (다른 나라로부터의) 이민자, 이주자

2 As a child, he **immigrated** to this country from Ireland.

---

emigrate [éməgrèit]
e(=ex:out) + migr(=move) + ate(동접)
→ 이사하여 나가다

동 (다른 나라로) 이민 가다, 이주하다

emigration 명 (다른 나라로의) 이민, 이주
emigrant 명 (다른 나라로의) 이민자, 이주자

3 Korea had more **emigrants** than immigrants in the past.

min (변화형 minim) >> 1 작은 (small) 2 돌출하다 (project)

★★
minor [máinər]
min(=small) + or⟨비교급⟩
→ 더 작은
┌ 덜 중요한 → 부전공(의)
└ 미성년자

형 1 작은, 적은, 덜 중요한 반 major 2【음악】단조의
명 1 미성년자 2 부전공

minority 명 1 (다수에 대한) 소수(파) 반 majority
2 소수 민족[집단]

1 a **minor** injury[wound]
2 Only a **minority** are in favor of the new proposal.

★★
minister [mínəstər]
mini(=small) + ster(명접:「사람」)
→ 작은 사람 → 하인 → (신(神)이나 국가를 위해) 기여[봉사]하는 사람

명 1 성직자, 목사 유 priest, clergy
2 (한국·유럽 등의) 장관

* **ministry** 명 1 (내각의) 부(部), 장관(직) 2 성직(자)

3 They were married by a local church **minister**.
4 He works at the **Ministry** of Foreign Affairs.

1 연구자들은 조류의 계절성 이동에 대해 연구하고 있다. 2 어릴 때, 그는 아일랜드에서 이 나라로 이민 왔다. 3 과거에 한국은 이민 오는 사람보다 이민 가는 사람이 더 많았다. / 1 가벼운 부상[상처] 2 소수만이 새 제안에 찬성한다. 3 그들은 지역 교회 목사님 앞에서 결혼했다. 4 그는 외무부[외교부]에서 근무한다.

★ **administer** [ədmínəstər]

ad(=to) + minister(하인)
→ (상사·국민 등에게) 기여[봉사]하는 사람이 되다

동 1 경영[운영]하다, 관리하다 유 manage, run
2 (법을) 집행하다 유 execute 3 (약 등을) 주다, 투여하다

administration 명 1 관리, 경영 2 행정(부) 3 (약 등의) 투여
administrative 형 관리상의, 행정상의

5 People who **administer** justice and punishment need to be fair and objective.
6 This medicine should not be **administered** to children.
7 the National Aeronautics and Space **Administration**(NASA)

---

diminish [dimíniʃ]

di(=dis:from) + min(=small) + ish(동접) → (원래의 것으로부터) 작게 하다; 작아지다

동 감소하다, 줄다; 감소시키다, 줄이다
유 reduce, decrease, lessen 반 increase

8 Their enthusiasm **diminished** as the class got harder.

---

eminent [émənənt]

e(=ex:out) + min(=project) + ent(형접)
→ 밖으로 튀어나온 → 두드러진

형 저명한, 존경받는, 중요한 유 famous, prominent, noted

9 He is an **eminent** professor of anatomy.

---

imminent [ímənənt]

im(=in:upon, over) + min(=project) + ent(형접) → …의 위에 불쑥 튀어나온 → 곧 터질 듯한 → 긴박한

형 긴박한, (위험·재난 등이) 곧 일어날 것 같은 유 impending

10 There are few signs that war is **imminent**.

★ **prominent** [prάːmənənt]

pro(=toward) + min(=project) + ent(형접)
→ 앞으로 튀어나온 → 눈에 띄는; 돌출된

형 1 저명한, 중요한 유 famous, eminent
2 눈에 띄는, 잘 보이는 유 noticeable 3 돌출한

11 Her family's support played a **prominent** part in her recovery.
12 Is there a **prominent** building nearby?

5 법과 처벌을 집행하는 사람들은 공정하고 객관적일 필요가 있다. 6 이 약은 아이들에게 투여되면 안 된다. 7 미 항공 우주국 8 수업이 어려워지면서 그들의 열의도 줄어들었다. 9 그는 해부학에서 저명한 교수이다. 10 전쟁이 임박했다는 징후는 거의 없다. 11 가족들의 지지는 그녀의 회복에 중요한 역할을 했다. 12 근처에 눈에 잘 띄는 건물 있어?

★
minimum [mínəməm]

minim(=smallest) + um(명사형 어미)
→ 가장 작은 것

명 형 최소(의), 최저(의) 반 maximum

minimal 형 아주 적은, 최소의
minimize 동 1 최소화하다 2 축소하다

13 Please keep the expenses to a **minimum**.
14 **minimum** wage

mir (변화형 mar) >> 놀라다 (wonder)

miracle [mírəkəl]

mira(=wonder) + cle(명접)
→ 놀라게 하는 것

명 기적, 놀라운 일

miraculous 형 기적의, 기적 같은 유 amazing

1 It was a **miracle** that the girl survived the accident and made such a **miraculous** recovery.

★
admire [ədmáiər]

ad(=to) + mire(=wonder)
→ …에 놀라다

동 1 존경하다, 찬양하다 유 respect 2 (감탄하며) 바라보다

admirable 형 존경[칭찬]받을 만한, 훌륭한
admiration 명 존경, 찬양, 감탄

2 She is **admired** for her great musical talent.
3 The audience applauded in **admiration** of his acting.

marvelous [má:rvələs]

marvel(=mir:wonder) + ous(형접)
→ 놀라운 것의
※ marvel: mir가 명사화한 말

(또는 marvellous)
형 (매우) 훌륭한, 재미있는, 흥미로운 유 wonderful

marvel 명 경이, 놀라운 일, 불가사의 유 wonder
동 …에 놀라다, 경탄하다 (– marvel(l)ed – marvel(l)ed)

4 A: What a **marvelous** marble building!
B: It's a **marvel** that it survived the war.

혼동어휘 · marble: 대리석

DAY 34 잘 외워지지 않는 단어 복습

단어	뜻	단어	뜻

13 지출을 최소화해주시기 바랍니다. 14 최저 임금 / 1 그 소녀가 그 사고에서 살아남아 기적적으로 회복한 것은 놀라운 일이었다. 2 그녀는 뛰어난 음악적 재능으로 존경받는다. 3 관객들은 그의 연기에 감탄하여 박수를 보냈다. 4 A: 정말 훌륭한 대리석 건물인데! B: 이게 그 전쟁을 견뎌냈다는 것이 놀라워.

mit (변화형 miss, mess) >>> 보내다 (send)

★★
admit [ədmít]
- admitted - admitted
ad(=to) + mit(=send)
→ (비난·사람 등을) (안으로) 들여보내다

동 1 《주로 + to》 (사실·비난 등을) 시인[인정]하다 유 confess (to) 반 deny
2 입장[입학]을 허가하다

★ **admission** 명 1 입장[입학] (허가) 2 시인, 인정 3 입장료

1 He officially **admitted (to)** his mistake later.
2 Later, she earned **admission** to the Berlin Academy of Arts and completed her master studies.

★★ 핵심 다의어
commit [kəmít]
- committed - committed
com(=together) + mit(=send)
→ 함께 …로 보내다 →
- (나쁜 행위를) …에게 보내다
→ (죄 등을) **저지르다**
- (…에게) (~의 말을) 함께 보내다
→ **약속하다**
- (…한 상태와) 함께 보내다
→ (시설 등에) **보내다**

동 1 (죄·과실 등을) 범하다, 저지르다
2 약속하다, 서약하다
3 (감옥·병원 등에) 보내다

★★ **commitment** 명 1 약속 2 전념, 헌신 3 의무, 책임

3 After **committing** a crime, he was **committed** to prison.
4 Marriage is a lifelong **commitment**.

committee [kəmíti]
commit(약속하다) + ee(명접:「사람」)
→ (헌신을) 약속한 사람들

명 위원회

5 an executive **committee**
6 The **committee** is composed of ten members.

★
emit [imít]
- emitted - emitted
e(=ex:out) + mit(=send)
→ send out 내보내다

동 (가스·빛·열 등을) 내뿜다, 방출하다 유 give off, discharge

★ **emission** 명 (가스·빛·열 등의) 배출(물)

7 Stars **emit** a lot of energy as visible light.

1 그는 나중에 공식적으로 자신의 실수를 인정했다. 2 후에 그녀는 베를린 예술학교에서 입학 자격을 얻어 석사 공부를 끝마쳤다. 3 범죄를 저지른 후 그는 감옥에 보내졌다. 4 결혼은 일생의 약속이다. 5 집행 위원회 6 그 위원회는 10명의 위원으로 구성되어 있다. 7 별들은 많은 에너지를 가시광선으로 방출한다.

★
omit [oumít]
- omitted - omitted
o(=ob:away) + mit(=send)
→ 보내버려 없어지다

동 **생략하다, 빠뜨리다**

omission 명 생략(된 것), 빠뜨림

8 Several names were **omitted** from the list by mistake.
9 The report is full of errors and **omissions**.

★
permit
- permitted - permitted
per(=through) + mit(=send)
→ 통과시켜 보내다

동 [pərmít] 허락하다, 용인하다 유 allow, consent 반 forbid
명 [pə́:rmit] **허가증**

★ **permission** 명 허가, 면허, 승인

10 Viewers are not **permitted** to photograph anything.
11 You have to get **permission** to enter the building.

VOCA VS. VOCA 승낙하다, 허락하다

allow 상대방이 원하는 것을 할 수 있게 허락하다
12 Please ***allow*** me to use your pen.

permit allow와 비슷한 뜻으로, allow보다 공식적인 의미가 강함
13 The use of cell phones is not ***permitted*** during the lecture.

consent 권한·책임이 있는 사람이 중대한 일을 공식적으로 허락하다 (p.312)
14 Her family ***consented*** to the organ donation.

★★
submit [səbmít]
- submitted - submitted
sub(=under) + mit(=send) →
(문서 등을) 내려보내다 → 제출하다
(스스로를) 하위로 보내다 → 굴복하다

동 1 제출하다 유 hand in
2 **(법·권위 등에) 복종[굴복]하다** 유 surrender, yield

★ **submission** 명 1 제출 2 **복종, 굴복**

15 A: Did you **submit** your paper to the teacher?
B: Yes, I handed it in yesterday.

★
transmit [trænsmít]
- transmitted - transmitted
trans(=across) + mit(=send)
→ 이쪽에서 저쪽으로 보내다

동 1 **(신호 등을) 보내다, 전송하다, (정보·질병 등을) 전하다**
2 **(빛·열·소리 등을) 전도하다, 투과시키다**

transmission 명 보냄, 전송, 전도

16 How is power **transmitted** from the engine to the wheels?

8 몇 명의 이름이 실수로 명단에서 누락되었다. 9 그 보고서는 실수와 누락 투성이다. 10 관람객들은 어떠한 사진 촬영도 허용되지 않습니다. 11 그 건물에 들어가려면 허가를 받아야 합니다. 12 제가 펜을 쓸 수 있도록 허락해주세요. 13 강의 중에 휴대폰 사용은 허용되지 않습니다. 14 그녀의 가족은 장기 기증에 동의했다. 15 A: 너는 숙제를 선생님께 제출했니? B: 네, 어제 제출했어요. 16 동력이 엔진에서 바퀴로 어떻게 전달됩니까?

★
mission [míʃən]

miss(=send) + ion(명접)
→ (…을 수행하라고) 보냄 → 임무; 사절단

명 1 임무, 사명 2 (조직·개인 등의) 목표 3 (정부·종교) 사절(단)

missionary 명 선교사, 전도사 형 전도의

17 His **mission** was to spread Christianity in Africa, so he went there as a **missionary**.

18 The Chilean government sponsored a trade **mission** to Korea.

---

com**miss**ion [kəmíʃən]

com(=together) + miss(=send) + ion(명접) → (…의 권한을) 함께 (같은 곳으로) 보냄 → 위임

명 1 위원회 2 수수료, 커미션 3 위임(장)

동 1 의뢰하다, 주문하다
2 위임하다, 권한을 주다

19 He gets a 10% **commission** on everything he sells.

---

mess [mes]

mess(=send) → (여기저기로) 보내진 것

명 더러움, 어수선함, 혼란 (상태)

동 (+ up) 엉망진창으로 만들다

20 She warned her children not to **mess up** the room.

⊕ more with **mit**	
	dis**miss** (떠나가게 하다) 동 (의견·생각 등을) 일축하다; 해고하다; 해산시키다 (p.44)
	missile (쏘아서 보내질 수 있는 것) 명 미사일

mod (변화형 mold)  척도 (measure)

★
moderate

moder(=measure) + ate(형접)
→ (크기·수량이) 척도에 맞는

형 [mɑ́:dərit] 1 (양·크기·정도 등이) 중간의
2 온건한, 도를 지나치지 않는 반 excessive, extreme

동 [mɑ́:dərèit] 누그러뜨리다, 완화하다; 완화되다

1 A **moderate** amount of stress can improve your mental health.

2 This medicine will help to **moderate** your pain.

17 그의 사명은 아프리카에 기독교를 전파하는 것이었기에, 그는 그곳에 선교사로서 갔다. 18 칠레 정부는 한국으로 가는 무역 사절단을 지원했다. 19 그는 자신이 판매하는 모든 것에 대해 10%의 수수료를 받는다. 20 그녀는 자녀들에게 방을 어지럽히지 말라고 주의를 주었다. / 1 적당한 정도의 스트레스는 정신적 건강을 증진해줄 수 있다. 2 이 약은 고통을 완화하는 데 도움이 될 것이다.

modernize
[mɑ́:dərnàiz]

modern(=measure) + ize(동접)
→ (현재의) 척도[기준]에 맞게 만들다

동 현대[근대]화하다, 현대식으로 만들다

modern 형 1 현대의, 근대의 2 현대적인

3 He **modernized** the old house for his parents.

★ modest [mɑ́:dist]

mod(=measure) + est(형접)
→ (성품이) 척도에 맞는 → 겸손한

형 1 겸손한 반 immodest, boastful
2 별로 많지[크지] 않은, 별로 비싸지 않은

modesty 명 겸손

4 He is in the habit of being **modest**.
5 Her natural **modesty** saved her from being spoiled by fame and success.

★ modify [mɑ́:dəfài]

modi(=measure) + fy(=make)
→ 척도에 맞추다, 수정하다

동 1 변경하다, 수정하다 유 adjust, adapt
2 【문법】 수식하다

modification 명 변경, 수정

6 The design is perfect; there is nothing to **modify**.

---

accommodate
[əkɑ́:mədèit]

ac(=ad:to) + com(=with) + mod(=measure) + ate(동접)
→ …의 척도에 맞게 (수용)하다 → 적응시키다

동 1 숙박시키다; (사람을) 수용하다 2 …의 편의를 도모하다
3 《+ to》 (새로운 상황에) 적응하다; 적응시키다

accommodation 명 1 숙박 (시설) 2 《격식체》 합의, 조정

7 A: How many people can this conference room hold?
B: It **accommodates** up to 600 people.
8 **Accommodation** will be provided for all new students.

★ commodity
[kəmɑ́:dəti]

com(=with) + mod(=measure) + ity(명접) → 규격에 맞는 것 → 상품

명 상품, 판매상품 유 merchandise

9 A: What **commodities** do you deal in?
B: Coffee, sugar, and other agricultural products.

---

3 그는 부모님을 위해 낡은 집을 현대식으로 만들었다. 4 그는 겸손이 몸에 배어 있다. 5 그녀의 타고난 겸손함은 그녀가 명성과 성공에도 우쭐대지 않게 해주었다. 6 그 디자인은 완벽하다. 수정할 것이 없다. 7 A: 이 회의실은 몇 명을 수용할 수 있습니까? B: 600명까지 수용합니다. 8 기숙사 시설은 신입생들 모두에게 제공될 것이다. 9 A: 어떤 상품을 취급하십니까? B: 커피, 설탕 그리고 다른 농작물이요.

mold [mould]

라틴어 modulus(=a small measure 작은 척도)에서 유래 → 작은 척도[틀]에 맞추다

명 1 (주조용의) 형(型), 틀 2 곰팡이
동 1 틀에 넣어 만들다 2 (성격·태도 등을) 형성하다

10 She made candles by pouring wax into a **mold**.

mort (변화형 murd) >>> 죽음 (death)

mortal [mɔ́ːrtl]

mort(=death) + al(형접) → 죽음의

형 1 죽을 운명의 반 immortal 2 (병·상처가) 치명적인 유 fatal
명 인간

mortality 명 1 사망(률) 2 죽을 운명 반 immortality

1 Man is **mortal**, but art is immortal.
2 The **mortality** rate from heart disease has been decreasing.

mortgage [mɔ́ːrgidʒ]

mort(=death) + gage(=pledge) → (돈을 갚겠다는) '죽음의 서약'에서 유래

명 1 저당(권), 저당 잡히기
2 (주택·토지 매입을 위한) 융자(금)
동 (토지·재산 등을) 저당 잡히다

3 We took out a **mortgage** to purchase our home.

★★
murder [mə́ːrdər]

고대 영어 morthor(살해)에서 온 말

명 살인(죄), 살해
동 죽이다, 살인하다

murderer 명 살인자

4 It turned out that the actor was **murdered**.

DAY 35 잘 외워지지 않는 단어 복습

단어	뜻	단어	뜻

10 그녀는 틀에 왁스를 부어 양초를 만들었다. / 1 인간은 죽어도, 예술은 영원하다. 2 심장병으로 인한 사망률이 줄어들고 있다. 3 우리는 주택을 구매하기 위해 대출을 받았다. 4 그 배우는 살해당한 것으로 밝혀졌다.

Matching Game

※ QR코드를 스캔하여 Matching Game을 한 후 점수를 기록해보세요.

My Scoreboard

	1차 시도	2차 시도	3차 시도
8000점 이상 역시 해낼 줄 알았어요!			
7000~7999 만렙이 떠지 않았는걸요?			
6000~6999 단어가 어디서 새는 걸까요?			
5000~5999 와우, 어디 내놔도 부끄러운 랭킹이군요!			
4999점 이하 최소 기록은 가능하네요…			

※ Matching Game 후 틀린 단어 또는 잘 외워지지 않는 단어를 써보세요.

	단어	뜻		단어	뜻
○			○		
○			○		
○			○		
○			○		
○			○		

36

mov (변화형 mot, mo) >> 움직이다 (move)

★★ 핵심 다의어

move [mu:v]

라틴어 movere(=move)에서 온 말
→ **움직이다, 이동하다** →
- (거처를 옮겨) **이사하다**
- (상황·일 등이 움직여) **진행되다**
- (마음 등을 움직여) **감동시키다**

동 1 움직이다, 이동하다 2 **이사하다** 3 **진행[진척]되다** 4 **감동시키다**
명 1 **움직임, 이동** 2 **조치, 행동**

★★ **movement** 명 1 (특정 목적의 조직적인) 운동 2 움직임, 이동 3 진전
moving 형 1 감동시키는 2 움직이는, 이동하는

1 The subway was so crowded that I could hardly **move**.
2 The audience was **moved** to tears.
3 The dancer's **movements** were smooth and graceful.

★

motive [móutiv]

mot(=move) + ive(형접)
→ 움직이게 하는

형 **움직이게 하는, 원동력이 되는** 명 (행위의) 동기, 자극

★★ **motivate** 동 동기를 부여하다, 자극하다
★★ **motivation** 명 동기 부여, 자극, 열의

4 Police don't know the **motive** for the crime.
5 The coach **motivated** the players to do their best.

혼동어휘 · motif: 《복수형 motifs》 1 (예술 등의) 주제 2 무늬

motion [móuʃən]

mot(=move) + ion(명접)
→ 움직이는 것

명 1 **움직임, 흔들림** 2 **동작** 유 gesture
동 **동작을 하다**

motionless 형 움직임이 없는, 가만히 있는 유 still

6 The **motion** of the boat made Jake feel dizzy.
7 Everyone stood **motionless** and watched as the building collapsed.

★★

emotion [imóuʃən]

e(「강조」) + mot(=move) + ion(명접)
→ 심하게 동요되는 것 → 감정

명 **감정, 정서** 유 feeling

emotional 형 감정의; 감정적인, 정서적인

8 I had mixed **emotions** about the news.

1 지하철이 너무 붐벼서 나는 거의 움직일 수 없었다. 2 관객은 감동해서 눈물을 흘렸다. 3 무용수의 움직임은 부드럽고 우아했다. 4 경찰은 그 범행의 동기를 알지 못한다. 5 그 코치는 선수들이 최선을 다하도록 동기를 부여했다. 6 배의 움직임 때문에 Jake는 어지러움을 느꼈다. 7 그 건물이 무너졌을 때 사람들은 모두 움직임 없이 서서 보고 있었다. 8 나는 그 소식에 복잡한 감정이 들었다.

★★
promote [prəmóut]
pro(=forward) + mote(=move)
→ 앞으로 움직이다 → 승진·촉진시키다

동 1 장려하다, 촉진하다 유 encourage
2 (주로 수동태로) 승진[승격]시키다 3 (상품·행사 등을) 홍보하다

* **promotion** 명 1 승진, 승격 2 판매촉진, 홍보 3 촉진, 장려

9 The activity **promoted** team spirit among the students.
10 Susan was **promoted** to a supervisor.

★
remote [rimóut]
re(=away) + mote(=move)
→ moved away 멀리 옮겨간

형 1 (위치상) 동떨어진, 외진 유 isolated, distant
2 (시간·관계 등이) 먼 유 distant, far
3 (가능성이) 희박한 유 slight 4 원격 조정의

11 a **remote** area / 12 a **remote** control

VOCA VS. VOCA 먼

far 시간·공간·관계 등이 먼 것으로, 먼 정도가 막연함
13 How *far* is it?

distant 구체적인 수치와 함께 쓰임. 수치 없이 쓰이면 상당히 먼 거리를 뜻함
14 It is a mile *distant* from here.

remote 시간·공간·관계에 있어 어떤 지점으로부터 먼, 떨어져 있는
15 We live in a *remote* village far from the city.

★★
moment [móumənt]
mo(=move) + ment(명접)
→ 움직인 그때 → 순간

명 1 순간, 찰나 유 instant 2 (특정한) 때, 시기

momentary 형 순간의, 찰나의 유 brief
momentarily 부 잠깐, 금방 유 briefly

16 It was a **moment** to remember.
17 I'm not busy at the **moment**.
18 Her anxiety was only **momentary**; it soon passed.

mun (변화형 mon) >> 의무 (duty)

★★
community [kəmjú:nəti]
com(=together) + muni(=duty) + ty(명접) → 함께 의무를 지는 것 → 공동체

명 1 (지역) 공동체, (the +) (공통의 성격을 가진) 사회
2 (취미·종교 등을 공유하는) 단체, 모임, 커뮤니티

1 a sense of **community**
2 There will be a bake sale at the **community** center next Saturday.

9 그 활동은 학생들 간의 협동심을 길러주었다. 10 Susan은 관리자로 승진했다. 11 외딴 지역 12 원격 조정(리모콘) 13 얼마나 먼가요? 14 여기서부터 1마일 떨어져 있습니다. 15 우리는 도시에서 멀리 떨어진 마을에 삽니다. 16 기억할 만한 순간이었다. 17 나는 지금 바쁘지 않다. 18 그녀의 불안감은 단지 순간적이었다. 그것은 곧 사라졌다. / 1 공동체 의식 2 다음 주 토요일에 지역 공동체 센터에서 빵 세일이 있을 것이다.

★
communicate [kəmjúːnəkèit]
commun(=common 공통의) + icate(동접) → make common (감정·뉴스 등을) 공유하다

동 (생각·감정·정보 등을) 전달하다, 의사소통하다

★★ **communication** 명 전달, 의사소통

3 Without language, we could not **communicate**.
4 mass **communication**
5 **communication** skills

★★
common [kάːmən]
com(=together) + mon(=duty) → 함께 봉사하려는 → 함께 분담[공유]하려는

형 1 일반의, 흔한, 보통의 유 ordinary, usual
2 공통의, 공동의
명 공통(점)

uncommon 형 (보기) 드문, 흔치 않은 유 rare, unusual

6 **common** sense
7 We have a lot **in common**.

plus + · in common: 공통적으로, 공동으로

mut »» 바꾸다 (change)

★
mutual [mjúːtʃuəl]
mut(=change) + ual(형접) → 교환되는 → 서로의

형 상호간의, 서로의, 공통의

1 It's important to try to consider the other party's feelings when developing **mutual** understanding.

---

commute [kəmjúːt]
com(「강조」) + mute(=change) → 집에서 직장으로 (위치를) 바꾸다 → 통근하다

동 (정기적으로) 통근하다
명 통근[통학] (시간)

2 She **commutes** from Suwon to Seoul every day.

3 언어가 없다면, 우리는 의사소통을 할 수 없을 것이다. 4 매스컴(대중매체를 통한 전달) 5 의사소통 기술 6 (일반) 상식 7 우리는 공통점이 많다. / 1 상호 이해를 발전시킬 때에는 다른 쪽의 입장을 고려하려는 노력이 중요하다. 2 그녀는 매일 수원에서 서울로 통근[통학]한다.

nat »» 태어난 (born)

★
native [néitiv]

nat(=born) + ive(형접)
→ 태어난, 타고난

형 1 출생지의, 원주민의; 토박이의
2 (명사 앞) 선천적인, 고유의 유 innate, inborn, natural
명 원주민, 본토박이

1 She is a **native** speaker of English.

★★
nation [néiʃən]

nat(=born) + ion(명접) →
┌ 출생한 곳 → 국가
└ (…에서) 출생한 사람들 → 국민

명 1 국가, 나라 2 (집합적) 국민, 민족

★★ **national** 형 1 국가의, 국가적인 2 국립의, 국영의
nationality 명 1 국적 2 국민성
nationalism 명 민족주의, 애국심

2 We live in a divided **nation**.
3 Soccer brought our **nation** together at that time.
4 the **National** Museum

★★
nature [néitʃər]

nat(=born) + ure(명접)
→ 태어날 때부터 지니고 있는 것

명 1 자연(계) 2 성질, 특징, 천성

★★ **natural** 형 1 자연의, 천연의 반 artificial 2 자연스러운
3 선천적인, 타고난 유 innate, inborn, native

5 **nature** conservation[preservation]
6 He's a gentle person **by nature**.
7 **natural** resources / 8 a **natural** athlete

plus + · by nature: 선천적으로, 천성적으로

---

innate [ìnéit]

in(=in) + nate(=born) → 태어날 때부터 안에 지닌 → 타고난

형 선천적인, 타고난 유 native, natural, inborn

9 My sister has an **innate** talent for drawing.

neg (변화형 ny, ne) »» 부인하다 (deny)

★★
negative [négətiv]

neg(=deny) + ative(형접)
→ 부정하는

형 1 부정적인 반 positive 2 반대하는 반 affirmative
3 【의학】 음성의; 【전기】 음극의; 【수학】 음수의
명 부정, 반대

1 We received a **negative** reply to our offer.
2 The results of the test were **negative**[positive].

1 그녀는 영어를 모국어로 하는 사람이다. 2 우리는 분단국가에 산다. 3 그 당시에 축구는 전 국민을 하나로 묶어주었다. 4 국립 박물관 5 자연 보호 6 그는 천성적으로 친절한 사람이다. 7 천연 자원 8 타고난 운동선수 9 내 여동생은 그림 그리기에 타고난 재능이 있다. / 1 우리는 우리의 제안에 대해 부정적인 답변을 받았다. 2 검사 결과는 음성[양성]입니다.

★★
deny [dinái]
de(「강조」) + ny(=deny)
→ 강력히 부인하다

동 1 부인하다, 부정하다 반 admit, affirm
2 거절하다 유 refuse

denial 명 1 부인, 부정 2 거절, 거부

3 Bruce **denied** that he wrote the report.

★
neutral [nú:trəl]
ne(=deny) + utr(=either) + al(형접)
→ 이쪽도 저쪽도 부인하는

형 1 중립의 2 (색·모음·성질 등이) 중간의
명 중립인 것, 중립국

neutrality 명 중립 상태, 중립성

4 I want to remain **neutral**.
5 Switzerland is a **neutral** country.

norm »» 기준 (rule)

DAY 36

★
norm [nɔ:rm]
라틴어 norma(=rule)에서 온 말

명 1 표준, 기준 유 standard 2 평균, 정상 유 average

★★ **normal** 형 1 표준의, 보통의
2 정상적인 반 abnormal

1 **normal** life
2 Your temperature is **normal**.

★★
enormous [inɔ́:rməs]
e(=ex:out) + norm(=rule)
+ ous(형접) → 정상 기준을 벗어난
→ 매우 큰

형 거대한, 엄청나게 큰, 막대한 유 huge, vast, tremendous 반 tiny

3 **Enormous** mistakes are often caused by missing a tiny point.

DAY 36 잘 외워지지 않는 단어 복습 ○○○

단어	뜻	단어	뜻

3 Bruce는 자신이 그 보고서를 썼다는 것을 부인했다. 4 나는 중립을 지키고 싶다. 5 스위스는 중립국이다. / 1 평범한 삶 2 당신의 체온은 정상입니다. 3 막대한 실수들은 흔히 작은 것을 놓치는 것에 기인한다.

클래스카드

not »» 1 표시하다 (mark) 2 알다 (know)

★
notable [nóutəbəl]
not(=mark) + able(형접)
→ 표시할 만한 → 주목을 끌 만한

형 주목할 만한, 탁월한 유 remarkable

★★ **note** 명 1 메모 2 짧은 편지 3 (복수형) (강의 등의) 기록 4 주석 5 【음악】 음, 음표
동 1 주목하다 유 notice, pay attention to 2 언급하다

noted 형 유명한 유 renowned, famous, well-known

1 Richard Porson, one of Britain's most **notable** classical scholars, was born on Christmas day in 1759.
2 Keep **notes** during the lectures.
3 Please **note** that the library is closed on Mondays.

VOCA VS. VOCA 유명한

famous '유명한'이란 뜻의 가장 일반적인 말. 좋은 의미로 쓰임 [p.164]
4 She is a ***famous*** novelist.

infamous [p.164] / **notorious** 나쁜 것으로 유명한, 악명 높은
5 The ***infamous***[***notorious***] criminal was caught yesterday.

noted 어떤 특정 분야에서 유명한, 저명한
6 He is a ***noted*** scientist in his country.

celebrated 사람들의 존경이나 찬사를 받는다는 의미에서 유명한
7 Venice is ***celebrated*** for its beautiful canals.

renowned 뛰어난 재능·업적 등으로 유명한
8 She is ***renowned*** for her invention.

★★
notice [nóutis]
not(=know) + ice(명접)
→ 알아차림

명 1 주목, 주의 2 게시(물), 공고, 안내(판) 3 통지(서), 통보
동 1 알아차리다
2 주목하다 유 pay attention to, note

noticeable 형 뚜렷한, 현저한 반 unnoticed(주목받지 못한)

9 After I bought the skirt, I **noticed** it had a stain.
10 Don't **take** any **notice of** what they're saying about you.

plus + · take notice of: …에 주목하다

[1] 영국의 가장 주목할 만한 고전학자 중 한 사람인 Richard Porson은 1759년 크리스마스에 태어났다. [2] 강의를 듣는 동안 필기를 해라. [3] 도서관이 매주 월요일에 문을 닫는다는 점에 주의하세요. [4] 그녀는 유명한 소설가이다. [5] 그 악명 높은 범죄자가 어제 붙잡혔다. [6] 그는 그의 나라에서 저명한 과학자이다. [7] 베니스는 아름다운 운하들로 유명하다. [8] 그녀는 발명으로 유명하다. [9] 그 치마를 사고난 후에야, 얼룩이 있는 걸 알았다. [10] 그들이 너에 대해 하는 말은 아무것도 신경 쓰지 마라.

notify [nóutəfài]
not(=know) + ify(동접)
→ make known 알리다

동 (+ of) 알리다, 통보하다 유 inform of[about]

notification 명 알림, 통지

11 They **notified** his family **of** his death.
12 No individual **notifications** will be made. For more information, visit our website.

---

notion [nóuʃən]
not(=know) + ion(명접)
→ 알려짐, 인식

명 관념, 개념, 생각 유 idea

13 All new ideas come from combining existing **notions** in creative ways.

nounce »> 보고하다 (report), 발표하다 (announce)

★★
announce [ənáuns]
an(=ad:to) + nounce(=report)
→ …에게 보고하다 → 알리다

동 (공식적으로) 발표하다, 알리다 유 state, declare

★ **announcement** 명 1 발표, 공표
2 (신문의) 광고, 공고
announcer 명 방송 진행자, 아나운서

1 Have the winners been **announced**?

★
pronounce
[prənáuns]
pro(=before) + nounce(=announce)
→ 사람들 앞에서 말하다

동 1 발음하다 2 선언하다, 선고하다 유 declare, announce

pronunciation 명 발음(법)
pronouncement 명 (공식적인) 선언, 선고

2 The “b” in “debt” is not **pronounced**.
3 The doctor **pronounced** him brain-dead.

nov (변화형 new) »> 새로운 (new)

★★
novel [ná:vəl]
nov(=new) + el(어미)
→ 참신한 것

명 (장편) 소설 형 새로운, 기발한

novelist 명 소설가
novelty 명 1 신기함, 진기함 2 새로운 것[경험]

1 It's a **novel** approach to the problem.

11 그들은 그의 죽음을 가족에게 알렸다. 12 개인별 알림은 없을 것입니다. 자세한 정보는 저희 웹사이트를 방문해주세요. 13 모든 새로운 아이디어는 기존의 관념들을 창의적인 방법으로 결합하는 데에서 온다. / 1 수상자가 발표되었습니까? 2 'debt'에서 'b'는 발음되지 않는다. 3 의사는 그에게 뇌사 판정을 내렸다. / 1 그 문제에 대한 새로운 접근이군요.

innovate [ínəvèit]

in(=in) + nov(=new) + ate(동접)
→ 내부를 새롭게 하다 → 쇄신하다

동 **혁신하다, 쇄신하다**

★★ **innovation** 명 1 혁신, 개혁 2 새로운 고안(물)

2 You have to challenge the conventional ways of doing things and search for opportunities to **innovate**.
3 technical **innovation**

★
renew [rinúː]

re(=again) + new
→ 다시 새롭게 하다

동 1 **갱신하다, …의 기한을 연장하다**
2 **재개하다** 유 resume

renewal 명 1 새롭게 하기, 소생 2 갱신, 기한 연장

4 Don't neglect to **renew** your license.

numer » 숫자, 수 (number)

numeral [núːmərəl]

numer(=number) + al(형접)
→ 수를 나타내는

형 **숫자를 나타내는** 명 **숫자**

numerical 형 수와 관련된, 숫자로 나타낸
numeracy 명 계산 능력, 수학적 감각

1 You should use a letter, a **numeral**, and a special character in your password.
2 The results are listed **in numerical order**.

plus +
· Roman[Arabic] numerals: 로마[아라비아] 숫자
· in numerical order: 번호순으로

★
numerous [núːmərəs]

numer(=number) + ous(형접)
→ 수가 많은

형 **많은, 다수의**

numerously 부 많이, 수없이

3 The human body contains **numerous** types of cells.
4 It was the same excuse that he had **numerously** repeated.

---

innumerable [inúːmərəbəl]

in(=not) + numer(=number) + able(형접) → 수를 셀 수 없을 만큼 많은

형 **셀 수 없이 많은** 유 countless
반 numerable(셀 수 있는 ※'적은'의 뜻은 없음)

5 There are **innumerable** species of fish in the ocean.

2 당신은 일을 할 때 관습적인 방법에 이의를 제기하고 혁신할 기회를 찾아야 한다. 3 기술 혁신 4 면허증을 갱신하는 것을 잊지 마. / 1 비밀번호에는 문자, 숫자, 특수 문자를 사용해야 합니다. 2 결과는 번호순으로 나열되어 있다. 3 인간의 몸은 많은 종류의 세포를 포함하고 있다. 4 그것은 그가 수없이 되풀이한 똑같은 변명이었다. 5 바다에는 셀 수 없이 많은 종의 물고기가 있다.

nutri (변화형 n(o)ur) >> 영양분을 주다 (nourish), 기르다 (feed)

★
nutrition [nuːtríʃən]

nutri(=nourish) + tion(명접)
→ 영양분을 주는 것

명 영양분 (섭취)

nutritious 형 영양가 있는, 영양분이 많은 유 nourishing
nutritional 형 영양상의
★ nutrient 명 영양소, 영양분
malnutrition 명 영양실조

1 The body requires proper **nutrition** to maintain itself.
2 mandatory **nutritional** information placed on food products

nourish [nə́ːriʃ]

nour(=feed) + ish(동접)
→ 먹여 기르다

동 1 영양분을 주다 2 (능력 등을) 육성하다, 조성하다

nourishment 명 1 영양(물), 음식(물) 2 육성

3 a well-**nourished** baby
4 She **nourishes** the students' artistic talent.

VOCA VS. VOCA 양육하다, 돌보다

nourish 음식·물·영양분을 주어 키우다
5 Children should be ***nourished*** with a balanced diet.

nurse 아프거나 질병을 가진 사람을 돌보다
6 She ***nursed*** him back to health.

nurture 정신적 육성에 주안점을 두어 기르다
7 The pianist ***nurtured*** talent in his young students.

cherish 소중히 사랑하며 보살피다 (p.134)
8 Parents have to ***cherish*** their children.

foster ① 성장·발전을 돕다 ② 친자가 아닌 아이를 맡아 기르다
9 ***foster*** the regional economy / 10 ***foster*** a child

★★
nurse [nəːrs]

라틴어 nutrire(=nourish)에서 온 말

명 1 간호사 2 **유모** 유 nanny
동 간호하다, 돌보다

nursery 명 육아실, 탁아소, (집 안의) 아이 방 형 유치원의

11 Who **nursed** Evan through the worst of the illness?
12 a **nursing** home / 13 a **nursery** school

1 신체를 유지하기 위해서는 적절한 영양분 섭취가 필요하다. 2 식료품에 표기된 의무적인 영양 정보 3 영양 상태가 좋은 아기 4 그녀는 학생들의 예술적 재능을 육성한다. 5 아이들은 균형 잡힌 식단으로 영양분이 제공되어야 한다. 6 그녀는 그가 건강을 회복하도록 돌보았다. 7 그 피아니스트는 자신의 어린 학생들의 재능을 길러냈다. 8 부모들은 아이들을 소중히 보살펴야 한다. 9 지역 경제를 육성하다 10 아이를 (맡아) 기르다 11 Evan이 가장 아플 때 누가 간호했나요? 12 요양원 13 보육원

★
nurture [nə́ːrtʃər]
라틴어 nutrire(=nourish)에서 온 말

명 1 양육, 양성 2 영양분, (영양분이 든) 음식
동 1 키우다, 양육하다; 육성[양성]하다
2 (계획·아이디어 등을) 품다

[14] The interaction between nature and **nurture** is highly complex.

od (변화형 ed) >> 노래 부르다 (sing)

melody [mélədi]
mel(=melos:tune 음조) + od(=sing) + y(명접) → 음조에 따라 노래 부르는 것

명 멜로디, 선율, 가락

[1] The **melody** of the song still rings in my ears.

★
tragedy [trǽdʒədi]
trag(=goat 염소) + ed(=sing) + y(명접) → 【원뜻】 염소의 노래 → 비극
※ 그리스의 비극 배우들은 염소 가죽으로 만든 옷을 입었다고 함

명 비극, 비극적 사건 반 comedy(희극)

★ **tragic** 형 비극의, 비참한 반 comic

[2] It was a **tragedy** he died so young.

oper >> 일 (work)

★★
operate [ɑ́ːpərèit]
oper(=work) + ate(동접) → 일을 하다

동 1 작동하다; 작동시키다 2 (사업체 등이) 영업[작업]하다 3 수술하다

operation 명 1 수술 2 사업, 영업 3 (기계 등의) 작업, 조작
operator 명 1 (기계 등의) 조작자 2 운영[경영]자

[1] The machine is not **operating** properly.
[2] The doctor decided to **operate** at once.

★
cooperate [kouɑ́ːpərèit]
co(=com:together) + operate(일하다) → 함께 일하다

동 협력하다, 협동하다, 협조하다 유 collaborate

★ **cooperation** 명 협력, 협동, 협조
cooperative 형 1 협력하는, 협동의 반 uncooperative
2 협동 조합의
명 협동 조합

[3] Learn how to **cooperate** with your team members.
[4] I finished the project in **cooperation** with my colleagues.

[14] 천성과 양육 사이의 상호작용은 매우 복잡하다. / [1] 그 노래의 멜로디가 아직도 내 귓가에 울린다. [2] 그가 그렇게 어린 나이에 죽은 것은 비극이었다. / [1] 그 기계는 제대로 작동하고 있지 않다. [2] 그 의사는 당장 수술하기로 결정했다. [3] 팀원들과 협동하는 법을 배워라. [4] 나는 내 동료들과 협력하여 그 프로젝트를 끝냈다.

○○○ ★★

option [á:pʃən]

opt(=choose) + ion(명접)
→ 선택하는 것

명 1 선택(권), 선택의 자유 유 choice 2 《*BrE*》 (학교의) 선택 과목
3 (자동차·컴퓨터 등의) 옵션 (표준 사양 이외에 추가·교환 가능한 부품·기능)

optional 형 선택적인 반 compulsory

1 I have no **option** but to do it.

○○○ ★★

adopt [ədá:pt]

ad(=to) + opt(=choose)
┌ 선택하여 …로 받아들이다 → 채택하다
└ 가족으로 받아들이다 → 입양하다

동 1 입양하다, 양자로 삼다 유 foster
2 (의견·방법·계획 등을) 채택하다

adoption 명 채택, 입양

2 Consider **adopting** a pet with medical or behavioral needs.
3 The school **adopted** a new method of teaching.

혼동어휘 · adapt: 적응시키다; 적응하다; 각색하다

○○○ ★★

opinion [əpínjən]

opin(=choose) + ion(명접)
→ 스스로 택한 생각
※ 라틴어 opinio(=think)에서 왔다는 학설도 있음

명 의견, 생각, 견해 유 view

4 Public **opinion** is against[with] him.

DAY 37 잘 외워지지 않는 단어 복습 ○○○

	단어	뜻		단어	뜻
○			○		
○			○		
○			○		

1 그것을 하는 것 외에는 선택의 여지가 없다. 2 의료적 또는 행동적 도움이 필요한 반려동물들의 입양을 고려해주세요. 3 그 학교는 새로운 교수법을 채택했다. 4 여론은 그에게 불리하다[유리하다].

38

클래스카드

ordin >>> 순서 (order)

★★
ordinary [ɔ́:rdnèri]
ordin(=order) + ary(형접)
→ 순서대로의

형 보통의, 평범한, 통상적인 유 normal, usual
반 extraordinary(비범한)

ordinarily 부 보통, 대체로 유 normally, usually

1 The movie is about **ordinary** people like you and me.

subordinate
sub(=below) + ordin(=order) + ate(동접)
→ 순서상 하위에 두다

동 [səbɔ́:rdnèit] …을 하위에 놓다
형 [səbɔ́:rdnit] 《+ to》 1 (지위·계급이) 하위의, 하급의
2 부차[부수]적인 유 secondary to
명 [səbɔ́:rdnit] 하급자 유 inferior 반 superior

2 In the army, Jack was **subordinate** to Tom, but at work, Jack is Tom's superior.

coordinate
co(=com: together) + ordin(=order) + ate(동접) → 함께 순서를 맞추다
→ 같은 위치에 있게 하다

동 [kouɔ́:rdnèit] 1 조직화하다, 동등화하다
2 조정하다
3 (옷·가구 등을) 꾸미다; 잘 어울리다
형 [kouɔ́:rdnit] 동등한
명 [kouɔ́:rdnit] 1 좌표 2 동등한 것[사람]
3 《복수형》 《*AmE*》 코디, 잘 조화되어 있는 것

coordination 명 1 조직화; 조정 2 조화; 협동

3 The manager needs to **coordinate** the work for her staff.
4 Lack of **coordination** between a bicycle rider and a passenger on the backseat can be disastrous.

plus + · in coordination with: …와 협동[제휴]하여

1 그 영화는 당신과 나 같은 평범한 사람들에 대한 이야기이다. 2 군대에서 Jack은 Tom의 부하였지만, 직장에서는 Jack이 Tom의 상사이다. 3 관리자는 그녀의 직원들을 위해 일을 조직화해야 한다. 4 자전거 타는 사람과 뒤에 앉은 사람의 협동이 없으면 피해가 클 수 있다.

ori » 떠오르다 (rise)

★★
origin [ɔ́ːrədʒin]
orig(=rise) + in(어미)
→ rising 솟음, 시작

명 1 기원, 유래 2 **출신**

★★ **original** 형 1 원래의, 최초의 유 initial 2 독창적인
명 원형, 원작, 원본
originality 명 독창성, 기발함
★ **originate** 동 1 비롯되다, (…에서) 일어나다 2 발명[고안]하다

1 the **origins** of civilization
2 We compared the translation to the **original**.
3 Clearly, your anger didn't **originate** at home, but you released it there.

---

orient [ɔ́ːriènt]
ori(=rise) + ent(명접) → rising sun
→ 태양이 떠오르는 위치 → 동쪽 방향
※ '동쪽 방향'의 뜻에서 '동쪽으로 향하다, 특정한 방향으로 향하게 하다'의 뜻으로 발전

동 1 (일정 방향으로) 향하게 하다 2 **적응시키다**

orientation 명 1 관심, 지향 2 (신입 대상) 예비 교육

4 Their supervisor is a very detail-**oriented** person.
5 Tomorrow, there is an **orientation** for new students.

par[1] (변화형 pair, per)  준비하다, 준비시키다 (prepare)

★★
prepare [pripέər]
pre(=before) + pare(=prepare)
→ 미리 준비하다

동 **준비하다, 대비하다**

★★ **preparation** 명 준비, 대비

1 He didn't **prepare** enough for the exam.
2 Cooking requires a lot of **preparation**.

---

apparatus [æ̀pərǽtəs]
ap(=ad:to) + para(=prepare) + tus(어미) → (특정 목적을 위해) 준비된 (기구) → 비품, 장비

명 1 **기구, 기계, 장치** 유 equipment
2 **(정치 활동 등의) 조직**

3 Do you know how to operate this heating **apparatus**?

1 문명의 기원 2 우리는 번역본과 원본을 비교했다. 3 분명, 당신의 화는 집에서 생겨난 것이 아니라 집에서 당신이 화를 터뜨린 것이었다. 4 그들의 감독관은 매우 세부 지향적인 사람이다. 5 내일 신입생을 위한 오리엔테이션이 있다. / 1 그는 시험에 충분한 대비를 하지 않았다. 2 요리는 많은 준비를 필요로 한다. 3 이 난방장치를 작동시키는 법을 아십니까?

★★
repair [ripέər]
re(again)+pair(=prepare)
→ 다시 (쓸 수 있게) 준비시키다

동 수리[수선]하다; 바로잡다 유 fix
명 수리, 수선, 보수

repairable 형 《또는 reparable》 수리 가능한 반 irreparable
repairman 명 수리공
disrepair 명 황폐, 파손 상태

4 Carla said she'd **repair** the oven today.
5 The new manager had to put significant time and effort into the **repair** and maintenance of the machines.

---

emperor [émpərər]
em(=in:upon, against) + per(=prepare) + or(명접)
→ …에 대해 준비시키는 사람
→ 명령하는 사람 → 통치자

명 황제, 제왕

★ **empire** 명 제국
empress 명 황후, 여왕

6 Augustus was the first Roman **emperor** to be called "Caesar."
7 He once ruled over a vast **empire**.

---

imperial [impíəriəl]
imperi(=empire 제국) + al(형접)
→ 제국의

형 제국의, 황제의

imperialism 명 1 제정(帝政, 황제가 다스리는 군주제도의 정치)
2 제국주의(다른 나라에 대한 침략적 정책)

8 the **imperial** family
9 The African continent was the first target of **imperialism**.

par² (변화형 pear)  보이는 (visible)

transparent [trænspǽrənt]
trans(=through) + par(=visible) + ent(형접) → (…을) 통해 보이는
→ 투명한

형 1 투명한, 비치는
2 명쾌한, 명백한, 이해하기 쉬운

1 The workers installed panels of **transparent** glass around the hockey rink.
2 Teachers should always make their expectations **transparent** to their students.

4 Carla는 오늘 오븐을 고칠 것이라고 말했다. 5 새 매니저는 그 기계를 유지 및 보수하는 데 상당한 시간과 노력을 들여야 했다. 6 아우구스투스는 '시저'라고 불린 최초의 로마황제였다. 7 그는 한때 거대한 제국을 통치했었다. 8 황족 9 아프리카 대륙은 제국주의의 첫 번째 표적이었다. / 1 인부들은 하키 링크 주변에 투명한 유리판을 설치했다. 2 교사들은 항상 그들의 기대 사항을 학생들에게 명쾌하게 해주어야 한다.

★★
apparent [əpǽrənt]

ap(=ad:to) + par(=visible) + ent(형접) → (…에) 보이는

형 1 명백한 유 evident, obvious
2 **외견상의, 겉모양만의**

★★ **apparently** 부 1 명백히, 분명히 2 **외관상, 겉으로 보기에**

3 The baby cried for no **apparent** reason.
4 **Apparently**, she didn't mind traveling alone.

VOCA VS. VOCA **명백한**

clear '명료해서 이해하기 쉬운'이라는 뜻의 가장 일반적인 표현
5 Her answer was ***clear*** enough.

obvious 외적으로 두드러져서 설명이 불필요할 정도로 명백한 (p.388)
6 It was ***obvious*** that he was lying.

apparent 격식체로, 특히 외견상 혹은 이해하기에 명백한
7 It wasn't ***apparent*** to us whether he enjoyed his job or not.

evident 격식체로, 외견상 명백하게 드러나는 (p.392)
8 It became ***evident*** that she would win.

★★
appear [əpíər]

ap(=ad:to) + pear(=visible) → …에 보이다

동 1 《주로 + to-v》 …처럼 보이다, …인 것 같다 유 seem to-v
2 (장소·TV·영화·법정 등에) 나타나다, 출현하다, 출연하다

★★ **appearance** 명 1 외모, 외관
2 **등장, 출현, 출연** 유 advent 반 disappearance

9 **It appears that** your computer has a virus.
10 Everything **appears to be** normal.
11 She is currently **appearing** in a popular TV drama.
12 You must not judge people by their **appearances**.

plus + · it appears[seems] that: …처럼 보이다, …인 것 같다

3 그 아기는 특별한 이유 없이 울었다. 4 겉으로 보기에, 그녀는 혼자 여행하는 것을 개의치 않았다. 5 그녀의 답변은 충분히 명확했다. 6 그가 거짓말하고 있는 것이 명백했다. 7 그가 자신의 직업을 좋아하는지 여부는 명백하지 않았다. 8 그녀가 이길 것이 명백해졌다. 9 너의 컴퓨터는 바이러스에 걸린 것 같다. 10 모든 것이 정상으로 보인다. 11 그녀는 현재 인기 드라마에 출연 중이다. 12 사람을 외모로 판단해서는 안 된다.

par³ (변화형 peer) >> 동등한 (equal)

★★
compare [kəmpέər]
com(=together) + pare(=equal)
→ 동등한 상태로 함께 두다 → 비교하다; 비유하다

동 1 ⟪+ with/to⟫ 비교하다, 견주다 2 ⟪+ to⟫ 비유하다

- ★ **comparison** 명 1 비교, 견줌 2 비유
- ★ **comparable** 형 1 비교될 만한, 비슷한 2 …에 필적하는, 비길 만한
  incomparable 형 비길 데가 없는, 빼어난
- ★ **comparative** 형 비교의, 비교적인, 상대적인 유 relative 반 absolute
  comparatively 부 비교적, 어느 정도 유 relatively

1 The researchers **compared** the new data **with** the findings of prior studies.
2 What she said is nothing **compared to** what she did.
3 Life is often **compared to** a voyage.
4 Living in the country is cheap **in comparison with** living in the city.

plus + · in comparison with: …와 비교하면, …에 비하면

★
peer [piər]
라틴어 par(=equal)에서 온 말

명 동료, (나이·능력·신분 등이) 동등한 사람
동 응시하다, 자세히 들여다보다 유 gaze

5 He has no **peers** when it comes to originality.
6 She **peered** through the window to get a look at him.

part (변화형 port)  부분 (part, portion)

partial [pάːrʃəl]
part(부분) + ial(형접)
→ 부분의

형 1 부분적인 2 불공평한, 편파적인 반 impartial(공평한)
3 편애하는, (어떤 것을 특히) 좋아하는

- ★ **partially** 부 부분적으로, 어느 정도 유 partly 반 wholly

1 The event was a **partial** success.
2 A judge should not be **partial**.
3 The accident was **partially** her fault.

★
particle [pάːrtikəl]
part(부분) + icle(명접)
→ 작은 부분

명 1 소량, 미량, 작은 조각 2 【물리】 소립자

4 There wasn't a **particle** of truth in what he said.

plus + *cf.* molecule: 분자 / atom: 원자

[1] 연구원들은 새로운 데이터를 이전 연구에서 발견된 것들과 비교했다. [2] 그녀가 한 말은 그녀가 한 행동에 비하면 아무것도 아니다. [3] 인생은 종종 항해에 비유된다. [4] 시골에 사는 것은 도시에서 사는 것에 비하면 비용이 적게 든다. [5] 독창성에서라면 그에 필적하는 사람은 없다. [6] 그녀는 그를 보기 위해 창문 너머로 자세히 들여다보았다. / [1] 그 행사는 부분적으로 성공했다. [2] 심판은 편파적이어서는 안 된다. [3] 그 사고는 어느 정도 그녀의 과실이었다. [4] 그가 한 말에는 진실이라고는 티끌만큼도 없었다.

★★
particular [pərtíkjələr]
particle(소립자) + ar(형접:「…에 관한」) → 소립자(아주 작은 것)에 관한 → 특유의, 개개의

형 1 특정한 유 specific 2 특별한, 특유의 유 special
3 (성격·식성 등이) 까다로운 유 fussy, picky

★★ **particularly** 부 특히, 그 중에서도 유 in particular, especially

5 I have no **particular** plan.
6 He didn't **particularly** want to go to Germany.

★★
apart [əpá:rt]
a(=ad:to) + part(부분) → to one part or side 한쪽으로, 떨어져서

부 형 1 (시간·공간적으로) (…와) 떨어져[진]
2 따로따로(인), 별개로[의]

7 Do you live **apart** from your parents?
8 Their relationship fell **apart**.

★
portion [pɔ́:rʃən]
port(부분) + ion(명접) → 일부분

명 1 부분 2 몫, 할당
3 【음식】 1인분 유 serving

9 A **portion** of the money went to charity.
10 The **portions** at this restaurant are small.

★
proportion [prəpɔ́:rʃən]
pro(=for) + portion(부분) → for (its or one's) portion 각자의 몫에 대한 것

명 1 비율, (…에 대응한) 크기[양/정도] 유 percentage
2 균형, 조화

11 **In proportion to** her salary, Lynn spends a lot on clothes.
12 a sense of **proportion**

plus + · in proportion to[as]: …에 비례하여

DAY 38 잘 외워지지 않는 단어 복습

단어	뜻	단어	뜻

5 특별한 계획은 없습니다. 6 그는 독일에 가는 것을 특별히 원하지는 않았다. 7 당신은 부모님과 떨어져 삽니까? 8 그들의 관계는 깨졌다. 9 그 돈의 일부는 자선단체에 기부되었다. 10 이 레스토랑은 음식량이 적다. 11 Lynn은 자기 월급에 비해서 옷에 많은 돈을 쓴다. 12 균형 감각

39

클래스카드

pass (변화형 pace) 1 통과하다 (pass) 2 발걸음 (step)

passage [pǽsidʒ]

pass(통과하다) + age(명접)
→ 통과

명 1 통로; (사람·탈것 등의) 통행 2 (책·기사·시 등의) 한 구절
3 (법안 등의) 통과 4 (시간의) 경과, 진행

1 a **passage** of the Bible
2 With the **passage** of years, she grew wiser.

★

passenger [pǽsəndʒər]

passeng(통과하다) + er(명접:「사람」)
→ 통과하는 사람 → 승객

명 승객, 여객(旅客)

3 The driver stopped to pick up more **passengers**.

---

passerby [pæ̀sərbái]

passer(지나가는 사람) + by(옆으로)
→ 옆을 지나가는 사람

명 《복수형 passersby》 통행인

4 Ask a **passerby** where the nearest gas station is.

---

pastime [pǽstàim]

pas(s)(통과하다) + time
→ 시간을 보내는 데 쓰이는 것 → 놀이

명 오락, 소일거리

5 Walking my dog is one of my favorite **pastimes**.

---

surpass [sərpǽs]

sur(=super:above, beyond) + pass(통과하다)
→ …보다 위로 통과하다

동 …을 능가하다, …보다 낫다 유 outdo, excel

6 Nobody could **surpass** her at swimming. She would always outdo others and win the race.

---

[1] 성경의 한 구절 [2] 수년이 지나면서, 그녀는 더욱 지혜로워졌다. [3] 기사는 더 많은 승객을 태우기 위해 멈추었다. [4] 가장 가까운 주유소가 어디인지 지나가는 사람에게 물어보세요. [5] 개를 산책시키는 것은 내가 가장 좋아하는 여가 활동 중 하나이다. [6] 아무도 수영에서 그녀를 능가할 수가 없었다. 그녀는 항상 남들보다 잘해 경기를 이기곤 했다.

★ **pace** [peis]
라틴어 passus(=step)에서 온 말

명 1 (일·생활·걸음 등의) 속도, 페이스 2 **걸음, 보폭**

7 Your **pace** is so fast that I can't **keep pace with** you.

plus + · keep pace with: …와 보조를 맞추다

path (변화형 pati, pass) » (고통 등을) 겪다 (suffer), 느끼다 (feel)

pathetic [pəθétik]
pathe(=suffer) + tic(형접)
→ 괴로워하는 → 가슴 아픈

형 1 **한심한, 형편없는**
2 **애처로운, 가슴 아픈** 유 pitiful

1 Don't make **pathetic** excuses.
2 The sick and hungry children were a **pathetic** sight.

anti**pathy** [æntípəθi]
anti(=opposite) + path(=feel) + y(명접) → 반대의 감정을 가짐 → 반감

명 **(강한) 반감, 혐오** 유 hostility

3 There is a growing mutual **antipathy** between them.

em**pathy** [émpəθi]
em(=in) + path(=feel) + y(명접)
→ 마음속에 (같은) 감정을 가짐 → 공감

명 **공감 (능력), 감정 이입**

empathetic 형 《또는 empathic》 감정을 이입하는[할 수 있는]
empathize 동 《+ with》 공감하다

4 **Empathy** creates a closeness between people.
5 The basis for the guilt that comes from harming others is **empathetic** distress.

sym**pathy** [símpəθi]
sym(=together) + path(=feel)
+ y(명접) → 함께 느낌

명 1 **동정(심), 연민** 유 pity, compassion 2 **동감, 공감, 찬성**

sympathetic 형 1 (친절하게) 동정하는, 가엾게 여기는 유 compassionate
2 호의적인, 공감하는 3 (사람이) 호감이 가는
sympathize 동 《+ with》 1 동정하다, 가엾게 여기다
2 공감하다, 찬성하다

6 I feel a deep **sympathy** for the abandoned animals.
7 I **sympathize with** the families who lost their homes.

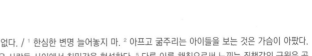

7 네 걸음이 너무 빨라서 나는 너와 보조를 맞출 수가 없다. / 1 한심한 변명 늘어놓지 마. 2 아프고 굶주리는 아이들을 보는 것은 가슴이 아팠다. 3 그들 사이에는 자라나는 상호적 반감이 있다. 4 공감은 사람들 사이에서 친밀감을 형성한다. 5 다른 이를 해침으로써 느끼는 죄책감의 근원은 공감에 의한 고통이다. 6 나는 버려진 동물들에게 깊은 동정심을 느낀다. 7 나는 집을 잃어버린 가족들을 가엾게 생각한다.

★★
patient [péiʃənt]

pati(=suffer) + ent(형접)
→ suffering 고통을 겪는

형 참을성[인내심]이 있는, 끈기 있는
유 tolerant 반 impatient

명 환자

patience 명 인내(력), 참을성, 끈기 반 impatience

8 The nurses moved the **patient** into the operating room.

9 A: How can you be so **patient** with her?
B: I realized long ago that **patience** is the best policy.

★
passion [pǽʃən]

pass(=suffer) + ion(명접)
→ (…을 향한) 고난 → 열정

명 1 열정 유 enthusiasm 2 **열중, 애착**

passionate 형 열렬한, 정열적인

10 The professor had a burning **passion** for his subject.

compassion [kəmpǽʃən]

com(=together) + pass(=suffer) + ion(명접) → 남의 고통을 함께 느낌

명 (깊은) 동정, (남을) 측은하게 여기는 마음 유 pity, sympathy

compassionate 형 (도와주고 싶어) 동정하는, 가엾게 여기는
유 sympathetic

11 He felt **compassion** for those in poverty.

patr (변화형 patter) ≫ 아버지 (father)

patriot [péitriət]

patri(=father) + ot(어미)
→ fatherland 조국 → 조국을 사랑하는 사람

명 애국자

patriotism 명 애국심
patriotic 형 애국적인, 애국자의

1 He is a **patriot** who wants a better future for his country.

patron [péitrən]

patr(=father) + on(어미)
→ 아버지처럼 보살펴주는 사람 → 후원자

명 1 **후원자, 후원 단체** 유 sponsor
2 **고객, 단골** 유 customer

2 Many artists were economically dependent on their **patrons**.

[8] 간호사들은 그 환자를 수술실로 옮겼다. [9] A: 너는 어떻게 그녀에 대해 그렇게 잘 참을 수 있니? B: 나는 오래 전에 인내가 최선의 방책이라는 것을 깨달았지. [10] 그 교수는 자신의 (연구) 주제에 대한 불타는 열정이 있었다. [11] 그는 가난한 사람들에게 연민의 정을 느꼈다. / [1] 그는 그의 나라의 더 나은 미래를 바라는 애국자이다. [2] 많은 예술가가 그들의 후원자들에게 경제적으로 의존했다.

★
pattern [pǽtərn]
patter(=father) + n(어미)
→ 아버지처럼 본받을 만한 대상

명 1 양식, 형태, 패턴 2 도안, 무늬
3 본보기, 견본

3 The scientists conducted studies on **patterns** of behavior in social media.
4 His closet was full of ties with different **patterns**.

ped >>> 발 (foot)

pedestrian
[pədéstriən]
pedestri(=foot) + an(명접:「사람」)
→ 걸어다니는 사람

명 보행자 형 보행자(용)의

1 Be sure to watch out for **pedestrians** when you drive.
2 a **pedestrian** walkway[crossing]

---

expedition
[èkspədíʃən]
ex(=out) + pedi(=foot) + tion(명접)
→ 밖으로 걸어 돌아다님

명 (특정 목적을 위한) 원정, 탐험(대)

3 Ben was anxious about his **expedition** into the Amazon rainforest.

pel (변화형 peal, pol, pul)  몰다, 밀어 넣다 (drive)

★
compel [kəmpél]
- compelled - compelled
com(=together) + pel(=drive)
→ drive together 억지로 한데 몰다
→ 강요하다

동 억지로 …하게 하다, 강요하다 유 force, oblige

compulsory 형 (규칙·법에 의해) 강제적인, 의무적인
유 mandatory, obligatory 반 voluntary, optional

1 He was **compelled to resign** due to his legal problems.
2 **compulsory** education

plus + · compel A to-v: A가 …하도록 강요하다(=force[oblige] A to-v)
· feel compelled to-v: 반드시 …해야 한다는 생각이 들다

---

expel [ikspél]
- expelled - expelled
ex(=out) + pel(=drive)
→ 밖으로 몰아내다

동 추방하다, 쫓아내다 유 drive out

3 The troublemaking student was **expelled** from school.

3 과학자들은 소셜 미디어에서의 행동 양식에 대한 연구를 실시했다. 4 그의 옷장은 다양한 무늬의 넥타이로 가득했다. / 1 운전할 때 보행자들을 조심하는 것을 명심해라. 2 인도(人道)[횡단보도] 3 Ben은 아마존 우림으로의 탐험을 열망했다. / 1 그는 법적 문제로 사퇴해야만 했다. 2 의무 교육 3 그 문제 학생은 학교에서 퇴학당했다.

★★
appeal [əpíːl]

ap(=ad:to) + peal(=drive)
→ drive to …을 향해 돌진하다

동 1 (도움·정보 등을) 호소하다, 간청하다
2 《+ to》 …의 흥미를 끌다
3 【법】 항소하다, 상고[상소]하다
명 1 호소, 간청 2 매력 3 항소, 상고, 상소

appealing 형 매력적인, 흥미로운

4 We **appealed to** him **for** help.
5 The movie **appeals to** all ages.
6 The lawyer will **appeal** the case.

plus + · appeal (to A) for B: (A에게) B에 대해 호소하다
· appeal to A to-v: A에게 …해달라고 호소하다

---

polish [pɑ́ːliʃ]

pol(=drive, thrust) + ish(동접)
→ 밀어 넣어 표면을 매끄럽게 만들다
※양털 등을 서로 엉키게 하여 '표면이 매끄러운' 직물을 만드는 행위에서 유래

동 1 (가구·구두·유리를) 닦다, 윤이 나게 하다
2 (실력·태도를) 연마하다, 세련되게 다듬다
명 1 광택(제); 윤 내기 2 세련(됨)

7 You ought to **polish** your dress shoes before the interview.
8 The young musician has a lot of natural talent, but he still needs to **polish** his skills.
9 Emmet finished building the chair, but he hasn't put any **polish** on it yet.
10 nail **polish**

★
impulse [ímpʌls]

im(=in:on) + pulse(=drive)
→ drive on (심리적으로) 몰린 상태

명 1 충동, 자극 유 urge 2 추진(력)

impulsive 형 충동적인

11 She buys things **on impulse**.
12 It was an **impulsive** decision.

plus + · on impulse: 충동적으로

⊕ more with
pel

pro**pel** (앞으로 몰다) 동 나아가게 하다, 추진하다
re**pel** (뒤로 몰아버리다) 동 물리치다, 쫓아버리다

4 우리는 그에게 도움을 호소했다. 5 그 영화는 모든 연령의 흥미를 끌고 있다. 6 그 변호사는 그 사건을 항소할 것이다. 7 면접 전에 정장에 신을 구두를 닦아야 해. 8 그 어린 음악가는 천성적인 재능을 많이 가졌지만, 여전히 기술을 연마할 필요가 있다. 9 Emmet은 의자를 다 만들었지만 아직 위에 광택제를 바르지 않았다. 10 매니큐어 11 그녀는 충동적으로 물건을 산다. 12 그것은 충동적인 결정이었다.

pen (변화형 pun) >> 벌 (penalty)

penalty [pénlti]
pen(=penalty) + al(형접) + ty(명접)
→ 형벌

명 1 **형벌, 처벌** 유 punishment 2 **벌금**
3 **(어떤 행위·상황에 따르는) 불이익**
4 **【경기】(반칙에 대한) 페널티, 벌칙, 벌점**

penalize 동 1 벌하다, 처벌하다 2 불리하게 하다
3【경기】반칙자에게 페널티를[벌칙을] 적용하다

1 the death **penalty**
2 He paid a **penalty** for not wearing a seatbelt.

★
punish [pʌ́niʃ]
pun(=penalty) + ish(동접)
→ 벌하다

동 **벌하다, 처벌하다**

★ **punishment** 명 형벌, 처벌 유 penalty

3 He was **punished** for breaking the law.

VOCA VS. VOCA 벌하다

punish 잘못을 하거나 위법을 저지른 사람에게 벌이나 구속을 가하다
4 She *punished* two students for breaking the rules.

penalize 법·규칙·계약 등의 위반에 대한 공식적인 처벌을 하다
5 He was *penalized* for cheating.

discipline 잘못된 점을 바로잡을 목적으로 훈육하거나 벌하다
6 His parents *disciplined* him for being dishonest.

DAY 39 잘 외워지지 않는 단어 　　복습 ○-○-○

단어	뜻	단어	뜻

1 사형 2 그는 안전벨트 미착용으로 벌금을 냈다. 3 그는 법을 위반하여 처벌받았다. 4 그녀는 규칙을 어긴 것에 대해 두 학생을 벌했다. 5 그는 (시험에서) 부정행위로 처벌받았다. 6 그의 부모는 정직하지 않은 것에 대해 그를 혼냈다.

40

클래스카드

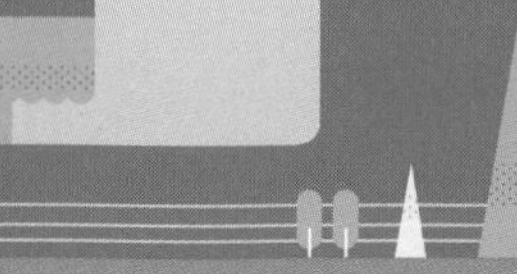

pend (변화형 pens, pond) 1 매달다 (hang) 2 무게를 달다 (weigh)

★★
depend [dipénd]
de(=down) + pend(=hang)
→ 매달려 있다 → 의지하다

동 ⟪+ (up)on⟫ 1 의지[의존]하다, 믿다 유 rely (up)on
2 …에 달려 있다

★★ **dependent** 형 ⟪+ (up)on⟫ 1 (…에) 의지하는 반 independent(독립적인)
2 (…에 의해) 결정되는, 좌우되는
★ **dependence** 명 의존, 종속 반 independence

1 Your happiness **depends on** how you think.
2 The country's economy is **dependent on** tourism.

plus + · It depends.: 상황[경우]에 따라 다르다.

suspend [səspénd]
sus(=sub:down) + pend(=hang)
→ 아래로 매달다 → (떨어짐을) 중지[지체]시키다

동 1 (작동·대화·일 등을) 일시 중지하다
2 【직업】 정직(停職)시키다, 【학교】 정학시키다
3 매달다, 걸다 4 (판단·결정을) 연기하다, 유보하다

suspension 명 1 일시적 중지 2 정직(停職), 정학
suspense 명 불안, 걱정, 긴장감 유 anxiety, uncertainty

3 The following flights will be **suspended** until further notice.
4 The employee was **suspended** without pay.
5 Don't keep me in **suspense** any longer.

expend [ikspénd]
ex(=out) + pend(=weigh)
→ weigh out 무게를 달다 → 무게를 달아 값을 지불하다

동 (돈·시간·노력 등을) 쓰다, 들이다 유 spend

★ **expenditure** 명 지출, 소비, 소모
★ **expense** 명 비용, 경비
★ **expensive** 형 비싼 반 inexpensive, cheap

6 Do not **expend** too much time and energy on a little thing.
7 Unfortunately, he couldn't afford all the **expenses** for his treatment.
8 Farmers in Kenya are encouraged to grow tea or coffee **at the expense of** basic food production.

plus + · at the expense of: …을 희생하여

1 너의 행복은 네가 어떻게 생각하는가에 달려 있다. 2 그 나라의 경제는 관광 산업에 의존한다. 3 다음 비행들은 추후 공고가 있을 때까지 운항이 잠시 중단됩니다. 4 그 직원은 무임금 정직 처분을 받았다. 5 더 이상 나를 불안하게 하지 마. 6 작은 일에 너무 많은 시간과 에너지를 들이지 마. 7 불행히도, 그는 치료에 드는 모든 비용을 감당할 수는 없었다. 8 케냐의 농부들은 기초 식량 생산을 희생하여 차나 커피를 재배하도록 장려된다.

★
compensate
[kɑ́:mpənsèit]
com(=together) + pens(=weigh) + ate(동접)
→ 서로 무게를 달아 처지는 쪽을 보충하다

동 1 ((+ for)) (손실·결점 등을) 보충하다, 보완하다 유 make up for
2 ((+ (A) for)) (A에게) (손해·부상 등을) 보상하다, 배상하다

★ **compensation** 명 1 보충, 보완 2 보상, 배상

9 Nothing can **compensate for** losing my husband.

---

pension [pénʃən]
pens(=weigh) + ion(명접)
→ 무게 달기 → (노동의) 무게를 달아 지불하기 → 연금

명 연금

10 She lives on a **pension** now.

---

ponder [pɑ́:ndər]
ponder(=weigh)
→ 저울질해보다 → 잘 생각해보다

동 깊이[곰곰이] 생각하다, 심사숙고하다 유 consider, deliberate

11 Let me **ponder** over it a little longer.

per 시험 삼아 해보다 (try)

★★
experience
[ikspíəriəns]
ex(「강조」) + peri(=try) + ence(명접)
→ 충분히 시험 삼아 해보기

명 경험
동 경험하다, 체험하다 유 go through, undergo

★ **experienced** 형 경험이 있는, 노련한, 숙련된 반 inexperienced

1 She has **experience** in public relations.
2 The instructor was able and **experienced**.

★★
experiment
ex(「강조」) + peri(=try) + ment(명접)
→ 시도, 실험

명 [ikspérəmənt] (과학) 실험, 시도
동 [ikspérəmènt] 실험[시험]하다, 시도하다

★ **experimental** 형 1 실험(용)의, 실험에 의거한
2 실험[시험]적인

3 Is it right to **experiment** on animals?
4 a new **experimental** drug

9 어떤 것도 내 남편을 잃은 것을 보상할 수는 없다. 10 그녀는 지금 연금으로 생활하고 있다. 11 그것에 대해 조금만 더 생각하게 해주세요. / 1 그녀는 홍보 일에 경험이 있다. 2 그 강사는 유능하고 경험이 많았다. 3 동물을 대상으로 실험하는 것은 옳은가? 4 실험용 신약

★★
expert [ékspəːrt]
ex(「강조」) + pert(=try)
→ 계속 시도해 숙달된 사람 → 전문가

명 전문가, 숙련가 유 specialist, professional
형 전문가의, 숙련가의

expertise [èkspəːrtíːz] 명 전문 지식[기술]

5 Talk to an **expert** before making a decision.

---

peril [pérəl]
per(=try) + il(어미)
→ 시험 삼아 해보는 것
→ 위험이 따르는 것

명 위험, 모험 유 danger, hazard

perilous 형 위험한 유 dangerous

6 Enter that area **at your peril**.
7 At last, our **perilous** journey was over.

plus + · at one's peril: 위험을 각오하고, 자신의 책임하에

pet (변화형 peat) » 추구하다 (seek, go to)

★★
compete [kəmpíːt]
com(=together) + pete(=seek)
→ 함께 구하다 → 서로 얻으려고 경쟁하다

동 경쟁하다, 겨루다 유 contend, battle

★★ **competition** 명 1 경쟁, 겨룸 유 rivalry 2 시합, 경기 유 contest, match
★ **competitive** 형 1 경쟁력을 갖춘, 경쟁 우위에 있는 2 경쟁의, 경쟁적인
competitor 명 경쟁자 유 rival

1 You will **compete** against the best players.
2 We are not a team. This is a **competition**!

★
competence [káːmpətəns]
compete(경쟁하다) + ence(명접)
→ 경쟁할 수 있는 능력

명 능력, 역량 유 capability, ability

★ **competent** 형 유능한, 역량 있는 반 incompetent

3 Her **competence** as a designer is not in question.

VOCA VS. VOCA 유능한

able 뛰어난 능력을 지닌 (p.198)
4 Simon is an *able* man.

capable 일을 하는 데 필요한 능력과 자질이 있는 (p.121)
5 She is *capable* of making the decision herself.

competent 특정한 일을 하는 데 충분한 능력을 지닌
6 a *competent* interpreter

5 결정을 내리기 전에 전문가와 이야기해라. 6 위험을 각오하고 그 지역에 들어가시오.(위험하니 들어가지 말라는 뜻) 7 마침내, 우리의 목숨을 건 여행이 끝났다. / 1 너는 최고의 선수들과 경쟁하게 될 것이다. 2 우린 팀이 아니야. 이건 시합이라고! 3 디자이너로서의 그녀의 능력은 의심의 여지가 없다. 4 Simon은 유능한 사람이다. 5 그녀는 그 결정을 스스로 내릴 수 있다. 6 유능한 통역가

petition [pətíʃən]
petit(=seek) + ion(명접)
→ 구함 → 간청, 청원

명 탄원(서), 청원, 간청
동 탄원하다, 청원하다

7 The organization brought a **petition** against the restrictions to the city council.

---

appetite [ǽpətàit]
ap(=ad:to) + pet(=seek) + ite(어미)
→ seeking after …을 추구함
→ …에 대한 강한 욕구 → 식욕; 욕구

명 1 식욕, 시장기
2 욕구, 욕망 유 desire

appetizer 명 (식전에 먹는) 식욕을 촉진시키는 음식, 애피타이저

8 I've lost my **appetite** lately.

★★
repeat [ripíːt]
re(=back) + peat(=go to)
→ go back to 다시 돌아가다

동 1 반복하다 2 따라 말하다, (…에게) 말을 옮기다

★ **repeatedly** 부 되풀이해서
유 over and over, again and again
repetition 명 반복, 되풀이
repetitive 형 반복되는, 반복적인

repeat!
repeat!

9 I'm sorry, could you **repeat** that?
10 Try **repeatedly** until you succeed.
11 **Repetition** is common in popular music because **repetitive** lyrics are easier to sing along with.

phan (변화형 phas, phen, fan, pan) >> 보이다 (show)

★★
emphasize [émfəsàiz]
em(=en:in) + phas(=show) + ize(동접)
→ 속의 것을 나타내 보이다 → 강조하다

동 강조하다, 중요시하다 유 stress

★★ **emphasis** 명 《복수형 emphases》
《+ on》 강조, 중요시

$a^2+b^2=c^2$
A
B
C
a
b
c

1 His mother **emphasized** the importance of good manners.
2 My teacher doesn't place great **emphasis on** pronunciation.

★
phase [feiz]
phase(=show) → 보이는 면

명 국면, 양상, (발전의) 단계
동 단계적으로 실행하다

3 The first **phase** of the experiment has been completed.
4 The new standard will be **phased** in over the next several years.

7 그 단체는 규제에 반대하는 탄원서를 시 의회에 가져갔다. 8 나는 요즘에 식욕을 잃었다. 9 미안하지만, 다시 한번 말씀해주시겠습니까? 10 성공할 때까지 계속 시도해라. 11 인기 있는 음악에는 반복이 흔히 나타나는데 반복적인 가사가 따라 부르기 더 쉽기 때문이다. / 1 그의 어머니는 올바른 예절의 중요성을 강조했다. 2 나의 선생님은 발음에 큰 중점을 두지 않으신다. 3 실험의 첫 번째 단계가 완료되었다. 4 새로운 기준이 향후 몇 년에 걸쳐 단계적으로 시행될 것이다.

★
phenomenon
[finɑ́ːmənən]

pheno(=show) + menon(명사형 어미)
→ 나타난 것

명 《복수형 phenomena》 현상, 사건

phenomenal 형 경이로운, 놀랄 만한
유 extraordinary, outstanding, remarkable

5 An aurora is a commonly photographed natural **phenomenon**.
6 COVID-19 changed the world at a **phenomenal** speed.

---

fancy [fǽnsi]

fantasy(공상, 환상)의 축약형
→ (환상적으로) 화려한 → 고급스러운
※ **fan**tasy: fan(=show) + tasy(명사형 어미) → (실제로 없는 것을) 보이게 함
→ 공상, 환상

형 1 장식적인, 화려한 2 고급의, 비싼
명 《BrE》 1 선호 2 (…에 대한) 이성적인 호감
동 《BrE》 1 좋아하다, …이 마음에 들다
2 (…에게) 이성적인 감정을 느끼다

7 A: Is this dress too **fancy**?
B: No, it's perfect for a **fancy** club.
8 Do you **fancy** a walk in the park?

⊕ more with
phan

phantom (실재하지 않는데 보이는 것) 명 유령, 환상
pant (헛것을 본 듯 괴롭게 호흡하다) 동 숨을 헐떡이다 명 숨참, 헐떡임

DAY 40 잘 외워지지 않는 단어 복습 ○-○-○

단어	뜻	단어	뜻
○		○	
○		○	
○		○	

5 오로라는 흔히 사진에 포착되는 자연 현상이다. 6 코로나19가 세상을 경이로운 속도로 바꿨다. 7 A: 이 드레스 너무 화려하니? B: 아니야, 고급 클럽에 딱 어울려. 8 공원에서 산책하는 것을 좋아하니?

Matching Game

※ QR코드를 스캔하여 Matching Game을 한 후 점수를 기록해보세요.

My Scoreboard

	1차 시도	2차 시도	3차 시도
8000점 이상 (나이스 샷!)			
7000~7999 (게임 좀 하네.)			
6000~6999 (방심하면 내려간다!)			
5000~5999 (포기하긴 아까워.)			
4999점 이하 (도전 정신 칭찬해.)			

※ Matching Game 후 틀린 단어 또는 잘 외워지지 않는 단어를 써보세요.

	단어	뜻		단어	뜻
○			○		
○			○		
○			○		
○			○		
○			○		

클래스카드

plaud (변화형 plod) >> 박수치다 (clap hands)

applaud [əplɔ́:d]
ap(=ad:to) + plaud(=clap hands)
→ …에게 박수를 보내다

동 1 (공연·연설 등에) 박수갈채하다 유 clap
2 (결정·생각 등을) 칭찬하다 유 praise

applause 명 박수갈채

1 A: Why do you keep **applauding** such a bad play?
B: To stay awake.

★ explode [iksplóud]
ex(=out) + plode(=clap hands)
→ (무대가 떠나갈 정도로) 폭발적으로 박수치다 → 폭발시키다

동 1 폭발하다; 폭발시키다 유 blow up, blast
2 (수·양·감정 등이) 크게 증가하다, 폭발하다

★ **explosion** 명 1 폭발, 파열 2 폭발적 증가
explosive 형 폭발성의, 폭발하기 쉬운, 폭발적인 명 폭약

2 The bomb **exploded** with a terrible force.
3 a nuclear **explosion**

ple (변화형 pl(i), ply, plen) >> 채우다 (fill)

★★ complete [kəmplí:t]
com(「강조」) + plete(=fill)
→ 완전히 채워진 → 완전한

형 1 전체의, 전부의 유 whole, total 2 완전한, 완성된 반 incomplete
동 1 끝내다, 완성하다 2 (서류 등을) 작성하다 유 fill out

★★ **completely** 부 완전히 유 totally
★ **completion** 명 완성, 완료, 달성

1 a **complete** success[failure]
2 The reconstruction work will be **completed** next year.

---

complement
com(「강조」) + ple(=fill) + ment(명접)
→ filling up (부족한 것을) 채워서 완전하게 함

명 [kɑ́:mpləmənt] 보충물, 보완하는 것
동 [kɑ́:mpləmènt] 보완하다, 보충하다

complementary 형 상호 보완적인, 어울리는

3 A skilled chef knows how to choose ingredients that **complement** each other.

1 A: 너는 이렇게 형편없는 연극에 왜 계속 박수를 치는 거야? B: 깨어 있으려고. 2 폭탄은 엄청난 위력으로 폭발했다. 3 핵폭발 / 1 완전한 성공[실패] 2 복원 공사는 내년에 완공될 예정이다. 3 숙련된 요리사는 서로 보완하는 재료를 고르는 법을 안다.

★

implement

im(=in) + ple(=fill) + ment(명접)
→ filling in 안에 채워 넣음, 실행
→ (실행하는 데 필요한) 기구

명 [ímpləmənt] **도구, 연장, 용구** 유 tool, instrument

동 [ímpləmènt] **(정책·계획 등을) 실행[이행]하다** 유 carry out

implementation 명 이행, 실행

implemental 형 도구의, 도구가 되는; 도움이 되는

4 farming **implements**

5 The new rules will be **implemented** next month.

6 Experts can play a large role in the creation and **implementation** of a policy.

VOCA VS. VOCA 기구, 도구

tool 손을 놀려서 쓰는 기구

7 a carpenter's *tool*

implement 어떤 일을 하기 위해 쓰는 도구

8 a gardening *implement*

instrument 정밀한 과학 기구나 악기 p.345

9 musical *instruments*

appliance 주로 가전제품

10 electrical *appliances*

utensil 주로 부엌에서 쓰는 기구 p.377

11 kitchen[cooking] *utensils*

compliment

com(「강조」) + pli(=fill) + ment(명접)
→ 상대의 (욕구를) 채워줌 → 칭찬하기
※ complement와 어원은 같으나 구체적인 의미는 다름

명 [kɑ́:mpləmənt] **칭찬, 찬사**

동 [kɑ:mpləmènt] **칭찬[찬양]하다** 유 praise 반 criticize

12 Thank you for your **compliment**.

★★

accomplish

[əkɑ́:mpliʃ]

ac(=ad:to) + com(「강조」) + pl(=fill) + ish(동접) → …을 완전히 채우다
→ 완성하다

동 **(임무 등을) 이루다, 성취하다, 완성하다** 유 achieve, fulfill《또는 fulfil》

accomplishment 명 업적, 성취, 완성

13 A lazy man can never **accomplish** anything.

14 It's an **accomplishment** you can be proud of.

4 농기구 5 새 규칙은 다음 달에 시행될 것입니다. 6 전문가들은 정책의 생성과 이행에 큰 역할을 할 수 있다. 7 목수의 연장 8 정원 기구 9 악기 10 전자 제품 11 주방[조리] 기구 12 칭찬의 말씀 감사합니다. 13 게으른 사람은 결코 어느 것도 성취할 수 없다. 14 그것은 네가 자랑스러워할 만한 업적이다.

★★
supply [səplái]

sup(=sub:from below, up) + ply(=fill)
→ filling up (가득) 채워줌

명 1 공급(량) 2 보급품, 생활 필수품
동 (물건을) 공급하다 유 provide 반 demand

15 **supply** and demand
16 They **supplied** the victims **with** food and clothing.

plus + · supply A with B: A에게 B를 공급하다 (=provide A with B)

★★
plenty [plénti]

plen(=fill) + ty(명접)
→ 가득함

명 풍부함, 넉넉함

plentiful 형 풍부한, 넉넉한 유 abundant, sufficient

17 This job requires **plenty of** hard work.

plus + · plenty of: …이 많은, 충분한 (※ 수·양 모두에 사용)

pleas (변화형 plea) >>> 기쁘게 하다 (please)

★★
please [pli:z]

라틴어 placere(=호감을 얻다, 인정받다)에서 온 말

동 기쁘게 하다, 만족시키다 반 displease(불쾌하게 하다)
부 감 제발, 아무쪼록

★ **pleased** 형 기뻐하는, 만족하는
pleasing 형 기쁨을 주는, 만족스러운
★ **pleasant** 형 즐거운, 기분 좋은 반 unpleasant
pleasure 명 기쁨, 즐거움 유 delight 반 displeasure

1 People can gain satisfaction when they notice that their presence **pleases** other people.
2 A: It was a very **pleasant** evening.
B: Thank you. It was our **pleasure**. We'll be very **pleased** if you come again.

★
plead [pli:d]

- pleaded - pleaded
《또는 - pled - pled》
※ please와 어원이 같음
→ 인정을 받기 위해 의견을 내다
→ 탄원하다, 변명하다

동 1 《+ with》 (…에게) 간청[탄원]하다 유 beg
2 (소송에서) 주장[변론]하다

plea 명 1 간청, 탄원
2 (소송에서의) 항변, 주장

3 I **pleaded with** her not to leave me.
4 He **pleaded** innocent to the charges.

15 공급과 수요 16 그들은 피해자들에게 음식과 옷을 공급했다. 17 이 일은 많은 노력을 필요로 한다. / 1 사람들은 자신의 존재가 다른 사람들을 기쁘게 한다는 것을 알게 되면 만족감을 얻을 수 있다. 2 A: 매우 즐거운 저녁이었습니다. B: 고맙습니다. 오히려 저희가 즐거웠습니다. 또 오시면 좋겠습니다. 3 나는 그녀에게 떠나지 말라고 애원했다. 4 그는 그 혐의에 대해 무죄를 주장했다.

plic (변화형 plex, ply, plo(y), ploit) » 1 접어 겹치다 (fold) 2 짜다 (weave)

DAY 41

complicate
[kά:mpləkèit]

com(=together) + plic(=fold) + ate(동접) → 함께 포개지게 하다

동 복잡하게 하다

★ **complicated** 형 복잡한, 뒤얽힌 유 complex 반 simple

1 Your comments have only **complicated** the situation.
2 The instructions were too **complicated** for me.

simplicity [simplísəti]

sim(=one) + plic(=fold) + ity(명접) → 한 겹 → 간단함

명 단순함, 간단함 반 complexity

simplify 동 단순화하다, 간단하게 하다
simplification 명 단순화, 간소화

3 His style is characterized by **simplicity**.

★★ complex

com(=together) + plex(=weave) → 함께 짜인 (것) → 서로 얽혀 복잡해진 (것)

형 [kəmpléks] 1 복잡한 유 complicated 반 simple
2 복합의, 합성의

명 [kά:mpleks] 1 건물 단지, 복합건물 2 복합체, 합성물
3 (정신적) 콤플렉스, 강박관념

★★ **complexity** 명 복잡성, 복잡함

4 My feelings for him are **complex**.
5 The **complexity** of the situation prevented them from finding an easy solution to their problem.

perplex [pərpléks]

per(=thoroughly) + plex(=weave) → (상황을) 복잡하게 짜이게 하다

동 (사람을) 당황[난처]하게 하다 유 puzzle

perplexed 형 당황한, 어리둥절한

6 We were **perplexed** by the complicated puzzle.

★★ imply [implάi]

im(=in) + ply(=fold) → fold in (뜻을) … 안으로 접어 넣다 → 내포하다

동 내포[함축]하다, 암시하다, 넌지시 비추다 유 suggest

implication 명 1 ((주로 복수형)) (행동·결정의) 영향
2 함축, 암시

7 Are you **implying** that he is not competent enough for the job?
8 His silence **implies** that he agrees.

1 너의 말은 상황을 복잡하게 만들 뿐이었다. 2 그 설명은 나에게 너무 복잡했다. 3 그의 문체는 간결함으로 특징지어진다. 4 그에 대한 내 감정은 복잡하다. 5 상황이 복잡해서 그들은 문제의 쉬운 해결책을 찾지 못했다. 6 우리는 그 복잡한 퍼즐 때문에 당황했다. 7 그가 그 일을 하기에 충분한 능력이 없다는 말씀이십니까? 8 그의 침묵은 그가 동의한다는 것을 암시한다.

★★ 핵심 다의어

apply [əplái]

ap(=ad:to) + ply(=fold)
→ …에 포개다 → 대보다 →
┌ 사물을 맞춰보다 → **적용[응용]하다**
│ → **바르다**
└ 자신을 맞춰보다 → **지원하다**

동 1 《+ for/to》 지원하다, 신청하다
2 (방법·이론·규칙 등을) 적용하다, 응용하다
3 《+ to》 영향을 미치다, 적용되다 4 (연고·물감 등을) 바르다

★★ **application** 명 1 지원, 신청 2 적용, 응용 3 붙임, 바름 4【컴퓨터】응용프로그램, 앱

applicant 명 지원자, 신청자, 응모자

9 If you want to **apply for** the job, you must first get an **application** form from the company.
10 The ban on smoking has **applied to** restaurants and bars.
11 He was the only **applicant** for the position.

★

diplomatic [dìpləmǽtik]

di(=two) + plo(=fold) + matic(형접)
→ 둘을 접어 합친 것 → (두 나라 간의) 공문서 → 국제 관계에 적용되는

형 1 외교(상)의 2 외교에 능한, 외교적 수완이 있는

diplomat 명 외교관
diplomacy 명 1 외교 2 외교적 수완
diploma 명 1 (대학에서 밟는) 과정 2 과정 수료증

12 The two countries established **diplomatic** relations in 1962.

★★

employ [implɔ́i]

em(=en:in) + ploy(=fold)
→ 안으로 (접어) 넣다 → 고용하다

동 1 (사람을) 고용하다 유 hire 2 (물건을) 사용하다

★★ **employer** 명 고용주, 사용자, 주인
★★ **employee** 명 피고용자, 종업원 유 worker
★★ **employment** 명 고용(률), 일자리
★ **unemployment** 명 실업(률), 실직
★ **unemployed** 형 실직한, 일자리를 잃은

13 **Unemployment** is getting worse. **Employers** are reducing their staff, and they're not **employing** any new people.

★

exploit

ex(=out) + ploit(=fold)
→ 접힌 것을 펼쳐 밖으로 선보이다 → 위업, 성취 → 성취하기 위해 최대한 이용하다

동 [iksplɔ́it] 1 (사람·상황 등을 부당하게) 이용하다, (노동력을) 착취하다
2 (자연·자원 등을) 개발하다, 이용하다

명 [éksplɔit] 위업, 공적; 묘기

exploitation 명 1 착취 2 개발

14 The company was sued for **exploiting** its workers.

---

[9] 네가 그 일자리에 지원하고자 한다면, 우선 그 회사로부터 지원서를 받아야 한다. [10] 금연(정책)은 식당과 술집에 적용되었다. [11] 그는 그 직책의 유일한 지원자였다. [12] 두 나라는 1962년에 수교했다. [13] 실업 문제가 점점 더 심각해지고 있다. 고용주들이 직원을 줄이면서, 새로운 사람들을 고용하지는 않고 있다. [14] 그 회사는 근로자들을 착취한 것으로 고소당했다.

plor >>> 외치다, 울다 (cry)

★★
explore [ikspl5ːr]

ex(=out) + plore(=cry)
→ (사냥감을 찾아 개가) 계속 짖다
→ search out (조사 등으로) 찾아내다

동 1 탐험하다
2 탐구하다, 연구하다

explorer 명 탐험가, 답사자
★ **exploration** 명 탐험, 답사

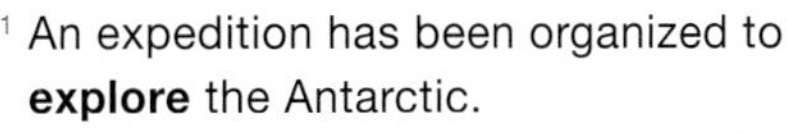

1 An expedition has been organized to **explore** the Antarctic.
2 Humans have yet to fully **explore** the depths of the ocean.
3 space **exploration**

DAY 41 잘 외워지지 않는 단어 복습

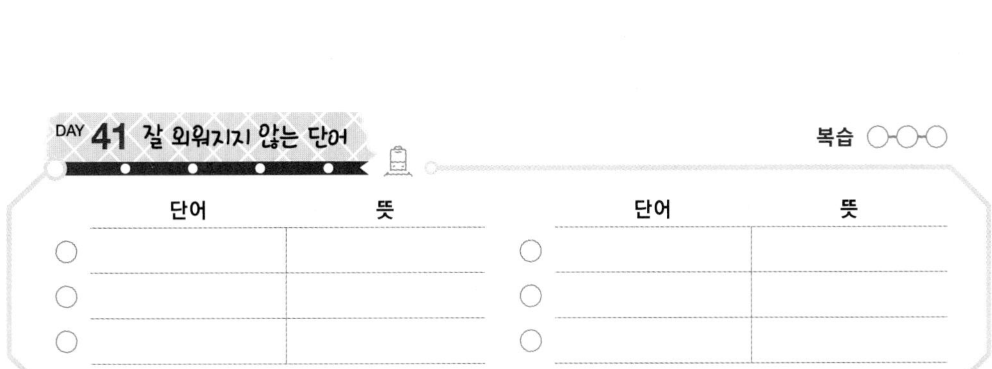

1 남극을 탐험하기 위해 탐험대가 조직되었다. 2 인간은 아직 심해를 완전히 탐구하지 못했다. 3 우주 탐험

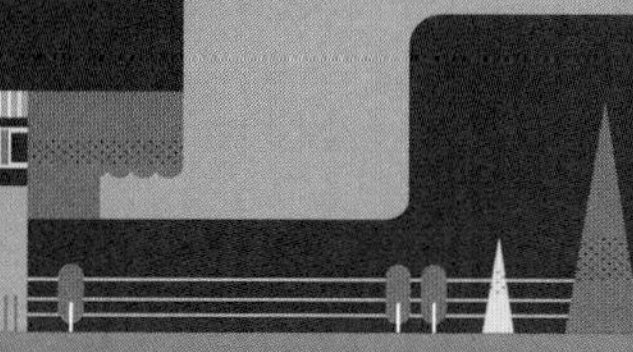

polit (변화형 polic, polis)  1 시민 (citizen) 2 도시 (city)

★★
political [pəlítikəl]

polit(=citizen) + ical(형접)
→ 시민의 → 국민의 → 국가 정치의

형 1 정치(상)의 2 정치적인

** **politics** 명 《단수 취급》 정치(학)
politician 명 정치인

1 A: The nation is having **political** difficulties.
B: It's probably due to the corruption of the **politicians**.

VOCA VS. VOCA 정치인

politician 이익을 위해 사람·상황을 잘 이용하는 (의회에 속한) 정치인
2 The *politician* decided to run for president.

statesman 정치·국가적 지도자. 현명하고 공정해 존경받는 정치인 (p.332)
3 He is considered a *statesman* by his colleagues.

★★
policy [pá:ləsi]

polic(=city) + y(명접)
→【원뜻】administration of a city
시의 행정 → 정책

명 1 (정당·국가 등의) 정책, 방책, 방침
2 보험 증권

4 diplomatic[foreign] **policy**
5 The department store has a strict return **policy**.

---

metropolis [mətrá:pəlis]

metro(=mother) + polis(=city)
→ mother city 모체가 되는 도시

명 대도시, (인구·문화 등의) 중심지

metropolitan 형 대도시의, 주요 도시의

6 Seoul is a highly populated **metropolis**.
7 This is the best place for pizza in **metropolitan** Chicago.

1 A: 그 나라는 정치적인 어려움을 겪고 있어. B: 그것은 아마도 정치인들의 부패 때문일 거야. 2 그 정치인은 대통령에 출마하기로 결심했다. 3 그는 동료들에게 (존경받는) 정치인으로 여겨진다. 4 외교 정책 5 그 백화점은 엄격한 환불 정책이 있다. 6 서울은 인구 밀도가 매우 높은 대도시이다. 7 이곳은 시카고 대도시권에서 피자가 가장 맛있는 곳이다.

popul (변화형 publ) » 사람들 (people)

★★
popular [pά:pjələr]
popul(=people) + ar(형접)
→ 사람들의, 사람들이 좋아하는
→ 인기 있는, 대중적인

형 1 인기 있는 반 unpopular 2 대중적인, 대중의

★ **popularity** 명 1 인기 2 대중성

1 a **popular** song
2 This lecture focuses on arts, media, and **popular** culture.

★
populate [pά:pjəlèit]
popul(=people) + ate(동접)
→ 사람들이 있게 하다 → 거주시키다

동 (사람을) 거주시키다; (…에) 살다, 거주하다

★★ **population** 명 1 인구 2 (일정 지역의) 전체 주민

3 a densely **populated** area
4 What[How large] is the **population** of Daegu?

★★
public [pʌ́blik]
publ(=people) + ic(형접)
→ 여러 사람의, 공공의

형 1 공공의, 일반 대중의 2 공적인, 공사(정부·국가)의 반 private
3 공공연한, 공개된
명 ((the +)) 대중, 일반 사람들

★ **publicity** 명 1 평판, 널리 알려짐 2 광고, 선전, 홍보

5 **public** education
6 That's something you should say in private, not in **public**.
7 a **publicity** campaign

★★
publish [pʌ́bliʃ]
public과 같은 어원에서 make public (공표하다)의 뜻으로 발전

동 1 출판[발행]하다 2 (작품·정보 등을) 발표[공표]하다

★★ **publication** 명 1 출판, 발행 2 발표, 공표
publisher 명 출판인, 출판사

8 Richard Bolles' best selling job search book was first **published** in 1970.
9 The election results will be **published** soon.

★★
republic [ripʌ́blik]
re(=res:thing) + public
→ public thing 공공의 것

명 공화국, 공화 정치 체제

10 Switzerland is one of the oldest surviving **republics**.

1 유행가 2 이 강의는 예술과 매체, 대중문화를 중심으로 한다. 3 인구 밀집 지역 4 대구의 인구는 얼마입니까? 5 공교육 6 그것은 공적이[사람들 앞에서가] 아니라 사적으로 말해야 하는 것이다. 7 홍보 활동 8 Richard Bolles의 가장 잘 팔리는 직업 찾기 책은 1970년에 처음 출판되었다. 9 선거 결과가 곧 발표될 것이다. 10 스위스는 현존하는 가장 오래된 공화국 중의 하나이다.

port >>> 1 운반하다 (carry) 2 항구 (harbor)

★★
export
ex(=out) + port(=carry)
→ 밖으로 실어나르다

동 [ekspɔ́:rt] 1 수출하다 2 (사상 등을) 다른 나라에 소개하다[전하다]
명 [ékspɔ:rt] 수출(품)

1 The economic policy of the government encourages **exports** and discourages imports.

★★
import
im(=in) + port(=carry)
→ 안으로 나르다

동 [impɔ́:rt] 수입하다
명 [ímpɔ:rt] 수입(품)

2 If we **import** much more than we can export, our economy will be in trouble.
3 **import** restriction[control/regulation]

★
transport
trans(=across) + port(=carry)
→ 이쪽에서 저쪽으로 운반하다

동 [trænspɔ́:rt] 수송[운송]하다 유 convey
명 [trǽnspɔ:rt] 1 수송[운송] 2 《*BrE*》 운송 수단, 수송 기관

⋆ **transportation** 명 《*AmE*》 운송 (수단), 수송 (기관)

4 They were able to **transport** many heavy goods because of the new **transportation** system.

portable [pɔ́:rtəbəl]
port(=carry) + able(형접:「가능」)
→ 운반할 수 있는

형 휴대용의, 가지고 다닐 수 있는

5 I asked Jeff to bring his **portable** speaker, so we can play music at the party.

★★
opportunity
[ɑ̀:pərtú:nəti]
op(=ob:to) + port(=harbor) + un(e)(형접) + ity(명접)
→ 【원뜻】 (배가) 항구로 들어갈 수 있는 기회

명 (좋은) 기회, 호기 유 chance

6 equal educational **opportunity**
7 You'll regret it if you don't take this **opportunity**.

1 정부의 경제 정책은 수출을 장려하고 수입을 억제한다. 2 수출보다 수입을 훨씬 더 많이 한다면, 우리 경제는 곤경에 처할 것이다. 3 수입 규제 4 새로운 운송 체계 덕분에 그들은 많은 무거운 상품들을 수송할 수 있었다. 5 나는 파티에서 음악을 틀 수 있도록 Jeff에게 휴대용 스피커를 가져와 달라고 부탁했다. 6 균등한 교육 기회 7 이 기회를 잡지 못하면 너는 후회할 거야.

pos (변화형 pon, pound) 》 놓다 (put, place)

★
pose [pouz]
고대 프랑스어 poser(=put in position 위치를 잡다)에서 온 말

동 1 (이의·문제·위험 등을) 제기하다, 야기하다 2 포즈[자세]를 취하다
명 1 포즈, 자세 유 posture 2 꾸민 태도, 겉치레

1 After the wedding, we all **posed** for a photograph.

혼동어휘 · pause: 잠시 멈추다, 정지시키다; 멈춤

★★
position [pəzíʃən]
posit(=place) + ion(명접)
→ 놓은 곳, 위치

명 1 위치, 자리 유 place 2 입장, 처지
3 일자리, 직위 유 post
동 …에 배치하다, 자리를 잡다

2 I was offered a **position** at an engineering firm last week.
3 Global **Positioning** System(GPS)

★★
positive [pɑ́:zətiv]
posit(=place) + ive(형접)
→ 자리가 결정된
→ (확실하다고) 긍정하는; 분명한

형 1 긍정적인, 적극적인 반 negative
2 분명한, 확신하는
3 승낙의, 찬성의
4【수학】양수의;【의학】양성인;【전기】양극의

4 You always tend to be negative. Please try to be more **positive**.

★★ 핵심 다의어
post [poust]
post(=place) → 두다 →
- 두는 곳 → **위치**
- 소식을 전할 전달자를 곳곳에 배치함 → **우편(을 보내다)**
- 자리에 사람을 배치함 → **직책(에 배치하다)**

※ '**기둥, 게시하다**'의 의미:
po(=pro:forward) + st(=sta:stand)
→ 앞에 보이게 세우는 것 → **기둥**
→ 기둥에 붙여 알리다 → **게시하다**

명 1 우편(물) 유 mail 2 직책, (근무) 직 유 position
3 위치 4 기둥 5 신문의 이름 (e.g. Washington Post)
동 1 우편물을 발송하다 2 (근무지에) 배치하다
3 (게시판·웹사이트 등에) 게시하다, 올리다

postage 명 우편 요금
poster 명 1 포스터, 벽보 2 게시자

5 There's an advertisement for tutoring services **posted** on the bulletin board.
6 All winning entries will be **posted** on the official website.
7 If you mail all this abroad, the **postage** will cost a lot.

1 결혼식 후에, 우리 모두는 사진을 찍기 위해 포즈를 취했다. 2 나는 지난주에 엔지니어링 회사에서 일자리를 제안받았다. 3 위성 위치 확인 시스템 4 너는 항상 부정적인 경향이 있어. 제발 좀 더 긍정적이 되도록 노력해 봐. 5 과외 교습에 관한 광고가 게시판에 붙어 있다. 6 수상작들은 모두 공식 웹사이트에 게시될 것입니다. 7 이것을 모두 해외로 발송하면 우편 요금이 많이 들 것이다.

★
deposit [dipɑ́:zit]

de(=down) + posit(=put)
→ put down 두다 →
┌ (계좌에) 두다 → 예금(하다)
└ (…에) 쌓아 두다 → 퇴적(시키다)

명 1 계약금, 예약금, 보증금; (은행) 예금(액) 2 퇴적물, 침전물
동 1 (물건 등을) 놓다, …에 두다
2 예금하다 반 withdraw
3 퇴적시키다, 침전시키다

8 You have to pay a **deposit** to use a locker for a day.
9 a savings **deposit**
10 Please **deposit** your valuables in the hotel's safety **deposit** box.

---

impose [impóuz]

im(=in:on) + pose(=put)
→ … 위에 놓다 → (책임 따위를) 지우다

동 1 (의무·세금·벌 등을) 부과하다 2 강요하다

11 In order to protect domestic industry, very high tariffs are sometimes **imposed on** some imports.

plus + · impose A on B: B에게 A를 부과하다, 강요하다

★★
purpose [pə́:rpəs]

pur(=pro:before) + pose(=put)
→ 앞에 놓고 목표로 삼는 것

명 목적, 의도, 의향 유 intention, aim, objective

12 The main **purpose** of the meeting was to gather useful information.
13 A: Did he break it by accident?
B: No, he did it **on purpose**.

plus + · on purpose: 고의로, 일부러 (=intentionally, deliberately)

★★
oppose [əpóuz]

op(=ob:against) + pose(=put)
→ …에 대항하여 반대 방향으로 두다
→ 반대하다

동 1 …에 반대하다 2 …에 저항하다, 대립하다

** **opposite** 형 1 정반대의, 다른 2 반대쪽의, 마주 보는
명 반대의 사람[물건]
** **opposition** 명 1 반대
2 《the +》 상대방, 반대파, 야당

14 He **was opposed to** the idea because it could have the **opposite** effect.
15 The bill faced strong **opposition**.

plus + · be opposed to: …에 반대하다

[8] 하루 동안 보관함을 사용하려면 보증금을 내야 합니다. [9] 저축 예금 [10] 귀중품은 호텔의 귀중품 보관함에 넣어 두도록 하세요. [11] 국내 산업을 보호하기 위해 때때로 매우 높은 관세가 일부 수입품에 부과된다. [12] 그 회의의 주요 목적은 유용한 정보를 수집하는 것이었다. [13] A: 그가 그것을 우연히 깬 거야? B: 아니, 일부러 깼어. [14] 역효과가 있을 수 있기 때문에 그는 그 아이디어에 반대했다. [15] 그 법안은 강한 반대에 부딪쳤다.

★★
suppose [səpóuz]
sup(=sub:under) + pose(=place) → 아래에 놓다 → 아래에 놓고 생각해보다

동 1 추측하다, 생각하다 유 guess 2 가정하다

supposedly 부 추정상, 아마

[16] A: **Suppose** you were offered the job — would you accept?
B: I don't think so. I'**m supposed to take** another one.

plus+ · be supposed to-v: …하기로 되어 있다, …할 것으로 기대되다

★★
component [kəmpóunənt]
com(=together) + pon(=put) + ent(형접) → 함께 놓인 것 → 구성 성분

명 구성 요소, 성분
형 구성하는

[17] Trust is a fundamental **component** of a good marriage.

★
opponent [əpóunənt]
op(=ob:against) + pon(=place) + ent(명접) → 반대편에 선 사람

명 (싸움·논쟁 등의) 상대, 적, 반대자

[18] She has a distinct advantage over her **opponent**.

★
compound
com(=together) + pound(=put) → 함께 놓다 → 혼합하다

동 [kəmpáund] 1 혼합하다, 합성하다
2 《주로 수동태로》 (좋지 않은 일을) 악화시키다
명 [kɑ́:mpaund] 합성물, 합성어
형 [kɑ́:mpaund] 합성의

[19] It was a problem **compounded** of laziness and wasteful spending.
[20] Our economic difficulties have been **compounded** by soaring oil prices.

DAY 42 잘 외워지지 않는 단어 복습

단어	뜻	단어	뜻

[16] A: 만약 네가 그 일을 제의 받는다고 생각해 봐. 받아들일 거야? B: 그러지 않을 것 같아. 나는 다른 일을 맡기로 되어 있어. [17] 신뢰는 훌륭한 결혼 생활의 중요한 요소이다. [18] 그녀는 상대에 비해 뚜렷한 강점이 있다. [19] 이는 게으름과 낭비벽이 혼합된 문제였다. [20] 우리의 경제적 어려움은 치솟는 유가로 더욱 악화되었다.

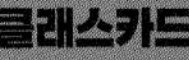

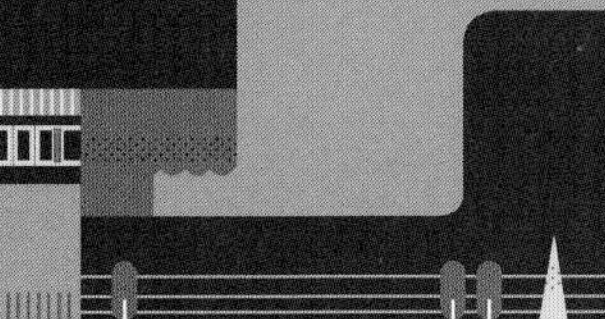

poss (변화형 pot) ≫ …할 수 있다 (be able)

★★
possible [pɑ́:səbəl]

poss(=be able) + ible(형접:「…할 수 있는」) → 가능한

형 가능한, 있을 수 있는 반 impossible

★★ **possibility** 명 가능성, 가망
★★ **possibly** 부 아마도, 어쩌면, 혹시 유 perhaps, maybe

1 A: Do you think there is a **possibility** of life on Mars?
B: Yes, I think it is **possible**.

plus + · as … as possible: 가능한 한 …하게

★★
possess [pəzés]

poss(=be able) + sess(=sit 앉다) → (마음대로) 앉을 수 있다 → … 위에 앉아 소유를 표시하다 → 소유하다

동 1 가지다, 소유하다 유 own, have
2 (감정·생각 등이) 지배하다, …의 마음을 사로잡다

★ **possession** 명 1 소유(물) 2 (마약·무기 등의) 불법 소지
3 속국, 점령지

2 They **possess** a great fortune.
3 When she couldn't pay her debts, the bank **took possession of** her property.

plus + · take possession of: …을 점유[점령]하다

VOCA VS. VOCA 가지다, 소유하다

have '가지다, 소유하다'라는 뜻의 가장 일반적인 말
4 Excuse me, do you ***have*** change for a dollar?

possess 주로 '중요하거나 소중한 것 또는 특이한 것을 소유하다'라는 의미로 누군가의 소유라는 느낌이 강조되는 격식체 표현
5 The country ***possesses*** nuclear arms.

own 돈을 지불해서 법적인 소유권을 가지다
6 More and more people ***own*** their own vehicles.

1 A: 화성에 생명체가 있을 가능성이 있다고 생각하니? B: 응, 나는 그게 가능하다고 생각해. 2 그들은 많은 재산을 소유하고 있다. 3 그녀가 빚을 갚을 수 없게 되자, 은행은 그녀의 재산을 압류했다. 4 실례합니다만, 1달러를 바꿀 잔돈을 가지고 계십니까? 5 그 나라는 핵무기를 보유하고 있다. 6 점점 더 많은 사람이 차량을 소유하고 있다.

★★ **potential** [pəténʃəl]

pot(=be able) + ent(형접) + ial(형접)
→ 할 수 있는 (가능성)

형 잠재적인, 가능성 있는
명 잠재력, 가능성

7 Be aware of **potential** problems.
8 Many people never achieve their full **potential**.

preci (변화형 prais, pric)  값 (price)

★ **precious** [préʃəs]

preci(=price) + ous(형접)
→ 값진

형 1 귀중한, 소중한 유 valuable
2 값비싼 유 costly

1 Nothing is so **precious** as time.

★★ 핵심 다의어 **appreciate** [əpríːʃièit]

ap(=ad:to) + preci(=price) + ate(동접)
→ …에 대해 가치[값]를 평가하다 →
- (…의 가치를) **이해하다**
- (도움 등의 가치를) 이해하다 → **고맙게 여기다**
- (작품 등의 가치를) 이해하다 → **감상하다**

동 1 이해하다, 알다, 깨닫다 유 realize
2 고맙게 여기다
3 감상하다, 진가를 알다[인정하다]

* **appreciation** 명 1 감상, 진가의 인정 2 감사 3 이해, 평가

2 I **appreciate** your kindness.
3 His works were not **appreciated** until after his death.

★ **praise** [preiz]

praise(=price)
→ 값[가치]을 인정하다

동 칭찬하다, 찬양하다 반 criticize(비판하다)
명 칭찬

4 Children respond best when **praised** rather than criticized.

priceless [práislis]

price(값) + less(형접:「… 없는」)
→ 값을 헤아릴 수 없는

형 매우 귀중한, (너무 귀하여) 값을 매길 수 없는 유 invaluable

5 Love is a **priceless** thing.

7 잠재적인 문제점들을 인식하고 있어라. 8 많은 사람이 자신의 잠재력을 최대한으로 발휘하지 못한다. / 1 시간만큼 소중한 것은 없다. 2 당신의 친절에 감사 드립니다. 3 그의 작품들은 그가 죽은 후에야 비로소 그 진가를 인정받았다. 4 아이들은 꾸중을 들을 때보다 칭찬받을 때 말을 가장 잘 듣는다. 5 사랑은 값을 매길 수 없는 귀중한 것이다.

prehend (변화형 pris, prey)  붙잡다 (take, seize)

★
comprehend
[kɑ̀:mprihénd]

com(=together) + prehend(=seize)
→ (지식을 머릿속에) 함께 붙잡다
→ 파악하다

동 이해하다, 파악하다 유 understand, grasp

★ **comprehension** 명 이해(력) 유 understanding
★★ **comprehensive** 형 포괄적인, 광범위한 유 thorough
★ **comprehensible** 형 이해할 수 있는 반 incomprehensible

1 Though he has a **comprehensive** grasp of English grammar, he can't **comprehend** this simple sentence.

2 reading **comprehension**

---

prison [prízən]

pris(=seize) + on(명사형 어미)
→ 붙잡아 놓기

명 감옥, 형무소 유 jail

prisoner 명 죄수, 포로

3 The bank robber was sent to **prison** for ten years.

---

imprison [imprízən]

im(=in:into) + prison
→ 감옥 안에 넣다

동 투옥하다, 감금하다 유 put in jail, confine

imprisonment 명 투옥 (상태), 감금

4 He was sentenced to be **imprisoned** for life.

★
enterprise [éntərpràiz]

enter(=inter:between)
+ prise(=take) → 손안에 일을 꽉 잡음
→ 과감히 일을 맡음 → (진취적인) 기업(가 정신)

명 1 기업, 회사 2 진취적인 정신
3 (중요하거나 모험적인) 사업, 계획 유 venture

enterprising 형 (사람·행동이) 진취[모험]적인

5 Because its directors were **enterprising**, the company became the largest **enterprise** of its kind.

★★
surprise [sərpráiz]

sur(=super:over) + prise(=take)
→ overtake (갑자기) 덮치다 → 놀라다

동 놀라게 하다 명 1 놀람 2 뜻밖의 일

surprising 형 놀라운, 깜짝 놀랄 만한, 의외의 유 amazing
surprisingly 부 놀랄 정도로, 의외로 유 unexpectedly, unusually

6 He continuously **surprises** me.

7 I didn't anticipate the offer, but it was a welcome **surprise**.

---

1 그는 영문법을 포괄적으로 이해하고 있음에도, 이 간단한 문장의 뜻은 파악할 수 없다. 2 독해 3 그 은행 강도는 10년 동안 수감되었다. 4 그는 종신형을 선고 받았다. 5 회사의 중역들이 진취적이었기 때문에, 그 회사는 동종업계에서 가장 큰 기업이 되었다. 6 그는 끊임없이 나를 놀라게 한다. 7 나는 그 제안을 예상하진 못했지만 그것은 반가운 놀람이었다.

★
prey [prei]

고대 프랑스어 preie(쫓겨서 잡힌 동물)에서 온 말

명 1 먹이 반 predator 2 **희생(물)**

동 《+ (up)on》 1 **잡아먹다** 2 **괴롭히다**

8 Parents worry that their children will **fall prey to** the influence of bad students.

plus + · fall prey to: …의 희생물이 되다

press >>> 누르다 (press)

★★
pressure [préʃər]

press(누르다) + ure(명접)
→ 누르기 → 압력
※ press는 라틴어 pressare(누르다)에서 온 말

명 **압력, 압박(감)**

1 The strong **pressure** of competition forced companies to innovate.
2 high blood **pressure**

DAY 43

★★ **핵심 다의어**
express [iksprés]

ex(=out) + press(누르다)
→ (생각을) 밖으로 밀어내다
→ **표현하다** → 명확하게 드러낸 →
┌ **뚜렷한**
└ 뚜렷이 특정 목적을 위해 만들어진
→ 신속히 사용할 수 있는
→ **급행의; 속달의**

동 (감정·생각을) **표현하다, 나타내다**

형 1 **명시된, 명확한, 뚜렷한** 2 (열차 등이) **급행의**; (우편) **속달의**

명 **급행열차, 고속버스; (우편) 속달**

★★ **expression** 명 1 표현(법) 2 (얼굴) 표정 3 【수학】 식
expressive 형 표현이 풍부한, (감정 등을) 표현하는

3 Words cannot always **express** one's emotions.
4 We took an **express** train[bus] to Busan.
5 The *Mona Lisa* is famous for her mysterious **expression**.

★
impress [imprés]

im(=in:on) + press(누르다)
→ (마음에) 눌러서 자국을 내다

동 1 **깊은 인상을 주다, 감동시키다** 2 (도장 등을) **찍다**

★★ **impression** 명 1 인상, 느낌, 감명 2 자국
★★ **impressed** 형 인상 깊게 생각하는, 감동을 받은
★★ **impressive** 형 인상적인, 감명을 주는

6 He was trying to **impress** his girlfriend with funny jokes.
7 What was your first **impression** of him?
8 I was deeply **impressed** by her speech.
9 an **impressive** scene

8 부모들은 그들의 자녀가 불량 학생들의 영향의 희생양이 될까 봐 걱정한다. / 1 경쟁에 대한 강한 압박으로 회사들은 변화해야 했다. 2 고혈압 3 말로써 항상 사람의 감정을 표현할 수 있는 것은 아니다. 4 우리는 부산행 급행열차[고속버스]를 탔다. 5 〈모나리자〉는 그 신비한 표정으로 유명하다. 6 그는 웃긴 농담으로 여자친구를 감동시키려고 애쓰고 있었다. 7 그 남자 첫인상은 어땠어요? 8 나는 그녀의 연설에 깊은 감명을 받았다. 9 인상적인 장면

oppress [əprés]

op(=ob:against) + press(누르다)
→ …에 대항해 압력을 가하다

동 **억압하다**

oppression 명 억압, 억제

10 The more we are **oppressed**, the more we will resist that **oppression**.

⊕ more with **press**	de**press** (내리 누르다) 동 낙담시키다; 불경기로 만들다 (p.36) sup**press** (아래로 누르다) 동 진압하다; 억제하다; 참다 (p.52) com**press** (함께 누르다) 동 압축하다, 꽉 누르다

prim (변화형 prin, pri)  제1의, 최초의 (first)

★
prime [praim]

라틴어 primus(=first)에서 온 말

형 **가장 중요한, 최상의** 유 chief, primary, main
명 **전성기**

1 The **prime** cause of lung cancer is smoking.
2 Who will be the next **prime minister**?

plus + · prime minister: 수상, (국무) 총리

★★
primary [práimèri]

prim(=first) + ary(형접)
→ 처음의

형 1 **제1의, 주요한** 유 chief, main, prime
2 **최초의, 처음의, 1차적인**
3 **초등의** 유 elementary

★ **primarily** 부 주로, 본래 유 mainly

3 Our **primary** concern is the safety of the students.
4 a **primary** infection
5 a(n) **primary**[elementary/grade] school

★
primitive [prímətiv]

prim(=first) + itive(형접)
→ 최초의, 원시의

형 **원시(시대)의, 원시적인**

6 The Brazilian rain forest is home to many **primitive** tribes.

10 우리가 억압받으면 받을수록, 그 억압에 더욱더 저항할 것이다. / 1 폐암의 주된 원인은 흡연이다. 2 다음 수상은 누가 될까? 3 우리의 주된 관심사는 학생들의 안전이다. 4 1차 감염 5 초등학교 6 브라질의 열대우림은 많은 원시 부족의 보금자리이다.

★★
principal [prínsəpəl]

prin(=first) + cip(=take) + al(형접)
→ 첫째 자리를 차지하는 → 주요한 (사람)

형 **주요한, 으뜸가는** 유 chief, main, prime

명 1 교장, 학장 2 (단체의) 장, 중심인물

7 The **principal** reason for the dismissal is that the employee was irresponsible.

8 Who is the **principal** of your high school?

★★
principle [prínsəpəl]

prin(=first) + cip(=take) + le(명접)
→ 처음을 차지하는 것 → 근본, 원리

명 **원리, 원칙**

9 free market **principles**

10 I support the idea **in principle**.

plus + · in principle: 원칙적으로

★★
prior [práiər]

pri(=first) + or⟨비교급⟩
→ 더 먼저인

형 1 먼저의, 이전의 유 previous
2 …에 우선하는, (…보다) 중요한

⋆ **priority** 명 우선(권)

11 I'd like to meet you today, but I have a **prior** commitment.

12 My first **priority** is to finish my homework.

plus + · prior to: … 전에, 앞서

DAY 43

DAY 43 잘 외워지지 않는 단어 복습 ○-○-○

단어	뜻	단어	뜻

7 해고의 주요 원인은 그 직원이 무책임했기 때문이다. 8 너희 고등학교 교장 선생님은 누구시니? 9 자유 시장의 원리 10 나는 원칙적으로는 그 생각에 동의한다. 11 나는 오늘 너를 만나고 싶지만, 선약이 있어. 12 나의 최우선 순위는 과제를 끝내는 것이다.

44

클래스카드

priv >> 떼어놓다 (separate)

★★
private [práivit]

priv(=separate) + ate(형접)
→ (타인과) 분리된 → 사적인

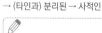

형 1 개인적인, 사적인, 사유의 반 public
2 비밀의

privately 부 1 남몰래, 은밀히 유 in private
2 개인으로서

★ **privacy** 명 사생활, (남의 간섭·눈길 없이) 혼자 있는 상태

1 A: Why did you ask to see me **in private**?
B: Because what I have to say can't be said in public.

2 These days, miniature cameras are sometimes used to invade people's **privacy**.

plus + · in private: 다른 사람이 없는 데서, 비밀리에 반 in public
· an invasion of privacy: 사생활 침해

VOCA VS. VOCA 개인(의)

personal '개인에 관한'이란 뜻의 일반적인 의미로 쓰임

3 Can I ask you a *personal* question?

private '공공의'와 반대되는 의미로, '타인에게 공유되지 않는'의 의미로 사용됨

4 You'd better keep your *private* and public life separate.

individual 각 개인의 독립성·개별적 차이·개성이 강조되는 단어 (p.390)

5 Our constitution is based on the equality of all *individuals*.

★★
deprive [dipráiv]

de(「강조」) + prive(=separate)
→ 완전히 떼어놓다 → 빼앗다

동 빼앗다, 박탈하다

deprivation 명 박탈, 결핍

6 The law **deprived** us **of** our basic rights as citizens.

plus + · deprive A of B: A에게서 B를 빼앗다

1 A: 왜 저를 개인적으로 보자고 하셨죠? B: 왜냐하면 제가 말씀 드려야 할 것이 사람들이 있는 데서는 할 수가 없는 것이라서요. 2 요즘 소형 카메라들은 종종 사람들의 사생활을 침범하는 데 사용된다. 3 개인적인 질문을 해도 될까요? 4 공과 사는 구분하는 것이 좋다. 5 헌법은 모든 개인의 평등에 기초하고 있다. 6 그 법은 우리의 시민으로서의 기본 권리들을 박탈했다.

prob (변화형 prov) >> 시험하다, 증명하다 (test)

★
probable [prɑ́:bəbəl]

prob(=test) + able(형접:「…할 수 있는」)
→ 증명할 수 있는 → 있을 법한

형 있을 법한, 그럴듯한 유 likely 반 improbable

★★ **probably** 부 아마도, 대개는, 십중팔구
★ **probability** 명 가망성, 확률 유 likelihood, chance

1 Though it's possible Tom and Jerry will make up, it's not very **probable**.

---

probe [proub]

라틴어 probare(=test)에서 유래
→ 시험할 수 있도록 조사하다

동 엄밀히 조사하다, (진상 등을) 규명하다
명 엄밀한 조사

2 The police are **probing** into the details of the case.

★★
prove [pru:v]

- proved - proved
(또는 - proved - proven)
라틴어 probare(=test)에서 유래
→ 시험하여 증명하다

동 1 증명하다, 입증하다 유 verify
반 disprove(틀렸음을 증명하다)
2 …로 판명되다 유 turn out

★ **proof** 명 증거, 증명 유 evidence

3 How can I **prove** my innocence when you won't let me search for evidence?

★★
approve [əprú:v]

ap(=ad:to) + prove(=test)
→ 시험하는 쪽으로 → 시험해본 후 좋다고 인정하다

동 1 ((+ of)) 찬성하다, 승낙하다 반 disapprove of
2 (공식적으로) 허가하다, 승인하다 유 authorize

★ **approving** 형 찬성하는, 좋다고 여기는
반 disapproving
★ **approval** 명 1 찬성, 승낙 유 consent 반 disapproval
2 허가, 승인 유 permission

4 The board is sure to **approve** the new budget.
5 I anticipate that your **approval** of this request will greatly improve the safety of our children.

plus + · seek (one's) approval: (…의) 승낙을 구하다

[1] Tom과 Jerry가 화해할 수도 있지만, 가능성이 매우 낮다. [2] 경찰은 그 사건의 세부사항을 정밀 조사 중이다. [3] 증거를 찾도록 허락해주시지 않는데 제가 어떻게 저의 결백을 입증할 수 있겠습니까? [4] 이사회는 새 예산안을 승인할 것이 확실하다. [5] 나는 이 요청에 대한 당신의 승인이 우리 아이들의 안전을 크게 향상시킬 거라고 기대합니다.

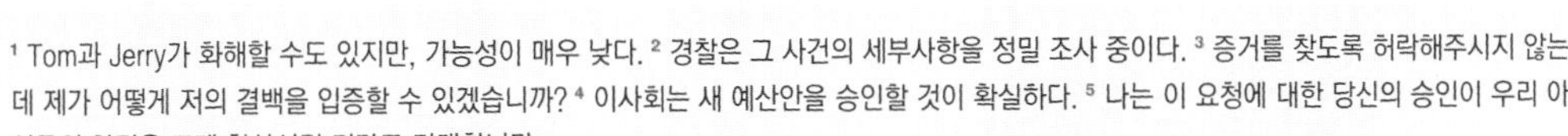

proper (변화형 propri) ≫ 자기 자신의 (one's own)

★
proper [prάːpər]
라틴어 proprius(=one's own)에서 유래 → 자기 자신에게 속하는 → 자신에게 적합한

형 적당한, 알맞은, 어울리는, 올바른 반 improper

* **properly** 부 적절히, 제대로
  propriety 명 1 적절성 2 《the proprieties》 예의(범절)

1 It's **proper** to dress formally for a funeral.

★★
property [prάːpərti]
proper(=one's own) + ty(명접) → 자기 자신이 소유한 것

명 재산, 소유물 유 possessions, belongings

2 You're trespassing on private **property**.

★★
appropriate [əpróupriət]
ap(=ab:to) + propri(=one's own) + ate(형접) → (자기 자신에게) 알맞은 → 적당한

형 적당한, 타당한 유 suitable, proper 반 inappropriate

3 This seems like an **appropriate** time to announce my retirement.

punct (변화형 point) ≫ 점 (point)

punctual [pʌ́ŋktʃuəl]
punct(=point) + ual(형접) → 점 하나까지 맞추는 → 딱 맞추는

형 시간을 엄수하는, 기한을 지키는 유 on time(제시간에)

1 He is always **punctual** for appointments.

punctuate [pʌ́ŋktʃuèit]
punctu(=point) + ate(동접) → 점을 찍다

동 구두점을 찍다

punctuation 명 구두점 (찍기), 구두법

2 All sentences need a **punctuation** mark at the end.

1 장례식에는 정장을 차려입는 것이 올바르다. 2 당신은 사유지에 무단 침입 중이에요. 3 지금이 내 은퇴를 알릴 적절한 시기인 것 같다. / 1 그는 항상 약속 시간을 지킨다. 2 모든 문장 끝에는 구두점을 찍어야 한다.

disap**point**

[dìsəpɔ́int]

dis(「반대」) + ap(=ad:to) + point(점)
→ (기대했던 것과) 반대로 점을 찍다
→ 실망시키다

동 **실망시키다, (기대 등을) 저버리다**

★★ **disappointed** 형 실망한
★ **disappointing** 형 실망스러운, 실망시키는
★ **disappointment** 명 실망, 낙담

3 I didn't mean to **disappoint** her.
4 The boy was **disappointed** to lose the soccer game.

put ≫ 생각하다 (think)

★★

dis**pute** [dispjú:t]

dis(=apart) + pute(=think)
→ (반대편에 떨어져서) 생각하다
→ 논쟁하다

동 **논쟁하다, 반박하다, 반론을 제기하다** 유 argue, debate
명 **논쟁, 분쟁, 언쟁**

1 The two people **disputed** each other's claims in court.
2 The voting has ended, but the results are **in dispute**.

plus + · in[under] dispute: 논쟁 중인, 분쟁 중인

VOCA VS. VOCA 토론하다

argue ① 의견의 불일치로 언쟁하다
② 이유·증거를 들어 주장이나 명제 등을 지지하거나 반박하다

3 Do what you are told and don't ***argue*** with me.
4 He ***argued*** for a different policy.

dispute 의견 충돌로 종종 감정적이 되어 격렬한 언쟁을 하다

5 They were ***disputing*** whether the event had been a success.

debate 대개 공공의 문제에 대해 찬반 양파로 갈려서 정식으로 토론하다 (p.37)

6 The town ***debated*** whether to build a new road.

discuss 문제 해결을 위해 여러 의견을 우호적이고 건설적으로 논의하다

7 We ***discussed*** what to do and where to go.

★★

re**put**ation

[rèpjətéiʃən]

re(=again) + put(=think) + ation(명접)
→ 반복적으로 생각날 만함 → 명성

명 **평판, 명성, 명망** 유 repute 반 disrepute(오명, 불명예)

8 Korean soccer fans have a **reputation** for cheering enthusiastically.

³ 나는 그녀를 실망시킬 의도는 아니었다. ⁴ 그 소년은 축구경기에 져서 실망했다. / ¹ 두 사람은 법정에서 서로의 주장에 반론을 제기했다. ² 투표는 끝났지만, 그 결과는 논쟁 중이다. ³ 시키는 대로 하고 나와 언쟁하지 마. ⁴ 그는 다른 정책을 지지했다. ⁵ 그들은 행사가 성공적이었는지에 대해 다투고 있었다. ⁶ 그 마을은 새 도로를 건설할 것인지에 대해 토론했다. ⁷ 우리는 무엇을 하고 어디로 가야 할지에 대해 논의했다. ⁸ 한국 축구팬들은 열정적으로 응원하는 것으로 명성이 높다.

quir (변화형 quer, quest, quisit)  1 구하다 (seek) 2 묻다 (ask)

★★
acquire [əkwáiər]
ac(=ad:to) + quire(=seek)
→ …에 더해 구하다, 얻다
※라틴어 acquirere(…에 추가로 구하다)에서 온 말

동 1 획득하다 유 obtain, gain, get
2 (지식·기술 등을) 얻다, 습득하다

★ **acquisition** 명 획득(물), 취득(물)

1 They will **acquire** new skills through this experience.

★★
require [rikwáiər]
re(=again) + quire(=seek)
→ (필요해서) 계속해서 구하다 → 필요로 하다; 요구하다

동 1 필요로 하다 유 need
2 (법·규칙 등이) 요구하다, 규정하다 유 demand

★★ **requirement** 명 1 필요 조건, 요건, 요구(물) 유 demand
2 《주로 복수형》 필요한 것

2 To be a top athlete **requires** self-discipline.
3 Having the ability to take care of oneself without depending on others was considered a **requirement** for everyone.

★
inquire [inkwáiər]
in(「강조」) + quire(=ask)
→ 캐묻다

《또는 enquire》
동 1 묻다 2 《+ into》 조사하다 유 investigate

★ **inquiry** 명 《또는 enquiry》 1 문의, 질문 2 조사

4 I'm calling to **inquire** about the latest model.
5 The detective **inquired into** the suspect's alibi.
6 Thank you for your **inquiry** about our new medicine.

plus + · inquire after: …의 안부를 묻다

★
conquer [káːŋkər]
con(=com:「강조」) + quer(=seek)
→ 힘써 구하다 → (다른 나라의 땅을) 획득하다 → 정복하다

동 1 정복하다
2 (적 등을) 이기다 유 defeat 반 surrender, yield
3 (어려움 등을) 극복하다 유 overcome

conqueror 명 정복자, 승리자
conquest 명 《주로 + of》 1 정복, 극복 2 점령지

7 He helped children **conquer** their fears.
8 The French **conquest of** Laos lasted from 1879 to 1893.

1 그들은 이번 경험을 통하여 새로운 기술을 얻게 될 것이다. 2 최고의 선수가 되려면 자기 수양이 필요하다. 3 다른 사람에게 의존하지 않고 스스로를 돌보는 능력이 갖추는 것은 모두에게 필요한 것이라고 여겨졌다. 4 최신 모델에 관해 문의하려고 전화 드렸습니다. 5 탐정은 그 용의자의 알리바이를 조사했다. 6 저희의 신약에 대해 질문해주셔서 감사합니다. 7 그는 아이들이 공포심을 극복하도록 도와주었다. 8 라오스에 대한 프랑스의 점령은 1879년부터 1893년까지 지속됐다.

★★
request [rikwést]

re(=again) + quest(=seek)
→ 계속해서 구하는 것

명 동 요청(하다), 요구(하다)

9 He refused my **request** to come an hour earlier.

---

exquisite [ikskwízit]

ex(=out) + quisite(=seek)
→ sought out 많이 찾는 → 훌륭한

형 1 매우 아름다운, 정교한 유 delicate
2 (느낌이) 강렬한, (감각이) 예리한 유 acute

10 The detail on this watch face is **exquisite**.

DAY 44 잘 외워지지 않는 단어

복습 ○-○-○

단어	뜻	단어	뜻

9 그는 한 시간 일찍 와달라는 내 요청을 거절했다. 10 이 시계 앞면(다이얼)의 세부 장식은 아주 정교하다.

rang (변화형 rank) >>> 줄 (line)

★★
range [reindʒ]
고대 프랑스어 rangier(차례로 놓다)에서 온 말

명 1 (특정 종류 내에서의) 다양한 것들 2 범위 3 산맥
동 1 (범위가) …에 이르다 2 배열하다, 배치하다

1 A: How high are the mountains in this **range**?
B: The peaks **range** in height from 1,000 to 3,000 meters.

plus + · a range of: 다양한

★★
arrange [əréindʒ]
ar(=ad:to) + range(=line)
→ put in a line 한 줄로 놓다

동 1 (미리) 계획하다, 마련하다 2 배열[정돈]하다
3 【음악】 편곡하다

* **arrangement** 명 1 《복수형》 준비, 계획 2 배열, 정리 3 협정, 합의 4 편곡

2 The meeting you **arranged** has been postponed.
3 Everything has been well **arranged**.

★
rank [ræŋk]
rank(=line) → 열 → 지위

명 1 계급, 지위 2 열, 줄, 정렬
동 1 (…에) 위치하다; 위치시키다 2 등급을 매기다

4 Korea is **ranked** number one in the world for archery.

rat (변화형 reas) >>> 1 계산하다 (calculate) 2 추론하다 (reason)

★★
rate [reit]
rate(=calculate)
→ 계산하여 (값이) 결정된 것

명 1 비율 2 속도 3 요금, 가격 4 등급
동 1 평가하다; 평가되다 2 간주하다; 간주되다

1 The birth **rate** is going down.
2 How would you **rate** this movie?

[1] A: 이 산맥의 산들은 얼마나 높습니까? B: 봉우리들은 높이가 1,000에서 3,000미터에 이르지요. [2] 당신이 마련한 회의는 연기되었습니다. [3] 모든 것이 잘 정리되었다. [4] 한국은 양궁 분야에서 세계 1위이다. / [1] 출산율이 감소하고 있다. [2] 이 영화를 어떻게 평가하세요?

ratio [réiʃiòu]

rat(=calculate) + io(명사형 어미)
→ 둘을 비교하여 계산한 값

명 비율, 비

3 The **ratio of** nurses **to** doctors is five to one at this hospital.

plus + · ratio of A to B: B에 대한 A의 비율, A와 B의 비율

★

rational [rǽʃənəl]

rat(=reason) + ion(명접) + al(형접)
→ 이성적인

형 1 이성적인 유 reasonable 반 irrational
2 분별 있는, 이치에 맞는 유 sensible

rationalize 동 합리화하다
rationality 명 합리성

4 Humans are **rational** beings.
5 His excuse seems **rational**.

★★

reason [ríːzən]

라틴어 reri(=think)에서 유래
→ 이성적으로 생각하다 → 이성 → 이유

명 1 이유 2 이성, 판단력
동 추리하다, 추론하다

★★ **reasonable** 형 1 합리적인, 이성적인
유 rational, sensible 반 unreasonable
2 적당한, (가격이) 알맞은

6 What's the **reason** you are asking so much?
7 Can't you offer a more **reasonable** price?

plus + · reasonable: 일반적인 상황에서 '이성적인'
· rational: 학문적·논리적으로 '이성적인'

rect (변화형 reg, rul, reig, roy) » 1 바르게 이끌다 (lead straight) 2 통치하다 (rule)

★★

correct [kərékt]

cor(=com:「강조」) + rect(=lead straight) → 매우 바르게 이끌어진 → 올바른

형 1 옳은, 올바른 유 right, accurate 반 incorrect
2 적당한 유 proper
동 바로잡다, 정정하다

correction 명 교정, 정정(하기)

1 First impressions are not always **correct**.
2 If you find anything incorrect, please make the **corrections** yourself.

3 이 병원의 간호사와 의사의 비율은 5 대 1이다. 4 인간은 이성적인 존재이다. 5 그의 변명은 합리적으로 보인다. 6 당신이 그렇게 많이 요구하는 이유는 무엇입니까? 7 좀 더 적당한 가격을 제시할 수 없나요? / 1 첫인상이 항상 옳은 것은 아니다. 2 만약에 틀린 점을 발견하시면, 직접 고쳐주세요.

★★ 핵심 다의어

direct [dərékt]

di(=dis:apart) + rect(=lead straight)
- (열과 열이) 구분되도록 바르게 이끌다 → **지도하다 → 지시[명령]하다**
- 직접 나서 지휘하며 방향을 알려주다 → **직접적인 → 직행의** → **길을 가르쳐주다**

형 1 **직접의, 직접적인** 반 indirect 2 **직행의, 직통의**
동 1 **(주의·노력 등을) (똑바로) 돌리다, 향하게 하다**
2 **지도[감독]하다, (연극·영화 등을) 연출[감독]하다**
3 **길을 가르쳐주다**
4 **명령하다, 지시하다** 유 command

★★ **directly** 부 1 직접, 똑바로 유 straight 반 indirectly
2 즉시, 바로, 곧 유 immediately, at once
★★ **direction** 명 1 방향 2 지도, 지시 3 (연극·영화의) 연출, 감독
★ **director** 명 감독자, 지도자, 연출자

3 Is there a **direct** flight to Chicago?
4 I want you to **direct** all of your effort to this project.
5 The **director** was having a hard time giving **directions** to new actors.

---

erect [irékt]

e(=ex:up) + rect(=lead straight)
→ 위쪽으로 똑바로 이끌어 세운

형 **똑바로 선** 유 upright
동 **(똑바로) 세우다, (건물 등을) 짓다**
유 set up, build

6 They **erected** a monument in the middle of the park.

★★

region [ríːdʒən]

reg(=rule) + ion(명접)
→ 통치[통제]가 가능한 지역[부분]

명 1 **지역, 지방, 지대** 유 area
2 **(신체의) 부분** 유 part

★ **regional** 형 지역적인

7 The southern **region** suffers from heavy rains.

★★

regular [régjələr]

regul(=rule) + ar(형접)
→ (시간적으로) 통치[통제]가 되는 → 규칙적인

형 1 **규칙적인, 정기적인** 반 irregular
2 **보통의** 유 standard

★★ **regularly** 부 정기적으로, 규칙적으로
regularity 명 정기적임, 규칙적임; 규칙성

8 **Regular** exercise and a healthy diet help you lose weight.

3 시카고로 가는 직항 노선이 있습니까? 4 나는 당신이 모든 노력을 이 프로젝트에 쏟기를 원합니다. 5 그 감독은 신인 배우들에게 지시를 내리느라 애를 먹고 있었다. 6 그들은 그 공원의 중앙에 기념비를 세웠다. 7 남부 지역은 폭우로 고통 받는다. 8 규칙적인 운동과 건강식은 체중 감량에 도움을 준다.

★
regulate [régjəlèit]

regul(=rule) + ate(동접)
→ 통치하다 → 규제하다

동 1 (법률·규칙으로) 규제하다, 규정하다 유 control, govern
2 (속도·온도·압력 등을) 조정하다, 조절하다

★★ **regulation** 명 1 규칙, 규정 2 규제, 단속

9 The volume of economic activity is **regulated** by the supply of money.
10 a **regulation** speed

★★
rule [ru:l]

라틴어 regula(=straight stick)에서 유래
→ 올곧은 막대기로 (…하라고) 가리키는 것
→ 규칙 → 규칙으로 지배하다

명 1 규칙, 원칙 유 regulation, law
2 통치, 지배 유 government
동 1 통치[지배]하다 유 govern, control
2 (공식적으로) 결정[판결]하다
3 (자를 대고 줄을) 긋다

ruler 명 1 통치자 2 (길이를 측정하는) 자

11 All citizens are expected to live by the **rule** of law.
12 Many great pharaohs **ruled** over Egypt in the past.

plus + · rule: (게임·학교·회사 등에서의) 규칙, 지시사항 (일반적이고 넓은 의미)
· regulation: (정부나 조직이 정한) 규칙의 모음

reign [rein]

고대 프랑스어 reignier(=rule)에서 온 말

명 통치 기간, 정권 기간
동 통치하다, 군림하다

13 Catherine the Great **reigned** for 34 years in Russia.

royal [rɔ́iəl]

roy(=rule) + al(형접)
→ 통치자의 → 왕의

형 왕의, 왕립의

royalty 명 1 왕족 2 인세, 사용료, 로열티

14 the **royal** family
15 the **Royal** Ballet School
16 The country is paying more and more **royalties** every year for intellectual property.

DAY 45

9 경제 활동 규모는 통화 공급량에 의해 조정된다. 10 규정 속도 11 모든 시민이 법이 정한 원칙에 따라 살기로 기대된다. 12 많은 위대한 파라오(고대 이집트의 최고 통치자)가 과거에 이집트를 지배했다. 13 캐서린 여제는 러시아를 34년간 통치했다. 14 왕족[왕실] 15 왕립 발레 학교 16 그 나라는 지적 소유권에 대해 매년 점점 더 많은 사용료[로열티]를 지불하고 있다.

rotate [róuteit]

rot(=wheel) + ate(동접)
→ 바퀴처럼 돌다

동 1 회전하다; 회전시키다 2 교대하다; 교대시키다

rotation 명 1 회전, 순환, 자전 2 교대

1 Let's **rotate** the table this way.
2 The guards **rotate** every two hours.

VOCA VS. VOCA 돌다

turn '돌다'라는 뜻의 일반적인 말
3 A wheel *turns*.

revolve 다른 것의 주의에서 궤도를 그리며 돌다[공전하다] (p.398)
4 Planets *revolve* around the sun.

rotate 물체 자체의 축을 중심으로 돌다[자전하다]
5 The Earth *rotates* on its axis.

spin 물체 자체의 축 또는 어떤 점을 중심으로 빠르게 회전하다
6 A top *spins*.

whirl 굉장한 기세로 소용돌이치며 돌다
7 The falling leaves *whirled* around outside.

★★
control [kəntróul]
- controlled - controlled

cont(=counter 대응하는) + rol(=roll 두루마리로 된 기록)
→ (원본에 대한) 기록 사본 → 【원뜻】 사본 문서로 대조하여 확인하다 → 원본에 맞춰 사본 내용을 조정[통제]하다

동 1 통제하다, 억제하다 2 지배하다 3 조절하다
명 1 통제, 억제 2 지배 3 조절

8 They tried to find new measures to **control** inflation.
9 I can **control** my window shades by remote **control**.
10 The situation is **out of control**.
(= The situation is **beyond my control**.)

plus + · out of control: 통제할 수 없는 (=beyond one's control)

★
enroll [inróul]
- enrolled - enrolled

en(=in) + roll(=roll)
→ 두루마리로 된 문서에 기입하다

(또는 enrol)
동 등록하다, 명부에 올리다, 가입하다 유 register

enrollment 명 (또는 enrolment) 등록, 가입

11 Don't **enroll** in this course just to receive a certificate.

1 탁자를 이쪽으로 회전시키자. 2 경비원들은 두 시간마다 교대 근무한다. 3 바퀴가 돈다. 4 행성들은 태양 주위를 돈다. 5 지구는 지축을 중심으로 자전한다. 6 팽이가 돈다. 7 떨어지는 낙엽들이 밖에서 소용돌이쳤다. 8 그들은 물가 상승율을 통제하기 위한 새로운 방책을 찾으려 노력했다. 9 나는 리모콘으로 내 블라인드를 조종할 수 있다. 10 상황이 통제할 수 없다. 11 단지 수료증을 받기 위해서 이 과정에 등록하지는 마세요.

rupt (변화형 rout) 》 깨다 (break)

bankrupt [bǽŋkrʌpt]

bank(대금업자의 계산대) + rupt(=break) → 대금업자의 부서진 계산대(지불 불능을 상징) → 파산한, 지불 불능의

형 파산한, 지불 불능의
동 파산시키다 유 ruin 명 파산자

bankruptcy 명 파산, 부도

1 Many businesses **went bankrupt** during the recession.

plus + · go[turn/become] bankrupt: 파산하다

★ corrupt [kərʌ́pt]

cor(=com:「강조」) + rupt(=break) → 완전히 무너진 → 부패한

형 부패한, 부정한
동 부패[타락]시키다, 부정을 저지르게 하다

corruption 명 부패, 부정, 타락

2 The **corrupt** politician was arrested.

★ disrupt [disrʌ́pt]

dis(=apart) + rupt(=break) → 깨어서 흩어지게 하다 → 방해하다

동 방해하다, 지장을 주다

disruption 명 붕괴, 파열, 혼란

3 Drinking coffee too late can **disrupt** one's sleep.

★ erupt [irʌ́pt]

e(=ex:out) + rupt(=break) → (갑자기) 밖으로 터져 나오다

동 1 (폭력 사태·소음 등이) 갑자기 발생하다
유 break out
2 (용암·화산재 등이) 분출하다

eruption 명 1 (화산) 폭발, (용암 등의) 분출
2 (감정 등의) 폭발, (사건 등의) 발생

4 Violence **erupted** during the protest.

★ interrupt [ìntərʌ́pt]

inter(=between) + rupt(=break) → 사이를 부수고 들어가다

동 1 가로막다, 방해하다 유 hinder, disturb
2 (일시적으로) 중단시키다 유 break in

interruption 명 1 방해(물) 2 중단

5 Stop **interrupting** me while I'm talking.
6 The show was **interrupted** by a news report.

1 불경기 동안 많은 기업이 파산했다. 2 그 부패한 정치인은 체포되었다. 3 너무 늦게 커피를 마시면 수면을 방해할 수 있다. 4 항의 시위 도중에 폭력 사태가 일어났다. 5 내가 말하는 도중에 끼어들지 마세요. 6 (그 텔레비전[라디오]) 프로그램이 뉴스 보도로 잠시 중단되었다.

route [ruːt]

라틴어 rupta (via) ((path) broken through 돌파된 (길))에서 온 말

명 1 길 유 path, road

2 **항로, 노선**

7 Which **route** did you take?

★★

routine [ruːtíːn]

rout(e)(길) + ine(명접) → 길로 정해진 것 → (항상) 하는 것

명 **일상적인 일[과정], 틀에 박힌 일**

형 **일상적인, 틀에 박힌**

8 My **routine** changed when I broke my leg.

DAY **45** 잘 외워지지 않는 단어

복습

단어	뜻	단어	뜻

7 너는 어떤 길[노선]을 택했니? 8 다리를 다쳤을 때 나의 일상(생활)은 달라졌다.

Matching Game

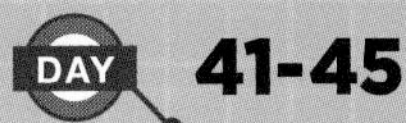

※ QR코드를 스캔하여 Matching Game을 한 후 점수를 기록해보세요.

My Scoreboard

	1차 시도	2차 시도	3차 시도
8000점 이상 나 자신 칭찬해. 최고야!			
7000~7999 이게 바로 공부의 재미?!			
6000~6999 글쎄 …			
5000~5999 이름은 쓸 수 있나?			
4999점 이하 순위에도 안 나와 …			

※ Matching Game 후 틀린 단어 또는 잘 외워지지 않는 단어를 써보세요.

	단어	뜻		단어	뜻
○			○		
○			○		
○			○		
○			○		
○			○		

sacr (변화형 saint) >> 신성한 (sacred, holy)

sacred [séikrid]

sacr(=holy) + ed(형접) → 신성한

형 1 신성한 유 holy 2 종교적인

1 This temple was the most **sacred** place for our ancestors.

★ **sacrifice** [sǽkrəfàis]

sacri(=holy) + fice(=make) → (바치기 위해) 신성하게 만든 것

명 동 1 희생(하다) 2 제물(로 바치다)

2 Animal **sacrifice** was often considered a sacred act.
3 Parents **sacrifice** a lot for their children.

★ **saint** [seint]

라틴어 sanctus(=sacred)에서 온 말

명 성인(聖人), 성자

4 He is peace-loving and as patient as a **saint**.

scend (변화형 scal) >> 1 오르다 (climb) 2 사다리 (ladder)

descend [disénd]

de(=opposite) + scend(=climb) → '올라가다'의 반대 → 내려가다

동 1 내려가다; 내리막이다 반 ascend 2 (어둠·침묵 등이) 내려앉다
3 《+ from》 유래하다 4 《+ to》 (…로) 전락하다

descent 명 1 하강; 저하, 전락 반 ascent 2 내리막(길) 3 혈통, 가계
★ **descendant** 명 자손, 후예 유 offspring
반 ancestor, forefather

1 The plane will begin to **descend** soon.
2 Seven generations of his direct **descendants** have lived in this village.

plus + · be descended from: …의 자손이다
· in descending order: 내림차순으로

[1] 이 사원은 우리 선조들에게 가장 신성한 장소였다. [2] 짐승을 제물로 바치는 것은 흔히 신성한 행위로 간주되었다. [3] 부모님들은 자녀를 위해 많은 것을 희생한다. [4] 그는 온화하며 성자만큼 인내심이 많다. / [1] 비행기가 곧 하강하기 시작할 것입니다. [2] 그의 직계 후손들이 7대째 이 마을에서 살고 있다.

★★ 핵심 다의어

scale [skeil]

라틴어 scala(=ladder)에서 유래 → 단계가 지어져 있는 것 →
┌ 눈금 → **저울** → **등급**
└ 단계적 크기 → **규모** → **비율**

명 1 **규모, 정도** 2 **계급, 등급**
3 **(지도 등의) 축척, 비율** 4 **저울, 천칭**

3 We weren't aware of the **scale** of the problem.
4 She moved steadily up the social **scale**.
5 I weighed myself on the **scale**.

---

escalate [éskəlèit]

escal(=ladder) + ate(동접)
※ escalator에서 역으로 만들어진 말 ← escala(de)(사다리로 기어오르기) + (eleva)tor의 합성어

동 1 **(분쟁·상황 등이[을]) 악화되다[악화시키다]**
2 **(가격·비용 등이[을]) 상승하다[상승시키다]**

escalator 명 에스컬레이터

6 Violence has **escalated** to a worrying level.

DAY 46

sci >>> 알다 (know)

★★

conscious [kɑ́:nʃəs]

con(=com:together) + sci(=know) + ous(형접)
→ 함께 알고 있는 → 의식하는

형 1 **…을 의식[자각]하고 있는, 알고 있는** 유 aware
2 **의식이 있는, 깨어있는** 반 unconscious
3 **《주로 명사 앞에서》 (생각·노력 등이) 의식[의도]적인**

★ **consciousness** 명 1 【의학】 의식, 지각
2 알고 있음, (정치·사회적) 인식

self-conscious 형 《+ about》 자의식이 강한, 남의 시선을 의식하는

1 She **was conscious of** a strange sound in the distance.
2 The man was taken to the hospital after he lost **consciousness**.

plus + · be conscious of: 1 …을 의식하다 2 알아채다 (=be aware of)

---

subconscious [sʌ̀bkɑ́:nʃəs]

sub(=under) + conscious(의식하는)
→ 의식 아래에 있는

명 형 **잠재의식(의)**

★ **subconsciously** 부 잠재의식 속에서

3 She has a **subconscious** fear of water.

3 우리는 그 문제의 (심각한) 정도를 깨닫지 못했다. 4 그녀는 착실하게 사회적 지위를 쌓아올렸다. 5 나는 체중계에 올라 몸무게를 쟀다. 6 폭력 사태가 우려할 수준으로 악화됐다. / 1 그녀는 멀리서 나는 이상한 소리를 의식하고 있었다. 2 그 남자는 의식을 잃은 후 병원으로 옮겨졌다. 3 그녀는 물에 대한 잠재의식적 공포가 있다.

★

conscience [kάːnʃəns]

con(=com:together) + sci(=know) + ence(명접)
→ (선악을) 함께 잘 알고 있는 → 양심

명 양심, 도덕심

conscientious [kὰːnʃiénʃəs]
형 양심적인, 성실한

4 a guilty **conscience**
5 You should follow your **conscience**.

scrib ≫ 쓰다 (write)

★★

describe [diskráib]

de(=down) + scribe(=write)
→ 아래로 써 내려가다 → 기술하다

동 묘사하다, 기술하다

★★ **description** 명 묘사, 기술
descriptive 형 묘사적인

1 Can you **describe** what the man looked like?
2 Their **description** of the event was accurate.

 · beyond description: 형언할 수 없는, 말로 표현할 수 없는

★

prescribe [priskráib]

pre(=before) + scribe(=write)
→ 미리 써 주다 → 규정하다 → 처방하다

동 1 (약 등을) 처방하다 2 (공식적으로) 규정하다, 정하다

prescription 명 1 처방(전) 2 규정, 법규

3 The doctor **prescribed** antibiotics.
4 The law **prescribes** serious penalties for this crime.

---

subscribe [səbskráib]

sub(=down) + scribe(=write)
→ 신청서 아래쪽에 쓰다
→ 구독(신청)을 하다

동 1 (신문·잡지 등을) (정기) 구독하다
2 (문서에) 서명하다, 서약하다

subscription 명 (신문·잡지 등의) 구독(료)

5 Do you **subscribe** to any magazines[newspapers]?
6 cancel a **subscription**

sect (변화형 seg) ≫ 자르다 (cut)

section [sékʃən]

sect(=cut) + ion(명접)
→ 잘린 것

명 1 부분, 부문, 구획 2 (도시 등의) 구역, 지역 3 【의학】 절개
동 분할하다

cross-section 명 단면

1 The key **sections** are highlighted in blue.
2 The orange was peeled and **sectioned**.

4 죄의식 5 당신의 양심을 따라야 합니다. / 1 그 사람이 어떻게 생겼는지 묘사할 수 있겠니? 2 그 사건에 대한 그들의 묘사는 정확했다. 3 의사는 항생제를 처방했다. 4 법은 이 범죄에 대해 엄벌을 규정하고 있다. 5 (정기) 구독하는 잡지[신문]가 있으세요? 6 구독을 취소하다 / 1 중요한 부분은 파란색으로 표시되어 있습니다. 2 그 오렌지는 껍질이 벗겨지고 분할되었다.

★
sector [séktər]
sect(=cut) + or(명접)
→ 잘린 것

명 1 (나라 경제·사업 등의) 부문, 분야
2 (군대의) 지구 3 부채꼴

sectoral 형 1 각 분야의 2 부채꼴의

3 As the clean energy **sector** gains popularity, oil companies will start shrinking.

plus + · section: 일반적인 '부분' 또는 전문용어로서 '부분'
· sector: 전문용어로서의 '부문'

★
segment [ségmənt]
seg(=cut) + ment(명접) → 잘린 것

명 1 (나누어진) 부분, 구획 2 (과일의) 한 조각

4 Only a small **segment** of the population supported the new policies.

DAY 46

sens (변화형 sent, scent)  느끼다 (feel)

★★ 핵심 다의어
sense [sens]
라틴어 sensus(=feeling)에서 유래
→ 감정·느낌 →
- 느끼는 힘 ─ 감각
  └ 분별
- 느끼는 내용 → 의미

명 1 (오감(五感)의) 감각 2 느낌, 감정
3 분별[판단]력, 눈치, 센스 4 의미, 뜻 유 meaning
동 느끼다, 알아채다 유 perceive

sensory 형 《주로 명사 앞에서》 감각의
★ **sensitive** 형 1 섬세한 2 민감한, 예민한 반 insensitive
sensitivity 명 1 섬세함, 감수성 2 민감성, 예민함
★ **sensible** 형 분별[지각] 있는, 현명한 유 rational
sensibility 명 감성, 감수성
senseless 형 1 분별 없는, 몰상식한
2 의식이 없는, 무감각한 유 unconscious

1 a **sense** of humor[direction/justice]
2 I felt a great **sense** of loss that day.
3 When the body **senses** a dangerous parasite, it is mobilized to produce special cells.
4 Small changes in the **sensory** properties of foods can increase food intake.
5 It's not **sensible** to be overly **sensitive** to criticism.

3 청정 에너지 분야가 인기를 얻음에 따라 석유 회사는 위축되기 시작할 것이다. 4 인구의 적은 일부만이 그 새로운 정책을 지지했다. / 1 유머감각[방향감각/정의감] 2 나는 그날 엄청난 상실감을 느꼈다. 3 신체가 위험한 기생충을 감지하면 그것은 특별한 세포를 만드는 데 동원된다. 4 음식의 감각적 특성을 조금만 바꿔도 음식 섭취를 증가시킬 수 있다. 5 비판에 지나치게 예민한 것은 현명하지 못하다.

★
sensation [senséiʃən]
sens(=feel) + ation(명접)
→ 느끼는 것 → 감각

명 1 감각 2 (설명하기 힘든) 느낌, 기분
3 엄청난 관심, 굉장한 놀라움, 대소동

sensational 형 1 세상을 놀라게 하는 2 선정적인

6 The news created a great **sensation**.
7 The celebrity's birthday party was a **sensational** event.

---

nonsense [nɑ́:nsens]
non(「부정」) + sense(의식, 의미)
→ 의식이 결여된 것

명 무의미한[어리석은] 말[행동], 터무니없는 생각

8 You are talking complete **nonsense**.

---

sentiment [séntəmənt]
senti(=feel) + ment(명접)
→ 느끼는 것 → 느낌

명 1 감정, 정서 2 감상(感傷, 작은 일에도 쓸쓸하고 슬퍼지는 마음)

sentimental 형 1 감정적인 2 감상적인, 동정적인

9 antiwar **sentiments** of the public
10 Try not to make a **sentimental** decision.

★
consent [kənsént]
con(=com:together) + sent(=feel)
→ 공통으로 느끼다 → 같은 생각(을 하다)
→ 동의(하다)

명 승낙, 허가, 동의
동 ((+ to/to-v)) 승낙[허락]하다, 동의하다 유 agree with, assent to

* **consensus** 명 의견 일치, 합의

11 I didn't **consent to share** my information.

---

resent [rizént]
re(「강조」) + sent(=feel)
→ feel strongly 격한 감정을 갖다

동 분개하다, 화를 내다

resentment 명 분개, 분노 유 fury, anger
resentful 형 분개하는

12 The workers **resented** the way they were treated.
13 She felt **resentful** about losing her job.

6 그 소식은 세상을 떠들썩하게 했다. 7 그 유명인사의 생일 파티는 선풍적인 사건이었다. 8 너는 완전히 말도 안 되는 소리를 하고 있다. 9 대중의 반전(反戰) 정서 10 감정적인 결정을 내리지 않도록 노력해라. 11 나는 내 정보를 공유하는 것에 동의하지 않았다. 12 근로자[직원]들은 그들이 대우받은 방식에 분개했다. 13 그녀는 직장을 잃고 분개했다.

scent [sent]

scent(=feel) → (냄새를) 느낌

명 향기, 냄새

14 The **scent** of this perfume is nice.

VOCA VS. VOCA 향기, 냄새

smell 냄새를 뜻하는 일반적인 말

15 The air has a fresh *smell*.

scent 대개 좋은 냄새[향기] 또는 사람·동물의 체취를 가리킴

16 the sweet *scent* of oranges

perfume 강렬하고 좋은 향. 향수의 의미로도 쓰임

17 She is wearing a strong *perfume*.

fragrance 꽃, 풀, 향(香) 등의 은은하고 상쾌한 냄새

18 The *fragrance* of roses filled the garden.

odor 대개 나쁜 냄새(악취)를 가리킴

19 the *odor* of decaying trash

DAY 46 잘 외워지지 않는 단어 복습

단어	뜻	단어	뜻

14 이 향수의 향은 좋다. 15 공기가 상쾌하다. 16 오렌지의 달콤한 향 17 그녀는 향이 강한 향수를 쓴다. 18 장미 향기가 정원에 가득했다. 19 쓰레기가 썩는 악취

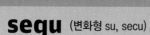

DAY 47

클래스카드

sequ (변화형 su, secu) ≫ 따라가다, 뒤를 잇다 (follow)

★
sequence [síːkwəns]
sequ(=follow) + ence(명접)
→ (일이 차례로) 뒤따름 → 연속해서 일어남

명 1 연속, 잇달아 일어남 2 순서, 차례

sequel 명 (소설·영화 등의) (후)속편

1 Keep the numbered cards **in sequence**.
2 How many **sequels** does this movie have?

plus + · in sequence: 순서대로 (=in order)

★★
consequence [kάːnsəkwèns]
con(=com:together) + sequ(=follow) + ence(명접)
→ 함께 뒤따르는 것

명 1 결과 유 result 2 영향 유 effect
3 중요성 유 significance, importance

consequent 형 (…의) 결과로 일어나는
* consequently 부 그 결과로, 따라서 유 as a result

3 Global warming has serious **consequences**.
4 My rent increased, and I **consequently** moved.

---

subsequent [sʌ́bsəkwənt]
sub(=after) + sequ(=follow) + ent(형접) → 뒤따르는

형 다음의, 그 뒤[후]의, 《+ to》 (…에) 이어서 일어나는 반 previous

* subsequently 부 그 뒤[후]에 (계속해서)

5 The charity event was a huge success, so they will be able to plan **subsequent** events.

★★
pursue [pərsúː]
pur(=pro:forth) + sue(=follow)
→ (따라 잡으려고) 앞으로 쫓아가다

동 1 추구하다 2 뒤쫓다, 추적하다 유 chase

* pursuit 명 1 추구 2 추적

6 I've encouraged students to **pursue** their own interests.
7 They are **in pursuit of** genuine happiness.

plus + · in pursuit of: …을 추구하여, …을 얻고자

[1] 번호가 매겨진 카드들을 순서대로 두세요. [2] 이 영화의 속편은 몇 개입니까? [3] 지구 온난화는 심각한 결과를 초래한다. [4] 나는 임대료가 올라서 이사했다. [5] 자선 행사가 큰 성공을 거두어서 그들은 다음 행사들을 기획할 수 있을 것이다. [6] 나는 학생들이 자신만의 관심사를 추구하도록 격려해왔다. [7] 그들은 진정한 행복을 추구한다.

★★ 핵심 다의어

suit [suːt]

su(=follow) + it(어미)
→ …을 따르다 →
┌ …에 따라 맞추다 ┌ **어울리다; 적합하다**
│ └ (어울리는) **한 벌**
└ (절차를 따라) 소송하다 → **소송**

동 1 …에 적합하다, 알맞다, 편리하다
2 (옷·색 등이) …에게 어울리다
명 1 한 벌의 옷, 정장 2 소송 유 lawsuit

★ **suitable** 형 적합한, 적당한 유 proper, appropriate

8 It's hard to find something that **suits** everyone's needs.
9 Purple doesn't **suit** her.
10 Is she **suitable** for the job?

혼동어휘 · sue: 고소하다, 소송을 걸다

★

execute [éksikjùːt]

ex(=out:완전히) + (s)ecute(=follow)
→ (계획을) 끝까지 따르다

동 1 처형하다 유 put to death
2 실행하다, 수행하다 유 carry out, implement

execution 명 1 처형, 사형 2 실행, 수행
★ **executive** 명 1 임원, 이사, 경영진 2 ((the +)) 행정부
형 집행[실행]의, 행정상의

11 During the French Revolution, thousands of people were **executed**.
12 They couldn't **execute** the directions issued by the **executive** board.

plus + · CEO(Chief Executive Officer): 대표이사, 사장
cf. division of (three) powers: 삼권분립
※삼권: 입법부(the legislature), 사법부(the judiciary), 행정부(the executive)

sert (변화형 ser)  결합하다 (join)

★

desert

de(=away from) + sert(=join)
→ 결합 상태를 떨어뜨리다
→ 남겨 두고 떠나다 → 버려진 곳

명 [dézərt] 사막
동 [dizə́rt] (사람·장소·의무 등을) 버리다, 떠나다
유 abandon

1 While we were in the **desert**, we could never enjoy any fresh desserts with our meals.
2 The house has been **deserted** for a decade.

혼동어휘 · dessert [dizə́ːrt]: 디저트, 후식

8 모든 사람의 필요에 부합하는 것을 찾기는 어렵다. 9 자주색은 그녀에게 어울리지 않는다. 10 그녀는 그 일에 적합합니까? 11 프랑스 혁명 때 수천 명이 처형당했다. 12 그들은 이사회가 내린 지시사항들을 이행할 수 없었다. / 1 우리는 사막에 있는 동안 식사 때 신선한 후식을 전혀 즐길 수 없었다. 2 그 집은 10년간 버려진 채 있다.

★
insert [insə́ːrt]
in(=in) + sert(=join)
→ 안에 함께 넣다 → 끼워 넣다

동 1 삽입하다, 넣다 2 (문서 등에) 말을 써 넣다, 덧붙이다

insertion 명 삽입, 끼워넣기

3 I **inserted** my key in the door.
4 The editor **inserted** a few words into the sentence.

---

exert [igzə́ːrt]
ex(=out) + (s)ert(=join)
→ (모든 힘을) 모아 밖으로 내다

동 1 (힘·영향력 등을) 발휘하다, 행사하다
2 《+ oneself》 노력하다 유 make an effort

exertion 명 1 노력 2 (영향력 등의) 발휘, 행사

5 Advertising **exerts** a great influence on us.
6 He never **exerts himself** to help anyone.

★★
series [síəriz]
ser(=join) + ies(어미)
→ 연결된 것

명 1 (사건·일 등의) 연속 유 succession
2 (TV·책 등의) 연속물, 시리즈

serial 형 연속하는, 순차적인 명 연재물, 연속극

7 There's been **a series of** robberies downtown.
8 The popular actor appeared on the TV **series**.

plus + · a series of: 일련의, 연쇄의

serv »» 1 지키다 (keep) 2 주의를 기울이다 (watch)

conserve [kənsə́ːrv]
con(=com:「강조」) + serve(=keep)
→ 잘 보존하다

동 보존하다, 보호하다 유 preserve

* **conservation** 명 보존, 보호 유 preservation
conservative 형 보수적인 반 progressive(진보적인)

1 We must **conserve** energy and use it more efficiently.
2 The Republican Party is considered more **conservative** than the Democratic Party.

★★
deserve [dizə́ːrv]
de(「강조」) + serve(=keep)
→ (목적을) 잘 지키다 → (목적에) 잘 맞다

동 …을 받을 만하다 유 be worthy of

3 His brave act **deserves** admiration.

plus + · deserve to-v: …할 자격이 있다, 마땅히 …할 만하다

[3] 나는 문에 열쇠를 넣었다. [4] 편집자는 그 문장에 몇 마디를 덧붙였다. [5] 광고는 우리에게 큰 영향력을 발휘한다. [6] 그는 결코 누군가를 도우려 노력하지 않는다. [7] 시내에서 연쇄 강도 사건이 발생하고 있다. [8] 그 인기 있는 배우는 TV 시리즈에 출연했다. / [1] 우리는 에너지를 보존하고 더 효율적으로 사용해야 한다. [2] (미국) 공화당은 민주당보다 더 보수적이라고 여겨진다. [3] 그의 용감한 행동은 존경 받을 만하다.

★

preserve [prizə́ːrv]

pre(=before) + serve(=keep)
→ 미리 지키다

동 1 **보호하다, 보존하다** 유 protect, conserve
2 **유지하다** 유 maintain, keep

preservation 명 1 보호, 보존 유 conservation
2 유지
preservative 명 방부제

4 The purpose of this fundraising event is to **preserve** endangered animals.
5 The **preservation** of traditions is important.

★

reserve [rizə́ːrv]

re(=back) + serve(=keep)
→ 뒤에 보관해 두다

동 1 **예약하다** 유 book
2 **남겨 두다, 비축하다** 유 set aside, keep
명 **비축량**

⋆ **reservation** 명 예약 유 booking
reserved 형 내성적인 유 shy, introverted

6 We **reserved** a table by the window.
7 foreign exchange **reserves**
8 I **made an** online **reservation** for a movie.

plus + · make a reservation: 예약하다

★★ 핵심 다의어

observe [əbzə́ːrv]

ob(=to) + serve(=watch)
→ …에 주의를 기울이다 →
관찰하다 → 알아채다 → 알게 된 것을 말하다
(법에) 주의하다 → 준수하다

동 1 **…을 보고 알아채다** 유 notice 2 **(면밀히) 관찰하다** 유 watch
3 **(법·관습 등을) 지키다, 준수하다** 유 obey
4 **(관찰한 바를) 말하다, 진술하다**

⋆ **observation** 명 관찰, 관측
observer 명 1 관찰자, 감시자 2 (회의의) 참관인
observance 명 (법·관습 등의) 준수
observatory 명 관측소, 기상대

9 After **observing** the behavior of the ants carefully, he noticed that they **observed** their strict social rules.
10 an acute power of **observation**
11 strict **observance** of discipline

DAY 47

4 이 모금 행사의 목적은 멸종 위기의 동물들을 보호하기 위함이다. 5 전통을 유지하는 것은 중요하다. 6 우리는 창가 테이블을 예약했다. 7 외환 보유고 8 나는 온라인으로 영화를 예매했다. 9 개미의 행동을 주의 깊게 관찰한 뒤에, 그는 개미들이 엄격한 사회 규칙을 지킨다는 것을 알아냈다. 10 예리한 관찰력 11 규율의 엄격한 준수

reside [rizáid]

re(=back) + side(=sit)
→ 뒤에 남아 앉아 있다 → 머무르다

동 거주하다, 살다 유 dwell, live

★★ **resident** 명 1 거주자 유 dweller, inhabitant
2 《AmE》 레지던트(전문의(醫) 수련자)
형 거주하는, 살고 있는

residential 형 주택가의, 거주지의

residence 명 1 거처 2 거주

[1] Where are you currently **residing**?

[2] I took up **residence** in a quiet **residential** area.

★★

president [prézədənt]

pre(=in front of) + sid(=sit)
+ ent(명접:「사람」)
→ (…을 대표하여) 앞에 앉아 있는 사람

명 1 대통령 《고유명사로 쓰일 때는 President》
2 (기업 등의) 회장

presidential 형 대통령의

[3] the **President** of Korea

[4] She started at the bottom and worked her way up to become **president** of the company.

★

session [séʃən]

sess(=sit) + ion(명접)
→ (…을 하기 위해) 앉아 있는 시간

명 1 (회의·법정·의회 등이) 진행 중인 시기
2 (특정 활동을 위한) 시간, 기간, 회기

[5] There will be a short break in the middle of the **session**.

★

assess [əsés]

as(=ad:to) + sess(=sit)
→ (…쪽으로) 앉아 있다 → 앉아서 자세히 관찰하여 평가하다

동 1 평가하다 유 judge
2 (가치·요금 등을) 매기다, 사정하다 유 estimate, evaluate

★ **assessment** 명 1 평가, 판단 유 evaluation 2 평가액

[6] Our engineer will **assess** the building site later today.

[7] By the committee's **assessment**, Julia didn't seem to be very passionate about the job.

[1] 현재 살고 있는 곳이 어디입니까? [2] 나는 조용한 주택가에 거처를 정했다. [3] 한국의 대통령 [4] 그녀는 말단에서 시작해 승진하여 그 기업의 회장이 되었다. [5] 회의 중간에 잠깐의 휴식 시간이 있겠습니다. [6] 우리 엔지니어가 오늘 늦게 건축 부지를 평가할 것입니다. [7] 위원회 평가에 의하면 Julia는 일에 대해 매우 열정적인 것 같지 않았다.

obsess [əbsés]

ob(=opposite) + sess(=sit)
→ sit opposite to …와 마주 앉다
→ 맞은편에서 눈을 떼지 못하다
→ 사로잡히다

동 1 《주로 수동태로》 사로잡다
2 《+ about/over》 (…에) 강박감을 갖다

obsession 명 강박, 집착

8 My younger sister **is obsessed with** playing games on her smartphone.
9 You don't need to **obsess over** these details, so just relax!
10 Jacob's **obsession** with archaeology turned into a lifelong career.

plus + · be obsessed with[by]: …에 사로잡히다, 집착하다

★★ 핵심 다의어

settle [sétl]

고대 영어 setlan(=to seat, place)
→ 움직이지 않게 놓다, 앉히다 →
- (문제 등을) 안정되게 앉히다 → **해결하다**
- (거처를) 움직이지 않게 놓다 → **정착하다**
- (마음 등을) 움직이지 않게 놓다 → **진정시키다**

동 1 (분쟁 등을) 해결하다, 끝내다 2 정착하다; 정착시키다
3 (마음·분위기 등을) 진정시키다; 진정하다

settlement 명 1 합의, 해결 2 정착, 거주(지)
settler 명 정착민

11 She **settled** the case quickly.
12 They got married and **settled** in Canada.
13 Stop chatting and **settle** down.
14 The **settlers** created **settlements**.

DAY 47 잘 외워지지 않는 단어 복습

단어	뜻	단어	뜻

8 내 여동생은 스마트폰 게임에 집착한다. 9 이런 세부사항에 강박감을 가질 필요 없어, 그러니까 진정해! 10 Jacob의 고고학에 대한 집착이 일생의 직업이 되었다. 11 그녀는 그 사건을 재빨리 해결했다. 12 그들은 결혼해서 캐나다에 정착했다. 13 그만 떠들고 진정해라. 14 그 정착민들은 정착지를 형성했다.

sign (변화형 sea) 표시(하다) (sign, mark)

★★
sign [sain]
sign → 표시하는 것

명 1 징후, 조짐 2 신호, 표시 3 표지판; 기호
동 1 서명하다; 계약하다 2 신호를 보내다

signature 명 서명

1 Once you've completed the form, please **sign** your name at the bottom.

★★
significant [signífikənt]
sign(=mark) + ific(=make) + ant(형접) → 표시를 만드는 → 표시를 만들 만큼 중대한

형 1 중대한, 중요한 반 insignificant
2 (수·양 등이) 상당한, 현저한 3 (표정·행동 등이) 의미심장한

* **significantly** 부 상당히, 중요하게
* **significance** 명 1 중요성, 중대성 유 importance 반 insignificance
2 (말·행동 등의) 의미 유 meaning

signify 동 1 나타내다, 표시하다 유 indicate, mean
2 중요하다, 중대하다

2 She played a **significant** role in carrying out the plan.
3 Although the event **signified** the end of an era, few people noted the **significance**.

★★
assign [əsáin]
as(=ad:to) + sign(=mark) → …의 몫으로 표시하다

동 1 (임무·역할 등을) 맡기다, 임명[선임]하다
2 (시간·가치 등을) 할당하다, 부여하다 유 allot, allocate

assignment 명 1 임무, 과제, 숙제 2 할당 받은 것

4 I was **assigned** the task of ordering samples.
5 school **assignments**

★★
design [dizáin]
de(=out) + sign(=mark) → (선을) 표시해 형태를 알려주다 → 디자인하다 → 설계하다

동 1 디자인하다 2 설계[고안]하다
명 1 디자인(된 형태) 2 설계(도/안); 계획

6 It is important to **design** spaces where unwanted noise can be eliminated.
7 Designers draw on their **design** experience when approaching a new project.

[1] 양식 작성을 완료하시면, 아래에 서명해 주세요. [2] 그녀는 그 계획을 수행하는 데 있어 중요한 역할을 했다. [3] 그 사건은 한 시대의 종말을 의미했지만, 그 중요성을 알아차린 사람은 거의 없었다. [4] 나는 견본을 주문하는 업무를 부여 받았다. [5] 학교 숙제 [6] 원치 않는 소음이 제거될 수 있는 공간을 설계하는 것이 중요하다. [7] 디자이너들은 새 프로젝트에 착수할 때 그들의 디자인 경험을 기반으로 한다.

designate

de(=out) + sign(=mark) + ate(동접)
→ 표시하여 드러내다 → 지정하다

동 [dézignèit] 1 지정[지명]하다 2 표시하다
형 [dézignət] 《명사 뒤에 쓰여》 지정[지명]된

designation 명 1 지정, 지명 2 직함, 명칭

8 There are two locations **designated** for donations: the Library and the Community Center.
9 After the cave's **designation** as a national monument, tourism increased 200%.

★
resign [rizáin]

re(=back) + sign(서명)
→ 물러나겠다고 서명하다

동 1 (직위 등을) 사임하다 2 《+ oneself to》 포기하고 …을 받아들이다

resignation [rèzignéiʃən] 명 1 사직, 사임 2 체념

10 She **resigned** from her post yesterday.
11 I accepted his decision with **resignation**.

DAY 48

---

signal [sígnəl]

sign(=mark) + al(명접)
→ 표시해서 알려줌

명 신호 동 신호를 보내다, 암시하다

12 At an agreed **signal**, everyone in the auditorium started clapping their hands.
13 When the director was ready, he **signaled** for the actors to begin.

---

seal [si:l]

sea(=sign) + l(=lum:「작은 것」)
→ 작은 서명 → 도장(을 찍다)

동 1 (편지를) 봉하다 2 밀폐[밀봉]하다 3 확정하다
명 1 바다표범, 물개 2 인장, 도장 3 봉인

14 Emma folded the letter twice and **sealed** it within an envelope.

---

simil (변화형 sembl, seem, simul) »» 1 비슷한 (like) 2 같은 (same) 3 같이 (together)

★★
similar [símələr]

simil(=like) + ar(형접)
→ 비슷한

형 비슷한, 유사한 반 different

⋆ **similarity** 명 비슷함, 유사점
similarly 부 유사하게, 마찬가지로

1 The **similarity** doesn't end there. The twins are **similar** in every respect.

8 기부를 위해 지정된 두 장소가 있는데, 도서관과 시민회관이다. 9 그 동굴이 국가 기념물로 지정된 후에 관광이 200% 증가했다. 10 그녀는 어제 자신의 직[지위]에서 사임했다. 11 나는 체념하며 그의 결정을 받아들였다. 12 합의된 신호에 따라 강당에 있던 모든 사람이 박수를 치기 시작했다. 13 감독은 준비되자, 배우들에게 시작하라고 신호를 보냈다. 14 Emma는 편지를 두 번 접어 그것을 봉투 안에 봉했다. / 1 비슷한 점은 그 뿐만이 아니다. 그 쌍둥이는 모든 면에서 닮았다.

resemble [rizémbəl]

re(「강조」) + semble(=like)
→ 매우 비슷하다 → 닮다

동 …와 닮다, 유사하다 유 take after

resemblance 명 유사함

[2] The smell closely **resembles** the scent of fresh roses.
[3] The link between music and emotion is one of **resemblance**.

★ assemble [əsémbəl]

as(=ad:to) + semble(=together)
→ …에 함께 두다 → 모으다

동 1 모으다; 모이다 유 collect, gather 2 조립하다

★ **assembly** 명 1 (입법) 의회, 위원회, 모임 2 조립

[4] Wait until all the guests are **assembled**.
[5] the National **Assembly**

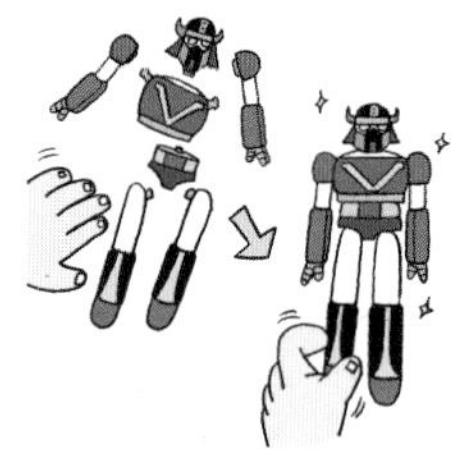

VOCA VS. VOCA 모으다

gather '모으다'라는 의미의 일반적인 말. 계획성·목적성이 약함
[6] She *gathered* information about the actor.

collect 취미 혹은 연구를 목적으로 취사 선택하여 모으다 (p.210)
[7] Sally used to *collect* dolls.

assemble 특별한 목적을 가지고 사람을 모으다
[8] The athletes are *assembled* in the stadium.

★ seemingly [síːmiŋli]

seem(=same) + ing(형용사 어미)
+ ly(부접) → …해 보이는

부 겉보기에는, 얼핏 보기에 유 apparently, on the surface

[9] The couple **seemingly** doesn't have any problems.

simulation [sìmjəléiʃən]

simul(=same) + ation(명접)
→ (현실과) 같게 해보는 것

명 흉내, 가상[모의] 실험, 시뮬레이션

simulate 동 1 가장하다, …인 체하다 유 pretend
2 모의실험하다

[10] They carried out a **simulation** of a tsunami disaster.
[11] Amy found it hard to **simulate** grief.

★ simultaneously

simul(=same) + taneous(어미)
+ ly(부접) → 같이, 같은 때에

부 [sàiməltéiniəsli] 동시에, 일제히 유 at the same time

simultaneous 형 동시의

[12] They shouted the answer **simultaneously**.

[2] 그 냄새는 신선한 장미의 향기와 아주 유사하다. [3] 음악과 감정 사이의 연결고리는 유사함이라는 것이다. [4] 손님들이 모두 모일 때까지 기다려라. [5] (한국 등의) 국회 [6] 그녀는 그 배우에 대한 정보를 수집했다. [7] Sally는 (예전에) 인형들을 모으곤 했다. [8] 운동선수들이 경기장에 모여 있다. [9] 그 부부는 겉보기에는 아무 문제가 없다. [10] 그들은 쓰나미 재난에 대한 가상 실험을 실시했다. [11] Amy는 슬픔을 가장하는 것이 어렵다는 것을 깨달았다. [12] 그들은 동시에 답을 외쳤다.

soci 친구 (companion)

★★
social [sóuʃəl]
soci(=companion) + al(형접)
→ 친구와 함께 하는 → 사회의

형 1 사회의, 사회적인 2 사교상의, 친목의

★★ **society** 명 1 사회 2 협회, 단체
sociable 형 사교적인, 붙임성 있는 반 unsociable
sociology 명 사회학

1 You must be **sociable** to be a **social** success.
2 We are living in an information intensive **society**.

★★ 핵심 다의어
as**soci**ate
as(=ad:to) + soci(=companion) + ate(동접)
→ …의 동료가 되다 → …와 교제하다
→ …와 관계 짓다 → 연관시키다, 연상하다

동 [əsóuʃièit] 《+ with》 1 관련시켜 생각하다, 연상하다, 연관시키다 반 disassociate《또는 dissociate》
2 (특히 나쁜 친구와) 교제하다
명 [əsóuʃiət] 동료, 친구 유 colleague, ally
형 [əsóuʃiət] 1 준-, 부- 2 제휴한

★★ **association** 명 1 협회, 단체 2 관련, 관계

3 Alcohol is **associated with** some cancers.
4 I don't want my son to **associate with** bullies.
5 National Basketball **Association**(NBA)

sol 혼자의 (alone)

★
sole [soul]
라틴어 solus(=alone)에서 온 말

형 유일한, 단 하나의 유 only

solely 부 1 혼자서, 단독으로 유 alone
2 오로지, 단지 유 only, merely

1 The **sole** survivor of the plane crash was a little baby.

---

solitary [sɑ́:lətèri]
solit(=alone) + ary(형접)
→ 혼자 있는

형 1 고독한, 고독을 즐기는
2 혼자서 하는, 혼자의 유 single

2 I used to be a **solitary** traveler.

1 사회적으로 성공하려면 사교적이어야 한다. 2 우리는 정보 집중 사회에 살고 있다. 3 알코올은 몇 가지 암과 연관이 있다. 4 저는 제 아들이 불량 학생들과 어울리지 않았으면 해요. 5 전국 농구 협회(미국 프로 농구) / 1 그 비행기 추락 사고의 유일한 생존자는 어린 아기였다. 2 나는 (예전에) 혼자 여행하곤 했다.

solitude [sá:lətù:d]

soli(=alone) + tude(명접:「상태」)
→ 혼자 있는 상태

명 혼자 있음, (혼자임을 즐기는) 고독

3 I sometimes enjoy quiet **solitude** at home.

plus + *cf.* loneliness: 고독, 외로움 (혼자 있어서 외로움을 느낄 때 쓰임)

solv »» 느슨하게 하다 (loosen)

★★
solve [sɑ:lv]

라틴어 solvere(=loosen)에서 유래
→ 엉켜 있는 것을 느슨하게 풀어 해결하다

동 (문제 등을) 풀다, 해결하다 유 resolve

★★ **solution** 명 1 해결(책) 2 용액, 용해
solvent 형 1 용해되는; 용해하는 2 지불 능력이 있는
명 용제, 용매

1 How can we **solve** this problem?
2 There are no simple **solutions** to unemployment.

★
resolve [rizá:lv]

re(「강조」) + solve(=loosen)
→ (엉켜 있는 것을) 완전히 느슨하게 하다
→ 해결하다

동 1 해결하다 유 solve
2 결정하다, 결심하다 유 decide, make up one's mind
명 (굳은) 결심, 단호한 의지 유 resolution

★ **resolution** 명 1 결심; 결단력 2 해결 3【컴퓨터】해상도
resolute 형 굳게 결심한, 단호한 유 determined

3 The issue hasn't been **resolved** yet.
4 New Year('s) **resolution**

★
dissolve [dizá:lv]

dis(=apart) + solve(=loosen)
→ 느슨하게 하여 따로 떨어뜨리다

동 1 (고체를[가] 액체로) 녹이다[녹다]
2 (계약·모임 등을) 종료하다, 해산시키다
3 사라지다

5 I **dissolved** two spoonfuls of sugar in my coffee.

DAY 48 잘 외워지지 않는 단어
복습
단어
뜻
단어
뜻

3 나는 때때로 집에서 조용히 혼자 있는 것을 즐긴다. / 1 우리는 이 문제를 어떻게 해결할 수 있을까? 2 실업 문제에 대한 간단한 해결책은 없다.
3 그 문제는 아직 해결되지 않았다. 4 새해 결심 5 나는 커피에 설탕을 두 스푼 녹였다.

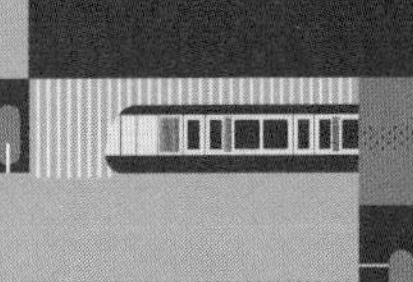

soph >> 현명한 (wise)

★ **philo**soph**y** [filɑ́:səfi]
philo(=loving) + soph(=wise) + y(명접)
→ 지혜를 사랑함 → 철학

명 철학
★ **philosopher** 명 철학자
[1] She studied the **philosophy** of the ancient Greeks.

★ **soph**isticated [səfístəkèitid]
sophist(경험과 지성을 갖춘 궤변론자) + icated(형접:「…화된」)
→ 숙련된 (사람이 만든) → 정교한

형 1 세련된, 경험 많은, 숙련된
2 (기계·기술 등이) 정교한, 복잡한
sophistication 명 1 세련됨, (지적) 교양
2 (기계 등의) 정교화
[2] Airport security is getting more **sophisticated**.

sophomore [sɑ́:fmɔ̀:r]
sopho(=wise) + more(=foolish)
→ 현명한 듯하면서도 어리석은 (사람)

명 《AmE》 (대학·고교의) 2학년생
[3] Freshmen, **sophomores**, juniors, and seniors are all considered undergraduates.

spect (변화형 spec, spit) >> 보다 (look)

spectacle [spéktəkəl]
specta(=look) + cle(명접)
→ 볼 만한 것

명 1 구경거리, 장관 2 《복수형》 안경
spectacular 명 형 장관(의), 구경거리(의)
★ **spectator** 명 (스포츠 경기 등의) 관중, 구경꾼
[1] Jake put on his **spectacles** to view the strange **spectacle** properly.

[1] 그녀는 고대 그리스인들의 철학을 공부했다. [2] 공항 보안이 점점 더 정교해지고 있다. [3] 1학년, 2학년, 3학년, 4학년은 모두 학부생으로 간주된다. / [1] Jake는 그 기묘한 구경거리를 제대로 보려고 안경을 썼다.

★★
aspect [ǽspekt]
a(=ad:to, at) + spect(=look)
→ looked at 바라본 (모양)

명 1 (상황·문제 등의) 측면, 국면; (사물 등의) 방향, 면
2 모습, 외관

2 Try to find the positive **aspects** of any situation.

★★
expect [ikspékt]
ex(=out) + (s)pect(=look)
→ 밖을 내다보다 → 기대하다

동 기대하다, 예상하다 유 anticipate, look forward to

★★ **expectation** 명 기대, 예상 유 anticipation
unexpected 형 예기치 않은, 뜻밖의 유 sudden

3 We didn't **expect** him **to come** in time.
4 Their success was completely **unexpected**.

plus + · expect A to-v: A가 …하기를 기대하다

★
inspect [inspékt]
in(=into) + spect(=look)
→ …안을 들여다보다

동 1 조사하다, 검사하다 유 examine, investigate, look into
2 (건물·기구 등을) 사찰하다, 감사하다

inspection 명 1 조사, 검사 2 사찰, 감사
inspector 명 조사자, 검열관

5 Police **inspected** the crime scene.
6 You may discover, on close **inspection**, some flaws in your design.

★★
respect [rispékt]
re(=back) + spect(=look)
→ (…을 다시) 뒤돌아보다 → 존경(하다)

명 1 존경, 존중 2 측면, 점, 사항
동 1 존경하다, 존중하다 유 look up to 반 look down on, despise
2 (법 등을) 준수하다, 지키다

respectable 형 존경할 만한, 훌륭한
★ **respectful** 형 존경[존중]하는, 공손한 반 disrespectful
respective 형 각각의, 저마다의, 각자의

7 Our main virtue is **respect** for elders.
8 She is a **respectable** young woman.
9 My parents are always **respectful** of my privacy.
10 the **respective** merits of the candidates

2 어떤 상황에서든 긍정적인 면을 찾도록 노력해라. 3 우리는 그가 제시간에 오리라고는 기대하지 않았다. 4 그들의 성공은 전혀 예상 밖이었다. 5 경찰은 범죄 현장을 조사했다. 6 자세히 살펴보면, 당신의 디자인에서 몇몇 결점을 발견할지도 모른다. 7 우리의 주요 미덕은 웃어른을 공경하는 것이다. 8 그녀는 존경할 만한 젊은 여성이다. 9 부모님은 항상 내 사생활을 존중해주신다. 10 후보들 각자의 장점

★
prospect [prɑ́:spèkt]

pro(=forward) + spect(=look)
→ (앞을) 바라봄

명 1 (장래의) 전망, 가망, 기대
2 《복수형》 (성공) 가능성
3 조망, 경치

prospective 형 기대되는, 장래의

11 The **prospects** for continued growth aren't favorable.

★★
suspect

su(=sub:from below, up)
+ spect(=look)
→ 아래에서 위로 훑어보다 → 의심하다

동 [səspékt] 의심하다, 혐의를 두다, …라고 생각하다
명 [sʌ́spekt] 용의자, 요주의 인물

suspicion 명 의심, 혐의
★ **suspicious** 형 의심스러운, 수상한

12 A: Who do the police **suspect** in the robbery?
B: The **suspect** is a tall, thin man called "Big Mike."

VOCA VS. VOCA 의심하다

suspect 의심할 만한 점이 있어서 '…인 것 같다'고 의심하다
13 I *suspect* he is a thief.

doubt 확신·증거가 없는 것에 대해 진실성·가능성 등을 의심하다
14 I *doubt* that she knows the truth.

★
species [spí:ʃiz]

spec(=look) + ies(명접)
→ (겉으로 보이는) 각 모습 → 특정 종류

명 《복수형 species》 1 (생물 분류상의) 종(種)
2 (일반적으로) 종류 유 kind, sort

15 The government passed a new law to protect endangered **species**.

★★
specific [spisífik]

speci(es)(종류) + fic(=making)
→ (특정한) 종류를 만드는 → 특수한

형 1 특정한 유 particular
2 구체적인, 자세한 반 vague

★ **specifically** 부 1 특히, 특별히 2 구체적으로
specification 명 1 열거, 명세 사항 2 (상세한) 설명서

16 There was no **specific** reason for the quarrel.
17 Can you be more **specific**?

11 지속적인 성장에 대한 전망은 밝지 않다. 12 A: 경찰이 그 강도 사건에서 의심하고 있는 것은 누구입니까? B: 용의자는 'Big Mike'라고 불리는 키가 크고 마른 남자입니다. 13 나는 그가 도둑이라고 생각한다. 14 그녀가 진실을 알고 있는지 의심스러워[모르는 것 같아]. 15 정부는 멸종 위기에 처한 종을 보호하기 위해 새로운 법을 통과시켰다. 16 그 말다툼에는 특별한 이유가 없었다. 17 좀 더 자세히 말해줄래?

★★
special [spéʃəl]

speci(es)(종류) + al(형접)
→ 특정 종류에 속하는

형 특별한 유 exceptional

* **specialist** 명 전문가 유 expert
specialize 동 ((+ in)) (…을) 전문으로 하다, 전공하다 유 major in
specially 부 (특정 목적을 위해) 특별히, 특별하게

[18] **Special** care is required when shopping online.
[19] The doctor **specializes in** children's cancer.

VOCA VS. VOCA 특별히, 특히

specially 특정 목적을 위해 '특별히'라는 의미로 쓰일 때 사용
[20] The car is ***specially*** designed for the disabled.

especially 형용사를 강조하거나 다른 대상과 비교하여 특히 정도가 더 심하다는 것을 나타낼 때 사용
[21] This computer is ***especially*** powerful.
[22] I like watching movies, ***especially*** sci-fi movies.

★★
despite [dispáit]

de(=down) + spite(=look)
→ 낮추어 봄, 업신여김 → (처한 상황이나 조건을) 무시하고

전 …에도 불구하고 유 in spite of, regardless of

[23] He came **despite** the bad weather.

sper (변화형 spair) 》 희망 (hope)

prosper [prá:spər]

pro(=forward) + sper(=hope)
→ 희망을 가지고 앞으로 나아가다
→ 번영하다

동 (일·사업 등이) 번영[번성]하다, 성공하다 유 thrive, flourish

prosperous 형 번영하는, 성공한 유 affluent
prosperity 명 번영, 성공

[1] His business **prospered** as expected.
[2] Material **prosperity** can help society attain higher levels of happiness.

[18] 온라인으로 구매 시에는 각별한 주의가 요구된다. [19] 그 의사는 소아암을 전문으로 한다. [20] 그 차는 장애인들을 위해 특별하게 설계된 것이다. [21] 이 컴퓨터는 특히 강력하다. [22] 나는 영화 보는 것을 좋아하는데, 특히 공상과학 영화를 좋아한다. [23] 그는 악천후(좋지 않은 날씨)에도 불구하고 왔다. / [1] 그의 사업은 예상대로 번창했다. [2] 물질적인 풍요로움은 사회가 더 높은 수준의 행복을 얻도록 도울 수 있다.

despair [dispέər]

de(=away from) + spair(=hope) → 희망에서 멀어지다 → 희망을 잃다

명 동 절망(하다), 자포자기(하다) 반 hope

* **desperate** 형 1 절박한, 필사적인 2 심각한, 절망적인 유 serious

desperately 부 1 필사적으로 2 몹시

[3] Sam felt **despair** over his **desperate** financial situation.

[4] The lab is developing medicines that give hope to **desperate** patients.

spher »» 구(球) (globe)

sphere [sfiər]

라틴어 spaera(=globe)에서 온 말

명 1 구(球), 구형 2 (활동·지식 등의) 영역, 분야

[1] The Earth is not a perfect **sphere**.

★★ **atmosphere** [ǽtməsfìər]

atmo(=air) + sphere(=globe) → 지구를 둘러싼 공기

명 1 공기, 대기 2 분위기

[2] Most meteors burn up when they enter Earth's **atmosphere**.

[3] The office party had a friendly **atmosphere**.

hemisphere [héməsfìər]

hemi(=half) + sphere(=globe) → 반구

명 (지구·하늘의) 반구(半球); (뇌의) 반구

[4] Most of the world's population lives in the Northern **Hemisphere**.

[5] Many people believe that creativity comes from the right **hemisphere** of the brain.

DAY 49 잘 외워지지 않는 단어 복습

단어	뜻	단어	뜻

[3] Sam은 그의 심각한 재정 상태에 절망감을 느꼈다. [4] 그 실험실은 절박한 환자들에게 희망을 주는 의약품을 개발하고 있다. / [1] 지구는 완전한 구형이 아니다. [2] 대부분의 유성은 지구 대기에 진입할 때 불탄다. [3] 사내 파티는 화기애애한 분위기였다. [4] 세계 인구의 대부분은 북반구에 산다. [5] 많은 사람이 창의력은 우뇌에서 온다고 생각한다.

spir >> 숨을 쉬다 (breathe)

★★
spirit [spírit]

spirare(=breathe)에서 온 spiritus(=breath)에서 온 말
※숨을 쉬는 것은 생기를 불어넣어 살아 있게 만드는 것

명 1 정신, 마음 반 material 2 영혼, 혼 유 soul
3 열정, 사기(士氣), 활기

spiritual 형 1 정신의, 정신적인 2 영적인, 종교적인

1 My grandmother is with me in **spirit**.
2 raise[drop] **spirits**

aspire [əspáiər]

a(=ad:to, upon) + spire(=breathe)
→ …에 (열망을) 불어넣다

동 《+ to-v》 (…하기를) 열망[갈망]하다, 바라다 유 desire to-v, yearn to-v

aspiration 명 열망, 갈망

3 A: What is your **aspiration** in life?
B: I **aspire to become** a doctor.

★★
inspire [inspáiər]

in(=into) + spire(=breathe)
→ 숨을 불어넣다 → 고무시키다

동 1 고무시키다, 격려하다
2 (감정·사상 등을) 불어넣다, 영감을 주다

* **inspiration** 명 1 영감, (창조적) 자극
2 격려가 되는 것[사람]

4 The saying "Genius is 1% **inspiration** and 99% perspiration" is very **inspiring**.

expire [ikspáiər]

ex(=out) + (s)pire(=breathe)
→ 숨이 (밖으로) 다하다 → 죽다

동 (계약·임기 등이) 만기가 되다, 끝나다

expiration 명 만기, 종결

5 My credit card **expires** in July.

plus + · expiration date: (식품·약 등의) 유통[유효] 기간

1 내 할머니는 마음속에서 나와 함께 계신다. 2 사기를 높이다[떨어뜨리다] 3 A: 인생에 있어서 당신의 소망은 무엇입니까? B: 저는 의사가 되기를 간절히 바랍니다. 4 '천재는 1%의 영감과 99%의 땀[노력]에 의해 이루어진다'는 격언은 매우 고무적이다. 5 내 신용카드는 7월에 만료된다.

⊕ more with

spir

con**spir**acy (함께 숨 쉬며 음모를 꾸미는 것) 명 공모, 음모, 모의
re**spir**e (반복해서 숨 쉬다) 동 호흡하다
per**spir**ation ((피부를) 통해 숨 쉬는 것) 명 땀; 발한 (작용)

spond (변화형 spon)  약속하다 (promise)

DAY 50

★★
respond [rispáːnd]

re(=back, in turn) + spond(=promise)
→ 답례로 약속하다

동 ((주로 + to)) 1 (말·행동·치료 등에) 반응하다 유 react
2 (질문 등에) 대답[응답]하다 유 reply

** **response** 명 1 반응 2 대답, 응답
** **respondent** 명 응답자
responsive 형 1 (긍정적으로) 즉각 반응[대응]하는
2 호응하는 유 receptive

1 Although technology is **responsive** to the will of the people, it can seldom **respond** immediately and is never free.
2 In one study, **respondents** were presented with a purchase situation.

★★
responsible [rispáːnsəbəl]

re(=back, in turn) + spons(=promise) + ible(형접)
→ 답례로 약속하여 → 약속한 바 책임을 지는

형 1 ((+ for)) …을 책임 지고 있는, 맡고 있는
2 ((+ for)) …에 책임이 있는, 원인이 되는
3 책임감 있는 반 irresponsible

** **responsibility** 명 책임, 의무

3 A: He was **responsible for** the accident.
B: But I don't think he should take all the **responsibility**.

sponsor [spáːnsər]

spons(=promise) + or(명접:「사람」)
→ (후원을) 약속한 사람

명 후원자, 스폰서
동 (행사·활동·자선단체 등을) 후원하다

4 The company **sponsors** a baseball team.

[1] 비록 기술이 사람들의 의지에 호응할지라도 그것이 즉시 반응하는 경우는 거의 없고 절대 공짜가 아니다. [2] 한 연구에서, 응답자들은 구매상황을 제시 받았다. [3] A: 그는 그 사고에 대한 책임이 있었어. B: 하지만 나는 그가 모든 책임을 져야 한다고 생각하지는 않아. [4] 그 회사는 야구팀을 후원한다.

★★
stand [stænd]
고대 영어 standan(=stand)에서 온 말

동 1 서다 2 …에 있다[위치하다], (어떤 상태·입장 등에) 있다 3 …을 참다, 견디다 유 endure, tolerate
명 1 입장, 처지 2 (가구 등의) 받침대, 스탠드

1 I know where you **stand**.
2 I can't **stand** this pain.

VOCA VS. VOCA 참다

stand 구어적으로 많이 쓰임. 불쾌한 일·싫은 것 등을 자제심으로 참다, 견디다
3 I can't ***stand*** his teasing anymore.

bear 문어적으로 많이 쓰임. 고통·어려움·불쾌한 상황 등을 참다
4 It was hard for her to ***bear*** the pain.

endure 고통스럽거나 불쾌한 상황에서 오랫동안 참다
5 The factory workers have ***endured*** months of low wages.

tolerate 변화시키려는 노력 없이 바람직하지 못한 일을 참다
6 The man refused to ***tolerate*** being treated in such a way.

★★
standard [stǽndərd]
stand(서다) + ard(명접)
→ 서 있는 지점 → 기준

명 표준, 기준, 수준
형 표준의

7 Most phone companies charge a **standard** rate for local phone calls.
8 Jack always sets his **standards** too high.

★★ 핵심 다의어
state [steit]
state(=standing)
→ (…의 상태로) 서 있는 것
→ **상태, 상황** →
┌ 통치 상태에 있는 것 → **국가, 주**
└ 상태를 말하다 → **진술하다**

명 1 상태, 상황 유 condition 2 국가, 주(州)
동 진술하다, 말하다 유 express

★★ **statement** 명 1 성명(서) 2 진술, 주장
statesman/stateswoman 명 ((복수형 states(wo)men)) 정치인

9 He **stated** firmly that the freedom of the press shouldn't be limited by the **state**.
10 The **stateswoman** is going to issue a **statement** about the serious **state** of our economy.

[1] 나는 네가 어떤 입장에 있는지 알고 있다. [2] 나는 이 고통을 참을 수가 없다. [3] 나는 그가 놀리는 것을 더 이상 견딜 수 없다. [4] 그녀는 그 고통을 참기가 어려웠다. [5] 그 공장 근로자들은 수개월간 저임금을 견뎌왔다. [6] 그 남자는 그런 식으로 대우 받는 것을 참지 않았다. [7] 대부분의 이동통신 업체들은 지역 통화에 대해 표준 요금을 부과한다. [8] Jack은 항상 자신의 기준을 너무 높게 설정한다. [9] 그는 언론의 자유가 국가에 의해 제한되어서는 안 된다고 단언했다. [10] 그 정치인은 우리 경제의 심각한 상황에 관한 성명을 발표할 예정이다.

statistics [stətístiks]

stat(e)(국가) + ist(명접:「행위자」) + ics(명접:「학문」)
→【원뜻】국정을 다루는 사람들이 이용하는 학문

명 1 《복수 취급》 통계(치[량/표])
2 《단수 취급》 통계학

★ **statistical** 형 통계(상)의

11 Teams compile **statistics** to evaluate their players' game performance.

★
statue [stǽtʃuː]

라틴어 statua(=standing 서 있음)에서 온 말

명 (사람·동물 등의) 상(像), 조각상

12 Some of the world's most famous **statues** can be seen in the Louvre in Paris.

★★
status [stéitəs]

status(=standing) → 서 있는 상태 → (직업·사회 등에서) 차지하고 서 있는 자리

명 1 (법적·직업적·사회적) 지위, 신분, 위상 유 position
2 (진행) 상황

13 legal immigrant **status**
14 She inquired about the **status** of her application.

★
stable [stéibəl]

sta(=stand) + ble(형접)
→ 움직이지 않고 서 있는 → 견고한

형 안정된, 견고한 반 unstable
명 마구간, 외양간

stability 명 안정(성) 반 instability

15 In spite of some instability in the labor market, Korea will soon regain economic **stability**.

★★
establish [istǽbliʃ]

e(모음첨가) + stabl(e)(견고한) + ish(동접) → 견고하게 하다

동 1 (기업·단체 등을) 설립하다, (제도·법률 등을) 제정하다 유 set up
2 (사실 등을) 입증하다, 증명하다

★ **establishment** 명 1 기관, 단체 2 설립, 제정

16 Our company was **established** in 1972.

---

11 팀들은 선수들의 경기 성적을 평가하기 위해 통계를 모은다. 12 세계의 가장 유명한 조각상 중 몇몇은 파리의 루브르 박물관에서 볼 수 있다. 13 합법적 이민자 신분 14 그녀는 그녀의 (채용) 지원의 진행 상황에 대해 문의했다. 15 노동 시장에서의 어느 정도의 불안정에도 불구하고, 한국은 곧 경제적 안정을 되찾을 것이다. 16 우리 회사는 1972년에 설립되었다.

★★
constant [kάːnstənt]
con(=com:together) + stant(=stand)
→ (늘) 함께 서 있는

형 1 끊임없는, 계속되는 2 (속도·양·수준 등이) 불변의
명 1 불변(의 것) 2【수학】상수

* **constantly** 부 끊임없이, 항상 유 continuously

[17] We had **constant** rain in July.

---

estate [istéit]
e(모음첨가) + state(=standing)
→ (자신의 땅에) 서 있는 → 재산, 소유지

명 1 재산, 자산 유 property 2 토지, 소유지

[18] His **estate** is twice the size of mine.
[19] a real **estate** agent

★
instance [ínstəns]
in(=on 접하여) + stan(=standing) + ce(명접)
→ 가까이 서 있는 → (…와 관련 있는) 실제 사례

명 예, 실례, 사례, 경우

[20] There are countless **instances** like that.

VOCA VS. VOCA 사례

example 어떤 그룹 내에서 가장 전형적이며 대표적인 사례
[21] The teacher showed us *examples* of different kinds of flowers.

instance 어떤 상황이나 사정을 나타내는 여러 사례 중의 하나
[22] I can quote you several *instances* of her being rude.

case 어떤 일의 발생의 본보기가 되는 행위·사건
[23] In Tom's *case*, he was dismissed.

illustration 어떤 이론·원리 등을 분명히 하기 위해 인용하는 사례 (p.23)
[24] This is an *illustration* of effective marketing.

★
instant [ínstənt]
in(=on 접하여) + stant(=standing)
→ 가까이 서 있는 → 어떤 일이 진행되는 자리 근처에서 → 즉석의

형 1 즉석의, 즉각적인 유 immediate
2 인스턴트의, 즉석 요리의
명 즉시, 순간, 찰나

instantly 부 곧, 당장, 즉석에서 유 immediately

[25] The movie was an **instant** success.
[26] She was confused for an **instant**.

[17] 7월에는 끊임없이 비가 내렸다. [18] 그의 재산은 나의 두 배이다. [19] 부동산 중개인 [20] 그와 같은 예들은 셀 수 없이 많다. [21] 그 선생님은 우리에게 다양한 종류의 꽃 예시를 보여주었다. [22] 나는 그녀가 무례했던 여러 사례를 너에게 말할 수 있다. [23] Tom의 경우, 그는 해고되었다. [24] 이것은 효과적인 마케팅의 실례이다. [25] 그 영화는 즉각적인 성공을 거두었다. [26] 그녀는 순간 혼란스러웠다.

★
obstacle [ɑ́:bstikəl]

ob(=against) + sta(=stand) + cle(명접) → 대항하여 서 있는 것 → 방해물, 장애물

명 장애(물), 방해(물)

27 He overcame the **obstacle** of blindness and became a great musician.

★★
substance [sʌ́bstəns]

sub(=under) + stan(=stand) + ce(명접) → (외관의) 아래에 있는 것 → 본질

명 1 물질, 물체 유 material
2 실체, 본체, 본질 유 essence
3 (이야기 등의) 요지, 중요한 부분

⋆ **substantial** 형 1 (양·정도 등이) 상당한, 많은
2 본질[실질]적인, 중요한

28 Keep dangerous **substances** away from children.
29 The prospect of getting a more **substantial** salary encouraged him to work hard.

DAY 50

DAY 50 잘 외워지지 않는 단어 　　　　복습

	단어	뜻		단어	뜻
○			○		
○			○		
○			○		

27 그는 시각 장애를 극복하고 훌륭한 음악가가 되었다. 28 위험한 물질은 아이들로부터 멀리 두어라. 29 더 많은 월급을 받을 것이라는 기대는 그가 열심히 일하도록 북돋웠다.

Matching Game

※ QR코드를 스캔하여 Matching Game을 한 후 점수를 기록해보세요.

My Scoreboard

	1차 시도	2차 시도	3차 시도
8000점 이상 나는 단어 신이야.			
7000~7999 인간계에서 최고네 ㅋㅋ			
6000~6999 지상은 밝고 좋구만!			
5000~5999 아직 땅속인가 …			
4999점 이하 암흑이여 ㅠㅠ			

※ Matching Game 후 틀린 단어 또는 잘 외워지지 않는 단어를 써보세요.

	단어	뜻		단어	뜻
○			○		
○			○		
○			○		
○			○		
○			○		

sta (변화형 sist, sto, st(e), stitu, sti(n)) 서다, 세우다 (stand)

★ **assist** [əsíst]

as(=ad:near to) + sist(=stand)
→ 곁에 서 있다 → (옆에서) 거들다

동 돕다, 거들다, 원조하다 유 help, aid
명 【스포츠】 어시스트(공을 동료에게 패스하여 득점을 돕는 행위)

★ **assistance** 명 보조, 도움
★ **assistant** 명 보조자, 조수
형 보조의, 하위 직급의

1 The dog **assisted** the blind.
2 The lawyer offers legal **assistance** to poor people.
3 an **assistant** manager[professor]

VOCA VS. VOCA 돕다

help 가장 일반적이고 넓은 의미의 '돕다'라는 뜻
4 We ***helped*** clean the house.

assist 격식적인 표현으로, 주된 일을 하는 사람의 보조자로서 일을 도와주다
5 She ***assists*** parents who adopt disabled children.

aid 기구나 정부가 어려운 국가나 사람들에게 음식·자금 등을 지원하다
6 They tried to ***aid*** civilians during the civil war.

★ **consist** [kənsíst]

con(=com:together) + sist(=stand)
→ 함께 서 있다 → …로 구성되다

동 1 《+ in》 (주요 특징 등이) …에 존재하다, …에 있다
2 《+ of》 …로 이루어지다, 구성되다
유 be made up of, be composed of, comprise

★ **consistency** 명 (태도·수준 등의) 일관성 반 inconsistency
★★ **consistent** 형 1 시종일관한, 일관된
2 (진술·의견 등이) 일치하는, 모순이 없는
반 inconsistent

7 Happiness **consists in** being with people you love.
8 A: What does this drink **consist of**?
B: It's made with lemons, water, and sugar.

[1] 그 개는 시각 장애인들을 도왔다. [2] 그 변호사는 가난한 사람들에게 법률 지원을 해준다. [3] 부지배인[조교수] [4] 우리는 집을 청소하는 것을 도왔다. [5] 그녀는 장애아를 입양하는 부모에 도움을 주고 있다. [6] 그들은 내전 기간에 시민들을 원조하려고 애썼다. [7] 행복은 사랑하는 사람들과 함께 있는 데 있다. [8] A: 이 음료는 무엇으로 만들어졌나요? B: 레몬과 물, 설탕으로 만들어졌어요.

★★
exist [igzíst]

ex(=out) + (s)ist(=stand)
→ 밖으로 나와 서 있다 → 존재하는 것이 확인되다

동 1 존재하다, 실재하다
2 (어려운 상황에서) 생존하다 유 survive

★ **existence** 명 1 존재, 실재 2 생존 (방식)

9 If we **exist** without love, our **existence** is meaningless.
10 a struggle for **existence**

★
insist [insíst]

in(=on) + sist(=stand)
→ (자기 주장) 위에 확고히 서다

동 1 (특정 사실에 대해) 주장하다, 고집하다
2 《+ that》 (강력히) 요구하다

insistence 명 (강력한) 주장, 요구
insistent 형 고집하는, 끈질긴

11 They **insisted on coming** with us.
12 She **insisted that** he wear his new suit for the party.

plus + · insist on N/v-ing: …을 주장하다, 고집하다

★
resist [rizíst]

re(=back, against) + sist(=stand)
→ 반대 입장에 서다

동 1 …에 반대하다, 저항[반항]하다 유 oppose
2 (유혹 등을) 견디다, 참다

★ **resistance** 명 저항 (운동), 반항, 반대
★ **resistant** 형 《주로 + to》 1 견디는, 내성이 있는
2 반대하는, 저항하는
irresistible 형 1 저항할[억누를] 수 없는
2 (못 견디게) 매력적인

13 She **resisted** her mother's pressure.
14 This plant is **resistant to** cold.
15 These days, children find instant food **irresistible**.

★
restore [ristɔ́ːr]

re(=again) + store(=stand)
→ 다시 서다 → 회복하다

동 1 회복하다; 회복시키다 유 revive
2 복원하다, 복구하다
3 돌려주다 유 return

restoration 명 1 복권, 복구 2 회복 3 반환
restorable 형 회복할 수 있는
restorative 형 회복시키는

16 Paying promptly will **restore** your membership to good standing.

---

9 만약에 우리가 사랑 없이 살아간다면, 우리의 존재는 무의미하다. 10 생존 경쟁 11 그들은 우리와 함께 갈 것을 고집했다. 12 그녀는 그에게 파티를 위해 새 정장을 입을 것을 요구했다. 13 그녀는 어머니의 압박에 반항했다. 14 이 식물은 추위에 강하다. 15 요즘 아이들은 인스턴트 식품에 대한 욕구를 억제할 수 없다. 16 곧바로 지불하면 귀하의 멤버십이 정상 회원으로 회복될 것입니다.

★
arrest [ərést]

ar(=ad:to) + re(=back) + st(=stand)
→ stand back 뒤로 물러서게 하다
→ (범죄를) 멈추게 하다

명 동 **체포(하다)**

17 The police **arrested** him for selling drugs.

★★
cost [kɔːst]

- cost - cost
co(=com:together) + st(=stand)
→ …한 상태로 함께 (서) 있기 위해 치러야 할 희생 → 비용; 손실

명 1 비용, 값, 가격 2 **(시간·노력 등의) 희생, 손실**
동 1 (비용·대가가) 들다
2 **(시간·노력 등을) 요하다, (어떤 것을) 희생하다, 잃게 하다**

costly 형 1 값비싼 유 expensive 2 손실[희생]이 큰

18 Lewis made a **costly** mistake, which **cost** him his job.

plus + · at all costs: 어떤 희생을 치르더라도, 무슨 일이 있어도 (=at any cost)

★
steady [stédi]

stead(=standing:고대 영어 stede) + y(형접)
→ (어떤 장소에) 확고히 서 있는

형 1 꾸준한, 지속적인 2 **안정된, 흔들리지 않는**

★ **steadily** 부 꾸준히
unsteady 형 불안정한

19 He has a **steady** job, and his wages are **steadily** rising.

★★
system [sístəm]

sy(=sym:together) + ste(=stand) + m(어미) → 함께 서 있게 하는 것 → 체계

명 **체계, 체제, 시스템, 방식**

★ **systematic** 형 조직적인, 체계적인
systematize 동 조직화하다, 체계화하다
systemic 형 전체에 영향을 주는

20 a political[educational] **system**
21 The way he works isn't very **systematic**.

★
constitute [kɑ́ːnstətùːt]

con(=com:together) + stitute(=make stand)
→ 함께 서게 만들다 → 구성하다

동 1 구성하다 유 make up 2 **…로 간주되다**
3 **《주로 수동태로》 설립하다, 제정하다** 유 establish

★ **constitution** 명 1 헌법 《고유명사로 쓰이면 Constitution》
2 체격, 체질 3 구성, 구조, 조직

22 Forty pages **constitute** the book's section on World War II.
23 Their actions **constitute** a clear threat.
24 Ecuador has become the first nation on Earth to put the rights of nature in its **constitution**.

17 경찰은 그를 마약 판매 혐의로 체포했다. 18 Lewis는 손실이 큰 실수를 해서, 그것 때문에 일자리를 잃었다. 19 그는 안정된 일자리를 갖고 있고, 그의 월급은 꾸준히 오르고 있다. 20 정치[교육] 제도 21 그가 일하는 방식은 그다지 체계적이지 않다. 22 이 책의 2차 세계 대전에 대한 장(章)은 40페이지로 구성되어 있다. 23 그들의 행동은 명백한 위협으로 간주된다. 24 에콰도르는 지구상에서 자연의 권리를 헌법에 명시한 첫 번째 국가가 되었다.

★
institute [ínstətù:t]

in(=in, on) + stitute(=stand)
→ …에 세우다 → 설립하다
→ 설립한 곳

명 학회, 협회, 연구소
동 (제도·절차 등을) 제정하다, 도입하다

★★ **institution** 명 1 (병원·대학 등의) (공공) 기관[시설]
2 (사회) 제도, 관례 3 제정, 설립

25 The university established an **institute** for Korean studies.

★
substitute [sʌ́bstətù:t]

sub(=under, in place of) + stitute
(=stand) → 대신하여 서게 하다

동 1 대체하다, 바꾸다 2 ((+ for)) (일 등을) 대신하다
유 replace
명 대용품, 대리인

substitution 명 대리, 대체, 대용 유 replacement

26 We must **substitute** a new chair **for** the broken one.
27 Jake **substituted for** Lucy, who was on a business trip.

plus + · substitute A for B: B를 A로 대체[교체]하다
(=substitute[replace] B with A)

★
destination [dèstənéiʃən]

de(「강조」) + stina(=stand) + tion(명접)
→ (태어날 때부터) 정해진 자리에 서 있는
것 → 운명

명 목적지, 행선지

destined 형 …할 운명의, …하기로 되어 있는
destiny 명 운명, 숙명 유 fate

28 The transportation industry does more than just carry travelers from one **destination** to another.
29 The boy was **destined** to fail since he never tried.
30 It was her **destiny** to be a singer.

superstition [sù:pərstíʃən]

super(=over) + sti(=stand)
+ tion(명접)
→ (상식 등을) 초월하여 있는 것

명 미신

superstitious 형 미신적인

31 According to **superstition**, Friday the 13th is unlucky.

25 그 대학은 한국학 연구소를 설립했다. 26 우리는 부서진 의자를 새 의자로 바꿔야 한다. 27 Jake는 Lucy의 업무를 대신했는데, 그녀가 출장 중이었기 때문이다. 28 운송업은 단지 한 목적지에서 다른 목적지로 여행객을 옮기는 것 이상의 것을 한다. 29 그 소년은 전혀 노력[시도]를 하지 않았기 때문에 실패할 운명이었다. 30 가수가 되는 것은 그녀의 운명이었다. 31 미신에 따르면, 13일의 금요일은 불길하다.

sting (변화형 stinct, stim) >> 1 찌르다 (prick) 2 끄다 (quench)

★★
distinguish
[distíŋgwiʃ]
di(=dis:apart) + stingu(=prick) + ish(동접)
→ 바늘로 찔러 자국을 내서 (다른 것과) 구분짓다

동 1 구별하다, 분간하다 유 differentiate
2 《주로 + oneself》 두드러지게 하다, 유명하게 하다

distinguished 형 1 성공을 이루어낸, 존경받는, 저명한
2 기품 있는, 품위 있는

1 Sometimes, it is difficult to **distinguish** fantasy **from** reality.
2 **distinguished** writers

plus + · distinguish A from B: A를 B와 구별하다 (=tell[know] A from B)

extinguish
[ikstíŋgwiʃ]
ex(「강조」) + (s)tingu(=quench) + ish(동접) → 완전히 끄다

동 1 (불 등을) 끄다 유 put out
2 끝내다, 소멸시키다

3 The firefighters could barely **extinguish** the fire.

extinct [ikstíŋkt]
ex(「강조」) + (s)tinct(=quench)
→ 완전히 꺼뜨려 없앤 → 모두 사라진
※ extinguish에서 온 말

형 1 (종족·생물 등이) 멸종한, 사멸한
2 (화산 등이) 활동을 멈춘 반 active

★ **extinction** 명 멸종, 사멸, 소멸
extinctive 형 소멸성의

4 The number of **extinct** species outnumbers that of living species.

plus + · an extinct[active] volcano: 사화산[활화산]

★
distinct [distíŋkt]
di(=dis:apart) + stinct(=prick)
→ 바늘로 찔러 자국을 내서 구별한

형 1 《+ from》 별개의, 다른 유 different from
2 확실한, 명료한

★ **distinction** 명 1 구별, 차이 2 탁월, 우수, 특징
★ **distinctive** 형 (다른 것과) 구별되는, 독특한

5 That idea is quite **distinct from** my idea.
6 This study makes no **distinction** between genders.

1 때때로 환상과 현실을 구별하기가 어렵다. 2 저명한 작가들 3 소방관들은 간신히 불을 끌 수 있었다. 4 멸종된 종들의 수가 살아있는 종들의 수보다 더 많다. 5 그 생각은 나의 생각과 상당히 다르다. 6 이 연구는 남녀의 구별이 없다.

instinct [ínstiŋkt]

in(=on) + stinct(=prick)
→ 찔러 자극하여 부추김 → 충동 → 본능

명 **본능, 본성**

instinctive 형 본능적인

7 Animals hunt by **instinct**.

stimulate [stímjəlèit]

stim(=prick) + ulate(동접)
→ 찔러 부추기다
→ 자극시키다; 고무시키다

동 1 **자극하다, 촉진하다** 유 arouse
2 **격려하다, 고무하다** 유 encourage, inspire

stimulation 명 자극, 흥분
stimulus 명 《복수형 stimuli [-lai]》
자극제, 자극이[고무/격려가] 되는 것

8 Some colors **stimulate** people's appetites.
9 Our brain reacts differently to thousands of different **stimuli**.

DAY 51 잘 외워지지 않는 단어

복습

단어	뜻	단어	뜻

7 동물들은 본능적으로 사냥을 한다. 8 어떤 색은 사람들의 식욕을 자극한다. 9 우리 뇌는 수천 가지의 다른 자극에 다르게 반응한다.

strict (변화형 strai(n), stress, stig)  1 팽팽히 당기다 (draw tight) 2 묶어 두다 (bind)

★ **strict** [strikt]

strict(=draw tight) → 팽팽하게 당겨진 → 긴장을 주는 → 엄격한

형 1 엄격한, 엄한 유 stern 2 정확한, 엄밀한

1 Mary is quite **strict** with her children.
2 The movie was not successful in the **strict** sense of the word.

★ **restrict** [ristríkt]

re(=back) + strict(=draw tight) → 뒤로 팽팽히 당기다 → (일정 정도 이상으로는 못 가도록) 제한하다

동 제한하다, 한정하다 유 limit, confine

restriction 명 (법·규칙·크기·범위 등의) 제한, 한정

3 a **restricted** area
4 The **restriction** on importing costly cars was eased recently.

★ **district** [dístrikt]

di(=dis:apart) + strict(=bind) → 따로따로 묶다 → 통제력이 각각 미치는 범위 → 관할 구역

명 (행정구·선거구 등의) 지구, 구역, 지역

5 an election **district**
6 a school **district**
7 I enjoyed walking around the theater **district** in New York.

---

strain [strein]

라틴어 stringere(=draw tight 꽉 잡아당기다)에서 온 말

명 1 긴장(감), 피로, 부담 2 잡아당기기
동 1 노력하다, 애쓰다 2 (근육·신체 일부를) 혹사시키다

8 Their relationship has been under a lot of **strain** lately.

1 Mary는 자식들에게 꽤 엄하다. 2 엄밀히 말하면 그 영화는 성공적이지 못했다. 3 제한 구역 4 값비싼 차들에 대한 수입 제한이 최근에 완화되었다. 5 선거구 6 학군 7 나는 뉴욕의 극장가를 돌아다니는 것을 즐겼다. 8 그들의 관계는 최근에 많은 긴장감 속에 있다.

restrain [ristréin]

re(=back) + strain(=draw tight)
→ 뒤로 잡아당겨 두다 → 억누르다, 억제하다

동 1 《+ from》 (…을) 제지하다, 못하게 하다
2 (감정·행동 등을) 억누르다, 억제하다

9 It's hard for children to **restrain** themselves **from** making noise.
10 Being so upset, I couldn't **restrain** my anger.

strait [streit]

strait(=draw tight)
→ 꽉 잡아당겨져 좁은 곳 → 해협

명 1 《주로 복수형》 해협
2 《복수형》 (특히 경제적인) 곤경, 궁핍

11 The ship is rounding the **Strait** of Gibraltar.

distress [distrés]

di(=dis:apart) + stress(=draw tight)
→ 팽팽히 당겨 (사이를) 떨어지게 하다
→ 괴롭게 하다 → 괴로움

명 1 고통, 고뇌 2 곤경, 빈곤 ⊕ hardship
동 괴롭히다, 곤란하게 하다

12 Stressful events can cause a lot of **distress**.

plus + · in distress: 1 고통[곤궁] 속에 있는 2 조난된

★★ 핵심 다의어

stress [stres]

라틴어 strictus(=draw tight 꽉 당겨진)에서 온 말 →
- (신경이) 꽉 당겨짐 → **긴장**
- (힘을 주어) 꽉 당김 → **압력**
- 꽉 당겨서 **강조하다**

※distress(고통, 고뇌)의 축약형으로 보기도 함

명 1 긴장, 스트레스 2 압력, 힘
3 (중요성의) 강조 ⊕ emphasis 4 강세
동 1 강조하다 ⊕ emphasize 2 (발음) 강세를 두다
3 스트레스를 주다[받다]

13 Too much **stress** can ruin your health.
14 The speaker **stressed** the importance of eating a good breakfast.

prestige [prestíːʒ]

pre(=before) + stige(=bind)
→ 앞에 (높게) 묶여 있음 → 명성

명 명성, 위신
형 명성이 있는, 명품의, 명문의

prestigious 형 명성이 있는, 명문의

15 Our school baseball team enhanced our school **prestige** by winning the national championship.
16 a **prestigious** school

9 아이들이 스스로 떠들지 않도록 억제하는 것은 힘들다. 10 너무 화가 나서, 나는 화를 참을 수 없었다. 11 그 배는 지브롤터 해협을 돌고 있다. 12 스트레스를 주는 사건은 많은 고통을 야기할 수 있다. 13 과도한 스트레스는 건강을 해칠 수 있다. 14 강연자는 균형 잡힌 아침 식사의 중요성을 강조했다. 15 우리 학교 야구부는 전국 선수권 대회에서 승리하여 학교의 위상을 높였다. 16 명문 학교

struct (변화형 str, stroy) 》 세우다 (build)

DAY 52

○○○ ★★
structure [strʌ́ktʃər]
struct(=build) + ure(명접)
→ 세워진 것

명 1 구조, 조직, 체계 2 건축물, 구조물
동 구성하다, 조직화하다 유 organize

structural 형 구조상의, 조직상의

1 the social[political/economic] **structure**
2 The human body is an incredibly complex **structure**.

○○○ ★★
construct
con(=com:toghter) + struct(=build)
→ 함께 세우다

동 [kənstrʌ́kt] 1 건설하다, 세우다
2 (문장 등을) 만들다, 구성하다
명 [kɑ́:nstrʌkt] 1 건축물, 구조물 2 (복잡한) 생각

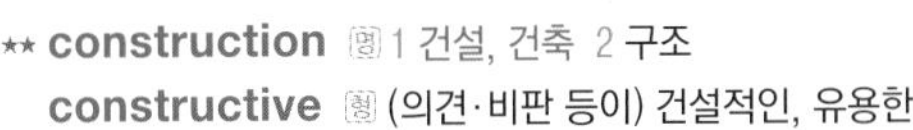

★★ **construction** 명 1 건설, 건축 2 구조
constructive 형 (의견·비판 등이) 건설적인, 유용한

3 A: When are they going to **construct** a new bridge?
B: It's already under **construction**.

○○○ ★
instruct [instrʌ́kt]
in(=on) + struct(=build)
→ (지식 등을) 쌓아올리도록 하다
→ 교육하다

동 1 (…하라고) 지시하다 유 order
2 가르치다, 교육하다 유 teach

★★ **instruction** 명 1 지시 2 《복수형》 지침서, 설명서
3 가르침, 교육
instructor 명 교사, 지도자, 《*AmE*》 (대학의) 전임 강사
instructive 형 유익한, 교육적인

4 I've **instructed** everyone to wait here until the **instructor** arrives.

○○○ ★★
instrument
[ínstrəmənt]
instru(ct)(쌓아올리다, 갖추게 하다) + ment(명접) → 쌓아올릴 때 쓰는 것
※ instruct와 어원이 같음

명 1 기구, 도구 유 tool, implement
2 악기

5 a medical **instrument**
6 She plays several musical **instruments**, including the piano and flute.

---

1 사회[정치/경제] 구조 2 인체는 믿을 수 없을 정도로 복잡한 조직체이다. 3 A: 그들은 언제 새로운 다리를 건설할 예정입니까? B: 이미 건설 중에 있습니다. 4 나는 선생님이 도착할 때까지 여기에서 기다리라고 모두에게 지시했다. 5 의료 기구 6 그녀는 피아노와 플룻을 포함한 몇 가지 악기를 연주한다.

★★
industry [índəstri]

indu(=in) + str(=build) + y(명접) → 안에 세움 → 건설, 산업

명 1 산업, 공업
2 근면 유 diligence

★★ **industrial** 형 산업의, 산업이 발달한
industrious 형 근면한 유 hard-working, diligent 반 lazy
industrialize 동 산업화하다
industrialization 명 산업화

[7] car[tourist] **industry**
[8] Korea is an **industrial** nation, and Koreans are **industrious** people.

★★
destroy [distrɔ́i]

de(「반대」) + stroy(=build) → '쌓아올리다'의 반대 뜻 → 무너뜨리다

동 1 파괴하다, 손상시키다 유 devastate, demolish 반 build, construct
2 (삶·계획 등을) 망치다

★ **destruction** 명 파괴 반 construction
destructive 형 파괴적인 반 constructive

[9] One **destructive** action can **destroy** the results of years of constructive activity.

VOCA VS. VOCA 파괴하다, 망치다

destroy 힘으로 부수거나 복구 불능으로 만들거나 완전히 없애 버리다
[10] The entire town was ***destroyed*** by an earthquake.

ruin 특징·유용성·모습 등에 손상을 입혀서 제 구실을 못하게 만들다
[11] You've ***ruined*** my painting!

spoil ruin보다 망치는 정도가 약함. '아이의 버릇을 망치다'의 뜻으로도 쓰임
[12] Too many limits may ***spoil*** the normal development of children.

sult >>> 뛰어오르다 (leap)

insult

in(=in, on) +sult(=leap) → … 위로 뛰어올라 공격하다 → (말, 행동의) 공격

동 [insʌ́lt] 모욕하다, 창피를 주다
명 [ínsʌlt] 모욕, 무례(한 말·행동)

[1] A: I did not mean to **insult** Ryan.
B: But that joke you told was quite an **insult**.

[7] 자동차[관광] 산업 [8] 한국은 산업 국가이며 한국인들은 근면한 민족이다. [9] 하나의 파괴적인 행동이 수년 간의 건설적인 활동의 결과를 망칠 수 있다. [10] 온 마을이 지진으로 파괴되었다. [11] 네가 내 그림을 망쳤어! [12] 너무 많은 제한은 아이들의 정상적인 발달을 망칠 수 있다. / [1] A: 나는 Ryan을 모욕할 의도는 아니었어. B: 하지만 네 농담은 상당한 모욕이었어.

★★
result [rizʌ́lt]

re(=back) + sult(=leap)
→ 뛰어올라 되돌아오다
→ 《비유》 (원인이) 뛰어올라 되돌아온 것

명 결과, 결말
동 1 《+ from》 …의 결과로서 일어나다, …에 기인하다
2 《+ in》 …의 결과를 낳다, …로 끝나다

2 According to the test **results**, your health is fine.
3 Tooth decay can **result from** eating too many sweets.
4 The accident **resulted in** the death of two passengers.

sum ⟫ 취하다, 골라 가지다 (take)

★★ 핵심 다의어
assume [əsúːm]

as(=ad:to) + sume(=take)
→ 어떤 방향으로 …을 취하다 →
- (생각을) 취하다 → **가정하다**
- (일을) 취하다 → **맡다**
- (태도를) 취하다 → **가장하다**

동 1 가정하다, 추측하다 유 presume
2 (책임·임무 등을) (떠)맡다
3 …인 체하다, 가장하다

assumption 명 가정, 추측, 추정

1 I **assumed** that you were leaving early, since you said you needed to pick up your son.
2 He **assumed** the office of the presidency in May.

★★
consume [kənsúːm]

con(=com:「강조」) + sume(=take)
→ 완전히 취하다 → 다 써버리다

동 1 (시간·돈·에너지 등을) 소비하다, 쓰다
2 먹다, 마시다

★★ **consumer** 명 소비자 반 producer
★ **consumption** 명 소비(량[액]), 사용 반 production

3 This car **consumes** less gas than others.
4 a **consumer** price
5 People should try to lower their daily **consumption** of cholesterol.

presume [prizúːm]

pre(=before) + sume(=take)
→ (확실한 근거를 갖기) 전에 …라고 받아들이다

동 가정하다, 추측하다 유 assume

presumption 명 가정, 추측

6 The ten missing passengers are **presumed** dead.

[2] 검사 결과에 따르면, 당신의 건강은 좋습니다. [3] 충치는 단것을 너무 많이 섭취한 결과일 수 있다. [4] 그 사고로 승객 두 명이 죽었다. / [1] 네가 네 아들을 데리러 가야 한다고 말해서 나는 네가 일찍 떠날 것이라고 생각했다. [2] 그는 대통령직을 5월에 맡았다. [3] 이 차는 다른 차들보다 연료를 덜 소비한다. [4] 소비자 가격 [5] 사람들은 일일 콜레스테롤 섭취를 낮추도록 노력해야 한다. [6] 실종된 10명의 승객들은 사망한 것으로 추정된다.

★

resume [rizú:m]

re(=again) + sume(=take)
→ (중단했던 것을) 다시 취하다

동 1 (일시적으로 중단된 후) 다시 시작하다, 재개하다 유 reopen
2 **(자리·지위 등을) 되찾다, 다시 차지하다**

resumption 명 재개, 회수, 되찾음

7 They're going to **resume** the match after the rain stops.

혼동어휘 · résumé [rézumèi]: 이력서

DAY 52 잘 외워지지 않는 단어 복습

단어	뜻	단어	뜻

7 그들은 비가 그친 뒤 경기를 재개할 것이다.

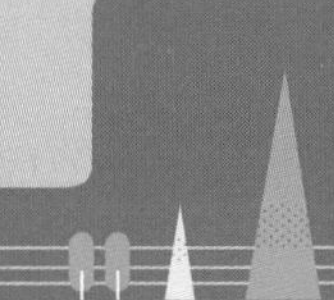

DAY 53

클래스카드

sure >> 근심이 없는 (free from care)

assure [əʃúər]

as(=ad:to) + sure(=free from care)
→ 근심이 없게 하다 → 확신시키다

동 1 보장하다, 장담하다 유 guarantee
2 …을 확실하게 하다 유 ensure

assurance 명 1 보장, 장담 2 확신, 자신감

1 We **assure** customers that our goods are 100% authentic.

reassure [rìːəʃúər]

re(=again) + assure(보장하다)
→ 다시 장담하다 → 안심시키다

동 안심시키다

reassurance 명 안심시키기, 안심시키는 것

2 The nurse knows how to **reassure** anxious patients.

insure [inʃúər]

in(=en:make) + sure(=free from care)
→ 근심이 없게 하다 → 안전하게 하다

동 보험에 들다

⋆ **insurance** 명 보험(료)

3 This building is **insured** against fire.
4 life[health] **insurance**

surg (변화형 sour) >> 솟아나다 (spring up)

surge [səːrdʒ]

라틴어 surgere(=spring up)에서 온 말

동 1 (군중·감정 등이) 밀어닥치다, 쇄도하다
2 (가격·수량 등이) 급등하다, 급증하다
명 1 격동, 쇄도 2 급등, 급증

1 A crowd of fans **surged** toward the stage.

★★ source [sɔːrs]

sour(=spring up) + ce(어미)
→ 솟아나오는 곳 → 원천

명 1 근원, 원천 유 origin 2 원인

2 Her main **source** of income is her pension.
3 Have you found the **source** of the problem?

1 저희는 고객들에게 저희 제품이 100% 정품이라는 것을 보장합니다. 2 그 간호사는 걱정하는 환자들을 안심시키는 방법을 안다. 3 이 건물은 화재에 대비하여 보험에 들어있다. 4 생명[건강] 보험 / 1 수많은 팬이 무대로 몰려들었다. 2 그녀의 주요 수입원은 연금이다. 3 그 문제의 원인을 찾았습니까?

★★
resource [ríːsɔ̀ːrs]

re(=again) + source(원천)
→ 다시 원천이 될 수 있는 것

명 1 《주로 복수형》 자원, 물자, 자산
2 (학습·연구) 자료

[4] Countries need to carefully manage their natural **resources**.
[5] She used a variety of **resources** to gather information for her report.

tach (변화형 ta(c)k)  들러붙게 하다 (stick, fasten)

★
attach [ətǽtʃ]

at(=ad:to) + tach(=stick)
→ 붙이다

동 《주로 + to》 1 붙이다, 첨부하다 유 fix 반 detach
2 소속시키다

attachment 명 1 부착(물), 부속품 2 애착
attached 형 《+ to》 1 애착[애정]을 가진
2 부착된, 첨부된

[1] The secretary **attached** a note **to** the front of the file.

★★
attack [ətǽk]

at(=ad:to) + tack(=stick)
→ 달라붙다 → 공격(하다)

명 1 공격 반 defense 2 (갑작스런) 발병
동 1 공격하다 반 defend 2 (갑자기) 발병하다 유 break out

[2] **Attack** is often the best form of defense.
[3] a heart **attack**

stake [steik]

staken(땅에다 고정시키는 말뚝)에서 유래
→ (회사 등에) 고정시켜 놓은 돈

명 1 (회사에 투자한) 돈, 지분, 내기(돈) 2 말뚝

[4] His life was **at stake**.

plus + · at stake: (생명·안전·명예 등이) 위기에 처한 (=at risk)
· stakeholder: 투자자, 이해관계자

[4] 국가들은 그들의 천연 자원을 주의하여 관리해야 한다. [5] 그녀는 보고서를 위한 정보를 모으기 위해 다양한 자료를 사용했다. / [1] 비서는 서류 앞에 메모를 붙였다. [2] 공격은 종종 최상의 방어책이다. [3] 심장 마비 [4] 그의 목숨이 위태로웠다.

tact (변화형 teg, tain, ti) 건드리다, 접촉하다 (touch)

intact [intǽkt]
in(=not) + tact(=touch)
→ 건드려지지 않은 → 원래 그대로의

형 **온전한, 손상되지 않은**

[1] My car remains **intact**, even though I bought it many years ago.

★★
contact [kɑ́:ntækt]
con(=com:together) + tact(=touch)
→ 서로 접촉하기

명 1 **접촉, 연락, 교섭** 2 《주로 복수형》 **인맥, 연줄**
동 **…와 연락하다** 유 get in touch with, communicate with

[2] He has a lot of **contacts** in business and politics.
[3] I'll **contact** you as soon as I arrive.

---

integrate [íntəgrèit]
in(=not) + teg(=touch)
+ r(=er:형접) + ate(동접)
→ (통합된 상태를) 건드리지 않고 두다

동 1 **《+ into/with》 (부분·요소 등을[이]) 통합하다[통합되다]**
2 **인종 차별을 철폐하다** 유 desegregate 반 segregate

integration 명 1 통합 2 (차별 철폐에 의한) 인종 통합
integrity 명 1 정직, 성실 2 완전무결(의 상태)

[4] The committee will try to **integrate** the different ideas into one uniform plan.

---

attain [ətéin]
at(=ad:to) + tain(=touch)
→ (목표에) 닿다

동 1 **달성하다** 유 achieve, accomplish
2 **(특정 연령·수량·수준 등에) 도달하다**
유 reach

[5] To **attain** your goals, you must never give up.
[6] At last, she **attained** her dream of owning a home.

★★
entire [intáiər]
en(=in:not) + ti(=touch) + re(어미)
→ 건드리지 않은 → 전체의, 상태가 완전한

형 1 **전체의** 유 whole
2 **완전한** 유 complete

entirely 부 완전히, 전적으로 유 completely

[7] The **entire** audience was moved by his speech.

[1] 수년 전에 자동차를 구입했음에도 불구하고 내 차는 아직 멀쩡하다. [2] 그는 재계와 정계에 인맥이 많다. [3] 도착하는 대로 당신에게 연락할게요. [4] 그 위원회는 서로 다른 의견들을 모아 하나의 통일된 계획으로 만들려고 노력할 것이다. [5] 목적을 달성하기 위해서는 결코 포기해서는 안 된다. [6] 마침내, 그녀는 자신 소유의 집을 갖겠다는 꿈을 이뤘다. [7] 모든 청중이 그의 연설에 감동했다.

tail >> 자르다 (cut)

tailor [téilər]

tail(=cut) + or(명접:「행위자」)
→ 자르는 사람 → 재단사

명 재단사

동 (요구·목적 등에) 맞추어 만들다, 맞게 하다

1 The suit was well **tailored**.

retail [ríːtèil]

re(=again) + tail(=cut)
→ 자르고 자르다 → 작은 조각을 내어 소매로 팔다

명 동 **소매(하다)** 반 wholesale(도매(하다))

형 소매의 부 **소매로**

retailer 명 소매상, 소매점

2 A: Did you buy those clothes **retail**?
B: No, I got them very cheaply from a wholesale store.

★★ detail [díːteil]

de(「강조」) + tail(=cut)
→ 철저히 잘라 나눠진 조각

명 1 세부 사항, 사소한 것[일] 2 《복수형》 상세 정보

동 (사실·정보 등을) 열거하다

3 Would you tell us about it **in** more **detail**?

plus + · in detail: 상세히

tain (변화형 ten, tin) >> 가지다, 잡다, 쥐다 (hold)

★★ contain [kəntéin]

con(=com:together) + tain(=hold)
→ 함께 지니다

동 포함하다, 함유하다, 수용하다, 담다 유 hold

⋆ **container** 명 1 넣는 그릇, 용기 2 컨테이너

1 Can you guess what this package **contains**?
2 The information **contained** in the letter really upset me.

★ entertain [èntərtéin]

enter(=inter:between) + tain(=hold)
→ 사람들을 붙잡고 그 사이에서 즐겁게 하다

동 1 즐겁게 하다 유 amuse 2 대접하다, 환대하다

⋆ **entertainment** 명 1 (영화·공연 등의) 오락, 연예 2 대접, 환대

entertainer 명 연예인, 엔터테이너

3 The children **entertained** us with their singing.

1 그 정장은 잘 맞추어졌다. 2 A: 저 옷들을 소매로 샀니? B: 아니, 도매 상점에서 아주 싸게 샀어. 3 그것에 대해 좀 더 자세히 말씀해주시겠어요? / 1 이 소포 안에 무엇이 들어 있는지 알 수 있겠니? 2 편지에 담긴 내용은 나를 정말로 화나게 했다. 3 그 아이들은 노래를 부르며 우리를 즐겁게 해주었다.

★★
obtain [əbtéin]
ob(=to) + tain(=hold)
→ take hold of 입수하다

동 얻다, 획득하다 유 get

4 When did you **obtain** your driver's license?

VOCA VS. VOCA 얻다

get '얻다'의 일반적인 말
5 *get* a job

obtain '어떠한 것을 얻다'라는 의미의 격식체 표현
6 You must *obtain* permission to start the task.

acquire 격식체로, 크거나 비싼 것 혹은 지식·기술 등을 얻다 [p.298]
7 She's *acquired* a master's degree in economics.

gain ① 노력하여 유익한 것을 얻다 ② 무게·속도·높이 등이 증가하다
8 I've *gained* weight.

★
retain [ritéin]
re(=back) + tain(=hold)
→ 뒤에서 꽉 쥐고 있다

동 1 보유하다, 유지하다
2 (정보 등을) 기억하다

9 He couldn't **retain** his prestige because of the scandal.

★
sustain [səstéin]
sus(=sub:from below, up)
+ tain(=hold)
→ hold up 아래에서 위로 떠받쳐주다

동 1 유지하다, 지속시키다 유 maintain
2 (손해·부상 등을) 겪다, 입다 유 suffer
3 (무게를) 떠받치다, (의견 등을) 지지하다 유 support, hold up

sustainable 형 지속[유지] 가능한 반 unsustainable

10 I want to know how to **sustain** my students' interest.

★★ 핵심 다의어
content
con(=com:together)
+ tent(=hold) →
- 함께 포함된 것 → **내용, 함유(량)**
- (머릿속에) 포함된 것 → **아이디어**
- (마음·기대를) 채우다 → **만족시키다**

명 [kά:ntent] 1 《복수형》 내용(물) 2 **용량, 함유량**
3 (연설·문서·영화 속의) 주제, 아이디어, 이야기
형 [kəntént] **만족한** 유 satisfied 반 discontent, dissatisfied
동 [kəntént] **만족시키다**

contentment 명 만족 유 satisfaction

11 A: Do you think she'll **be content with** your gift?
B: Yes. She'll be satisfied with the **contents** of the box.

plus + · be content with: …에 만족하다 (=be satisfied with)

4 당신은 언제 운전 면허증을 땄나요? 5 일자리를 구하다 6 그 일을 시작하려면 당신은 허가를 얻어야 합니다. 7 그녀는 경제학 석사 학위를 땄다. 8 나는 체중이 늘었어. 9 그는 그 스캔들 때문에 자신의 명성을 유지할 수 없었다. 10 나는 나의 학생들의 관심을 지속시키는 방법을 알고 싶다. 11 A: 그녀가 네 선물에 만족할 거라고 생각하니? B: 응, 그녀는 상자 속의 내용물에 만족할 거야.

★
continent [kɑ́:ntənənt]

con(=com:together)
+ tin(=hold) + ent(명접)
→ 함께 보전하고[잡고] 있는 것
→ 오랫동안 이어져 있는 토지

명 대륙, 육지

* **continental** 형 대륙의, 대륙성의

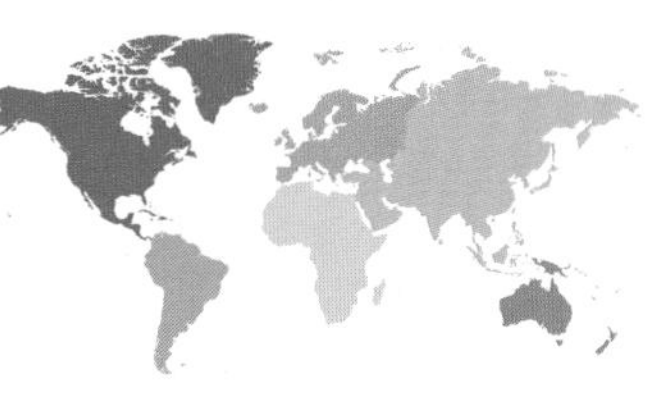

12 Asia is larger than any other **continent** in the world.

★★
continue [kəntínju:]

con(=com:together)
+ tin(=hold) + ue(어미)
→ (끊어지지 않도록) 함께 붙잡고 있다
→ 계속하다

동 1 계속하다; 계속되다 유 go on, carry on
2 (중단한 후에) 다시 시작하다; 재개되다 유 resume

continuous 형 끊임없는, 계속적인
유 incessant, ceaseless

continual 형 반복[거듭]되는, 끊임없는 유 repeated

13 The rain **continued** all through the night.
14 The brain needs a **continuous** supply of blood.
15 He has **continual** arguments with his brother.

DAY 53 잘 외워지지 않는 단어 복습

단어	뜻	단어	뜻

12 아시아는 세계에서 가장 큰 대륙이다. 13 밤새 쉬지 않고 비가 내렸다. 14 뇌는 지속적인 혈액 공급을 필요로 한다. 15 그는 동생과 끊임없이 말다툼을 한다.

클래스카드

techn >>> 기술 (skill)

★★
technique [tekníːk]
techn(=skill) + ique(명접)
→ 기술

명 1 (학문·과학 등의) (전문) 기술, 기법, 테크닉
2 (예술·스포츠 등의) 기교, 솜씨

★★ **technical** 형 1 기술적인 2 전문적인
technically 부 1 엄밀히 말하면 2 기술적으로
technician 명 기술자

1 Each **technician** had a different **technique** for assembling the engines.
2 **technical** terms
3 What is commonly known as "average life expectancy" is **technically** "life expectancy at birth."

★★
technology [teknάːlədʒi]
techno(=skill) + logy(명접:「학문」)
→ 기술에 관한 학문

명 과학 기술

technological 형 과학 기술의

4 This product is made using the latest **technology**.

temper >>> 1 조절하다 (regulate) 2 섞다 (mix)

★
temperate [témpərit]
temper(=regulate) + ate(형접)
→ 조절된 → 도를 넘지 않는

형 1 (기후·지역 등이) 온화한, 온난한
2 온건한, 도를 넘지 않는, 절제하는 유 moderate 반 intemperate

temperance 명 절제, 자제; 금주 유 moderation

1 a **temperate** climate[region]
2 Being **temperate** in all things requires self-discipline.

1 각 기술자는 엔진을 조립하는 데 필요한 서로 다른 기술을 가지고 있었다. 2 전문 용어 3 '평균 기대 수명'이라고 보통 알려진 것은 엄밀히 말하면 '출생 시 기대 수명'이다. 4 이 제품은 최신 기술을 이용해 만든 것이다. / 1 온화한 기후[지역] 2 모든 일에 절제하기 위해서는 자기 수양이 필요하다.

★★
temperature
[témprətʃər]
temperat(e)(절도 있는, 온화한) + ure(명접) → 온화한 정도 → 온도

명 1 온도, 기온
2 (몸의) 체온

3 **Temperatures** will drop below zero tonight.
4 My mom sent me to bed because I had a high **temperature**.

★★
temper [témpər]
라틴어 temperare(=mix)에서 유래 → 마구 섞여서 나타난 것

명 1 (화를 잘 내는 등의) 성미, 기질
2 (일시적) 기분

5 Please calm down and **control your temper**.

plus + · lose[control] one's temper: 화를 내다[참다]

---

temperament
[témprəmənt]
tempera(=mix) + ment(명접) → 적당히 섞여서 나타난 것
※ 옛 생리학에서 체질과 성질을 결정한다고 생각되었던 4가지 체액의 배합에서 온 말

명 기질, 성질 유 disposition

6 The limit must be reasonable in terms of the child's age, **temperament**, and developmental level.

VOCA VS. VOCA 성질, 성격

temperament 행동이나 생각에서 나타나는 그 사람의 독특한 성격
7 He has the quiet, serious *temperament* of a scholar.

temper 표출되는 사람의 성질 중 특히 노여움·화남과 관련해서 쓰임
8 She has a hot *temper*, so keep away from her.

character 인물 평가의 기준이 되는 그 사람 특유의 도덕적 특성·인격 p.96
9 a man of good *character*

personality 인상적인 목소리, 따뜻한 마음씨 등 신체적·정신적·감정적인 특성의 총합
10 The writer's *personality* can be seen in what he writes.

[3] 오늘 밤 기온이 영하로 내려갈 것이다. [4] 내가 체온이 높아서 어머니께서 나를 잠자리에 들게 하셨다. [5] 진정하고 화를 참아봐. [6] 제한은 아이의 나이와 기질, 발달 단계의 측면에서 합리적이어야 한다. [7] 그는 학자의 조용하고 진지한 성품을 가지고 있다. [8] 그녀는 화를 잘 내니까, 그녀와 가까이 하지 마. [9] 훌륭한 인격자 [10] 그 작가의 성격은 그가 쓴 글에서 볼 수 있다.

tempor >> 시간, 시대 (time)

★★
temporary
[témpərèri]
tempor(=time) + ary(형접)
→ 한때의 → 일시적인

형 1 일시적인 반 perpetual, everlasting
2 **임시의** 반 permanent

temporarily 부 1 일시적으로 2 **임시로**

1 The effect of this medicine is **temporary**.
2 I want a permanent job rather than a **temporary** one.

★
contemporary
[kəntémpərèri]
con(=com:together) + tempor(=time) + ary(형접)
→ 그 시대에 함께 있는

형 1 현대의, 당대의 유 modern
2 **동시대의, 같은 시기의**
명 **동시대인**

3 **contemporary** music[art/dance/literature]
4 Bach was **contemporary** with Handel.

tempt >> 시도하다 (try)

★
tempt [tempt]
라틴어 temptare(영향을 주려고 시도하다)에서 온 말

동 1 **유혹하다** 유 lure
2 …할 생각이 들게 하다

★ **temptation** 명 유혹

1 A: On sunny days, I am **tempted** to skip class and go to the beach.
B: Yeah, it's hard to resist the **temptation** of a beautiful day.

★★
attempt [ətémpt]
at(=ad:to) + tempt(=try)
→ …에 대해 시도하다

동 시도하다 유 try
명 **시도, 노력** 유 trial

2 The prisoner **attempted** to escape, but failed.
3 If your first **attempt** is not successful, try again!

1 이 약의 효과는 일시적이다. 2 나는 임시직보다는 정규직을 원한다. 3 현대 음악[미술/무용/문학] 4 바흐는 헨델과 동시대 사람이었다. / 1 A: 나는 화창한 날에는 수업을 빼먹고 해변으로 가고 싶어. B: 그래, 화창한 날씨의 유혹을 참기는 어렵지. 2 그 죄수는 탈출을 시도했으나, 실패했다. 3 첫 번째 시도에서 성공하지 못하면, 다시 시도해 봐!

tend (변화형 tens) ≫ 뻗다, 늘리다, 당기다 (stretch)

★★ 핵심 다의어

attend [əténd]

at(=ad:to) + tend(=stretch)
→ … 쪽으로 뻗다 →
- (발길을) 향하다 → **출석하다**
- (손길을) 뻗다 → **돌보다, 간호하다**
- (마음을) 향하다 → 관심을 갖고 대하다 → **다루다, 처리하다**

동 1 (…에) 출석[참석]하다 2 **돌보다, 간호하다, 수행하다**
3 《+ to》 **다루다, 처리하다** 유 deal with; **주의를 기울이다**

attendant 명 1 시중드는 사람 2 수행원
attendance 명 출석(수)
★★ **attention** 명 1 주목, 주의 2 관심 3 시중, 돌봄
attentive 형 주의 깊은, 세심한

1 A: Sue always **attends** this class.
B: Yeah, but she never **pays attention to** the teacher.
2 The Minister is **attended** by a staff of secretaries.
3 I have some matters I need to **attend to**.

plus + · pay attention to: …에 주의를 기울이다

★

pretend [priténd]

pre(=before) + tend(=stretch)
→ 앞에 (핑계·거짓 등을) 펼쳐 놓다

동 **…인 체하다, 가장하다**

4 When she came in, he **pretended to be** surprised.

plus + · pretend to-v/that: …인 체하다, 가장하다

★★

extend [iksténd]

ex(=out) + tend(stretch)
→ 밖으로 뻗다

동 1 **연장하다, 확장하다; 연장되다, 확장되다**
2 **뻗다, 내밀다**
3 **(도움·친절 등을) 베풀다, 제공하다**

extension 명 1 (기간·범위 등의) 연장, 넓힘 2 (전화) 내선
★ **extensive** 형 아주 넓은, 광범위한 유 broad
★★ **extent** 명 1 넓이, 크기 2 범위, 한도, 정도

5 We **extended** our rental agreement for another year.
6 This road **extends** to the port.
7 **extensive** use of mobile internet services
8 I agree with him **to some extent**, but not entirely.

plus + · to some[a certain] extent: 어느 정도까지는, 다소

1 A: Sue는 항상 이 수업에 출석하지. B: 그렇기는 하지만 결코 선생님한테 주의를 기울이지 않아. 2 그 장관은 비서들의 수행을 받는다. 3 나는 처리해야 할 문제가 좀 있어. 4 그녀가 들어왔을 때, 그는 놀라는 척했다. 5 우리는 임대계약을 1년 더 연장했다. 6 이 길은 항구까지 뻗어 있습니다. 7 모바일 인터넷 서비스의 광범위한 사용 8 나는 그에게 어느 정도는 동의하지만, 전적으로는 아니다.

★★
intend [inténd]

in(=toward) + tend(=stretch)
→ (마음을) … 쪽으로 뻗다

동 1 ((+ to-v/that)) …할 작정이다 2 의도하다, 고의로 하다

intent 명 의도, 목적 형 열의가 있는, 전념하는
★★ **intention** 명 의도, 의향, 목적 유 purpose, aim
intentional 형 의도적인, 고의의 유 deliberate 반 accidental
intentionally 부 의도적으로, 고의로 유 on purpose

9 He **intends to study** abroad next year.
10 It wasn't my **intention** to start a fight.
11 Some people make few **intentional** changes in life.

★★
tend [tend]

tend(=stretch)
→ (어떤 방향으로) 뻗다

동 1 ((+ to-v)) …하는 경향이 있다, …하기 쉽다 유 be apt[likely] to-v
2 ((격식체)) 돌보다, 보살피다 유 look after

★ **tendency** 명 1 성향 2 경향, 추세 유 trend

12 He **tends to get** angry when people oppose his plans.
13 She **tended** her garden lovingly through the summer.

---

tender [téndər]

tender(=stretch(ed))
→ 늘려서 얇고 부드러운
→ 손을 뻗어서 주다

형 (음식·성질·성격 등이) 부드러운, 연한, 다정한
동 1 ((격식체)) 제공[제출]하다 2 (공사 등에) 입찰하다 유 bid

14 My steak is **tender**. How's yours?
15 The chief officer **tendered** his resignation immediately.

---

tense [tens]

tense(=stretched)
→ 팽팽히 당겨진 → 긴장한

형 1 긴장한 2 팽팽하게 당겨진
명 【문법】 시제

★ **tension** 명 1 긴장 (상태) 2 팽팽함

16 I'm always so **tense** the night before an exam.
17 the present[past/future] **tense**
18 **Tensions** between the two countries are rising.

★
intense [inténs]

in(=toward) + tense(=stretched)
→ (관심·신경 등이) … 쪽으로 한껏 뻗은

형 1 강렬한, 심한 유 extreme 2 열렬한, 열심인

★ **intensive** 형 강한, 집중적인, 철저한
intensity 명 강렬함, 열렬함

19 Competition in the mobile phone industry is **intense**.
20 an **intensive** training course

---

9 그는 내년에 유학 갈 작정이다. 10 싸움을 시작한 것은 나의 의도가 아니었다. 11 어떤 사람들은 살면서 의도적인 변화를 거의 하지 않는다. 12 그는 사람들이 자기 계획에 반대하면 화를 내는 경향이 있다. 13 그녀는 여름 동안 사랑으로 정원을 돌보았다. 14 내 스테이크는 부드러워. 네 것은 어때? 15 그 최고 책임자는 즉시 사직서를 제출했다. 16 나는 시험 전날 밤에 항상 그렇게 긴장을 한다. 17 현재[과거/미래] 시제 18 양국 간의 긴장감이 고조되고 있다. 19 휴대폰 업계의 경쟁이 심하다. 20 집중 훈련 과정

termin (변화형 term) 1 끝 (end) 2 한계 (limit)

★
terminal [tə́ːrmənəl]
termin(=end) + al(형접) → 끝의

형 1【의학】(병이) 말기의 2 끝의, 말단의
명 종점, 종착역; (버스·열차 등의) 터미널

1 **terminal** cancer
2 He works in logistics at the end of the **terminal**.

terminate [tə́ːrmənèit]
termin(=end) + ate(동접) → 끝내다

동 종결하다, 끝내다; 종결되다, 끝나다 유 end, stop

termination 명 (협상·계약·상황 등의) 종결, 종료

3 Your contract **terminates** in three months.

★★
determine [ditə́ːrmin]
de(=off) + termine(=limit) → 한계를 짓다 → 정하다

동 1 결정짓다, 좌우하다 유 decide 2 결심하다 유 resolve

* **determined** 형 1 결연한, 단호한 유 resolute 2 (+ to-v) (…하기로) 결심한
* **determination** 명 1 결심, 결의 유 resolution 2 결정

4 Quality **determines** the value of a product.
5 She was **determined to succeed**.
6 Everything depends on your **determination**.

★★ 핵심 다의어
term [təːrm]
라틴어 terminus(=limit)에서 유래
→ 끝, 한계 →
- 시간적 한계 → **기간, 학기, 임기**
- 약정의 한계 → **조건** → 일정한 조건의 지속 → **관계**
- 의미의 한정 → **용어**

명 1 용어, 말 유 word 2 《복수형》 조건 유 conditions
3 《복수형》 관점, 측면 4 기간, 임기, 학기 5 《복수형》 관계, 사이
동 《주로 수동태로》 (…라고) 이름 짓다, 칭하다, 부르다

7 a medical[legal] **term** / 8 the **terms** of payment
9 We're unbeatable **in terms of** price and service.
10 We **are on good[bad] terms with** each other.

plus + · in terms of: …의 관점[측면]에서 보면
· be on good[bad] terms with: …와 사이가 좋다[나쁘다]

DAY 54 잘 외워지지 않는 단어 복습

단어	뜻	단어	뜻

1 말기 암 2 그는 터미널 끝에서 물류 업무를 한다. 3 귀하의 계약은 3개월 후에 만료됩니다. 4 품질이 상품의 가치를 결정짓는다. 5 그녀는 성공하기로 결심했다. 6 모든 일은 네 마음먹기에 달렸다. 7 의학[법률] 용어 8 지불 조건 9 가격과 서비스 측면에서 우리는 최고다. 10 우리는 서로 사이가 좋다[나쁘다].

클래스카드

terr[1] 두려워하게 하다 (frighten)

★ **terrible** [térəbəl]
terr(=frighten) + ible(형접)
→ 두렵게 하는

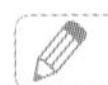

형 1 무서운, 끔찍한 유 horrible, awful
2 심한, 대단한, 엄청난

★ **terribly** 부 몹시, 매우 유 extremely

1 a **terrible** story[accident]
2 I'm **terribly** sorry to have kept you waiting.

---

terror [térər]
terr(=frighten) + or(명접)
→ 두렵게 하는 것

명 1 공포, 두려움 유 horror
2 테러, (정치적 목적을 가진) 폭력 행사 유 terrorism

terrorist 명 테러리스트
terrorize 동 ((또는 terrorise)) 공포에 떨게 하다 유 terrify

3 Security has tightened up around the city due to the recent threat of **terror**.

VOCA VS. VOCA 공포

fear '무서움'이란 뜻의 가장 일반적인 표현
4 I was shaking with *fear*.

fright 갑작스럽게 밀려오는 공포
5 The large bear gave the woman quite a *fright*.

terror 신체에 위협을 느끼는 극도의 공포
6 People ran from the scene in *terror*.

horror 심한 혐오나 두려움, 충격 등이 수반된 공포
7 They were frozen with *horror* at the sight.

panic 너무 두려워서 어찌할 바를 모르는 공황 상태
8 Her heart was racing with *panic*.

1 무서운 이야기[끔찍한 사고] 2 기다리게 해서 정말 죄송합니다. 3 최근 테러 위협으로 인해 도시의 경비가 강화되었다. 4 나는 무서워서 떨고 있었다. 5 그 큰 곰은 그 여자에게 상당한 공포를 줬다. 6 사람들은 겁에 질려 그 현장에서 달아났다. 7 그들은 그 광경을 보고 등골이 오싹해졌다. 8 그녀의 가슴은 공포로 쿵쿵 뛰고 있었다.

★ **terrify** [térəfài]

terr(=frighten) + ify(동접:「되게 하다」)
→ 두렵게 하다

동 겁나게 하다, 무섭게 하다 유 terrorize, scare, frighten

terrifying 형 끔찍한, 공포를 자아내는, 아주 무서운 유 frightening
terrific 형 훌륭한, 굉장한 유 great

9 She was **terrified** by the terrible monster.
10 What a **terrific** party!

terr² 땅 (land)

terrestrial [təréstriəl]

terre(=land) + st(=sta:stand)
+ rial(형접) → 땅에 서 있는 → 지구상의

형 지구(상)의, 지상의, 육지의

1 **Terrestrial** plants grow on land but not in water.

★ **territory** [térətɔ̀:ri]

terri(=land) + tory(명접)
→ 토지, 영토

명 1 영토 2 지방, 지역, 구역

territorial 형 영토의, 영토와 관련된

2 The acquisition of new **territory** was a major preoccupation of the US government during the 19th century.
3 **territorial** dispute[claims]

plus + *cf.* terrain: 지형, 지역

test 증인, 증언하다 (witness)

testify [téstəfài]

testi(=witness) + fy(동접)
→ 증인이 되다

동 1 증언하다
2 증명하다, …의 증거가 되다

1 The man agreed to **testify** to help his friend.

★ **contest**

con(=com:together)
+ test(=witness)
→【원뜻】양쪽 증인들을 불러 모으다
→ (양측이) 겨루다, 논쟁하다

동 [kəntést] 1 경쟁하다, 겨루다 2 논쟁하다
명 [kɑ́:ntest] 경쟁, 경연 유 competition

contestant 명 (대회·시합 등의) 참가자 유 competitor, participant

2 I've never seen such a **close contest**.

plus + · close contest: 접전, 우열을 가리기 힘든 시합

9 그녀는 무시무시한 괴물 때문에 무서워했다. 10 굉장한 파티구나! / 1 육상 식물은 육지에서는 자라지만, 수중에서는 그렇지 않다. 2 새 영토의 획득은 19세기 동안 미 정부의 주된 관심사였다. 3 영토 분쟁[영유권 주장] / 1 그 남자는 친구를 도와주기 위해 증언하는 것에 동의했다. 2 난 그렇게 우열을 가리기 힘든 경기는 본 적이 없다.

★★
protest
pro(=before) + test(=witness)
→ 앞에 나서서 증언하다

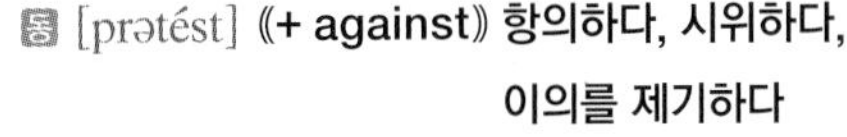
동 [prətést] ((+ against)) 항의하다, 시위하다, 이의를 제기하다

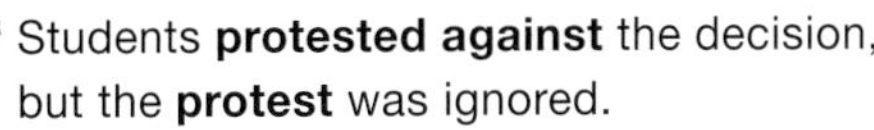
명 [próutest] 항의, 시위, 이의 (제기)

3 Students **protested against** the decision, but the **protest** was ignored.

text >>> 천을 짜다 (weave)

★★
text [tekst]
라틴어 textus(=woven thing 짜인 것)에서 유래 → (글자가) 짜인 것

명 1 본문, 텍스트 2 원문
동 문자 메시지를 보내다

textbook 명 교과서, 교본

1 This history book contains 300 pages of **text**.
2 I'll **text** you his cell phone number.

★★
context [kάntekst]
con(=com:together) + text(=weave)
→ (일들이) 함께 짜인 상황

명 1 (사건 등의) 배경, 정황
2 (문장의) 문맥, 전후 관계

3 The report should be considered within its social **context**.
4 What does it mean in this **context**?

★
textile [tékstail]
text(=weave) + ile(명접)
→ (천이) 짜인 것

명 직물, 옷감 유 cloth, fabric

5 That **textile** factory produces the finest cotton fabric.

texture [tékstʃər]
text(=weave) + ure(명접)
→ 짜인 모양(짜임새) → 짜임새에 따른 느낌, 질감

명 1 감촉, 질감 2 짜임새, 조화

6 If frozen quickly, freshly caught fish will keep their taste and **texture**.

3 학생들은 그 결정에 항의했지만, 그 항의는 묵살되었다. / 1 이 역사책은 300페이지의 본문으로 되어 있다. 2 그의 휴대폰 번호를 문자로 보내줄게. 3 그 보고서는 그것의 사회적 맥락 내에서 고찰되어야 한다. 4 그것은 문맥상 어떤 의미인가요? 5 그 직물 공장은 최고급의 면직물을 생산한다. 6 갓 잡힌 물고기가 빨리 냉동되면 그 맛과 질감이 보존될 것이다.

theo (변화형 thus) >> 신 (god)

theology [θiɑ́:lədʒi]
theo(=god) + logy(명접: 「학문」)
→ 신에 대한 학문

명 **신학**

theological 형 신학의

[1] My uncle is a **theological** scholar.

★ **enthusiasm** [inθú:ziæ̀zəm]
en(=in) + thus(=god) + iasm(명접)
→ 신들린 듯 열광적인 상태

명 **열정, 열광, 열중** 유 zeal, eagerness, passion

★ **enthusiastic** 형 열광적인, 열정적인

[2] The **enthusiastic** crowd cheered loudly. Their **enthusiasm** helped the team win.

thesis (변화형 them) >> 두다 (place)

thesis [θí:sis]
그리스어 tithenai(= to place)에서 유래
→ (말을) 놓아두는 것 → 주장; 논문

명 《복수형 **theses** [-si:z]》
논문; 주장, 논제

[1] Make sure to include your **thesis** statement in your introduction.

hypothesis [haipɑ́:θəsis]
hypo(=under) + thesis(논제)
→ 논제 아래에 있는 것 → 가설

명 1 **가설** 유 theory
2 **가정, 추측** 유 speculation

hypothetical 형 가설의, 가정의, 가상의

[2] Every good experiment needs a well-developed **hypothesis**.
[3] This is a **hypothetical** plan of what we can do if we get lost.

theme [θi:m]
그리스어 thema(=proposition 명제)에서 온 말

명 **주제, 테마**

thematic 형 주제에 관한, 주제와 관련된

[4] My niece is having a *Baby Shark* **theme** party.

[1] 우리 삼촌은 신학자이다. [2] 열광적인 관중들이 큰 소리로 환호성을 질렀다. 그들의 열광은 그 팀이 승리하는 것을 도왔다. / [1] 도입부에 당신의 논지를 꼭 포함하세요. [2] 모든 좋은 실험은 잘 다듬어진 가설을 필요로 한다. [3] 이것은 우리가 길을 잃을 경우에 할 수 있는 가상의 계획이다. [4] 우리 조카는 〈아기상어〉를 주제로 하는 파티를 가질 예정이다.

ton (변화형 tun) >> 소리 (sound)

★
tone [toun]
라틴어 tonus(=sound)에서 온 말

명 1 음색, 음성 2 어조, 말투 3 색조

1 She said it in an angry **tone**.
2 the color **tone**

intonation
[ìntənéiʃən]
in(=in) + ton(=sound) + ation(명접)
→ 안에서 나오는 (높고 낮은) 소리

명 억양(문장의 높낮이), 어조

3 The **intonation** of a sentence can have a big impact on its interpretation.

monotonous
[mənɑ́:tnəs]
mono(=one) + ton(=sound)
+ ous(형접) → 한가지 소리의 → 단조로운

형 단조로운, 변화 없는, 지루한

4 The teacher's **monotonous** tone of voice was a terrific sleeping pill.

★
tune [tu:n]
중세 영어 tone(=musical sound)의 변형

명 가락, 곡(曲), 선율 유 melody
동 1 (악기를) 조율하다 2 (방송 주파수·채널 등을) 맞추다

5 The piano is **in tune[out of tune]**.
6 We'll come back with more new movies. So stay **tuned**.

plus + · in tune[out of tune]: 음이 맞는[맞지 않는]
· in tune with: …와 조화가 되는, 어울리는

tort (변화형 tor) >> 비틀다 (twist)

torture [tɔ́:rtʃər]
tort(=twist) + ure(명접)
→ 비틀어 고통을 주는 것 → 고문

명 1 고문 2 심한 고통
동 1 고문하다 2 (육체적·정신적으로) 괴롭히다

1 **Torture** cannot be justified under any circumstances.

[1] 그녀는 성난 어조로 말했다. [2] 색조 [3] 문장의 억양은 해석에 지대한 영향을 미칠 수 있다. [4] 선생님의 단조로운 어조의 목소리는 엄청난 수면제였다. [5] 그 피아노는 음이 맞는다[맞지 않는다]. [6] 저희는 더 많은 새로운 영화들과 함께 돌아오겠습니다. 채널 고정하세요. / [1] 고문은 어떤 상황에서도 정당화될 수 없다.

★
distort [distɔ́ːrt]

dis(=away) + tort(=twist)
→ 비틀어서 (진실과) 멀리 떼어놓다
→ 왜곡하다

동 1 (정보·사실 등을) 왜곡하다, 곡해하다
2 **(소리·이미지 등을) 바꾸다, 비틀다**

distortion 명 찌그러트림, 왜곡(된 사실)

[2] The reporter **distorted** the truth.

---

torment

tor(=twist) + ment(명접)
→ 비트는 것 → 고통(을 주다)

명 [tɔ́ːrment] **고통, 고뇌** 유 anguish
동 [tɔːrmént] **괴롭히다, (특히 정신적으로) 고통을 주다**

[3] He was **tormented** by feelings of guilt.

DAY 55 잘 외워지지 않는 단어 복습

	단어	뜻		단어	뜻
○			○		
○			○		
○			○		

[2] 그 기자는 사실을 왜곡했다. [3] 그는 죄책감으로 괴로워했다.

Matching Game

※ QR코드를 스캔하여 Matching Game을 한 후 점수를 기록해보세요.

My Scoreboard

	1차 시도	2차 시도	3차 시도
8000점 이상 역시 해낼 줄 알았어요!			
7000~7999 만렙이 머지 않았는걸요?			
6000~6999 단어가 어디서 새는 걸까요?			
5000~5999 와우, 어디 내놔도 부끄러운 랭킹이군요!			
4999점 이하 최소 기록은 가능하네요···			

※ Matching Game 후 틀린 단어 또는 잘 외워지지 않는 단어를 써보세요.

	단어	뜻		단어	뜻
○			○		
○			○		
○			○		
○			○		
○			○		

DAY 56

클래스카드

tract (변화형 treat, trac, trai, tray)  끌다, 끌리다 (draw)

★
abstract
abs(=away from) + tract(=draw)
→ …로부터 끌어낸 → 핵심을 추출한
→ 구체적이지 않은

형 [əbstrǽkt] 1 **추상적인** 반 concrete 2 **이론적인** 유 theoretical
명 [ǽbstrækt] 1 **추상** 2 **요약, 발췌**
동 [əbstrǽkt] 1 **추출하다** 2 **요약하다**

1 Beauty and truth are **abstract** ideas.
2 We've **abstracted** the data from the experiment.

★★
attract [ətrǽkt]
at(=ad:toward) + tract(=draw)
→ … 쪽으로 끌다

동 (주의·흥미 등을) **끌다, 끌어당기다, 매혹하다**

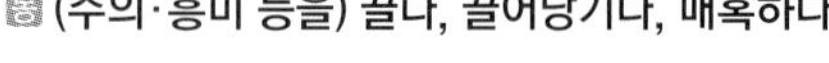
★★ **attractive** 형 매력적인, 마음을 끄는
★ **attraction** 명 1 매력 2 명소, 명물

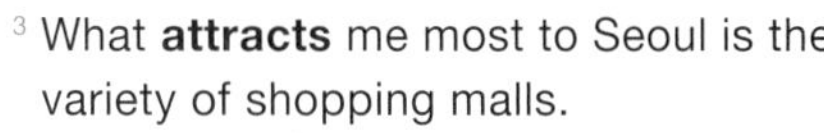
3 What **attracts** me most to Seoul is the variety of shopping malls.

4 Her dark eyes are very **attractive**.
5 a tourist **attraction**

★★
contract
con(=com:together) + tract(=draw)
(의견을) 함께 끌어모으다 → 계약이 성사되다
끌어모아 부피를 줄이다

동 [kəntrǽkt] 1 **계약을 맺다**
2 **수축하다, 줄다; 수축시키다, 줄이다** 반 expand
명 [kɑ́ːntrækt] **계약** 유 agreement

contraction 명 수축, 축소

6 Wood expands when wet and **contracts** when dry.
7 a(n) employment[hiring] **contract**

distract [distrǽkt]
dis(=apart) + tract(=draw)
→ 다른 방향으로 주의를 끌다

동 (마음·주의 등을) **흐트러뜨리다, 산만하게 하다**

distraction 명 1 주의 산만, 정신이 흩어짐
2 기분 전환, 오락 활동

8 Don't **distract** me—I'm trying to study.

1 미와 진리는 추상적인 개념이다. 2 우리는 그 실험에서 데이터를 추출했다. 3 내가 서울에 가장 끌리는 점은 다양한 쇼핑몰들이다. 4 그녀의 짙은 눈동자는 아주 매력적이다. 5 관광 명소 6 목재는 젖으면 팽창하고, 마르면 수축한다. 7 고용 계약 8 나를 산만하게 하지 마. 나 공부하려고 하니까.

★
extract
ex(=out) + tract(=draw)
→ 끌어내다

동 [ikstrǽkt] 1 뽑아내다, 추출하다 2 **발췌하다**
명 [ékstrækt] 1 **추출물** 2 **발췌**

extraction 명 추출 (과정)

9 The dentist was distracted by the noise and **extracted** the wrong tooth.

★★ 핵심 다의어
treat [triːt]
라틴어 tractare(끌다; 다루다)에서 유래 →
- (일·상황 등을) **다루다**
- (병·상처 등을) 다루다 → **치료하다**
- (손님을) 다루다 → **대접하다**

동 1 대(우)하다, 다루다 유 deal with
2 **치료하다** 3 **대접하다, 한턱내다**
명 1 특별한 것[선물] 2 **대접, 한턱**

★ **treatment** 명 1 치료 2 대우, 처우

10 **Treat** others the way you want to be **treated**.
11 I'll **treat** you this time.
12 The best **treatment** for the virus is prevention.

VOCA VS. VOCA 치료하다

treat 병이나 부상 치료를 위해 투약·수술 등의 의료 조치를 취하다
13 Cancer is ***treated*** with surgery, radiation, and drugs.

cure 의료적 수단을 동원해서 병을 고치다 (p.150)
14 How did you ***cure*** your stomachache?

heal 의학적 치료가 아닌 자연적인 방법으로 치료[치유]하다
15 Time ***heals*** all wounds.

---

treaty [tríːti]
treat(끌어오다, 다루다) + y(명접)
→【원뜻】끌어와서 (국가 사이에서) 다룸, 논함

명 **(국가 간의) 조약, 협정**

16 That trade **treaty** was signed by five countries.

---

retreat [ritríːt]
re(=back) + treat(=draw)
→ draw back 뒤로 물러나다, 손을 떼다

동 1 **후퇴하다, 물러서다** 반 advance
2 **(생각·결정·태도 등을) 철회하다, 바꾸다**
명 1 **후퇴, 퇴각** 2 **철회**

17 The troops could neither advance nor **retreat**.

9 치과 의사는 소음으로 주의가 산만해져 엉뚱한 이를 뽑았다. 10 남에게서 대접받고 싶은 대로 남을 대해라. 11 이번에는 제가 대접할게요[한턱낼게요]. 12 가장 좋은 바이러스 치료법은 예방이다. 13 암은 수술, 방사선, 약물로 치료한다. 14 당신은 어떻게 위장병을 고쳤나요? 15 시간은 모든 상처를 치유해준다. 16 그 무역 협정은 5개국에 의해서 체결되었다. 17 그 군대는 전진하지도 후퇴하지도 못했다.

★
trace [treis]
라틴어 tractus(=drawn 끌려진 것, 자국)에서 온 말

동 1 추적하다, 자국을 따라가다
2 (유래·출처·원인 등을) 밝혀내다, 알아내다
명 자국, 자취

18 She **traced** the suspect.
19 The island vanished without a **trace**.

★★
track [træk]
track(=draw)
→ (수레 등을) 끌고 지나간 연속된 자국

명 1 통로, 오솔길 2 지나간 자국, 흔적
3 철도, 선로 4 경주로, 트랙
동 자취를 따라가다 유 trace

20 A: I'll **track** the rabbit through the woods.
B: Don't **lose track of** it. It ate all the carrots in the barn.

plus + · lose track of: 1 …을 놓치다 2 …을 잊다
· keep track of: 1 …을 기록하다 2 …의 동향을[정보를] 파악하다
3 …을 놓치지 않다, 추적하다

★
trail [treil]
중세 영어 trailen(=draw)에서 유래

동 1 질질 끌다; 끌리다 2 추적하다, 흔적을 쫓다
명 1 오솔길, 작은 길 2 자국, 흔적, 실마리

21 Her long dress was **trailing** on the floor.
22 Keep to the **trail** and you won't get lost.

★★
trait [treit]
trait(=draw)
→ 종이 위에 펜을 끌어 그린 선 → 눈에 띄게 하는 특징

명 특성, 특징 유 characteristic, feature, attribute

23 There are personality **traits** and characteristics commonly associated with entrepreneurs.

★
portray [pɔːrtréi]
por(=pro:forward) + tray(=draw)
→ 앞으로 끌어내다 → 표현하다

동 묘사하다, 표현하다 유 describe, depict

⋆ **portrait** 명 1 초상화, 인물 사진
2 (대상에 대한 상세한) 묘사 유 description, depiction

24 The **portrait portrays** him as strong and noble.

---

18 그녀는 용의자를 추적했다. 19 그 섬은 흔적도 없이 사라졌다. 20 A: 나는 숲속으로 토끼를 추적하러 갈 거야. B: 놓치지 마. 그 녀석이 헛간의 당근을 모두 먹었어. 21 그녀의 긴 원피스는 바닥에 질질 끌리고 있었다. 22 이 길만 따라 가면 길을 잃지 않을 거예요. 23 기업가들과 흔히 연관되는 성격 특성과 특징들이 있다. 24 그 초상화는 그를 강인하고 기품있게 묘사하고 있다.

trad (변화형 tray) >> 넘겨주다 (hand over)

★★
tradition [trədíʃən]
tradi(=hand over) + tion(명접)
→ (후대로) 넘겨지는 것 → 전통

명 **전통, 관습, 전해진 것**

★★ **traditional** 형 1 전통의, 전통적인
2 관습적인, 인습적인 유 conventional

1 Buddhism has a long **tradition** in Korea.
2 The bride is dressed in a **traditional** costume.
3 Do you hold **traditional** political views?

---

betray [bitréi]
be(「강조」) + tray(=hand over)
→ (기밀 등을) 넘겨주다

동 1 **배반[배신]하다, 저버리다**
2 **폭로하다, 드러내다** 유 disclose, reveal

betrayal 명 배반, 배신

4 He **betrayed** his country to save his own life.

trem >> 떨다 (shake)

★
tremble [trémbəl]
trem(=shake) + ble(어미)
→ 떨다

동 1 (공포·분노 등으로) 떨다, 떨리다 유 shiver
2 **(나뭇잎·건물 등이) 흔들리다, 진동하다**

1 I could not tell if he was **trembling** with fear or shivering from the cold.

★
tremendous [triméndəs]
trem(=shake) + endous(형접)
→ 떨고 있는 → (떨 정도로) 엄청난

형 1 엄청난, 막대한 유 immense, enormous, huge
2 **멋진, 대단한** 유 excellent

tremendously 부 엄청나게

2 She has a **tremendous** amount of property.
3 Korean singers are enjoying **tremendous** popularity all over Asia.

1 불교는 한국에서 오랜 전통을 지니고 있다. 2 신부는 전통 의상을 입고 있다. 3 당신은 정치에 대해 보수적인 태도를 지니고 있나요? 4 그는 자신의 목숨을 부지하기 위해 조국을 배반했다. / 1 나는 그가 공포로 떨고 있는지 아니면 추위로 떨고 있는지 분간할 수 없었다. 2 그녀는 막대한 재산이 있다. 3 한국 가수들은 아시아 전역에서 엄청난 인기를 누리고 있다.

tribut »» 할당하다, 나누어주다 (allot)

★
attribute
at(=ad:to) + tribute(=allot)
→ (결과 등을) …에게 할당하다

동 [ətríbjuːt] …의 탓[덕]으로 돌리다 유 ascribe
명 [ǽtrəbjùːt] 성질, 특성 유 quality, feature

attribution 명 귀인, 귀속; 속성

1 He **attributed** his success **to** other people's help.

plus + · attribute A to B: A를 B의 탓[덕]으로 돌리다 (=ascribe A to B)

★★
contribute
[kəntríbjuːt]
con(=com:together) + tribute(=allot)
→ (남과) 함께 나누다
→【원뜻】공동 목표에 대해 부분적으로 원조하다

동 1 기부하다, 기증하다 유 donate
2 ((+ to)) …에 기여하다, 공헌하다, 도움이 되다
3 (신문·잡지 등에) 기고하다

⋆ **contribution** 명 1 기부(금), 기증(품) 유 donation
2 공헌, 기여 3 기고문

2 He **contributed** a lot of money to the charity.
3 A proper amount of exercise **contributes to** good health.
4 She **made a contribution** to the women's shelter.

plus + · make a contribution: 기부하다, 기여하다

★
distribute
[distríbjuːt]
dis(=apart) + tribute(=allot)
→ 나누어주다

동 분배하다, 배급하다, 배포하다 유 give out, hand out

⋆ **distribution** 명 1 분배, 배급, 유통 2 (인구 등의) 분포

5 The government **distributed** free food to flood victims.

1 그는 자신의 성공을 다른 사람들의 도움 덕택으로 돌렸다. 2 그는 자선 단체에 많은 돈을 기부했다. 3 적당량의 운동은 건강에 도움이 된다. 4 그녀는 여성 보호소에 기부했다. 5 정부는 수재민들에게 무상으로 음식을 배급했다.

★★
trust [trʌst]
고어 traust(=faith)에서 온 말

명 1 신뢰, 믿음 2 **위탁, 신탁**
3 **[경제] 기업 합동, 담합체, 트러스트**(동종업계 기업의 독점적 결합)
동 1 신뢰하다, 믿다 반 distrust 2 **의지하다** 유 rely on 3 **맡기다**

trustworthy 형 믿을 수 있는, 의지할 수 있는

1 I find it difficult to **trust** him.

plus + · anti-trust law: [경제] 반독점법, 반담합법

---

entrust [intrʌ́st]
en(=in) + trust(신뢰, 믿음)
→ give … in trust 믿고 주다
→ 위탁하다

동 (중요한 일·물건·돈 등을) 맡기다, 위탁하다

2 I **entrusted** my estate **to** him.
(=I **entrusted** him **with** my estate.)

plus + · entrust A to B: A를 B에게 맡기다(=entrust B with A)

---

truthful [trúːθfəl]
tru(=honest) + th(명접) + ful(형접)
→ 정직으로 가득 찬

형 1 정직한 유 honest 2 (대답 등이) 진실한, 참된

★★ **truth** 명 1 사실(성) 2 진실

3 Please give me a **truthful** account of what happened.

DAY 56 잘 외워지지 않는 단어 복습

단어	뜻	단어	뜻

1 나는 그를 신뢰하기는 힘들다고 생각한다[그는 믿음직하지 않다]. 2 나는 내 재산을 그에게 위탁했다. 3 무슨 일이 일어났는지 제게 솔직하게 설명해주세요.

57

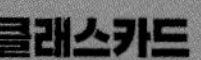

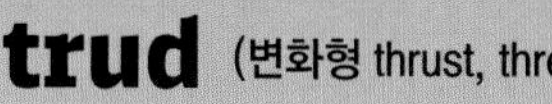

trud (변화형 thrust, threat)  밀다 (push, press)

intrude [intrúːd]

in(=in) + trude(=push)
→ 안으로 밀고 들어오다

동 1 《+ into/(up)on》 방해하다, 참견하다
유 interrupt
2 《+ into/on》 침입하다, 침범하다
유 invade, break into

intrusion 명 1 방해 2 침입, 침범

1 I don't want to **intrude on** you if you're busy.

---

thrust [θrʌst]
- thrust - thrust
중세 영어 thrusten(=push)에서 온 말

동 1 세게 밀다 2 (칼 등으로) 찌르다
명 1 (세게) 밀침, 찌르기 2 요점, 취지

2 He **thrust** his hand into the hole to find out what was in it.
3 the main **thrust** of the government's economic policy

★★
threat [θret]
고대 영어 threat(painful pressure 고통스런 압력)에서 온 말

명 위협, 협박 유 menace

★★ **threaten** 동 1 협박하다, 위협하다 2 위협하여 …하게 하다

4 The **threat** of terrorism is still present.
5 Smog-choked cities are **threatening** the ecosystem.

turb (변화형 troub) 어지럽게 하다 (disorder)

★
disturb [distə́ːrb]
dis(「강조」) + turb(=disorder)
→ 무질서 속에 빠뜨리다

동 1 방해하다 유 bother, interrupt
2 (평화·질서·상태를) 깨뜨리다, 어지럽히다

disturbance 명 1 혼란, 소동 2 방해
3 (마음의) 불안, 동요

1 The sign said, "Please do not **disturb**."

1 만약 당신이 바쁘다면 방해하고 싶지 않아요. 2 그는 구멍 안에 무엇이 있는지 알아내려고 손을 찔러 넣었다. 3 정부 경제 정책의 주요 요점 4 테러리즘의 위협은 여전히 존재한다. 5 스모그로 가득한 도시들이 생태계를 위협하고 있다. / 1 표지판에는 '방해하지 마세요'라고 쓰여 있었다.

★★
trouble [trʌ́bəl]
troub(=disorder) + le(어미)
→ (어떤 어려움으로) 머리나 마음을 어지럽게 하다 → 골치 아픈 문제

명 문제, 어려움, 곤란, 근심
동 1 괴롭히다, 걱정시키다
2 성가시게 하다, 수고스럽게 …하도록 하다 유 bother

troublesome 형 골치 아픈, 성가신

2 Did you **have** much **trouble getting** tickets to the musical?

plus + · have trouble v-ing: …하는 데 어려움을 겪다

und » 물결(치다) (wave)

★
abundant [əbʌ́ndənt]
ab(=away from) + und(=wave) + ant(형접)
→ 흘러 넘칠 만큼 많은

형 풍부한, 많은 유 plentiful, rich 반 scarce

abound 동 《주로 + in/with》 풍부하다, 많이 있다
⋆ **abundance** 명 풍부, 다량, 다수 유 plenty, richness 반 scarcity

1 Some countries have **abundant** natural resources, like coal or oil.
2 Wild animals **abound in** Kenya's national parks.

★★
surround [səráund]
surr(=super:over) + ound(=wave)
→ [원뜻] 범람하다
→ 나중에 round(둥근; 둘러싸다)의 영향을 받아 의미가 확장됨

동 둘러싸다, 에워싸다, 포위하다 유 enclose

⋆ **surrounding** 형 주변의, 주위의, 부근의 유 nearby
surroundings 명 (사람·사물을 둘러싸는) 환경 유 environment

3 He was **surrounded** by the crowd.
4 barren **surroundings**

VOCA VS. VOCA 환경, 상황

circumstance 어떤 사건이나 행위와 관련된 환경·상황 (p.137)
5 The schedule can be changed under some *circumstances*.

environment 사람의 감정이나 사물에 대한 관점 등에 영향을 미치는 환경
6 How is the child's home *environment*?

surroundings 장소나 사람을 둘러싼 물리적 환경
7 Animals in zoos are not in their natural *surroundings*.

2 그 뮤지컬 표를 구하는 데 어려움이 많았나요? / 1 몇몇 나라들은 석탄이나 석유 같은 천연 자원이 풍부하다. 2 케냐의 국립 공원에는 야생 동물들이 많이 있다. 3 그는 군중에 둘러싸여 있었다. 4 척박한 환경 5 일정은 일부 사정에 따라 변경될 수 있습니다. 6 그 아이의 집안 환경은 어떻습니까? 7 동물원 안에 있는 동물들은 그들의 자연적인 환경[본래 환경]에 있는 것이 아니다.

urb »» 도시 (city)

★
urban [ə́ːrbən]
urb(=city) + an(형접)
→ 도시의

형 도시의 반 rural

[1] The **urban** pollution of Seoul is spreading to nearby suburbs.

suburb [sʌ́bəːrb]
sub(=near) + urb(=city)
→ 도시 근처

명 교외, 도시 주변의 주택지 유 outskirts

suburban 형 교외의, 교외에 사는

[2] Many people who work in the city live in the **suburbs**.

us (변화형 ut) »» 사용하다 (use)

★★
use
라틴어 usus(=use)에서 유래

동 [juːz] 사용하다, 쓰다
명 [juːs] 1 사용, 이용 2 용도 3 쓸모, 이익

★★ **used** 형 1 [juːst] 《+ to》 (…에) 익숙한 유 accustomed to
2 [juːzd] 중고의, 사용한 유 second-hand
★★ **useful** 형 유용한, 쓸모 있는 유 helpful
★★ **useless** 형 소용없는, 무익한 유 of no use, worthless
usage 명 1 어법, (언어의) 용법 2 사용(법), 사용량

[1] **It is no use trying** to make him hurry. We should simply **get used to waiting** for him.
[2] a **used** car[book]
[3] Water **usage** is increasing.

plus + · it is no use[good] v-ing: …해봐야 소용없다
· get[be] used to N/v-ing: …에 익숙해지다[익숙하다]

★★ 핵심 다의어
abuse
ab(=away) + use(사용하다)
→ 올바른 사용[처우]에서 멀어지다 →
잘못 대우하다 → **학대하다**
잘못 사용하다 → **남용하다, 오용하다**

동 [əbjúːz] 1 학대하다 2 (권리·약 등을) 남용하다, 오용하다
명 [əbjúːs] 1 학대 2 남용, 오용

[4] No one should **abuse** animals.
[5] Politicians who **abuse** their privileges will be investigated.
[6] drug **abuse**

[1] 서울 도심의 오염이 주변 교외 지역으로 퍼지고 있다. [2] 도시에서 일하는 많은 사람이 교외에 산다. / [1] 그를 서두르게 하려고 해봐야 소용없어. 그저 그를 기다리는 데 우리가 익숙해져야 돼. [2] 중고차[책] [3] 물 사용량이 증가하고 있다. [4] 누구도 동물을 학대해서는 안 된다. [5] 특권을 남용하는 정치인들은 조사를 받을 것이다. [6] 약물 남용

utensil [ju:ténsəl]

uten(=use) + sil(=fit 알맞은)
→ 쓰기에 알맞은 물건들

명 도구, 기구 (특히 주방 기구) 유 instrument, tool

7 The cooking **utensils** are in that drawer next to the stove.

utilize [jú:tlàiz]

ut(=use) + il(형접) + ize(동접)
→ 유용하게 하다

동 활용하다, 이용하다 유 make use of

★ **utility** 명 1 (전기·수도·가스 등의) 공공 사업[서비스] 2 유용성, 효용 3【컴퓨터】유틸리티(유용한 프로그램)

8 Major public **utilities** include gas, electricity, and water.

vad >> 가다 (go)

★ invade [invéid]

in(=in) + vade(=go)
→ go in 안에 들어가다 → 침략하다

동 1 침략[침입]하다 2 (권리 등을) 침해하다

invader 명 침략자, 침입자

★ **invasion** 명 1 침략, 침입 2 침해, 침범

1 William the Conqueror **invaded** England in the 11th century.

2 an **invasion** of privacy

evade [ivéid]

e(=ex:out) + vade(=go)
→ 밖으로 빠져나가다

동 1 (질문·의무·세금 등을) 회피하다 유 avoid
2 탈출하다 유 escape

evasion 명 회피, 기피

3 Give me a direct answer, and stop **evading** the issue.

4 tax **evasion**

VOCA VS. VOCA 피하다

avoid 사람이 능동적 의지로 나쁜 상황을 피하다 (p.380)

5 We left the room to *avoid* a big fight.

evade 능숙하고도 교묘한 방법으로 피하다

6 You always laugh and *evade* my questions.

elude 본래의 성질 혹은 술책으로 빠져나가다

7 The criminal *eluded* the police by hiding in the woods.

7 조리 기구는 레인지 옆 서랍 안에 있어. 8 주요 공공 사업은 가스와 전기, 수도를 포함한다. / 1 정복왕 윌리엄은 11세기에 영국을 침략했다. 2 사생활 침해 3 문제를 회피하지 말고 단도직입적으로 대답해라. 4 탈세 5 우리는 큰 싸움을 피하기 위해 그 방에서 나왔다. 6 너는 항상 웃으며 내 질문들을 피해간다. 7 그 범죄자는 숲에 몸을 숨겨 경찰을 피했다.

vag >> 떠돌아다니다 (wander)

★
vague [veiɡ]
vag(=wander) + ue(어미)
→ 떠돌아다니는 → 왔다 갔다 하는

형 1 명확치 않은, 모호한, 막연한 유 obscure, ambiguous 반 clear
2 (모양·윤곽 등이) 분명치 않은 반 distinct

1 I have only a **vague** idea of the plan.
2 A **vague** shape appeared through the fog.

---

extravagant
[ikstrǽvəgənt]
extra(=beyond) + vag(=wander) + ant(형접) → (한계를) 벗어나 헤매는 → 한도를 넘는

형 1 낭비하는, 사치스러운 유 wasteful 반 thrifty
2 지나친, 엄청난 유 excessive

3 The woman has very **extravagant** taste in furniture.
4 **extravagant** demand

val (변화형 vail) >> 1 가치 있는 (worth) 2 강한 (strong)

★★
value [vǽljuː]
val(=worth) + ue(어미)
→ 가치 있음

명 1 가치 2 유용성, 중요성
동 1 높이 평가하다, 중요시하다 2 (금액으로) 평가하다

★★ **valuable** 형 1 가치 있는, 소중한 유 precious 반 valueless, worthless
2 유용한, 중요한
명 《주로 복수형》 귀중품
invaluable 형 (가치를 매길 수 없을 정도로) 귀중한 유 priceless

1 The **value** of a diamond is based on several factors.
2 Korean parents **value** education highly.
3 This pottery is **valued** at 50 dollars.
4 We had a **valuable** experience while traveling.

plus + · VAT(value-added tax): 부가가치세

★★
evaluate [ivǽljuèit]
e(=ex:out) + valu(=worth) + ate(동접)
→ 가치를 밖으로 내보이다 → 가치를 평가하다

동 (가치·수량 등을) 평가하다, 사정하다, 견적을 내다
유 assess, estimate

★ **evaluation** 명 평가, 사정, 견적

5 The shop has only been open for six months, so it's too early to **evaluate** its success.

1 나는 그 계획에 대한 막연한 생각만 있다. 2 어렴풋한 형체가 연기 속에서 나타났다. 3 그 여자는 가구에 매우 사치스러운 취향이 있다. 4 지나친 요구 / 1 다이아몬드의 가치는 여러 가지 요소에 따라 달라진다. 2 한국의 부모들은 교육을 아주 중요시한다. 3 이 도자기는 50달러로 평가된다. 4 우리는 여행하는 동안 값진 경험을 했다. 5 그 가게는 개업한 지 겨우 6개월밖에 되지 않았기 때문에 그 성공 여부를 평가하기에는 너무 이르다.

★
valid [vǽlid]
val(=worth) + id(형접)
→ (여전히) 가치 있는 → 유효한; 타당한

형 1 (표·문서·계약 등이) 유효한 반 invalid
2 타당한, 논리적인

validity 명 타당성

6 Your passport is no longer **valid**.

★★
available [əvéiləbəl]
a(=ad:to) + vail(=worth) + able(형접)
→ …하는 데 가치가 있는 → 이용할 수 있는, 쓸모 있는

형 1 이용할 수 있는, 쓸모 있는, 입수할 수 있는
2 (어떤 일에 응할) 시간이 있는

⋆ **availability** 명 유효성, 유용성

7 Is a bigger size **available**?
8 Are you **available** this Sunday?

DAY 57

★
prevail [privéil]
pre(=before, beyond) + vail(=strong)
→ (강함에서) …보다 앞서다

동 1 (생각·관습·현상 등이) 만연하다, 유행하다
2 우세하다, 이기다

prevalent 형 유행하는, 널리 퍼진, 만연한

9 the **prevailing** public opinion on the issue
10 Justice will **prevail**.

van (변화형 vain, void, vac) » 빈 (empty)

vanish [vǽniʃ]
van(=empty) + ish(동접)
→ 없어지다

동 사라지다, 소멸하다 유 disappear
반 appear, emerge

1 The cat **vanished** into the darkness.

사라졌다...

vain [vein]
라틴어 vanus(=empty)에서 온 말

형 1 허영심이 강한 유 conceited
2 헛된, 무익한 유 useless

vanity 명 1 허영심, 자만심 유 conceit 2 공허함, 허무함

2 He tried **in vain** to finish the project on time.
3 All of a sudden, I realized that I was full of **vanity**.

plus + · in vain: 헛되이

6 당신의 여권은 만료되었습니다. 7 더 큰 사이즈가 있습니까? 8 이번 주 일요일에 시간 있니? 9 그 안건에 대한 지배적인 여론 10 정의가 승리할 것이다. / 1 그 고양이는 어둠 속으로 사라졌다. 2 그는 그 프로젝트를 제때 마치려고 했지만 허사였다. 3 문득 나는 내가 허영심으로 가득 차 있었다는 것을 깨달았다.

★★
avoid [əvɔ́id]
a(=ex:out) + void(=empty)
→ 텅 비우고 밖으로 나가다 → 피하다

동 《+ v-ing》 피하다, 회피하다 유 evade, escape

⋆ **avoidance** 명 회피, 기피

4 There are some doctors who **avoid paying** taxes.

---

vacant [véikənt]
vac(=empty) + ant(형접)
→ 빈

형 1 비어있는, 사람이 살지 않는
2 빈자리의, 결원의

vacancy 명 1 빈자리, 결원 2 빈방

5 A: Do you have any **vacant** rooms?
B: I'm sorry. There are no **vacancies**.

VOCA VS. VOCA 비어있는

empty 안에 아무것도 없는 비어있는 상태 반 full

6 an *empty* room

vacant 본래는 차 있었으나 점유자가 없어 비어있는 상태 반 occupied

7 a *vacant* room

8 a *vacant* position

★
vacuum [vǽkjuːm]
라틴어 vacuus(=empty)에서 온 말

명 1 진공 2 (자리·마음 등의) 공백, 공허
3 《비격식》 진공 청소기 (=vacuum cleaner)

9 As we all know, the term "**vacuum**" is an inappropriate name because there exists no **vacuum** in a **vacuum** cleaner.

DAY 57 잘 외워지지 않는 단어 복습

	단어	뜻		단어	뜻
○			○		
○			○		
○			○		

4 탈세를 하는 몇몇 의사들이 있다. 5 A: 비어있는 방 있어요? B: 죄송합니다. 빈방이 없네요. 6 (가구 등이 없는) 비어있는 방 7 (입주자가 없는) 비어있는 방 8 공석(인 일자리) 9 우리 모두가 알듯이, '진공'이라는 용어는 부적절한 이름인데, 진공 청소기에는 진공이 존재하지 않기 때문이다.

var >> 구부리다 (bend)

★★
various [véəriəs]
var(=bend) + ious(형접)
→ 구부려지는 → 다양한

형 다양한, 가지각색의 유 diverse

** **vary** 동 1 (크기·모양 등이) 다르다; (상황에 따라) 달라지다 유 differ
2 다르게 하다, 차이를 주다
* **varied** 형 다양한, 다채로운
** **variety** 명 다양성, 다양함 유 diversity

1 I've visited **various** theme parks, but this one is the best.
2 The amount of salt used in this recipe **varies** from chef to chef.
3 Such **varied** rhythms in a song help keep the listener's attention.
4 This supermarket has **a variety of** fresh produce.

plus + · a variety of: 다양한 …

★
variable [véəriəbəl]
var(=bend) + iable(형접)
→ 구부릴 수 있는
※ various에서 온 말

형 변동이 심한, 변덕스러운; 바꿀 수 있는 유 fluctuating
명 변수

invariable 형 명 변하지 않는 (것), 불변의 (것)
variance 명 1 차이, 불일치, 격차 유 differential 2 변화량, 변동량
variant 명 형 변종(의), 갖가지(의)
variability 명 가변성(변할 수 있음); 다양성

5 Rates for housing loans are usually fixed or **variable**.
6 It's difficult to control so many **variables** in an experiment.
7 Unlike other fields, certain **invariable** rules exist in mathematics.
8 One of his statements was somewhat **at variance with** the truth.
9 Genetic **variants** can take hold in the population of a species.

plus + · at variance with: 1 …와 사이가 좋지 않은 2 …와 불일치하는

1 나는 다양한 놀이공원에 가보았지만 이번이 최고다. 2 이 조리법에서 사용되는 소금의 양은 요리사마다 다르다. 3 노래에서 그런 다채로운 리듬은 듣는 사람의 주의를 집중시키는 데 도움이 된다. 4 이 슈퍼마켓은 다양한 농산물이 있다. 5 주택대출의 이자율은 보통 고정이거나 변동이다. 6 그렇게 많은 변수를 한 실험에서 통제하기는 어렵다. 7 다른 분야와 달리, 어떤 불변의 규칙이 수학에서는 존재한다. 8 그의 진술 중 하나는 진실과 다소 불일치했다. 9 유전적 변종이 한 종의 개체수를 장악할 수 있다.(=돌연변이가 어떤 종의 다수일 수 있다.)

★

variation [vὲəriéiʃən]

var(=bend) + iation(명접)
→ 구부려지는 것
※ various에서 온 말

명 (양·정도의) 차이, 변화(량/율); 변형; 변주(곡)

[10] It's important to use some color **variation** when making an image look realistic.

venge  복수하다 (revenge)

a**venge** [əvénd͡ʒ]

a(=ad:to) + venge
→ …에게 복수해주다

동 (피해자를 대신해) 복수하다, 원수를 갚다

[1] He swore he would **avenge** his brother's death.

---

re**venge** [rivénd͡ʒ]

re(「강조」) + venge → 되갚다

명 동 (피해자 자신이) 복수(하다), 원한(을 갚다)

[2] My cousin stole my piece of pie, so I **took revenge** by putting a cricket in his bed.

plus +
· in revenge for: …에 대한 앙갚음으로[복수로]
· take revenge (on): (…에게) 복수하다

VOCA VS. VOCA 복수하다

avenge 주로 범죄나 폭압 등의 불의에 분노하여 남을 대신해 복수해주다

[3] We will not *avenge* her death.

revenge 주로 자기 자신이 당한 일에 대해 개인적인 원한으로 복수하다

[4] There's no point in getting *revenge*.

[10] 이미지를 현실적으로 보이게 할 때 색 차이를 사용하는 것이 중요하다. / [1] 그는 형의 죽음을 복수하겠다고 맹세했다. [2] 내 사촌이 내 파이를 훔쳐서 나는 그의 침대에 귀뚜라미를 넣는 것으로 복수했다. [3] 우리는 그녀의 죽음에 대해 복수하지 않을 것이다. [4] 복수하는 것은 부질없는 일이다.

vent  (변화형 ven) 오다 (come)

★
adventure [ədvéntʃər]

ad(=to) + vent(=come) + ure(명접)
→【원뜻】우연히 다가올 일
→ 위험 → 모험

명 모험(심), 색다른 경험

adventurous 형 모험을 좋아하는, 대담한

[1] He got back safe from his **adventure** in Africa.

---

venture [véntʃər]

adventure에서 ad가 사라진 형태

명 (위험이 따르는) 사업, 벤처 사업
동 위험을 무릅쓰고 가다, 과감히 …하다

[2] **Venture** capital investment is a high-risk, high-return field.
[3] They **ventured** deep into the jungle.

★
convention [kənvénʃən]

con(=com:together) + vent(=come) + ion(명접) → (같은 목적을 위해) 함께 오는 것 → 모임, 대회

명 1 집회, 모임 유 assembly
2 협정, 협약 유 treaty
3 관습, 인습 유 custom

★ **conventional** 형 1 관습적인, 전통적인
2 틀에 박힌, 상투적인

[4] The Democratic and Republican Parties hold **conventions** every four years.
[5] Salting is a **conventional** method of preserving meat.

★★
event [ivént]

e(=ex:out) + vent(=come)
→ 밖으로 나타난 것 → 사건

명 1 (중요한) 사건
2 (공연 등의) 행사, 이벤트, (경기) 종목

eventual 형 최종적인, 최후의 유 final, ultimate
★★ **eventually** 부 마침내, 결국 유 finally, in the end

[6] The **event** brought the company's **eventual** collapse.

[1] 그는 아프리카에서의 모험에서 무사히 돌아왔다. [2] 벤처 자본 투자는 위험도 높고 보상도 높은 분야이다. [3] 그들은 위험을 무릅쓰고 정글 깊이 들어갔다. [4] (미국의) 민주당과 공화당은 4년마다 집회(전당대회)를 갖는다. [5] 염장은 고기를 보존하는 전통적인 방법이다. [6] 그 사건은 그 회사의 최종적인 붕괴를 가져왔다.

★★
invent [invént]
in(=upon) + vent(=come)
→ come upon 우연히 만나다
→ 발견하다

동 1 발명하다, 고안하다 유 create, design
2 (이야기·변명 등을) 꾸며내다 유 make up

* **invention** 명 1 발명(품) 2 꾸며낸 이야기
inventor 명 발명가
inventive 형 창의력이 있는, 독창적인 유 creative

7 Sarah Breedlove **invented** a successful hair care product and sold it across the country.
8 The original idea of a patent was to encourage **inventors** to share their **inventions**.

★★
prevent [privént]
pre(=before) + vent(=come)
→【원뜻】먼저 오다 → …을 예상하고 먼저 행동을 취하다 → 예방하다

동 막다, 예방하다, 방해하다 유 stop, hinder

* **prevention** 명 예방, 저지

9 The heavy rain **prevented** me **from going** out.
10 violence **prevention**

plus + · prevent A from v-ing: A가 …하지 못하게 하다 (=stop[hinder/keep] A from v-ing)

---

avenue [ǽvənù:]
a(=ad:to) + ven(=come) + ue(어미)
→ …로 이르는 것 → 길

명 1 대로, 길, (거리 이름으로) …가(街) ((줄여서 Ave.))
2 (성취를 위한) 수단, 길, 방법

11 Fifth **Avenue** in New York is one of the most expensive and elegant shopping districts in the world.

plus + · 미국의 도시에서는 수직으로 교차하는 도로의 한쪽을 Avenue, 다른 쪽을 Street((줄여서 St.))이라고 부르는 일이 많다. 예를 들어, 뉴욕시에서 Avenue는 남북, Street는 동서로 뻗은 도로를 가리킨다.

★
convenient
[kənví:njənt]
con(=com:together) + veni(=come) + ent(형접)
→ (도움을 주며) 함께 오는[가는]
→ 편리하게 해주는

형 1 편리한, 사용하기 쉬운 반 inconvenient
2 (장소가) 가까운

* **convenience** 명 편리(한 물건), 편의 반 inconvenience

12 When is the most **convenient** time for you to come?
13 It is a great **convenience** to have the doctor living nearby.

plus + · a convenience store: 편의점

---

[7] Sarah Breedlove는 성공적인 모발 관리 제품을 발명해서 전국에 팔았다. [8] 특허의 원래 목적은 발명가들이 그들의 발명품을 공유하도록 고무하는 것이었다. [9] 나는 폭우 때문에 외출하지 못했다. [10] 폭력 예방 [11] 뉴욕의 5번가는 세계에서 가장 비싸고 고상한 쇼핑구역 중 하나다. [12] 오시기에 가장 편리한 시간은 언제입니까? [13] 가까이에 의사가 살고 있어 매우 편리하다.

★ **intervene** [ìntərvíːn]

inter(=between) + vene(=come)
→ (두 명) 사이에 오다

동 1 (언쟁·싸움 등을) 중재하다, 개입하다
2 (대화 등에) 끼어들다, 방해하다 유 interrupt
3 (사건 등이) 사이에 일어나다

★ **intervention** 명 중재, 개입

14 The government **intervened** in the strike.

---

souvenir [sùːvəníər]

sou(=sub:from below) + venir(=come)
→ come to mind 생각나게 하는 것

명 기념품, 기념 선물

15 We bought several **souvenirs** in Thailand.

DAY 58

vert (변화형 vers, vorc) >>> 돌리다 (turn)

★★ **advertise** [ǽdvərtàiz]

ad(=to) + vert(=turn) + ise(동접)
→ (관심을) … 쪽으로 향하게 하다
→ 알리다, 광고하다

동 광고하다, 선전하다, 홍보하다

★ **advertisement** 명 광고

1 They **advertise** their new product on TV.
2 Many **advertisements** cite statistical surveys.

★ **convert** [kənvə́ːrt]

con(=com:「강조」) + vert(=turn)
→ (방향·생각·형태 등을) 바꾸다

동 1 바꾸다, 변화시키다, 개조하다 유 change, transform
2 (다른 종교·이념 등으로) 개종[전향]하다; 개종[전향]시키다

conversion 명 1 변화, 변형, 개조
2 (종교·이념 등의) 개종, 전향

convertible 형 바꿀 수 있는, 개조할 수 있는
명 컨버터블(지붕을 접을 수 있는 자동차)

3 The warehouse was **converted** into apartments.
4 I'm looking for a **convertible** sofa bed.
(= I'm looking for a sofa that **converts** into a bed.)

14 정부는 그 파업에 개입했다. 15 우리는 태국에서 여러 개의 기념품을 샀다. / 1 그들은 신제품을 TV에 광고한다. 2 많은 광고가 통계적 설문조사를 인용한다. 3 그 창고는 아파트로 개조되었다. 4 저는 침대 겸용 소파를 찾고 있어요.

★

vertical [vəːrtikəl]

'비틀어 돌려 꺾인 점'이라는 의미의 라틴어 vertex(=highest point 꼭지점)에서 온 말
※ 꼭지점에서 아래 지점으로 선을 그으면 수직 형태가 됨

형 수직의, 세로의 반 horizontal

명 수직(선)

5 **Vertical** stripes on clothing make people look taller.

---

converse

con(=com:함께) + verse(=turn)
- 함께 방향을 돌리다 → 마주보고 돌아가며 말하다
- 모두 방향을 돌린 (상태) → 정반대의 (상태)

동 [kənvəːrs] **대화하다, 담화하다**

형 [kənvəːrs] **정반대의, 역(逆)의** 유 opposite

명 [kɔ́nvəːrs] **정반대, 역(逆)**

★★ **conversation** 명 대화, 담화
conversely 부 반대로

6 All squares are rectangles, but the **converse**—that all rectangles are squares—is not true.
7 His English **conversation** ability improved a lot.

★★

diverse [daivəːrs]

di(=dis:aside) + verse(=turn)
→【원뜻】옆길로 돈 → 다른 방향으로 전환한 → 다양한

형 **다양한, 가지각색의** 유 various

★★ **diversity** 명 다양성 유 variety

8 A person of **diverse** interests can talk about many subjects.
9 Cultural **diversity** enhances communities.

★

reverse [rivəːrs]

re(=back) + verse(=turn)
→【원뜻】라틴어 reversus(turn back)에서 유래 → 뒤돌아서 방향이 거꾸로 된 → 반대의

형 《명사 앞》 반대의, 거꾸로의 유 opposite

동 1 뒤집다, 거꾸로 하다 2 **후진하다**

명 1 **반대, 역(逆)** 2 **뒤, 뒷면** 3 **후진**

10 The court **reversed** the judgement.
11 I drove my car in **reverse**.

---

5 옷의 세로 줄무늬는 사람의 키를 더 커 보이게 한다. 6 모든 정사각형은 사각형이지만 반대로 모든 사각형은 정사각형이라는 것은 사실이 아니다. 7 그의 영어회화 실력이 많이 향상되었다. 8 다양한 관심사를 가진 사람은 많은 주제에 관해 이야기할 수 있다. 9 문화적 다양성은 공동체를 발전시킨다. 10 법원은 판결을 뒤집었다. 11 나는 차를 후진했다.

verse [vəːrs]

verse(=turn) → turning (글의) 진행 방향을 돌려서 바꿈 → (시의 한) 행 → (행이 모여 이룬) 연

명 1 (시의) 연, (노래의) 절
2 시, 운문 유 poetry

12 The tune is his, but the **verses** are his mother's.

plus + *cf.* prose: 산문

★★

version [vɔ́ːrʒən]

vers(=turn) + ion(명접) → (방향을) 돌림 → 바꾼 것

명 1 (어떤 것의) 변형, 판(版), 버전
2 (사건 등에 대한) 소견, 해석

13 The book is a modern **version** of *Romeo and Juliet*.
14 The two news media gave different **versions** of what happened.

---

divorce [dəvɔ́ːrs]

di(=dis:apart) + vorce(=turn) → 서로 방향을 돌려 떨어짐 → 분리, 단절; 헤어짐, 이혼

명 동 1 (…와) 이혼(하다)
2 분리(하다), 단절(하다)

15 The couple decided to get counseling before getting **divorced**.

DAY 58 잘 외워지지 않는 단어

복습

	단어	뜻		단어	뜻
○			○		
○			○		
○			○		

12 곡은 그가 썼지만 가사는 그의 어머니가 썼다. 13 그 책은 현대판 〈로미오와 줄리엣〉이다. 14 두 뉴스 매체는 일어난 사건에 대해 다른 해석을 내놓았다. 15 그 부부는 이혼을 하기 전에 상담을 받기로 결정했다.

DAY 59

클래스카드

via (변화형 vi, vey, voy) » 길 (way)

★
via [váiə]
라틴어 via(=way)에서 온 말

전 1 …을 경유하여, …을 거쳐 유 by way of
2 …을 매개로 하여, …을 통해서 유 by means of

1 This flight goes to Houston **via** Miami.
2 Can you send us a résumé **via** email?

★★
obvious [ɑ́:bviəs]
ob(=against) + vi(=way) + ous(형접) → 길 앞에 마주하고 있어 (모습이 잘 드러난) → 분명한

형 분명한, 명백한 유 clear, evident 반 ambiguous, obscure

* **obviously** 부 명백히, 뚜렷이 유 clearly

3 People do not argue against an **obvious** fact for no reason.
4 **Obviously**, war should be the last option.

★★
previous [prí:viəs]
pre(=before) + vi(=way) + ous(형접) → 길을 앞서가는 → 앞의

형 이전의, 앞의, 사전의 유 earlier, former

* **previously** 부 이전에, 미리 유 before, formerly

5 a **previous** engagement[appointment]
6 **Previously**, I tried to persuade him, but it was all in vain.

★
convey [kənvéi]
con(=com:together) + vey(=way) → (물건·사람과) 함께 길을 가다 → 수송하다, 옮기다

동 1 (생각·감정 등을) 전하다 유 express
2 나르다, 수송하다 유 carry, transport

7 I can't **convey** my feelings in words.
8 This pipeline **conveys** oil across the country.

voyage [vɔ́iidʒ]
voy(=way) + age(어미) → 길을 떠남 → 여행, 항해

명 동 항해(하다), 여행(하다)

9 Nelly Bly took a **voyage** around the world in 1889.

1 이 비행기는 마이애미를 경유해서 휴스턴으로 갑니다. 2 이메일로 이력서를 보내주시겠어요? 3 사람들은 아무 이유없이 분명한 것에 대해 언쟁하지는 않는다. 4 명백히, 전쟁은 최후의 선택이어야 한다. 5 선약 6 전에 내가 그를 설득하려고 해봤지만, 다 헛수고였다. 7 나는 내 감정을 말로 전할 수 없다. 8 이 수송관은 전국적으로 석유를 수송한다. 9 Nelly Bly는 1889년에 세계 일주를 했다.

VOCA VS. VOCA 여행

travel '여행'이라는 의미의 가장 일반적인 말. 특히 장거리나 장기간의 여행

10 The *travel* agency took care of all the *travel* details.

journey 주로 육지에서의 긴 여행을 의미. 때에 따라 힘들게 고생하는 여행의 의미로도 쓰임

11 We arrived in London after a ten-hour *journey* by train.

trip 비교적 단기간의 여행

12 How was your business *trip* to Paris?

tour 주로 관광·시찰을 목적으로 하는 여행의 의미가 강함

13 We appreciate the *tour* of the museum.

voyage 원래는 긴 해상 여행을 의미. 비행기·우주 여행의 의미로도 쓰임

14 Was your *voyage* to Europe pleasant?

excursion 특정 목적을 가지고 하는 짧은 여행 [p.149]

15 We'll go on a school *excursion* next week.

vict (변화형 vinc)  적을 이기다 (conquer)

★★
victory [víktəri]

vict(=conquer) + ory(명접) → 적을 이김

명 승리 반 defeat

victor 명 승리자 유 winner 반 loser
victorious 형 승리의, (이겨서) 의기양양한

1 It was teamwork that led them to **victory**.

VOCA VS. VOCA 승리

victory 시합·선거·전투 등에서 상대에게 이김을 뜻하는 가장 일반적인 말

2 They were confident that *victory* would be theirs.

win 경기·싸움·선거 등에서 이기거나 상·메달 등을 획득하는 것

3 It was an important *win* for Manchester United.

triumph 고생 끝에 쟁취하여 기쁨·칭찬·의기양양함 등을 동반하는 승리

4 The spectators went mad after their team's *triumph*.

10 여행사에서 모든 여행 준비를 해주었다. 11 우리는 10시간의 기차 여행 후에 런던에 도착했다. 12 파리 출장은 어땠어요? 13 박물관을 관광시켜 주셔서 감사합니다. 14 유럽 여행은 즐거웠나요? 15 우리는 다음 주에 수학여행을 갈 것이다. / 1 그들을 승리로 이끈 것은 팀워크였다. 2 그들은 자신들이 승리할 것임을 확신했다. 3 그것은 맨체스터 유나이티드 팀에게 중요한 승리였다. 4 관중들은 그들의 팀의 승리 후에 열광했다.

convict

con(=com:「강조」) + vict(=conquer) → (잘못을 확신시킴에 있어서) 완전히 이기다

동 [kənvíkt] (…에게) 유죄를 선고[입증]하다
명 [kɑ́ːnvikt] 죄수, 수형자

conviction 명 유죄 판결

[5] If **convicted**, they face up to one year in prison or a fine of ten million won.

★
convince [kənvíns]

con(=com:「강조」) + vince(=conquer) → (상대를) 완전히 이기다 → (상대를) 납득시키다

동 1 확신[납득]시키다 유 assure 2 설득하다 유 persuade

conviction 명 확신, 신념
convincing 형 설득력 있는, 확실한

[6] I tried to **convince** them **of** the value of animal life.
[7] She failed to **convince** her mother **to see** a doctor.

plus + · convince A of B: A에게 B를 확신[납득]시키다
· convince[persuade] A to-v: A가 …하도록 설득하다
※convict와 convince의 명사형이 conviction으로 같음에 주의

vid (변화형 vis, wid) »» 분리하다 (separate)

★
divide [dəváid]

di(=dis:apart) + vide(=separate) → 떨어지게 나누다

동 나누다, 분할하다, 분열되다
유 separate 반 unite

★ **division** 명 1 분할, 분열
2【수학】나눗셈, 나누기
3 부(部), 부분

[1] The teacher **divided** the students into three groups.
[2] The National Assembly was **divided** on approving the bill.
[3] the **division** of the Korean peninsula

★★
individual

[ìndəvídʒuəl]

in(=not) + di(=dis:apart) + vid(=separate) + ual(형접) → (더 이상) 나눠지지 않는 (존재)

형 1 개별의, 개개의
2 독특한, 특유의 유 distinctive
명 개인, 개체

individually 부 개별적으로 유 separately

[4] The rights of the **individual** are important in democracy.

[5] 유죄 판결을 받을 경우, 그들은 1년 이하의 징역 또는 1,000만 원의 벌금에 처해진다. [6] 나는 그들에게 동물의 생명의 가치를 납득시키려고 애썼다. [7] 그녀는 그녀의 어머니가 진찰을 받도록 설득하는 데 실패했다. / [1] 선생님은 학생들을 세 그룹으로 나누었다. [2] 국회는 그 법안의 승인 여부를 놓고 분열되었다. [3] 한반도의 분단 [4] 민주주의 사회에서는 개인의 권리가 중요하다.

★
devise [diváiz]

라틴어 dividere(=divide 나누다)의 반복적 의미를 나타내는 divisare(여러 번 나누다)에서 유래 → (생각·계획 등을 여러 번 나누어) 궁리하다

동 (방법·장치 등을) 고안하다, 궁리하다 유 invent

★★ **device** 명 1 (기계적) 장치, 고안물
2 (어떤 일을 성취하기 위한) (특별한) 방법
3 방책, 계획

5 Because of problems with the current **device**, engineers are **devising** a new model.

---

widow [wídou]

wid(=separate) + ow(어미)
→ (남편과) 헤어져 떨어진 (여자) → 미망인

명 미망인, 과부

6 Mrs. Jones became a **widow** after her husband died of cancer.

plus + *cf.* widower: 홀아비

DAY 59

vig >>> 활기찬 (lively)

vigor [vígər]

vig(=lively) + or(명접)
→ 활기찬 상태

명 (정신적·육체적) 활력, 기력, 정력 유 vitality, energy

vigorous 형 힘찬, 원기 왕성한 유 energetic

1 For a man of 80, he still has surprising **vigor**.
2 Oliver is a **vigorous** and adventurous young man.

vis (변화형 vid, view, vy, vey) >>> 보다 (see)

★★
vision [víʒən]

vis(=see) + ion(명접)
→ 보는 것

명 1 시력, 시야 유 sight 2 선견지명, 통찰력 유 insight
3 미래상, 비전 4 상상력, 환상

★ **visible** 형 1 눈에 보이는 반 invisible
2 뚜렷한, 두드러진 유 noticeable, obvious
★★ **visual** 형 1 시각[시력]의 2 눈으로 보는

1 She has a clear **vision** of the future she wants.
2 a **visible** change
3 The movie has a strong **visual** impact.

5 현재 사용하고 있는 (기계) 장치의 문제들 때문에, 기술자들은 새로운 모델을 고안하고 있다. 6 Jones 부인은 남편이 암으로 죽은 후 미망인이 되었다. / 1 여든의 나이에 비해 그는 여전히 놀라운 기력을 가지고 있다. 2 Oliver는 혈기 왕성하고 모험심이 강한 젊은이이다. / 1 그녀는 자신이 원하는 확실한 미래상을 가지고 있다. 2 뚜렷한[두드러진] 변화 3 그 영화는 강한 시각 효과를 가지고 있다.

★
revise [riváiz]

re(=again) + vise(=see)
→ 다시 보다 → 수정하다

동 1 (의견·계획 등을) 수정하다, 고치다 유 modify, amend
2 (책·내용 등을) 개정[수정]하다 3 《*BrE*》 복습하다

revision 명 1 수정 (사항), 변경 유 modification, amendment
2 개정 3 《*BrE*》 복습

4 She needs to **revise** her essay before she gives it to her teacher.
5 He made a lot of **revisions** to his speech to make it sound better.

VOCA VS. VOCA 수정하다

revise 무언가를 개선하거나 새것으로 바꾸는 등의 수정하다
6 I decided to ***revise*** my vacation schedule, so I could spend more time at the beach.

modify 상대적으로 작은 것에 대해 수정하다 (p.244)
7 I will ***modify*** the recipe to make the cookies sweeter.

amend 글에 대해 자주 쓰이며, 바로잡는 의미의 수정하다
8 The National Assembly ***amended*** the law because it was unfair.

★
supervise [sú:pərvàiz]

super(=over) + vise(=see)
→ oversee 위에서 (내려다) 보다
→ 감시·감독하다

동 (일·사람 등을) 감독하다, 관리하다
유 watch over

⋆ **supervisor** 명 감독관, 관리자

9 He **supervised** all the students taking the examination.

★★
evidence [évədəns]

e(=ex:「강조」) + vid(=see) + ence(명접)
→ 분명히 보이는 것 → 증거

명 증거 유 proof

evident 형 분명한, 명백한 유 obvious, clear

10 The police didn't have enough **evidence** to convict the suspect.
11 **evident** proof

4 그녀는 선생님께 숙제를 내기 전에 그것을 수정할 필요가 있다. 5 그는 그의 연설문이 더 좋아지도록 많은 수정을 했다. 6 나는 내 방학 일정을 수정하기로 했으므로 해변에서 더 많은 시간을 보낼 수 있었다. 7 나는 쿠키가 더 달아지도록 조리법을 수정할 거야. 8 국회는 그 법이 불공평하므로 수정했다. 9 그는 시험을 치르는 모든 학생을 감독했다. 10 경찰은 그 용의자가 유죄라고 입증할 만한 충분한 증거가 없었다. 11 명백한 증거

★★
provide [prəváid]

pro(=forward) + vide(=see)
→ 장래를 내다보다 → 대비하다

동 1 공급[제공]하다 유 supply 2 《+ for/against》 준비[대비]하다
3 《+ for》 부양하다 4 규정하다

* **provided** 접 《+ that》 만약 …이면 유 providing, (only) if
* **provision** 명 1 공급, 제공 2 준비, 대비 3 《복수형》 식량 4 【법】 규정, 조항

[12] He **provided** the stranger **with** food.
(= He **provided** food **for** the stranger.)
[13] I work hard to **provide for** my family.
[14] I will go, **provided** (that) you go, too.

plus + · provide A with B: A에게 B를 공급[제공]하다(=provide B for A)
· make provision for: …에 대비하다

★★ 핵심 다의어
view [vjuː]

라틴어 videre(=see)에서 유래 →
보이는 것 → **시야** → **전망**
보는 관점 → **견해**

명 1 관점, 견해 2 **시야** 유 sight 3 **장면, 경치** 유 scenery
동 1 …라고 생각하다, 간주하다 유 regard 2 보다

* **viewer** 명 시청자, 보는 사람
viewpoint 명 관점, 견지, 입장 유 point of view, standpoint

[15] Many **viewers** are criticizing the prejudiced **view** of the broadcaster.
[16] The rare bird suddenly disappeared from **view**.
[17] The **view** from the top of the hill is marvelous.

★★
interview [íntərvjùː]

inter(=mutually 서로) + view(=see)
→ 서로 마주 보(고 이야기하)다
→ 면접(하다)

명 동 1 (직장·학교 등에서) 면접(하다[보다])
2 회견[인터뷰](하다)

interviewer 명 면접관, 인터뷰 진행자
interviewee 명 면접[인터뷰] 대상자

[18] How did your job **interview** go?
[19] The president gave a formal **interview**.

★★
review [rivjúː]

re(=again) + view(=see)
→ 다시 보기 → 재검토, 복습

명 1 재검토, 재조사 2 비평, 리뷰 3 《*AmE*》 복습
동 1 재검토[재조사]하다 2 비평하다 3 《*AmE*》 복습하다

[20] I haven't read a positive **review** of that movie yet.
[21] We must **review** our economic situation.
[22] Let's **review** what you learned in our last class.

[12] 그는 그 낯선 사람에게 음식을 제공하였다. [13] 나는 내 가족을 부양하기 위해 열심히 일한다. [14] 네가 간다면 나도 갈게. [15] 많은 시청자가 그 방송인의 편파적인 시각을 비판하고 있다. [16] 그 희귀새는 시야에서 갑자기 사라졌다. [17] 언덕 꼭대기에서 보이는 풍경이 훌륭하다. [18] 네 구직 면접은 어떻게 됐니? [19] 대통령이 공식 회견을 했다. [20] 나는 아직 그 영화에 대한 호평을 읽어보지 못했다. [21] 우리는 우리의 경제 상황을 재검토해야 한다. [22] 지난 수업에서 배운 것을 복습하자.

envy [énvi]

en(=in:upon) + vy(=see)
→ (위로 올려다) 보다 → 부러움

명 선망, 질투
동 부러워하다, 질투하다

envious 형 《+ of》 부러워하는, 질투하는
유 jealous of

23 We often **envy** those who have more than us.
24 It was obvious that he was **envious of** my promotion.

plus +
· envious: 다른 사람이 가진 것을 자기도 가지고 싶어하는
· jealous: 자신이 가지고 싶은 것을 다른 사람이 가져서 언짢은

★★
survey

sur(=super:over) + vey(=see)
→ oversee …을 두루 살피며 보다
→ 조사(하다)

명 [sə́ːrvei] 1 (질문 등을 통한) 조사 2 (토지 등의) 측량
동 [sərvéi] 1 조사하다 2 측량하다

25 a **survey** of public opinion
26 A market **survey** was taken to learn consumers' likes and dislikes.

DAY 59 잘 외워지지 않는 단어 복습

단어	뜻	단어	뜻

23 우리는 종종 우리보다 더 많은 것을 가진 사람들을 부러워한다. 24 그는 내가 승진한 것을 질투한 것이 분명했다. 25 여론 조사 26 소비자들의 기호를 알아보기 위해 시장 조사가 이루어졌다.

viv (변화형 vit) 1 살다 (live) 2 생명 (life)

★★
survive [sərváiv]
sur(=super:beyond) + vive(=live)
→ 넘어서 살다 → …보다 오래 생존하다

동 1 (사고·전쟁·질병 등으로부터) 살아남다, 생존하다
2 (어려운 상황 등을) 극복하다, 견디다 3 …보다 오래 살다

* **survival** 명 생존, 잔존
survivor 명 생존자

1 Most garment workers were paid barely enough to **survive**.
2 Only one passenger **survived** the terrible airplane crash.
3 **survival** of the fittest

vivid [vívid]
viv(=live) + id(형접)
→ 살아있는 듯한 → 생생한, 선명한

형 (기억·묘사·색상 등이) 생생한, 선명한 반 vague

4 We have **vivid** memories of our exciting adventure in the Himalayan Mountains.

★
vital [váitl]
vit(=life) + al(형접)
→ 생명의, 생명과 관련된

형 1 매우 중요한, 필수적인 유 crucial, essential
2 활기찬, 생기가 넘치는 3 생명 유지에 필요한

vitality 명 활력, 원기 유 energy

5 Vitamin E plays a **vital** role in improving circulation.

voc (변화형 vok) 1 목소리 (voice) 2 부르다 (call)

vocal [vóukəl]
voc(=voice) + al(형접)
→ 목소리의

형 1 목소리의, 음성의 2 강하게 의견을 말하는
명 (주로 복수형) 【음악】 보컬, 노래 부분

1 The **vocal** organs are very sensitive to temperature and humidity.

1 대부분의 옷을 만드는 노동자들은 겨우 생존할 만큼의 임금밖에 받지 못했다. 2 오직 한 명의 탑승자만이 그 끔찍한 비행기 추락 사고에서 살아남았다. 3 적자생존(가장 잘 적응하는 생물이 살아남는다는 뜻) 4 우리는 히말라야 산맥에서의 흥미진진한 모험을 생생하게 기억하고 있다. 5 비타민 E는 혈액 순환 개선에 매우 중요한 역할을 한다. / 1 발성 기관은 온도와 습도에 매우 민감하다.

★

vocabulary
[voukǽbjəlèri]

voca(=call) + bul(작은) + ary(명접)
→ (이름을) 부를 때 쓰는 작은 것 → 낱말

명 어휘

2 He has a large English **vocabulary**.

---

vocation [voukéiʃən]

voc(=call) + ation(명접)
→ (신의) 부르심 → 소명; 천직

명 1 **천직, 직업** 유 calling 2 **소명, 사명감**

vocational 형 직업(상)의

3 "Nursing," said Florence Nightingale, "is a **vocation** as well as a profession."

VOCA VS. VOCA 직업

occupation 가장 일반적인 '직업'의 의미. 규칙적으로 종사하고 있는 일 p.121

4 Please write your name and *occupation*.

job '직업'이라는 의미의 가장 구어적인 표현

5 His *job* pays him just enough money to live on.

career 평생 동안 할 일로 선택한 직업 p.124

6 He went for a *career* in acting.

profession 의사·변호사 등 전문지식이나 특수한 기술을 요하는 직업 p.165

7 She is a lawyer by *profession*.

vocation / calling 사명감을 바탕으로 한 천직

8 Teaching children ought to be a *vocation* as well as a way of earning money.

---

advocate

ad(=to) + voc(=call) + ate(동접)
→ (…에게 도움을 주기 위해) 부름을 받다

동 [ǽdvəkèit] **옹호하다, 지지하다**

명 [ǽdvəkət] 1 **옹호자, 지지자**
2 **변호사** 유 lawyer

advocacy 명 지지, 옹호; 변호

9 I **advocate** a policy of gradual reform.
10 He is an **advocate** of free trade.

[2] 그는 영어 어휘가 풍부하다. [3] 플로렌스 나이팅게일은 "간호하는 일은 직업일 뿐만 아니라 소명이기도 하다."라고 말했다. [4] 당신의 이름과 직업을 써주세요. [5] 그의 직업은 먹고 살 만큼의 돈만 벌게 해준다. [6] 그는 연기자의 길을 택했다. [7] 그녀는 변호사를 직업으로 한다. [8] 아이들을 가르치는 일은 돈을 버는 방법일 뿐만 아니라 천직으로 여겨져야 한다. [9] 나는 점진적인 개혁 정책을 지지한다. [10] 그는 자유 무역 옹호자이다.

evoke [ivóuk]

e(=ex:out) + voke(=call)
→ 밖으로 불러내다

동 (기억·감정을) 불러일으키다, 환기시키다

11 His story **evoked** public sympathy.

provoke [prəvóuk]

pro(=forth) + voke(=call)
→ 앞으로 불러내다

동 1 (반응·감정 등을) 유발하다 유 arouse
2 화나게 하다 유 irritate

provocation 명 도발, 자극
provocative 형 도발적인, 자극적인

12 It would be unwise to **provoke** a sleeping lion.
13 We're not allowed to wear **provocative** clothing at our school.

vol >> 의지 (will)

★ voluntary [vɑ́:ləntèri]

volunt(=will) + ary(형접)
→ (자유) 의지에 의한
※ 라틴어 voluntas(=free will)에서 온 말

형 1 자발적인 반 mandatory, compulsory, obligatory
2 자원 봉사의, 무상으로 일하는

voluntarily 부 자발적으로
★ **volunteer** 명 1 지원자, 지원병 2 자원 봉사자
동 1 자진하여 (제공)하다 2 지원병이 되다

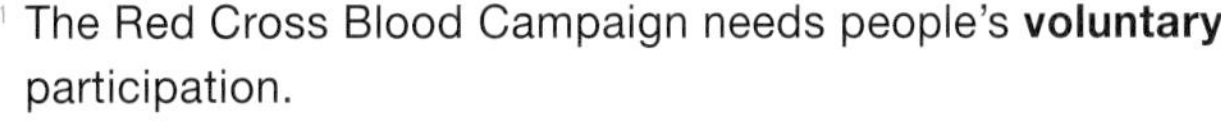

1 The Red Cross Blood Campaign needs people's **voluntary** participation.
2 More and more students are doing **voluntary** work.
3 A neighbor **volunteered** to help me move.

volv (변화형 volu) >> 말다, 돌다 (roll)

★ evolve [ivɑ́:lv]

e(=ex:out) + volve(=roll)
→ (굴려서) 펼치다 → 연속적으로 (서서히) 전개되다

동 1 진화하다; 진화시키다 2 발전하다; 발전시키다

★ **evolution** 명 1 진화 2 발전
★ **evolutionary** 형 1 진화의; 진화론적 2 발전의

1 Darwin's theory of **evolution** claims that life has **evolved** over time.
2 The need to belong is likely a product of human beings' **evolutionary** history as a social species.

11 그의 이야기는 대중의 연민을 자아냈다. 12 잠자는 사자를 화나게 하는 건 현명하지 않아. 13 우리는 학교에서 도발적인 옷을 입는 것이 허락되지 않는다. / 1 적십자의 헌혈 운동은 사람들의 자발적인 참여가 필요하다. 2 자원 봉사 활동을 하는 학생들이 점점 더 늘고 있다. 3 한 이웃이 자진해서 내가 이사하는 것을 도와주었다. / 1 다윈의 진화론은 생물이 시간이 지나면서 진화해왔다고 주장한다. 2 소속 욕구는 사회적 종으로서 인류의 진화적 역사의 산물일 것이다.

revolve [rivá:lv]

re(=again) + volve(=roll)
→ 계속 돌다, 회전하다
※ revolution:
revol(ve)(회전시키다) + ution(명접)
→ (사회를) 회전시킴 → 혁명

동 1 **돌다, 회전하다; 돌리다, 회전시키다**
2 **【천문학】 공전하다**

revolution 명 1 혁명, 대변혁 2 **회전, 공전**
revolutionary 형 **혁명의, 혁명적인, 대변혁의**

3 **Revolving** doors can conserve energy.
4 the Industrial **Revolution**

★★
involve [inválv]

in(=in) + volve(=roll)
→ 안으로 말아 넣다

동 1 포함하다, (필연적으로) 수반하다
2 관계[관련]시키다, (사건 등에) 말려들게 하다 3 **참여시키다**

★ **involvement** 명 참여, 관련, 연루 유 participation

5 His new position **involves** increased responsibility.
6 Don't **involve** me **in** your quarrel.

plus + · be involved in: …에 관련[개입]되다
· involve A in N/v-ing: A를 …에 관련[개입]시키다

★★
volume [vá:lju:m]

volu(=roll) + me(=men:명사 어미)
→ 말아놓은 것
※ 예전에는 책이 두루마리 형태였던 것에서 유래 → (책 한 권의) 크기, 부피의 의미로 발전

명 1 **음량, 볼륨**
2 **양** 유 amount, quantity
3 **부피, 용적**
4 **책, 권(卷)**

7 The liquid was five liters in **volume**.
8 We own a library of 500 **volumes**.

vot »» 맹세하다 (vow)

★
vote [vout]

라틴어 votum(=vow, promise)에서 온 말

명 **투표; 표; 투표권; ((the +)) 투표수, 득표수**
동 **투표하다; 의결하다**

voter 명 유권자, 투표자

1 You should **vote** if you care about your country's future.
2 **Voter** turnout was unusually high in 2018.

plus + · vote for[against]: …에 찬성[반대] 투표하다

3 회전문은 에너지를 절약해준다. 4 산업 혁명 5 그의 새 직책은 더 많은 책임을 수반한다. 6 나를 너희들의 말다툼에 끌어들이지 마. 7 그 액체의 양은 5리터였다. 8 우리는 500권의 장서를 가지고 있다. / 1 너는 나라의 미래를 생각한다면 투표해야 한다. 2 2018년에 투표율이 평소와 달리 높았다.

★
devote [divóut]

de(「강조」) + vote(=vow)
→ 열과 성을 다하여 맹세하다 → 헌신하다

통 **헌신하다, (돈·시간·노력 등을) 바치다; 전념하다** 유 dedicate

★ **devoted** 형 헌신적인; 전념하는
devotion 명 《+ to》 1 헌신; 전념 유 dedication to 2 기도; 신앙
devotional 형 종교적인, 종교 의식에 관련된

3 Emily **devotes** her spare time **to** helping the elderly.
4 I'm a **devoted** follower of this diet plan.
5 Your **devotion to** your training is an example to us all.

plus + · devote A to B: A를 B에 바치다[헌신하다]
· devote oneself to: …에 헌신[전념/몰두]하다

ward (변화형 war, warn) ≫ 주의하다, 지켜보다 (watch)

DAY 60

★★
award [əwɔ́ːrd]

a(=ex:out) + ward(=watch)
→【원뜻】주의하여 살펴본 후 (수상자 등을) 결정하다 → 수여되는 것, 상

명 **상, 상금**
통 **(상 등을) 수여하다, 주다** 유 give

1 The actress was **awarded** an Academy **Award**.

★
reward [riwɔ́ːrd]

re(「강조」) + ward(=watch)
→【원뜻】지켜보다 → (남의 수고를) 잘 살피다 → 보상을 해주다 → 보상금

명 1 보상(금), 보수 2 **현상금**
통 **보상하다, 보답하다**

2 Our salaries were increased as a **reward** for our efforts.

★★
aware [əwέər]

a(「강조」) + ware(=watch out)
→ watchful 주의 깊은, 의식하는

형 《+ of》 **알고 있는, 의식[인식]하는** 유 conscious of 반 unaware of

★ **awareness** 명 알고 있음, 의식, 자각

3 I'**m** fully **aware of** the problem.

plus + · be[become] aware of: …을 의식[인식]하다, …을 알다
· self-awareness: 자기 인식, 자각

[3] Emily는 여가를 노인들을 돕는 데 헌신한다. [4] 나는 이 식이요법에 전념하여 따른다. [5] 훈련에 대한 당신의 헌신은 우리 모두에게 본보기가 됩니다. / [1] 그 여배우는 아카데미 상을 수상했다. [2] 우리의 노고에 대한 보상으로 월급이 인상되었다. [3] 나는 그 문제를 아주 잘 인식하고 있다.

★★
warn [wɔːrn]

중세 영어 warnian(=watch)에서 유래 → 주의해서 보다

동 《+ about/against/of》 경고하다, 주의시키다

warning 명 경고, 주의

4 My mother **warned** me **about** staying out late.

5 Please read the **warning** before you use it.

plus + · warn A to-v[not to-v]: A에게 …하라고[하지 말라고] 주의를 주다

DAY 60 잘 외워지지 않는 단어

복습

단어	뜻	단어	뜻

4 엄마는 나에게 늦게 다니는 것에 대해 주의를 주셨다. 5 사용하기 전에 주의사항을 읽어보세요.

Matching Game

※ QR코드를 스캔하여 Matching Game을 한 후 점수를 기록해보세요.

My Scoreboard

	1차 시도	2차 시도	3차 시도
8000점 이상 나이스 샷!			
7000~7999 게임 좀 하네.			
6000~6999 방심하면 내려간다!			
5000~5999 포기하긴 아까워.			
4999점 이하 도전 정신 칭찬해.			

※ Matching Game 후 틀린 단어 또는 잘 외워지지 않는 단어를 써보세요.

단어	뜻	단어	뜻
○		○	
○		○	
○		○	
○		○	
○		○	

한번에 외우는
핵심 다의어

DAY 02
overlook

over(넘어; 위에) + **look**(보다) →
- 넘어서[건너뛰어] 보다 → **간과하다; 눈감아 주다**
- 위에서 보다 → **내려다보다**

DAY 05
dispose

dis(=away, apart) + **pose**(=place)
→ 멀리 (다른 곳에) 두다 →
- (…을) 다른 곳에 위치시키다 → **배치[배열]하다**
- (물건을) 멀리 치우다 → **처분하다**
- (문제를) 멀리 치우다 → **처리[해결]하다**
- (관심을) 다른 곳에 두게 하다 → **경향을 갖게 하다**

DAY 06
support

sup(=sub:from below) + **port**(=carry)
→ 아래에서 (위로) 나르다
→ (힘 따위를) 건네주다 →
- (정신적으로) → **지지(하다)**
- (경제적으로) → **부양(하다)**
- (물리적으로) → **받침; 받치다**

DAY 07
company

com(=together) + **pan**(=bread 빵; 돈) + **y**(명접)
→ 빵[돈]을 같이 먹음[벎] →
- 식사를 같이 하는 사람 → **친구; 일행**
- 돈을 같이 버는 것[사람] → **회사; 동료**

DAY 07
absorb

ab(=away from) + **sorb**(=suck in)
→ 다른 것으로부터 빨아들이다 →
- (액체·기체를) **흡수하다**
- (정보·지식 등을) **받아들이다**
- (사람이 …에) **열중하게 하다**

DAY 08
engage

en(=in) + **gage**(=pledge 서약)
→ 서약 안에 있다
- (서약 안으로 들어가다) → **참여하다, 관여하다**
- (서약 안으로 들어오게 하다) → **(주의를) 끌다, 사로잡다**
- (서약에 들어가기로 하다) → **약속하다**
- (결혼하기로 약속하다) → **약혼하다**

DAY 09
account

ac(=ad:to) + **count**(계산하다)
→ count up to (계산 결과가) …에 달하다 → **(…의 비율을) 차지하다**
- (금전의) 계산 → 은행 **계좌** → 이용 **계정**
- **계산서 → 보고(서), 설명(하다) → 이유**

DAY 09
withdraw
-withdrew-withdrawn

with(=back) + **draw**(당기다)
→ 뒤로 당기다 →
- (약속·지원 등을) 되가져오다 → **취소하다, 철회하다**
- (조직에서) 나오다 → **그만두다**
- (돈을) 되찾다 → **인출하다**
- (병력을) 뒤로 빼내다 → **철수하다**

DAY 15
bar
-barred-barred

중세 라틴어 barra(=bar)에서 유래
→ 막대기; **토막** → **빗장**(문을 닫아 거는 막대) →
- **막다; 장애물**
- 칸막이 (있는 곳)
  - **주점**
  - **법정**

DAY 16
capital

capit(=head) + **al**(명접)
→ 머리 →
- 국가의 머리 → **수도(首都)**
- 문장의 앞머리 → **대문자**
- 짐승의 머릿수(예전의 재산) → **자본**

DAY 16
occupy

oc(=ob:「강조」) + **cupy**(=hold, take)
→ (시간·공간 등을) 꽉 잡다
- **차지하다**
- (방 등을) 차지하다 → **사용하다**
- (강제로) 차지하다 → **점거하다**

DAY 16
charge

char(=load) + **ge**(어미)
→ 무거운 짐을 지우다 →
- 금전상 부담을 지우다 → **요금·대가를 청구하다**
- 일에 있어서 부담을 지우다 → **의무·책임을 지우다**
- 죄를 씌우다 → **고발하다, 비난하다**
- 기계에 전력을 채우다 → **충전하다**

DAY 17
cast
- cast - cast

cast(=throw) → **던지다** →
- (빛·그림자 등을) 던지다 → **드리우다**
- (배역을 배우에게) 던지다 → **배역을 맡기다**
- (눈길을) **던지다, 주다**

DAY 17
succeed

suc(=sub:under) + **ceed**(=go) →
- (바로) 아래에서 가다 → 뒤따라가다 → **…의 뒤를 잇다, 계승하다**
- (목표를) 뒤따라가다 → **성공하다**

DAY 20
current

curr(=run) + **ent**(형접·명접)
→ 흐르고 있는 (것) →
→ **현재의** → 유통되고 있는
→ **흐름**
- 시세의 흐름 → **경향**
- 전기의 흐름 → **전류**

DAY 21
due

due(=owe) → 신세[빚] 지고 있는 →
- (마땅히) **치러야 할, 만기가 된**
  - **…하기로 되어 있는; 도착 예정인**
  - **마땅한, 적합한**
- …의 덕택인 → **…에 기인하는**

DAY 22
conduct

con(=com:together) + **duct**(=lead)
- 함께 이끌다 → **인도하다; 지휘하다**
- (연구 등을) 지휘하다 → **수행하다**

DAY 22
present

pre(=in front of) + **sent**(=being)
→ 앞에 있는 →
- **출석하고 있는**
- **현재(의)**
- 앞에 내놓다
  - **보여주다**
  - **소개하다**
  - **선물하다** → **선물**

DAY 23
facility

facil(=facile 손쉬운) + **ity**(명접) →

- (사용이) 손쉬운 것 → **(편의) 시설**
- (용도·목적에 손쉬운) **기능; 장소; 재능**

※ **fac**ile: **fac**(=make) + **ile**(형접:「…에 적합한」)
→ 만들기에 적합한 → 손쉬운

DAY 23
figure

fig(=make) + **ure**(명접)
→ 만들어 놓은 모양 → **모양**

- 모양, 형태 → **모습; (대표하는) 인물** → **중요한 부분을 차지하다**
- 형태를 구성하기 위해 합을 이루다 → **계산하다** → **수치**
- 모양을 떠올리다 → **생각하다**

※ **figur**ative: **figur(e)**(모양) + **ative**(형접) → 모양이 상징하는 →
이면의 뜻을 가진 → 비유적인

DAY 24
refer
- referred - referred

re(=back, again) + **fer**(=carry)
→ (아는[본] 것을) 다시 전달하다[보다]
→ **언급하다; 참조하다**

DAY 27
degree

de(=down) + **gree**(=step)
→【원뜻】내려가는 층계 → **단계** →

- (수치의) 단계 → **(온도·각도 등의) 도(度); 정도**
- (학력의) 단계 → **학위**

DAY 28
issue

고대 프랑스어 issir의 과거분사형인 issue에서 유래
※ issir: **iss**(=ex:out) + **ir**(=it:go) → 밖으로 나가게 하다 →

- (의견 등이) 나가게 하다 → **발표(하다)**
- (책 등을) **발행하다** → **발행물**
- (토론 중) 밖으로 나온 것 → **쟁점, 문제**

DAY 28
object

ob(=toward) + **ject**(=throw)
→ …로 던져진 것 → 앞에 놓인 **대상; 물체** →

- **목적**
- 앞으로 던져져 (마주 보고) 서 있음 → **반대하다**

DAY 28
subject

sub(=under) + **ject**(=throw)
→ 아래에 던져 두다 → **통치[지배]하다** →

- 군주의 지배를 받는 사람 → **국민, 백성**
- … 아래에 던져진 → **…의 영향을 받는**
- 연구거리로 밑에 놓인 것
  - **주제**
  - **학과, 과목**
  - **피실험자**

DAY 28
project

pro(=forward) + **ject**(=throw)
→ 앞쪽으로 던지다 → 앞일을 **예상하다**

- 실행을 위해 앞으로 내놓다 → **계획(하다)**
- 내던지다 → **투영하다**

DAY 28
just

just(=law)
→ lawful 법에 맞는 → **올바른**
→ **틀림없이; 방금; 단지, 그저**

DAY 29
release

re(=back) + **lease**(=loosen)
→ (쥐고 있던 것을) 풀어서 되돌려주다 →
- (죄수를) 풀어주다 → **석방(하다)**
- (정보·영화·음반 등을) 풀어주다 → **발표[개봉](하다)**
- (물질을) 풀어주다 → **방출(하다)**

DAY 30
deliver

de(「강조」) + **liver**(=free)
→ 자유롭게 하다 →
- (가지고 있다가) 넘겨주다 → **배달하다**
- (마음속의 말하고 싶은 바를) **말하다[강연하다]**
- (뱃속의 아이를) **분만하다; 분만시키다**

DAY 32
major

라틴어 magnus(=great)의 비교급
→ 더 큰
- **더 중요한, 주된; (군대) 소령**
- 더 큰 비중으로 하는 것 → **전공(하다)**

DAY 32
command

com(「강조」) + **mand**(=order)
→ **명령(하다)**
→ (위에서 내려다보며) **지휘(하다)**
→ (위에서) **내려다보이다**

DAY 32
maintain

main(=hand) + **tain**(=hold)
→ hold in hand 손안에 꼭 쥐고 있다
→ **유지하다** →
- (상태를) 유지하다 → **지속하다**
- (특정 입장을) 유지하다 → **주장하다**
- (생계를) 유지하다 → **부양하다**

DAY 33
mean
- meant - meant

me(=middle) + **an**(어미) →
- 중간의 → **평균의**
- …의 가운데에 있는 것[핵심]을 담다 → **의미하다, 의도하다**
- 양쪽[모두]의 중간에 있어 공유되는 → 흔한 → **천한, 초라한** → **비열한**
- 중간에서 둘을 연결해주는 것 → **수단**

DAY 35
commit
- committed - committed

com(=together) + **mit**(=send)
→ 함께 …로 보내다 →
- (나쁜 행위를) …에게 보내다 → (죄 등을) **저지르다**
- (…에게) (~의 말을) 함께 보내다 → **약속하다**
- (…한 상태와) 함께 보내다 → (시설 등에) **보내다**

DAY 36
move

라틴어 movere(=move)에서 온 말
→ **움직이다, 이동하다** → **움직임, 이동**
- (거처를 옮겨) **이사하다**
- (상황·일 등이 움직여) **진행되다** → **조치, 행동**
- (마음 등을 움직여) **감동시키다**

DAY 41
apply

ap(=ad:to) + **ply**(=fold)
→ …에 포개다 → 대보다 →
- 사물을 맞춰보다 → **적용[응용]하다; 적용되다** → **바르다**
- 자신을 맞춰보다 → **지원[신청]하다**

DAY 42
post

post(=place)
→ 두다 →
- 두는 곳 → **위치**
- 소식을 전할 전달자를 곳곳에 배치함 → **우편(을 보내다)**
- 자리에 사람을 배치함 → **직책(에 배치하다)**

※ '**기둥, 게시하다**' 의 의미:
po(=pro:forward) + **st**(=sta:stand)
→ 앞에 보이게 세우는 것 → **기둥**
→ 기둥에 붙여 알리다 → **게시하다**

DAY 43
appreciate

ap(=ad:to) + **preci**(=price) + **ate**(동접)
→ …에 대해 가치[값]를 평가하다 →
- (…의 가치를) **이해하다**
- (도움 등의 가치를) 이해하다 → **고맙게 여기다**
- (작품 등의 가치를) 이해하다 → **감상하다, 진가를 알다[인정하다]**

DAY 43
express

ex(=out) + **press**(누르다)
→ (생각을) 밖으로 밀어내다 → **표현하다** → 명확하게 드러낸 →
- **뚜렷한**
- 뚜렷이 특정 목적을 위해 만들어진 → 신속히 사용할 수 있는 → **급행의; (우편) 속달의** → **급행열차, 고속버스; (우편) 속달**

DAY 45
direct

di(=dis:apart) + **rect**(=lead straight)
- (열과 열이) 구분되도록 바르게 이끌다 → **지도하다** → **지시[명령]하다**
- 직접 나서 지휘하며 방향을 알려주다 → **직접적인** → **직행의** → **길을 가르쳐 주다** → **(똑바로) 돌리다, 향하게 하다**

DAY 46
scale

라틴어 scala(=ladder)에서 유래
→ 단계가 지어져 있는 것 →
- 눈금 → **저울** → **등급, 계급**
- 단계적 크기 → **규모, 정도** → **비율**

DAY 46
sense

라틴어 sensus(=feeling)에서 유래
→ **감정·느낌** →
- 느끼는 힘
  - **감각**
  - **분별력, 눈치**
- 느끼는 내용 → **의미**

DAY 47
suit

su(=follow) + **it**(어미) → …을 따르다 →
- …에 따라 맞추다
  - **…에 어울리다; 적합하다, 편리하다**
  - (어울리는) **한 벌, 정장**
- (절차를 따라) 소송하다 → **소송**

DAY 47
observe

ob(=to) + **serve**(=watch)
→ …에 주의를 기울이다 →
- **관찰하다** → **알아채다** → **알게 된 것을 말하다**
- (법에) 주의하다 → **준수하다**

DAY 47
settle

고대 영어 setlan(=to seat, place)
→ 움직이지 않게 놓다, 앉히다 →
- (문제 등을) 안정되게 앉히다 → **해결하다, 끝내다**
- (거처를) 움직이지 않게 놓다 → **정착하다; 정착시키다**
- (마음 등을) 움직이지 않게 놓다 → **진정시키다; 진정하다**

DAY 48
associate
as(=ad:to) + **soci**(=companion) + **ate**(동접)
→ …의 동료가 되다; **동료, 친구** → **…와 교제하다**
→ …와 관계 짓다 → **연관시키다, 연상하다**

DAY 50
state
state(=standing)
→ (…의 상태로) 서 있는 것 → **상태, 상황** →
- 통치 상태에 있는 것 → **국가, 주**
- 상태를 말하다 → **진술하다**

DAY 52
stress
라틴어 strictus(=draw tight 꽉 당겨진)에서 온 말 →
- (신경이) 꽉 당겨짐 → **긴장, 스트레스**
- (힘을 주어) 꽉 당김 → **압력, 힘**
- 꽉 당겨서 **강조하다** → **(발음) 강세(를 두다)**

※distress(고뇌, 고통)의 축약형으로 보기도 함

DAY 52
assume
as(=ad:to) + **sume**(=take)
→ 어떤 방향으로 …을 취하다 →
- (생각을) 취하다 → **가정하다, 추측하다**
- (일을) 취하다 → **맡다**
- (태도를) 취하다 → **가장하다**

DAY 53
content
con(=com:together) + **tent**(=tain:hold) →
- 함께 포함된 것 → **내용, 함유(량)**
- (머릿속에) 포함된 것 → **아이디어, 주제**
- (마음·기대를) 채우다 → **만족시키다; 만족한**

DAY 54
attend
at(=ad:to) + **tend**(=stretch)
→ … 쪽으로 뻗다 →
- (발길을) 향하다 → **출석하다**
- (손길을) 뻗다 → **돌보다, 간호하다, 수행하다**
- (마음을) 향하다 → 관심을 갖다 → **다루다, 처리하다; 주의를 기울이다**

DAY 54
term
라틴어 terminus(=limit)에서 유래
→ 끝, 한계 →
- 시간적 한계 → **기간, 학기, 임기**
- 약정의 한계 → **조건** → 일정한 조건의 지속 → **관계**
- 의미의 한정 → **용어; (…라고) 이름 짓다, 칭하다**

DAY 56
treat
라틴어 tractare(끌다; 다루다)에서 유래 →
- (일·상황 등을) **다루다**
- (병·상처 등을) 다루다 → **치료하다**
- (손님을) 다루다 → **대접하다**

DAY 57
abuse
ab(=away) + **use**(사용하다)
→ 올바른 사용[처우]에서 멀어지다 →
- 잘못 대우하다 → **학대(하다)**
- 잘못 사용하다 → **남용(하다), 오용(하다)**

DAY 59
view
라틴어 videre(=see)에서 유래 →
- 보이는 것 → **시야** → **전망, 장면** → **보다**
- 보는 관점 → **견해** → **…라고 생각하다**

혼동하기 쉬운
중요 어휘

✦ 접사에 따라 뜻이 달라지는 혼동 어휘 1 ✦

considerable

형 상당한, 많은

He earned a **considerable** amount of money.

그는 상당한 양의 돈을 벌었다.

considerate

형 사려 깊은, 배려하는

A **considerate** boss worries about his workers' health.

사려 깊은 상사는 부하 직원들의 건강을 걱정한다.

successful

형 성공적인, 출세한(※success 명 성공, 출세)

Her new movie has been very **successful**.

그녀의 새 영화는 매우 성공적이었다.

successive

형 연속[계속]적인(※succession 명 1 연속 2 계승)

He hit three **successive** home runs in one game.

그는 한 경기에서 세 개 연속 홈런을 쳤다.

competitive

형 1 경쟁력을 갖춘 2 경쟁의, 경쟁적인

Entrance examinations are highly **competitive**.

입학 시험은 경쟁이 치열하다.

competent

형 유능한, 역량 있는

She is a **competent** manager.

그녀는 유능한 관리자이다.

economic

형 경제(학)의

The **economic** crisis affected many countries.

경제 위기는 여러 국가에 영향을 미쳤다.

economical

형 절약이 되는, 경제적인

More **economical** decisions are needed to reduce the budget.

예산을 줄이기 위해 더 경제적인 결정들이 필요하다.

imaginary

형 상상 속에 존재하는, 가상의

All the characters in this book are **imaginary**.

이 책의 모든 등장인물은 가상의 인물이다.

imaginative

형 상상력이 풍부한, 창의적인

He is an **imaginative** poet.

그는 상상력이 풍부한 시인이다.

imaginable

형 상상할 수 있는

She has used every color **imaginable**.

그녀는 상상할 수 있는 모든 색상을 사용했다.

comparative

형 비교의, 비교적인, 상대적인

I used a **comparative** method for the research.

나는 그 조사에 비교 연구법을 사용했다.

comparable

형 1 비교될 만한, 비슷한 2 …에 필적하는, 비길 만한

New York's weather is **comparable** to that of Incheon.

뉴욕 날씨는 인천의 날씨와 비슷하다.

---

effective

형 효과적인

Email is an **effective** method of communication.

이메일은 효과적인 의사소통 수단이다.

efficient

형 능률적인, 효율적인

This system is more **efficient** than the previous one.

이 시스템이 기존의 것보다 더 효율적이다.

---

historic

형 역사적으로 중요한

There are many **historic** places to visit in Rome.

로마에는 방문할 만한 역사적 명소들이 많이 있다.

historical

형 역사의, 역사상의

This play is based on **historical** facts.

이 연극은 역사적 사실을 토대로 하고 있다.

---

continuous

형 끊임없는, 계속적인

There was a **continuous** flow of traffic on the road.

도로 위에 차량이 끊임없이 이어졌다.

continual

형 반복[거듭]되는, 끊임없는

Their **continual** arguing really makes me upset.

그들의 거듭되는 싸움은 정말 나를 화나게 한다.

---

respectful

형 존경[존중]하는, 공손한

You should be more **respectful** of your colleagues.

당신은 동료들을 좀 더 존중해야 한다.

respectable

형 존경할 만한, 훌륭한

Medicine is a **respectable** profession.

의술을 베푸는 일은 존경할 만한 직업이다.

respective

형 각각의, 저마다의

They all went off to their **respective** rooms.

그들 모두는 각자 자기 방으로 돌아갔다.

✦ 접사에 따라 뜻이 달라지는 혼동 어휘 2 ✦

comprehensible
형 이해할 수 있는
The speech was not **comprehensible** to ordinary people.
그 연설은 보통 사람들은 이해할 수 없었다.

comprehensive
형 포괄적인, 광범위한
We are taking a **comprehensive** approach to the matter.
우리는 그 문제에 포괄적으로 접근하고 있는 중이다.

confident
형 1 확신하고 있는 2 자신만만한
I'm **confident** of success.
난 성공을 확신한다.

confidential
형 (일급) 비밀의, 기밀의
The information was kept **confidential**.
그 정보는 철저히 비밀에 부쳐졌다.

desirable
형 바람직한
Cutting quality to gain quantity is not **desirable**.
양을 얻기 위해 질을 줄이는 것은 바람직하지 않다.

desirous
형 원하는, 바라는
Most world leaders are **desirous** of peace.
대부분의 세계적 지도자들은 평화를 열망한다.

beneficial
형 유익한, 유리한
The agreement will be **beneficial** to both parties.
그 계약은 양측 모두에게 이익이 될 것이다.

beneficent
형 인정 많은, 선을 베푸는
The **beneficent** woman helped the poor.
그 인정 많은 여자는 가난한 사람들을 도왔다.

literary
형 문학의, 문예의
I joined a **literary** club because I enjoy writing.
나는 글쓰기를 좋아해서 문예반에 들었다.

literal
형 글자 그대로의
I took what he said in a **literal** sense.
나는 그가 한 말을 글자 그대로 받아들였다.

literate
형 읽고 쓸 줄 아는
Though nearly 15, she was barely **literate**.
그녀는 거의 15살이 다 되었는데 간신히 글을 뗐다.

sensitive

형 1 섬세한 2 민감한, 예민한

Are you **sensitive** to changes in fashion trends?

패션 유행 변화에 민감한 편이에요?

sensible

형 분별[지각] 있는, 현명한

He is **sensible** enough to correct his own mistakes.

그는 자신의 실수를 바로잡을 만큼 충분히 현명하다.

---

social

형 1 사회의, 사회적인 2 사교상의, 친목의

They try to preserve **social** stability.

그들은 사회적 안정을 유지하기 위해 노력한다.

sociable

형 사교적인, 붙임성 있는

She is a fairly talkative and **sociable** person.

그녀는 말하기를 꽤 좋아하고 사교적인 사람이다.

---

memorable

형 기억[주목]할 만한

I've had **memorable** experiences while traveling.

나는 여행하는 동안 기억에 남을 만한 경험들을 했다.

memorial

명 기념물, 기념관[비] 형 기념[추도]의

Where is the Independence **Memorial** Hall located?

독립기념관이 어디에 있습니까?

---

practicable

형 실행 가능한

I used all **practicable** means to solve the problem.

나는 문제 해결을 위해 실행 가능한 모든 수단을 동원했다.

practical

형 1 실제적인 2 실용적인

This cell phone is very expensive but not **practical** at all.

이 휴대폰은 매우 비싼데도 전혀 실용적이지 않다.

---

intelligent

형 (사람·동물의 머리가) 영리한, 총명한

Dolphins are as **intelligent** as chimpanzees.

돌고래는 침팬지만큼 똑똑하다.

intellectual

형 지적인, 지성의 (사람이 교육·지적훈련 등을 통해서 지식을 갖춘)

She is not only humorous but also **intellectual**.

그 여자는 유머러스할 뿐만 아니라 지적이기까지 해.

intelligible

형 이해할 수 있는, 명료한

Do you find his handwriting **intelligible**?

그의 글씨를 알아볼 수 있어요?

personal

형 개인적인, 사적인

Can I ask you something **personal**?

개인적인 질문 하나 해도 될까요?

personnel

형 인사의, 직원의 명 (조직의) 전 직원

She now works in the **personnel** department.

그녀는 지금 인사부에서 일한다.

---

alive

형 (명사 앞에 쓰지 않음) 살아 있는

While you're **alive**, never stop learning how to live.

살아 있는 한, 사는 법을 끊임없이 배워라.

live

형 (명사 앞에 쓰여) 1 살아 있는 2 생방송의, 실황 공연의

The club has **live** music every weekend.

그 클럽은 매 주말 라이브 음악을 연주한다.

lively

형 활기찬, 생기 있는

She is always quite **lively**.

그녀는 항상 매우 활기차다.

---

valuable

형 가치 있는, 소중한

She gained **valuable** experience on her camping trip.

그녀는 캠핑 여행에서 값진 경험을 했다.

invaluable

형 (가치를 매길 수 없을 정도로) 귀중한

Real-life experience is as **invaluable** as a college education.

실전 경험은 대학 교육만큼 귀중하다.

---

subject

형 1 …에 영향받기 쉬운
2 …의 지배를 받는

명 1 주제
2 과목

All imported goods are **subject** to taxes.

모든 수입품은 과세 적용을 받는다.

The **subject** of the meeting will be which **subjects** we should teach in our classes.

회의의 주제는 우리가 수업에서 어느 과목을 가르쳐야 하는가일 것이다.

subjective

형 주관적인

That is a **subjective** point of view.

그것은 주관적인 관점이다.

alternate

형 1 번갈아 하는 2 격일의, 격주의, 하나 거르는 3 대안의

We work on **alternate** days.
우리는 격일제로 근무한다.

alternative

형 대안의, 대체할 수 있는 명 대안

If this plan fails, we will need to find an **alternative** solution.
이 계획이 실패하면, 우리는 다른[대안의] 해결책을 찾아야 할 것이다.

cloth

명 옷감, 천

She covered the table with a **cloth**.
그 여자는 탁자를 천으로 덮었다.

clothes

명 옷, 의복

The most comfortable **clothes** for traveling are casual **clothes**.
여행할 때 가장 편한 옷은 캐주얼 복장이다.

clothing

명 《집합적》 옷, 의류 (clothes보다 격식적인 말로 몸에 걸치는 것 전부를 일컬음)

Construction workers should wear protective **clothing**.
공사 현장 노동자들은 보호 의복을 착용해야 한다.

wake
- woke - woken

동 잠에서 깨다; 깨우다

You should **wake** him up by shaking him.
그를 흔들어 깨워야 돼.

awake
- awoke - awoken

형 깨어 있는 동 《격식체》 잠에서 깨다; 깨우다

Trying to stay **awake**, she splashed cold water on her face.
깨어 있기 위해 그녀는 얼굴에 찬물을 끼얹었다.

object

명 1 물체, 사물 2 목표 3 대상
동 반대하다

She was surprised by the large **object** in the room.
그녀는 방 안에 있는 큰 물체에 놀랐다.

Why do you **object** to his plan?
왜 그의 계획에 반대하세요?

objective

명 목표, 목적
형 객관적인

Money is not the **objective**, just the means.
돈은 수단일 뿐이지 목적은 아니다.

We should take an **objective** view of the problem.
우리는 그 문제를 객관적으로 봐야 한다.

✦ -ly, -s가 붙어 뜻이 달라지는 혼동 어휘 ✦

high
형 높은 부 높게
She bought an apartment with **high** ceilings.
그녀는 천장이 높은 아파트를 구입했다.

highly
부 매우
He is a **highly** talented dancer.
그는 매우 뛰어난 댄서예요[그는 춤을 매우 잘 춰요].

close
형 1 (거리상) 가까운 2 친밀한 부 가까이 동 닫다
We live **close** to City Hall.
우리는 시청 가까이에 산다.

closely
부 1 밀접하게 2 엄중히, 면밀히
Let's look at this matter **closely**.
이 문제를 면밀히 살펴보자.

deep
형 (거리상) 깊은 부 (거리상) 깊게, 깊이
How **deep** is the water here?
이곳 수심이 얼마나 됩니까?

deeply
부 1 매우 2 (정도가) 깊게, 깊이
The movie was **deeply** moving.
그 영화는 매우 감동적이었다.

near
형 가까운 부 가까이
They are over there **near** the subway station.
그들은 저기 지하철역 가까이에 있다.

nearly
부 1 거의 2 하마터면
Our research is **nearly** complete.
우리의 연구가 거의 끝나간다.

hard
형 1 단단한 2 어려운 부 열심히
This sentence is **hard** to understand.
이 문장은 이해하기 어려워요.

hardly
부 거의 … 않다
I can **hardly** hear you. Please speak louder.
당신의 말이 거의 들리지 않아요. 더 크게 말씀해주세요.

late
형 늦은 부 늦게
He always comes **late**.
그는 매번 늦게 온다.

lately
부 최근에, 요즘
It has been raining a lot **lately**.
최근에 비가 많이 내린다.

bad

형 **나쁜, 좋지 않은**

He was in a **bad** mood because he had such a **bad** day at work.

그는 직장에서 안 좋은 하루를 보내서 기분이 나빴다.

badly

부 1 **나쁘게, 서투르게** 2 **몹시, 심하게**

Is he hurt **badly**?

그 사람 심하게 다쳤나요?

manner

명 1 **방법, 방식** 2 **태도**

I like the professor's **manner** of lecturing.

나는 그 교수의 강의 방법을 좋아한다.

manners

명 **예절, 예의범절**

Ria has good **manners**. She's always polite.

Ria는 예의가 바르다. 그녀는 항상 공손하다.

arm

명 **팔**

The couple were walking **arm** in **arm**.

그 커플은 팔짱을 끼고 걸어가고 있었다.

arms

명 **무기**

The organization declared a total ban on nuclear **arms**.

그 단체는 핵무기 전면 금지를 선언했다.

mean
- meant - meant

동 1 **의미하다** 2 **의도하다** 형 **비열한**

Do you **mean** to say you think he is **mean**?

그가 비열하다고 생각한다고 말하려 한 거야?

means

명 **수단**

Language is a **means** of communication.

언어는 의사소통 수단이다.

beside

전 **… 옆에**

He sat down **beside** her.

그는 그녀 옆에 앉았다.

besides

전 1 **… 이외에도** 2 **…을 제외하고** 부 **게다가**

Besides, no one found the mistakes **besides** me.

게다가, 나 이외에는 아무도 그 실수들을 발견하지 못했다.

sometime

부 **(과거 또는 미래의) 언젠가**

I hope to see you again **sometime**.

언젠가 다시 만나기를 바랍니다.

sometimes

부 **이따금, 종종**

You have to know how to be patient **sometimes**.

때론 참을 줄도 알아야 한다.

✦ 철자가 비슷한 혼동 어휘 1 ✦

adapt

동 1 적응시키다; 적응하다 2 각색하다

It takes time to **adapt** to new circumstances.

새로운 환경에 적응하는 데에는 시간이 걸리는 법이다.

adopt

동 1 입양하다 2 채택하다

The couple made a decision to **adopt** a boy.

그 부부는 양자를 들이기로 결정했다.

The proposal was **adopted** by a vote of 109 to 68.

그 결의안은 (찬성) 109표 대 (반대) 68표로 채택되었다.

expand

동 커지다, 확장하다

We plan to **expand** our overseas operations.

우리는 해외 사업을 확장할 계획이다.

expend

동 (돈·시간·노력 등을) 쓰다, 들이다

Don't **expend** too much energy on the preparations.

준비에 너무 많은 에너지를 쏟지 마.

confirm

동 1 (예약·약속 등을) 확인하다, 확정하다 2 (사실을) 확인해주다

I'd like to **confirm** my reservation.

제 예약을 확인하고 싶습니다.

conform

동 순응하다, 따르다

People have to **conform** to the principles of society.

사람들은 사회의 원칙에 순응해야 한다.

command

명 동 1 명령(하다) 2 지휘(하다)

An officer **commanded** the troops to attack.

한 장교가 군인들에게 공격 명령을 내렸다.

commend

동 칭찬하다

You really deserve to be **commended**.

당신은 정말 칭찬받을 만해요.

acquire

동 1 획득하다 2 (지식·기술 등을) 얻다, 습득하다

Children **acquire** foreign languages rapidly.

아이들은 외국어를 빨리 습득한다.

inquire

동 1 묻다 2 조사하다

I'd like to **inquire** about room rates.

숙박료에 대해 문의하고 싶습니다.

require

동 1 필요로 하다 2 (법·규칙 등이) 요구하다

What documents are **required** for admission?

입학에 필요한 서류가 무엇입니까?

lie

동 1 《자동사》 눕다, 있다 (- lay - lain) 2 거짓말하다 (- lied - lied)

Lie on your back, please.
바로 누워보세요.

Don't **lie** to me.
내게 거짓말하지 마.

lay
- laid - laid

동 《타동사》 …을 눕히다, …을 놓다

The mother **laid** her baby on the bed.
엄마는 그녀의 아기를 침대에 눕혔다.

---

wonder

동 …이 궁금하다 명 놀라움, 경이

I **wonder** why she was late.
그녀가 왜 늦었는지 궁금하다.

wander

동 방랑하다, (떠)돌아다니다

I exhausted myself just **wandering** around all day.
하루 종일 돌아다녔더니 피곤하네요.

---

access

명 접근(성), 이용(성) 동 접근하다

Can I **access** the internet inside the aircraft?
기내에서 인터넷에 접속할 수 있나요?

assess

동 1 평가하다 2 (가치·요금 등을) 매기다, 사정하다

How do you **assess** your strengths and weaknesses?
당신의 장점과 단점을 어떻게 평가하나요?

---

compliment

명 동 칭찬(하다)

He **complimented** his rival for winning the match.
그는 그의 경쟁 상대에게 시합에서 승리한 것에 대해 찬사를 보냈다.

complement

명 보충물 동 보완하다, 보충하다

They **complement** each other's weaknesses.
그들은 서로의 약점을 보완한다.

---

attribute

동 …의 탓[덕]으로 돌리다 명 성질, 특성

The accident was **attributed** to faulty repair work.
그 사고는 정비 불량 때문이었다.

contribute

동 1 기부[기증]하다 2 …에 기여하다

He **contributed** to the economic development of the region.
그는 그 지역의 경제 발전에 기여했다.

distribute

동 분배하다, 배급하다

New uniforms were **distributed** to every team member.
각 선수에게 새 유니폼이 지급되었다.

✦ 철자가 비슷한 혼동 어휘 2 ✦

find
- found - found

동 찾다, 발견하다
She **found** the wallet she had lost under her bed.
그녀는 잃어버렸던 지갑을 침대 아래에서 찾았다.

found
- founded - founded

동 설립하다
The school was **founded** in 1954.
그 학교는 1954년에 설립되었다.

---

sit
- sat - sat

동 (자동사) 앉다; (타동사) 앉히다
There is nowhere to **sit**.
앉을 자리가 없다.

seat

동 (타동사) 앉히다 명 좌석, 자리
Please be **seated**.
앉아주세요.

---

aboard

부 (배·기내·기차 등에) 탑승[승선]하여
전 (배·열차·항공기 등의) 안에서[으로]
He was already **aboard** the ship.
그는 이미 배에 타고 있었다.

abroad

부 외국에, 해외로
I'd like to study **abroad**.
해외에서 공부하고 싶어요.

---

vacation

명 방학
When does your **vacation** start?
방학이 언제 시작되나요?

vocation

명 1 천직, 직업
2 소명, 사명감
He's lucky to have found his true **vocation**.
그가 천직을 찾은 건 행운이다.

---

fall
- fell - fallen

동 (자동사) 1 떨어지다 2 넘어지다
3 (특정한 상태가) 되다
He **fell** unconscious after **falling** down the stairs.
그는 계단에서 굴러 떨어져 의식을 잃었다.

fell
- felled - felled

동 (타동사) 1 …을 쓰러뜨리다
2 나무를 베다
Many trees were **felled** by the storm.
폭풍으로 인해 많은 나무가 쓰러졌다.

ethical

형 윤리적인, 도덕상의

The research raises some difficult **ethical** questions.

그 연구는 몇몇 어려운 윤리적인 의문들을 불러 일으킨다.

ethnic

형 인종의, 민족의

They value **ethnic** and cultural diversity.

그들은 인종과 문화의 다양성을 중요시한다.

---

bold

형 대담한, 용감한

Sometimes, politicians have to make **bold** decisions.

때때로 정치인들은 과감한 결정을 내려야 한다.

bald

형 대머리의

He is going **bald**.

그는 점점 대머리가 되어가고 있어.

---

jealous

형 질투하는

They are **jealous** of each other.

그들은 서로 질투한다.

zealous

형 열심인, 열성적인

He is a **zealous** worker.

그는 열성적인 직원이야.

---

spontaneously

부 1 자발적으로
2 즉흥적으로

Do you act **spontaneously** or do you make plans?

즉흥적으로 행동합니까 아니면 계획을 세웁니까?

simultaneously

부 동시에, 일제히

That movie opened **simultaneously** all over the world.

그 영화는 전 세계에서 동시에 개봉했다.

---

affect

동 1 영향을 미치다
2 …인 체하다

What a person wears **affects** his or her attitude.

의복은 사람의 태도에 영향을 미친다.

effect

명 1 효과, 영향
2 결과

The medicine had an immediate **effect**.

그 약은 즉각적인 효과가 있었다.

✦ 철자가 비슷한 혼동 어휘 3 ✦

quite

부 아주, 완전히

His behavior was **quite** unusual.

그의 행동이 상당히 특이했다.

quiet

형 조용한, 고요한

Why are you so **quiet** all of a sudden?

왜 갑자기 조용해졌어?

quit
- quit - quit

동 그만두다, 중지하다

I've decided to **quit** this job.

나는 이 일을 그만두기로 결심했다.

principal

형 주요한, 으뜸가는 명 교장

What is the **principal** job of your assistant?

당신의 조수[보조자]의 주된 업무는 무엇입니까?

principle

명 원리, 원칙

I agree with you in **principle**.

원칙적으로는 당신에게 동의합니다.

lose
- lost - lost

동 잃다

I've **lost** my appetite.

나는 식욕을 잃었다.

loose

형 느슨한, 풀린

My belt was **loose**, so I tightened it.

허리띠가 느슨해서 꽉 조여 맸다.

genuine

형 1 진짜의 2 진실된

It's hard to tell whether her apology was **genuine** or not.

그녀의 사과가 진심인지 아닌지 구별하기 어려웠다.

genius

명 천재(적 재능)

Many of her peers thought she was a **genius**.

그녀의 많은 동료가 그녀는 천재라고 생각했다.

sew
- sewed - sewed[sewn]

동 꿰매다, 바느질하다

I **sewed** a button onto my shirt.

나는 셔츠에 단추를 꿰매서 달았다.

sow
- sowed - sown[sowed]

동 씨를 뿌리다

We **sowed** the seeds in the early spring.

우리는 이른 봄에 씨를 뿌렸다.

saw

명 톱

She cut it with a **saw**.

그녀는 그것을 톱으로 잘랐다.

daily

형 1 매일의 2 일상의

What's your **daily** routine?

하루 일과가 어떻게 됩니까?

dairy

형 우유의, 유제품의

Dairy products are good sources of calcium and protein.

유제품은 칼슘과 단백질의 좋은 공급원이다.

diary

명 일기

I keep a **diary** every day.

나는 매일 일기를 쓴다.

---

elect

동 선거하다, 선출하다

Korean voters **elect** their president every five years.

한국의 유권자들은 5년에 한 번 대통령을 선출한다.

erect

형 똑바로 선 동 (똑바로) 세우다, (건물 등을) 짓다

He kept his upper body **erect**.

그는 상체를 똑바로 세웠다.

---

conscience

명 양심, 도덕심

I will leave it to your **conscience**.

당신의 양심에 맡기겠습니다.

conscious

형 1 …을 의식하고 있는 2 의식이 있는, 깨어 있는 3 의식적인

He made a **conscious** effort to help the poor.

그는 가난한 사람들을 돕기 위해 의식적인 노력을 했다.

---

conscientious

형 양심적인, 성실한

You're really a **conscientious** citizen.

당신 정말 양심적인 시민이시군요.

consciousness

명 1 [의학] 의식 2 알고 있음, 인식

I hope she'll soon recover **consciousness**.

나는 그녀가 곧 의식을 회복하길 바란다.

---

row

명 줄, 열 동 배를 젓다

Can I sit in the middle **row**?

가운데 줄에 앉아도 될까요?

We **rowed** against the current.

우리는 물결을 거슬러 배를 저었다.

raw

형 1 날것의 2 가공하지 않은

Do you like to eat **raw** fish?

생선회를 먹는 것을 좋아하니?

Where do they purchase **raw** materials?

그들은 원자재를 어디서 구매합니까?

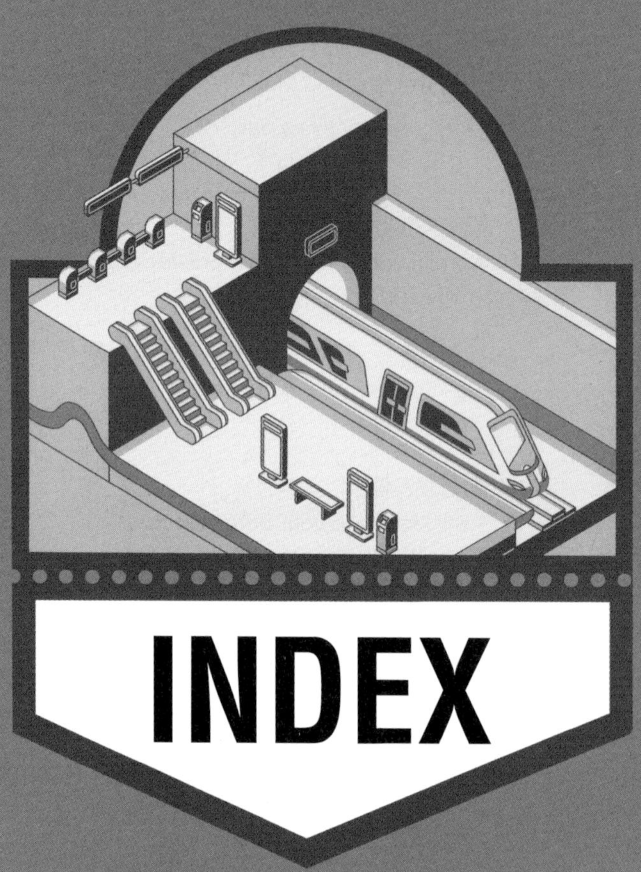
INDEX

a

INDEX

b

C

d

e

INDEX

f

g

h

i

n

q

r

INDEX

INDEX

u

V

W

Y

Z

✦ MEMO ✦

✦ MEMO ✦

지은이

NE능률 영어교육연구소

NE능률 영어교육연구소는 혁신적이며 효율적인 영어 교재를 개발하고 영어 학습의 질을 한 단계 높이고자 노력하는 NE능률의 연구조직입니다.

능률VOCA 〈어원편〉

펴 낸 이 주민홍
펴 낸 곳 서울특별시 마포구 월드컵북로 396(상암동) 누리꿈스퀘어 비즈니스타워 10층
㈜NE능률 (우편번호 03925)
펴 낸 날 2021년 8월 5일 개정판 제1쇄 발행
2023년 10월 15일 제10쇄
전 화 02 2014 7114
팩 스 02 3142 0356
홈페이지 www.neungyule.com
등록번호 제1-68호
I S B N 979-11-253-3629-7 53740
정 가 15,000원

NE 능률

고객센터

교재 내용 문의 : contact.nebooks.co.kr (별도의 가입 절차 없이 작성 가능)
제품 구매, 교환, 불량, 반품 문의 : 02-2014-7114
☎ 전화문의는 본사 업무시간 중에만 가능합니다.

점선을 오려 단어 가리개로 활용하세요.

능률VOCA 어원편

뜻+어원 가리개

• 어원 풀이까지 가릴 수 있어요.
• 표제어만 보며 뜻을 외워봅시다.

능률VOCA 어원편

뜻 가리개

• 오른쪽을 가리고, 뜻을 올바르게 외웠는지 점검하세요.
• 잘 생각나지 않으면, 표제어 아래 어원 풀이를 참고하세요.

적어도 3번은 반복 암기하세요!

표제어 왼쪽의 동그라미 3개로 반복 학습을 체크할 수 있어요.

방법 1)
암기할 때마다 동그라미에 ✔ 표시하기
▶ 몇 번을 외웠는지 쉽게 확인할 수 있어요.

방법 2)
① 뜻을 확실히 외운 단어는 ○ 표시하기
② 알쏭달쏭한 단어는 △ 표시하기
③ 생각이 잘 안나는 단어는 ☆ 표시하기
▶ 반복학습 할 때마다 표시하면, 중점적으로 외워야 할 단어를 알 수 있어요. 더불어, 모두 ○이 될 때까지 외우면 더 좋겠죠?!

능률VOCA 어원편

뜻+어원 가리개

• 어원 풀이까지 가릴 수 있어요.
• 표제어만 보며 뜻을 외워봅시다.

능률VOCA 어원편

뜻 가리개

- 오른쪽을 가리고, 뜻을 올바르게 외웠는지 점검하세요.
- 잘 생각나지 않으면, 표제어 아래 어원 풀이를 참고하세요.

적어도 3번은 반복 암기하세요!

표제어 왼쪽의 동그라미 3개로 반복 학습을 체크할 수 있어요.

방법 1)

암기할 때마다 동그라미에 ✓ 표시하기

▸ 몇 번을 외웠는지 쉽게 확인할 수 있어요.

방법 2)

① 뜻을 확실히 외운 단어는 ○ 표시하기

② 알쏭달쏭한 단어는 △ 표시하기

③ 생각이 잘 안나는 단어는 ☆ 표시하기

▸ 반복학습 할 때마다 표시하면, 중점적으로 외워야 할 단어를 알 수 있어요. 더불어, 모두 ○이 될 때까지 외우면 더 좋겠죠?!

능률VOCA 어원편

뜻+어원 가리개

- 어원 풀이까지 가릴 수 있어요.
- 표제어만 보며 뜻을 외워봅시다.

뒷면

점선을 오려 단어 가리개로 활용하세요.

능률VOCA 어원편

뜻+어원 가리개

- 어원 풀이까지 가릴 수 있어요.
- 표제어만 보며 뜻을 외워봅시다.

뒷면

NE능률 교재 MAP

아래 교재 MAP을 참고하여 본인의 현재 혹은 목표 수준에 따라 교재를 선택하세요.

NE능률 교재들과 함께 영어실력을 쑥쑥~ 올려보세요!

MP3 파일 등 교재 부가 학습 서비스 및 자세한 교재 정보는 www.nebooks.co.kr 에서 확인하세요.

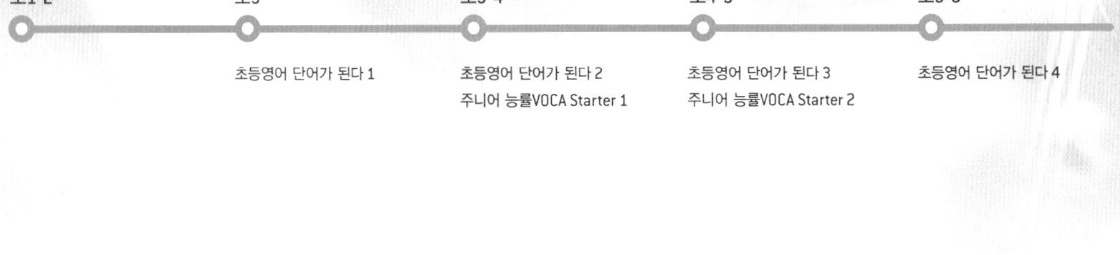

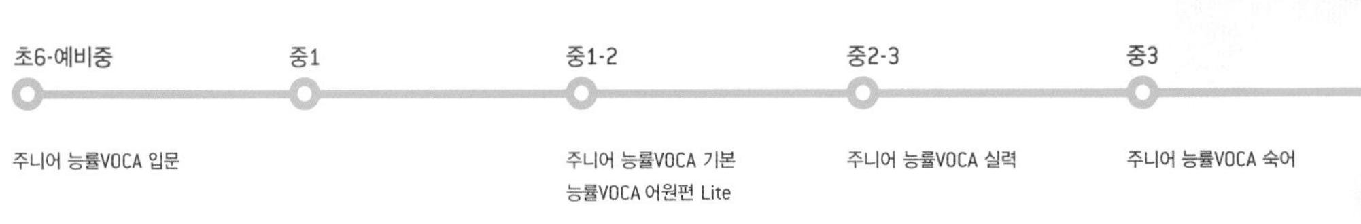

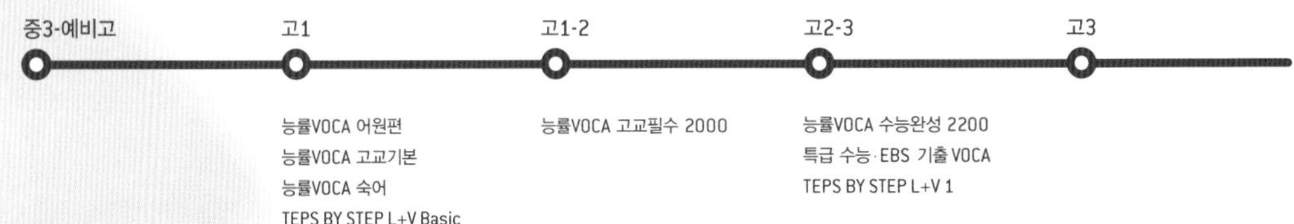

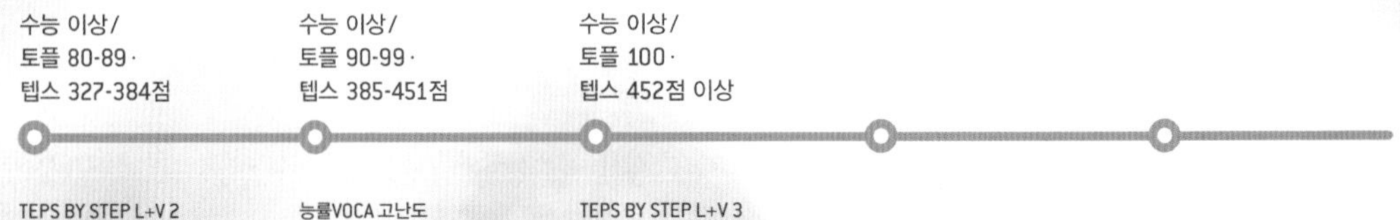

NE 능률

어원으로 쉽게 외우는 **고등 어휘의 시작**

능률 VOCA

어원편

워크북

NE능률 영어교육연구소 지음

NE 능률

워크북

DAILY TEST DAY 01

정답 p.79

[1-20] 영어를 우리말로, 우리말을 영어로 바꾸세요.

1 progress ______________
2 produce ______________
3 purchase ______________
4 precaution ______________
5 preview ______________
6 forefather ______________
7 foresee ______________
8 postwar ______________
9 intake ______________
10 investment ______________
11 제안[제시]하다; 청혼하다 ______________
12 보호하다, 막다, 지키다 ______________
13 예언하다, 예측[예상]하다 ______________
14 시기상조의; 너무 이른 ______________
15 이마 ______________
16 가장 중요한; 선두의 ______________
17 연기하다, 뒤로 미루다 ______________
18 수입, 소득 ______________
19 통찰력 ______________
20 감염; 오염 ______________

[21-22] 다음 밑줄 친 부분과 뜻이 가장 가까운 것을 고르세요.

21 Experts <u>predict</u> that unemployment will rise next year.

① present ② alter ③ forecast ④ overcome ⑤ dictate

22 It is certain that my <u>forefathers</u> were Italian.

① professors ② originals ③ neighbors ④ ancestors ⑤ descendants

[23-24] 다음 밑줄 친 부분의 반대말로 가장 알맞은 것을 고르세요.

23 Americans <u>produce</u> more hamburgers than anyone else.

① separate ② consume ③ create ④ invent ⑤ develop

24 Our knowledge of DNA has <u>progressed</u> considerably.

① regressed ② appeared ③ adapted ④ advanced ⑤ opposed

[25-28] 다음 빈칸에 들어갈 가장 알맞은 것을 고르세요.

① precaution ② foresee ③ postpone ④ premature ⑤ income

25 The analysis enabled us to ______________ changes in the market.

26 The movie festival was ______________(e)d because of heavy rain.

27 Insuring your car is a(n) ______________ against future damage.

28 We found some information on ______________ babies.

DAILY TEST DAY 02

정답 p.79

[1-20] 영어를 우리말로, 우리말을 영어로 바꾸세요.

1	outstanding	________	11	개요[윤곽](를 서술하다[보여주다])	________
2	outcome	________	12	전망, 예측; 견해, 사고방식; 경치	________
3	outlet	________	13	겹치다; 겹침, 중복	________
4	utter	________	14	최대의, 극도의	________
5	overcome	________	15	간과하다; 눈감아 주다	________
6	overseas	________	16	머리 위에, (하늘) 높이	________
7	overwhelm	________	17	능가하다; 따라잡다; 덮치다	________
8	mislead	________	18	버릇 없이 굴다	________
9	extracurricular	________	19	이상한; 비범한, 대단한	________
10	extrovert	________	20	지구 밖의, 외계의; 외계인	________

[21-23] 다음 밑줄 친 부분과 뜻이 가장 가까운 것을 고르세요.

21 They are anxious about the <u>outcome</u> of the negotiations.

① prospect ② income ③ result ④ function ⑤ process

22 She <u>overcame</u> a left knee injury throughout the remainder of the season.

① got over ② observed ③ admired ④ detected ⑤ investigated

23 This mountain is famous for its <u>outstanding</u> scenery.

① forgettable ② meaningful ③ pleasant ④ ordinary ⑤ prominent

24 다음 밑줄 친 부분의 반대말로 가장 알맞은 것을 고르세요.

The actor has an <u>extraordinary</u> talent for acting, dancing, and singing.

① common ② graceful ③ exceptional ④ efficient ⑤ well-known

[25-28] 다음 빈칸에 들어갈 가장 알맞은 것을 고르세요.

① overseas ② misbehave ③ overtake ④ overlook ⑤ overwhelm

25 We were ____________(e)d by the sheer size of the crowd.

26 She caught a mistake everyone else ____________(e)d.

27 Jennifer tried to ____________ Amy in a race but failed.

28 What is the best way of disciplining children when they ____________?

DAILY TEST DAY 03

정답 p.79

[1-20] 영어를 우리말로, 우리말을 영어로 바꾸세요.

1	replace	______	11	대변하다, 대표하다; 나타내다	______
2	reproduce	______	12	소생[회복]시키다; 되살아나게 하다	______
3	remove	______	13	(건강 · 기능 등을) 회복하다; 되찾다	______
4	remain	______	14	재활용하다, 재생하다	______
5	international	______	15	통역하다; 이해하다; 연주[연기]하다	______
6	interaction	______	16	간섭하다; 방해하다	______
7	dialogue	______	17	방언, 사투리	______
8	diameter	______	18	번역하다; …로 여기다, 해석하다	______
9	transform	______	19	이동시키다; 갈아타다; 전송하다	______
10	transplant	______	20	은퇴[퇴직]하다	______

[21-22] 다음 밑줄 친 부분과 뜻이 가장 가까운 것을 고르세요.

21 Could you <u>remove</u> the stain on this shirt?

① eliminate ② revive ③ produce ④ examine ⑤ drop

22 When the battery stops working, <u>replace</u> it with another one.

① organize ② use ③ support ④ recover ⑤ substitute

23 다음 밑줄 친 부분의 반대말로 가장 알맞은 것을 고르세요.

London's Heathrow Airport is the largest <u>international</u> airport in Europe.

① internal ② global ③ domestic ④ community ⑤ household

[24-27] 다음 빈칸에 들어갈 가장 알맞은 것을 고르세요.

① reproduce ② recover ③ interpret ④ represent ⑤ transfer

24 He was supposed to ______ the company at the meeting.

25 I hope my father will ______ from his heart attack soon.

26 You'll have to ______ at Chicago if you travel by plane.

27 Jane spoke enough Spanish to be able to ______ for me.

DAILY TEST DAY 04

정답 p.79

[1-22] 영어를 우리말로, 우리말을 영어로 바꾸세요.

1	depress	________	12	입증[증명]하다; 시위하다	________
2	despise	________	13	발견하다, 찾아내다	________
3	detach	________	14	떠나다, 출발하다	________
4	declare	________	15	토론(하다), 논쟁(하다); 숙고하다	________
5	undertake	________	16	(변화 등을) 겪다, 경험하다	________
6	undergraduate	________	17	노출시키다, 드러내다; 폭로하다	________
7	exchange	________	18	과장하다, 과장해서 말하다	________
8	explicit	________	19	(숨을) 내쉬다, (공기 등을) 내뿜다	________
9	expand	________	20	지치게 하다; 고갈시키다; 배기가스	________
10	explain	________	21	(그림으로) 그리다; (말로) 묘사하다	________
11	evaporation	________	22	…의 기저를 이루다, 기본이 되다	________

23 다음 밑줄 친 부분과 뜻이 가장 가까운 것을 고르세요.

They <u>detected</u> a problem in the computer program and fixed it.

① reduced ② tendered ③ decided ④ extended ⑤ discovered

[24-26] 다음 밑줄 친 부분의 반대말로 가장 알맞은 것을 고르세요.

24 The train headed for Busan will be <u>departing</u> shortly.

① leaving ② delaying ③ postponing ④ arriving ⑤ withdrawing

25 The balloon <u>expanded</u>, then exploded.

① swelled ② contracted ③ rose ④ grew ⑤ depressed

26 Although he <u>despises</u> his neighbor, he acts polite.

① respects ② pleases ③ contributes ④ trusts ⑤ encourages

[27-29] 다음 빈칸에 들어갈 가장 알맞은 것을 고르세요.

① exchange ② depress ③ expose ④ detach

27 She looked ____________(e)d after making mistakes in the job interview.

28 The players ____________(e)d their shirts with each other after the game.

29 The residents were ____________(e)d to a high level of radiation.

DAILY TEST

DAY 05

정답 p.79

[1-20] 영어를 우리말로, 우리말을 영어로 바꾸세요.

1 unfair ______________

2 unlock ______________

3 unusual ______________

4 disagree ______________

5 disorder ______________

6 dismiss ______________

7 differ ______________

8 irrelevant ______________

9 immoral ______________

10 illegal ______________

11 불안한, 걱정스러운; 편치 않은 ______________

12 불운한, 불행한; 유감스러운 ______________

13 (시야에서) 사라지다; 없어지다 ______________

14 그만두게 하다; 낙담[실망]시키다 ______________

15 전시(하다), 진열(하다); 보이다 ______________

16 배치하다; 처분하다; 처리하다 ______________

17 피할 수 없는, 불가피한 ______________

18 독립한, 자주의; 독립심이 강한 ______________

19 저렴한, 비싸지 않은 ______________

20 …할 것 같지 않은, 가망 없는 ______________

[21-24] 다음 밑줄 친 부분과 뜻이 가장 가까운 것을 고르세요.

21 When I came home from work, everything was in <u>disorder</u>.

① demand ② chaos ③ accident ④ failure ⑤ anxiety

22 They'll <u>display</u> some of Picasso's paintings for one month.

① establish ② exhibit ③ purchase ④ gather ⑤ inspect

23 It is <u>inevitable</u> that we will all die.

① flexible ② uncertain ③ unavoidable ④ impossible ⑤ unrealistic

24 The secretary was so bad at her job that I had to <u>dismiss</u> her.

① hire ② fire ③ ignore ④ enroll ⑤ reserve

[25-28] 다음 빈칸에 들어갈 가장 알맞은 것을 고르세요.

① disappear ② discourage ③ disagree ④ dispose ⑤ difference

25 The advertisement ______________(e)s teenagers from smoking.

26 I ______________ with the final decision of the executive board.

27 It makes no ______________ to me whether the house is large or small.

28 We have to find a good way to ______________ of nuclear waste.

DAY 01 - 05

REVIEW TEST

정답 p.80

SCORE: (   ) / 40

※ D01 ~ D05 는 해당 문항의 어휘가 제시된 DAY를 나타냅니다.

[1-36] 영어를 우리말로, 우리말을 영어로 바꾸세요.

1 independent ______ D05
2 revive ______ D03
3 exaggerate ______ D04
4 infection ______ D01
5 dispose ______ D05
6 overlook ______ D02
7 postpone ______ D01
8 recover ______ D03
9 outline ______ D02
10 detect ______ D04
11 extraordinary ______ D02
12 exhaust ______ D04
13 income ______ D01
14 recycle ______ D03
15 discourage ______ D05
16 premature ______ D01
17 utmost ______ D02
18 evaporation ______ D04
19 국제적인, 국가 간의 i______ D03
20 관계가 없는, 상관없는 i______ D05
21 생산[제조]하다; 농산물 p______ D01
22 분리하다, 떼어내다 d______ D04
23 완전한, 전적인; 말하다 u______ D02
24 경멸하다, 얕보다 d______ D04
25 내재된, 고유의 i______ D01
26 묵살하다; 해고하다; 해산시키다 d______ D05
27 상호 작용[영향] i______ D03
28 압도하다; 당황하게 하다 o______ D02
29 뚜렷한, 명백한; 노골적인 e______ D04
30 해외로; 해외에 있는 o______ D02
31 부도덕한 i______ D05
32 조심, 경계; 예방책 p______ D01
33 대신하다; 교체[대체]하다 r______ D03
34 옮겨 심다; 이식(하다) t______ D03
35 결과, 성과 o______ D02
36 불법의 i______ D05

[37-38] 다음 빈칸에 들어갈 가장 알맞은 것을 [보기]에서 골라 쓰세요.

[보기] depict D04	overcome D02	unusual D05	investigate D01

37 I will ______ any difficulties I might have.

38 It is ______ for Jenny to get up very early in the morning.

[39-40] 다음 네모 안에서 문맥상 알맞은 것을 고르세요.

39 The workers were [exposed / expanded] to dangerous working conditions. D04

40 Sunglasses [predict / protect] the eyes from sunlight. D01

DAILY TEST DAY 06

정답 p.80

[1-22] 영어를 우리말로, 우리말을 영어로 바꾸세요.

1	superior	______	12	뛰어난, 멋진 ______
2	superficial	______	13	주권이 있는; 통치자 ______
3	surface	______	14	기분이 상한; (위장 등이) 탈이 난 ______
4	upright	______	15	위쪽, 윗면 ______
5	uphold	______	16	잠수함; 해저의 ______
6	antibody	______	17	(고통 등을) 겪다; (병 등을) 앓다 ______
7	suggest	______	18	전진(하다); 진보(하다) ______
8	suppress	______	19	예상[예측]하다; 기대하다 ______
9	ancient	______	20	유리한 조건[입장]; 이점 ______
10	ancestor	______	21	고대[옛날]의; 골동품 ______
11	support	______	22	항생제, 항생 물질 ______

[23-24] 다음 밑줄 친 부분과 뜻이 가장 가까운 것을 고르세요.

23 They are <u>anticipating</u> a victory in the game.

① objecting ② expecting ③ informing ④ waiting ⑤ participating

24 We are advised to <u>uphold</u> traditional values.

① change ② support ③ restore ④ resist ⑤ abandon

25 다음 밑줄 친 부분의 반대말로 가장 알맞은 것을 고르세요.

We found the <u>ancient</u> castle ruins after driving for two hours.

① luxurious ② large ③ modern ④ useless ⑤ antique

[26-28] 다음 빈칸에 들어갈 가장 알맞은 것을 고르세요.

① advantage ② suffer ③ upset ④ ancestor

26 We took ______ of the good weather to clean the house.

27 I was ______ that the players didn't get the recognition they deserved.

28 He has been in the hospital for months, ______ing from lung cancer.

DAILY TEST DAY 07

정답 p.80

[1-20] 영어를 우리말로, 우리말을 영어로 바꾸세요.

1 compose ______________
2 compromise ______________
3 confront ______________
4 condense ______________
5 company ______________
6 symphony ______________
7 complain ______________
8 multitude ______________
9 absorb ______________
10 absurd ______________
11 편집[편찬]하다; (자료를) 수집하다 ______________
12 (관습 · 법 · 규칙 등에) 순응하다 ______________
13 확인하다; (사실임을) 보여주다 ______________
14 (…에) 해당하다; 일치하다 ______________
15 붕괴(되다); 쓰러지다 ______________
16 합성한, 인조의; 종합적인 ______________
17 다수의, 다양한; 배수(의) ______________
18 구성; 작곡[문]; 작품 ______________
19 완전한, 절대적인; 확실한 ______________
20 비정상적인 ______________

21 다음 밑줄 친 부분과 뜻이 가장 가까운 것을 고르세요.

Both companies' board of directors will approve an agreement to <u>combine</u> the two.

① regret ② unite ③ conform ④ separate ⑤ propose

22 다음 밑줄 친 부분의 반대말로 가장 알맞은 것을 고르세요.

It seems <u>absurd</u> that he drove four hours for a five-minute interview.

① necessary ② sensible ③ essential ④ certain ⑤ inconsistent

23 다음 중 나머지 2개의 뜻과 <u>다르게</u> 쓰인 하나를 고르세요.

① The committee is <u>composed</u> of 12 members.
② I can't remember who <u>composed</u> the symphony.
③ To prepare for the exhibition, she will meet a group <u>composed</u> of three artists.

[24-26] 다음 빈칸에 들어갈 가장 알맞은 것을 고르세요.

① confirm ② correspond ③ condense ④ absorb

24 She was ______________(e)d in analyzing the results of the research all day.

25 I'd like to ______________ my flight reservation.

26 The whole chapter cannot be ______________(e)d into just a few pages.

DAILY TEST DAY 08

정답 p.80

[1-18] 영어를 우리말로, 우리말을 영어로 바꾸세요.

1	enable	________	10	(질 · 가치를) 향상하다	________
2	enlarge	________	11	(법률 등을) 시행하다; 강요하다	________
3	entitle	________	12	(물건 · 장소를) 둘러싸다; 동봉하다	________
4	engage	________	13	분리된; 분리하다[되다]	________
5	autograph	________	14	영구적인; 오랫동안 지속되는	________
6	segregation	________	15	완전(무결)한; 완벽하게 하다	________
7	encounter	________	16	(끈질기게) 노력하다, 인내하다	________
8	persist	________	17	설득하다; 납득시키다	________
9	select	________	18	관점, 시각, 견해; 사리분별(력)	________

19 다음 밑줄 친 부분과 뜻이 가장 가까운 것을 고르세요.

He <u>persevered</u> in overcoming his problems with his company.

① denied ② struggled ③ frustrated ④ ceased ⑤ persisted

[20-21] 다음 밑줄 친 부분의 반대말로 가장 알맞은 것을 고르세요.

20 Heavy drinking can cause <u>permanent</u> damage to the liver.

① temporary ② respectful ③ negative ④ active ⑤ slight

21 They began <u>enlarging</u> the parking lot because of city regulations.

① motivating ② seizing ③ reforming ④ diminishing ⑤ advancing

22 다음 중 나머지 2개의 뜻과 <u>다르게</u> 쓰인 하나를 고르세요.

① For your convenience, we have <u>enclosed</u> the agenda of the annual meeting.

② The hotels you can stay at are listed on the <u>enclosed</u> map.

③ The prison is <u>enclosed</u> by a high brick wall.

[23-25] 다음 빈칸에 들어갈 가장 알맞은 것을 고르세요.

① persist ② enable ③ enclose ④ enrich

23 I think literature can ________ our spirit and life.

24 The funds ________(e)d them to build one more charity hospital.

25 It is not desirable to ________ in one's own ways in every single aspect of life.

DAILY TEST DAY 09

정답 p.81

[1-22] 영어를 우리말로, 우리말을 영어로 바꾸세요.

1 accustomed ______________
2 accumulate ______________
3 adjust ______________
4 approach ______________
5 abandon ______________
6 ashamed ______________
7 arise ______________
8 aboard ______________
9 alike ______________
10 geology ______________
11 withdraw ______________
12 …와 동행하다; …에 수반하다 ______________
13 계좌; 설명(하다); 이유, 원인(이 되다) ______________
14 임명하다; (시간 · 장소를) 정하다 ______________
15 기다리다, 대기하다 ______________
16 거만한, 오만한 ______________
17 깜짝 놀라게 하다 ______________
18 (감정을) (불러) 일으키다; 깨우다 ______________
19 외국에, 해외로 ______________
20 저항하다; 견디다 ______________
21 지리학; (특정 지역의) 지리, 지세 ______________
22 기하학 ______________

[23-25] 다음 밑줄 친 부분과 뜻이 가장 가까운 것을 고르세요.

23 He has no intention of <u>abandoning</u> the renovation project.

① giving up ② breaking into ③ carrying out ④ engaging in ⑤ handing down

24 It wasn't easy for her to <u>adjust</u> to a new school.

① compose ② confuse ③ adapt ④ control ⑤ arrange

25 She was <u>appointed</u> as chairperson of the committee.

① agreed ② adopted ③ represented ④ nominated ⑤ appreciated

26 다음 밑줄 친 부분의 반대말로 가장 알맞은 것을 고르세요.

I didn't notice that he was <u>arrogant</u> and selfish until I worked with him.

① proud ② sensible ③ competent ④ humble ⑤ aggressive

[27-29] 다음 빈칸에 들어갈 가장 알맞은 것을 고르세요.

① accustomed ② withdraw ③ accompany ④ abroad ⑤ ashamed

27 I'd like to ______________ $500 from my account.

28 I'm not ______________ to getting exercise every morning.

29 He went ______________ on business for two weeks.

DAILY TEST DAY 10

정답 p.81

[1-20] 영어를 우리말로, 우리말을 영어로 바꾸세요.

1	contrary	________	11	대조(하다), 대비(하다)	________
2	controversy	________	12	위조[가짜]의; 위조하다	________
3	counterattack	________	13	(노동) 조합; 단체; 결합	________
4	counterpart	________	14	구성[측정] 단위; 단일체	________
5	monologue	________	15	우주, 만물; 전 세계	________
6	unique	________	16	삼각형의; 삼자[국] 간의	________
7	unify	________	17	황혼, 땅거미; 황혼기	________
8	bilingual	________	18	비틀기; 꼬다; 왜곡하다	________
9	duplicate	________	19	부족, 종족	________
10	balance	________	20	사소한, 하찮은	________

[21-22] 다음 밑줄 친 부분과 뜻이 가장 가까운 것을 고르세요.

21 The drawing was determined to be <u>counterfeit</u>.

① fake ② safe ③ equal ④ convenient ⑤ accidental

22 Don't <u>twist</u> my words, just tell them the truth.

① duplicate ② distort ③ conceal ④ represent ⑤ exaggerate

[23-24] 다음 밑줄 친 부분의 반대말로 가장 알맞은 것을 고르세요.

23 The government's inclusive policies have <u>unified</u> the country.

① integrated ② advanced ③ removed ④ divided ⑤ intensified

24 His painting style is <u>unique</u> and impressive.

① imminent ② instructive ③ natural ④ usual ⑤ infinite

[25-28] 다음 빈칸에 들어갈 가장 알맞은 것을 고르세요.

① contrast ② tribe ③ controversy ④ contrary ⑤ bilingual

25 There's a marked ________ between Western and Asian ways of thinking.

26 Surprisingly, the result is ________ to our expectations.

27 The president's remark provoked political ________.

28 I am ________ because I grew up in a multicultural family.

REVIEW TEST

DAY
06 - 10

SCORE: (   ) / 40

정답 p.81

※ D06 ~ D10는 해당 문항의 어휘가 제시된 DAY를 나타냅니다.

[1-36] 영어를 우리말로, 우리말을 영어로 바꾸세요.

1 secure ____________ D08
2 superb ____________ D06
3 counterattack ____________ D10
4 persevere ____________ D08
5 ancient ____________ D06
6 autobiography ____________ D08
7 arouse ____________ D09
8 correspond ____________ D07
9 arrogant ____________ D09
10 absolute ____________ D07
11 enrich ____________ D08
12 controversy ____________ D10
13 multiple ____________ D07
14 encounter ____________ D08
15 engage ____________ D08
16 appoint ____________ D09
17 upset ____________ D06
18 antarctic ____________ D06

19 복사[복제]하다; 복사의; 복사본 d____________ D10
20 다수; 군중 m____________ D07
21 (꼭 쥐고) 주지 않다; 유보하다 w____________ D09
22 조상, 선조 a____________ D06
23 (액체 · 기체를) 흡수하다 a____________ D07
24 크게 하다, 확장하다 e____________ D08
25 (노동) 조합; 단체; 결합 u____________ D10
26 항생제, 항생 물질 a____________ D06
27 타협(하다), 절충(하다) c____________ D07
28 사소한, 하찮은 t____________ D10
29 …할 여유가 있다 a____________ D09
30 모으[이]다, 축적하[되]다 a____________ D09
31 지질학; 지질학적 특징, 지질 g____________ D09
32 선택하다, 고르다 s____________ D08
33 (법 · 제도 등을) 지지[옹호]하다 u____________ D06
34 사인, 자필 서명; 자필 서명하다 a____________ D08
35 대조(하다), 대비(하다) c____________ D10
36 진압하다; 억제하다; 억누르다 s____________ D06

[37-38] 다음 빈칸에 들어갈 가장 알맞은 것을 [보기]에서 골라 쓰세요.

[보기] persist D08	suggest D06	withstand D09	amaze D09

37 It's difficult to ____________ the cold weather in Russia.

38 John continued to ____________ with his bad behavior.

[39-40] 다음 네모 안에서 문맥상 알맞은 것을 고르세요.

39 I sometimes [suffer / support] from headaches.
D06

40 She was unable to [confirm / conform] the news.
D07

DAILY TEST DAY 11

정답 p.82

[1-10] 주어진 단어를 우리말 뜻에 맞게 변형하여 쓰세요.

1	invent	→	____________	발명가
2	psychology	→	____________	심리학자
3	accurate	→	____________	정확(성)
4	mission	→	____________	선교사
5	interview	→	____________	면접관
6	relate	→	____________	친척
7	secret	→	____________	비서
8	citizen	→	____________	시민권
9	criticize	→	____________	비판; 비평
10	book	→	____________	소책자

[11-15] 다음 빈칸에 알맞은 우리말 뜻을 쓰세요.

11 political ____________ → politics ____________

12 supervise ____________ → supervisor ____________

13 attend ____________ → attendant ____________

14 represent ____________ → representative ____________

15 author ____________ → authority ____________

[16-19] 다음 주어진 단어를 문맥에 맞게 고쳐 쓰세요.

16 It isn't right to judge someone by his or her ____________. (appear)

17 Tracking someone without their consent is a serious invasion of ____________. (private)

18 My ____________ was turned down, but I will not give up. (propose)

19 It will count as a major ____________ in marine biology. (discover)

DAILY TEST DAY 12

정답 p.82

[1-10] 주어진 단어를 우리말 뜻에 맞게 변형하여 쓰세요.

1	doubt	→	______	의심스러운	6	regret	→	______	후회하는
2	hope	→	______	희망에 찬	7	literature	→	______	읽고 쓸 줄 아는
3	child	→	______	유치한	8	compare	→	______	비교될 만한
4	type	→	______	전형적인	9	intellect	→	______	지적인
5	society	→	______	사교적인	10	respect	→	______	존경하는, 공손한

[11-13] 다음 빈칸에 알맞은 우리말 뜻을 쓰세요.

11 consider ______ → considerable ______ / considerate ______

12 economy ______ → economic ______ / economical ______

13 succeed ______ → successful ______ / successive ______

[14-16] 다음 네모 안에서 문맥상 알맞은 것을 고르세요.

14 Steve is [industrial / industrious]; he always arrives at work early.

15 Many people like movies that feature [imaginary / imaginative] creatures such as dragons.

16 My skin needs special care because it is so [sensible / sensitive].

[17-20] 다음 주어진 단어를 문맥에 맞게 고쳐 쓰세요.

17 His suggestion is not entirely ______. (satisfy)

18 Finding ______ information on social media can be a challenge. (rely)

19 My mother is a ______ woman who is very wise and generous. (respect)

20 He took the joke in a ______ sense and got upset about it. (literature)

DAILY TEST DAY 13

정답 p.82

[1-10] 주어진 단어를 우리말 뜻에 맞게 변형하여 쓰세요.

1 red → ______________ 발그레한

2 fury → ______________ 몹시 화가 난

3 real → ______________ 실현하다

4 fright → ______________ 무섭게 하다

5 haste → ______________ 성급한

6 verb → ______________ 언어의

7 act → ______________ 활동적인

8 simple → ______________ 단순화하다

9 other → ______________ 달리, 다르게

10 inform → ______________ 유익한

[11-15] 다음 빈칸에 알맞은 우리말 뜻을 쓰세요.

11 spirit ____________ → spiritual ____________

12 gloom ____________ → gloomy ____________

13 strength ____________ → strengthen ____________

14 just ____________ → justify ____________

15 origin ____________ → originate ____________

[16-20] 다음 주어진 단어를 문맥에 맞게 고쳐 쓰세요.

16 The necklace was so ______________ that I couldn't afford it. (cost)

17 I was ______________ enough to catch the last train. (fortune)

18 The tribe in the mountain had a highly ______________(e)d society. (civil)

19 The teachers try hard to ______________ their students in various ways. (motive)

20 You may lose your job for ______________ reasons. (count)

DAILY TEST DAY 14

정답 p.82

[1-19] 영어를 우리말로, 우리말을 영어로 바꾸세요.

1 agent ____________
2 react ____________
3 agony ____________
4 adolescent ____________
5 alter ____________
6 alien ____________
7 anxious ____________
8 annual ____________
9 apt ____________
10 attitude ____________
11 고도, 높이, 해발 ____________
12 실제의, 정확한, 진짜의 ____________
13 길을 찾다; 항해[비행]하다 ____________
14 (법률 등을) 폐지하다, 없애다 ____________
15 (애매)모호한, 분명하지 않은 ____________
16 대안(의); 대체할 수 있는; 대체(물) ____________
17 (해마다 있는) 기념일 ____________
18 적응시키다, 적합하게 하다 ____________
19 활동적인; 적극적인 ____________

[20-21] 다음 밑줄 친 부분과 뜻이 가장 가까운 것을 고르세요.

20 Some organizations have urged the government to <u>abolish</u> the death penalty.

① come up with ② look forward to ③ do away with
④ make up for ⑤ find fault with

21 The town was <u>altered</u> beyond recognition.

① changed ② realized ③ swept ④ developed ⑤ established

22 다음 밑줄 친 부분의 반대말로 가장 알맞은 것을 고르세요.

The old man is healthy and <u>active</u> in community affairs.

① uneasy ② passive ③ restless ④ upset ⑤ sensitive

[23-25] 다음 빈칸에 들어갈 가장 알맞은 것을 고르세요.

① reaction ② alien ③ annual ④ alternative

23 Her ____________ to the news was the opposite of what I expected.

24 The ceremony was completely ____________ to us.

25 We are searching for ____________ sources of energy.

DAILY TEST DAY 15

정답 p.82

[1-18] 영어를 우리말로, 우리말을 영어로 바꾸세요.

1 obey ______________
2 disaster ______________
3 astronomy ______________
4 audience ______________
5 bandage ______________
6 bundle ______________
7 bar ______________
8 barrier ______________
9 biography ______________
10 embarrass ______________
11 인공[모조]의; 거짓된 ______________
12 예술의, 예술적인 ______________
13 우주 비행사 ______________
14 (곰곰이) 생각하다; 간주하다 ______________
15 결속, 유대; 채권 ______________
16 묶다; (사람 · 국가 등을) 결속시키다 ______________
17 생물학 ______________
18 점성학, 점성술 ______________

[19-20] 다음 밑줄 친 부분과 뜻이 가장 가까운 것을 고르세요.

19 Women were <u>barred</u> from voting in ancient Rome.

① adjusted ② banned ③ regarded ④ saved ⑤ promoted

20 High tariffs are the chief <u>barriers</u> to free trade.

① benefits ② options ③ obstacles ④ factors ⑤ outcomes

21 다음 밑줄 친 부분의 반대말로 가장 알맞은 것을 고르세요.

He mentioned some disadvantages of using <u>artificial</u> fertilizer.

① cheap ② useful ③ habitual ④ natural ⑤ previous

[22-25] 다음 빈칸에 들어갈 가장 알맞은 것을 고르세요.

① considerable ② embarrass ③ artistic ④ obey ⑤ disastrous

22 We didn't mean to ______________ you with these old photos.

23 He spent a(n) ______________ amount of money on collecting sculptures.

24 You should ______________ the safety regulations of the factory.

25 The pianist was born with great ______________ talent.

REVIEW TEST

정답 p.83

DAY 11-15

SCORE: ( ) / 40

※ D11 ~ D15 는 해당 문항의 어휘가 제시된 DAY를 나타냅니다.

[1-36] 영어를 우리말로, 우리말을 영어로 바꾸세요.

1 alternative ______ D14
2 weight ______ D11
3 obey ______ D15
4 informative ______ D13
5 embarrass ______ D15
6 optimism ______ D11
7 relative ______ D11
8 countless ______ D13
9 actual ______ D14
10 surgery ______ D11
11 adapt ______ D14
12 anguish ______ D14
13 physics ______ D11
14 familiar ______ D12
15 artificial ______ D15
16 justify ______ D13
17 representative ______ D11
18 navigate ______ D14
19 외모; 등장, 출현 a______ D11
20 이기적인 s______ D13
21 평가, 판단 a______ D11
22 걱정하는; 갈망[열망]하는 a______ D14
23 재난, 참사, 큰 불행 d______ D15
24 읽고 쓸 줄 아는 l______ D12
25 해마다의; 일 년(간)의 a______ D14
26 오염, 공해 p______ D11
27 반복되는; 끊임없는 c______ D12
28 거주자; 거주하는 r______ D11
29 붕대(를 감다) b______ D15
30 비서 s______ D11
31 사려 깊은, 배려하는 c______ D12
32 전기, 일대기 b______ D15
33 반응하다; 반작용하다 r______ D14
34 청중, 관객, 시청자 a______ D15
35 근면한 i______ D12
36 (곰곰이) 생각하다; 간주하다 c______ D15

[37-38] 다음 빈칸에 들어갈 가장 알맞은 것을 [보기]에서 골라 쓰세요.

[보기] bind D15	abolish D14	reliable D12	bundle D15

37 The leaders voted to ______ the law.

38 I heard the news from a(n) ______ source.

[39-40] 다음 중 품사가 다른 하나를 고르세요.

39 D13 ① fortunate ② irritate ③ originate ④ fascinate ⑤ imitate

40 D12 ① childlike ② sensitive ③ intelligent ④ literary ⑤ satisfy

DAILY TEST DAY 16

정답 p.83

[1-20] 영어를 우리말로, 우리말을 영어로 바꾸세요.

1 capital ______________
2 achieve ______________
3 capture ______________
4 participate ______________
5 except ______________
6 occupy ______________
7 conceive ______________
8 carrier ______________
9 carpenter ______________
10 charge ______________

11 우두머리(의); 주요한, 중요한 ______________
12 …할 수 있는; 유능한 ______________
13 인지하다, 알아차리다 ______________
14 수락하다, 받아들이다 ______________
15 속이다, 기만하다 ______________
16 받다, 수령하다; 수신하다 ______________
17 업적; 성취 ______________
18 마차; 운반 ______________
19 직업; 경력 ______________
20 해임하다; 내보내다; 방출하다 ______________

21 다음 밑줄 친 부분과 뜻이 가장 가까운 것을 고르세요.

The <u>chief</u> idea is to reduce the amount of energy we waste.

① perfect ② original ③ main ④ usual ⑤ necessary

22 다음 밑줄 친 부분의 반대말로 가장 알맞은 것을 고르세요.

She has not decided whether to <u>accept</u> the job offer.

① refuse ② devise ③ deliver ④ handle ⑤ request

23 다음 주어진 문장의 밑줄 친 단어와 같은 의미로 쓰인 것을 고르세요.

He's in <u>charge</u> of creating advertisements.

① They don't <u>charge</u> for delivery if you place an order over $100.

② The suspect was <u>charged</u> with murder.

③ She'll take <u>charge</u> of the whole design team while I'm away.

[24-26] 다음 빈칸에 들어갈 가장 알맞은 것을 고르세요.

① concept ② capacity ③ participate ④ discharge

24 I was advised to ______________ in the research program.

25 He was ______________(e)d from his job last month.

26 You'll learn about the basic ______________(e)s of physics in this course.

DAILY TEST DAY 17

정답 p.83

[1-20] 영어를 우리말로, 우리말을 영어로 바꾸세요.

1 cast	______	11 예상[예측](하다), 예보(하다)	______
2 broadcast	______	12 …보다 먼저 일어나다	______
3 proceed	______	13 (한도 등을) 넘다, 초과하다	______
4 succeed	______	14 그만두다, 멈추다; 끝나다	______
5 accuse	______	15 전임자	______
6 access	______	16 집중[전념]하다; 모으다	______
7 excuse	______	17 알아차리다; 분별[분간]하다	______
8 concern	______	18 차별(대우)하다; 식별[구별]하다	______
9 crisis	______	19 비판[비난]하다; 비평하다	______
10 certain	______	20 증명서	______

21 다음 밑줄 친 부분과 뜻이 가장 가까운 것을 고르세요.

I can say with <u>certainty</u> that she is a criminal.

① anxiety ② suspicion ③ hesitancy ④ assurance ⑤ probability

22 다음 밑줄 친 부분의 반대말로 가장 알맞은 것을 고르세요.

The noise was so loud that I couldn't <u>concentrate</u> on my work.

① separate ② assist ③ distract ④ succeed ⑤ withdraw

23 다음 중 나머지 2개의 뜻과 <u>다르게</u> 쓰인 하나를 고르세요.

① This book isn't <u>concerned</u> with our topic.

② The firefighters were <u>concerned</u> about the safety of the children.

③ She's <u>concerned</u> that she won't get paid this month.

[24-26] 다음 빈칸에 들어갈 가장 알맞은 것을 고르세요.

① discriminate ② exceed ③ critical ④ forecast

24 We should pay attention to the ______ issues first.

25 If we make correct ______(e)s, we can prepare in advance.

26 Most universities don't ______ based on age or gender.

DAILY TEST DAY 18

정답 p.83

[1-22] 영어를 우리말로, 우리말을 영어로 바꾸세요.

1	accident	______	12	(특히 폭력적이거나 위험한) 사건	______
2	casual	______	13	썩다, 부식[부패](하다); 쇠퇴(하다)	______
3	occasion	______	14	소중히 생각하다, 아껴주다	______
4	decision	______	15	(수치 · 정보 등이) 정확한, 정밀한	______
5	charity	______	16	돌다, 순환하다; 퍼지다	______
6	circumstance	______	17	우연; (우연의) 일치	______
7	excite	______	18	낭송[낭독]하다	______
8	cite	______	19	시민[민간인]의; 민사의	______
9	civilize	______	20	시민; 국민	______
10	claim	______	21	(공식적으로) 선언[공표]하다	______
11	council	______	22	외치다, 큰 소리로 말하다	______

23 다음 밑줄 친 부분과 뜻이 가장 가까운 것을 고르세요.

He <u>claimed</u> that he was innocent, but no one believed him.

① attained ② arranged ③ maintained ④ suggested ⑤ cherished

24 다음 밑줄 친 부분의 반대말로 가장 알맞은 것을 고르세요.

I <u>accidentally</u> put salt in my coffee instead of sugar.

① eventually ② deliberately ③ immediately ④ usually ⑤ consequently

[25-27] 다음 빈칸에 들어갈 가장 알맞은 것을 고르세요.

① decay ② occasion ③ circulate ④ civilization

25 He bought a fine blue suit for a special ______.

26 The old house was starting to ______ with no one to look after it.

27 If you want the air to ______, please open the window.

DAILY TEST DAY 19

정답 p.84

[1-22] 영어를 우리말로, 우리말을 영어로 바꾸세요.

1 decline	______	12 …할 마음이 있는	______
2 climate	______	13 포함[함유]하다; 넣다, 포함시키다	______
3 exclude	______	14 결론을 내리다; 결말짓다	______
4 closet	______	15 알아보다, 식별하다; 인정하다	______
5 ignore	______	16 (성품 · 행위 등이) 고상한; 귀족(의)	______
6 acknowledge	______	17 (정보 등을) 주다, 숙지시키다	______
7 diagnose	______	18 부여하다; 일치(하다); 협정	______
8 incorporate	______	19 용기, 대담함	______
9 discord	______	20 핵심(의); (사물의) 심, 속	______
10 encourage	______	21 회사[법인]의; 단체[공동]의	______
11 corps	______	22 들추어내다, 폭로하다	______

[23-24] 다음 밑줄 친 부분과 뜻이 가장 가까운 것을 고르세요.

23 We'd better decline his invitation this time.

① offend ② refuse ③ depress ④ force ⑤ hesitate

24 Because of the evidence, he acknowledged that he was guilty of murder.

① admitted ② reflected ③ regarded ④ compiled ⑤ startled

25 다음 밑줄 친 부분의 반대말로 가장 알맞은 것을 고르세요.

She refused to disclose any information about the contract.

① involve ② conceal ③ perform ④ delay ⑤ publish

[26-29] 다음 빈칸에 들어갈 가장 알맞은 것을 고르세요.

① ignorant ② conclusion ③ accordance ④ inclined ⑤ acquaint

26 She was ______ of the change in the flight schedule.

27 I am ______ to accept his offer.

28 I just want to bring this problem to a(n) ______.

29 He was sent to the Tokyo branch in ______ with his wishes.

DAILY TEST DAY 20

정답 p.84

[1-22] 영어를 우리말로, 우리말을 영어로 바꾸세요.

1 create ____________
2 increase ____________
3 concrete ____________
4 credit ____________
5 creed ____________
6 culture ____________
7 colony ____________
8 excursion ____________
9 current ____________
10 accurate ____________
11 damage ____________
12 다시 만들다, 재현하다 ____________
13 감소(하다[시키다]); 줄(이)다 ____________
14 채용하다; 신병, 신입 사원 ____________
15 믿어지지 않는; 뛰어난, 엄청난 ____________
16 경작하다; (능력 등을) 계발하다 ____________
17 농업, 농사, 농학 ____________
18 발생하다; (생각 등이) 떠오르다 ____________
19 교과[이수] 과정, 교과목 ____________
20 치료하다; 치료(법), 치료약 ____________
21 호기심이 강한; 이상한, 묘한 ____________
22 비난[책망]하다 ____________

[23-24] 다음 밑줄 친 부분과 뜻이 가장 가까운 것을 고르세요.

23 A stressful working environment can <u>decrease</u> productivity.

① hold ② trace ③ diminish ④ verify ⑤ figure

24 The doctor was astonished by her <u>incredible</u> appetite.

① constant ② multiple ③ sensitive ④ conscious ⑤ unbelievable

[25-26] 다음 밑줄 친 부분의 반대말로 가장 알맞은 것을 고르세요.

25 We don't have <u>concrete</u> evidence about the terrorist activities yet.

① basic ② abstract ③ irrelevant ④ inadequate ⑤ temporary

26 He was <u>curious</u> about what was going on in the museum.

① confident ② doubtful ③ aggressive ④ indifferent ⑤ unconscious

[27-29] 다음 빈칸에 들어갈 가장 알맞은 것을 고르세요.

① colony ② recreation ③ current ④ create ⑤ cure

27 The summer camp offers various outdoor facilities for ____________.

28 I don't need your advice about my ____________ situation.

29 The construction of the hotel will ____________ more jobs in this area.

REVIEW TEST

DAY 16-20

SCORE: (　　) / 40

정답 p.84

※ D16 ~ D20 는 해당 문항의 어휘가 제시된 DAY를 나타냅니다.

[1-36] 영어를 우리말로, 우리말을 영어로 바꾸세요.

1 discriminate ________ D17
2 noble ________ D19
3 accept ________ D16
4 circulate ________ D18
5 cure ________ D20
6 deceive ________ D16
7 discern ________ D17
8 inclined ________ D19
9 exclaim ________ D18
10 agriculture ________ D20
11 decay ________ D18
12 discharge ________ D16
13 concentrate ________ D17
14 occur ________ D20
15 recognize ________ D19
16 incredible ________ D20
17 career ________ D16
18 incident ________ D18
19 기후; 풍토, 풍조 c________ D19
20 그만두다, 멈추다 c________ D17
21 이루다, 성취[달성]하다 a________ D16
22 결정; 결단력 d________ D18
23 식민지; 집단, 부락 c________ D20
24 접근(성), 이용(성); 접근하다 a________ D17
25 차지하다; 사용하다; 점령하다 o________ D16
26 제외[배제]하다; 막다 e________ D19
27 손해[손상](를 입히다) d________ D20
28 주위 사정, 상황; 환경, 처지 c________ D18
29 수도, 중심지; 대문자; 자본(금) c________ D16
30 (의도적으로) 무시하다 i________ D19
31 창조[창작]하다, 만들어내다 c________ D20
32 언급하다; 인용하다 c________ D18
33 현재[현행]의; 흐름; 경향, 풍조 c________ D20
34 위기, 어려운 상황, 최악의 국면 c________ D17
35 …을 제외하고 e________ D16
36 협의회, 심의회; 지방 의회 c________ D18

[37-38] 다음 빈칸에 들어갈 가장 알맞은 것을 [보기]에서 골라 쓰세요.

[보기] precise D18	damage D20	increase D20	corporate D19

37 Scientists must use ________ data in their research.

38 My boss promised to ________ my pay.

[39-40] 다음 네모 안에서 문맥상 알맞은 것을 고르세요.

39 Based on the evidence, we can [conclude / include] that he is guilty. D19

40 The reporter quickly [broadcast / forecast] the surprising news. D17

DAILY TEST DAY 21

정답 p.84

[1-20] 영어를 우리말로, 우리말을 영어로 바꾸세요.

1 debt ______________
2 due ______________
3 surrender ______________
4 add ______________
5 dictate ______________
6 dominate ______________
7 contradict ______________
8 addiction ______________
9 dose ______________
10 anecdote ______________
11 (활동 · 관심 등의) 영역; 소유지 ______________
12 국내의; 가정의 ______________
13 (법적 · 도덕적인) 의무; 세금 ______________
14 …을 ~한 상태로 만들다 ______________
15 (책 · 영상 등을) 편집하다 ______________
16 임대[임차]료; 빌려주다 ______________
17 (시간 · 노력 등을) 바치다 ______________
18 (책 뒤쪽의) 색인, 목록; 지표 ______________
19 기부하다, 기증하다 ______________
20 가리키다; 암시하다 ______________

[21-22] 다음 밑줄 친 부분과 뜻이 가장 가까운 것을 고르세요.

21 Under the circumstances they had no choice but to **surrender** to the enemy.

① observe ② attack ③ yield ④ dedicate ⑤ offend

22 Olive oil gives **additional** flavor to the sauce.

① deficient ② strong ③ subtle ④ distinctive ⑤ extra

23 다음 주어진 문장의 밑줄 친 단어와 같은 의미로 쓰인 것을 고르세요.

Their problems are **due** to poor management.

① The bill is **due** next Monday.

② The baseball game was canceled **due** to heavy rains.

③ The flight from Hong Kong is **due** at 7 p.m.

[24-26] 다음 빈칸에 들어갈 가장 알맞은 것을 고르세요.

① donation ② debt ③ dedication ④ edition ⑤ addition

24 He has to pay off ______________(e)s of around $1,000.

25 I got the first ______________ of the novel at an old bookstore.

26 She makes a(n) ______________ to charity once a year.

DAILY TEST DAY 22

정답 p.85

[1-22] 영어를 우리말로, 우리말을 영어로 바꾸세요.

1 electric	______	12 전자의, 전자 공학의	______
2 equal	______	13 동등한; …에 상당하는	______
3 adequate	______	14 (신원 등을) 확인하다; 동일시하다	______
4 essence	______	15 출석하고 있는; 현재의	______
5 absent	______	16 과대평가하다; 과대평가	______
6 estimate	______	17 우화	______
7 esteem	______	18 명성, 평판	______
8 infant	______	19 소개하다; 도입하다	______
9 fate	______	20 주장하다; 공언하다	______
10 confess	______	21 설득하여 …하게 하다; 야기하다	______
11 conduct	______	22 교육하다, 가르치다	______

[23-24] 다음 밑줄 친 부분과 뜻이 가장 가까운 것을 고르세요.

23 An adequate amount of everyday exercise allows you to stay in shape.

① exhausting ② excessive ③ considerable ④ sufficient ⑤ comparative

24 He confessed that he'd broken the speed limit.

① agreed ② admitted ③ denied ④ deceived ⑤ concealed

25 다음 주어진 문장의 밑줄 친 단어와 같은 의미로 쓰인 것을 고르세요.

In the present situation, you're unlikely to get a promotion.

① He presented her with the award for salesperson of the year.

② More than 200 people were present at the concert.

③ In view of my present financial situation, this computer is quite expensive.

[26-28] 다음 빈칸에 들어갈 가장 알맞은 것을 고르세요.

① equal ② absent ③ fate ④ professional

26 In his opening speech, he guaranteed ______ rights for women.

27 Some students were ______ from class for more than two days.

28 You should speak to a lawyer to get ______ advice.

DAILY TEST DAY 23

정답 p.85

[1-22] 영어를 우리말로, 우리말을 영어로 바꾸세요.

1	manufacture	________	12	사실에 입각한, 사실적인	________
2	faculty	________	13	요소, 요인	________
3	facility	________	14	효과, 영향; 결과	________
4	efficient	________	15	영향을 미치다; …인 체하다	________
5	defect	________	16	(금전적인) 이익, 수익; 이득, 이점	________
6	sufficient	________	17	숙달된, 능숙한	________
7	fiction	________	18	자격[권한]을 얻다[주다], 적임이다	________
8	satisfy	________	19	거짓[가짜]의; 그릇된, 틀린	________
9	affair	________	20	잘못, 과실; 결점, 흠	________
10	fail	________	21	행복, 번영; 복지	________
11	fare	________	22	작별 (인사); 작별[이별]의	________

[23-24] 다음 밑줄 친 부분과 뜻이 가장 가까운 것을 고르세요.

23 Proficient workers are respected in the workplace.

① adequate ② predictable ③ competent ④ actual ⑤ excessive

24 Good preparation is an essential factor of scientific experiments.

① element ② defect ③ effect ④ demand ⑤ essence

25 다음 밑줄 친 부분의 반대말로 가장 알맞은 것을 고르세요.

A report has pointed out the benefits of the present system.

① causes ② advantages ③ profits ④ results ⑤ faults

[26-28] 다음 빈칸에 들어갈 가장 알맞은 것을 고르세요.

① profit ② qualification ③ satisfactory ④ false

26 Her ____________(e)s include teaching math and science.

27 As the price war continued, ____________(e)s decreased.

28 Her school report says that her Japanese is ____________ but not outstanding.

DAILY TEST DAY 24

정답 p.85

[1-21] 영어를 우리말로, 우리말을 영어로 바꾸세요.

1 defend ______________
2 prefer ______________
3 confer ______________
4 indifferent ______________
5 confident ______________
6 defy ______________
7 finance ______________
8 refine ______________
9 infinite ______________
10 flexible ______________
11 inflict ______________

12 화나게 하다; 위반하다 ______________
13 언급[지칭]하다; 참조하다 ______________
14 추론하다, 추정[추측]하다 ______________
15 기름진, 비옥한 ______________
16 신뢰, 믿음; 신념, 신앙 ______________
17 최종적인, 최후의, 마지막의 ______________
18 한정[제한]하다; 가두다 ______________
19 규정[한정]하다; 정의하다 ______________
20 (열 · 빛 등을) 반사하다; 반영하다 ______________
21 대립(하다), 충돌(하다) ______________

[22-23] 다음 밑줄 친 부분과 뜻이 가장 가까운 것을 고르세요.

22 The judge <u>conferred</u> with the two lawyers.

① ordered ② consulted ③ refined ④ sentenced ⑤ claimed

23 There is an <u>infinite</u> number of stars in the night sky.

① scarce ② limited ③ indecisive ④ endless ⑤ poor

24 다음 밑줄 친 부분의 반대말로 가장 알맞은 것을 고르세요.

The author <u>defends</u> herself against charges of racism.

① protects ② attacks ③ depends ④ attends ⑤ sustains

[25-28] 다음 빈칸에 들어갈 가장 알맞은 것을 고르세요.

① fertile ② indifferent ③ inflict ④ confident ⑤ conflict

25 The company seems ______________ to environmental concerns.

26 She is very ______________ of winning.

27 Poisonous chemicals made the ______________ soil barren.

28 The two groups have been in ______________ with each other for years.

DAILY TEST DAY 25

정답 p.85

[1-20] 영어를 우리말로, 우리말을 영어로 바꾸세요.

1 fluid ______________
2 influenza ______________
3 form ______________
4 reform ______________
5 fort ______________
6 float ______________
7 reinforce ______________
8 fraction ______________
9 fund ______________
10 profound ______________
11 유창한, 능통한 ______________
12 영향(력); 영향을 미치다 ______________
13 알리다, 통지하다 ______________
14 방식, 방법; 공식, 식 ______________
15 노력, 수고 ______________
16 힘; 폭력; 병력; 강요하다 ______________
17 파편, 조각 ______________
18 부서지기[깨지기] 쉬운 ______________
19 근본[기본]적인; 중요한, 필수의 ______________
20 설립하다; …에 기초를 두다 ______________

[21-22] 다음 밑줄 친 부분과 뜻이 가장 가까운 것을 고르세요.

21 When I broke up with my boyfriend, she <u>comforted</u> me.

① sympathized ② irritated ③ distressed ④ excited ⑤ consoled

22 Please handle these glasses carefully—they are <u>fragile</u>.

① expensive ② valuable ③ antique ④ breakable ⑤ tough

23 다음 밑줄 친 부분의 반대말로 가장 알맞은 것을 고르세요.

He has a <u>profound</u> knowledge of classical music.

① old ② new ③ deep ④ important ⑤ superficial

[24-26] 다음 빈칸에 들어갈 가장 알맞은 것을 고르세요.

① formal	② inform	③ fundamental	④ fund	⑤ reform

24 Please ______________ us of any problems.

25 This outfit is suitable for ______________ occasions.

26 Needless to say, ______________ human rights should be respected.

DAY 21 - 25

SCORE: ( ) / 40

REVIEW TEST

정답 p.85

※ D21 ~ D25 는 해당 문항의 어휘가 제시된 DAY를 나타냅니다.

[1-36] 영어를 우리말로, 우리말을 영어로 바꾸세요.

1 equivalent ________ D22
2 reinforce ________ D25
3 affect ________ D23
4 donate ________ D21
5 refer ________ D24
6 benefit ________ D23
7 duty ________ D21
8 identify ________ D22
9 reduce ________ D22
10 qualify ________ D23
11 fable ________ D22
12 define ________ D24
13 influence ________ D25
14 rent ________ D21
15 fault ________ D23
16 reflect ________ D24
17 found ________ D25
18 conflict ________ D24

19 능률적인, 효율적인 e________ D23
20 무관심한, 동정심이 없는 i________ D24
21 충분한, 적당한 a________ D22
22 반박하다; …와 모순되다 c________ D21
23 액체; 유동적인 f________ D25
24 확신하고 있는; 자신만만한 c________ D24
25 결점, 결함, 결핍 d________ D23
26 중독, 열중, 탐닉 a________ D21
27 본질, 정수; 핵심; 원액 e________ D22
28 (영향 등이) 강한; 심오한; 깊은 p________ D25
29 만족[충족]시키다 s________ D23
30 빼다, 공제하다 d________ D22
31 평가(하다), 추정(하다); 견적(서) e________ D22
32 재빨리 도망치다 f________ D25
33 재정[재무]; 자금(을 제공하다) f________ D24
34 소설; 꾸며낸 이야기, 허구 f________ D23
35 항복(하다); 양도(하다) s________ D21
36 운명, 숙명 f________ D22

[37-38] 다음 빈칸에 들어갈 가장 알맞은 것을 [보기]에서 골라 쓰세요.

[보기] effort D25	facility D23	prefer D24	comfort D25

37 They made a(n) ________ to get there on time.

38 She is a(n) ________ to her young children.

[39-40] 다음 네모 안에서 문맥상 알맞은 것을 고르세요.

39 I hope my joke didn't [defend / offend] your friend. D24

40 The data was not [proficient / sufficient] to solve the problem. D23

DAILY TEST DAY 26

정답 p.86

[1-22] 영어를 우리말로, 우리말을 영어로 바꾸세요.

1 regard ______________
2 guard ______________
3 genius ______________
4 genetic ______________
5 ingenious ______________
6 confuse ______________
7 generous ______________
8 pregnant ______________
9 gesture ______________
10 gender ______________
11 refuse ______________
12 움켜잡다; 움켜잡으려고 함 ______________
13 의류, 옷가지 ______________
14 보장하다; …을 확실하게 하다 ______________
15 진짜[진품]의; 진실된, 진정한 ______________
16 온화[상냥]한; 적당한, 부드러운 ______________
17 환불, 반환(금); 환불[반환]하다 ______________
18 생산하다; (전기 등을) 발생시키다 ______________
19 일반[보편]적인; 전체적인 ______________
20 소화하다[되다]; 이해하다 ______________
21 등록하다; (기기가 수치를) 나타내다 ______________
22 유전자 ______________

23 다음 밑줄 친 부분과 뜻이 가장 가까운 것을 고르세요.

I asked her to marry me, but she <u>refused</u>.

① set up ② got back ③ turned down ④ cut down ⑤ put forward

24 다음 밑줄 친 부분의 반대말로 가장 알맞은 것을 고르세요.

My father is very <u>generous</u>; he gave me money to buy a new car.

① stingy ② stubborn ③ brave ④ wasteful ⑤ stiff

[25-26] 다음 밑줄 친 단어가 문장에서 쓰인 뜻을 쓰세요.

25 It took a while to <u>digest</u> the information.

26 We <u>digest</u> fruits and vegetables much more quickly than meat.

[27-29] 다음 빈칸에 들어갈 가장 알맞은 것을 고르세요.

① gentle ② ingenious ③ genius ④ generation ⑤ genuine

27 My brother is a(n) ______________ at computer games.

28 His solution to the puzzle is ______________.

29 That old vase is a(n) ______________ antique.

DAILY TEST DAY 27

정답 p.86

[1-21] 영어를 우리말로, 우리말을 영어로 바꾸세요.

1 photograph ______
2 graphic ______
3 gratitude ______
4 agree ______
5 grave ______
6 graduate ______
7 inhabit ______
8 prohibit ______
9 habitat ______
10 inherit ______
11 heir ______
12 (예의 바르게) 행동하다 ______
13 정도, 단계; 학위 ______
14 축하하다 ______
15 우아함; 친절함; (신의) 은총 ______
16 (깊은) 슬픔, 비탄 ______
17 (몸에 밴) 습관, 버릇 ______
18 전시(하다), 진열(하다) ______
19 …할 수 있는; 유능한 ______
20 유전 ______
21 전통문화, 유산 ______

[22-23] 다음 밑줄 친 부분과 뜻이 가장 가까운 것을 고르세요.

22 Her brother's sudden death caused her <u>grief</u>.

① shock ② anxiety ③ joy ④ sorrow ⑤ excitement

23 He left the school in <u>disgrace</u>.

① shame ② degree ③ pride ④ trouble ⑤ dishonesty

24 다음 밑줄 친 부분의 반대말로 가장 알맞은 것을 고르세요.

Stores are <u>prohibited</u> from selling alcohol to people under 21 in the US.

① forbidden ② permitted ③ praised ④ demanded ⑤ discouraged

[25-28] 다음 빈칸에 들어갈 가장 알맞은 것을 고르세요.

① agreement ② gratitude ③ gracious ④ congratulate ⑤ inhabit

25 She expressed her ______ by writing a thank-you letter.

26 Lawyers on both sides finally reached a(n) ______.

27 The people who ______ this island are friendly.

28 I want to ______ you on your success in business.

DAILY TEST DAY 28

정답 p.86

[1-24] 영어를 우리말로, 우리말을 영어로 바꾸세요.

1 host ____________
2 hospitality ____________
3 humility ____________
4 just ____________
5 humanity ____________
6 exit ____________
7 initiate ____________
8 prejudice ____________
9 perish ____________
10 subject ____________
11 project ____________
12 object ____________

13 적대적인, 비우호적인 ____________
14 겸손한; 비천한 ____________
15 굴욕감을 주다 ____________
16 정당화하다, 옳다고 하다 ____________
17 고립시키다, 격리하다 ____________
18 처음[최초]의; 머리글자 ____________
19 통과, 통행; 운송, 수송 ____________
20 재판관; 판단하다; 심사하다 ____________
21 논쟁점; 발행[출판](하다) ____________
22 거절하다, 거부하다 ____________
23 주입하다, 주사하다 ____________
24 상처 입히다; 손상시키다 ____________

25 다음 밑줄 친 부분과 뜻이 가장 가까운 것을 고르세요.

She is a great athlete but is <u>humble</u> about her accomplishments.

① proud ② modest ③ respectful ④ ridiculous ⑤ fundamental

26 다음 밑줄 친 부분의 반대말로 가장 알맞은 것을 고르세요.

The driver has a <u>hostile</u> attitude; he yells at other drivers.

① hateful ② helpful ③ diligent ④ friendly ⑤ furious

27 다음 주어진 문장의 밑줄 친 단어와 같은 의미로 쓰인 것을 고르세요.

She's written several books on the <u>subject</u>.

① All schedules are <u>subject</u> to change of departure date.

② English is her favorite <u>subject</u>.

③ The <u>subject</u> of this article is teenage smoking.

[28-30] 다음 빈칸에 들어갈 가장 알맞은 것을 고르세요.

① transition ② hospitality ③ prejudice ④ object

28 The ____________ of this study is to research energy use.

29 We enjoyed the ____________ of friends when we visited them.

30 The ____________ from high school to college can be difficult for students.

DAILY TEST DAY 29

정답 p.86

[1-20] 영어를 우리말로, 우리말을 영어로 바꾸세요.

1 collect ______
2 elect ______
3 recollect ______
4 labor ______
5 elaborate ______
6 legislate ______
7 relay ______
8 neglect ______
9 delay ______
10 leak ______
11 실험실, 연구소[실] ______
12 지성, 지력, 사고력; 지식인 ______
13 관계를 짓다; 관련시키다 ______
14 우아[고상]한, 세련된 ______
15 쉬다, 긴장을 풀다; 완화[이완]하다 ______
16 석방(하다); 공개(하다); 개봉(하다) ______
17 분석, 검토, 분해 ______
18 마비[활동 불능] (상태) ______
19 강의[강연](하다); 훈계(하다) ______
20 전설(적인 인물); 범례 ______

[21-23] 다음 밑줄 친 부분과 뜻이 가장 가까운 것을 고르세요.

21 We caught a butterfly in a net, but later we set it free.

① relaxed ② relieved ③ separated ④ released ⑤ recovered

22 We can collect used books to help students in need.

① desert ② gather ③ elaborate ④ relay ⑤ reflect

23 Due to the weather, the concert has been delayed until tomorrow.

① postponed ② arranged ③ converted ④ canceled ⑤ waited

24 다음 밑줄 친 부분의 반대말로 가장 알맞은 것을 고르세요.

Tim is a very intelligent student, and I'm sure he will be successful in the future.

① familiar ② stupid ③ motivated ④ brilliant ⑤ hard-working

[25-27] 다음 빈칸에 들어갈 가장 알맞은 것을 고르세요.

① election ② intellect ③ relation ④ paralysis ⑤ lecturer

25 The winner of the ______ assumed presidency.

26 I worked as a part-time ______ at this university.

27 Doctors say there was no ______ between the drugs and his death.

DAILY TEST DAY 30

정답 p.87

[1-20] 영어를 우리말로, 우리말을 영어로 바꾸세요.

1	privilege	__________	11	법률(상)의; 합법적인	__________
2	legacy	__________	12	위임하다; 대표자, 대리인	__________
3	loyal	__________	13	(직장) 동료	__________
4	relevant	__________	14	높이다, 향상하다; (들어)올리다	__________
5	liberal	__________	15	(고통 · 고민 등을) 경감[완화]하다	__________
6	deliver	__________	16	자유롭게 하다, 해방하다	__________
7	religion	__________	17	의무를 지우다; (도움 등을) 베풀다	__________
8	ally	__________	18	제거하다, 없애다	__________
9	preliminary	__________	19	제한(선); 한계(량)	__________
10	rally	__________	20	(…에 대해) 책임을 져야 할	__________

[21-22] 다음 밑줄 친 부분과 뜻이 가장 가까운 것을 고르세요.

21 The government plans to <u>get rid of</u> the unpopular new tax.

① increase ② establish ③ eliminate ④ postpone ⑤ propose

22 Hundreds of striking workers <u>rallied</u> in front of the factory.

① offended ② appealed ③ affected ④ touched ⑤ assembled

23 다음 중 나머지 2개의 뜻과 <u>다르게</u> 쓰인 하나를 고르세요.

① She is <u>liable</u> to eat a lot when she gets stressed.

② You are <u>liable</u> to have an accident in a bad storm.

③ The company is <u>liable</u> for damages to the victims.

[24-27] 다음 빈칸에 들어갈 가장 알맞은 것을 고르세요.

① liberation ② colleague ③ relieve ④ legacy ⑤ privilege

24 His __________(e)s describe him as a very patient man.

25 I had the __________ of meeting the president of that country.

26 They called for the __________ of all prisoners of war.

27 His uncle left him a great __________.

DAY 26-30

REVIEW TEST

정답 p.87

SCORE: (   ) / 40

※ D26 ~ D30 는 해당 문항의 어휘가 제시된 DAY를 나타냅니다.

[1-36] 영어를 우리말로, 우리말을 영어로 바꾸세요.

1 issue ____________ D28
2 grief ____________ D27
3 analyze ____________ D29
4 limit ____________ D30
5 elevate ____________ D30
6 reject ____________ D28
7 heritage ____________ D27
8 aggressive ____________ D27
9 neglect ____________ D29
10 hostile ____________ D28
11 digest ____________ D26
12 congratulate ____________ D27
13 paralyze ____________ D29
14 lecture ____________ D29
15 isolate ____________ D28
16 eliminate ____________ D30
17 relate ____________ D29
18 colleague ____________ D30

19 감사(의 마음) g____________ D27
20 관대한; 풍부한 g____________ D26
21 주인; 주최자; 진행자; 주최하다 h____________ D28
22 상처 입히다; (감정 등을) 손상시키다 i____________ D28
23 특권, 특전; 특권을 주다 p____________ D30
24 물려받다, 상속하다 i____________ D27
25 종교; 신조 r____________ D30
26 출구; 나감, 퇴장; 나가다 e____________ D28
27 노동(자), 근로; 일하다 l____________ D29
28 살다, 서식[거주]하다 i____________ D27
29 졸업하다; (대학) 졸업생, 학사 g____________ D27
30 연기하다, 늦추다; 연기, 지연 d____________ D29
31 천재(적 재능) g____________ D26
32 성, 성별 g____________ D26
33 죽다, 소멸하다 p____________ D28
34 무덤; 중대[심각]한; 진지한 g____________ D27
35 재판관, 판사; 심판; 판단하다 j____________ D28
36 지성, 지력; 지식인 i____________ D29

[37-38] 다음 빈칸에 들어갈 가장 알맞은 것을 [보기]에서 골라 쓰세요.

[보기] release D29	inject D28	relieve D30	regard D26

37 The teacher was ____________(e)d to hear the good news.

38 The president decided to ____________ the prisoner early.

[39-40] 다음 네모 안에서 문맥상 알맞은 것을 고르세요.

39 The [object / subject] of his presentation is *new technology*. D28

40 The art gallery will [exhibit / prohibit] many famous paintings. D27

MID TEST

DAY 01 - 30

정답 p.87

※ D01 ~ D30 는 해당 문항의 어휘가 제시된 DAY를 나타냅니다.

[1-5] 다음 주어진 단어와 뜻을 올바르게 선으로 연결하세요.

1 disaster D15 · · ⓐ 반박하다; …와 모순되다
2 contradict D21 · · ⓑ 보호하다, 막다
3 eliminate D30 · · ⓒ 제거하다, 없애다
4 protect D01 · · ⓓ 타협[절충](하다)
5 compromise D07 · · ⓔ 재난, 참사, 큰 불행

[6-7] 다음 밑줄 친 부분과 뜻이 가장 가까운 것을 고르세요.

6 Justin is expected to **succeed** the current CEO after she retires.
D17
① exceed ② separate ③ follow ④ criticize ⑤ delay

7 The fishermen are **casting** nets into the water.
D17
① forming ② throwing ③ creating ④ adding ⑤ encouraging

[8-9] 다음 밑줄 친 부분의 반대말로 가장 알맞은 것을 고르세요.

8 Amy was sad that she was **excluded** from John's birthday party.
D19
① included ② depressed ③ disagreed ④ preceded ⑤ reduced

9 The judge's decision in court seemed to be **just**.
D28
① absent ② factual ③ equal ④ certain ⑤ unfair

[10-12] 다음 영영풀이가 의미하는 단어를 [보기]에서 골라 쓰세요.

[보기] estimate D22	accompany D09	relate D29	obey D15	dispose D06

10 to go somewhere with someone: ______________

11 to follow instructions, orders, laws, or rules: ______________

12 to guess about the size or amount of something: ______________

SCORE: ( ) / 20

[13-14] 다음 주어진 문장의 밑줄 친 단어와 같은 의미로 쓰인 것을 고르세요.

13 Many people wrongly believe New York is the <u>capital</u> of the USA.
D16

① A lack of <u>capital</u> caused the business to fail.

② Please write your name on the application in <u>capital</u> letters.

③ The conference has been held in each country's <u>capital</u>.

14 Mrs. Gwen put $1,000 into her <u>account</u> at the bank.
D09

① He could not give an <u>account</u> of what happened.

② In order to close your <u>account</u>, please fill out this form.

③ I was late for the meeting on <u>account</u> of the traffic jam.

[15-16] 다음 빈칸에 공통으로 들어갈 단어를 주어진 철자로 시작하여 쓰세요.

15 the i__________ of increasing university tuition 증가하는 대학 등록금 문제
D28
the i__________ of the new magazine 새 잡지의 발간

16 r__________ the film 영화를 개봉하다
D29
r__________ the chemicals 화학물질을 방출하다

[17-20] 다음 빈칸에 들어갈 가장 알맞은 것을 [보기]에서 골라 쓰세요.

[보기]	achieve D16	influence D25	satisfy D23
	income D01	debate D04	heritage D27

17 They will __________ policies for lowering taxes next Friday.

18 Dan studied hard to __________ his final goal.

19 Sylvia's parents used praise to __________ her decision.

20 Her __________ is not high enough to buy this expensive house.

DAILY TEST DAY 31

정답 p.88

[1-19] 영어를 우리말로, 우리말을 영어로 바꾸세요.

1	literature	______	11	문학[문예]의	______
2	literate	______	12	(의미 등이) 글자 그대로의	______
3	locate	______	13	(그) 지역의, 지방의, 현지의; 주민	______
4	allocate	______	14	논리(학), 논법	______
5	apology	______	15	머리말; 전조, 발단	______
6	ecology	______	16	심리학; 심리 (상태)	______
7	long	______	17	연장하다, 지속시키다	______
8	length	______	18	오래 머무르다, 지속되다	______
9	belong	______	19	착각, 오해; 환영, 환각	______
10	delusion	______			

[20-22] 다음 밑줄 친 부분과 뜻이 가장 가까운 것을 고르세요.

20 Modern high-tech machinery helps <u>prolong</u> people's lives.

① rescue ② ease ③ fit ④ lengthen ⑤ waste

21 I'm <u>longing</u> to take a summer vacation.

① pleased ② anxious ③ sorry ④ willing ⑤ concerned

22 More money will be <u>allocated</u> for the social welfare system.

① restricted ② withheld ③ assigned ④ raised ⑤ eliminated

[23-25] 다음 빈칸에 들어갈 가장 알맞은 것을 고르세요.

① literature ② location ③ apologize ④ linger

23 This map shows the ______ of the school.

24 It was not easy for me to ______ to her in person.

25 The strange smell ______(e)d in the room.

DAILY TEST DAY 32

정답 p.88

[1-19] 영어를 우리말로, 우리말을 영어로 바꾸세요.

1 mechanism ______________
2 master ______________
3 machinery ______________
4 major ______________
5 majestic ______________
6 command ______________
7 demand ______________
8 manual ______________
9 maintain ______________
10 manipulate ______________
11 기계공, 수리공 ______________
12 거대함; 중요함, 중대성 ______________
13 걸작, 대표작, 명작 ______________
14 시장(市長) ______________
15 최대(의), 최고(의) ______________
16 확대하다; 과장하다 ______________
17 (…하도록) 권하다; 추천하다 ______________
18 원고; 손으로 쓴 책[문서], 사본 ______________
19 관리하다; 어떻게든 해내다 ______________

[20-21] 다음 밑줄 친 부분과 뜻이 가장 가까운 것을 고르세요.

20 We <u>demanded</u> a detailed explanation about her behavior.

① provided ② adopted ③ received ④ requested ⑤ asserted

21 He should have focused more on <u>major</u> causes of the problem.

① entire ② main ③ specific ④ common ⑤ minor

22 다음 주어진 문장의 밑줄 친 단어와 같은 의미로 쓰인 것을 고르세요.

It took him a few months to <u>master</u> the song.

① She got a <u>master</u>'s degree in psychology from Harvard.
② The dog's <u>master</u> ordered it to lie down.
③ We must work hard to <u>master</u> foreign languages.

[23-25] 다음 빈칸에 들어갈 가장 알맞은 것을 고르세요.

① manipulate ② maintain ③ recommend ④ magnitude

23 I didn't realize the ______________ of the problem.

24 He ______________(e)d the price of a stock so that he could buy it cheaply.

25 I ______________ that restaurant to you because of its excellent food.

DAILY TEST DAY 33

정답 p.88

[1-20] 영어를 우리말로, 우리말을 영어로 바꾸세요.

1 commerce ______________
2 remind ______________
3 medi(a)eval ______________
4 intermediate ______________
5 mean ______________
6 emerge ______________
7 remember ______________
8 memory ______________
9 monitor ______________
10 monument ______________
11 자비, 관용 ______________
12 매개(물), 매체; 중간의 ______________
13 조정[중재]하다, 화해시키다 ______________
14 즉시[즉각]의; 시급한 ______________
15 그 동안에; 한편으로는 ______________
16 언급(하다); …에 대해 말하다 ______________
17 정신[마음]의 ______________
18 의견(을 말하다), 논평(하다) ______________
19 소환하다; 소집하다 ______________
20 상인, 무역상 ______________

21 다음 밑줄 친 부분과 뜻이 가장 가까운 것을 고르세요.

Actors must <u>learn</u> their lines <u>by heart</u>.

① repeat ② practice ③ memorize ④ manage ⑤ recommend

22 다음 밑줄 친 부분의 반대말로 가장 알맞은 것을 고르세요.

Many people suffer from <u>mental</u> health problems.

① special ② manual ③ physical ④ fundamental ⑤ psychological

[23-24] 다음 밑줄 친 단어가 각각의 문장에서 쓰인 뜻을 쓰세요.

23 Flying is the fastest <u>means</u> of travel.

24 Don't be so <u>mean</u> to your little brother.

[25-27] 다음 빈칸에 들어갈 가장 알맞은 것을 고르세요.

① remind ② memorial ③ monitor ④ comment

25 Please ______________ me to stop at the grocery store.

26 This was built as a ______________ to soldiers who died in Vietnam.

27 The actor did not wish to ______________ on his problems.

DAILY TEST

DAY 34

정답 p.88

[1-18] 영어를 우리말로, 우리말을 영어로 바꾸세요.

1 migrate ______________
2 measure ______________
3 dimension ______________
4 emigrate ______________
5 minister ______________
6 diminish ______________
7 prominent ______________
8 imminent ______________
9 admire ______________
10 소수(파); 소수 민족[집단] ______________
11 거대한, 매우 큰 ______________
12 이민 오다, 이주해 오다 ______________
13 작은; 미성년자; 부전공 ______________
14 경영하다; 집행하다; 투여하다 ______________
15 최소(의), 최저(의) ______________
16 저명한, 존경받는, 중요한 ______________
17 기적, 놀라운 일 ______________
18 훌륭한, 재미있는, 흥미로운 ______________

[19-20] 다음 밑줄 친 부분과 뜻이 가장 가까운 것을 고르세요.

19 The medicine <u>diminished</u> the patient's pain.

① benefited ② lessened ③ removed ④ worsened ⑤ promoted

20 There is an <u>immense</u> statue in the park.

① traditional ② heavy ③ elaborate ④ huge ⑤ magnificent

21 다음 중 나머지 2개의 뜻과 <u>다르게</u> 쓰인 하나를 고르세요.

① Make sure to check the side effects before you <u>administer</u> this drug.

② The organization hired an employee to <u>administer</u> the charity funds.

③ The UN will <u>administer</u> the country until elections are held.

[22-24] 다음 빈칸에 들어갈 가장 알맞은 것을 고르세요.

① minimize ② admire ③ immigrate ④ measure

22 He ______________(e)d to Canada ten years ago.

23 She ______________(e)d the floor for a new carpet.

24 All those who know him will ______________ him for his generosity.

DAILY TEST DAY 35

정답 p.88

[1-20] 영어를 우리말로, 우리말을 영어로 바꾸세요.

1 admit ______________
2 commit ______________
3 transmit ______________
4 emit ______________
5 mission ______________
6 moderate ______________
7 modernize ______________
8 accommodate ______________
9 mortal ______________
10 mortgage ______________

11 위원회 ______________
12 허락하다, 용인하다 ______________
13 제출하다; 복종[굴복]하다 ______________
14 겸손한; 별로 많지 않은 ______________
15 더러움, 어수선함, 혼란 (상태) ______________
16 생략하다, 빠뜨리다 ______________
17 변경하다, 수정하다 ______________
18 상품, 판매상품 ______________
19 형(刑), 틀; 곰팡이 ______________
20 살인(죄), 살해; 죽이다 ______________

[21-22] 다음 밑줄 친 부분과 뜻이 가장 가까운 것을 고르세요.

21 Please <u>submit</u> your application by next week.

① fill out ② put on ③ hand in ④ give out ⑤ take over

22 My father never <u>permits</u> me to stay out late.

① forbids ② allows ③ forgives ④ agrees ⑤ limits

23 다음 밑줄 친 부분의 반대말로 가장 알맞은 것을 고르세요.

The boy should <u>admit</u> that he broke the rule.

① omit ② confess ③ inject ④ deny ⑤ insist

[24-26] 다음 빈칸에 들어갈 가장 알맞은 것을 고르세요.

① mortal ② modify ③ commit ④ transmit

24 Mosquitoes ______________ disease to humans.

25 The club members agreed to ______________ their policy.

26 The man ______________(e)d a crime by stealing a car.

DAY 31-35

SCORE: (   ) / 40

REVIEW TEST

정답 p.89

※ D31 ~ D35 는 해당 문항의 어휘가 제시된 DAY를 나타냅니다.

[1-36] 영어를 우리말로, 우리말을 영어로 바꾸세요.

1 mediate ________ D33

2 committee ________ D35

3 psychology ________ D31

4 prolong ________ D31

5 merchant ________ D33

6 mention ________ D33

7 omit ________ D35

8 mayor ________ D32

9 local ________ D31

10 minor ________ D34

11 remind ________ D33

12 command ________ D32

13 manual ________ D32

14 administer ________ D34

15 mental ________ D33

16 modify ________ D35

17 manage ________ D32

18 mean ________ D33

19 (…에) 속하다 b________ D31

20 존경하다; (감탄하며) 바라보다 a________ D34

21 문학; 문헌 l________ D31

22 상업, 무역 c________ D33

23 지속하다; 유지하다; 주장하다 m________ D32

24 (죄 · 과실 등을) 범하다; 약속하다 c________ D35

25 소환하다; 소집하다 s________ D33

26 사과, 사죄 a________ D31

27 보내다, 전송하다 t________ D35

28 생태학, 생태계 e________ D31

29 조치; 척도; 측정하다; 판단하다 m________ D34

30 화면; 감시(자); 감독[감시]하다 m________ D33

31 내뿜다, 방출하다 e________ D35

32 위엄 있는, 장엄한 m________ D32

33 기억(력); 기념; 【컴】 기억 장치 m________ D33

34 이민 가다, 이주하다 e________ D34

35 중요한, 주된; 소령; 전공(하다) m________ D32

36 중간의; 온건한; 완화하다[되다] m________ D35

[37-38] 다음 빈칸에 들어갈 가장 알맞은 것을 [보기]에서 골라 쓰세요.

[보기] modest D35	immediate D33	mental D33	eminent D34

37 It is very important to maintain good ________ health.

38 The patient needed ________ medical care after his heart attack.

[39-40] 다음 네모 안에서 문맥상 알맞은 것을 고르세요.

39 The customer came to [demand / recommend] a refund for the shirt. D32

40 My father is a(n) [prominent / imminent] lawyer in the city. D34

DAILY TEST DAY 36

정답 p.89

[1-22] 영어를 우리말로, 우리말을 영어로 바꾸세요.

1 move	______	12 장려[촉진]하다; 승진시키다	______
2 remote	______	13 원동력이 되는; 동기, 자극	______
3 moment	______	14 순간[찰나]의	______
4 emotion	______	15 (지역) 공동체; 단체, 모임	______
5 motion	______	16 전달하다, 의사소통하다	______
6 common	______	17 상호 간의, 서로[공통]의	______
7 commute	______	18 출생지[원주민]의	______
8 nation	______	19 자연(계); 성질, 특징, 천성	______
9 negative	______	20 부인[부정]하다; 거절하다	______
10 neutral	______	21 표준, 기준; 평균, 정상	______
11 innate	______	22 거대한, 막대한	______

23 다음 밑줄 친 부분과 뜻이 가장 가까운 것을 고르세요.

We visited a remote farm in the country.

① peaceful ② close ③ nice ④ old ⑤ distant

24 다음 밑줄 친 부분의 반대말로 가장 알맞은 것을 고르세요.

There is an enormous tower in Chicago.

① majestic ② offensive ③ tiny ④ defective ⑤ perfect

25 다음 중 나머지 2개의 뜻과 다르게 쓰인 하나를 고르세요.

① Heart disease is common among smokers.

② They became friends because they have a common interest.

③ I don't like my name; it's very common.

[26-28] 다음 빈칸에 들어갈 가장 알맞은 것을 고르세요.

① promote ② motive ③ commute ④ mutual

26 They ______ to the office by subway.

27 A good marriage requires ______ respect.

28 The ______ for the crime is still unclear.

DAILY TEST DAY 37

정답 p.89

[1-20] 영어를 우리말로, 우리말을 영어로 바꾸세요.

1 notable ______________

2 notify ______________

3 announce ______________

4 notion ______________

5 renew ______________

6 nourish ______________

7 melody ______________

8 numerous ______________

9 cooperate ______________

10 option ______________

11 알아차리다; 주목(하다); 게시(물) ______________

12 소설; 새로운, 기발한 ______________

13 발음하다; 선언하다 ______________

14 혁신하다, 쇄신하다 ______________

15 영양분 (섭취) ______________

16 간호사; 유모; 간호하다, 돌보다 ______________

17 비극(적 사건) ______________

18 작동하다; 영업하다; 수술하다 ______________

19 입양하다; 채택하다 ______________

20 의견, 생각, 견해 ______________

21 다음 밑줄 친 부분과 뜻이 가장 가까운 것을 고르세요.

He <u>announced</u> that he would resign next month.

① declared ② explained ③ concealed ④ concluded ⑤ confessed

22 다음 밑줄 친 부분의 반대말로 가장 알맞은 것을 고르세요.

Her father was killed in a <u>tragic</u> car accident.

① neutral ② pitiful ③ merciful ④ secure ⑤ comic

23 다음 중 나머지 2개의 뜻과 <u>다르게</u> 쓰인 하나를 고르세요.

① The council voted to <u>adopt</u> the proposal.

② They <u>adopted</u> two children whose parents had died.

③ Many companies have <u>adopted</u> a “no smoking” policy.

[24-26] 다음 빈칸에 들어갈 가장 알맞은 것을 고르세요.

① renew ② cooperate ③ nourish ④ notify

24 The food she eats ______________(e)s both her and her baby.

25 I will ______________ you of the results by email.

26 We can deal with this problem if you ______________.

DAILY TEST DAY 38

정답 p.89

[1-20] 영어를 우리말로, 우리말을 영어로 바꾸세요.

1	ordinary	______	11	…을 하위에 놓다; 하위의; 하급자	______
2	orient	______	12	기원, 유래; 출신	______
3	prepare	______	13	기구, 장치; (정치 활동 등의) 조직	______
4	emperor	______	14	제국의, 황제의	______
5	compare	______	15	동료, (나이 등이) 동등한 사람	______
6	apparent	______	16	…처럼 보이다, …인 것 같다; 나타나다	______
7	apart	______	17	수리[수선](하다)	______
8	partial	______	18	투명한, 비치는; 명쾌한	______
9	particle	______	19	특정한; 특별한; (성격 등이) 까다로운	______
10	portion	______	20	비율; 균형, 조화	______

[21-23] 다음 밑줄 친 부분과 뜻이 가장 가까운 것을 고르세요.

21 My <u>original</u> plan was to leave the country for a long time.

① curious ② particular ③ new ④ initial ⑤ possible

22 I think the salad was <u>particularly</u> delicious.

① finally ② generally ③ especially ④ infinitely ⑤ literally

23 This work is <u>comparatively</u> easy for me.

① relatively ② extremely ③ absolutely ④ definitely ⑤ respectively

[24-27] 다음 빈칸에 들어갈 가장 알맞은 것을 고르세요.

① ordinary ② portion ③ apparent ④ preparation ⑤ originate

24 The custom is believed to have ______(e)d in Holland.

25 She is buying food in ______ for the party tonight.

26 On ______ days, he doesn't wear a tie to work.

27 I save some ______ of my income every month.

DAILY TEST DAY 39

정답 p.90

[1-22] 영어를 우리말로, 우리말을 영어로 바꾸세요.

1 passage ______
2 passerby ______
3 patient ______
4 pathetic ______
5 punish ______
6 patriot ______
7 pattern ______
8 pedestrian ______
9 appeal ______
10 impulse ______
11 passenger ______
12 오락, 소일거리 ______
13 속도, 페이스; 걸음 ______
14 …을 능가하다, …보다 낫다 ______
15 동정, 측은하게 여기는 마음 ______
16 후원자, 후원 단체; 고객, 단골 ______
17 원정, 탐험(대) ______
18 억지로 …하게 하다, 강요하다 ______
19 추방하다, 쫓아내다 ______
20 형벌; 벌금; 불이익 ______
21 공감 (능력), 감정 이입 ______
22 열정; 열중 ______

[23-25] 다음 밑줄 친 부분과 뜻이 가장 가까운 것을 고르세요.

23 The punishment for his crime was life in prison.

① offense ② penalty ③ suspense ④ pension ⑤ patriot

24 The student was compelled to study all night to pass the test.

① prevented ② forced ③ enabled ④ hindered ⑤ discouraged

25 Can't you show a little compassion for the poor?

① interest ② patience ③ sympathy ④ complaint ⑤ indifference

[26-28] 다음 빈칸에 들어갈 가장 알맞은 것을 고르세요.

① pace ② surpass ③ impulse ④ appeal

26 A long-distance runner keeps a steady ______.

27 The student's performance ______(e)d our expectations.

28 The Red Cross made a(n) ______ for money and clothing.

DAILY TEST DAY 40

정답 p.90

[1-20] 영어를 우리말로, 우리말을 영어로 바꾸세요.

1 depend ______________
2 suspend ______________
3 ponder ______________
4 experience ______________
5 peril ______________
6 competence ______________
7 petition ______________
8 expend ______________
9 fancy ______________
10 repetitive ______________
11 국면, 양상, (발전의) 단계 ______________
12 보충[보완]하다; 보상하다 ______________
13 연금 ______________
14 실험(하다), 시도(하다) ______________
15 전문가(의), 숙련가(의) ______________
16 경쟁하다, 겨루다 ______________
17 식욕, 시장기; 욕구 ______________
18 반복하다; 따라 말하다 ______________
19 현상, 사건 ______________
20 강조하다, 중요시하다 ______________

[21-22] 다음 밑줄 친 부분과 뜻이 가장 가까운 것을 고르세요.

21 To succeed, you must <u>experience</u> hardship and then overcome it.

① refer to ② keep up ③ turn over ④ go through ⑤ make up for

22 I need time to <u>ponder</u> my options.

① recall ② arrange ③ consider ④ choose ⑤ order

[23-24] 다음 밑줄 친 단어가 문장에서 쓰인 뜻을 쓰세요.

23 The bus service was <u>suspended</u> because of the heavy rain.

24 The fan was <u>suspended</u> from the ceiling.

[25-27] 다음 빈칸에 들어갈 가장 알맞은 것을 고르세요.

① expert	② competition	③ compensation	④ experiment

25 I expect immediate ______________ for this damage.

26 The researchers proved their theory through many ______________s.

27 We asked the opinions of ______________s on the subject.

REVIEW TEST

DAY 36-40

SCORE: (   ) / 40

정답 p.90

※ D36 ~ D40 는 해당 문항의 어휘가 제시된 DAY를 나타냅니다.

[1-36] 영어를 우리말로, 우리말을 영어로 바꾸세요.

1 transparent ____________ D38
2 surpass ____________ D39
3 norm ____________ D36
4 notice ____________ D37
5 compete ____________ D40
6 proportion ____________ D38
7 motive ____________ D36
8 pronounce ____________ D37
9 emphasize ____________ D40
10 patron ____________ D39
11 promote ____________ D36
12 adopt ____________ D37
13 subordinate ____________ D38
14 compel ____________ D39
15 phenomenon ____________ D40
16 penalty ____________ D39
17 nutrition ____________ D37
18 compensate ____________ D40

19 관념, 개념, 생각 n____________ D37
20 보통의, 평범한 o____________ D38
21 승객, 여객 p____________ D39
22 심사숙고하다 p____________ D40
23 열정; 열중, 애착 p____________ D39
24 발표하다, 알리다 a____________ D37
25 동떨어진, 외진; 먼 r____________ D36
26 부분적인; 편파적인 p____________ D38
27 경험(하다); 체험하다 e____________ D40
28 애국자 p____________ D39
29 중립의; 중간의 n____________ D36
30 명백한; 외견상의 a____________ D38
31 능력, 역량 c____________ D40
32 협력[협동]하다 c____________ D37
33 통근(하다) c____________ D36
34 보행자; 보행자(용)의 p____________ D39
35 국면, 양상, (발전의) 단계 p____________ D40
36 갱신하다; 재개하다 r____________ D37

[37-38] 다음 빈칸에 들어갈 가장 알맞은 것을 [보기]에서 골라 쓰세요.

[보기] transparent D38	common D36	passage D39	origin D38

37 She asked me about the ____________ of the rumor.

38 Skin problems are ____________ among teenagers.

[39-40] 다음 네모 안에서 문맥상 알맞은 것을 고르세요.

39 Lillian has a very negative [option / opinion] of Bradley.
D37

40 The design of the new car will [appeal / expel] to many people.
D39

DAILY TEST DAY 41

정답 p.90

[1-22] 영어를 우리말로, 우리말을 영어로 바꾸세요.

1 applaud	________	12 폭발하다[시키다]	________
2 complete	________	13 보충물; 보완하다	________
3 implement	________	14 칭찬, 찬사; 칭찬하다	________
4 accomplish	________	15 공급(량); 보급품; 공급하다	________
5 plenty	________	16 기쁘게 하다, 만족시키다	________
6 plead	________	17 단순함, 간단함	________
7 complicate	________	18 복잡한; 복합의; 건물 단지	________
8 apply	________	19 당황[난처]하게 하다	________
9 diplomatic	________	20 내포하다, 넌지시 비추다	________
10 employ	________	21 이용[착취]하다; 개발하다	________
11 complexity	________	22 탐험하다	________

[23-24] 다음 밑줄 친 부분과 뜻이 가장 가까운 것을 고르세요.

23 He felt great after <u>accomplishing</u> his goal.

① releasing ② achieving ③ issuing ④ stressing ⑤ informing

24 He <u>pleaded</u> for mercy in the courtroom.

① implied ② begged ③ used ④ employed ⑤ suggested

25 다음 밑줄 친 부분의 반대말로 가장 알맞은 것을 고르세요.

The scientists have been studying the <u>complex</u> structure of the human brain.

① excellent ② simple ③ perplexed ④ brilliant ⑤ complicated

[26-28] 다음 빈칸에 들어갈 가장 알맞은 것을 고르세요.

① applaud ② imply ③ diplomatic ④ pleasant

26 The audience ________(e)d his passionate performance.

27 Being stopped by a police officer isn't a(n) ________ experience.

28 His silence seemed to ________ agreement.

DAILY TEST DAY 42

정답 p.91

[1-23] 영어를 우리말로, 우리말을 영어로 바꾸세요.

1 political ______________
2 metropolis ______________
3 populate ______________
4 republic ______________
5 import ______________
6 portable ______________
7 export ______________
8 positive ______________
9 purpose ______________
10 deposit ______________
11 component ______________
12 compound ______________
13 정책, 방침; 보험 증권 ______________
14 인기 있는; 대중적인 ______________
15 공공의, 일반 대중의; 공적인 ______________
16 출판[발행]하다; 발표[공표]하다 ______________
17 수송[운송]하다; 수송; 운송 수단 ______________
18 (좋은) 기회, 호기 ______________
19 (이의 등을) 제기하다; 자세를 취하다 ______________
20 (의무 등을) 부과하다; 강요하다 ______________
21 추측하다; 가정하다 ______________
22 (싸움 · 논쟁 등의) 상대, 적, 반대자 ______________
23 …에 반대하다; …에 저항[대립]하다 ______________

[24-25] 다음 밑줄 친 부분과 뜻이 가장 가까운 것을 고르세요.

24 The ship <u>transports</u> raw materials from China.

① conveys ② exports ③ produces ④ constructs ⑤ processes

25 How foolish of you to miss such a great <u>opportunity</u>!

① danger ② fortune ③ property ④ crisis ⑤ chance

26 다음 밑줄 친 부분의 반대말로 가장 알맞은 것을 고르세요.

Most of the oil that we use is <u>imported</u> from the Middle East.

① implied ② expressed ③ interpreted ④ exported ⑤ supposed

[27-29] 다음 빈칸에 들어갈 가장 알맞은 것을 고르세요.

① popularity ② purpose ③ component ④ deposit

27 The singer has gained wide ______________.

28 Tires, an engine, a body, and seats are ______________s of a car.

29 She didn't do it on ______________; it was an accident.

DAILY TEST DAY 43

정답 p.91

[1-20] 영어를 우리말로, 우리말을 영어로 바꾸세요.

1 possible ______________
2 potential ______________
3 appreciate ______________
4 priceless ______________
5 prison ______________
6 enterprise ______________
7 prey ______________
8 oppress ______________
9 prime ______________
10 primitive ______________

11 가지다, 소유하다 ______________
12 귀중한, 소중한; 값비싼 ______________
13 칭찬(하다), 찬양하다 ______________
14 이해하다, 파악하다 ______________
15 투옥하다, 감금하다 ______________
16 놀라게 하다; 놀람 ______________
17 압력, 압박(감) ______________
18 깊은 인상을 주다; (도장 등을) 찍다 ______________
19 제1의, 주요한; 최초의; 초등의 ______________
20 먼저의; …에 우선하는 ______________

[21-22] 다음 밑줄 친 부분과 뜻이 가장 가까운 것을 고르세요.

21 It was impossible to <u>comprehend</u> the full scale of the disaster.

① compare ② impress ③ produce ④ understand ⑤ experience

22 The *Starry Night* is a <u>priceless</u> work of art.

① worthless ② cheap ③ free ④ invaluable ⑤ discount

[23-25] 다음 밑줄 친 단어가 문장에서 쓰인 뜻을 쓰세요.

23 I sent the package by <u>express</u> mail.

24 No words can <u>express</u> my grief.

25 I'd like two tickets for the <u>express</u> train, please.

[26-29] 다음 빈칸에 들어갈 가장 알맞은 것을 고르세요.

① potential ② impress ③ pressure ④ primary ⑤ principle

26 The basic ______________(e)s of mathematics are hard to understand.

27 The player has the ______________ to become a world champion.

28 He is under ______________ to finish the work quickly.

29 You have to ______________ the audience with your performance.

DAILY TEST DAY 44

정답 p.91

[1-20] 영어를 우리말로, 우리말을 영어로 바꾸세요.

1 acquire ______________
2 conquer ______________
3 exquisite ______________
4 private ______________
5 probe ______________
6 prove ______________
7 proper ______________
8 appropriate ______________
9 punctuate ______________
10 dispute ______________
11 필요로 하다; 규정하다 ______________
12 묻다; 조사하다 ______________
13 요청(하다), 요구(하다) ______________
14 빼앗다, 박탈하다 ______________
15 있을 법한, 그럴듯한 ______________
16 찬성[승낙]하다; 허가[승인]하다 ______________
17 재산, 소유물 ______________
18 시간을 엄수하는, 기한을 지키는 ______________
19 실망시키다, (기대 등을) 저버리다 ______________
20 평판, 명성, 명망 ______________

[21-23] 다음 밑줄 친 부분과 뜻이 가장 가까운 것을 고르세요.

21 Her efforts <u>proved</u> ineffective.

① took off ② came into ③ turned out ④ gave out ⑤ turned into

22 I'd like to buy an <u>appropriate</u> book for my children.

① proper ② punctual ③ beneficial ④ difficult ⑤ interesting

23 There is a <u>dispute</u> over the ownership of the land.

① resolution ② support ③ decision ④ debate ⑤ compromise

24 다음 밑줄 친 부분의 반대말로 가장 알맞은 것을 고르세요.

When I go swimming, I use a <u>private</u> changing room.

① wide ② probable ③ public ④ unique ⑤ individual

[25-27] 다음 빈칸에 들어갈 가장 알맞은 것을 고르세요.

① property ② disappoint ③ approve ④ inquire ⑤ reputation

25 He didn't ______________ of his son's marriage.

26 The woman claimed a right to the ______________.

27 Is this the right place to ______________ about plane reservations?

DAILY TEST DAY 45

정답 p.91

[1-22] 영어를 우리말로, 우리말을 영어로 바꾸세요.

1 corrupt	______	12 길; 항로, 노선	______
2 interrupt	______	13 갑자기 발생하다; 분출하다	______
3 routine	______	14 파산한, 지불 불능의; 파산시키다	______
4 range	______	15 (미리) 계획하다; 배열[정돈]하다	______
5 rank	______	16 비율; 속도; 요금, 가격; 등급	______
6 rational	______	17 이유; 이성, 판단력	______
7 correct	______	18 똑바로 선; 세우다, 짓다	______
8 direct	______	19 지역, 지방; (신체의) 부분	______
9 regular	______	20 규제하다, 규정하다; 조정하다	______
10 reign	______	21 왕의, 왕립의	______
11 rotate	______	22 통제(하다), 억제(하다); 지배(하다)	______

23 다음 밑줄 친 부분과 뜻이 가장 가까운 것을 고르세요.

Are you going to enroll in another class next semester?

① regulate ② cancel ③ direct ④ register ⑤ order

[24-25] 다음 밑줄 친 단어가 문장에서 쓰인 뜻을 쓰세요.

24 He arranged all the books on a bookshelf.

25 They arranged to meet at the movie theater at 7 o'clock.

[26-29] 다음 빈칸에 들어갈 가장 알맞은 것을 고르세요.

① rate ② bankrupt ③ range ④ correct ⑤ interrupt

26 Their business failed and went ______.

27 The lake was surrounded by a mountain ______.

28 Unless the birth ______ increases, the population will drop to dangerous levels.

29 Her answer to the question was perfectly ______.

DAY 41-45

REVIEW TEST

정답 p.91

SCORE: ( ) / 40

※ D41 ~ D45 는 해당 문항의 어휘가 제시된 DAY를 나타냅니다.

[1-36] 영어를 우리말로, 우리말을 영어로 바꾸세요.

1 disappoint ______ D44
2 publish ______ D42
3 control ______ D45
4 impress ______ D43
5 erupt ______ D45
6 deprive ______ D44
7 impose ______ D42
8 arrange ______ D45
9 corrupt ______ D45
10 punctual ______ D44
11 public ______ D42
12 region ______ D45
13 praise ______ D43
14 explore ______ D41
15 reputation ______ D44
16 opportunity ______ D42
17 conquer ______ D44
18 comprehend ______ D43

19 옳은, 올바른; 적당한; 바로잡다 c______ D45
20 수입하다; 수입(품) i______ D42
21 가로막다, 방해하다; 중단시키다 i______ D45
22 잠재적인, 가능성 있는; 잠재력 p______ D43
23 개인적인, 사적인; 비밀의 p______ D44
24 목적, 의도, 의향 p______ D42
25 논쟁[반박](하다), 분쟁 d______ D44
26 이해하다; 고맙게 여기다; 감상하다 a______ D43
27 고용하다; 사용하다 e______ D41
28 적당한, 타당한 a______ D44
29 규칙[정기]적인; 보통의 r______ D45
30 휴대용의, 가지고 다닐 수 있는 p______ D42
31 파산한, 지불 불능의; 파산시키다 b______ D43
32 엄밀히 조사하다; 엄밀한 조사 p______ D44
33 증명[입증]하다; …로 판명되다 p______ D44
34 다양한 것들; 범위; …에 이르다 r______ D45
35 먹이; 희생(물); 잡아먹다 p______ D43
36 풍부함, 넉넉함 p______ D41

[37-38] 다음 빈칸에 들어갈 가장 알맞은 것을 [보기]에서 골라 쓰세요.

[보기] enroll D45	oppose D42	apply D41	possess D43

37 Most politicians ______ the new party.

38 My brother will ______ for a position in my company.

[39-40] 다음 네모 안에서 문맥상 알맞은 것을 고르세요.

39 The car mechanic recommended that I replace a few [components / compounds]. D42

40 He is saving money to [acquire / require] a house. D44

DAILY TEST DAY 46

정답 p.92

[1-24] 영어를 우리말로, 우리말을 영어로 바꾸세요.

1 sacred ______________
2 saint ______________
3 scale ______________
4 conscious ______________
5 descend ______________
6 escalate ______________
7 subscribe ______________
8 segment ______________
9 sense ______________
10 sensation ______________
11 resent ______________
12 sector ______________
13 희생(하다); 제물(로 바치다) ______________
14 잠재의식(의) ______________
15 섬세함, 감수성; 민감성 ______________
16 양심, 도덕심 ______________
17 (약 등을) 처방하다; 규정하다 ______________
18 묘사하다, 기술하다 ______________
19 부분, 구획; 구역; 분할하다 ______________
20 의견 일치, 합의 ______________
21 무의미한[어리석은] 말[행동] ______________
22 감정, 정서; 감상 ______________
23 향기, 냄새 ______________
24 승낙(하다), 동의(하다) ______________

25 다음 밑줄 친 부분과 뜻이 가장 가까운 것을 고르세요.

Steven is not <u>conscious</u> of his faults.

① afraid ② aware ③ grateful ④ proud ⑤ composed

26 다음 밑줄 친 부분의 반대말로 가장 알맞은 것을 고르세요.

We watched a jet airplane <u>descend</u> during an air show.

① analyze ② ascend ③ repair ④ slide ⑤ compose

[27-30] 다음 빈칸에 들어갈 가장 알맞은 것을 고르세요.

① scale ② sacrifice ③ consent ④ prescribe ⑤ subconscious

27 He has a(n) ______________ fear of darkness.

28 He made great ______________(e)s for the good of his team.

29 You need your parent's ______________ to go the zoo.

30 If this medicine doesn't work, I will ______________ something stronger.

DAILY TEST DAY 47

정답 p.92

[1-21] 영어를 우리말로, 우리말을 영어로 바꾸세요.

1 subsequent ______________

2 suit ______________

3 insert ______________

4 exert ______________

5 preserve ______________

6 conserve ______________

7 observe ______________

8 session ______________

9 settle ______________

10 reside ______________

11 assess ______________

12 결과; 영향; 중요성 ______________

13 연속, 잇달아 일어남; 순서, 차례 ______________

14 처형하다; 실행[수행]하다 ______________

15 추구하다; 뒤쫓다 ______________

16 사막; (사람 · 장소 등을) 버리다 ______________

17 연속; 연속물, 시리즈 ______________

18 예약하다; 남겨 두다 ______________

19 …을 받을 만하다 ______________

20 대통령; (기업 등의) 회장 ______________

21 사로잡다; 강박감을 갖다 ______________

[22-23] 다음 밑줄 친 부분과 뜻이 가장 가까운 것을 고르세요.

22 The tribes try to <u>preserve</u> their traditional arts.

① innovate ② reduce ③ desert ④ invent ⑤ protect

23 Dr. Lee, having <u>resided</u> abroad for many years, returned to Korea last summer.

① researched ② lived ③ travelled ④ graduated ⑤ conserved

[24-26] 다음 밑줄 친 단어가 문장에서 쓰인 뜻을 쓰세요.

24 I had my grey <u>suit</u> cleaned.

25 The judge made a final decision on the <u>suit</u> between the two companies.

26 Does this skirt <u>suit</u> me?

[27-29] 다음 빈칸에 들어갈 가장 알맞은 것을 고르세요.

① executive ② conservation ③ settle ④ consequence

27 My car broke down; as a(n) ______________, I arrived rather late.

28 She is a(n) ______________ at a large company.

29 Steve is the only person that can ______________ this dispute.

DAILY TEST DAY 48

정답 p.92

[1-20] 영어를 우리말로, 우리말을 영어로 바꾸세요.

1 sign ______________
2 assign ______________
3 seal ______________
4 resemble ______________
5 seemingly ______________
6 social ______________
7 sole ______________
8 solitude ______________
9 solve ______________
10 dissolve ______________
11 중대한; (수 · 양이) 상당한 ______________
12 (직위 등을) 사임하다 ______________
13 비슷한, 유사한 ______________
14 모으다; 모이다; 조립하다 ______________
15 흉내, 가상[모의] 실험 ______________
16 관련시켜 생각하다, 연상하다 ______________
17 사회학 ______________
18 고독한; 혼자서 하는, 혼자의 ______________
19 지정[지명]하다; 표시하다 ______________
20 해결하다; 결정[결심]하다 ______________

[21-24] 다음 밑줄 친 부분과 뜻이 가장 가까운 것을 고르세요.

21 Changes in the weather may signify that pollution is affecting our climate.
① assign ② regulate ③ cause ④ mean ⑤ collect

22 All the employees were asked to assemble in the main hall.
① research ② observe ③ work ④ gather ⑤ conserve

23 Dr. Beard is the sole authority on the subject.
① resolute ② vague ③ only ④ lonely ⑤ respectable

24 Talking is the best way to resolve a problem.
① create ② make ③ restate ④ solve ⑤ renew

[25-27] 다음 빈칸에 들어갈 가장 알맞은 것을 고르세요.

① assign ② signature ③ associate ④ social

25 I need your ______________ on this form.

26 ______________ change for the better occurs when citizens care.

27 He was known to ______________ with criminals.

DAILY TEST DAY 49

정답 p.92

[1-20] 영어를 우리말로, 우리말을 영어로 바꾸세요.

1 philosophy ____________
2 sophomore ____________
3 expect ____________
4 inspect ____________
5 prospect ____________
6 species ____________
7 special ____________
8 despite ____________
9 despair ____________
10 hemisphere ____________
11 세련된, 경험 많은; 복잡한 ____________
12 존경[존중](하다); 측면 ____________
13 의심하다, 혐의를 두다; 용의자 ____________
14 측면, 국면; 모습, 외관 ____________
15 구경거리, 장관 ____________
16 특정한; 구체적인 ____________
17 기대, 예상 ____________
18 (일 · 사업 등이) 번영[성공]하다 ____________
19 구(球), 구형; 영역 ____________
20 공기, 대기; 분위기 ____________

[21-23] 다음 밑줄 친 부분과 뜻이 가장 가까운 것을 고르세요.

21 The math test was much easier than I had <u>expected</u>.

① anticipated ② hoped ③ requested ④ appreciated ⑤ explained

22 The police went to <u>inspect</u> the scene of the accident.

① preserve ② investigate ③ respect ④ dissolve ⑤ insert

23 Do you have a <u>specific</u> model that you want?

① vague ② sacred ③ proper ④ particular ⑤ recent

24 다음 밑줄 친 부분의 반대말로 가장 알맞은 것을 고르세요.

I have lost all <u>hope</u> for the future.

① happiness ② fortune ③ despair ④ support ⑤ atmosphere

[25-27] 다음 빈칸에 들어갈 가장 알맞은 것을 고르세요.

① philosophy ② aspect ③ suspect ④ species

25 His ____________ of life is to always do his best.

26 Tigers, giant pandas, and whales are all endangered ____________.

27 He is considered the prime ____________ in the murder case.

DAILY TEST DAY 50

정답 p.93

[1-20] 영어를 우리말로, 우리말을 영어로 바꾸세요.

1 spirit ____________
2 expire ____________
3 respond ____________
4 stand ____________
5 statue ____________
6 state ____________
7 estate ____________
8 establish ____________
9 instance ____________
10 substance ____________
11 고무시키다; (감정 등을) 불어넣다 ____________
12 열망[갈망]하다, 바라다 ____________
13 후원자; 후원하다 ____________
14 표준, 기준, 수준 ____________
15 지위, 신분; (진행) 상황 ____________
16 통계(치[량/표]); 통계학 ____________
17 안정된, 견고한 ____________
18 즉석의, 즉각적인; 즉석 요리의 ____________
19 끊임없는, 계속되는; 불변(의 것) ____________
20 장애(물), 방해(물) ____________

[21-22] 다음 밑줄 친 부분과 뜻이 가장 가까운 것을 고르세요.

21 I asked where he'd been, but he didn't respond.

① answer ② inspire ③ represent ④ inquire ⑤ translate

22 Please stand up and state your complaint.

① express ② cover ③ remove ④ hide ⑤ argue

23 다음 밑줄 친 부분의 반대말로 가장 알맞은 것을 고르세요.

Blessed are the poor in spirit.

① soul ② material ③ statue ④ suspicion ⑤ solitude

[24-27] 다음 빈칸에 들어갈 가장 알맞은 것을 고르세요.

① establish ② instance ③ substance ④ stand ⑤ expire

24 It is necessary to ____________ a new high school in the town.

25 When will your driver's license ____________?

26 He makes too much noise when he eats. I can't ____________ it anymore!

27 Snow and ice are the same ____________.

DAY
46 - 50

REVIEW TEST

정답 p.93

SCORE: (   ) / 40

※ D46 ~ D50는 해당 문항의 어휘가 제시된 DAY를 나타냅니다.

[1-36] 영어를 우리말로, 우리말을 영어로 바꾸세요.

1 consequence ______________ D47
2 sacrifice ______________ D46
3 specific ______________ D49
4 resign ______________ D48
5 pursue ______________ D47
6 obstacle ______________ D50
7 prosper ______________ D49
8 resolve ______________ D48
9 descendant ______________ D46
10 standard ______________ D50
11 atmosphere ______________ D49
12 associate ______________ D48
13 scale ______________ D46
14 deserve ______________ D47
15 instant ______________ D50
16 aspect ______________ D49
17 solitude ______________ D48
18 escalate ______________ D46
19 신호; 신호를 보내다 s______________ D48
20 기대[예상]하다 e______________ D49
21 (정기) 구독하다 s______________ D46
22 발휘[행사]하다; 노력하다 e______________ D47
23 …에도 불구하고 d______________ D49
24 맡기다, 임명하다; 할당하다 a______________ D48
25 만기가 되다, 끝나다 e______________ D50
26 보호[보존]하다; 유지하다 p______________ D47
27 묘사하다, 기술하다 d______________ D46
28 철학 p______________ D49
29 분개하다, 화를 내다 r______________ D46
30 삽입하다, 넣다; 덧붙이다 i______________ D47
31 감각; 느낌, 기분; 대소동 s______________ D46
32 해결하다; 정착하다[시키다] s______________ D47
33 향기, 냄새 s______________ D46
34 물질, 물체; 실체, 본질 s______________ D50
35 녹(이)다; 해산시키다 d______________ D48
36 절망(하다), 자포자기(하다) d______________ D49

[37-38] 다음 빈칸에 들어갈 가장 알맞은 것을 [보기]에서 골라 쓰세요.

[보기] statistics D50	solitary D48	constant D50	execute D47

37 Madison suffered terribly all day because of the ______________ pain.

38 The latest ______________ show that economic growth has slowed down.

[39-40] 다음 네모 안에서 문맥상 알맞은 것을 고르세요.

39 All the students must [assemble / resemble] in the auditorium.
D48

40 Thomas [observed / reserved] what they were doing.
D47

DAILY TEST DAY 51

정답 p.93

[1-19] 영어를 우리말로, 우리말을 영어로 바꾸세요.

1 assist ____________
2 exist ____________
3 insist ____________
4 cost ____________
5 steady ____________
6 substitute ____________
7 superstition ____________
8 distinguish ____________
9 stimulate ____________
10 extinguish ____________
11 …에 존재하다; …로 이루어지다 ____________
12 반대하다, 저항[반항]하다 ____________
13 체포(하다) ____________
14 체계, 체제, 방식 ____________
15 학회, 협회, 연구소 ____________
16 구성하다; 설립하다 ____________
17 목적지, 행선지 ____________
18 별개의, 다른; 확실한, 명료한 ____________
19 본능, 본성 ____________

[20-22] 다음 밑줄 친 부분과 뜻이 가장 가까운 것을 고르세요.

20 I recognized his distinct handwriting on the note.

① different ② famous ③ steady ④ extinct ⑤ responsible

21 Our staff will do all they can do to assist you.

① interrupt ② avoid ③ help ④ revenge ⑤ promote

22 Can you distinguish between the two?

① capture ② describe ③ interpret ④ extinguish ⑤ differentiate

23 다음 밑줄 친 부분의 반대말로 가장 알맞은 것을 고르세요.

We should resist the temptation to take shortcuts.

① oppose ② reduce ③ transplant ④ accept ⑤ distract

[24-26] 다음 빈칸에 들어갈 가장 알맞은 것을 고르세요.

① superstition ② substitute ③ instinct ④ institute ⑤ steady

24 There is a(n) ____________ that walking under a ladder brings bad luck.

25 No machine can ____________ for a human being.

26 Why don't you study English in a foreign language ____________?

DAILY TEST DAY 52

정답 p.93

[1-22] 영어를 우리말로, 우리말을 영어로 바꾸세요.

1	strict	______	12	(행정구 등의) 지구, 구역	______
2	strain	______	13	제한하다, 한정하다	______
3	strait	______	14	긴장; 압력; 스트레스를 주다	______
4	distress	______	15	명성, 위신; 명성이 있는	______
5	restrain	______	16	구조, 조직; 건축물, 구조물	______
6	construct	______	17	지시하다; 가르치다	______
7	destroy	______	18	산업, 공업; 근면	______
8	instrument	______	19	결과, 결말; …의 결과를 낳다	______
9	insult	______	20	소비(량[액]), 사용	______
10	consume	______	21	가정하다; (책임 등을) (떠)맡다	______
11	presume	______	22	재개하다; 되찾다	______

[23-24] 다음 밑줄 친 부분과 뜻이 가장 가까운 것을 고르세요.

23 We restrict the number of students to ten.

① limit ② correct ③ construct ④ apply ⑤ cancel

24 He stressed the importance of treating customers politely.

① informed ② exhibited ③ founded ④ registered ⑤ emphasized

[25-26] 다음 밑줄 친 단어가 문장에서 쓰인 뜻을 쓰세요.

25 It is important to assume responsibility for your errors.

26 Let's assume that the rumor is true.

[27-29] 다음 빈칸에 들어갈 가장 알맞은 것을 고르세요.

① instruction ② industrial ③ instrument ④ consumer

27 Manufacturers should pay more attention to the opinions of ______s.

28 They contributed greatly to the ______ development of our town.

29 I will give you the ______s for using this tool.

DAILY TEST DAY 53

정답 p.94

[1-24] 영어를 우리말로, 우리말을 영어로 바꾸세요.

1 insure	______	13 보장하다; …을 확실하게 하다	______
2 surge	______	14 근원, 원천; 원인	______
3 resource	______	15 붙이다, 첨부하다	______
4 stake	______	16 공격; (갑작스런) 발병; 공격하다	______
5 intact	______	17 접촉, 연락; 연락하다	______
6 integrate	______	18 달성하다; 도달하다	______
7 entire	______	19 재단사; 맞추어 만들다	______
8 retail	______	20 세부 사항, 사소한 것	______
9 contain	______	21 즐겁게 하다; 대접하다, 환대하다	______
10 sustain	______	22 보유하다, 유지하다; 기억하다	______
11 content	______	23 대륙, 육지	______
12 continue	______	24 얻다, 획득하다	______

[25-26] 다음 밑줄 친 부분과 뜻이 가장 가까운 것을 고르세요.

25 The source of the disease was unknown.

① aspect ② stake ③ rate ④ cause ⑤ detail

26 Please contact me for further information.

① fall upon ② make fun of ③ pay attention to
④ depend on ⑤ get in touch with

[27-28] 다음 밑줄 친 단어가 문장에서 쓰인 뜻을 쓰세요.

27 The contents of a book are more important than its cover.

28 I'm not very content with my new job. I'm looking for something else.

[29-31] 다음 빈칸에 들어갈 가장 알맞은 것을 고르세요.

① resource ② continuous ③ attack ④ attain

29 These plants need a(n) ______ supply of fresh water.

30 The shortage of natural ______(e)s is a serious problem.

31 They ______(e)d their goal ahead of time.

DAILY TEST DAY 54

정답 p.94

[1-22] 영어를 우리말로, 우리말을 영어로 바꾸세요.

1 technique ____________
2 temperament ____________
3 temperature ____________
4 temporary ____________
5 tempt ____________
6 tend ____________
7 extend ____________
8 attend ____________
9 tense ____________
10 terminal ____________
11 terminate ____________
12 과학 기술 ____________
13 온화한, 온난한; 온건한 ____________
14 성미, 기질; 기분 ____________
15 현대의, 당대의; 동시대의 ____________
16 시도하다; 시도, 노력 ____________
17 …할 작정이다; 의도하다 ____________
18 …인 체하다, 가장하다 ____________
19 부드러운, 연한; 제공하다 ____________
20 강렬한; 열렬한, 열심인 ____________
21 결정짓다, 좌우하다; 결심하다 ____________
22 용어; 관점; 기간, 학기 ____________

[23-24] 다음 밑줄 친 부분과 뜻이 가장 가까운 것을 고르세요.

23 They <u>attempt</u> to sell as many as possible.

① tend ② try ③ pretend ④ intend ⑤ tempt

24 If we keep losing money, I will <u>terminate</u> the business.

① continue ② transfer ③ expand ④ end ⑤ lose

25 다음 주어진 문장의 밑줄 친 단어와 같은 의미로 쓰인 것을 고르세요.

In what sense is that <u>term</u> used?

① The girls have been on bad <u>terms</u> since their fight.

② The new school <u>term</u> will soon begin.

③ Let me explain it in simple <u>terms</u> for you.

[26-28] 다음 빈칸에 들어갈 가장 알맞은 것을 고르세요.

① determine ② tension ③ intentionally ④ pretend ⑤ contemporary

26 She would never ____________ hurt anyone.

27 ____________ is building between labor and management.

28 Your success is ____________(e)d by how hard you work.

DAILY TEST DAY 55

정답 p.94

[1-20] 영어를 우리말로, 우리말을 영어로 바꾸세요.

1 terror	______	11 무서운, 끔찍한; 심한, 대단한	______
2 terrify	______	12 영토; 지방, 지역, 구역	______
3 testify	______	13 지구(상)의, 지상의	______
4 contest	______	14 항의(하다), 시위(하다)	______
5 context	______	15 본문; 문자 메시지를 보내다	______
6 theology	______	16 직물, 옷감	______
7 tone	______	17 열정, 열광, 열중	______
8 intonation	______	18 단조로운, 변화 없는, 지루한	______
9 torture	______	19 가락, 선율; (악기를) 조율하다	______
10 distort	______	20 고통, 고뇌; 괴롭히다	______

[21-23] 다음 밑줄 친 부분과 뜻이 가장 가까운 것을 고르세요.

21 She has recently lost her <u>enthusiasm</u> for watching TV dramas.

① passion ② tone ③ contest ④ terror ⑤ substance

22 He gave a <u>terrific</u> performance.

① horrible ② great ③ ordinary ④ mental ⑤ vacant

23 The woman was <u>terribly</u> angry, as the same problem had occurred repeatedly.

① temporarily ② hardly ③ instantly ④ constantly ⑤ extremely

[24-26] 다음 빈칸에 들어갈 가장 알맞은 것을 고르세요.

① protest ② territory ③ context ④ monotonous ⑤ textile

24 Sometimes he went on a trip to escape his ______ life.

25 Can't you guess the meaning of the word from the ______?

26 The plane flew over the ______ of another country.

REVIEW TEST

정답 p.94

SCORE: (   ) / 40

※ D51 ~ D55 는 해당 문항의 어휘가 제시된 DAY를 나타냅니다.

[1-36] 영어를 우리말로, 우리말을 영어로 바꾸세요.

1 protest	________	D55	19 고통; 곤경, 빈곤; 곤란하게 하다	d________	D52
2 restrict	________	D52	20 끄다, 소멸시키다	e________	D51
3 temperate	________	D54	21 (사건 등의) 배경, 정황; (문장의) 문맥	c________	D55
4 terrestrial	________	D55	22 심한 고통; 고문(하다); 괴롭히다	t________	D55
5 instinct	________	D51	23 겁나게 하다, 무섭게 하다	t________	D55
6 restrain	________	D52	24 존재하다, 실재하다	e________	D51
7 attach	________	D53	25 일시적인; 임시의	t________	D54
8 enthusiasm	________	D55	26 모욕하다; 모욕, 무례	i________	D52
9 prestige	________	D52	27 긴장한; 팽팽하게 당겨진; 시제	t________	D54
10 institute	________	D51	28 결정짓다, 좌우하다; 결심하다	d________	D54
11 contemporary	________	D54	29 유혹하다; …할 생각이 들게 하다	t________	D54
12 intense	________	D54	30 건설하다; (문장 등을) 만들다	c________	D52
13 terminate	________	D54	31 소비하다, 쓰다; 먹다, 마시다	c________	D52
14 contact	________	D53	32 보험에 들다	i________	D53
15 temperament	________	D54	33 증언하다; 증명하다	t________	D55
16 retain	________	D53	34 왜곡하다; (이미지 등을) 바꾸다	d________	D55
17 arrest	________	D51	35 자원, 자산; (학습 · 연구) 자료	r________	D53
18 assume	________	D52	36 …하는 경향이 있다, …하기 쉽다	t________	D54

[37-38] 다음 빈칸에 들어갈 가장 알맞은 것을 [보기]에서 골라 쓰세요.

[보기] strain D52 attack D53 temper D54 term D54

37 Phillip had never heard of that unusual ________ before.

38 She was under great ________ because of her exams.

[39-40] 다음 네모 안에서 문맥상 알맞은 것을 고르세요.

39 She [obtained / sustained] a new dress from a department store last month. D53

40 Blake [extended / pretended] to be a horse in the school play. D54

DAILY TEST DAY 56

정답 p.95

[1-20] 영어를 우리말로, 우리말을 영어로 바꾸세요.

1 tradition ________
2 betray ________
3 tremendous ________
4 attribute ________
5 distract ________
6 extract ________
7 retreat ________
8 trace ________
9 portray ________
10 distribute ________
11 특성, 특징 ________
12 떨(리)다; 흔들리다, 진동하다 ________
13 기부[기증]하다; …에 기여하다 ________
14 (주의 · 흥미 등을) 끌다, 매혹하다 ________
15 추상적인; 이론적인 ________
16 계약; 계약을 맺다; 줄(이)다 ________
17 (국가 간의) 조약, 협정 ________
18 질질 끌다; 추적하다; 오솔길; 흔적 ________
19 맡기다, 위탁하다 ________
20 정직한; (대답 등이) 진실한, 참된 ________

[21-22] 다음 밑줄 친 부분과 뜻이 가장 가까운 것을 고르세요.

21 Look through the <u>contract</u> before you sign it.

① copy ② job ③ business ④ conflict ⑤ agreement

22 Detectives are able to <u>track</u> criminals using science.

① indicate ② escape ③ capture ④ release ⑤ trace

23 다음 밑줄 친 부분의 반대말로 가장 알맞은 것을 고르세요.

The losing army had to quickly <u>retreat</u>.

① move ② advance ③ join ④ decorate ⑤ defend

[24-25] 다음 밑줄 친 단어가 문장에서 쓰인 뜻을 쓰세요.

24 They <u>treated</u> him as one of the family.

25 Don't worry about the cost—it's my <u>treat</u>.

[26-28] 다음 빈칸에 들어갈 가장 알맞은 것을 고르세요.

① abstract ② betray ③ treaty ④ attribute ⑤ tradition

26 I ________ my success to everyone who helped me.

27 Many modern artists enjoy creating ________ paintings.

28 I believe that he will never ________ me.

DAILY TEST DAY 57

정답 p.95

[1-22] 영어를 우리말로, 우리말을 영어로 바꾸세요.

1	use	______	12	학대(하다); 남용(하다), 오용(하다)	______
2	utensil	______	13	활용하다, 이용하다	______
3	evade	______	14	침략[침입]하다; 침해하다	______
4	vague	______	15	낭비하는, 사치스러운; 지나친	______
5	value	______	16	(가치 · 수량 등을) 평가하다	______
6	valid	______	17	방해하다, 참견하다; 침입하다	______
7	avoid	______	18	위협, 협박	______
8	disturb	______	19	문제, 어려움; 괴롭히다	______
9	abundant	______	20	둘러싸다, 에워싸다	______
10	urban	______	21	교외, 도시 주변의 주택지	______
11	available	______	22	만연하다; 우세하다, 이기다	______

[23-24] 다음 밑줄 친 부분과 뜻이 가장 가까운 것을 고르세요.

23 I didn't mean to <u>disturb</u> him when I called his name.

① abound ② interrupt ③ surround ④ threat ⑤ cooperate

24 Love is an <u>invaluable</u> thing.

① available ② valueless ③ excessive ④ priceless ⑤ prevalent

25 다음 밑줄 친 부분의 반대말로 가장 알맞은 것을 고르세요.

<u>Urban</u> life can be very stressful for some people.

① abundant ② rural ③ peaceful ④ exciting ⑤ troublesome

[26-28] 다음 빈칸에 들어갈 가장 알맞은 것을 고르세요.

① utilize ② prevail ③ abuse ④ surround ⑤ invade

26 Please be careful not to ______ your medicine.

27 It's wrong to ______ the privacy of other people.

28 Korea is ______(e)d by water on three sides.

DAILY TEST DAY 58

정답 p.95

[1-24] 영어를 우리말로, 우리말을 영어로 바꾸세요.

1	various	______	13	변동이 심한; 바뀔 수 있는	______
2	revenge	______	14	(양 · 정도의) 차이; 변형	______
3	event	______	15	(피해자를 대신해) 복수하다	______
4	invent	______	16	막다, 예방하다, 방해하다	______
5	venture	______	17	모험(심), 색다른 경험	______
6	avenue	______	18	집회, 모임; 협정; 관습, 인습	______
7	convenient	______	19	중재하다, 개입하다; 방해하다	______
8	advertise	______	20	기념품, 기념 선물	______
9	vertical	______	21	개조하다; 전향하다[시키다]	______
10	diverse	______	22	대화하다; 정반대(의)	______
11	verse	______	23	변형, 판(版)	______
12	reverse	______	24	이혼(하다); 분리(하다)	______

[25-27] 다음 밑줄 친 부분과 뜻이 가장 가까운 것을 고르세요.

25 If you work hard, you will <u>eventually</u> attain your goal.

① regularly ② instantly ③ finally ④ obviously ⑤ conventionally

26 The grocery store has a <u>diversity</u> of exotic ingredients.

① variety ② consistency ③ mobility ④ unity ⑤ reality

27 Please sign your name on the <u>reverse</u> side of the card.

① front ② opposite ③ upper ④ exact ⑤ narrow

[28-30] 다음 빈칸에 들어갈 가장 알맞은 것을 고르세요.

① advertisement ② divorce ③ prevent ④ convenient

28 I'll call back at a more ______ time.

29 There were many responses to our ______ for a new salesclerk.

30 Children suffer emotional distress when their parents get ______(e)d.

DAILY TEST DAY 59

정답 p.95

[1-20] 영어를 우리말로, 우리말을 영어로 바꾸세요.

1	previous	______	11	…을 경유하여; …을 매개로 하여 ______
2	convey	______	12	항해(하다), 여행(하다) ______
3	victory	______	13	(…에게) 유죄를 선고[입증]하다 ______
4	individual	______	14	나누다, 분할하다, 분열되다 ______
5	widow	______	15	고안하다, 궁리하다 ______
6	revise	______	16	활력, 기력, 정력 ______
7	supervise	______	17	시력, 시야; 통찰력; 미래상 ______
8	provide	______	18	관점, 견해; 시야; 장면, 경치 ______
9	review	______	19	면접(하다[보다]); 회견(하다) ______
10	envy	______	20	확신[납득]시키다; 설득하다 ______

[21-23] 다음 밑줄 친 부분과 뜻이 가장 가까운 것을 고르세요.

21 I tried to <u>convince</u> my father that I was old enough to travel alone.

① persuade ② deceive ③ delay ④ enable ⑤ concentrate

22 She had to appear in court to give <u>evidence</u>.

① donation ② proof ③ credit ④ conclusion ⑤ determination

23 The new dam will <u>provide</u> China with most of its electricity.

① use ② waste ③ surprise ④ supply ⑤ encourage

24 다음 밑줄 친 부분의 반대말로 가장 알맞은 것을 고르세요.

It's <u>obvious</u> that he is in love with her.

① unclear ② evident ③ diverse ④ dangerous ⑤ adventurous

[25-27] 다음 빈칸에 들어갈 가장 알맞은 것을 고르세요.

① survey ② device ③ individual ④ envy

25 A detailed ______ was carried out among the residents.

26 Democracy guards and respects the rights of the ______.

27 Washing machines and computers are labor-saving ______(e)s.

DAILY TEST DAY 60

정답 p.96

[1-20] 영어를 우리말로, 우리말을 영어로 바꾸세요.

1 survive	______	11 (묘사 · 색상 등이) 생생한, 선명한	______
2 vital	______	12 목소리의; 강하게 의견을 말하는	______
3 vocation	______	13 옹호하다, 지지하다; 옹호자	______
4 vocabulary	______	14 (기억 · 감정을) 불러일으키다	______
5 voluntary	______	15 (반응을) 유발하다; 화나게 하다	______
6 revolve	______	16 헌신하다; 전념하다	______
7 evolve	______	17 포함하다; 관계[관련]시키다	______
8 vote	______	18 음량; 양; 부피; 책, 권	______
9 award	______	19 보상(금), 보수	______
10 warn	______	20 알고 있는, 의식[인식]하는	______

21 다음 밑줄 친 부분과 뜻이 가장 가까운 것을 고르세요.

Racial repression has **provoked** strong resistance.

① convinced ② aroused ③ abused ④ calmed ⑤ reserved

22 다음 밑줄 친 부분의 반대말로 가장 알맞은 것을 고르세요.

He made a **voluntary** statement to the police.

① noble ② precise ③ casual ④ devoted ⑤ compulsory

[23-24] 다음 밑줄 친 단어가 문장에서 쓰인 뜻을 쓰세요.

23 How do you measure the **volume** of a box?

24 I can't hear the radio. Would you turn up the **volume**?

[25-28] 다음 빈칸에 들어갈 가장 알맞은 것을 고르세요.

① involve ② reward ③ evolution ④ vital ⑤ survive

25 We naturally associate the name of Darwin with the theory of ______.

26 She denied being ______(e)d in a crime.

27 We cannot ______ without water for more than a week.

28 Early discovery is of ______ importance for the treatment of cancer.

DAY 56-60

REVIEW TEST

정답 p.96

SCORE: (   ) / 40

※ D56 ~ D60 는 해당 문항의 어휘가 제시된 DAY를 나타냅니다.

[1-36] 영어를 우리말로, 우리말을 영어로 바꾸세요.

1 convert ________ D58
2 view ________ D59
3 threat ________ D57
4 intervene ________ D58
5 extravagant ________ D57
6 vivid ________ D60
7 divorce ________ D58
8 convict ________ D59
9 devoted ________ D60
10 surround ________ D57
11 vigor ________ D59
12 abuse ________ D57
13 tremble ________ D56
14 evade ________ D57
15 advocate ________ D60
16 intrude ________ D57
17 prevail ________ D57
18 prevent ________ D58
19 비어있는, 사람이 살지 않는 v________ D57
20 돌(리)다, 회전하다[시키다]; 공전하다 r________ D60
21 (피해자 자신이) 복수(하다) r________ D58
22 엄청난, 막대한; 멋진, 대단한 t________ D56
23 자발적인; 자원 봉사의 v________ D60
24 (생각 · 감정 등을) 전하다; 수송하다 c________ D59
25 유효한; 타당한, 논리적인 v________ D57
26 알고 있는, 의식[인식]하는 a________ D60
27 편리한; (장소가) 가까운 c________ D58
28 …의 탓[덕]으로 돌리다; 성질, 특성 a________ D56
29 천직, 직업; 소명, 사명감 v________ D60
30 개별의, 개개의; 독특한; 개인, 개체 i________ D59
31 신뢰(하다); 믿음; 위탁; 의지하다 t________ D56
32 수직의, 세로의; 수직(선) v________ D58
33 방해하다; 깨뜨리다, 어지럽히다 d________ D57
34 다양한, 가지각색의 d________ D58
35 (일 · 사람 등을) 감독하다, 관리하다 s________ D59
36 재검토(하다); 비평(하다); 복습(하다) r________ D59

[37-38] 다음 빈칸에 들어갈 가장 알맞은 것을 [보기]에서 골라 쓰세요.

[보기] available D57 evidence D59 reward D60 urban D57

37 The criminal's diary contains all the ________ the police will need.

38 Mary told her boyfriend she would not be ________ tonight.

[39-40] 다음 네모 안에서 문맥상 알맞은 것을 고르세요.

39 I'm not sure that humans [evolved / involved] from apes. D60

40 I will ask Jacob to [distribute / distract] the magazines. D56

FINAL TEST

DAY 31 - 60

정답 p.96

※ D31 ~ D60는 해당 문항의 어휘가 제시된 DAY를 나타냅니다.

[1-5] 다음 주어진 단어와 뜻을 올바르게 선으로 연결하세요.

1 conscience D46 · · ⓐ 빼앗다, 박탈하다
2 implement D41 · · ⓑ 비율; 균형, 조화
3 proportion D38 · · ⓒ 양심, 도덕심
4 deprive D44 · · ⓓ 바꾸다, 개조하다
5 convert D58 · · ⓔ 도구, 연장; 실행[이행]하다

[6-7] 다음 밑줄 친 부분과 뜻이 가장 가까운 것을 고르세요.

6 D38 James thought it was strange but to Hannah it seemed ordinary.
① new ② normal ③ close ④ clear ⑤ similar

7 D40 My brother is an expert on computer software.
① saint ② president ③ monitor ④ specialist ⑤ sponsor

[8-9] 다음 밑줄 친 부분의 반대말로 가장 알맞은 것을 고르세요.

8 D36 People who have a negative attitude cannot succeed.
① regular ② strict ③ entire ④ steady ⑤ positive

9 D43 Tiffany praised her son for cleaning the house so well.
① criticized ② sealed ③ assisted ④ divided ⑤ contained

[10-12] 다음 영영풀이가 의미하는 단어를 [보기]에서 골라 쓰세요.

[보기] prevail D57 measure D34 compensate D40 resign D48 explore D41

10 to formally give up a job: ________

11 to prove to be more powerful: ________

12 to travel through a place to learn about it: ________

SCORE: (   ) / 20

[13-14] 다음 주어진 문장의 밑줄 친 단어와 같은 의미로 쓰인 것을 고르세요.

13 Brian <u>appreciated</u> the Christmas gift you bought him.
D43
① His novels were not <u>appreciated</u> for many years.
② I really <u>appreciate</u> you visiting me today.
③ Kate didn't <u>appreciate</u> how difficult the situation was.

14 Thousands of people <u>attended</u> the movie star's wedding.
D54
① All the nurses were busy <u>attending</u> their patients.
② There are several problems the business must <u>attend</u> to.
③ My family will <u>attend</u> a concert on Saturday evening.

[15-16] 다음 빈칸에 공통으로 들어갈 단어를 주어진 철자로 시작하여 쓰세요.

15 the s__________ of the problem 문제의 규모
D46
put bananas on the s__________ 저울 위에 바나나를 올리다

16 a d__________ flight to France 프랑스로 가는 직행 항공편
D45
d__________ children to sit on the chairs 아이들에게 의자에 앉으라고 지시하다

[17-20] 다음 빈칸에 들어갈 가장 알맞은 것을 [보기]에서 골라 쓰세요.

[보기]	emphasize D40	maintain D32	subsequent D47
	portable D42	restrain D52	patient D39

17 While I was dieting, I __________(e)d myself from eating too much.

18 We need to buy a(n) __________ table for our camping trip.

19 The house was well __________(e)d, so it didn't need any repair.

20 My father was not __________ enough to wait in a long line.

정답 및 해설

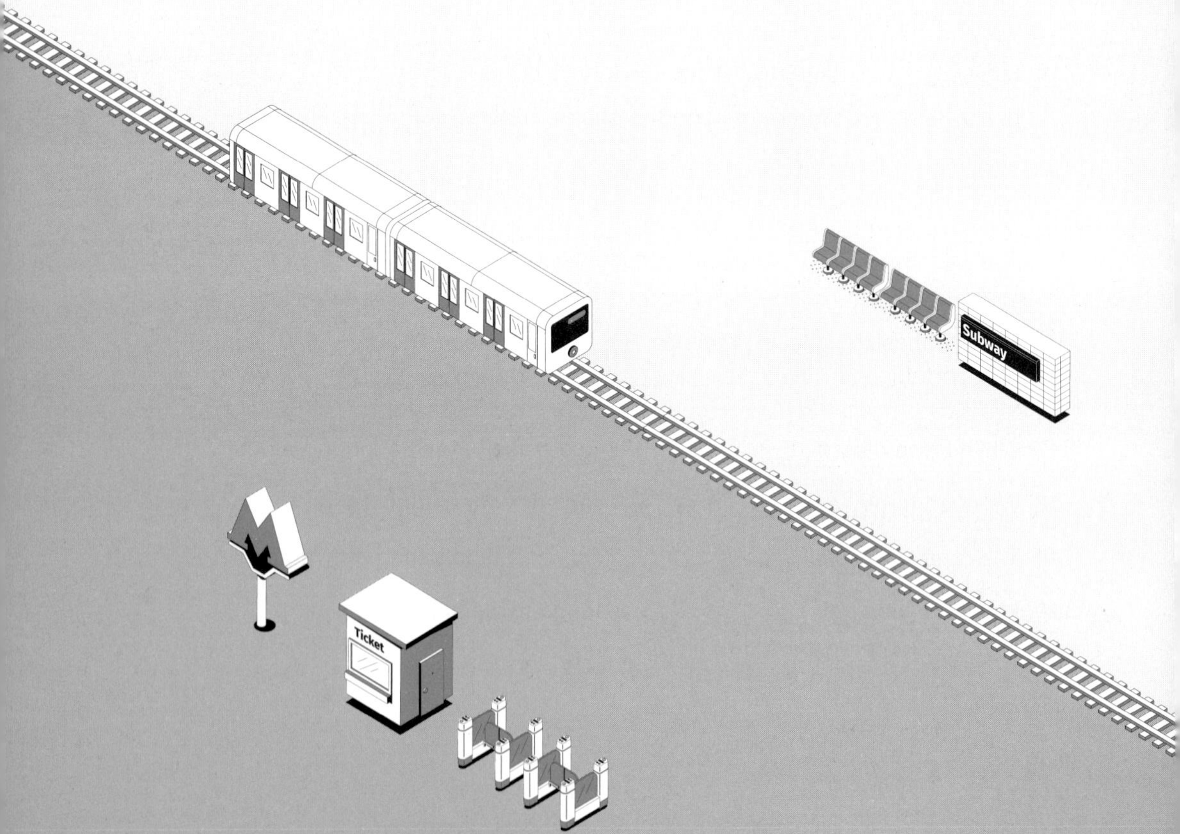

DAILY TEST DAY 01

1 진보(하다), 발전(하다); 전진(하다) 2 생산[제조]하다; 농산물 3 구매(하다), 구입(하다) 4 조심, 경계; 예방책 5 미리 보기; 시사(회) 6 선조, 조상 7 예견[예지]하다 8 전후의 9 섭취(량) 10 투자 (자금) 11 propose 12 protect 13 predict 14 premature 15 forehead 16 foremost 17 postpone 18 income 19 insight 20 infection 21 ③ 22 ④ 23 ② 24 ① 25 ② 26 ③ 27 ① 28 ④

[해석] 21 전문가들은 내년에 실업률이 상승할 것이라고 예상한다. 22 내 선조가 이탈리아인이었다는 것이 확실하다. 23 미국인들은 어느 누구보다 햄버거를 많이 생산한다. 24 DNA에 대한 우리의 지식은 상당히 진전되었다. 25 그 분석 덕분에 우리는 시장의 변동을 예측할 수 있었다. 26 그 영화제는 폭우로 인해 연기되었다. 27 자동차 보험에 드는 것은 추후 발생할 수 있는 손상에 대한 예방책이다. 28 우리는 조산아에 대한 정보를 일부 발견했다.

DAILY TEST DAY 02

1 뛰어난, 아주 훌륭한, 두드러진 2 결과, 성과 3 배출구, 표출 방법; 상점 4 완전한, 전적인; 말하다 5 극복하다, 이겨내다, 이기다 6 해외로; 해외에 있는 7 압도하다; 당황하게 하다 8 잘못 인도하다; 속이다 9 정규 교과 과정 이외의, 과외의 10 외향적인 사람 11 outline 12 outlook 13 overlap 14 utmost 15 overlook 16 overhead 17 overtake 18 misbehave 19 extraordinary 20 extraterrestrial 21 ③ 22 ① 23 ⑤ 24 ① 25 ⑤ 26 ④ 27 ③ 28 ②

[해석] 21 그들은 협상 결과에 대해 염려하고 있다. 22 그녀는 남은 시즌 동안 왼쪽 무릎 부상을 극복했다. 23 이 산은 뛰어난 경관으로 유명하다. 24 그 배우는 연기와 춤, 노래에 비범한 재능이 있다. 25 우리는 엄청난 관중 규모에 압도되었다. 26 그녀는 모두가 간과한 실수를 잡아냈다. 27 달리기 시합에서 Jennifer가 Amy를 따라잡으려고 노력했지만 실패했다. 28 버릇 없이 굴 때 아이들을 훈육하는 가장 좋은 방법은 무엇입니까?

DAILY TEST DAY 03

1 대신하다; 교체하다, 대체하다 2 생식[번식]하다; 복제[복사]하다 3 제거하다; 옮기다 4 여전히 …인 상태이다; 머무르다; 남아 있다 5 국제적인, 국가 간의 6 상호작용[영향] 7 대화, 문답, 회화 8 지름, 직경 9 변형[변화]시키다 10 옮겨 심다; 이식(하다) 11 represent 12 revive 13 recover 14 recycle 15 interpret 16 interfere 17 dialect 18 translate 19 transfer 20 retire 21 ① 22 ⑤ 23 ③ 24 ④ 25 ② 26 ⑤ 27 ③

[해석] 21 이 셔츠의 얼룩을 제거해주시겠어요? 22 건전지가 다 되면, 다른 것으로 교체하세요. 23 런던의 히드로 공항은 유럽에서 가장 큰 국제공항이다. 24 그는 그 회의에서 회사를 대표하기로 되어 있었다. 25 나는 아버지가 심장마비에서 곧 회복하시길 바란다. 26 비행기로 여행하려면 시카고에서 갈아타야 해요. 27 Jane은 내게 통역을 해줄 수 있을 만큼 스페인어를 잘했다.

DAILY TEST DAY 04

1 낙담시키다; 불경기로 만들다 2 경멸하다, 얕보다 3 분리하다, 떼어내다 4 선언[발표]하다; (세관 등에) 신고하다 5 (떠)맡다, …의 책임을 지다 6 대학생(의), 학부생(의) 7 교환(하다); 환전 8 뚜렷한, 명백한; 노골적인 9 커지다, 팽창하다; 확대[팽창]시키다 10 설명[해명]하다 11 증발; 발산 12 demonstrate 13 detect 14 depart 15 debate 16 undergo 17 expose 18 exaggerate 19 exhale 20 exhaust 21 depict 22 underlie 23 ⑤ 24 ④ 25 ② 26 ① 27 ② 28 ① 29 ③

[해석] 23 그들은 컴퓨터 프로그램에서 문제를 발견하여 그것을 고쳤다. 24 부산으로 향하는 열차가 곧 출발하겠습니다. 25 풍선이 팽창하다가 터져버렸다. 26 그는 자기의 이웃을 얕보지만, 예의 바르게 행동한다. 27 그녀는 구직 면접에서 실수하고 난 뒤 우울해 보였다. 28 선수들은 경기가 끝난 후 서로 셔츠를 교환했다. 29 주민들은 높은 수위의 방사선에 노출되었다.

DAILY TEST DAY 05

1 불공평한, 부당한 2 (문 등 잠긴 것을 열쇠로) 열다 3 보통이 아닌, 평소와 다른; 유별난 4 (의견이) 다르다; 동의하지 않다; (결과 등이) 일치하지 않다 5 무질서, 혼란; (심신의) 이상[불편] 6 (의견 등을) 묵살[일축]하다; 해고하다; 해산시키다 7 (…와) 다르다; (의견이) 일치하지 않다 8 (…와) 관계가 없는, 상관없는 9 부도덕

한 10 불법의 11 uneasy 12 unfortunate 13 disappear 14 discourage 15 display 16 dispose 17 inevitable 18 independent 19 inexpensive 20 unlikely 21 ② 22 ② 23 ③ 24 ② 25 ② 26 ③ 27 ⑤ 28 ④

[해석] 21 일을 마치고 집에 오니, 모든 것이 어질러져 있었다. 22 그들은 피카소의 작품 중 일부를 한 달 동안 전시할 것이다. 23 우리 모두가 (언젠가는) 죽는다는 것은 불가피한 일이다. 24 비서가 일을 너무 못해서 나는 그녀를 해고할 수밖에 없었다. 25 그 광고는 청소년들의 흡연을 단념시킨다. 26 나는 이사회의 최종 결정에 동의하지 않는다. 27 집이 크건 작건 나에게는 아무런 차이가 없다. 28 우리는 핵폐기물을 처리하는 좋은 방법을 찾아야 한다.

REVIEW TEST DAY 01-05

p.7

1 독립한, 자주의; 독립심이 강한 2 소생[회복]시키다[하다]; 되살아나게 하다 3 과장하다, 과장해서 말하다 4 감염; 오염 5 배치하다; 처분하다; 처리하다 6 간과하다; 눈감아 주다 7 연기하다, 뒤로 미루다 8 (건강 · 기능 등을) 회복하다; 되찾다 9 개요(를 서술하다); 윤곽(을 보여주다), 외형 10 발견하다, 찾아내다 11 이상한; 비범한, 대단한 12 지치게 하다; 고갈시키다; 배기가스 13 수입, 소득 14 재활용하다, 재생하다 15 그만두게 하다; 낙담[실망]시키다 16 시기상조의, 조급한; 너무 이른, 조기의 17 최대의, 극도의 18 증발; 발산 19 international 20 irrelevant 21 produce 22 detach 23 utter 24 despise 25 inherent 26 dismiss 27 interaction 28 overwhelm 29 explicit 30 overseas 31 immoral 32 precaution 33 replace 34 transplant 35 outcome 36 illegal 37 overcome 38 unusual 39 exposed 40 protect

[해석] 37 나는 내가 겪을지도 모르는 어떤 어려움도 극복할 것이다. 38 Jenny가 아침에 매우 일찍 일어나는 것은 흔치 않다. 39 그 근로자들은 위험한 작업 환경에 노출되어 있었다. 40 선글라스는 햇빛으로부터 눈을 보호한다.

DAILY TEST DAY 06

p.8

1 우수한, 보다 나은; 상위[상급]의 2 표면의, 외관상의; 피상적인 3 표면; 외관; 드러나다 4 똑바른; (도덕적으로) 올바른; 똑바로, 수직으로 5 (법 · 제도 등을) 지지하다, 옹호하다 6 항체 7 제안[제의]하다; 암시하다 8 진압하다; 억제하다 9 고대[옛날]의 10 조상, 선조 11 지지(하다); 부양(하다); 받치다; 받침 12 superb 13 sovereign 14 upset 15 upside 16 submarine 17 suffer 18 advance 19 anticipate 20 advantage 21 antique 22 antibiotic 23 ② 24 ② 25 ③ 26 ① 27 ③ 28 ②

[해석] 23 그들은 그 경기에서 승리를 예상하고 있다. 24 우리는 전통적인 가치를 지켜야 한다. 25 우리는 2시간을 차로 달려간 끝에 고대의 성터를 발견했다. 26 우리는 좋은 날씨를 이용해서 집을 청소했다. 27 나는 그 선수들이 마땅히 받아야 할 인정을 받지 못해 속상했다. 28 그는 폐암을 앓으면서 수개월 동안 병원에 입원해 있다.

DAILY TEST DAY 07

p.9

1 구성하다; 작곡하다, (글을) 쓰다 2 타협(하다), 절충(하다) 3 (문제 등에) 직면하다; …에 맞서다 4 농축[응축]시키다[되다]; 요약하다 5 회사; 친구, 동료; 일행 6 교향곡, 심포니 7 불평[항의]하다 8 다수; 군중 9 흡수하다; (정보 등을) 받아들이다; 열중하게 하다 10 어리석은, 터무니없는; 불합리한 11 compile 12 conform 13 confirm 14 correspond 15 collapse 16 synthetic 17 multiple 18 composition 19 absolute 20 abnormal 21 ② 22 ② 23 ② 24 ④ 25 ① 26 ③

[해석] 21 두 회사의 이사회는 양사를 합병하는 합의를 승인할 것이다. 22 그가 5분간의 면접을 위해 4시간을 운전해서 갔다는 것은 불합리해 보인다. 23 ① 그 위원회는 12명의 위원들로 구성되어 있다. ② 누가 그 교향곡을 작곡했는지 기억나지 않는다. ③ 전시회 준비를 위해서, 그녀는 3명의 예술가로 구성된 단체와 만날 것이다. 24 그녀는 하루 종일 연구결과를 분석하는 데 몰두해 있었다. 25 제 항공편 예약을 확인하고 싶습니다. 26 전체 장(章)을 단 몇 페이지로 요약할 수는 없다.

DAILY TEST DAY 08

p.10

1 …할 수 있게 하다, 가능하게 하다 2 크게 하다; 확장하다[되다] 3 자격[권리]을 주다; 표제[명칭]를 붙이다 4 참여[관여]하다; 사로잡다; 약속하다; 약혼하다 5 사인; 자필 서명(하다) 6 분리, 차별; 격리 7 (문제 · 일에) 직면

하다; 우연히 만나다; 우연한 만남 8 계속 …하다, 고집하다; 지속하다 9 선택하다, 고르다 10 enhance 11 enforce 12 enclose 13 separate 14 permanent 15 perfect 16 persevere 17 persuade 18 perspective 19 ⑤ 20 ① 21 ④ 22 ③ 23 ④ 24 ② 25 ①

[해석] 19 그는 그의 회사의 문제를 극복하는 과정에서 끈질기게 노력했다. 20 과도한 음주는 간에 영구적인 손상을 일으킬 수 있다. 21 그들은 시의 규제 때문에 주차장 확장을 시작했다. 22 ① 여러분의 편의를 위해서, 연례 회의의 의제를 동봉했습니다. ② 당신이 머무를 수 있는 호텔은 동봉된 지도에 나열되어 있습니다. ③ 그 감옥은 높은 벽돌 담에 둘러싸여 있다. 23 나는 문학이 우리의 정신과 생활을 풍요롭게 할 수 있다고 생각한다. 24 그 기금 덕택에 그들은 자선병원을 하나 더 세울 수 있었다. 25 삶의 모든 방면에서 자신만의 방식을 고집하는 것은 바람직하지 않다.

DAILY TEST DAY 09

1 익숙해진, 습관이 된 2 모으[이]다, 축적하[되]다 3 맞추다, 조정[조절]하다; 적응[순응]하다 4 …에 접근하다; (…에게) 이야기를 꺼내다; (문제 등을) 다루다 5 버리다, 떠나다; 포기하다 6 부끄러워하는 7 발생하다; (잠에서) 깨다 8 (배 · 기내 · 기차 등에) 탑승[승선]하여 9 (아주) 비슷한, 서로 같은; 마찬가지로 10 지질학 11 철회[취소]하다; 그만두다; (예금을) 인출하다 12 accompany 13 account 14 appoint 15 await 16 arrogant 17 amaze 18 arouse 19 abroad 20 withstand 21 geography 22 geometry 23 ① 24 ③ 25 ④ 26 ④ 27 ② 28 ① 29 ④

[해석] 23 그는 개혁 프로젝트를 포기할 의향이 전혀 없다. 24 그녀가 새 학교에 적응하는 것은 쉽지 않았다. 25 그녀는 위원회의 의장으로 임명되었다. 26 나는 그와 함께 일하기 전까지는 그가 거만하고 이기적이라는 것을 알아차리지 못했다. 27 제 계좌에서 500달러를 인출하고 싶습니다. 28 나는 매일 아침 운동하는 것에 익숙하지 않다. 29 그는 사업상 2주 동안 외국에 갔다.

DAILY TEST DAY 10

1 반대의; 반대(되는 것) 2 논쟁, 언쟁, 논란 3 반격(하다), 역습(하다) 4 (직위 · 목적 등이) 대응하는 사람, 상대(방) 5 (혼자서만 하는) 긴 이야기; (배우의) 독백 6 보통이 아닌, 특별한; 유일(무이)한 7 통일[통합]하다 8 2개 국어를 구사할 수 있는 (사람) 9 복사[복제]하다; 복사의; 복사본 10 균형, 평형; 잔고; 균형을 잡다; 상쇄하다 11 contrast 12 counterfeit 13 union 14 unit 15 universe 16 triangular 17 twilight 18 twist 19 tribe 20 trivial 21 ① 22 ② 23 ④ 24 ④ 25 ① 26 ④ 27 ③ 28 ⑤

[해석] 21 그 그림은 위조품으로 판명되었다. 22 내 말을 왜곡하지 말고 그들에게 사실만 전달해라. 23 정부의 포용 정책이 나라를 통합시켰다. 24 그의 화풍은 독특하고 인상적이다. 25 서구와 아시아의 사고방식 사이에는 현저한 차이가 있다. 26 놀랍게도, 그 결과는 우리의 예상과 반대이다. 27 대통령의 발언은 정치적 논쟁을 일으켰다. 28 나는 다문화 가정에서 자라 2개 국어를 말할 수 있다.

REVIEW TEST DAY 06-10

p.13

1 안전한; 확실한; 확보하다; 안전하게 하다, 위험으로부터 보호하다 2 뛰어난, 멋진 3 반격(하다), 역습(하다) 4 (끈질기게) 노력[인내]하다, 견디다 5 고대[옛날]의 6 자서전 7 (감정을) (불러) 일으키다; (잠에서) 깨우다 8 (…에) 해당[대응]하다; 일치[부합]하다; 서신을 주고받다 9 거만한, 오만한 10 완전한, 전적인, 절대적인; 확실한; 전제적인, 무제한의 11 (질 · 가치 · 빛깔 · 맛 등을) 높이다, 풍부하게 하다 12 논쟁, 언쟁, 논란 13 다수의, 다양한; 배수(의) 14 직면하다; 우연히 만나다; 우연한 만남 15 참여[관여]하다; (주의를) 끌다; 약속[약혼]하다 16 임명[지정]하다; (시간 · 장소를) 정하다 17 기분이 상한, 화난; (위장 등이) 탈이 난; (마음을) 상하게 하다 18 남극의 19 duplicate 20 multitude 21 withhold 22 ancestor 23 absorb 24 enlarge 25 union 26 antibiotic 27 compromise 28 trivial 29 afford 30 accumulate 31 geology 32 select 33 uphold 34 autograph 35 contrast 36 suppress 37 withstand 38 persist 39 suffer 40 confirm

[해석] 37 러시아의 추운 날씨를 견디는 것은 어렵다. 38 John은 자신의 나쁜 행동을 계속해서 고집했다. 39 나는 가끔 두통에 시달린다. 40 그녀는 그 소식이 사실인지 확인할 수 없었다.

DAILY TEST DAY 11

1 inventor 2 psychologist 3 accuracy 4 missionary 5 interviewer 6 relative 7 secretary 8 citizenship 9 criticism 10 booklet 11 정치의/정치(학) 12 감독하다/감독관, 관리자 13 수행하다/시중드는 사람; 수행원 14 대표하다/대표자, 대리인; 대표하는 15 저자/권한, 권위 16 appearance 17 privacy 18 proposal 19 discovery

[해석] 16 누군가의 외모를 보고 그 사람을 판단하는 것은 옳지 않다. 17 동의 없이 누군가를 추적하는 것은 심각한 사생활 침해이다. 18 나의 제안은 거절당했지만 나는 포기하지 않을 것이다. 19 그것은 해양 생물학에서 주요한 발견으로 여겨질 것이다.

DAILY TEST DAY 12

1 doubtful 2 hopeful 3 childish 4 typical 5 sociable 6 regretful 7 literate 8 comparable 9 intellectual 10 respectful 11 고려하다/상당한, 많은/사려 깊은, 배려하는 12 경제/경제(학)의/절약이 되는 13 성공하다; 계승하다/성공적인/연속적인 14 industrious 15 imaginary 16 sensitive 17 satisfactory 18 reliable 19 respectable 20 literal

[해석] 14 Steve는 근면하다. 그는 항상 일찍 출근한다. 15 많은 사람이 용과 같이 상상의 존재를 다룬 영화를 좋아한다. 16 내 피부는 너무나 민감해서 특별한 관리가 필요하다. 17 그의 제안이 전적으로 만족스럽지는 못하다. 18 소셜 미디어에서 믿을 만한 정보를 찾는 것은 어려운 일일 수 있다. 19 나의 어머니는 지혜롭고 관대하여 존경할 만한 여성이다. 20 그는 농담을 글자 그대로 받아들였고 기분 나빠했다.

DAILY TEST DAY 13

1 reddish 2 furious 3 realize 4 frighten 5 hasty 6 verbal 7 active 8 simplify 9 otherwise 10 informative 11 정신/정신의, 정신적인 12 우울/우울하게 하는, 우울한 13 힘/강화하다[되다] 14 정당한/정당화하다, 옳다고 하다 15 기원, 유래/비롯되다; 발명[고안]하다 16 costly 17 fortunate 18 civilized 19 motivate 20 countless

[해석] 16 그 목걸이는 너무 비싸서 내가 살 여력이 안 되었다. 17 나는 운이 좋게 마지막 기차를 탔다. 18 산속에 사는 그 부족은 고도로 문명화된 사회를 가지고 있었다. 19 교사들은 학생들에게 동기를 부여하기 위해 여러 방면에서 열심히 노력한다. 20 무수히 많은 이유로 당신은 직장을 잃을 수 있다.

DAILY TEST DAY 14

1 대리인[점], 대행사; 에이전트; 정부 요원; 매개(물), 요인 2 반응하다; (거부) 반응을 나타내다 3 극심한 고통, 슬픔 4 사춘기 청소년(의) 5 달라지다; 바꾸다 6 외국(인)의; 이질적인, 다른; 외계의 7 걱정하는; 갈망[열망]하는 8 해마다의; 일 년(간)의 9 …하는 경향이 있는, …하기 쉬운; 적절한 10 태도, 의견; 자세 11 altitude 12 actual 13 navigate 14 abolish 15 ambiguous 16 alternative 17 anniversary 18 adapt 19 active 20 ③ 21 ① 22 ② 23 ① 24 ② 25 ④

[해석] 20 일부 단체들은 정부로 하여금 사형 제도를 폐지하도록 촉구해 왔다. 21 그 마을은 알아볼 수 없을 정도로 변했다. 22 그 노인은 건강하고, 지역 공동체 일에 적극적이다. 23 그 소식에 대한 그녀의 반응은 내가 예상했던 것과는 정반대였다. 24 그 의례는 우리에게 너무나 생소했다. 25 우리는 대체 에너지원을 찾고 있다.

DAILY TEST DAY 15

1 (…에) 복종하다, 따르다 2 (뜻밖의) 재난, 참사, 큰 불행 3 천문학 4 청중, 관객, 시청자 5 붕대(를 감다) 6 다발, 꾸러미 7 주점; 막대, 빗장; 긴 토막; 장애(물); 법정; 막다 8 울타리; 장애물 9 전기, 일대기 10 당황[난처]하게 하다 11 artificial 12 artistic 13 astronaut 14 consider 15 bond 16 bind 17 biology 18 astrology 19 ② 20 ③ 21 ④ 22 ② 23 ① 24 ④ 25 ③

[해석] 19 고대 로마에서 여성들은 투표하는 것이 금지되었다. 20 높은 관세는 자유 무역의 주된 장애물이다. 21 그는 인공 비료 사용의 해로운 점에 대해 언급했다. 22 우리는 이 옛날 사진들로 너를 당황하게 하려는 의도는 아니었다. 23 그는 조각상을 모으는 데 상당한 돈을 썼다. 24 공장의 안전 수칙을 따라야 한다. 25 그 피아니스트는 훌륭

한 예술적 재능을 타고 났다.

REVIEW TEST DAY 11-15 p.19

1 대안(의), 대체할 수 있는; 대체물 2 무게, 체중 3 (…에) 복종하다, 따르다 4 유익한, 정보를 제공하는 5 당황[난처]하게 하다 6 낙관론, 낙천주의 7 친척, 인척; 상대적인 8 셀 수 없는, 무수히 많은 9 실제의, 정확한, 진짜의 10 수술 11 적응시키다[하다]; 적합하게 하다 12 극심한 고통, 고뇌 13 물리학 14 친근한 15 인공[모조]의; 거짓된 16 정당화하다 17 대표자; 대표하는 18 길을 찾다; 항해[비행]하다 19 appearance 20 selfish 21 assessment 22 anxious 23 disaster 24 literate 25 annual 26 pollution 27 continual 28 resident 29 bandage 30 secretary 31 considerate 32 biography 33 react 34 audience 35 industrious 36 consider 37 abolish 38 reliable 39 ① 40 ⑤

[해석] 37 지도자들은 그 법을 폐지하기 위해 투표를 했다. 38 나는 믿을 만한 출처로부터 그 소식을 들었다.

DAILY TEST DAY 16

1 수도, 중심지; 대문자; 자본(금) 2 이루다, 성취[달성]하다 3 생포; 점령; 저장; 붙잡다 4 참가[참여]하다 5 …을 제외하고, … 이외에는 6 차지하다; 사용하다; 점령[점거]하다 7 (의견 등을) 생각해내다, 착상하다; 상상하다 8 운송 회사; 운반인[기] 9 목수 10 요금을 청구하다; 고발[기소]하다; 요금; 고발, 비난; 책임 11 chief 12 capable 13 perceive 14 accept 15 deceive 16 receive 17 achievement 18 carriage 19 career 20 discharge 21 ③ 22 ① 23 ③ 24 ③ 25 ④ 26 ①

[해석] 21 주된 의견은 낭비되는 에너지의 양을 줄이자는 것이다. 22 그녀는 일자리 제안을 수락할지를 아직 결정하지 않았다. 23 그는 광고 제작을 책임지고 있다. ① 100달러 이상 주문하시면 배송료를 부과하지 않습니다. ② 용의자는 살인 혐의로 기소되었다. ③ 제가 없는 동안 그녀가 디자인팀 전체를 책임질 것입니다. 24 나는 연구 프로그램에 참가하라는 권고를 받았다. 25 그는 지난달 직장에서 해고당했다. 26 이 강좌에서는 물리학의 기본 개념에 대해 배우게 될 것입니다.

DAILY TEST DAY 17

1 (빛 · 그림자를) 드리우다; 던지다; 배우를 정하다 2 방송(하다), 방영(하다) 3 계속하다[되다], 진행하다[되다]; 나아가다 4 (…에) 성공하다; 뒤를 잇다, 계승하다 5 고발[기소]하다; 비난하다 6 접근(성), 이용(성); 진입[접근] 방법; 접근하다 7 용서하다; 변명(하다); 양해를 구하다 8 걱정(하다), 염려; 관심을 갖다; (…에) 관계(하다) 9 위기, 어려운 상황, 최악의 국면 10 확실한, 틀림없는; (어느) 일정한, 특정한; 어떤 11 forecast 12 precede 13 exceed 14 cease 15 predecessor 16 concentrate 17 discern 18 discriminate 19 criticize 20 certificate 21 ④ 22 ③ 23 ① 24 ③ 25 ④ 26 ①

[해석] 21 나는 그녀가 범인이라고 확신을 갖고 말할 수 있다. 22 소음이 너무 커서 나는 일에 집중할 수가 없었다. 23 ① 이 책은 우리의 주제와 관련이 없어. ② 소방관들은 어린이들의 안전에 대해 염려했다. ③ 그녀는 이번 달에 급여를 받지 못할까 봐 염려하고 있다. 24 우리는 중대한 문제에 대해 먼저 주의를 기울여야 한다. 25 우리가 바르게 예측한다면, 미리 대비할 수 있다. 26 대부분의 대학들이 나이나 성별에 근거해서 차별하지 않는다.

DAILY TEST DAY 18

1 사고, 재난; 우연한 일 2 느긋한, 무관심한; 격식을 차리지 않는, 평상시의; 우연한 3 (특정한) 때, 경우; 특별한 일[행사] 4 결정; 결단력 5 자선 (단체); 관대함 6 주위 사정, 상황; 환경, 처지 7 흥분시키다, (남을) 자극하다 8 언급하다; 인용하다 9 문명화하다 10 주장(하다); 요구[청구](하다) 11 협의회, 심의회; 지방 의회 12 incident 13 decay 14 cherish 15 precise 16 circulate 17 coincidence 18 recite 19 civil 20 citizen 21 proclaim 22 exclaim 23 ③ 24 ② 25 ② 26 ① 27 ③

[해석] 23 그는 자신이 무죄라고 주장했지만, 아무도 그를 믿지 않았다. 24 나는 실수로 내 커피에 설탕 대신 소금을 넣었다. 25 그는 특별한 경우를 위해 세련된 파란색 정장 한 벌을 샀다. 26 그 오래된 집은 아무도 돌보는 사람이 없어서 썩어가기 시작했다. 27 환기하고 싶다면, 창문을 여세요.

DAILY TEST DAY 19

1 감소[하락](하다); 악화(되다); 거절하다 2 기후; 풍토 3 제외[배제]하다; 막다 4 (붙박이형) 벽장 5 (의도적으로) 무시하다 6 인정하다; 사례[감사]하다 7 진단하다, (병 등의) 원인을 규명하다 8 법인으로 만들다; 포함[합병]하다 9 (의견 등의) 불일치, 불화 10 용기를 북돋우다; 장려[조장]하다 11 군단, 단; 단체 12 inclined 13 include 14 conclude 15 recognize 16 noble 17 acquaint 18 accord 19 courage 20 core 21 corporate 22 disclose 23 ② 24 ① 25 ② 26 ① 27 ④ 28 ② 29 ③

[해석] 23 이번에는 우리가 그의 초대를 거절하는 것이 낫겠다. 24 그 증거 때문에 그는 자신이 살인을 저질렀음을 인정했다. 25 그녀는 그 계약에 대한 어떤 정보도 공개하는 것을 거부했다. 26 그녀는 비행 일정의 변경을 전혀 모르고 있었다. 27 나는 그의 제안을 받아들일 마음이 있다. 28 나는 이 문제를 매듭짓길 원할 뿐이다. 29 그는 자신의 바람대로 도쿄 지사로 발령이 났다.

DAILY TEST DAY 20

1 창조[창작]하다, 만들어내다 2 증가하다[시키다], 늘(리)다 3 구체적인; 콘크리트(로 만든) 4 신용[외상] (거래); 칭찬, 공로; (대학) 이수 학점; 믿다 5 신조, 신념, 원칙; (종교상의) 교의 6 문화, 문명; 지적 · 예술적 활동, 교양 7 식민지; 집단, 부락 8 짧은 여행, 소풍 9 현재[현행]의; 흐름; 경향, 풍조 10 정확[정밀]한 11 손해[손상](를 입히다) 12 recreate 13 decrease 14 recruit 15 incredible 16 cultivate 17 agriculture 18 occur 19 curriculum 20 cure 21 curious 22 condemn 23 ③ 24 ⑤ 25 ② 26 ④ 27 ② 28 ③ 29 ④

[해석] 23 스트레스가 많은 근무 환경은 생산성을 떨어뜨릴 수 있다. 24 의사는 그녀의 믿어지지 않는 식욕에 놀랐다. 25 우리는 아직 테러리스트의 활동에 대한 구체적인 증거를 가지고 있지 않다. 26 그는 박물관에서 무슨 일이 일어나고 있는지 궁금해했다. 27 여름 캠프는 오락을 위한 다양한 실외 시설을 제공한다. 28 나의 현재 상황에 대해 네 충고는 필요 없어. 29 호텔 건설은 이 지역에 많은 일자리를 창출할 것이다.

REVIEW TEST DAY 16-20

p.25

1 차별(대우)하다; 식별[구별]하다 2 (성품 · 행위 등이) 고상한; 귀족(의) 3 수락하다, 받아들이다; 인정하다 4 돌다, 순환하다; 퍼지다 5 치료하다; 치료(법), 치료약; 해결책 6 속이다, 기만하다 7 알아차리다; 분별[분간]하다 8 …할 마음이 있는; …하는 경향이 있는 9 외치다, 큰 소리로 말하다 10 농업, 농사, 농학 11 썩다, 부식[부패](하다); 쇠퇴(하다) 12 해임(하다); 방출(하다); 이행(하다) 13 집중[전념]하다; 모으[이]다 14 발생하다; (생각 등이) 떠오르다 15 알아보다, 식별하다; 인정하다 16 믿어지지 않는; 뛰어난, 엄청난 17 직업; 경력; 직업적인 18 (특히 폭력적이거나 위험한) 사건 19 climate 20 cease 21 achieve 22 decision 23 colony 24 access 25 occupy 26 exclude 27 damage 28 circumstance 29 capital 30 ignore 31 create 32 cite 33 current 34 crisis 35 except 36 council 37 precise 38 increase 39 conclude 40 broadcast

[해석] 37 과학자들은 연구에서 정확한 자료를 사용해야 한다. 38 나의 사장은 내 임금을 올려주기로 약속했다. 39 그 증거를 바탕으로 우리는 그가 유죄라고 결론을 내릴 수 있다. 40 그 기자는 놀라운 뉴스를 신속히 방송했다.

DAILY TEST DAY 21

1 빚, 채무; 신세, 빚진 것 2 …하기로 되어 있는; 도착 예정인; 지불되어야[치러야] 할, 만기가 된; …에 기인하는 3 항복(하다); 양도(하다) 4 추가하다; 덧붙여 말하다 5 받아쓰게 하다, 구술하다; 명령하다 6 지배하다; 두드러지다 7 반박하다; …와 모순되다 8 중독, 열중, 탐닉 9 (약의 1회분) 복용량, 투여량 10 일화 11 domain 12 domestic 13 duty 14 render 15 edit 16 rent 17 dedicate 18 index 19 donate 20 indicate 21 ③ 22 ⑤ 23 ② 24 ② 25 ④ 26 ①

[해석] 21 그 상황에서 그들은 적에게 항복할 수밖에 없었다. 22 올리브 오일은 소스에 풍미를 더해 준다. 23 그들의 문제는 부실한 경영 때문이다. ① 그 청구서는 다음 주 월요일까지 지불되어야 한다. ② 야구 경기는 폭우로 인해 취소되었다. ③ 홍콩발 비행편은 오후 7시 도착 예정입니다. 24 그는 약 1,000달러의 빚을 갚아야 한다. 25 나는 한 오래된 서점에서 그 소설의 초판을 구했다. 26 그녀는 일 년에 한 번씩 자선단체에 기부한다.

DAILY TEST DAY 22

1 전기의, 전기로 작동하는 2 같은, 평등한 3 충분[적당]한 4 본질; 핵심; 원액 5 결석[결근]한, 결여된 6 평가(하다), 추정(하다); 견적(서) 7 존경(하다); 경의 8 유아(의); 초기(의) 9 운명, 숙명 10 인정하다; 고백하다 11 수행[실시]하다; 인도하다; 지휘하다 12 electronic 13 equivalent 14 identify 15 present 16 overestimate 17 fable 18 fame 19 introduce 20 profess 21 induce 22 educate 23 ④ 24 ② 25 ③ 26 ① 27 ② 28 ④

[해석] 23 매일 적당한 양의 운동을 하면 좋은 몸매를 유지할 수 있다. 24 그는 제한 속도를 어겼다는 것을 인정했다. 25 현재 상황에서는 네가 승진될 것 같진 않아. ① 그는 그녀에게 올해의 판매사원상을 수여했다. ② 200명 이상의 사람들이 공연에 참석했다. ③ 현재 나의 경제 사정에 비추어 볼 때, 이 컴퓨터는 꽤 비싼 편이다. 26 개막 연설에서 그는 여성의 평등한 권리를 보장했다. 27 일부 학생들은 수업을 이틀 이상 빠졌다. 28 전문적인 조언을 얻기 위해서 당신은 변호사와 얘기해야 한다.

DAILY TEST DAY 23

1 제조[생산](하다); 꾸며내다 2 (대학의) 학부; (대학 등의) 교수진; (타고난) 재능, 능력 3 (편의) 시설, 설비; 특질; 건물, 장소; 재능 4 능률[효율]적인 5 결점, 결함 6 충분한 7 소설; 꾸며낸 이야기, 허구 8 만족[충족]시키다 9 일, 활동; 사건, 스캔들, 추문 10 실패하다; …하지 않다[못하다]; 낙제하다[시키다] 11 요금, 운임 12 factual 13 factor 14 effect 15 affect 16 profit 17 proficient 18 qualify 19 false 20 fault 21 welfare 22 farewell 23 ③ 24 ① 25 ⑤ 26 ② 27 ① 28 ③

[해석] 23 능숙한 근로자는 직장에서 존중을 받는다. 24 충실한 준비는 과학 실험의 필수적인 요소이다. 25 보고서는 현 시스템의 이점들을 지적했다. 26 그녀의 자격은 수학과 과학을 가르치는 것을 포함한다. 27 가격 전쟁이 계속되면서 이익이 줄어들었다. 28 그녀의 학교 성적표에는 일본어 실력이 만족스럽긴 하지만 뛰어나지는 않다고 적혀 있다.

DAILY TEST DAY 24

1 방어하다; 옹호하다, 변호[변론]하다 2 …을 더 좋아하다, 차라리 …을 택하다 3 의논[협의]하다; 수여하다, 주다 4 무관심한, 동정심이 없는 5 확신하고 있는; 자신만만한 6 반항[도전]하다, (법률 등을) 무시하다 7 재정, 재무; 자금; 자본을 제공하다 8 정제하다; 개선하다 9 무한한 10 융통성 있는, 탄력적인; 구부리기 쉬운, 유연한 11 (고통 등을) 가하다, (벌 등을) 주다 12 offend 13 refer 14 infer 15 fertile 16 faith 17 final 18 confine 19 define 20 reflect 21 conflict 22 ② 23 ④ 24 ② 25 ② 26 ④ 27 ① 28 ⑤

[해석] 22 그 판사는 2명의 변호사와 협의했다. 23 밤하늘에는 무수히 많은 별이 있다. 24 그 작가는 인종 차별주의라는 비판에 대해서 자신을 변호했다. 25 그 회사는 환경과 관련된 일에 무관심한 것 같다. 26 그녀는 승리를 매우 확신하고 있다. 27 독성 화학물질이 비옥한 토양을 황폐하게 만들었다. 28 그 두 집단은 수년간 서로 갈등을 겪어 왔다.

DAILY TEST DAY 25

1 액체; 유동적인 2 유행성 감기, 독감 3 형태, 모양; 형식, 양식; 형성하다[되다] 4 개혁(하다[되다]), 개선(하다[되다]) 5 요새, 성채 6 물 위에 뜨다; 공기 중에 떠서 움직이다 7 강화하다, 증강[보강]하다 8 단편, 일부; 분수 9 기금, 자금; 자금을 제공하다 10 강한; 심오한; 깊은 11 fluent 12 influence 13 inform 14 formula 15 effort 16 force 17 fragment 18 fragile 19 fundamental 20 found 21 ⑤ 22 ④ 23 ⑤ 24 ② 25 ① 26 ③

[해석] 21 내가 남자친구와 헤어졌을 때, 그녀가 나를 위로해줬다. 22 이 유리를 조심해서 다뤄주세요. 깨지기 쉽거든요. 23 그는 고전 음악에 대해 해박한 지식을 갖고 있다. 24 어떤 문제라도 저희에게 알려주십시오. 25 이 옷은 격식을 차릴 때 입기에 적절하다. 26 말할 것도 없이, 기본적인 인권은 존중되어야 한다.

REVIEW TEST DAY 21-25

p.31

1 동등한; …에 상당하는 2 강화하다, 증강[보강]하다 3 영향을 미치다; …인 체하다 4 기부하다, 기증하다 5 언급[지칭]하다; 참조하다 6 이익, 이점; …에 득[도움]이 되다 7 (법적 · 도덕적인) 의무; 직무; 세금 8 (신원 · 사실 등을) 확인하다; 동일시하다 9 감소시키다, 줄이다, 낮추다 10 자격[권한]을 얻다[주다], 적임이다 11

우화 12 규정[한정]하다; 정의하다 13 영향(력); 영향을 미치다 14 임대[임차]료; 임대[임차]하다 15 잘못, 과실; 결점, 흠 16 (열 · 빛 등을) 반사하다; 반영하다; 숙고하다 17 설립하다; …에 기초를 두다 18 대립(하다), 충돌(하다) 19 efficient 20 indifferent 21 adequate 22 contradict 23 fluid 24 confident 25 defect 26 addiction 27 essence 28 profound 29 satisfy 30 deduct 31 estimate 32 flee 33 finance 34 fiction 35 surrender 36 fate 37 effort 38 comfort 39 offend 40 sufficient

[해석] 37 그들은 거기에 제시간에 도착하기 위해 애를 썼다. 38 그녀는 어린 자녀들에게 위안이 되는 존재이다. 39 나의 농담이 네 친구에게 불쾌감을 준 것이 아니라면 좋겠어. 40 그 문제를 해결하기에 정보가 충분하지 않았다.

DAILY TEST DAY 26

1 간주하다; 응시하다; 주목, 주의 2 경호원, 경비원; 보호(장비) 3 천재(적 재능) 4 유전의; 유전학의 5 기발한; 독창적인 6 혼동시키다[하다] 7 관대한; 풍부한 8 임신한; (의미 등을) 품은, 내포하고 있는 9 몸짓, 제스처; 표현 10 성, 성별 11 거절하다, 사절하다 12 grab 13 garment 14 guarantee 15 genuine 16 gentle 17 refund 18 generate 19 general 20 digest 21 register 22 gene 23 ③ 24 ① 25 이해하다 26 소화하다 27 ③ 28 ② 29 ⑤

[해석] 23 나는 그녀에게 청혼했지만, 그녀는 거절했다. 24 우리 아버지는 매우 관대하셔. 새 차를 사라고 내게 돈을 주셨어. 25 그 정보를 이해하는 데 시간이 꽤 걸렸다. 26 우리는 과일과 채소를 육류보다 훨씬 빨리 소화시킨다. 27 남동생은 컴퓨터 게임의 천재다[매우 잘 한다]. 28 그의 퍼즐 해법은 독창적이다. 29 그 오래된 꽃병은 진품 골동품이다.

DAILY TEST DAY 27

1 사진(을 찍다) 2 생생한, 사실적인; 그림[도표]의 3 감사(의 마음) 4 동의하다, 의견이 일치하다; 찬성하다; (정보 등이) 일치하다 5 무덤; 중대[심각]한; 진지한 6 졸업하다; (대학) 졸업생, 학사 7 살다, 서식[거주]하다 8 금지[제지]하다 9 서식지, 거주지 10 물려받다, 상속하다; 유전되다 11 상속인, 후계자 12 behave 13 degree 14 congratulate 15 grace 16 grief 17 habit 18 exhibit 19 able 20 heredity 21 heritage 22 ④ 23 ① 24 ② 25 ② 26 ① 27 ⑤ 28 ④

[해석] 22 그녀 오빠의 갑작스러운 죽음은 그녀에게 깊은 슬픔을 주었다. 23 그는 불명예스럽게 학교를 떠났다. 24 미국에서는 상점에서 21세 미만의 청소년에게 주류를 판매하는 것이 금지되어 있다. 25 그녀는 감사편지를 써서 고마움을 표현했다. 26 양측 변호사들은 마침내 합의점에 이르렀다. 27 이 섬에 살고 있는 사람들은 친절하다. 28 당신의 사업 성공을 축하드리고 싶습니다.

DAILY TEST DAY 28

1 주인; 주최자; 진행자; 주최하다 2 환대, 후한 대접 3 겸손 4 올바른; 바로; 단지, 그저 5 인류(애), 인간 6 출구; 나감, 퇴장; 나가다 7 시작[개시]하다; 전(수)하다, 가르치다 8 편견, 선입견; 편견을 갖게 하다 9 죽다, 소멸하다 10 주제; 학과, 과목; 주어; 피실험자; (…에) 영향받기 쉬운 11 계획; 예상하다; 투영하다 12 물체; 목적; 대상; 반대하다 13 hostile 14 humble 15 humiliate 16 justify 17 isolate 18 initial 19 transit 20 judge 21 issue 22 reject 23 inject 24 injure 25 ② 26 ④ 27 ③ 28 ④ 29 ② 30 ①

[해석] 25 그녀는 위대한 운동선수이지만, 자신의 업적에 대해서 겸손하다. 26 그 운전자는 적대적인 태도를 가지고 있다. 그는 다른 운전자에게 소리를 지른다. 27 그녀는 그 주제에 관해 몇 권의 책을 썼다. ① 모든 일정은 시작 일자의 변동에 영향받을 수 있다. ② 영어는 그녀가 가장 좋아하는 과목이다. ③ 이 기사의 주제는 10대의 흡연이다. 28 이 연구의 목적은 에너지 사용에 대한 조사이다. 29 친구들을 방문했을 때 우리는 그들의 환대를 즐겼다. 30 고등학교에서 대학으로 넘어가는 것은 학생들에게 힘들 수 있다.

DAILY TEST DAY 29

1 수집하다, 모으다; 징수하다 2 선거[선출]하다 3 생각해내다, 회상하다 4 노동, 근로; 노동자; 일하다 5 정교한, 정성 들여 만든 6 법률을 제정하다, 입법하다 7 전달하다; 중계(하다); 릴레이 경주 8 소홀히[게을리] 하다; 무시[간과]하다 9 연기하다, 늦추다; 연기, 지연 10 새는 곳; 누출(하다); 누설(하다) 11 laboratory 12 intellect

13 relate 14 elegant 15 relax 16 release 17 analysis 18 paralysis 19 lecture 20 legend 21 ④ 22 ② 23 ① 24 ② 25 ① 26 ⑤ 27 ③

[해석] 21 우리는 그물로 나비를 잡았지만, 나중에 놓아주었다. 22 우리는 필요한 학생들을 돕기 위해 중고책을 모을 수 있다. 23 날씨 때문에 음악회가 내일로 연기되었다. 24 Tim은 굉장히 영리한 학생이니까 난 그가 앞으로 성공할 것이라고 확신해. 25 선거의 승자는 대통령직에 취임했다. 26 나는 이 대학에서 시간강사로 근무했다. 27 의사들은 약물과 그의 죽음 사이에 아무 관련이 없었다고 말한다.

DAILY TEST DAY 30

1 특권(을 주다), 특전 2 유산, 유물, 물려받은 것 3 충성스러운, 충실한 4 관계가 있는, 관련된 5 관대한, 개방적인; 자유[진보]주의의; 후한 6 배달하다; 강연하다; 분만하다; 이행하다 7 종교; 신조 8 동맹[결연]을 맺다; 동맹[연합]국 9 예비[준비](의), 서두(의) 10 모으다; 회복되다; 집회, 대회; (주가 등의) 회복 11 legal 12 delegate 13 colleague 14 elevate 15 relieve 16 liberate 17 oblige 18 eliminate 19 limit 20 liable 21 ③ 22 ⑤ 23 ③ 24 ② 25 ⑤ 26 ① 27 ④

[해석] 21 정부는 환영받지 못한 신설 세금을 폐지할 계획이다. 22 수백 명의 파업 노동자들이 공장 앞에 집결했다. 23 ① 그녀는 스트레스를 받으면 많이 먹는 경향이 있다. ② 심한 폭풍 속에서는 사고를 당하기 쉽다. ③ 그 회사는 희생자들의 피해에 대한 책임이 있다. 24 그의 동료들은 그를 매우 인내심 강한 사람이라고 묘사한다. 25 나에게는 그 나라의 대통령을 만날 수 있는 특권이 있었다. 26 그들은 모든 전쟁 포로의 석방을 요구했다. 27 그의 삼촌은 그에게 엄청난 유산을 남겼다.

REVIEW TEST DAY 26-30

p.37

1 논쟁점, 문제; 발행[출판](물); 발표[발행]하다 2 (깊은) 슬픔, 비탄 3 분석[검토]하다 4 (양 · 속도 등의) 제한(선); 한계(량); 제한하다 5 (지위 · 수준 등을) 높이다, 향상하다; (들어)올리다 6 거절[거부]하다 7 (가치 · 언어 등의) 전통문화[유산] 8 공격적인; 적극[진취]적인 9 소홀(히[게을리] 하다); 무시[간과](하다) 10 적대[비우호]적인 11 소화하다[되다]; 이해하다; 요약 12 축하하다 13 마비시키다, 활동 불능이 되게 하다 14 강의[강연](하다); 훈계(하다) 15 고립시키다, 격리하다 16 제거하다, 없애다 17 관계를 짓다; 이야기하다 18 (직장) 동료 19 gratitude 20 generous 21 host 22 injure 23 privilege 24 inherit 25 religion 26 exit 27 labor 28 inhabit 29 graduate 30 delay 31 genius 32 gender 33 perish 34 grave 35 judge 36 intellect 37 relieve 38 release 39 subject 40 exhibit

[해석] 37 선생님은 좋은 소식을 듣고 마음이 놓였다. 38 대통령은 그 죄수를 일찍 풀어주기로 결정했다. 39 그의 발표 주제는 '새로운 기술'이다. 40 그 미술관은 많은 유명 그림을 전시할 것이다.

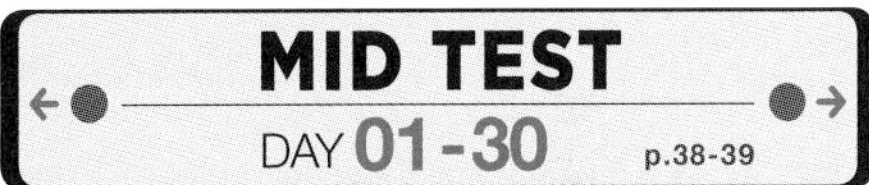

MID TEST DAY 01-30

p.38-39

1 ⓔ 2 ⓐ 3 ⓒ 4 ⓑ 5 ⓓ 6 ③ 7 ② 8 ① 9 ⑤ 10 accompany 11 obey 12 estimate 13 ③ 14 ② 15 issue 16 release 17 debate 18 achieve 19 influence 20 income

[해석] 6 현 최고 경영자가 은퇴하고 나면 Justin이 그 뒤를 이을 것으로 예상된다. 7 어부들이 물에 그물을 던지고 있다. 8 Amy는 John의 생일 파티에서 제외되어 서글펐다. 9 법정에서 판사의 결정은 공정한 것 같았다. 10 누군가와 어딘가에 가다 11 지시, 명령, 법 또는 규칙을 따르다 12 무언가의 크기나 양에 대해 추측하다 13 많은 사람이 뉴욕이 미국의 수도라고 잘못 생각하고 있다. ① 자본금 부족으로 그 사업이 실패했다. ② 당신의 이름을 대문자로 신청서에 쓰십시오. ③ 그 회의는 각 국의 수도에서 개최되어 왔다. 14 Gwen 부인은 은행에서 그녀의 계좌에 1,000달러를 넣었다. ① 그는 무슨 일이 있었는지 설명할 수 없었다. ② 계좌를 해지하기 위해서 이 양식을 기입해주세요. ③ 나는 교통 체증 때문에 회의에 늦었다. 17 그들은 다음 주 금요일에 세금을 낮추는 정책들에 대해 토론할 것이다. 18 Dan은 그의 최종 목표를 달성하기 위해 열심히 공부했다. 19 Sylvia의 부모님은 그녀의 결정에 영향을 미치기 위해 칭찬을 활용했다. 20 그녀의 수입은 이 비싼 집을 살 만큼 충분히 높지 않다.

DAILY TEST DAY 31

1 문학; 문헌 2 읽고 쓸 줄 아는 3 …의 위치[장소]를 파악하다; …의 위치를 ~에 정하다 4 할당[배분]하다 5 사과, 사죄 6 생태학, 생태계 7 간절히 바라다; 긴; 길게 8 길이, 세로; 기간 9 (…에) 속하다 10 망상, 착각 11 literary 12 literal 13 local 14 logic 15 prolog(ue) 16 psychology 17 prolong 18 linger 19 illusion 20 ④ 21 ② 22 ③ 23 ② 24 ③ 25 ④

[해석] 20 현대의 최신 기계류는 인간의 생명을 연장하도록 돕는다. 21 나는 여름 휴가 가는 것을 갈망하고 있다. 22 더 많은 재원이 사회 복지 제도에 할당될 것이다. 23 이 지도는 학교의 위치를 알려 준다. 24 내가 그녀에게 직접 사과하는 것은 쉽지 않았다. 25 이상한 냄새가 계속 방 안에서 났다.

DAILY TEST DAY 32

1 기계 장치; 방법; 구조, 기제 2 대가, 정통한 사람; 주인; 석사 (학위); 정통하다 3 기계류 4 중요한, 주된; 장조의; 소령; 전공(하다) 5 위엄 있는, 장엄한 6 명령[지시](하다); 지휘[통제](하다) 7 요구[요청/청구](하다); 수요 8 육체 노동의; 수동의; 안내서 9 지속하다; 유지하다; 주장하다 10 (부정하게) 조종[조작]하다 11 mechanic 12 magnitude 13 masterpiece 14 mayor 15 maximum 16 magnify 17 recommend 18 manuscript 19 manage 20 ④ 21 ② 22 ③ 23 ④ 24 ① 25 ③

[해석] 20 우리는 그녀의 행동에 대한 상세한 설명을 요구했다. 21 그는 문제의 주요 원인에 좀 더 집중했어야 했다. 22 그가 그 노래를 완벽히 익히는 데는 몇 달이 걸렸다. ① 그녀는 하버드 대학에서 심리학 석사 학위를 취득했다. ② 그 개의 주인은 개에게 누우라고 명령했다. ③ 우리는 외국어를 완벽하게 익히기 위해 열심히 노력해야 한다. 23 나는 그 문제의 중대성을 깨닫지 못했다. 24 그는 주식을 싸게 살 수 있도록 주가를 조작했다. 25 음식이 훌륭해서 네게 저 음식점을 추천하는 거야.

DAILY TEST DAY 33

1 상업, 무역 2 상기시키다; 생각나게 하다 3 중세(풍)의 4 중급의; 중간의 5 의미하다; 의도하다; 비열한; 인색한; 평균의 6 드러나다; 알려지다 7 기억하다; 상기하다 8 기억(력); 기념 9 화면; 감시(자), 관찰(자); 감독[감시]하다 10 기념물, 기념관 11 mercy 12 medium 13 mediate 14 immediate 15 meanwhile 16 mention 17 mental 18 comment 19 summon 20 merchant 21 ③ 22 ③ 23 수단 24 비열한, 못된 25 ① 26 ② 27 ④

[해석] 21 배우들은 자신의 대사를 외워야 한다. 22 많은 사람이 정신 건강 문제로 고통받고 있다. 23 비행은 가장 빠른 여행 수단이다. 24 남동생에게 못되게 굴지 마라. 25 제게 식품점에 들르라고 상기시켜주세요. 26 이것은 베트남에서 전사한 군인들에 대한 기념비로서 세워졌다. 27 그 배우는 자신의 문제에 대해서 언급하고 싶어 하지 않았다.

DAILY TEST DAY 34

1 이주[이동]하다 2 조치; 척도; 재다, 측정하다 3 치수; 측면; 차원 4 이민 가다, 이주하다 5 성직자, 목사; 장관 6 감소하다[시키다], 줄(이)다 7 저명한; 눈에 띄는 8 긴박한 9 존경하다; (감탄하며) 바라보다 10 minority 11 immense 12 immigrate 13 minor 14 administer 15 minimum 16 eminent 17 miracle 18 marvel(l)ous 19 ② 20 ④ 21 ① 22 ③ 23 ④ 24 ②

[해석] 19 그 약은 환자의 고통을 경감해주었다. 20 그 공원에는 거대한 동상이 있다. 21 ① 이 약을 투여하기 전에 반드시 부작용을 확인하세요. ② 기관은 자선 기금을 관리하기 위해 직원을 고용했다. ③ 선거가 실시될 때까지 UN이 그 나라를 관리할 것이다. 22 그는 10년 전에 캐나다로 이주해 왔다. 23 그녀는 새 양탄자를 깔기 위해 마루의 치수를 쟀다. 24 그를 아는 모든 사람이 그의 너그러움을 존경할 것이다.

DAILY TEST DAY 35

1 시인[인정]하다; 입장[입학]을 허가하다 2 (죄 · 과실 등을) 범하다; 약속하다; (감옥 등에) 보내다 3 보내다, 전송하다 4 내뿜다, 방출하다 5 임무, 사명; 목표; 사절(단) 6 중간의; 온건한; 완화하다 7 현대화하다 8 숙박시키다; 수용하다; …의 편의를 도모하다; 적응하다[시키다] 9 죽을 운명의; 치명적인 10 저당(권); 융자(금) 11 committee 12 permit 13 submit 14 modest 15 mess 16 omit 17 modify 18

commodity 19 mold 20 murder 21 ③ 22 ② 23 ④ 24 ④ 25 ② 26 ③

[해석] 21 다음 주까지 귀하의 지원서를 제출해주세요. 22 나의 아버지는 내가 늦게까지 밖에 있는 것을 절대로 허락하지 않으신다. 23 그 소년은 자신이 규칙을 어겼다는 것을 시인해야 한다. 24 모기는 인간에게 질병을 옮긴다. 25 동아리 회원들은 그들의 정책을 수정하는 것에 동의했다. 26 그 남자는 차량을 절도하는 범행을 저질렀다.

REVIEW TEST DAY 31-35

p.45

1 조정[중재]하다, 화해시키다 2 위원회 3 심리학; 심리(상태) 4 연장하다, 지속시키다 5 상인, 무역상 6 언급(하다), …에 대해 말하다 7 생략하다, 빠뜨리다 8 시장(市長) 9 (그) 지역[지방]의, 현지의; 국부의; 현지인 10 작은, 덜 중요한; 단조의; 미성년자; 부전공 11 상기시키다; 생각나게 하다 12 명령(하다); 지휘[통제](하다) 13 육체 노동의; 수동의; 안내서 14 경영[관리]하다; 집행하다; 투여하다 15 정신[마음]의 16 변경[수정]하다 17 관리하다; 어떻게든 (결국) 해내다 18 의미하다; 의도하다; 비열한; 인색한; 평균의 19 belong 20 admire 21 literature 22 commerce 23 maintain 24 commit 25 summon 26 apology 27 transmit 28 ecology 29 measure 30 monitor 31 emit 32 majestic 33 memory 34 emigrate 35 major 36 moderate 37 mental 38 immediate 39 demand 40 prominent

[해석] 37 정신 건강을 좋게 유지하는 것은 매우 중요하다. 38 그 환자는 심장마비가 온 후에 즉각적인 의학적 치료가 필요했다. 39 고객이 셔츠의 환불을 요구하러 왔다. 40 나의 아버지는 시에서 저명한 변호사이다.

DAILY TEST DAY 36

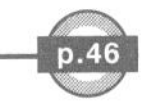

1 움직이다; 이사하다; 진행되다; 감동시키다 2 동떨어진, 외진; 먼 3 순간, 찰나; 때, 시기 4 감정, 정서 5 움직임, 흔들림; 동작을 하다 6 일반의, 흔한; 공통의 7 통근(하다) 8 국가; 국민 9 부정적인, 반대하는; 음성의; 음극의; 음수의 10 중립의; 중간의 11 선천적인, 타고난 12 promote 13 motive 14 momentary 15 community 16 communicate 17 mutual 18 native 19 nature 20 deny 21 norm 22 enormous 23 ⑤ 24 ③ 25 ② 26 ③ 27 ④ 28 ②

[해석] 23 우리는 시골에 있는 한 외딴 농장을 방문했다. 24 시카고에는 엄청나게 큰 탑이 있다. 25 ① 심장 질환은 흡연자들 사이에서 흔하다. ② 그들은 공통된 관심사를 갖고 있어서 친구가 되었다. ③ 나는 내 이름을 좋아하지 않아. 너무 흔하거든. 26 그들은 지하철을 타고 사무실에 통근한다. 27 훌륭한 결혼 생활은 상호 존중을 필요로 한다. 28 그 범죄의 동기는 여전히 불분명하다.

DAILY TEST DAY 37

1 주목할 만한, 탁월한 2 알리다, 통보하다 3 발표하다, 알리다 4 관념, 개념, 생각 5 갱신하다; 재개하다 6 영양분을 주다; 육성하다 7 멜로디, 가락 8 많은, 다수의 9 협력[협동/협조]하다 10 선택(권); 선택 과목; (자동차 · 컴퓨터 등의) 옵션 11 notice 12 novel 13 pronounce 14 innovate 15 nutrition 16 nurse 17 tragedy 18 operate 19 adopt 20 opinion 21 ① 22 ⑤ 23 ② 24 ③ 25 ④ 26 ②

[해석] 21 그는 다음 달에 사임하겠다고 발표했다. 22 그녀의 아버지는 끔찍한 차 사고로 죽었다. 23 ① 의회는 그 법안을 채택하기로 투표했다. ② 그들은 부모가 사망한 두 아이를 입양했다. ③ 많은 회사가 금연 정책을 채택했다. 24 그녀가 먹는 음식은 그녀와 아기 모두에게 영양분을 공급한다. 25 결과를 당신께 이메일로 알려주겠습니다. 26 당신이 협조한다면, 우리는 이 문제를 처리할 수 있어요.

DAILY TEST DAY 38

1 보통의, 평범한 2 (일정 방향으로) 향하게 하다; 적응시키다 3 준비[대비]하다 4 황제, 제왕 5 비교하다; 비유하다 6 명백한; 외견상의 7 떨어져[진]; 따로따로(인), 별개로[의] 8 부분적인; 편파적인 9 소량, 미량; 소립자 10 부분; 몫; 1인분 11 subordinate 12 origin 13 apparatus 14 imperial 15 peer 16 appear 17 repair 18 transparent 19 particular 20 proportion 21 ④ 22 ③ 23 ① 24 ⑤ 25 ④ 26 ① 27 ②

[해석] 21 나의 처음 계획은 이 나라를 오랫동안 떠나는 것이었다. 22 나는 샐러드가 특히 맛있었다고 생각한다. 23 이 일은 상대적으로 나에게 쉽다. 24 그 풍습은 네덜

란드에서 시작되었다고 여겨진다. 25 그녀는 오늘밤 파티 준비를 위해서 음식을 사고 있다. 26 그는 평상시엔 넥타이를 매지 않고 출근한다. 27 나는 매달 수입 중의 일부를 저축한다.

DAILY TEST DAY 39

p.49

1 통로; 통행; 한 구절 2 통행인 3 참을성이 있는; 환자 4 한심한, 형편없는; 애처로운 5 벌하다, 처벌하다 6 애국자 7 양식, 형태; 도안; 본보기 8 보행자; 보행자(용)의 9 호소(하다), 간청(하다); …의 흥미를 끌다; 항소(하다); 매력 10 충동, 자극; 추진(력) 11 승객 12 pastime 13 pace 14 surpass 15 compassion 16 patron 17 expedition 18 compel 19 expel 20 penalty 21 empathy 22 passion 23 ② 24 ② 25 ③ 26 ① 27 ② 28 ④

[해석] 23 그의 범죄에 대한 벌은 무기징역이었다. 24 그 학생은 시험에 합격하기 위해 밤새도록 공부해야 했다. 25 가난한 사람들을 위해서 약간의 동정을 보여줄 수는 없나요? 26 장거리 주자는 꾸준한 속도를 유지한다. 27 그 학생의 연주는 우리의 기대를 능가했다. 28 적십자는 돈과 옷을 (기부해 줄 것을) 호소했다.

DAILY TEST DAY 40

p.50

1 의지하다; …에 달려 있다 2 일시 중지하다; 정직[정학]시키다; 매달다 3 심사숙고하다 4 경험(하다); 체험하다 5 위험, 모험 6 능력, 역량 7 탄원(서), 청원; 탄원[청원]하다 8 (돈 등을) 쓰다, 들이다 9 장식적인, 화려한; 고급의; 선호; 좋아하다 10 반복되는[적인] 11 phase 12 compensate 13 pension 14 experiment 15 expert 16 compete 17 appetite 18 repeat 19 phenomenon 20 emphasize 21 ④ 22 ③ 23 일시 중지하다 24 매달다 25 ③ 26 ④ 27 ①

[해석] 21 성공하기 위해서는 고난을 경험하고, 그것을 극복해야 한다. 22 나는 내 선택을 심사숙고할 시간이 필요하다. 23 폭우 때문에 버스 운행이 잠시 중단되었다. 24 천장에 선풍기가 매달려 있었다. 25 저는 이 피해에 대한 즉각적인 보상을 바랍니다. 26 연구원들은 많은 실험을 통해 그들의 이론을 입증하였다. 27 우리는 그 주제에 대한 전문가들의 의견을 물었다.

REVIEW TEST DAY 36-40

p.51

1 투명한, 비치는; 명쾌한 2 …을 능가하다, …보다 낫다 3 표준, 기준; 평균, 정상 4 알아차리다; 주목(하다); 게시(물), 공고 5 경쟁하다, 겨루다 6 비율; 균형, 조화 7 원동력이 되는; 동기, 자극 8 발음하다; 선언하다 9 강조[중요시]하다 10 후원자, 후원 단체; 고객, 단골 11 장려[촉진]하다; 승진[승격]시키다 12 입양하다; 채택하다 13 …을 하위에 놓다, 하위의, 하급의; 부차[부수]적인; 하급자 14 억지로 …하게 하다, 강요하다 15 현상, 사건 16 형벌; 벌금; 불이익 17 영양분 (섭취) 18 보충[보완]하다; 보상하다 19 notion 20 ordinary 21 passenger 22 ponder 23 passion 24 announce 25 remote 26 partial 27 experience 28 patriot 29 neutral 30 apparent 31 competence 32 cooperate 33 commute 34 pedestrian 35 phase 36 renew 37 origin 38 common 39 opinion 40 appeal

[해석] 37 그녀는 내게 그 소문의 출처에 대해 물었다. 38 피부 질환은 10대들 사이에서 흔하다. 39 Lillian은 Bradley에 대해 매우 부정적인 의견을 가지고 있다. 40 새 차의 디자인은 많은 사람의 관심을 끌 것이다.

DAILY TEST DAY 41

p.52

1 박수갈채하다; 칭찬하다 2 전부의; 완전한; 완성하다 3 도구, 연장; 실행[이행]하다 4 이루다, 성취하다 5 풍부[넉넉]함 6 간청[탄원]하다; 주장[변론]하다 7 복잡하게 하다 8 지원[신청]하다; 적용[응용]하다 9 외교(상)의; 외교에 능한 10 고용하다; 사용하다 11 복잡성, 복잡함 12 explode 13 complement 14 compliment 15 supply 16 please 17 simplicity 18 complex 19 perplex 20 imply 21 exploit 22 explore 23 ② 24 ② 25 ② 26 ① 27 ④ 28 ②

[해석] 23 그는 목표를 달성한 후에 기분이 좋았다. 24 그는 법정에서 자비를 간청했다. 25 그 과학자들은 인간 두뇌의 복잡한 구조에 대해 연구해오고 있다. 26 관객들은 그의 열정적인 연주에 박수를 보냈다. 27 경찰관에 의해 멈춰 세워지는 것은 유쾌한 경험이 아니다. 28 그의 침묵은 동의를 의미하는 것처럼 보였다.

DAILY TEST DAY 42

1 정치(상)의; 정치적인 2 대도시, 중심지 3 거주시키다; 살다 4 공화국, 공화 정치 체제 5 수입하다; 수입(품) 6 휴대용의, 가지고 다닐 수 있는 7 수출하다; 전하다; 수출(품) 8 긍정[적극]적인; 분명한 9 목적, 의도, 의향 10 계약금, 보증금; 예금(액); 퇴적물; 예금하다 11 구성 요소, 성분 12 혼합하다; 합성물, 합성어 13 policy 14 popular 15 public 16 publish 17 transport 18 opportunity 19 pose 20 impose 21 suppose 22 opponent 23 oppose 24 ① 25 ⑤ 26 ④ 27 ① 28 ③ 29 ②

[해석] 24 그 선박은 중국으로부터 원자재를 운반한다. 25 그렇게 좋은 기회를 놓치다니 너는 너무 어리석구나! 26 우리가 사용하는 석유의 대부분은 중동에서 수입된다. 27 그 가수는 폭넓은 인기를 얻었다. 28 타이어, 엔진, 차체와 좌석은 자동차의 부품이다. 29 그녀가 고의로 그 일을 했던 건 아니다. 사고였다.

DAILY TEST DAY 43

1 가능한, 있을 수 있는 2 잠재적인, 가능성 있는; 잠재력 3 이해하다, 알다; 고맙게 여기다; 감상하다 4 매우 귀중한 5 감옥 6 기업, 회사 7 먹이; 희생(물); 잡아먹다 8 억압하다 9 가장 중요한, 최상의 10 원시(시대)의, 원시적인 11 possess 12 precious 13 praise 14 comprehend 15 imprison 16 surprise 17 pressure 18 impress 19 primary 20 prior 21 ④ 22 ④ 23 속달의 24 표현하다 25 급행의 26 ⑤ 27 ① 28 ③ 29 ②

[해석] 21 재난의 전체 규모를 파악하는 것은 불가능했다. 22 〈별이 빛나는 밤〉은 (값을 매길 수 없는) 매우 귀중한 예술 작품이다. 23 나는 속달 우편으로 소포를 보냈다. 24 어떤 말로도 내 슬픔을 표현할 수 없다. 25 급행열차 표 두 장 주세요. 26 수학의 기본 원리는 이해하기 어렵다. 27 그 선수는 세계 챔피언이 될 잠재력이 있다. 28 그는 그 일을 빨리 끝내야 한다는 압력을 받고 있다. 29 너는 관객에게 너의 공연으로 깊은 인상을 남겨야 한다.

DAILY TEST DAY 44

1 획득하다; (지식 · 기술 등을) 습득하다 2 정복하다; 이기다; 극복하다 3 매우 아름다운, 정교한 4 개인적인, 사적인; 비밀의 5 엄밀히 조사하다 6 증명[입증]하다; …로 판명되다 7 적당한, 알맞은 8 적당한, 타당한 9 구두점을 찍다 10 논쟁[반박](하다), 분쟁 11 require 12 inquire 13 request 14 deprive 15 probable 16 approve 17 property 18 punctual 19 disappoint 20 reputation 21 ③ 22 ① 23 ④ 24 ③ 25 ③ 26 ① 27 ④

[해석] 21 그녀의 노력은 헛된 것으로 밝혀졌다. 22 제 아이들에게 알맞은 책을 사고 싶은데요. 23 그 영토의 소유권에 대한 분쟁이 있다. 24 나는 수영장에 갈 때, 개인 탈의실을 사용한다. 25 그는 아들의 결혼을 승낙하지 않았다. 26 그 여자는 그 재산에 대한 권리를 주장했다. 27 여기가 항공편 예약에 대해 문의하는 곳이 맞나요?

DAILY TEST DAY 45

1 부패[부정]한; 부패[타락]시키다 2 가로막다, 방해하다; (일시적으로) 중단시키다 3 일상적인 일[과정], 틀에 박힌 일 4 다양한 것들; 범위; 산맥; …에 이르다 5 계급, 지위; 열, 줄 6 이성적인; 분별 있는 7 옳은, 올바른; 바로잡다 8 직접적인; 직행의; (똑바로) 향하게 하다 9 규칙[정기]적인; 보통의 10 통치[정권] 기간; 통치하다 11 회전하다[시키다]; 교대하다[시키다] 12 route 13 erupt 14 bankrupt 15 arrange 16 rate 17 reason 18 erect 19 region 20 regulate 21 royal 22 control 23 ④ 24 정돈하다 25 계획하다 26 ② 27 ③ 28 ① 29 ④

[해석] 23 다음 학기에 다른 강의에 등록할 거니? 24 그는 책장에 있는 모든 책을 정돈했다. 25 그들은 7시에 영화관에서 만나기로 했다. 26 그들의 사업은 실패해서 파산했다. 27 그 호수는 산맥으로 둘러싸여 있었다. 28 출생률이 올라가지 않는 이상, 인구는 위험 수준까지 감소할 것이다. 29 그 문제에 대한 그녀의 답변은 매우 정확했다.

REVIEW TEST DAY 41-45

p.57

1 실망시키다, (기대 등을) 저버리다 2 출판[발행]하다; 발표[공표]하다 3 통제(하다), 억제(하다); 지배(하다) 4 깊은 인상을 주다; (도장 등을) 찍다 5 갑자기 발생하다; (용암 등이) 분출하다 6 빼앗다, 박탈하다 7 (의무 · 세금 · 벌 등을) 부과하다; 강요하다 8 (미리) 계획하다; 배열[정돈]하다 9 부패[부정]한; 부패[타락]시키다 10 시간을 엄수하는, 기한을 지키는 11 공공의, 일반 대중의; 공적인 12 지역, 지방; (신체의) 부분 13 칭찬(하다), 찬양

하다 14 탐험하다; 탐구하다 15 평판, 명성, 명망 16 (좋은) 기회, 호기 17 정복하다; (적 등을) 이기다; 극복하다 18 이해[파악]하다 19 correct 20 import 21 interrupt 22 potential 23 private 24 purpose 25 dispute 26 appreciate 27 employ 28 appropriate 29 regular 30 portable 31 bankrupt 32 probe 33 prove 34 range 35 prey 36 plenty 37 oppose 38 apply 39 components 40 acquire

[해석] 37 대부분의 정치인들은 새 정당에 반대한다. 38 나의 남동생은 내가 다니는 회사의 일자리에 지원할 것이다. 39 자동차 정비사는 내게 몇몇 부품을 교체할 것을 권했다. 40 그는 집을 얻기 위해 돈을 모으고 있다.

DAILY TEST DAY 46

1 신성한; 종교적인 2 성인, 성자 3 규모, 정도; 계급, 등급; 축척; 저울 4 …을 의식[자각]하고 있는, 알고 있는; 깨어있는; 의식[의도]적인 5 내려가다; (어둠 등이) 내려앉다 6 악화시키다; 상승하다[시키다] 7 (신문 · 잡지 등을) (정기) 구독하다 8 부분, 구획 9 감각; 느낌, 감정; 분별[판단]력, 센스; 의미; 느끼다 10 감각; 느낌, 기분; 엄청난 관심 11 분개하다, 화를 내다 12 (나라 경제 · 사업 등의) 부문, 분야 13 sacrifice 14 subconscious 15 sensitivity 16 conscience 17 prescribe 18 describe 19 section 20 consensus 21 nonsense 22 sentiment 23 scent 24 consent 25 ② 26 ② 27 ⑤ 28 ② 29 ③ 30 ④

[해석] 25 Steven은 자신의 잘못에 대해 알지 못한다. 26 우리는 에어쇼에서 제트기가 하강하는 것을 구경했다. 27 그는 어둠에 대한 잠재의식적인 공포를 갖고 있다. 28 그는 자신의 팀을 위해 큰 희생을 치렀다. 29 동물원에 가려면 부모님의 동의가 필요하다. 30 이 약이 효과가 없다면, 좀 더 강한 것을 처방해 드릴게요.

DAILY TEST DAY 47

1 다음의, 그 뒤[후]의 2 적합하다, 알맞다; 어울리다; 정장; 소송 3 삽입하다, 넣다 4 발휘[행사]하다 5 보호[보존]하다; 유지하다 6 보존[보호]하다 7 …을 보고 알아채다; 관찰하다; 준수하다 8 (회의 등이) 진행 중인 시기; 기간, 회기 9 해결하다, 끝내다; 정착하다[시키다]; 진정시키다[하다] 10 거주하다, 살다 11 평가하다; 매기다 12 consequence 13 sequence 14 execute 15 pursue 16 desert 17 series 18 reserve 19 deserve 20 president 21 obsess 22 ⑤ 23 ② 24 정장 25 소송 26 어울리다 27 ④ 28 ① 29 ③

[해석] 22 그 부족들은 그들의 전통 예술을 보존하려고 애쓴다. 23 수년간 외국에 거주해온 이 박사는 지난여름 한국으로 돌아왔다. 24 나는 회색 정장을 세탁 맡겼다. 25 그 판사는 두 회사 간의 소송에 대한 최종 판결을 내렸다. 26 이 치마가 나에게 어울리니? 27 자동차가 고장이 났고 그 결과 좀 늦게 도착했다. 28 그녀는 대기업의 임원이다. 29 Steve는 이 논쟁을 해결할 수 있는 유일한 사람이다.

DAILY TEST DAY 48

1 징후, 조짐; 신호; 서명하다 2 맡기다, 임명하다; 할당하다 3 봉하다; 인장, 도장; 봉인 4 …와 닮다[유사하다] 5 겉보기에는, 얼핏 보기에 6 사회의, 사회적인; 사교상의 7 유일한, 단 하나의 8 혼자 있음, 고독 9 (문제 등을) 풀다, 해결하다 10 녹(이)다; 해산시키다 11 significant 12 resign 13 similar 14 assemble 15 simulation 16 associate 17 sociology 18 solitary 19 designate 20 resolve 21 ④ 22 ④ 23 ③ 24 ④ 25 ② 26 ④ 27 ③

[해석] 21 날씨 변화는 공해가 기후에 영향을 미치고 있다는 것을 의미할지도 모른다. 22 모든 직원은 강당에 모일 것을 요청받았다. 23 Beard 박사는 그 주제에 관한 유일한 권위자이다. 24 대화는 문제를 해결하는 가장 좋은 방법이다. 25 이 양식에 서명해주세요. 26 보다 나은 사회로의 변화는 시민들이 관심을 가질 때 일어난다. 27 그는 범죄자들과 어울려 지낸다고 알려져 있었다.

DAILY TEST DAY 49

1 철학 2 2학년생 3 기대[예상]하다 4 조사[검사]하다 5 전망, 가망; 가능성; 경치 6 (생물 분류상의) 종; 종류 7 특별한 8 …에도 불구하고 9 절망(하다), 자포자기(하다) 10 반구 11 sophisticated 12 respect 13 suspect 14 aspect 15 spectacle 16 specific 17 expectation 18 prosper 19 sphere 20 atmosphere 21 ① 22 ② 23 ④ 24 ③ 25 ① 26 ④ 27 ③

[해석] 21 수학 시험은 내가 예상했던 것보다 훨씬 쉬웠다.

22 경찰은 사고 현장을 조사하러 갔다. 23 원하시는 특정 모델이 있나요? 24 나는 미래에 대한 모든 희망을 잃었다. 25 그의 삶의 철학은 항상 최선을 다하는 것이다. 26 호랑이, 자이언트 판다, 고래는 모두 멸종 위기에 처한 종이다. 27 그는 그 살인 사건의 가장 유력한 용의자로 여겨진다.

DAILY TEST DAY 50

1 정신, 마음; 영혼 2 만기가 되다, 끝나다 3 반응하다; 대답[응답]하다 4 서다; …에 있다[위치하다]; …을 참다 5 상(像), 조각상 6 상태, 상황; 국가, 주(州); 진술[말]하다 7 재산, 자산; 토지 8 설립하다, 제정하다; 입증[증명]하다 9 예, 사례 10 물질, 물체; 실체, 본질 11 inspire 12 aspire 13 sponsor 14 standard 15 status 16 statistics 17 stable 18 instant 19 constant 20 obstacle 21 ① 22 ① 23 ② 24 ① 25 ⑤ 26 ④ 27 ③

[해석] 21 나는 그에게 어디 갔었냐고 물었지만 그는 대답하지 않았다. 22 일어나서 불만을 말해주세요. 23 마음이 가난한 자에게 축복이 있나니. 24 그 도시에 새로운 고등학교를 설립하는 것이 필요하다. 25 당신의 운전 면허증은 언제 만기됩니까? 26 그는 식사할 때 소리를 너무 많이 내. 더 이상은 참을 수 없어! 27 눈과 얼음은 같은 물질이다.

REVIEW TEST DAY 46-50

p.63

1 결과; 영향; 중요성 2 희생(하다); 제물(로 바치다) 3 특정한; 구체적인, 자세한 4 (직위 등을) 사임하다 5 추구하다; 뒤쫓다 6 장애(물), 방해(물) 7 (일 · 사업 등이) 번영[성공]하다 8 해결하다; 결정[결심]하다 9 자손, 후예 10 표준(의), 기준, 수준 11 공기, 대기; 분위기 12 관련시켜 생각하다, 연상하다; 동료 13 규모, 정도; 계급, 등급; 축척; 저울 14 …을 받을 만하다 15 즉석의, 즉각적인 16 측면, 국면; 모습, 외관 17 혼자 있음, 고독 18 악화되다[시키다]; 상승하다[시키다] 19 signal 20 expect 21 subscribe 22 exert 23 despite 24 assign 25 expire 26 preserve 27 describe 28 philosophy 29 resent 30 insert 31 sensation 32 settle 33 scent 34 substance 35 dissolve 36 despair 37 constant 38 statistics 39 assemble 40 observed

[해석] 37 Madison은 끊임없는 통증 때문에 하루 종일 심하게 고통받았다. 38 최근의 통계 자료는 경제 성장의 둔화를 보여준다. 39 모든 학생은 강당에 모여야 한다. 40 Thomas는 그들이 무엇을 하고 있는지 관찰했다.

DAILY TEST DAY 51

1 돕다, 원조하다; 어시스트 2 존재하다, 실재하다 3 주장하다, 고집하다; 요구하다 4 비용, 값, 가격; 희생, 손실; (비용이) 들다 5 꾸준한, 지속적인 6 대체하다; (일 등을) 대신하다; 대용품 7 미신 8 구별하다, 분간하다 9 자극하다, 촉진하다; 격려하다 10 끄다; 소멸시키다 11 consist 12 resist 13 arrest 14 system 15 institute 16 constitute 17 destination 18 distinct 19 instinct 20 ① 21 ③ 22 ⑤ 23 ④ 24 ① 25 ② 26 ④

[해석] 20 나는 노트 위에 쓰인 그의 독특한 글씨를 알아봤다. 21 우리 직원들은 당신을 돕기 위해서 그들이 할 수 있는 모든 것을 할 것입니다. 22 그 둘을 구별할 수 있겠니? 23 우리는 지름길로 가려는[요령 피우려는] 유혹을 견뎌내야 한다. 24 사다리 아래로 걸으면 불행이 온다는 미신이 있다. 25 어떤 기계도 인간을 대신할 수는 없다. 26 외국어 학원에서 영어를 공부하는 게 어때?

DAILY TEST DAY 52

1 엄격한; 정확한 2 긴장(감), 피로, 부담; 노력하다 3 해협 4 고통, 고뇌; 빈곤; 괴롭히다 5 제지하다, 못하게 하다 6 건설하다, 세우다; 만들다, 구성하다 7 파괴하다, 손상시키다; 망치다 8 기구, 도구; 악기 9 모욕하다, 창피를 주다; 모욕 10 소비하다, 쓰다; 먹다, 마시다 11 가정하다, 추측하다 12 district 13 restrict 14 stress 15 prestige 16 structure 17 instruct 18 industry 19 result 20 consumption 21 assume 22 resume 23 ① 24 ⑤ 25 (책임 · 임무 등을) (떠)맡다 26 가정하다 27 ④ 28 ② 29 ①

[해석] 23 우리는 학생들의 수를 10명으로 제한한다. 24 그는 고객을 정중히 대하는 것의 중요성을 강조했다. 25 네 실수에 책임을 지는 것이 중요하다. 26 그 소문이 사실이라고 가정해보자. 27 제조업자들은 소비자들의 의견에 더욱 귀를 기울여야 한다. 28 그들은 우리 고장의 산업 발전에 크게 공헌하였다. 29 이 연장의 사용법을 알려줄게.

DAILY TEST DAY 53

1 보험에 들다 2 밀어닥치다, 쇄도하다; 급등[급증]하다 3 자원, 자산; 자료 4 (회사에 투자한) 돈, 지분; 말뚝 5 온전한, 손상되지 않은 6 통합하다[되다]; 인종 차별을 철폐하다 7 전체의; 완전한 8 소매(하다); 소매의 9 포함하다, 함유하다 10 유지하다; (부상 등을) 겪다; 떠받치다, 지지하다 11 내용(물); 용량, 함유량; 만족한 12 계속하다[되다]; 다시 시작하다; 재개되다 13 assure 14 source 15 attach 16 attack 17 contact 18 attain 19 tailor 20 detail 21 entertain 22 retain 23 continent 24 obtain 25 ④ 26 ⑤ 27 내용 28 만족한 29 ② 30 ① 31 ④

[해석] 25 그 병의 원인은 알려지지 않았다. 26 더 알고 싶은 사항이 있으시면 저에게 연락하세요. 27 책의 내용이 책의 표지보다 더 중요하다. 28 새 일자리가 별로 만족스럽지가 않아요. 다른 일을 찾고 있는 중이에요. 29 이 식물들은 계속해서 신선한 물을 공급해주어야 한다. 30 천연자원의 부족은 심각한 문제이다. 31 그들은 예정보다 빨리 그들의 목표를 달성했다.

DAILY TEST DAY 54

1 (전문) 기술; 기교, 솜씨 2 기질, 성질 3 온도; 체온 4 일시적인; 임시의 5 유혹하다; …할 생각이 들게 하다 6 …하는 경향이 있다, …하기 쉽다 7 연장[확장]하다; 뻗다 8 출석하다; 돌보다; 다루다 9 긴장한; 시제 10 말기의; 끝의, 말단의; 종점; 터미널 11 종결하다; 끝나다 12 technology 13 temperate 14 temper 15 contemporary 16 attempt 17 intend 18 pretend 19 tender 20 intense 21 determine 22 term 23 ② 24 ④ 25 ③ 26 ③ 27 ② 28 ①

[해석] 23 그들은 가능한 많이 팔려고 시도한다. 24 우리가 계속 손실을 본다면, 나는 그 사업을 그만둘 것이다. 25 그 용어는 어떤 의미로 사용되나요? ① 다툼 이후로 그 소녀들은 사이가 좋지 않다. ② 신학기가 곧 시작될 것이다. ③ 여러분을 위해 쉬운 용어로 설명해 드리겠습니다. 26 그녀는 절대로 고의로 다른 사람에게 상처를 줄 사람이 아니다. 27 노사 간에 긴장이 고조되고 있다. 28 당신의 성공은 얼마나 열심히 일하는가에 의해 결정됩니다.

DAILY TEST DAY 55

1 공포, 두려움; 테러 2 겁나게 하다 3 증언하다; 증명하다 4 경쟁(하다); 경연 5 배경, 정황; 문맥 6 신학 7 음색; 어조; 색조 8 억양, 어조 9 고문(하다); 심한 고통 10 왜곡하다; 비틀다 11 terrible 12 territory 13 terrestrial 14 protest 15 text 16 textile 17 enthusiasm 18 monotonous 19 tune 20 torment 21 ① 22 ② 23 ⑤ 24 ④ 25 ③ 26 ②

[해석] 21 그녀는 최근 TV 드라마 시청에 대한 열의를 잃었다. 22 그의 공연은 매우 훌륭했다. 23 같은 문제가 반복되자 그 여자는 매우 화가 났다. 24 가끔 그는 자신의 단조로운 삶에서 벗어나기 위해 여행을 갔다. 25 문맥을 통해 그 단어의 의미를 짐작할 수 없겠니? 26 그 비행기는 타국의 영토 위로 날아갔다.

REVIEW TEST DAY 51-55

p.69

1 항의(하다), 시위(하다), 이의 제기(하다) 2 제한하다, 한정하다 3 (기후 · 지역 등이) 온화한, 온난한; 온건한, 도를 넘지 않는, 절제하는 4 지구(상)의, 지상의, 육지의 5 본능, 본성 6 (…을) 제지하다, 못하게 하다; (감정 · 행동 등을) 억누르다, 억제하다 7 붙이다, 첨부하다; 소속시키다 8 열정, 열광, 열중 9 명성, 위신; 명성이 있는, 명품의 10 학회, 협회, 연구소 11 현대의, 당대의; 동시대의, 같은 시기의; 동시대인 12 강렬한, 심한; 열렬한, 열심인 13 종결하다; 끝나다 14 접촉, 연락; 인맥; 연락하다 15 기질, 성질 16 보유하다, 유지하다; (정보 등을) 기억하다 17 체포(하다) 18 가정하다, 추측하다; (책임 · 임무 등을) (떠)맡다; …인 체하다 19 distress 20 extinguish 21 context 22 torture 23 terrify 24 exist 25 temporary 26 insult 27 tense 28 determine 29 tempt 30 construct 31 consume 32 insure 33 testify 34 distort 35 resource 36 tend 37 term 38 strain 39 obtained 40 pretended

[해석] 37 Phillip은 그 특이한 용어를 전에 들어본 적이 전혀 없었다. 38 그녀는 시험 때문에 큰 긴장을 느끼고 있었다. 39 그녀는 지난달에 백화점에서 새 드레스를 획득했다[구매했다]. 40 Blake는 교내 연극에서 말인 척 연기했다.

DAILY TEST DAY 56

1 전통, 관습, 전해진 것 2 배반[배신]하다, 저버리다; 폭로하다 3 엄청난, 막대한; 멋진, 대단한 4 …의 탓[덕]으로 돌리다; 성질, 특성 5 흐트러뜨리다, 산만하게 하다 6 뽑아내다, 추출하다; 발췌(하다) 7 후퇴(하다), 물러서다; 철회(하다) 8 추적하다; 밝혀내다; 자국, 자취 9 묘사하다, 표현하다 10 분배하다, 배급하다, 배포하다 11 trait 12 tremble 13 contribute 14 attract 15 abstract 16 contract 17 treaty 18 trail 19 entrust 20 truthful 21 ⑤ 22 ⑤ 23 ② 24 대(우)하다 25 대접, 한턱 26 ④ 27 ① 28 ②

[해석] 21 서명하기 전에 계약서를 훑어봐라. 22 탐정들은 과학을 활용하여 범인을 추적할 수 있다. 23 열세에 몰린 군대는 재빨리 후퇴해야 했다. 24 그들은 그를 가족의 일원으로 대했다. 25 비용에 대해서는 걱정하지 마. 내가 낼게. 26 내 성공은 나를 도와준 모든 이들 덕분이다. 27 많은 현대 화가가 추상적인 그림을 창작하는 것을 즐긴다. 28 나는 그가 절대로 나를 배신하지 않을 것이라고 믿는다.

DAILY TEST DAY 57

1 사용하다, 쓰다; 사용, 이용 2 도구, 기구 3 회피하다; 탈출하다 4 명확치 않은, 모호한, 막연한 5 가치; 유용성, 중요성; 높이 평가하다 6 유효한; 타당한, 논리적인 7 피하다, 회피하다 8 방해하다; 어지럽히다 9 풍부한, 많은 10 도시의 11 이용할 수 있는, 쓸모 있는 12 abuse 13 utilize 14 invade 15 extravagant 16 evaluate 17 intrude 18 threat 19 trouble 20 surround 21 suburb 22 prevail 23 ② 24 ④ 25 ② 26 ③ 27 ⑤ 28 ④

[해석] 23 내가 그의 이름을 불렀을 때 방해하려는 의도는 아니었다. 24 사랑은 (가치를 매길 수 없을 정도로) 귀중한 것이다. 25 도시 생활은 어떤 사람들에게는 매우 스트레스가 될 수 있다. 26 약품을 오용하지 않도록 주의하세요. 27 다른 사람들의 사생활을 침해하는 것은 잘못된 일이다. 28 한국은 삼면이 바다로 둘러싸여 있다.

DAILY TEST DAY 58

1 다양한, 가지각색의 2 (피해자 자신이) 복수(하다) 3 사건; 행사 4 발명하다; (이야기 등을) 꾸며내다 5 (벤처) 사업; 위험을 무릅쓰고 가다 6 대로, 길; 수단 7 편리한, 사용하기 쉬운; 가까운 8 광고하다, 홍보하다 9 수직의, 세로의; 수직(선) 10 다양한, 가지각색의 11 (시의) 연, (노래의) 절; 시, 운문 12 반대의; 뒤집다; 후진하다 13 variable 14 variation 15 avenge 16 prevent 17 adventure 18 convention 19 intervene 20 souvenir 21 convert 22 converse 23 version 24 divorce 25 ③ 26 ① 27 ② 28 ④ 29 ① 30 ②

[해석] 25 열심히 일하면 결국 너의 목표를 달성할 거야. 26 그 식료품점은 다양한 이국적인 재료들을 취급한다. 27 카드의 뒷면에 서명해주세요. 28 좀 더 편하신 시간에 다시 전화하겠습니다. 29 우리의 새 점원 채용 광고에 대해 많은 반응이 있었다. 30 아이들은 그들의 부모가 이혼할 때 정신적 고통을 겪는다.

DAILY TEST DAY 59

1 이전의, 앞의, 사전의 2 (생각 · 감정 등을) 전하다; 나르다 3 승리 4 개별의, 개개의; 독특한, 특유의; 개인 5 미망인, 과부 6 수정하다, 고치다; 개정하다 7 감독하다, 관리하다 8 공급하다; 준비하다; 부양하다 9 재검토(하다); 비평(하다); 복습(하다) 10 선망, 질투(하다); 부러워하다 11 via 12 voyage 13 convict 14 divide 15 devise 16 vigor 17 vision 18 view 19 interview 20 convince 21 ① 22 ② 23 ④ 24 ① 25 ① 26 ③ 27 ②

[해석] 21 나는 혼자서 여행을 가기에 충분히 자랐다는 것을 아버지에게 납득시키려고 애썼다. 22 그녀는 증언을 하기 위해 법정에 출두해야 했다. 23 새로운 댐은 중국의 대부분의 전기를 공급하게 될 것이다. 24 그가 그녀를 사랑하는 것은 명백하다. 25 자세한 조사가 주민들 사이에서 이루어졌다. 26 민주주의는 개인의 권리를 수호하고 존중한다. 27 세탁기와 컴퓨터는 노동력을 절감시켜 주는 장치들이다.

DAILY TEST DAY 60 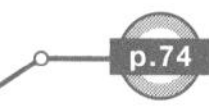

1 살아남다; 극복하다; …보다 오래 살다 2 매우 중요한, 필수적인; 활기찬 3 천직, 직업; 소명 4 어휘 5 자발적인; 자원 봉사의 6 돌(리)다, 회전하다; 공전하다 7 진화하다; 발전하다 8 투표(하다); 투표권 9 상, 상금; 수여하다 10 경고하다, 주의시키다 11 vivid 12 vocal 13 advocate 14 evoke 15 provoke 16 devote 17 involve 18 volume 19 reward 20 aware 21 ② 22 ⑤ 23 부피 24 음량 25 ③ 26 ① 27 ⑤ 28 ④

[해석] 21 인종적 억압은 강한 저항을 유발했다. 22 그는 경찰에 자발적으로 진술했다. 23 상자의 부피를 어떻게 잽니까? 24 라디오가 잘 안 들리는데요. 음량을 높여주시겠습니까? 25 우리는 진화론 하면 자연스럽게 다윈의 이름이 연상된다. 26 그녀는 범죄에 연루된 사실을 부인했다. 27 우리는 물 없이 일주일 이상 살 수 없다. 28 암 치료에 있어 조기 발견이 매우 중요하다.

REVIEW TEST DAY 56-60 p.75

1 바꾸다, 변화시키다; (다른 종교 · 이념 등으로) 개종[전향]하다[시키다] 2 관점, 견해; 시야; 경치; …라고 생각하다, 간주하다; 보다 3 위협, 협박 4 (언쟁 · 싸움 등을) 중재하다, 개입하다; (대화 등에) 끼어들다, 방해하다; (사건 등이) 사이에 일어나다 5 낭비하는, 사치스러운; 지나친, 엄청난 6 (기억 · 묘사 · 색상 등이) 생생한, 선명한 7 이혼(하다); 분리(하다) 8 (…에게) 유죄를 선고[입증]하다; 죄수, 수형자 9 헌신적인; 전념하는 10 둘러싸다, 에워싸다, 포위하다 11 (정신적 · 육체적) 활력, 기력, 정력 12 학대(하다); (권리 · 약 등을) 남용(하다), 오용(하다) 13 떨(리)다; 흔들리다, 진동하다 14 (질문 · 의무 · 세금 등을) 회피하다; 탈출하다 15 옹호하다, 지지하다; 옹호자, 지지자; 변호사 16 방해하다, 참견하다; 침입하다, 침범하다 17 (생각 · 관습 · 현상 등이) 만연[유행]하다; 우세하다, 이기다 18 막다, 예방하다, 방해하다 19 vacant 20 revolve 21 revenge 22 tremendous 23 voluntary 24 convey 25 valid 26 aware 27 convenient 28 attribute 29 vocation 30 individual 31 trust 32 vertical 33 disturb 34 diverse 35 supervise 36 review 37 evidence 38 available 39 evolved 40 distribute

[해석] 37 그 범인의 일기장은 경찰이 필요로 할 모든 증거들을 담고 있다. 38 Mary는 그녀의 남자친구에게 오늘 밤에 시간이 안 될 것이라고 말했다. 39 나는 인간이 유인원으로부터 진화했다는 것을 확신할 수 없다. 40 나는 Jacob에게 잡지들을 배포해 달라고 부탁할 것이다.

FINAL TEST DAY 31-60 p.76-77

1 ⓒ 2 ⓔ 3 ⓑ 4 ⓐ 5 ⓓ 6 ② 7 ④ 8 ⑤ 9 ① 10 resign 11 prevail 12 explore 13 ② 14 ③ 15 scale 16 direct 17 restrain 18 portable 19 maintain 20 patient

[해석] 6 James는 그것이 이상하다고 생각했지만 Hannah에게는 평범해 보였다. 7 나의 형은 컴퓨터 소프트웨어에 관한 전문가이다. 8 부정적인 태도를 가지고 있는 사람들은 성공할 수 없다. 9 Tiffany는 그녀의 아들이 집을 그렇게 잘 청소한 것에 대해 칭찬했다. 10 일을 공식적으로 그만두다 11 우세함을 증명하다 12 어떤 장소를 알기 위해 그곳을 여행하다 13 Brian은 네가 그에게 사준 크리스마스 선물을 고마워했다. ① 그의 소설들은 수년 동안 인정받지 못했다. ② 오늘 네가 나를 찾아와줘서 너무 고마워. ③ Kate는 그 상황이 얼마나 어려운지 인식하지 못했다. 14 수천 명의 사람이 그 영화 배우의 결혼식에 참석했다. ① 모든 간호사가 환자들을 간호하느라 바빴다. ② 그 사업이 처리해야 할 몇 가지 문제들이 있다. ③ 나의 가족은 토요일 저녁에 콘서트에 참석할 것이다. 17 다이어트를 하는 동안 나는 너무 많이 먹지 않도록 스스로 억제했다. 18 우리는 캠핑 여행을 위해서 휴대용 탁자를 하나 사야 한다. 19 그 집은 잘 유지되어서 수리가 전혀 필요하지 않았다. 20 나의 아버지는 긴 줄을 기다릴 만큼 충분히 인내심이 있지 않으셨다.

어원으로 쉽게 외우는 **고등 어휘의 시작**

능률VOCA

어원편

능률VOCA 어원편의 주요 특징

1 어원으로 이해하는 고교 핵심 어휘 학습
2 각 어휘의 파생어, 유/반의어를 수록하여 풍부한 어휘 확장
3 어휘별 수능 빈출도/중요도 표시 및 수능 빈출 의미 표시
4 어휘의 실제적인 쓰임을 잘 보여주는 예문 제시
5 Blended Learning을 통한 암기 효과 극대화 (CLASS CARD QR코드 제공)
6 어휘를 들으며 반복 학습할 수 있는 무료 MP3 제공
7 휴대가 편리한 mini 능률VOCA 제공
8 학습한 어휘를 테스트할 수 있는 워크북 제공

scrib	쓰다
sect (seg)	자르다
sens (sent, scent)	느끼다
DAY 47	
sequ (su, secu)	따라가다, 뒤를 잇다
sert (ser)	결합하다
serv	지키다; 주의를 기울이다
sid (sess, set)	앉다
DAY 48	
sign (sea)	표시(하다)
simil (sembl, seem, simul)	비슷한; 같은; 같이
soci	친구
sol	혼자의
solv	느슨하게 하다
DAY 49	
soph	현명한
spect (spec, spit)	보다
sper (spair)	희망
spher	구
DAY 50	
spir	숨을 쉬다
spond (spon)	약속하다
sta	서다, 세우다
DAY 51	
sta (sist, sto, st(e), stitu, sti(n))	서다, 세우다
sting (stinct, stim)	찌르다; 끄다
DAY 52	
strict (strai(n), stress, stig)	팽팽히 당기다; 묶어 두다
struct (str, stroy)	세우다
sult	뛰어오르다
sum	취하다, 골라 가지다

DAY 53	
sure	근심이 없는
surg (sour)	솟아나다
tach (ta(c)k)	들러붙게 하다
tact (teg, tain, ti)	건드리다, 접촉하다
tail	자르다
tain (ten, tin)	가지다, 잡다, 쥐다
DAY 54	
techn	기술
temper	조절하다; 섞다
tempor	시간, 시대
tempt	시도하다
tend (tens)	뻗다, 늘리다, 당기다
termin (term)	끝; 한계
DAY 55	
terr[1]	두려워하게 하다
terr[2]	땅
test	증인, 증언하다
text	천을 짜다
theo (thus)	신
thesis (them)	두다
ton (tun)	소리
tort (tor)	비틀다
DAY 56	
tract (treat, trac, trai, tray)	끌다, 끌리다
trad (tray)	넘겨주다
trem	떨다
tribut	할당하다, 나누어주다
tru	믿음; 정직한
DAY 57	
trud (thrust, threat)	밀다
turb (troub)	어지럽게 하다
und	물결(치다)

urb	도시
us (ut)	사용하다
vad	가다
vag	떠돌아다니다
val (vail)	가치 있는; 강한
van (vain, void, vac)	빈
DAY 58	
var	구부리다
venge	복수하다
vent (ven)	오다
vert (vers, vorc)	돌리다
DAY 59	
via (vi, vey, voy)	길
vict (vinc)	적을 이기다
vid (vis, wid)	분리하다
vig	활기찬
vis (vid, view, vy, vey)	보다
DAY 60	
viv (vit)	살다; 생명
voc (vok)	목소리; 부르다
vol	의지
volv (volu)	말다, 돌다
vot	맹세하다
ward (war, warn)	주의하다, 지켜보다

NE 능률

어원으로 쉽게 외우는 **고등 어휘의 시작**

mini

mini 능률VOCA의 특징과 활용법

01 본문의 표제 어휘와 접사·어근 리스트 제공

본문에 나오는 표제 어휘를 DAY별로 수록하여 단어를 쉽고 빠르게 찾아볼 수 있게 했으며, 접사·어근 리스트를 별도로 제공하여 쉽게 외울 수 있도록 했다.

02 어휘와 뜻 분리 배치

영단어와 우리말 뜻을 각각 다른 페이지에 수록하여, 우리말 뜻에 먼저 눈이 가는 것을 방지하도록 디자인했다. 종이를 반으로 접어 암기 여부를 테스트하기에 용이하다.

03 Blended Learning으로 효과적인 암기

DAY별로 수록된 QR코드를 찍으면 클래스카드의 스마트 단어장으로 연결된다. 발음을 확인할 수 있을 뿐만 아니라, 암기/리콜/스펠 기능을 통해 확실히 암기하고 테스트할 수 있다.

04 반복 학습을 통한 암기 효과 극대화

한번에 암기되는 단어는 없으므로 〈mini 능률VOCA〉를 가지고 다니면서 반복 학습한다. 뇌생리학 이론상 단어를 처음 외우고, 외운 직후, 하루, 사흘, 엿새 뒤에 그 단어를 복습하고, 7번 이상 접하면 장기적으로 기억된다고 한다.

05 본문의 '핵심 다의어'와 '혼동 어휘' 수록

본문에 있는 '한번에 외우는 핵심 다의어'와 '혼동하기 쉬운 중요 어휘'는 반드시 외워야 할 단어로, 집중 암기할 수 있도록 한 번 더 제시했다.

DAY 01

pro- 앞으로

1 progress
2 propose
3 produce
4 protect
5 purchase

pre- 미리, 먼저

6 predict
7 precaution
8 premature
9 preview

fore- … 앞에, 전에

10 forehead
11 forefather
12 foremost
13 foresee

post- … 뒤에, 후에

14 postpone
15 postwar

in¹- 안에, 위에

16 income
17 intake
18 infection
19 insight
20 inherent
21 investment
22 investigate
23 illustrate

DAY 02

out- … 밖으로; …을 능가하는

1 outcome
2 outline
3 outlook
4 outstanding
5 outlet
6 utter
7 utmost

over- 넘어, … 너머, 위에; 과도하게

8 overcome
9 overlook
10 overseas
11 overhead
12 overtake
13 overwhelm
14 overlap
15 overflow

extra- … 밖의; …을 넘어서

16 extracurricular
17 extraterrestrial
18 extraordinary
19 extrovert
20 external

mis- 잘못된

21 misfortune
22 mislead
23 misbehave

점선을 따라 반으로 접어 반대쪽 페이지로 넘기면 ★
단어와 의미를 보기 쉽게 확인할 수 있습니다.

DAY 02

out-

1 결과, 성과
2 개요(를 서술하다); 윤곽(을 보여주다), 외형
3 전망, 예측; 견해, 사고방식; 경치
4 뛰어난, 아주 훌륭한, 두드러진
5 (가스·감정 등의) 배출구, 표출 방법; 아울렛; 콘센트
6 완전한, 전적인; 말하다; (소리 등을) 내다
7 최대의, 극도의

over-

8 (곤란·장애·적 등을) 극복하다, 이겨내다, 이기다
9 간과하다; 눈감아 주다; (경치 등을) 내려다보다
10 해외로; 해외에 있는, 외국의
11 머리 위에, (하늘) 높이; 머리 위의
12 능가하다; 따라잡다; 덮치다, 압도하다
13 압도하다; 당황하게 하다; 감당하기 힘들게 하다
14 겹치다, 포개지다; 중복되다, 공통점이 있다; 겹침, 중복
15 넘치다, 범람하다; …로 넘쳐나다; 넘침, 범람; 초과

extra-

16 정규 교과 과정 이외의, (클럽 활동 등) 과외의
17 지구 밖의, 외계의; 외계인, 우주인
18 이상한, 비범한, 대단한
19 외향적인 사람
20 외부의, 밖의

mis-

21 불운, 불행, 역경
22 잘못 인도하다; 속이다, 오해하게 하다
23 버릇 없이 굴다; 비행을 저지르다

DAY 01

pro-

1 진보, 발전; 전진, 진행; 진보[발전]하다; 전진하다
2 제안하다; 청혼하다; (이론 등을) 제시하다
3 생산[제조]하다; 농산물
4 보호하다, 막다, 지키다
5 구매하다, 구입하다; 구매, 구입

pre-

6 예언하다, 예측[예상]하다
7 조심, 경계; 예방책
8 시기상조의, 조급한; 너무 이른, 조기의
9 미리 보기; 시사(회), 예고편; (시사회 등을) 보다[보여주다]

fore-

10 이마
11 선조, 조상
12 가장 중요한, 최고의; 선두의, 맨 앞[먼저]의
13 예견[예지]하다

post-

14 연기하다, 뒤로 미루다
15 전후(戰後)의

in[1]-

16 수입, 소득
17 섭취(량)
18 감염, 오염
19 통찰력
20 내재된, 고유의
21 투자, 투자 자금
22 수사[조사]하다; 조사[연구]하다
23 설명하다, 삽화를 쓰다, 예시를 보여주다

DAY 03

re- 다시; 뒤에

1 recall
2 record
3 recover
4 recycle
5 research
6 replace
7 reproduce
8 revive
9 remove
10 retire
11 remain
12 represent

inter- … 사이에; 상호 간

13 international
14 interpret
15 interfere
16 interaction

dia- … 사이에; 가로질러

17 dialogue(dialog)
18 dialect
19 diameter

trans- 이쪽에서 저쪽으로; …을 통해

20 transfer
21 transform
22 translate
23 transplant

DAY 04

de- 아래로; 떨어져; '반대'; '강조'

1 depress
2 despise
3 depart
4 derive
5 detect
6 detach
7 develop
8 declare
9 debate
10 demonstrate
11 depict

under- 아래에

12 undergraduate
13 undergo
14 undertake
15 underlie

ex- 밖으로; '강조'; …을 넘어서; 이전에

16 exhale
17 expand
18 explicit
19 explain
20 expose
21 exaggerate
22 exchange
23 exhaust
24 evaporation

점선을 따라 반으로 접어 반대쪽 페이지로 넘기면 ★
단어와 의미를 보기 쉽게 확인할 수 있습니다.

DAY 04

de-

1 낙담시키다, 우울하게 하다; 불경기로 만들다
2 경멸하다, 얕보다
3 떠나다, 출발하다
4 이끌어내다, 얻다; …에서 유래하다, 파생되다
5 발견하다, 찾아내다
6 분리하다, 떼어내다
7 발전[발달]하다, 성장하다; 개발하다
8 선언[발표]하다; (세관 등에) 신고하다
9 토론[논쟁]하다; 숙고하다, 검토하다; 토론, 논쟁
10 입증[증명]하다, 설명하다; (행동으로) 보여주다; 시위하다
11 (그림으로) 그리다; (말로) 묘사하다

under-

12 대학생(의), 학부생(의)
13 (변화·곤란함 등을) 겪다, 경험하다
14 (떠)맡다, …의 책임을 지다; (…하겠다고) 약속하다
15 …의 기저를 이루다, 기본이 되다

ex-

16 (숨을) 내쉬다, (공기·가스 등을) 내뿜다
17 확대[팽창]하다[시키다]; (사업·조직 등을) 확장[확대]하다
18 뚜렷한, 명백한; 노골적인, 숨김없는
19 설명하다, 해명하다
20 노출시키다, 드러내다; 폭로하다
21 과장하다, 과장해서 말하다
22 교환, 주고받기; 환전; 교환하다
23 지치게 하다; 다 써 버리다; (자동차 등의) 배기가스
24 증발; 발산

DAY 03

re-

1 기억(해내다), 회상[상기](하다[시키다]); 회수[리콜](하다)
2 기록; 음반; 기록하다; 녹음[녹화]하다
3 (건강·기능 등을) 회복하다, 되찾다, 회수하다
4 재활용하다, 재생하다
5 연구, 조사; 연구[조사]하다
6 (…의 역할을) 대신하다; 교체하다, 대체하다
7 생식[번식]하다; 복제[복사]하다; 재생[재현]하다
8 소생[회복]시키다[하다]; (기억 등이) 되살아나게 하다
9 제거하다, 옮기다, 이전[이동]시키다
10 은퇴[퇴직]하다; 은퇴[퇴직]시키다
11 여전히 …인 상태이다; 머무르다; 남아 있다, 남다
12 대변하다, 대표하다; 나타내다, 상징하다

inter-

13 국제적인, 국가 간의
14 통역하다; (…의 의미로) 이해[해석]하다
15 간섭하다; 방해하다
16 상호 작용, 상호 영향

dia-

17 대화, 문답, 회화
18 방언, 사투리
19 지름, 직경

trans-

20 이동(시키다); 전근[전학](하다); 갈아타다; 전송(하다)
21 변형[변화]시키다
22 번역하다; …로 여기다, 해석하다
23 옮겨 심다; (기관·조직 등을) 이식하다; 이식

DAY 05

un- '부정', '반대'

1 uneasy
2 unfair
3 unfortunate
4 unlikely
5 unusual
6 unlock

dis- '부정', '반대'; 떨어져, 분리된

7 disagree
8 disappear
9 disorder
10 discount
11 discourage
12 dismiss
13 dispose
14 display
15 differ

in²- '부정'

16 independent
17 inevitable
18 inexpensive
19 illegal
20 immoral
21 immune
22 irrelevant

DAY 06

super- 위에, 초월해서

1 superior
2 superb
3 superficial
4 sovereign
5 surface

up- 위로

6 uphold
7 upright
8 upset
9 upside

sub- …의 아래에

10 submarine
11 suffer
12 suggest
13 support
14 suppress

anti- …에 대항[반대]하여

15 antibiotic
16 antibody
17 antarctic

ante- 앞, 전에

18 anticipate
19 antique
20 advantage
21 ancestor
22 ancient
23 advance

점선을 따라 반으로 접어 반대쪽 페이지로 넘기면 ★
단어와 의미를 보기 쉽게 확인할 수 있습니다.

DAY 06

super-

1 우수한, 보다 나은; 상위[상급]의; 상급자
2 뛰어난, 멋진
3 표면의, 외관상의; 피상적인
4 통치자; 주권이 있는; 최고 권력의
5 표면; 외관; (수면으로) 올라오다; 드러나다, 나타나다

up-

6 (법·제도·판결 등을) 지지하다, 옹호하다
7 똑바른; 수직으로 세운; 똑바로, 수직으로; 수직 기둥
8 기분이 상한, 탈이 난; (마음을) 상하게 하다; 뒤집어엎다
9 위쪽, 윗면

sub-

10 잠수함; 해저의
11 (고통 등을) 겪다, …로 괴로워하다, (병 등을) 앓다
12 제안[제의]하다; 암시[시사]하다
13 지지(하다); 부양(하다); 받치다; 지지, 지원; 부양; 받침
14 진압하다; 억제하다; (감정 등을) 참다, 억누르다

anti-

15 항생제, 항생 물질
16 항체
17 남극의; 남극 대륙

ante-

18 예상하다, 예측하다; 기대하다
19 고대의, 옛날의; 골동품
20 유리한 조건[입장]; 이점
21 조상, 선조
22 고대의, 옛날의
23 전진; 진보; 전진하다; 진보하다; 진보시키다

DAY 05

un-

1 불안한, 걱정스러운; 편치 않은, 불편한
2 불공평한, 부당한
3 불운한, 불행한, 유감스러운
4 …할 것 같지 않은, 가망 없는
5 보통이 아닌, 평소와 다른; 유별난, 색다른
6 (문 등 잠긴 것을 열쇠로) 열다

dis-

7 (의견이) 다르다; 동의하지 않다; 일치하지 않다
8 (시야에서) 사라지다; (존재가) 없어지다, 소멸하다
9 무질서, 혼란; (심신의) 이상, 불편
10 할인; 할인하다; 중요하지 않게 생각하다
11 그만두게 하다, 단념시키다; 낙담[실망]시키다
12 묵살[일축]하다; 해고하다, 내쫓다; 해산시키다
13 배치하다; 처분하다; 처리[해결]하다; 경향을 갖게 하다
14 전시[진열](하다); (감정 등을) 보이다; 보이기, 표현
15 다르다; (의견 등이) 일치하지 않다

in[2]-

16 독립한, 자주의; 독립심이 강한
17 피할 수 없는, 불가피한
18 저렴한, 비싸지 않은
19 불법의
20 부도덕한
21 면역성을 가진; 면제된
22 관계가 없는, 상관없는

DAY 07

com- 함께; '강조'

1 combine
2 company
3 compile
4 compose
5 compromise
6 complain
7 conform
8 confront
9 confirm
10 condense
11 correspond
12 collapse

sym- 함께

13 symphony
14 synthetic

multi- 많은

15 multimedia
16 multiple
17 multitude

ab- 떨어져; '강조'

18 absorb
19 abnormal
20 absolute
21 absurd

DAY 08

en- …이 되게 하다; … 안에

1 enable
2 enforce
3 enhance
4 enlarge
5 enrich
6 entitle
7 enclose
8 encounter
9 engage
10 embrace

tele- 멀리

11 telescope

auto- 자신의, 스스로의

12 autograph
13 autobiography
14 automobile

per- 완전히; 두루

15 perfect
16 permanent
17 persevere
18 persist
19 persuade
20 perspective

se- 떨어져

21 separate
22 secure
23 select
24 segregation

점선을 따라 반으로 접어 반대쪽 페이지로 넘기면 ★
단어와 의미를 보기 쉽게 확인할 수 있습니다.

DAY 08

en-

1 …할 수 있게 하다, 가능하게 하다
2 (법률 등을) 시행[집행]하다; 강요하다
3 (질·가치를) 향상하다
4 크게 하다, 확장하다; 확장되다
5 (질·가치·빛깔·맛 등을) 풍부하게 하다; 부유하게 하다
6 자격[권리]을 주다; 표제[명칭]를 붙이다
7 (물건·장소를) 둘러싸다; 동봉하다
8 (문제·일에) 직면하다; 우연히 만나다; 우연한 만남
9 관여하다, 종사시키다; (주의를) 끌다; 약속[약혼]하다
10 껴안다; 수락하다, 받아들이다; 포옹; 수락

tele-

11 망원경

auto-

12 사인, 자필 서명; 자필 서명하다
13 자서전
14 자동차(의)

per-

15 완전(무결)한, 완벽한; 완벽하게 하다
16 영구적인, 불변의; 오랫동안 지속되는; 정규(직)의
17 (끈질기게) 노력하다, 인내하다, 견디다
18 계속 …하다, 고집하다; 지속하다, 존속하다
19 설득하다, 권해서 …하게 하다; 믿게 하다, 납득시키다
20 관점, 시각, 견해; 균형 잡힌 관점, 사리분별(력); 원근법

se-

21 분리된; 별개의; 분리하다[되다], 갈라놓다[갈라지다]
22 안전한, 확실한; 확보하다; 안전하게 하다
23 선택하다, 고르다
24 (인종·성별 등에 의한) 분리, 차별; 분리, 격리

DAY 07

com-

1 결합하다; 결합되다; 겸비하다
2 회사; 친구, 동료; 일행, 동석, 동행
3 편집[편찬]하다; (자료를) 수집하다
4 구성하다; 작곡하다, (글을) 쓰다
5 타협, 절충; 타협[절충]하다
6 불평하다, 항의하다
7 (관습·법·규칙 등에) 순응하다, 따르다
8 (문제·어려움 등에) 직면하다; …에 맞서다
9 확인[확정]하다; (…이 사실임을) 보여주다; 인정하다
10 농축[응축]시키다[되다]; (말·글 등을) 간략하게[요약]하다
11 해당[대응]하다; 일치[부합]하다; 서신을 주고받다
12 붕괴되다, 무너지다; 쓰러지다; 붕괴; 쓰러짐; 실패

sym-

13 교향곡, 심포니
14 합성한, 인조의; 종합적인

multi-

15 멀티미디어(의)
16 다수의, 다양한; 배수의; 배수
17 다수; 군중

ab-

18 흡수하다; (정보·지식 등을) 받아들이다; 열중하게 하다
19 비정상적인
20 완전한, 전적인, 절대적인; 확실한; 전제적인, 무제한의
21 어리석은, 터무니없는; 불합리한

DAY 09

ad- …에, …로; …을 향해

1 adjust
2 accompany
3 account
4 accumulate
5 accustomed
6 appoint
7 approach
8 await
9 abandon
10 arrogant

a- …에; '강조'; '완료'

11 aboard
12 abroad
13 alike
14 arise
15 arouse
16 amaze
17 ashamed
18 afford

with- 뒤쪽으로; …에 대항하여

19 withdraw
20 withhold
21 withstand

geo- 지구의, 땅의

22 geography
23 geology
24 geometry

DAY 10

contra- …에 반대[대항]하여

1 contrary
2 contrast
3 controversy
4 counterattack
5 counterfeit
6 counterpart

mono-/uni- 하나의; 혼자의

7 monologue(monolog)
8 union
9 unique
10 unify
11 unite
12 unit
13 universe

bi-/du-/twi- 둘

14 bilingual
15 balance
16 duplicate
17 twilight
18 twist

tri- 셋

19 triangle
20 tribe
21 trivial

점선을 따라 반으로 접어 반대쪽 페이지로 넘기면 ★
단어와 의미를 보기 쉽게 확인할 수 있습니다.

DAY 10

contra-

1 (…와) 반대의; 반대(되는 것)

2 대조[대비](하다); 정반대의 물건, 대조가 되는 것

3 논쟁, 언쟁, 논란

4 반격(하다), 역습(하다)

5 위조의, 가짜의; (화폐·문서 등을) 위조하다

6 (직위·목적 등이) 대응하는 사람, 상대(방)

mono-/uni-

7 (혼자서만 하는) 긴 이야기; (배우의) 독백

8 (노동) 조합; 단체, 클럽; 결합, 연합

9 독특한, 유일(무이)한, (장소·사람·사물에서) 특유[고유]의

10 (갈라져 있던 것을) 통일하다, 통합하다

11 (본래 개별적인 것들을 하나로) 결합[통합]하다, 연합하다

12 구성 단위, 측정 단위; 단일체, 한 개; 부문, 부(部)

13 우주, 만물; 전 세계

bi-/du-/twi-

14 2개 국어를 구사할 수 있는[사용하는]; 2개 국어 구사자

15 균형; 잔액; 균형을 잡다; 상쇄하다; (…와) 견주어 보다

16 복사[복제]하다; (똑같이) 되풀이하다; 복사[복제](의)[품]

17 황혼, 땅거미, 어스름; (전성기 뒤의) 황혼기, 쇠퇴기

18 비틀기, 꼬임; 굴곡; 꼬다, (비)틀다; 왜곡하다

tri-

19 삼각형 (모양); 【악기】 트라이앵글; 삼각관계

20 부족, 종족

21 사소한, 하찮은

DAY 09

ad-

1 맞추다, 조정[조절]하다; 적응[순응]하다

2 …와 동행하다; …에 수반하여 일어나다; 반주하다

3 계좌; 설명(하다); 계정; 원인(이 되다); (비율을) 차지하다

4 (돈·물건 등을) 모으다, 축적하다; 모이다, 축적되다

5 (…에) 익숙해진, 습관이 된

6 임명[지정]하다; (시간·장소를) 정하다

7 접근(하다); (문제 등을) 다루다; 접근법, 해결 방법

8 기다리다, 대기하다

9 (사람·장소 등을) 버리다; (계획·생각·신념 등을) 포기하다

10 거만한, 오만한

a-

11 탑승[승선]하여; (배·열차·항공기 등의) 안에서[으로]

12 외국에, 해외로; (소문 등이) 널리 퍼져

13 (아주) 비슷한, 서로 같은; 마찬가지로, 같게, 동등하게

14 (문제·사건 등이) 발생하다, 생기다; (잠에서) 깨다

15 (감정을) (불러) 일으키다; (잠에서) 깨우다

16 깜짝 놀라게 하다

17 부끄러워하는, 창피한

18 …할 여유가 있다

with-

19 철회[취소]하다; 그만두다; (예금을) 인출하다; 철수하다

20 (꼭 쥐고) 주지 않다; (지원·승낙 등을) 유보하다

21 저항하다; 견디다

geo-

22 지리학; (특정 지역의) 지리, 지세

23 지질학; (어떤 지역의) 지질학적 특징, 지질

24 기하학

DAY 11

명사형 접미사

-er/-ant/-ist/-ive 행위자

1 interviewer
2 interviewee
3 inventor
4 supervisor
5 assistant
6 attendant
7 servant
8 resident
9 journalist
10 psychologist
11 relative
12 representative

-ary 행위자; 지칭

13 boundary
14 secretary
15 missionary

-ic(s) 학문

16 economics
17 politics
18 physics

점선을 따라 반으로 접어 반대쪽 페이지로 넘기면 ★
단어와 의미를 보기 쉽게 확인할 수 있습니다.

DAY 11

-ance/-ty/-y/-al/-ure/-ion/-th/-ness/-cy 행위; 성질; 상태

19 appearance
20 conference
21 variety
22 ability
23 authority
24 discovery
25 theory
26 surgery
27 arrival
28 proposal
29 creature
30 failure
31 pollution
32 translation
33 introduction
34 invitation
35 wealth
36 weight
37 witness
38 fitness
39 accuracy
40 privacy

-ance/-ty/-y/-al/-ure/-ion/-th/-ness/-cy

19 외모, 외관; 등장, 출현, 출연
20 회담, 회견; 회의, 협의회
21 다양성, 다양함
22 할 수 있음, 능력
23 권한, 권위
24 발견
25 이론, 학설
26 수술
27 도착
28 제안; 청혼
29 생물; 창조물, 인간
30 실패(자), 낙제(자)
31 오염, 공해
32 번역, 통역; 해석
33 소개; 도입
34 초대
35 부, 재산; 풍부함
36 무게, 체중
37 목격자, 입회인; (법정에서) 증인; 목격하다; 증언하다
38 건강(함); 적절함
39 정확(성), 정밀(도)
40 사생활

명사형 접미사

-er/-ant/-ist/-ive

1 면접관, 인터뷰 진행자
2 면접[인터뷰] 대상자
3 발명가
4 감독관, 관리자
5 보조자, 조수; 보조의, 하위 직급의
6 시중 드는 사람; 수행원
7 하인, 고용인
8 거주자; 거주하는, 살고 있는
9 언론인, 기자
10 심리학자
11 친척, 인척; 상대적인
12 대표자, 대리인; 대표하는

-ary

13 경계선
14 비서
15 선교사, 전도사; 전도의

-ic(s)

16 경제학
17 정치(학)
18 물리학

명사형 접미사

-ment 행위; 성질; 상태; 결과물

41 agreement
42 assessment
43 document

-ship 자격; 특성

44 citizenship
45 leadership

-hood 시대; 관계

46 childhood
47 neighborhood

-ism 주의; 특성

48 realism
49 optimism
50 criticism

-et/-le 작은 것을 가리키는 말

51 target
52 booklet
53 leaflet
54 etiquette
55 angle
56 label

점선을 따라 반으로 접어 반대쪽 페이지로 넘기면 ★
단어와 의미를 보기 쉽게 확인할 수 있습니다.

형용사형 접미사

1 childish
2 childlike
3 comparable
4 comparative
5 considerable
6 considerate
7 continual
8 continuous
9 economic
10 economical
11 historic
12 historical
13 intellectual
14 intelligent
15 respectable
16 respectful
17 sensible
18 sensitive
19 social
20 sociable
21 successful
22 successive
23 literal
24 literary
25 literate
26 imaginable
27 imaginative
28 imaginary
29 regretful
30 regrettable
31 industrial
32 industrious

DAY 12

형용사형 접미사

1 유치한
2 천진난만한
3 비교될 만한, 비슷한
4 비교의, 비교적인, 상대적인
5 (양·정도 등이) 상당한, 많은
6 사려 깊은, 배려하는
7 반복[거듭]되는, 끊임없는
8 끊임없는, 계속적인
9 경제(학)의
10 절약이 되는, 경제적인
11 역사적으로 중요한
12 역사(상)의
13 지적인, 지성의
14 (사람·동물의 머리가) 영리한, 총명한
15 존경할 만한, 훌륭한
16 존경[존중]하는, 공손한
17 분별[지각] 있는, 현명한
18 섬세한; 민감한, 예민한
19 사회의, 사회적인
20 사교적인, 붙임성 있는
21 성공적인, 출세한
22 연속[계속]적인
23 글자 그대로의
24 문학의, 문예의
25 읽고 쓸 줄 아는
26 상상할 수 있는
27 상상력이 풍부한, 창의적인
28 상상 속에 존재하는, 가상의
29 후회하는, 유감스러워 하는
30 (상황·사건이) 유감스러운
31 산업의, 산업이 발달한
32 근면한

DAY 11

명사형 접미사

-ment

41 협정; 동의, 합의
42 평가, 판단; 평가액
43 서류, 문서; 기록하다

-ship

44 시민권, 시민으로서의 신분
45 통솔력, 지도력

-hood

46 유년기
47 근처, 이웃

-ism

48 현실주의; 사실성
49 낙관론, 낙천주의
50 비판, 비난; 비평, 평론

-et/-le

51 목표, 대상; 목표로 삼다, 대상으로 하다
52 소책자
53 (광고용) 전단
54 예의, 에티켓
55 각도, 각; 관점; 노리다
56 라벨, 표; 라벨을[표를] 붙이다

DAY 12

-able 가능성, 능력, 적합성

33 favorable
34 reliable
35 visible

-ful 풍부

36 hopeful
37 doubtful
38 forceful

-ic/-ar(y) 성질, 성향

39 basic
40 characteristic
41 typical
42 familiar
43 peculiar
44 supplementary
45 satisfactory

점선을 따라 반으로 접어 반대쪽 페이지로 넘기면 ★
단어와 의미를 보기 쉽게 확인할 수 있습니다.

DAY 13

형용사형 접미사

-ly/-ous/-ate/-ant/-ish/-al/-ive/-y 성질, 성향

1 costly
2 timely
3 furious
4 ambitious
5 fortunate
6 intimate
7 pleasant
8 violent
9 urgent
10 foolish
11 reddish
12 selfish
13 ideal
14 verbal
15 internal
16 racial
17 spiritual
18 active
19 informative
20 hasty
21 gloomy

-less 결핍

22 countless
23 endless

동사형 접미사

-ize/-(i)fy ···화하다

24 realize
25 civilize
26 justify
27 simplify

DAY 13

형용사형 접미사

-ly/-ous/-ate/-ant/-ish/-al/-ive/-y

1 값비싼; 손실[희생]이 큰
2 시기적절한, 때를 맞춘
3 몹시 화가 난; 맹렬한
4 야심 있는
5 운이 좋은
6 친밀한
7 즐거운, 기분 좋은
8 폭력적인, 난폭한; 거센
9 긴급한, 다급한
10 어리석은
11 발그레한, 불그스름한
12 이기적인
13 이상적인, 완벽한
14 언어의, 말로 된
15 내부의, 내적인
16 인종의, 민족의
17 정신의, 정신적인
18 활동적인; 적극적인
19 유익한, 정보를 제공하는
20 성급한, 서두르는
21 우울하게 하는; 우울한

-less

22 셀 수 없는, 무수히 많은
23 끝없는

동사형 접미사

-ize/-(i)fy

24 깨닫다; 실현하다
25 문명화하다
26 정당화하다, 옳다고 하다
27 단순화하다, 간단하게 하다

DAY 12

-able

33 호의적인, 찬성하는
34 의지할 수 있는, 믿을 만한
35 눈에 보이는; 뚜렷한

-ful

36 희망에 찬, 기대하는
37 의심스러운, 확신이 없는
38 (사람·말 등이) 강력한, 힘이 있는

-ic/-ar(y)

39 기초적인, 기본적인
40 특징적인, 독특한; 특징
41 전형적인
42 친근한
43 기이한, 독특한
44 보충의
45 충분한, 만족스러운

DAY 13

-ate/-en …하게 만들다, …되게 하다

28 fascinate
29 frustrate
30 imitate
31 irritate
32 motivate
33 originate
34 strengthen
35 frighten

-le (반복적인 행동을) 하다

36 struggle
37 wrestle

부사형 접미사

-ly/-ward/-way 방식/방향/방법

38 extremely
39 rarely
40 homeward
41 upward
42 halfway
43 likewise
44 otherwise

DAY 14

ag 행하다; 작용하다; 몰다

1 agent
2 agony
3 active
4 actual
5 exact
6 react
7 ambiguous
8 navigate

alt 높은; 자라다,성장하다

9 altitude
10 abolish
11 adolescent

alter 다른

12 alter
13 alternative
14 alien

ang 질식시키다

15 anguish
16 anxious

ann 1년의, 해마다

17 anniversary
18 annual

apt 적합한

19 apt
20 adapt
21 attitude

점선을 따라 반으로 접어 반대쪽 페이지로 넘기면 ★
단어와 의미를 보기 쉽게 확인할 수 있습니다.

DAY 14

ag

1 대리인[점], 대행사; 에이전트; 정부 요원; 매개(물), 요인

2 (정신적·육체적으로) 극심한 고통, 슬픔

3 활동적인; 적극적인

4 실제의, 정확한, 진짜의

5 정확한, 꼼꼼한

6 반응하다; (거부) 반응을 나타내다, 반작용하다

7 (애매)모호한, 분명하지 않은

8 길을 찾다; 항해[비행]하다; (어려운 상황 등을) 잘 다루다

alt

9 고도, 높이, 해발

10 (법률·제도·관습 등을) 폐지하다, 없애다

11 사춘기 청소년(의), 청년(의)

alter

12 달라지다, 변하다; 바꾸다, 변하게 하다

13 대안(代案)의, 대체할 수 있는; 대안(代案), 대체(물)

14 외국(인)의; 이질적인, 다른; 외계의; 외국인; 외계인

ang

15 극심한 고통, 고뇌

16 걱정하는, 불안해하는; 갈망[열망]하는

ann

17 (해마다 있는) 기념일

18 해마다의; 일 년(간)의

apt

19 …하는 경향이 있는, …하기 쉬운; 적절한

20 적응시키다[하다], 적합하게 하다; 각색[개작]하다

21 (…에 대해 내비치는) 태도, 의견, 심정, 마음가짐; 자세

DAY 13

-ate/-en

28 매혹하다, 마음을 사로잡다

29 좌절감을 주다, 불만스럽게 만들다; (계획을) 좌절시키다

30 모방하다; (재미로) 따라하며 흉내내다

31 짜증나게 하다; (피부를) 자극하다

32 동기를 부여하다, 자극하다

33 비롯되다, (…에서) 일어나다; 발명[고안]하다

34 강화하다; 강화되다

35 무섭게 하다

-le

36 투쟁하다, 고군분투하다; 투쟁, 분투

37 몸싸움하다, 레슬링을 하다

부사형 접미사

-ly/-ward/-way

38 극도로, 극히

39 드물게, 거의 …하지 않는

40 집 쪽으로, 집으로 향하는

41 위쪽으로

42 가운데쯤에, 중간에

43 똑같이, 비슷하게

44 달리, 다르게

DAY 15

art 인공; 예술, 기술

1 artificial
2 artistic

aster 별

3 disaster
4 astronomy
5 astronaut
6 astrology
7 consider

aud/ey 듣다

8 audience
9 obey

band 묶다

10 bandage
11 bond
12 bundle
13 bind

bar 막대; 장애

14 bar
15 embarrass
16 barrier

bio 생명

17 biography
18 biology

DAY 16

cap[1] 머리, 우두머리

1 capital
2 chief
3 achieve

cap[2] 잡다, 취하다

4 capable
5 capture
6 occupy
7 participate
8 accept
9 except
10 conceive
11 deceive
12 perceive
13 receive

car 마차, 탈것; 운반하다, 짐을 싣다

14 career
15 carpenter
16 carriage
17 carrier
18 charge
19 discharge

점선을 따라 반으로 접어 반대쪽 페이지로 넘기면 ★
단어와 의미를 보기 쉽게 확인할 수 있습니다.

DAY 16

cap[1]

1 수도, 중심지; 대문자; 자본(금); 대문자의; 주요한
2 우두머리, 장(長); 주요한, 중요한; (지위·계급 등) 최고의
3 (일·목적 등을 노력하여) 이루다, 성취하다, 달성하다

cap[2] 잡다, 취하다

4 …할 수 있는; 유능한
5 포획; 붙잡다; 점령하다; 사로잡다; 포착하다, 캡쳐하다
6 차지하다; (방·건물 등을) 사용하다; 점령[점거]하다
7 (…에) 참가[참여]하다
8 받아들이다; 인정하다; 구성원으로 받아들이다
9 …을 제외하고, … 이외에는
10 생각해내다, 고안[착상]하다; (특정한 상황 등을) 상상하다
11 속이다, 기만하다
12 인지하다, 알아차리다
13 받다; (제안, 의견 등을) 받아들이다; 수신하다

car

14 (오래 해온 전문적) 직업; 경력, 커리어; 직업적인
15 목수
16 마차; 운반; (기차의) 객차
17 운송 회사; 운반인, 운반[수송]기; 【의학】(전염병) 보균자
18 청구하다; 고발[기소](하다); 비난(하다); 충전하다; 요금; 책임, 담당
19 해임(하다); 내보내다; 방출(하다); 이행(하다); 퇴원; 석방; 제대

DAY 15

art

1 인공의, 모조의; (태도·행동 등이) 거짓된, 꾸며진
2 예술[미술]의, 예술적인

aster

3 (뜻밖의) 재난, 참사, 큰 불행
4 천문학
5 우주 비행사
6 점성학, 점성술
7 숙고하다; 간주하다; 고려[참작]하다, 존중[배려]하다

aud/ey

8 청중, 관객, 시청자, 청취자
9 (…에) 복종하다, 따르다

band

10 붕대(를 감다)
11 결속, 유대; 채권; 접착제, 본드; 유대를 맺다; 접착시키다
12 다발, 꾸러미
13 묶다; 결속시키다; (약속·의무 등으로) 속박[제한]하다

bar

14 주점; 막대; 긴 토막; 장애(물); 법원, 법정; 막다, 금하다
15 당황하게 하다, 난처하게 하다
16 울타리; 장애물, 장벽

bio

17 전기, 일대기
18 생물학

DAY 17

cast 던지다

1 cast
2 broadcast
3 forecast

cause 이유

4 cause
5 accuse
6 excuse

cede 가다

7 precede
8 exceed
9 proceed
10 succeed
11 predecessor
12 access
13 cease

centr 중심

14 concentrate

cern 체로 쳐서 가려내다; 분리하다

15 concern
16 discern
17 crisis
18 criticize
19 discriminate

cert 확실한

20 certain
21 certificate

DAY 18

char 사랑하는, 소중한

1 charity
2 cherish

cid 떨어지다

3 accident
4 coincidence
5 incident
6 casual
7 occasion
8 decay

cide 죽이다; 자르다

9 suicide
10 decision
11 precise

circul 원; 둘레에

12 circulate
13 circumstance
14 circuit

cit 소환하다, 부르다

15 cite
16 recite
17 excite

civi 시; 시민

18 civil
19 civilize
20 citizen

claim 부르다, 외치다

21 claim
22 exclaim
23 proclaim
24 council

점선을 따라 반으로 접어 반대쪽 페이지로 넘기면 ★
단어와 의미를 보기 쉽게 확인할 수 있습니다.

DAY 18

char

1 자선 단체, 자선; 관대함

2 소중히 생각하다, 아껴주다

cid

3 사고(특히 교통사고), 재난; 우연한 일

4 우연; (우연의) 일치

5 (특히 폭력적이거나 위험한) 사건

6 느긋한; 격식을 차리지 않는; 우연한; 평상복

7 (특정한) 때, 경우; 특별한 일[행사]

8 썩다, 부식[부패]하다; 쇠퇴하다; 부패; 쇠퇴

cide

9 자살

10 결정; 결단력

11 (수치·정보 등이) 정확한, 정밀한

circul

12 돌다, 순환하다; 퍼지다; 유통[유포]하다, 배포하다

13 주위 사정, 상황; (경제적·물질적) 환경, 처지

14 순회 (여행); 주위, 둘레; 【전기】회로

cit

15 언급하다; (책 등을) 인용하다; (법정으로) 소환하다

16 낭송[낭독]하다

17 흥분시키다, (남을) 자극하다

civi

18 시민의, 민간인의; 【법률】 민사의

19 문명화하다

20 시민; 국민

claim

21 주장(하다); (손해 배상 등을) 요구[청구](하다)

22 외치다, 큰 소리로 말하다

23 (공식적으로) 선언하다, 공표하다

24 협의회, 심의회; 지방 의회

DAY 17

cast

1 드리우다; 던지다[기]; 배우를 정하다; 출연진; 깁스; 주형

2 방송하다, 방영하다; 방송, 방영(물)

3 예상[예측]하다, 예보하다; 예상[예측], 예보

cause

4 원인, 이유; 야기하다, 초래하다

5 (범죄 등의 혐의로) 고발[기소]하다; 비난하다

6 용서하다, 봐주다; 변명하다; 양해를 구하다; 변명, 이유

cede

7 …보다 먼저 일어나다, …에 선행하다, …보다 앞서가다

8 (수·양·한도·권한 등을) 넘다, 초과하다

9 계속하다, 진행하다; 계속되다, 진행되다; 나아가다

10 성공하다, 성과를 거두다; 뒤를 잇다, 계승하다

11 전임자

12 접근(성), 이용(성); 진입[접근]법; 접근하다, 들어가다

13 그만두다, 멈추다; 끝나다

centr

14 집중[전념]하다; 모으[이]다, 집중시키다[하다]

cern

15 걱정; 관심사; 관계(하다); 걱정하다[시키다]; 관심을 갖다

16 알아차리다, 인식하다; 분별[분간]하다

17 위기, 어려운 상황, 최악의 국면

18 비판[비난]하다; 비평하다

19 차별(대우)하다; (차이점을) 식별[구별]하다

cert

20 확실한, 틀림없는; (어느) 일정한, 특정한, 어떤

21 증명서, 이수[수료] 증명서

DAY 19

clin 굽다; 경사지다

1 decline
2 incline
3 climate

clud 닫다

4 conclude
5 include
6 exclude
7 closet
8 disclose

cogn 알다

9 recognize
10 diagnose
11 ignore
12 noble
13 acknowledge
14 acquaint

cord 마음

15 discord
16 accord
17 courage
18 encourage
19 core

corp 몸, 단체, 조직체

20 corporate
21 incorporate
22 corps

DAY 20

crea 만들다; 자라다

1 create
2 recreate
3 increase
4 decrease
5 concrete
6 recruit

cred 믿다

7 credit
8 incredible
9 creed
10 grant

cult 경작하다

11 cultivate
12 culture
13 agriculture
14 colony

cur 달리다, 흐르다; 주의, 관심, 돌봄

15 current
16 curriculum
17 excursion
18 occur
19 cure
20 curious
21 accurate

dam 손실; 비난

22 damage
23 condemn

점선을 따라 반으로 접어 반대쪽 페이지로 넘기면 ★
단어와 의미를 보기 쉽게 확인할 수 있습니다.

DAY 20

crea

1 창조하다, 창작하다, 만들어내다
2 다시 만들다, 재현하다; 기분을 전환시키다
3 증가하다, 늘다; 증가시키다, 늘리다; 증가
4 감소하다, 줄다; 감소시키다, 줄이다; 감소
5 구체적인, 확실한; 콘크리트로 만든; 콘크리트
6 채용하다, 모집하다; 신병, 신입 사원

cred

7 신용[외상] (거래); 칭찬; (대학) 이수 학점; 입금하다; 믿다
8 믿어지지 않는, 놀랄 만한; 뛰어난, 엄청난
9 신조, 신념, 원칙; (종교상의) 교의(教義)
10 승인하다, 부여[수여]하다; 인정하다; 보조금

cult

11 경작하다, 재배하다; (능력 등을) 계발하다
12 문화, 문명; 지적·예술적 활동, 교양
13 농업, 농사, 농학
14 식민지; (특정인·동식물의) 집단, 부락

cur

15 현재[현행]의; (물·공기·전기 등의) 흐름; 경향, 풍조
16 교과[이수] 과정, 교과목
17 (특정 목적을 위한) 짧은 여행, 소풍
18 발생하다, 일어나다; (생각 등이) 떠오르다
19 치료하다; (문제 등을) 해결하다; 치료(법/약); 해결책
20 호기심이 강한, …을 알고 싶어 하는; 이상한, 묘한
21 (정보·수치·기계 등이) 정확한, 정밀한

dam

22 손해, 손상, 훼손; 손해[손상]를 입히다, 훼손하다
23 비난하다, 책망하다; …에게 형을 선고하다

DAY 19

clin

1 감소[하락](하다); 악화(되다); 거절하다, 사양하다
2 …할 마음이 내키게 하다; (특정한 방향으로) 기울(이)다
3 (특정 지역의) 기후; (어떤 지역·시기의) 풍토, 분위기

clud

4 결론을 내리다; 결말짓다, 종결하다
5 포함[함유]하다; 넣다, (전체의 일부로서) 포함시키다
6 (고의로) 제외[배제/배척]하다; (참여·입장 등을) 막다
7 (붙박이형) 벽장
8 들추어내다, 폭로하다; 드러내다

cogn

9 알아보다, 식별[분간]하다; 인정하다
10 진단하다, (병 등의) 원인을 규명하다
11 (의도적으로) 무시하다
12 (성품·행위 등이) 고상한, 숭고한; 귀족의; 귀족
13 인정하다; 사례하다, 감사하다; 받았음을 알리다
14 (정보 등을) 주다, 숙지시키다

cord

15 (의견 등의) 불일치, 불화; 불협화음
16 부여하다; 부합[일치]하다; (생각 등에 대한) 일치; 협정
17 용기, 대담함
18 용기를 북돋우다; (…하는 것을) 장려하다, 조장하다
19 핵심; (사물의) 심, 속; 핵심의, 가장 중요한[기본적인]

corp

20 회사[법인]의; 단체의, 공동의
21 법인으로 만들다; 포함[합병]하다
22 【군대】 군단, 단(團); (특정 일·활동을 하는) 단체

DAY 21

deb 신세 지다

1 debt
2 due
3 duty

der 주다

4 render
5 surrender
6 rent
7 add
8 edit

dict 말하다, 부르다

9 dictate
10 addiction
11 contradict
12 dedicate
13 indicate
14 index

dom 집; 주인

15 domain
16 domestic
17 dominate
18 predominant

don 주다

19 donate
20 anecdote
21 dose

DAY 22

duc 인도하다

1 conduct
2 educate
3 deduct
4 deduce
5 induce
6 introduce
7 reduce

electr 호박(琥珀)의; 전기의

8 electric
9 electronic

equ/ident 같은

10 equal
11 equivalent
12 adequate
13 identify

ess 존재하다

14 essence
15 absent
16 present

estim 평가하다

17 estimate
18 overestimate
19 esteem

fa 말하다

20 fable
21 fate
22 fame
23 infant
24 confess
25 professional

점선을 따라 반으로 접어 반대쪽 페이지로 넘기면 ★
단어와 의미를 보기 쉽게 확인할 수 있습니다.

DAY 22

duc

1 수행[실시](하다); 이끌다; 지휘하다; 처신(하다)

2 교육하다, 가르치다

3 빼다, 공제하다

4 추론하다, 연역하다

5 설득하여 …하게 하다; 야기하다, 일으키다; 귀납하다

6 소개하다; (제도·물건 등을) 도입하다, 들여오다

7 감소시키다, 줄이다, 낮추다

electr

8 전기의, 전기로 작동하는, 전기를 띤[일으키는]

9 전자의, 전자 공학의

equ/ident

10 같은, 평등한; …와 같다, …에 필적하다

11 동등한, 대등한; …에 상당하는; 동등한 것

12 충분한, 적당한; (훌륭하지는 않지만) 괜찮은, 고만고만한

13 (신원·사실·문제 등을) 확인하다; (…와) 동일시하다

ess

14 본질, 진수, 정수; 핵심; (식물·꽃 등의) 원액

15 결석[결근]한, 없는, 결여된; 멍한; 결석[결근]하다

16 출석하고 있는; 현재(의); 제출하다; 보여주다; 소개하다; 선물

estim

17 (가치·비용 등을) 평가[추정/견적](하다)

18 과대평가하다; 과대평가

19 존경하다, 존중하다; 존경, 경의

fa

20 우화(寓話: 인격화한 동물 등이 나오는 교훈적인 이야기)

21 운명, 숙명

22 명성, 평판

23 유아(의), 걷기 이전의 갓난아기(의); 초기(의)

24 (범죄·잘못 등을) 인정[시인]하다; 고백[고해]하다

25 전문적인; 직업(상)의; 전문가, 직업인; 프로 (선수)

DAY 21

deb

1 빚, 채무; (남에게 진) 신세, 빚진 것

2 …하기로 되어 있는; 만기가 된; …에 기인하는; 회비

3 (법적·도덕적인) 의무; 직무, 임무; 세금

der

4 …을 ~한 상태로 만들다; (도움 등을) 주다, 제공하다

5 항복하다; 넘겨주다, 양도하다; 항복; 양도, 포기

6 임대[임차]료, 집세, 사용료; 임대[임차]하다, 빌리[려주]다

7 추가하다, 더하다, 늘리다; 덧붙여 말하다, 부언하다

8 (책·잡지·신문·영상 등을) 편집하다

dict

9 (말한 것을) 받아쓰게 하다, 구술하다; 명령[지시]하다

10 중독, 열중, 탐닉

11 반박하다; …와 모순되다

12 (시간·노력·정성·돈 등을) 바치다, 헌신하다

13 가리키다, 지적하다; 암시하다, 나타내다

14 (책 뒤쪽의) 색인, 목록; 지표, 지수

dom

15 영역, 범위; 소유지, 영토; 【컴퓨터】 도메인

16 국내의; 가정의, 가정적인

17 지배하다, 다스리다; 두드러지다, 우세하다

18 두드러진, 현저한; 지배적인, 우세한

don

19 (학교·자선 단체·병원 등에) 기부하다, 기증하다

20 일화

21 (약의 1회분) 복용량, 투여량; …에게 (약을) 투여하다

DAY 23

fac 만들다; 행하다

1 manufacture
2 facility
3 faculty
4 factor
5 factual
6 effect
7 affect
8 defect
9 deficient
10 efficient
11 proficient
12 sufficient
13 fiction
14 figure
15 profit
16 benefit
17 qualify
18 satisfy
19 affair

fals 속이다; 잘못된

20 false
21 fail
22 fault

fare 가다

23 fare
24 farewell
25 welfare

DAY 24

fend 때리다, 치다

1 defend
2 offend

fer 나르다, 가져가다; (작물 등을) 산출하다

3 prefer
4 refer
5 confer
6 infer
7 indifferent
8 fertile

fid 믿다

9 confident
10 faith
11 defy

fin 끝내다; 경계; 한정하다

12 final
13 finance
14 confine
15 refine
16 define
17 infinite

flect 굽히다

18 reflect
19 flexible

flict 치다

20 conflict
21 inflict

★ 점선을 따라 반으로 접어 반대쪽 페이지로 넘기면 단어와 의미를 보기 쉽게 확인할 수 있습니다.

DAY 24

fend

1 방어하다; 옹호하다; 변호[변론]하다

2 화나게 하다, 불쾌감을 주다; 위반하다, 죄를 범하다

fer

3 …을 더 좋아하다, 차라리 …을 택하다

4 언급[지칭]하다; 참조[조회]하다; …에게 보내다

5 의논[협의]하다; 수여하다, 주다

6 추론하다, 추정[추측]하다

7 무관심한, 사심이 없는, 동정심이 없는

8 (땅이) 기름진, 비옥한; 많이 낳는, 생식 능력이 있는

fid

9 확신하고 있는; 자신만만한, 자신이 있는

10 신뢰, 믿음; 신념, 신앙

11 (권위 등에) 반항[도전]하다, (법률 등을) 무시하다

fin

12 최종적인, 최후의 (것), 마지막의; 결승(전); 기말고사

13 재정, 재무; 자금(을 융통하다); 자본을 제공하다

14 한정[제한]하다; 가두다, 감금하다

15 정제하다; 개선하다, 다듬다

16 규정[한정]하다; (의미를) 정의(定義)하다

17 무한한

flect

18 반사하다, 비치다; 반영하다; 숙고하다, 곰곰이 생각하다

19 융통성 있는, 탄력적인; 구부리기 쉬운, 유연한

flict

20 대립(하다), 충돌(하다); 갈등; 싸움, 분쟁

21 (고통이나 타격을) 가하다, (벌 등을) 주다

DAY 23

fac

1 (주로 대량으로) 제조[생산](하다); 꾸며내다, 만들어내다

2 (편의) 시설, 설비; 특질, 기능; 건물, 장소; (타고난) 재능

3 (대학 등의) 학부; (대학의) 교수진; (타고난) 재능, 능력

4 요소, 요인

5 사실에 입각한, 사실적인

6 효과, 영향; 결과

7 영향을 미치다; …인 체하다, 가장하다

8 결점, 결함, 결핍

9 (필수적인 것이) 부족한, 모자라는; 결함이 있는

10 능률적인, 효율적인

11 숙달된, 능숙한

12 충분한

13 소설; 꾸며낸 이야기, 허구

14 수치; 중요 인물; 모양; 중요한 부분을 차지하다; 생각하다; 계산하다

15 (금전상) 이익[수익]; …에 득[도움](이 되다); 이익(을 얻다)

16 (복지상) 이익(이 되다); 수당[혜택]; 득을 보다

17 자격[권한]을 얻다, 적임이다; 자격[권한]을 주다

18 (사람·규칙·조건 등을) 만족[충족]시키다

19 (정부·정치·경제·일상 등과 관련된) 일, 활동; 사건, 스캔들

fals

20 거짓의, 가짜의; 그릇된, 틀린

21 실패(하다); …하지 않다[못하다]; 낙제(하다[시키다])

22 잘못, 과실; 결점, 흠

fare

23 (교통 기관의) 요금, 운임

24 작별 (인사); 작별[이별/송별]의; 잘 가요.

25 (건강·안전 등을 포함한) 행복, 번영; 복지, 복리후생

DAY 25

flo 흐르다; 날다

1 float
2 flood
3 flow
4 flee

flu 흐르다

5 fluid
6 fluent
7 influence
8 influenza

form 형태, 구성

9 form
10 inform
11 reform
12 formula

fort 강한

13 fort
14 effort
15 comfort
16 force
17 reinforce

frag 부수다

18 fragment
19 fragile
20 fraction

fund 바닥; 기초를 두다

21 fund
22 fundamental
23 profound
24 found

DAY 26

fus 붓다; 녹이다

1 confuse
2 refuse
3 refund

gard 지켜보다; 보호하다

4 regard
5 garment
6 guard
7 guarantee

gener 출생; 생성하다

8 generate
9 generous
10 general
11 gender
12 gene
13 genetic
14 genius
15 gentle
16 genuine
17 ingenious
18 pregnant

gest 나르다; 가져오다

19 gesture
20 digest
21 register

gra 붙잡다

22 grab
23 grasp
24 grip

점선을 따라 반으로 접어 반대쪽 페이지로 넘기면 ★
단어와 의미를 보기 쉽게 확인할 수 있습니다.

DAY 26

fus

1 혼동시키다[하다], 혼란스럽게 하다
2 (제의·초대·허가 등을) 거절[사절]하다
3 환불, 반환(금); 환불[반환]하다

gard

4 여기다, 간주하다; 응시하다; 존중[존경]; 주목[주의]; 안부
5 의류, 옷가지
6 경호원; 보호 (장비); 지키다, 보호하다; 감시[경계]하다
7 보증[보장](하다); 보증서; 담보(물); 확실하게 하다

gener

8 생산[창출]하다, 일으키다; (전기 등을) 발생시키다
9 (성품이) 관대한, 인색하지 않은; 풍부한
10 일반적인, 보편적인; 대체적인; 전반적인; 장군
11 성, 성별
12 유전자
13 유전의; 유전학의
14 천재(적 재능)
15 온화한, 상냥한, 친절한; 적당한, 부드러운, 완만한
16 진짜[진품]의; 진실된, 진정한
17 기발한, 독창적인, 발명에 재능이 있는
18 임신한; 내포하고 있는

gest

19 몸짓[손짓](을 하다); (감정·의사 등의) 표현, 표시
20 소화하다[되다]; 이해하다; 요약, 개요
21 등록(하다); (수치를) 나타내다, 기록(하다)

gra

22 움켜잡다, 잡아채려고 하다; 움켜잡으려고 함
23 꽉 잡다, 움켜쥐다; 완전히 이해(하다); 꽉 쥐기
24 꽉 잡음, 움켜잡는 방식; 통제권; 꽉 잡다; 사로잡다

DAY 25

flo

1 물 위에 뜨다[떠다니다]; 공기 중에 떠서 움직이다
2 홍수; 쇄도[폭주](하다); 물에 잠기다; 범람하다
3 흐름; 유통; (막힘 없이) 흐르다
4 재빨리 도망치다, 달아나다

flu

5 액체; 부드러운, 우아한; 유동적인, 변하기 쉬운
6 유창한, 능통한
7 영향(력); 영향을 미치다
8 유행성 감기, 독감

form

9 형태, 모양; 형식, 양식; 종류, 유형; 형성하다[되다]
10 알리다, 통지하다
11 개혁하다[되다], 개선하다[되다]; 개혁, 개선
12 방식, 방법; 【수학·화학】 공식, 식

fort

13 요새, 성채, 보루
14 노력, 수고
15 편안하게 하다; 위로하다; 편안함, 안락; 위로
16 힘; 폭력; 병력, 군대; 억지로 …하게 하다, 강요하다
17 강화하다, 증강[보강]하다

frag

18 파편, 조각
19 부서지기 쉬운, 깨지기 쉬운; (체질이) 허약한
20 단편, 일부, 소량; 【수학】 분수

fund

21 기금, 자금; 자금을 제공하다
22 근본적인, 기본적인; 중요한, 필수의
23 (영향·효과 등이) 강한; (사상·의미 등이) 심오한, 깊은
24 설립하다; …에 기초[근거]를 두다

DAY 27

grad 걸어가다; 걸음, 단계

1 gradual
2 graduate
3 aggressive
4 congress
5 degree
6 ingredient

graph 그리다; 쓰다

7 graphic
8 photograph

grat 기쁘게 하는; 감사하는

9 congratulate
10 gratitude
11 agree
12 grace

grav 무거운

13 grave
14 grief

hab 갖다; 살다

15 habit
16 inhabit
17 habitat
18 exhibit
19 prohibit
20 able
21 behave

hered 상속인

22 heredity
23 heritage
24 inherit
25 heir

DAY 28

host 손님; 낯선 사람

1 host
2 hostile
3 hospitality

hum 땅

4 humanity
5 humble
6 humility
7 humiliate

insul 섬

8 isolate

it 가다

9 exit
10 initial
11 initiate
12 transit
13 perish
14 issue

ject 던지다

15 inject
16 object
17 subject
18 project
19 reject

jus 법; 올바른

20 just
21 justify
22 judge
23 prejudice
24 injure

★ 점선을 따라 반으로 접어 반대쪽 페이지로 넘기면 단어와 의미를 보기 쉽게 확인할 수 있습니다.

DAY 28

host

1 주인; 주최자; 진행자; 주최하다; 진행하다

2 적대적인, 비우호적인

3 환대, 후한 대접

hum

4 인류(애), 인간

5 겸손한, 자기를 낮추는; 비천한; 겸손하게 만들다

6 겸손

7 굴욕감을 주다, 자존심을 상하게 하다

insul

8 고립시키다, 격리하다; 분리하다

it

9 출구; 나감, 퇴장; 나가다, 퇴장하다

10 처음[최초]의; 머리글자, 이니셜

11 시작[개시]하다; 전(수)하다, 가르치다

12 통과, 통행; 운송, 수송

13 죽다, 소멸하다

14 논쟁점, 문제; 발행(물); 발표[공표]하다; 발권[발행]하다

ject

15 주입하다, 주사하다

16 물체, 사물; 목적, 목표; 대상; 목적어; 반대[반박]하다

17 주제; 과목; 주어; 피실험자; 영향받기 쉬운; 지배하다[를 받는]

18 계획; 예상[추정]하다; 투영하다; 계획하다; 돌출되다

19 거절[거부]하다; 불합격품[자], 거부된 것[사람]

jus

20 올바른, 공평한; 바로, 틀림없이; 방금; 단지, 그저

21 정당화하다, 옳다고 하다

22 판사; 심사위원, 심판; 판단[심사/판정]하다; 재판하다

23 편견, 선입견; 편견을 갖게 하다

24 상처 입히다, 다치게 하다; 손상시키다, 훼손하다

DAY 27

grad

1 점진적인, 점차적인; (경사가) 완만한

2 졸업하다; (대학) 졸업생, 학사

3 공격적인; 적극적인, 진취적인

4 (미국·중남미 국가들의) 의회, 국회

5 정도, 단계; (온도·각도 등의) 도(度); 학위

6 (음식 등의) 재료; 성분, (구성) 요소

graph

7 생생한, 사실적인; 그림의, 도표의, 그래픽의

8 사진; 사진을 찍다

grat

9 축하하다, 축하의 말을 하다

10 감사(의 마음)

11 동의하다, 의견이 일치하다; 찬성하다, 응하다; 일치하다

12 우아함; 친절함; (신의) 은총, 은혜

grav

13 무덤; 중대[심각]한; 진지[엄숙]한; 조각하다, 새기다

14 (깊은) 슬픔, 비탄

hab

15 (몸에 밴) 습관, 버릇

16 살다, 서식하다, 거주하다

17 (동식물의) 서식지, 거주지

18 전시하다, 진열하다; 전시(품), 진열(품)

19 (법·규칙 등으로) 금지하다, 제지하다

20 …할 수 있는; 유능한

21 (어떤 방식으로) 행동하다; 예의 바르게 행동하다

hered

22 유전

23 (가치·언어·유적 등의) 전통문화, 유산

24 물려받다, 상속하다; 유전되다

25 (재산·지위 등의) 상속인, 후계자

DAY 29

labor 일하다

1 labor
2 laboratory
3 elaborate
4 collaborate

lack 부족

5 lack
6 leak

lat 나르다

7 relate
8 legislate

lax/ly 느슨하게 하다; 내버려 두다

9 relax
10 analysis
11 paralysis
12 release
13 delay
14 relay

lect¹ 모으다; 선택하다

15 collect
16 recollect
17 elect
18 neglect
19 intellect
20 elegant

lect² 읽다

21 lecture
22 legend

DAY 30

leg 법률; 위임하다

1 legal
2 privilege
3 delegate
4 legacy
5 colleague
6 loyal

lev 올리다

7 elevate
8 relevant
9 relieve

liber 자유롭게 하다

10 liberal
11 liberate
12 deliver

lig 묶다

13 oblige
14 religion
15 ally
16 rally
17 rely
18 liable

limin 문턱, 경계

19 eliminate
20 preliminary
21 limit

점선을 따라 반으로 접어 반대쪽 페이지로 넘기면 ★
단어와 의미를 보기 쉽게 확인할 수 있습니다.

leg

1 법률(상)의; 합법적인

2 특권, 특전; 특권을[특혜를] 주다

3 위임하다; 대표로 임명[파견]하다; 대표자, 대리인

4 유산, 유물, 물려받은 것

5 (직장) 동료

6 충성스러운, 충실한

lev

7 높이다, 향상하다, 승진시키다; (들어)올리다

8 (당면 문제와) 관계가 있는, 관련된

9 (고통·고민 등을) 경감[완화]하다

liber

10 관대한, 개방적인; 자유[진보]주의의; 인색하지 않은

11 자유롭게 하다, 해방[석방]하다

12 배달하다; 강연[연설]하다; 분만하다[시키다]; 이행하다

lig

13 의무를 지우다, 강요하다; 베풀다, 돕다

14 종교, 신조

15 동맹[결연]을 맺다, 지지하다; 동맹[연합]국, 동맹[협력]자

16 모으다, 모이다; 회복(되다); 집회, 대회

17 의지하다, 믿다

18 책임을 져야 할, 법적 책임이[의무가] 있는; …하기 쉬운

limin

19 제거하다, 없애다

20 예비[준비](의), 서두(의)

21 제한(선); 경계; 한계(량), 극한, 최대치; 제한[한정]하다

DAY

29

labor

1 노동(자), 근로(자); 일하다, 노력하다

2 실험실, 연구소[실]

3 정교한, 정성들여 만든; 상세히 말하다; 갈고 다듬다

4 협력하다, 공동으로 하다

lack

5 부족, 결핍; …이 부족하다[없다]

6 새는 곳; 누출[누설](하다); (액체·기체 등이) 새다

lat

7 관계를 짓다, 관련시키다; 이야기하다, 설명하다

8 법률을 제정하다, 입법하다

lax/ly

9 쉬다, 긴장을 풀다; 완화[이완]하다

10 분석, 검토, 분해

11 마비[활동 불능] (상태)

12 석방(하다); 공개[발표](하다); 발매(하다); 표출[방출](하다)

13 연기하다, 늦추다; 연기, 지연

14 전달하다; 중계하다; 릴레이 경주; 중계 (장치)

lect[1]

15 수집하다, 모으다; 징수하다; 모금하다

16 생각해내다, 회상하다

17 선거[선출]하다

18 소홀(히[게을리] 하다), 태만; 무시[경시/간과](하다)

19 지성, 지력, 사고력; 지식인

20 우아한, 고상한, 세련된

lect[2]

21 강의[강연](하다); 훈계(하다)

22 전설(적인 인물); 범례, 기호 일람표

DAY 31

liter 글자

1 literal
2 literate
3 literature

loc 장소

4 local
5 locate
6 allocate

log 말

7 logic
8 apology
9 prologue(prolog)
10 ecology
11 psychology

long 갈망하다; 긴

12 long
13 belong
14 prolong
15 length
16 linger

lus 놀다

17 illusion
18 delusion

점선을 따라 반으로 접어 반대쪽 페이지로 넘기면 ★
단어와 의미를 보기 쉽게 확인할 수 있습니다.

DAY 32

magni 거대한

1 magnitude
2 magnify
3 master
4 masterpiece
5 major
6 mayor
7 majestic
8 maximum

mand 맡기다; 명령하다

9 demand
10 command
11 mandate
12 recommend

manu 손

13 manual
14 manuscript
15 maintain
16 manipulate
17 manage

mechan 기계

18 mechanism
19 mechanic
20 machinery

DAY 32

magni

1 거대함, 규모; 중요함, 중대성; (별의) 광도, (지진의) 진도
2 확대하다; (크기·중요성 등을) 과장하다
3 대가(의); 주인; 석사 (학위); 정통[숙달]하다
4 (최고) 걸작, 대표작, 명작
5 중요한, 주된; 장조의; (군대) 소령; 전공; 전공하다
6 시장
7 위엄 있는, 장엄한
8 최대(의), 최고(의)

mand

9 요구[요청]하다, 청구하다; 요구; 수요
10 명령[지시](하다); 지휘[통제](하다); (존경 등을) 받다; 내려다보이다
11 명령(하다), (법률로) 규정(하다); 위임(하다)
12 (…하도록) 권하다; 추천하다

manu

13 육체 노동의; 수동의; 소형 책자, 안내서
14 원고; 손으로 쓴 책[문서], 사본
15 유지[지속]하다; 주장[단언]하다; (가족 등을) 부양하다
16 (부정하게) 조종하다, 조작하다; (기계 등을) 잘 다루다
17 관리[경영]하다; 어떻게든 (결국) 해내다

mechan

18 기계 장치; 방법; 구조, 기제
19 기계공, 수리공
20 기계류

DAY 31

liter

1 글자 그대로의; 원문에 충실한
2 읽고 쓸 줄 아는
3 문학; 문헌

loc

4 (그) 지역의, 현지의; 국부의; (특정 지역의) 주민, 현지인
5 …의 위치[장소]를 파악하다[~에 정하다], 두다, 설치하다
6 (임무·자금·시간 등을) 할당하다, 배분하다

log

7 논리(학), 논법
8 사과, 사죄
9 머리말, 프롤로그; 전조, 발단
10 생태학, 생태계
11 심리학; 심리 (상태)

long

12 간절히 바라다; 긴, 오랜; 길게, 오랫동안
13 속하다, …의 것이다; (…에 대한) 소속감이 들다
14 연장하다, 지속시키다, 늘리다
15 길이, 세로; 기간
16 오래 머무르다, (오랜 기간) 지속되다

lus

17 (사람·상황에 대한) 착각, 오해; 환영, 환각
18 (스스로의) 망상, 착각

DAY 33

medi 중간

1 medium
2 medieval(mediaeval)
3 mediate
4 immediate
5 intermediate
6 mean
7 meanwhile

memor 마음에 새겨 두는

8 memory
9 remember

ment 마음; 생각나게 하다; 기억하다; 경고하다

10 mental
11 mention
12 remind
13 comment
14 monument
15 monitor
16 summon

merc 장사하다; 보상하다

17 commerce
18 merchant
19 mercy

merge 물에 잠기다

20 merge
21 emerge
22 submerge

DAY 34

meter 재다

1 measure
2 dimension
3 immense

migr 이동하다

4 migrate
5 immigrate
6 emigrate

min 작은; 돌출하다

7 minor
8 minister
9 administer
10 diminish
11 eminent
12 imminent
13 prominent
14 minimum

mir 놀라다

15 miracle
16 admire
17 marvelous(marvellous)

점선을 따라 반으로 접어 반대쪽 페이지로 넘기면 ★
단어와 의미를 보기 쉽게 확인할 수 있습니다.

DAY 34

meter

1 조치; 척도; 양, 정도; 측정하다; 판단[평가]하다
2 차수, 크기; 측면; 【수학·물리】 차원
3 거대한, 매우 큰

migr

4 (사람이) 이주하다, (동물·새 등이 계절에 따라) 이동하다
5 (다른 나라에서) 이민 오다, 이주해 오다
6 (다른 나라로) 이민 가다, 이주하다

min

7 작은, 적은, 덜 중요한; 【음악】 단조의; 미성년자; 부전공
8 성직자, 목사; (한국·유럽 등의) 장관
9 경영[운영/관리]하다; (법을) 집행하다; 투여하다
10 감소하다, 줄다; 감소시키다, 줄이다
11 저명한, 존경받는, 중요한
12 긴박한, (위험·재난 등이) 곧 일어날 것 같은
13 저명한, 중요한; 눈에 띄는, 잘 보이는; 돌출한
14 최소(의), 최저(의)

mir

15 기적, 놀라운 일
16 존경하다, 찬양하다; (감탄하며) 바라보다
17 (매우) 훌륭한, 재미있는, 흥미로운

DAY 33

medi

1 (전달 등의) 매개(물), 매체, 수단; 중간의
2 중세의, 중세풍의
3 조정[중재]하다, 화해시키다
4 즉시[즉각]의; 시급한, 당면한
5 중급의; 중간의, 중간 단계의; 중급자
6 의미하다; 의도하다; 비열한; 인색한; 천한; 평균의
7 그동안에, 이럭저럭 하는 사이에; 한편으로는

memor

8 기억(력), 추억; 기념, 추모; 【컴퓨터】 메모리, 기억 장치
9 기억하다; 상기하다, 생각해내다

ment

10 정신의, 마음의
11 언급[거론](하다), …에 대해 말하다
12 상기시키다, 일깨워주다; 생각나게 하다
13 의견(을 말하다), 논평(하다)
14 기념물, 기념관
15 화면, 모니터; 감시[관찰](자); 감독[감시/관찰]하다
16 호출하다, (법원에) 소환하다; (회의 등을) 소집하다

merc

17 상업, 무역
18 상인, 무역상
19 자비, 관용

merge

20 결합하다, 합병하다, 융합하다
21 (모습이) 드러나다; (사실이) 알려지다, 부각되다
22 잠수하다, 잠기다; 잠그다; (감정 등을) 완전히 감추다

DAY 35

mit 보내다

1 admit
2 commit
3 committee
4 emit
5 omit
6 permit
7 submit
8 transmit
9 mission
10 commission
11 mess

mod 척도

12 moderate
13 modernize
14 modest
15 modify
16 accommodate
17 commodity
18 mold

mort 죽음

19 mortal
20 mortgage
21 murder

DAY 36

mov 움직이다

1 move
2 motive
3 motion
4 emotion
5 promote
6 remote
7 moment

mun 의무

8 community
9 communicate
10 common

mut 바꾸다

11 mutual
12 commute

nat 태어난

13 native
14 nation
15 nature
16 innate

neg 부인하다

17 negative
18 deny
19 neutral

norm 기준

20 norm
21 enormous

★ 점선을 따라 반으로 접어 반대쪽 페이지로 넘기면 단어와 의미를 보기 쉽게 확인할 수 있습니다.

DAY 36

mov

1 이동(하다); 이사하다; 진행되다; 감동시키다; 조치, 행동
2 움직이게 하는, 원동력이 되는; (행위의) 동기, 자극
3 움직임, 흔들림; 동작; 동작을 하다
4 감정, 정서
5 장려[촉진]하다; 승진[승격]시키다; 홍보하다
6 동떨어진, 외진; 먼; (가능성이) 희박한; 원격 조정의
7 순간, 찰나; (특정한) 때, 시기

mun

8 (지역) 공동체; 단체, 모임, 커뮤니티
9 전달하다, 의사소통하다
10 일반[보통]의, 흔한; 공통[동]의; 공통(점)

mut

11 상호간의, 서로의, 공통의
12 (정기적으로) 통근하다; 통근[통학] (시간)

nat

13 출생지의, 원주민(의); 토박이(의); 선천적인, 고유의
14 국가, 나라; 국민, 민족
15 자연(계); 성질, 특징, 천성
16 선천적인, 타고난

neg

17 부정(적인); 반대(하는); 음성의; 음극의; 음수의
18 부인[부정]하다; 거절하다
19 중립의; 중간의; 중립인 것, 중립국

norm

20 표준, 기준; 평균, 정상
21 거대한, 엄청나게 큰, 막대한

DAY 35

mit

1 시인[인정]하다; 입장[입학]을 허가하다
2 범하다, 저지르다; 약속하다; (감옥·병원 등에) 보내다
3 위원회
4 (가스·빛·열 등을) 내뿜다, 방출하다
5 생략하다, 빠뜨리다
6 허락하다, 용인하다; 허가증
7 제출하다; (법·권위 등에) 복종[굴복]하다
8 전송하다, 전하다; (빛·열 등을) 전도하다, 투과시키다
9 임무, 사명; 목표; 사절(단)
10 위원회; 수수료; 위임(장); 의뢰[주문]하다; 위임하다
11 더러움, 어수선함, 혼란 (상태); 엉망진창으로 만들다

mod

12 중간의; 온건한, 도를 지나치지 않는; 완화하다[되다]
13 현대[근대]화하다, 현대식으로 만들다
14 겸손한; 별로 많지[크지/비싸지] 않은
15 변경하다, 수정하다; 【문법】 수식하다
16 숙박시키다; 수용하다; 편의를 도모하다; 적응하다[시키다]
17 상품, 판매상품
18 형, 틀; 곰팡이; 틀에 넣어 만들다; (성격 등을) 형성하다

mort

19 죽을 운명의; (병·상처가) 치명적인; 인간
20 저당(권); 융자(금); (토지·재산 등을) 저당 잡히다
21 살인(죄), 살해; 죽이다, 살인하다

DAY 37

not 표시하다; 알다

1 notable
2 notice
3 notify
4 notion

nounce 보고하다, 발표하다

5 announce
6 pronounce

nov 새로운

7 novel
8 innovate
9 renew

numer 숫자, 수

10 numeral
11 numerous
12 innumerable

nutri 영양분을 주다, 기르다

13 nutrition
14 nourish
15 nurse
16 nurture

od 노래 부르다

17 melody
18 tragedy

oper 일

19 operate
20 cooperate

opt 선택하다

21 option
22 adopt
23 opinion

DAY 38

ordin 순서

1 ordinary
2 subordinate
3 coordinate

ori 떠오르다

4 origin
5 orient

par¹ 준비하다, 준비시키다

6 prepare
7 apparatus
8 repair
9 emperor
10 imperial

par² 보이는

11 transparent
12 apparent
13 appear

par³ 동등한

14 compare
15 peer

part 부분

16 partial
17 particle
18 particular
19 apart
20 portion
21 proportion

점선을 따라 반으로 접어 반대쪽 페이지로 넘기면 ★
단어와 의미를 보기 쉽게 확인할 수 있습니다.

DAY 38

ordin

1 보통의, 평범한, 통상적인

2 …을 하위에 놓다; 하위[하급]의; 부차[부수]적인; 하급자

3 조직화[동등화]하다; 조정하다; 꾸미다; 어울리다; 동등한 (것[사람])

ori

4 기원, 유래; 출신

5 (일정 방향으로) 향하게 하다; 적응시키다

par[1]

6 준비하다, 대비하다

7 기구, 기계, 장치; (정치 활동 등의) 조직

8 수리[수선/보수](하다); 바로잡다

9 황제, 제왕

10 제국의, 황제의

par[2]

11 투명한, 비치는; 명쾌한, 명백한, 이해하기 쉬운

12 명백한; 외견상의, 겉모양만의

13 …처럼 보이다, …인 것 같다; 나타나다, 출현[출연]하다

par[3]

14 비교하다, 견주다; 비유하다

15 동료, 동등한 사람; 응시하다, 자세히 들여다보다

part

16 부분적인; 불공평한, 편파적인; 편애하는

17 소량, 미량, 작은 조각; 【물리】 소립자

18 특정한, 특별한, 특유의; (성격·식성 등이) 까다로운

19 (시간·공간적으로) (…와) 떨어져[진]; 따로따로(인)

20 부분; 몫, 할당; 【음식】 1인분

21 비율, (…에 대응한) 크기[양/정도]; 균형, 조화

DAY 37

not

1 주목할 만한, 탁월한

2 게시(물), 공고; 통지(서); 알아차리다; 주목(하다)

3 알리다, 통보하다

4 관념, 개념, 생각

nounce

5 (공식적으로) 발표하다, 알리다

6 발음하다; 선언하다, 선고하다

nov

7 (장편) 소설; 새로운, 기발한

8 혁신하다, 쇄신하다

9 갱신하다, …의 기한을 연장하다; 재개하다

numer

10 숫자를 나타내는; 숫자

11 많은, 다수의

12 셀 수 없이 많은

nutri

13 영양분 (섭취)

14 영양분을 주다; (능력 등을) 육성[조성]하다

15 간호사; 유모; 간호하다, 돌보다

16 양육[양성](하다); 영양분; (계획·아이디어 등을) 품다

od

17 멜로디, 선율, 가락

18 비극, 비극적 사건

oper

19 작동하다[시키다]; 영업[작업]하다; 수술하다

20 협력하다, 협동하다, 협조하다

opt

21 선택(권), 선택의 자유; 선택 과목; (컴퓨터 등의) 옵션

22 입양하다; (의견·방법·계획 등을) 채택하다

23 의견, 생각, 견해

DAY 39 

pass 통과하다; 발걸음

1 passage
2 passenger
3 passerby
4 pastime
5 surpass
6 pace

path (고통 등을) 겪다, 느끼다

7 pathetic
8 antipathy
9 empathy
10 sympathy
11 patient
12 passion
13 compassion

patr 아버지

14 patriot
15 patron
16 pattern

ped 발

17 pedestrian
18 expedition

pel 몰다, 밀어 넣다

19 compel
20 expel
21 appeal
22 polish
23 impulse

pen 벌

24 penalty
25 punish

DAY 40 

pend 매달다; 무게를 달다

1 depend
2 suspend
3 expend
4 compensate
5 pension
6 ponder

per 시험 삼아 해보다

7 experience
8 experiment
9 expert
10 peril

pet 추구하다

11 compete
12 competence
13 petition
14 appetite
15 repeat

phan 보이다

16 emphasize
17 phase
18 phenomenon
19 fancy

점선을 따라 반으로 접어 반대쪽 페이지로 넘기면 ★
단어와 의미를 보기 쉽게 확인할 수 있습니다.

pend

1 의지[의존]하다, 믿다; …에 달려 있다
2 일시 중지하다; 정직[정학]시키다; 매달다; 연기[유보]하다
3 (돈·시간·노력 등을) 쓰다, 들이다
4 보충[보완]하다; 보상[배상]하다
5 연금
6 깊이[곰곰이] 생각하다, 심사숙고하다

per

7 경험; 경험하다, 체험하다
8 (과학) 실험, 시도; 실험[시험]하다, 시도하다
9 전문가(의), 숙련가(의)
10 위험, 모험

pet

11 경쟁하다, 겨루다
12 능력, 역량
13 탄원(서), 청원, 간청; 탄원[청원]하다
14 식욕, 시장기; 욕구, 욕망
15 반복하다; 따라 말하다, (…에게) 말을 옮기다

phan

16 강조하다, 중요시하다
17 국면, 양상, (발전의) 단계; 단계적으로 실행하다
18 현상, 사건
19 화려한; 고급의; 선호; 좋아하다, …이 마음에 들다

DAY 39

pass

1 통로; 통행; 한 구절; (법안 등의) 통과; (시간의) 경과, 진행
2 승객, 여객(旅客)
3 통행인
4 오락, 소일거리
5 …을 능가하다, …보다 낫다
6 (일·생활·걸음 등의) 속도, 페이스; 걸음, 보폭

path

7 한심한, 형편없는; 애처로운, 가슴 아픈
8 (강한) 반감, 혐오
9 공감 (능력), 감정 이입
10 동정(심), 연민; 동감, 공감, 찬성
11 참을성[인내심]이 있는, 끈기 있는; 환자
12 열정; 열중, 애착
13 (깊은) 동정, (남을) 측은하게 여기는 마음

patr

14 애국자
15 후원자, 후원 단체; 고객, 단골
16 양식, 형태, 패턴; 도안, 무늬; 본보기, 견본

ped

17 보행자; 보행자(용)의
18 (특정 목적을 위한) 원정, 탐험(대)

pel

19 억지로 …하게 하다, 강요하다
20 추방하다, 쫓아내다
21 호소[간청](하다); …의 흥미를 끌다; 항소[상고](하다)
22 윤이 나게 하다; 연마하다; 광택(제); 윤 내기; 세련(됨)
23 충동, 자극; 추진(력)

pen

24 형벌, 처벌; 벌금; 불이익, (반칙에 대한) 벌칙[벌점]
25 벌하다, 처벌하다

DAY 41

plaud 박수치다

1 applaud
2 explode

ple 채우다

3 complete
4 complement
5 implement
6 compliment
7 accomplish
8 supply
9 plenty

pleas 기쁘게 하다

10 please
11 plead

plic 접어 겹치다; 짜다

12 complicate
13 simplicity
14 complex
15 perplex
16 imply
17 apply
18 diplomatic
19 employ
20 exploit

plor 외치다, 울다

21 explore

DAY 42

polit 시민; 도시

1 political
2 policy
3 metropolis

popul 사람들

4 popular
5 populate
6 public
7 publish
8 republic

port 운반하다; 항구

9 export
10 import
11 transport
12 portable
13 opportunity

pos 놓다

14 pose
15 position
16 positive
17 post
18 deposit
19 impose
20 purpose
21 oppose
22 suppose
23 component
24 opponent
25 compound

점선을 따라 반으로 접어 반대쪽 페이지로 넘기면 ★
단어와 의미를 보기 쉽게 확인할 수 있습니다.

DAY 42

polit

1 정치(상)의; 정치적인
2 (정당·국가 등의) 정책, 방책, 방침; 보험 증권
3 대도시, (인구·문화 등의) 중심지

popul

4 인기 있는; 대중적인, 대중의
5 (사람을) 거주시키다; (…에) 살다, 거주하다
6 공공[대중]의; 공적인; 공개된; 대중, 일반 사람들
7 출판[발행]하다; (작품·정보 등을) 발표[공표]하다
8 공화국, 공화 정치 체제

port

9 수출하다; 다른 나라에 소개하다[전하다]; 수출(품)
10 수입하다; 수입(품)
11 수송[운송]하다; 수송[운송]; 운송 수단, 수송 기관
12 휴대용의, 가지고 다닐 수 있는
13 (좋은) 기회, 호기

pos

14 제기[야기]하다; 포즈[자세](를 취하다); 꾸민 태도, 겉치레
15 위치, 자리; 입장, 처지; 일자리, 직위; …에 배치하다
16 긍정적인; 분명한; 승낙의; 양수의; 양성인; 양극의
17 우편(물)을 발송하다; 직책에 배치하다; 위치; 기둥; 게시하다
18 보증금; 예금(하다); 퇴적물; …에 놓다[두다]; 퇴적시키다
19 (의무·세금·벌 등을) 부과하다; 강요하다
20 목적, 의도, 의향
21 …에 반대하다; …에 저항[대립]하다
22 추측[생각]하다; 가정하다
23 구성 요소, 성분; 구성하는
24 (싸움·논쟁 등의) 상대, 적, 반대자
25 혼합[합성]하다; 악화시키다; 합성물[어]; 합성의

DAY 41

plaud

1 박수갈채하다; 칭찬하다
2 폭발하다[시키다]; (수·양·감정 등이) 폭발하다

ple

3 전체[전부]의; 완전한; 끝내다, 완성하다; 작성하다
4 보충물, 보완하는 것; 보완[보충]하다
5 도구, 연장, 용구; (정책·계획 등을) 실행[이행]하다
6 칭찬, 찬사; 칭찬[찬양]하다
7 (임무 등을) 이루다, 성취하다, 완성하다
8 공급(량); 보급품, 생활 필수품; (물건을) 공급하다
9 풍부함, 넉넉함

pleas

10 기쁘게 하다, 만족시키다; 제발, 아무쪼록
11 …에게 간청[탄원]하다; (소송에서) 주장[변론]하다

plic

12 복잡하게 하다
13 단순함, 간단함
14 복잡한; 합성의; 건물 단지; 합성물; 콤플렉스, 강박관념
15 (사람을) 당황[난처]하게 하다
16 내포[함축]하다, 암시하다, 넌지시 비추다
17 지원하다; 적용[응용]하다; 적용되다; (연고 등을) 바르다
18 외교(상)의; 외교에 능한, 외교적 수완이 있는
19 (사람을) 고용하다; (물건을) 사용하다
20 (부당하게) 이용[착취]하다; 개발[이용]하다; 위업; 묘기

plor

21 탐험하다; 탐구[연구]하다

DAY 43

poss …할 수 있다

1 possible
2 possess
3 potential

preci 값

4 precious
5 appreciate
6 praise
7 priceless

prehend 붙잡다

8 comprehend
9 prison
10 imprison
11 enterprise
12 surprise
13 prey

press 누르다

14 pressure
15 express
16 impress
17 oppress

prim 제1의, 최초의

18 prime
19 primary
20 primitive
21 principal
22 principle
23 prior

DAY 44

priv 떼어놓다

1 private
2 deprive

prob 시험하다, 증명하다

3 probable
4 probe
5 prove
6 approve

proper 자기 자신의

7 proper
8 property
9 appropriate

punct 점

10 punctual
11 punctuate
12 disappoint

put 생각하다

13 dispute
14 reputation

quir 구하다; 묻다

15 acquire
16 require
17 inquire(enquire)
18 conquer
19 request
20 exquisite

점선을 따라 반으로 접어 반대쪽 페이지로 넘기면 ★
단어와 의미를 보기 쉽게 확인할 수 있습니다.

DAY 44

priv

1 개인적인, 사적인, 사유의; 비밀의

2 빼앗다, 박탈하다

prob

3 있을 법한, 그럴듯한

4 엄밀히 조사하다, (진상 등을) 규명하다; 엄밀한 조사

5 증명[입증]하다; …로 판명되다

6 찬성[승낙]하다; (공식적으로) 허가[승인]하다

proper

7 적당한, 알맞은, 어울리는, 올바른

8 재산, 소유물

9 적당한, 타당한

punct

10 시간을 엄수하는, 기한을 지키는

11 구두점을 찍다

12 실망시키다, (기대 등을) 저버리다

put

13 논쟁하다, 반박하다, 반론을 제기하다; 논쟁, 분쟁, 언쟁

14 평판, 명성, 명망

quir

15 획득하다; (지식·기술 등을) 얻다, 습득하다

16 필요로 하다; (법·규칙 등이) 요구하다, 규정하다

17 묻다; 조사하다

18 정복하다; (적 등을) 이기다; (어려움 등을) 극복하다

19 요청(하다), 요구(하다)

20 매우 아름다운, 정교한; (느낌이) 강렬한, (감각이) 예리한

DAY 43

poss

1 가능한, 있을 수 있는

2 가지다, 소유하다; (감정 등이) 지배하다, 마음을 사로잡다

3 잠재적인, 가능성 있는; 잠재력, 가능성

preci

4 귀중한, 소중한, 값비싼

5 이해하다; 고맙게 여기다; 감상하다, 진가를 인정하다

6 칭찬하다, 찬양하다; 칭찬

7 매우 귀중한, (너무 귀하여) 값을 매길 수 없는

prehend

8 이해하다, 파악하다

9 감옥, 형무소

10 투옥하다, 감금하다

11 기업, 회사; 진취적인 정신; 사업, 계획

12 놀라게 하다; 놀람; 뜻밖의 일

13 먹이; 희생(물); 잡아먹다; 괴롭히다

press

14 압력, 압박(감)

15 표현하다; 뚜렷한; 급행의; 속달(의); 급행열차, 고속버스

16 깊은 인상을 주다, 감동시키다; (도장 등을) 찍다

17 억압하다

prim

18 가장 중요한, 최상의; 전성기

19 제1의, 주요한; 최초의, 처음의, 1차적인; 초등의

20 원시(시대)의, 원시적인

21 주요한, 으뜸가는; 교장, 학장; (단체의) 장, 중심인물

22 원리, 원칙

23 먼저의, 이전의; …에 우선하는, (…보다) 중요한

DAY 45

rang 줄

1 range
2 arrange
3 rank

rat 계산하다; 추론하다

4 rate
5 ratio
6 rational
7 reason

rect 바르게 이끌다; 통치하다

8 correct
9 direct
10 erect
11 region
12 regular
13 regulate
14 rule
15 reign
16 royal

rot 바퀴; 두루마리

17 rotate
18 control
19 enroll(enrol)

rupt 깨다

20 bankrupt
21 corrupt
22 disrupt
23 erupt
24 interrupt
25 route
26 routine

DAY 46

sacr 신성한

1 sacred
2 sacrifice
3 saint

scend 오르다; 사다리

4 descend
5 scale
6 escalate

sci 알다

7 conscious
8 subconscious
9 conscience

scrib 쓰다

10 describe
11 prescribe
12 subscribe

sect 자르다

13 section
14 sector
15 segment

sens 느끼다

16 sense
17 sensation
18 nonsense
19 sentiment
20 consent
21 resent
22 scent

점선을 따라 반으로 접어 반대쪽 페이지로 넘기면 ★
단어와 의미를 보기 쉽게 확인할 수 있습니다.

DAY 46

sacr

1 신성한; 종교적인

2 희생(하다); 제물(로 바치다)

3 성인, 성자

scend

4 내려가다; (어둠 등이) 내려앉다; 유래하다; 전락하다

5 규모, 정도; 계급, 등급; (지도 등의) 축척, 비율; 저울, 천칭

6 악화되다[악화시키다]; 상승하다[상승시키다]

sci

7 …을 의식[자각]하고 있는; 의식이 있는; 의식[의도]적인

8 잠재의식(의)

9 양심, 도덕심

scrib

10 묘사하다, 기술하다

11 (약 등을) 처방하다; (공식적으로) 규정하다, 정하다

12 (정기) 구독하다; (문서에) 서명하다, 서약하다

sect

13 부분, 부문, 구획; 구역, 지역; 【의학】 절개; 분할하다

14 (나라 경제·사업 등의) 부문, 분야; (군대의) 지구; 부채꼴

15 (나누어진) 부분, 구획; (과일의) 한 조각

sens

16 감각; 느낌; 분별[판단]력, 눈치; 의미; 느끼다, 알아채다

17 감각; (설명하기 힘든) 느낌, 기분; 굉장한 놀라움, 대소동

18 무의미한[어리석은] 말[행동], 터무니없는 생각

19 감정, 정서; 감상(작은 일에도 쓸쓸하고 슬퍼지는 마음)

20 승낙, 허가, 동의; 승낙[허락]하다, 동의하다

21 분개하다, 화를 내다

22 향기, 냄새

DAY 45

rang

1 다양한 것들; 범위; 산맥; …에 이르다; 배열[배치]하다

2 계획[마련]하다; 배열[정돈]하다; 【음악】 편곡하다

3 계급, 지위; 줄, 정렬; 위치하다[시키다]; 등급을 매기다

rat

4 비율; 속도; 요금; 등급; 평가하다[되다]; 간주하다[되다]

5 비율, 비

6 이성적인; 분별 있는, 이치에 맞는

7 이유; 이성, 판단력; 추리[추론]하다

rect

8 옳은, 올바른; 적당한; 바로잡다, 정정하다

9 직접[직행]의; (똑바로) 돌리다; 지도[감독/연출]하다; 길을 가르쳐주다; 명령하다

10 똑바로 선; (똑바로) 세우다, (건물 등을) 짓다

11 지역, 지방, 지대; (신체의) 부분

12 규칙적인, 정기적인; 보통의

13 (법률로) 규제[규정]하다; (속도·온도 등을) 조정[조절]하다

14 규칙; 통치[지배](하다); 결정[판결]하다; (자로 줄을) 긋다

15 통치 기간, 정권 기간; 통치하다, 군림하다

16 왕의, 왕립의

rot

17 회전하다[시키다]; 교대하다[시키다]

18 통제[억제](하다); 지배(하다); 조절(하다)

19 등록하다, 명부에 올리다, 가입하다

rupt

20 파산한, 지불 불능의; 파산시키다; 파산자

21 부패한, 부정한; 부패[타락]시키다, 부정을 저지르게 하다

22 방해하다, 지장을 주다

23 갑자기 발생하다; (용암·화산재 등이) 분출하다

24 가로막다, 방해하다; (일시적으로) 중단시키다

25 길, 항로, 노선

26 일상적인 일[과정], 틀에 박힌 일; 일상적인, 틀에 박힌

DAY 47

sequ 따라가다, 뒤를 잇다

1 sequence
2 consequence
3 subsequent
4 pursue
5 suit
6 execute

sert 결합하다

7 desert
8 insert
9 exert
10 series

serv 지키다; 주의를 기울이다

11 conserve
12 deserve
13 preserve
14 reserve
15 observe

sid 앉다

16 reside
17 president
18 session
19 assess
20 obsess
21 settle

DAY 48

sign 표시(하다)

1 sign
2 significant
3 assign
4 design
5 designate
6 resign
7 signal
8 seal

simil 비슷한; 같은; 같이

9 similar
10 resemble
11 assemble
12 seemingly
13 simulation
14 simultaneously

soci 친구

15 social
16 associate

sol 혼자의

17 sole
18 solitary
19 solitude

solv 느슨하게 하다

20 solve
21 resolve
22 dissolve

점선을 따라 반으로 접어 반대쪽 페이지로 넘기면 ★
단어와 의미를 보기 쉽게 확인할 수 있습니다.

DAY 48

sign

1 징후; 신호; 표지판; 기호; 서명하다; 신호를 보내다
2 중대[요]한, 상당한, 현저한, 의미심장한
3 맡기다, 임명[선임]하다; 할당하다, 부여하다
4 디자인하다; 설계[고안]하다; 설계(도/안); 계획
5 지정[지명]하다; 표시하다; 지정[지명]된
6 (직위 등을) 사임하다; 포기하고 …을 받아들이다
7 신호; 신호를 보내다, 암시하다
8 밀폐[밀봉]하다; 확정하다; 바다표범; 인장, 도장; 봉인

simil

9 비슷한, 유사한
10 …와 닮다, 유사하다
11 모으다; 모이다; 조립하다
12 겉보기에는, 얼핏 보기에
13 흉내, 가상[모의] 실험, 시뮬레이션
14 동시에, 일제히

soci

15 사회의, 사회적인; 사교상의, 친목의
16 연상하다[시키다]; (특히 나쁜 친구와) 교제하다; 동료

sol

17 유일한, 단 하나의
18 고독한, 고독을 즐기는; 혼자서 하는, 혼자의
19 혼자 있음, (혼자임을 즐기는) 고독

solv

20 (문제 등을) 풀다, 해결하다
21 해결하다; 결정하다, 결심하다; (굳은) 결심, 단호한 의지
22 녹이다[녹다]; 종료하다, 해산시키다; 사라지다

DAY 47

sequ

1 연속, 잇달아 일어남; 순서, 차례
2 결과; 영향; 중요성
3 다음의, 그 뒤[후]의, 이어서 일어나는
4 추구하다; 뒤쫓다, 추적하다
5 …에 적합하다[알맞다]; …에게 어울리다; 정장; 소송
6 처형하다; 실행[수행]하다

sert

7 사막; (사람·장소·의무 등을) 버리다, 떠나다
8 삽입하다, 넣다; (문서 등에) 말을 써 넣다, 덧붙이다
9 (힘·영향력 등을) 발휘하다, 행사하다; 노력하다
10 (사건·일 등의) 연속; (TV·책 등의) 연속물, 시리즈

serv

11 보존하다, 보호하다
12 …을 받을 만하다
13 보호하다, 보존하다; 유지하다
14 예약하다; 남겨 두다, 비축하다; 비축(량)
15 보고 알아채다; 관찰하다; 준수하다; 말하다, 진술하다

sid

16 거주하다, 살다
17 대통령; (기업 등의) 회장
18 (회의 등이) 진행 중인 시기; (특정 활동의) 기간, 회기
19 평가하다; (가치·요금 등을) 매기다, 사정하다
20 사로잡다; (…에) 강박감을 갖다
21 해결하다, 끝내다; 정착하다[시키다]; 진정시키다[하다]

DAY 49

soph 현명한

1 philosophy
2 sophisticated
3 sophomore

spect 보다

4 spectacle
5 aspect
6 expect
7 inspect
8 respect
9 prospect
10 suspect
11 species
12 specific
13 special
14 despite

sper 희망

15 prosper
16 despair

spher 구

17 sphere
18 atmosphere
19 hemisphere

DAY 50

spir 숨을 쉬다

1 spirit
2 aspire
3 inspire
4 expire

spond 약속하다

5 respond
6 responsible
7 sponsor

sta 서다, 세우다

8 stand
9 standard
10 state
11 statistics
12 statue
13 status
14 stable
15 establish
16 constant
17 estate
18 instance
19 instant
20 obstacle
21 substance

점선을 따라 반으로 접어 반대쪽 페이지로 넘기면 ★
단어와 의미를 보기 쉽게 확인할 수 있습니다.

DAY 50

spir

1 정신, 마음; 영혼, 혼; 열정, 사기, 활기

2 (…하기를) 열망[갈망]하다, 바라다

3 고무시키다, 격려하다; 영감을 주다

4 만기가 되다, 끝나다

spond

5 반응하다; 대답[응답]하다

6 맡고[책임 지고] 있는; 책임(감)이 있는, 원인이 되는

7 후원자, 스폰서; (행사·활동·자선단체 등을) 후원하다

sta

8 서다; (어떤 입장 등에) 있다; 참다, 견디다; 입장, 처지

9 표준, 기준, 수준; 표준의

10 상태, 상황; 국가, 주(州); 진술하다, 말하다

11 통계(치[량/표]); 통계학

12 상(像), 조각상

13 지위, 신분, 위상; (진행) 상황

14 안정된, 견고한; 마구간, 외양간

15 설립하다, 제정하다; 입증[증명]하다

16 끊임없는, 계속되는; 불변의; 불변(의 것); 【수학】 상수

17 재산, 자산; 토지, 소유지

18 예, 실례, 사례, 경우

19 즉석의, 즉각적인; 즉석 요리의; 즉시, 순간, 찰나

20 장애(물), 방해(물)

21 물질, 물체; 실체, 본체, 본질; 요지, 중요한 부분

DAY 49

soph

1 철학

2 세련된, 경험 많은, 숙련된; 정교한, 복잡한

3 (대학·고교의) 2학년생

spect

4 구경거리, 장관; 안경

5 (상황 등의) 측면, 국면; (사물 등의) 방향, 면; 모습, 외관

6 기대하다, 예상하다

7 조사하다, 검사하다; 사찰[감사]하다

8 존경[존중](하다); 측면, 점, 사항; 준수하다, 지키다

9 (장래의) 전망, 가망, 기대; (성공) 가능성; 조망, 경치

10 의심하다, 혐의를 두다; 용의자, 요주의 인물

11 (생물 분류상의) 종; (일반적으로) 종류

12 특정한, 구체적인, 자세한

13 특별한

14 …에도 불구하고

sper

15 (일·사업 등이) 번영[번성]하다, 성공하다

16 절망(하다), 자포자기(하다)

spher

17 구, 구형; (활동·지식 등의) 영역, 분야

18 공기, 대기; 분위기

19 (지구·하늘의) 반구; (뇌의) 반구

DAY 51

sta 서다, 세우다

1 assist
2 consist
3 exist
4 insist
5 resist
6 restore
7 arrest
8 cost
9 steady
10 system
11 constitute
12 institute
13 substitute
14 destination
15 superstition

sting 찌르다; 끄다

16 distinguish
17 extinguish
18 extinct
19 distinct
20 instinct
21 stimulate

DAY 52

strict 팽팽히 당기다; 묶어 두다

1 strict
2 restrict
3 district
4 strain
5 restrain
6 strait
7 distress
8 stress
9 prestige

struct 세우다

10 structure
11 construct
12 instruct
13 instrument
14 industry
15 destroy

sult 뛰어오르다

16 insult
17 result

sum 취하다, 골라 가지다

18 assume
19 consume
20 presume
21 resume

점선을 따라 반으로 접어 반대쪽 페이지로 넘기면 ★
단어와 의미를 보기 쉽게 확인할 수 있습니다.

DAY 52

strict

1 엄격한, 엄한; 정확한, 엄밀한
2 제한하다, 한정하다
3 (행정구·선거구 등의) 지구, 구역, 지역
4 긴장(감); 잡아당기기; 노력하다; 혹사시키다
5 제지하다, 못하게 하다; 억누르다, 억제하다
6 해협; (특히 경제적인) 곤경, 궁핍
7 고통, 고뇌; 곤경, 빈곤; 괴롭히다, 곤란하게 하다
8 긴장, 스트레스(를 주다[받다]); 강조(하다); 강세(를 두다); 압력
9 명성, 위신; 명성이 있는, 명품의, 명문의

struct

10 구조, 조직, 체계; 건축물, 구조물; 구성하다, 조직화하다
11 건설하다; 구성하다; 건축물, 구조물; (복잡한) 생각
12 지시하다; 가르치다, 교육하다
13 기구, 도구; 악기
14 산업, 공업; 근면
15 파괴하다, 손상시키다; (삶·계획 등을) 망치다

sult

16 모욕하다, 창피를 주다; 모욕, 무례(한 말·행동)
17 (…의) 결과(로 일어나다[끝나다]), …에 기인하다

sum

18 가정[추측]하다; (떠)맡다; …인 체하다, 가장하다
19 (시간·돈·에너지 등을) 소비하다, 쓰다; 먹다, 마시다
20 가정하다, 추측하다
21 다시 시작하다, 재개하다; 되찾다, 다시 차지하다

DAY 51

sta

1 돕다, 거들다, 원조하다; 【스포츠】 어시스트
2 …에 존재하다[있다]; …로 이루어지다, 구성되다
3 존재하다, 실재하다; (어려운 상황에서) 생존하다
4 주장[고집]하다; (강력히) 요구하다
5 …에 반대하다, 저항[반항]하다; 견디다, 참다
6 회복하다; 회복시키다; 복원[복구]하다; 돌려주다
7 체포(하다)
8 비용[대가](가 들다); (시간·노력 등을) 요하다, 희생(하다)
9 꾸준한, 지속적인; 안정된, 흔들리지 않는
10 체계, 체제, 시스템, 방식
11 구성하다; …로 간주되다; 설립하다, 제정하다
12 학회, 협회, 연구소; (제도·절차 등을) 제정하다, 도입하다
13 대체하다, 바꾸다; (일 등을) 대신하다; 대용품, 대리인
14 목적지, 행선지
15 미신

sting

16 구별하다, 분간하다; 두드러지게 하다, 유명하게 하다
17 (불 등을) 끄다; 끝내다, 소멸시키다
18 멸종한, 사멸한; (화산 등이) 활동을 멈춘
19 별개의, 다른; 확실한, 명료한
20 본능, 본성
21 자극하다, 촉진하다; 격려하다, 고무하다

DAY 53

sure 근심이 없는

1 assure
2 reassure
3 insure

surg 솟아나다

4 surge
5 source
6 resource

tach 들러붙게 하다

7 attach
8 attack
9 stake

tact 건드리다, 접촉하다

10 intact
11 contact
12 integrate
13 attain
14 entire

tail 자르다

15 tailor
16 retail
17 detail

tain 가지다, 잡다, 쥐다

18 contain
19 entertain
20 obtain
21 retain
22 sustain
23 content
24 continent
25 continue

DAY 54

techn 기술

1 technique
2 technology

temper 조절하다; 섞다

3 temperate
4 temperature
5 temper
6 temperament

tempor 시간, 시대

7 temporary
8 contemporary

tempt 시도하다

9 tempt
10 attempt

tend 뻗다, 늘리다, 당기다

11 attend
12 pretend
13 extend
14 intend
15 tend
16 tender
17 tense
18 intense

termin 끝; 한계

19 terminal
20 terminate
21 determine
22 term

점선을 따라 반으로 접어 반대쪽 페이지로 넘기면 ★
단어와 의미를 보기 쉽게 확인할 수 있습니다.

DAY 54

techn

1 (전문) 기술, 기법, 테크닉; 기교, 솜씨

2 과학 기술

temper

3 온화한, 온난한; 온건한, 도를 넘지 않는, 절제하는

4 온도, 기온; (몸의) 체온

5 (화를 잘 내는 등의) 성미, 기질; (일시적) 기분

6 기질, 성질

tempor

7 일시적인; 임시의

8 현대의, 당대의; 동시대의, 같은 시기의; 동시대인

tempt

9 유혹하다; …할 생각이 들게 하다

10 시도하다; 시도, 노력

tend

11 출석[참석]하다; 돌보다; 처리하다; 주의를 기울이다

12 …인 체하다, 가장하다

13 연장하다[되다], 확장하다[되다]; 뻗다; 베풀다, 제공하다

14 …할 작정이다; 의도하다, 고의로 하다

15 …하는 경향이 있다, …하기 쉽다; 돌보다, 보살피다

16 부드러운, 연한, 다정한; 제공[제출]하다; 입찰하다

17 긴장한; 팽팽하게 당겨진; 【문법】 시제

18 강렬한, 심한; 열렬한, 열심인

termin

19 【의학】 (병이) 말기의; 끝의, 말단의; 종점; 터미널

20 종결하다[되다], 끝내[나]다

21 결정짓다, 좌우하다; 결심하다

22 용어; 조건; 관점; 기간; 관계; 이름 짓다, 칭하다, 부르다

DAY 53

sure

1 보장하다, 장담하다; …을 확실하게 하다

2 안심시키다

3 보험에 들다

surg

4 밀어닥치다, 쇄도하다; 격동, 쇄도; 급등[급증](하다)

5 근원, 원천; 원인

6 자원, 물자, 자산; (학습·연구) 자료

tach

7 붙이다, 첨부하다; 소속시키다

8 공격(하다); (갑작스런) 발병(하다)

9 (회사에 투자한) 돈, 지분, 내기(돈); 말뚝

tact

10 온전한, 손상되지 않은

11 접촉, 연락, 교섭; 인맥, 연줄; …와 연락하다

12 통합하다[통합되다]; 인종 차별을 철폐하다

13 달성하다; (특정 연령·수량·수준 등에) 도달하다

14 전체의; 완전한

tail

15 재단사; (요구·목적 등에) 맞추어 만들다, 맞게 하다

16 소매(하다); 소매의; 소매로

17 세부 사항; 상세 정보; (사실·정보 등을) 열거하다

tain

18 포함하다, 함유하다, 수용하다, 담다

19 즐겁게 하다; 대접하다, 환대하다

20 얻다, 획득하다

21 보유하다, 유지하다; (정보 등을) 기억하다

22 유지[지속]하다; (손해 등을) 겪다; 떠받치다, 지지하다

23 내용(물); 함유량; 주제, 이야기; 만족한; 만족시키다

24 대륙, 육지

25 계속하다[되다]; (중단한 후에) 다시 시작하다; 재개되다

DAY 55

terr[1] 두려워하게 하다

1 terrible
2 terror
3 terrify

terr[2] 땅

4 terrestrial
5 territory

test 증인, 증언하다

6 testify
7 contest
8 protest

text 천을 짜다

9 text
10 context
11 textile
12 texture

theo 신

13 theology
14 enthusiasm

thesis 두다

15 thesis
16 hypothesis
17 theme

ton 소리

18 tone
19 intonation
20 monotonous
21 tune

tort 비틀다

22 torture
23 distort
24 torment

DAY 56

tract 끌다, 끌리다

1 abstract
2 attract
3 contract
4 distract
5 extract
6 treat
7 treaty
8 retreat
9 trace
10 track
11 trail
12 trait
13 portray

trad 넘겨주다

14 tradition
15 betray

trem 떨다

16 tremble
17 tremendous

tribut 할당하다, 나누어주다

18 attribute
19 contribute
20 distribute

tru 믿음; 정직한

21 trust
22 entrust
23 truthful

점선을 따라 반으로 접어 반대쪽 페이지로 넘기면 ★
단어와 의미를 보기 쉽게 확인할 수 있습니다.

DAY 56

tract

1 추상(적인); 이론적인; 추출하다; 요약(하다), 발췌
2 (주의·흥미 등을) 끌다, 끌어당기다, 매혹하다
3 계약(을 맺다); 수축하다[시키다], 줄(이)다
4 (마음·주의 등을) 흐트러뜨리다, 산만하게 하다
5 뽑아내다, 추출하다; 발췌(하다); 추출물
6 대(우)하다; 치료하다; 대접(하다); 특별한 것[선물]
7 (국가 간의) 조약, 협정
8 후퇴(하다), 물러서다; (생각 등을) 철회하다; 철회
9 추적(하다), 자국(을 따라가다); (출처·원인 등을) 밝혀내다
10 오솔길; 흔적; 철도, 선로; 경주로, 트랙; 자취를 따라가다
11 끌(리)다; 추적하다, 흔적(을 쫓다); 오솔길, 흔적, 실마리
12 특성, 특징
13 묘사하다, 표현하다

trad

14 전통, 관습, 전해진 것
15 배반[배신]하다, 저버리다; 폭로하다, 드러내다

trem

16 떨(리)다; 흔들리다, 진동하다
17 엄청난, 막대한; 멋진, 대단한

tribut

18 …의 탓[덕]으로 돌리다; 성질, 특성
19 기부[기증]하다; …에 기여[공헌]하다; 기고하다
20 분배하다, 배급하다, 배포하다

tru

21 신뢰(하다), 믿음; 위탁, 신탁; 【경제】 담합체; 맡기다
22 (중요한 일·물건·돈 등을) 맡기다, 위탁하다
23 정직한, (대답 등이) 진실한, 참된

DAY 55

terr[1]

1 무서운, 끔찍한; 심한, 대단한, 엄청난
2 공포, 두려움; 테러, (정치적 목적을 가진) 폭력 행사
3 겁나게 하다, 무섭게 하다

terr[2]

4 지구(상)의, 지상의, 육지의
5 영토; 지방, 지역, 구역

test

6 증언하다; 증명하다, …의 증거가 되다
7 경쟁하다, 겨루다; 논쟁하다; 경쟁, 경연
8 항의(하다), 시위(하다), 이의를 제기하다; 이의 (제기)

text

9 본문, 텍스트; 원문; 문자 메시지를 보내다
10 (사건 등의) 배경, 정황; (문장의) 문맥, 전후 관계
11 직물, 옷감
12 감촉, 질감; 짜임새, 조화

theo

13 신학
14 열정, 열광, 열중

thesis

15 논문; 주장, 논제
16 가설; 가정, 추측
17 주제, 테마

ton

18 음색, 음성; 어조, 말투; 색조
19 억양, 어조
20 단조로운, 변화 없는, 지루한
21 가락, 선율; 조율하다; (방송 주파수·채널 등을) 맞추다

tort

22 고문; 심한 고통; 고문하다; 괴롭히다
23 왜곡[곡해]하다; (소리·이미지 등을) 바꾸다, 비틀다
24 고통, 고뇌; 괴롭히다, (특히 정신적으로) 고통을 주다

DAY 57

trud 밀다

1 intrude
2 thrust
3 threat

turb 어지럽게 하다

4 disturb
5 trouble

und 물결(치다)

6 abundant
7 surround

urb 도시

8 urban
9 suburb

us 사용하다

10 use
11 abuse
12 utensil
13 utilize

vad 가다

14 invade
15 evade

vag 떠돌아다니다

16 vague
17 extravagant

val 가치 있는; 강한

18 value
19 evaluate
20 valid
21 available
22 prevail

van 빈

23 vanish
24 vain
25 avoid
26 vacant
27 vacuum

DAY 58

var 구부리다

1 various
2 variable
3 variation

venge 복수하다

4 avenge
5 revenge

vent 오다

6 adventure
7 venture
8 convention
9 event
10 invent
11 prevent
12 avenue
13 convenient
14 intervene
15 souvenir

vert 돌리다

16 advertise
17 convert
18 vertical
19 converse
20 diverse
21 reverse
22 verse
23 version
24 divorce

점선을 따라 반으로 접어 반대쪽 페이지로 넘기면 ★
단어와 의미를 보기 쉽게 확인할 수 있습니다.

DAY 58

var

1 다양한, 가지각색의
2 변동이 심한, 변덕스러운; 바꿀 수 있는; 변수
3 (양·정도의) 차이, 변화(량/율); 변형; 변주(곡)

venge

4 (피해자를 대신해) 복수하다, 원수를 갚다
5 (피해자 자신이) 복수(하다), 원한(을 갚다)

vent

6 모험(심), 색다른 경험
7 (벤처) 사업; 위험을 무릅쓰고 가다, 과감히 …하다
8 집회, 모임; 협정, 협약; 관습, 인습
9 (중요한) 사건; (공연 등의) 행사, 이벤트, (경기) 종목
10 발명하다, 고안하다; (이야기·변명 등을) 꾸며내다
11 막다, 예방하다, 방해하다
12 대로, 길, …가(街); (성취를 위한) 수단, 길, 방법
13 편리한, 사용하기 쉬운; (장소가) 가까운
14 중재[개입]하다; 끼어들다, 방해하다; 사이에 일어나다
15 기념품, 기념 선물

vert

16 광고하다, 선전하다, 홍보하다
17 변화시키다, 개조하다; 개종[전향]하다; 개종[전향]시키다
18 수직의, 세로의; 수직(선)
19 대화하다, 담화하다; 정반대(의), 역(逆)(의)
20 다양한, 가지각색의
21 반대(의), 거꾸로(의); 뒤집다, 거꾸로 하다; 후진(하다); 뒤
22 (시의) 연, (노래의) 절; 시, 운문
23 변형, 판(版), 버전; (사건 등에 대한) 소견, 해석
24 (…와) 이혼(하다); 분리(하다), 단절(하다)

DAY 57

trud

1 방해하다, 참견하다; 침입하다, 침범하다
2 세게 밀다; 찌르다; (세게) 밀침, 찌르기; 요점, 취지
3 위협, 협박

turb

4 방해하다; (평화·질서·상태를) 깨뜨리다, 어지럽히다
5 문제, 어려움; 괴롭히다; 성가시게 하다

und

6 풍부한, 많은
7 둘러싸다, 에워싸다, 포위하다

urb

8 도시의
9 교외, 도시 주변의 주택지

us

10 사용하다, 쓰다; 사용, 이용; 용도; 쓸모, 이익
11 학대하다; 남용하다, 오용하다; 학대; 남용, 오용
12 도구, 기구 (특히 주방 기구)
13 활용하다, 이용하다

vad

14 침략[침입]하다; (권리 등을) 침해하다
15 (질문·의무·세금 등을) 회피하다; 탈출하다

vag

16 명확치 않은, 모호한, 막연한; (모양·윤곽 등이) 분명치 않은
17 낭비하는, 사치스러운; 지나친, 엄청난

val

18 가치; 유용성; 중요시하다; (금액으로) 평가하다
19 (가치·수량 등을) 평가하다, 사정하다, 견적을 내다
20 (표·문서·계약 등이) 유효한; 타당한, 논리적인
21 이용할 수 있는, 쓸모 있는; (어떤 일에 응할) 시간이 있는
22 (생각·관습·현상 등이) 만연[유행]하다; 우세하다, 이기다

van

23 사라지다, 소멸하다
24 허영심이 강한; 헛된, 무익한
25 피하다, 회피하다
26 비어있는, 사람이 살지 않는; 빈자리의, 결원의
27 진공; (자리·마음 등의) 공백, 공허; 진공 청소기

DAY 59 

via 길

1 via
2 obvious
3 previous
4 convey
5 voyage

vict 적을 이기다

6 victory
7 convict
8 convince

vid 분리하다

9 divide
10 individual
11 devise
12 widow

vig 활기찬

13 vigor

vis 보다

14 vision
15 revise
16 supervise
17 evidence
18 provide
19 view
20 interview
21 review
22 envy
23 survey

DAY 60 

viv 살다; 생명

1 survive
2 vivid
3 vital

voc 목소리; 부르다

4 vocal
5 vocabulary
6 vocation
7 advocate
8 evoke
9 provoke

vol 의지

10 voluntary

volv 말다, 돌다

11 evolve
12 revolve
13 involve
14 volume

vot 맹세하다

15 vote
16 devote

ward 주의하다, 지켜보다

17 award
18 reward
19 aware
20 warn

점선을 따라 반으로 접어 반대쪽 페이지로 넘기면 ★
단어와 의미를 보기 쉽게 확인할 수 있습니다.

DAY 60

viv

1 살아남다, 생존하다; 극복하다, 견디다; …보다 오래 살다
2 (기억·묘사·색상 등이) 생생한, 선명한
3 필수적인; 활기찬, 생기가 넘치는; 생명 유지에 필요한

voc

4 목소리의, 음성의; 강하게 의견을 말하는; 【음악】 보컬
5 어휘
6 천직, 직업; 소명, 사명감
7 옹호하다, 지지하다; 옹호자, 지지자; 변호사
8 (기억·감정을) 불러일으키다, 환기시키다
9 (반응·감정 등을) 유발하다; 화나게 하다

vol

10 자발적인, 자원 봉사의, 무상으로 일하는

volv

11 진화하다; 진화시키다; 발전하다; 발전시키다
12 돌다, 회전하다; 돌리다, 회전시키다; 【천문학】 공전하다
13 포함[수반]하다; 관계[관련]시키다; 참여시키다
14 음량, 볼륨; 양; 부피, 용적; 책, 권(卷)

vot

15 투표; 표; 투표권; 투표수, 득표수; 투표하다; 의결하다
16 헌신하다, (돈·시간·노력 등을) 바치다; 전념하다

ward

17 상, 상금; (상 등을) 수여하다, 주다
18 보상(금), 보수; 현상금; 보상하다, 보답하다
19 알고 있는, 의식[인식]하는
20 경고하다, 주의시키다

DAY 59

via

1 …을 경유하여[거쳐]; …을 매개로 하여, …을 통해서
2 분명한, 명백한
3 이전의, 앞의, 사전의
4 (생각·감정 등을) 전하다; 나르다, 수송하다
5 항해(하다), 여행(하다)

vict

6 승리
7 유죄를 선고[입증]하다; 죄수, 수형자
8 확신[납득]시키다; 설득하다

vid

9 나누다, 분할하다, 분열되다
10 개별의, 개개의; 독특한, 특유의; 개인, 개체
11 (방법·장치 등을) 고안하다, 궁리하다
12 미망인, 과부

vig

13 (정신적·육체적) 활력, 기력, 정력

vis

14 시력, 시야; 선견지명, 통찰력; 미래상, 비전; 상상력, 환상
15 (의견 등을) 수정하다; (책 등을) 개정[수정]하다; 복습하다
16 (일·사람 등을) 감독하다, 관리하다
17 증거
18 공급[제공]하다; 준비[대비]하다; 부양하다; 규정하다
19 관점; 시야; 경치; …라고 생각하다[간주하다]; 보다
20 (직장·학교 등에서) 면접(하다[보다]); 회견[인터뷰](하다)
21 재검토[재조사](하다); 비평(하다); 복습(하다)
22 선망, 질투; 부러워하다, 질투하다
23 (질문 등을 통한) 조사(하다); (토지 등의) 측량(하다)

접사에 따라 뜻이 달라지는 혼동 어휘 1

1 considerable
2 considerate
3 successful
4 success
5 successive
6 succession
7 competitive
8 competent
9 economic
10 economical
11 imaginary
12 imaginative
13 imaginable
14 comparative
15 comparable
16 effective
17 efficient
18 historic
19 historical
20 continuous
21 continual
22 respectful
23 respectable
24 respective

접사에 따라 뜻이 달라지는 혼동 어휘 2

1 comprehensible
2 comprehensive
3 confident
4 confidential
5 desirable
6 desirous
7 beneficial
8 beneficent
9 literary
10 literal
11 literate
12 sensitive
13 sensible
14 social
15 sociable
16 memorable
17 memorial
18 practicable
19 practical
20 intelligent
21 intellectual
22 intelligible

점선을 따라 반으로 접어 반대쪽 페이지로 넘기면 ★
단어와 의미를 보기 쉽게 확인할 수 있습니다.

접사에 따라 뜻이 달라지는 혼동 어휘 2

1 이해할 수 있는
2 포괄적인, 광범위한
3 확신하고 있는; 자신만만한
4 (일급) 비밀의, 기밀의
5 바람직한
6 원하는, 바라는
7 유익한, 유리한
8 인정 많은, 선을 베푸는
9 문학의, 문예의
10 글자 그대로의
11 읽고 쓸 줄 아는
12 섬세한; 민감한, 예민한
13 분별[지각] 있는, 현명한
14 사회의, 사회적인; 사교상의, 친목의
15 사교적인, 붙임성 있는
16 기억[주목]할 만한
17 기념물, 기념관[비]; 기념[추도]의
18 실행 가능한
19 실제적인; 실용적인
20 (사람·동물의 머리가) 영리한, 총명한
21 지적인, 지성의
22 이해할 수 있는, 명료한

접사에 따라 뜻이 달라지는 혼동 어휘 1

1 상당한, 많은
2 사려 깊은, 배려하는
3 성공적인, 출세한
4 성공, 출세
5 연속[계속]적인
6 연속; 계승
7 경쟁력을 갖춘; 경쟁의, 경쟁적인
8 유능한, 역량 있는
9 경제(학)의
10 절약이 되는, 경제적인
11 상상 속에 존재하는, 가상의
12 상상력이 풍부한, 창의적인
13 상상할 수 있는
14 비교의, 비교적인, 상대적인
15 비교될 만한, 비슷한; …에 필적하는, 비길 만한
16 효과적인
17 능률적인, 효율적인
18 역사적으로 중요한
19 역사의, 역사상의
20 끊임없는, 계속적인
21 반복[거듭]되는, 끊임없는
22 존경[존중]하는, 공손한
23 존경할 만한, 훌륭한
24 각각의, 저마다의

접사에 따라 뜻이 달라지는 혼동 어휘3

1 personal
2 personnel
3 alive
4 live
5 lively
6 valuable
7 invaluable
8 subject
9 subjective
10 alternate
11 alternative
12 cloth
13 clothes
14 clothing
15 wake
16 awake
17 object
18 objective

-ly, -s가 붙어 뜻이 달라지는 혼동 어휘

1 high
2 highly
3 close
4 closely
5 deep
6 deeply
7 near
8 nearly
9 hard
10 hardly
11 late
12 lately
13 bad
14 badly
15 manner
16 manners
17 arm
18 arms
19 mean
20 means
21 beside
22 besides
23 sometime
24 sometimes

점선을 따라 반으로 접어 반대쪽 페이지로 넘기면 ★
단어와 의미를 보기 쉽게 확인할 수 있습니다.

-ly, -s가 붙어 뜻이 달라지는 혼동 어휘

1 높은; 높게
2 매우
3 (거리상) 가까운; 친밀한; 가까이; 닫다
4 밀접하게; 엄중히, 면밀히
5 (거리상) 깊은; (거리상) 깊게, 깊이
6 매우; (정도가) 깊게, 깊이
7 가까운; 가까이
8 거의; 하마터면
9 단단한; 어려운; 열심히
10 거의 … 않다
11 늦은; 늦게
12 최근에, 요즘
13 나쁜, 좋지 않은
14 나쁘게, 서투르게; 몹시, 심하게
15 방법, 방식; 태도
16 예절, 예의범절
17 팔
18 무기
19 의미하다; 의도하다; 비열한
20 수단
21 … 옆에
22 … 이외에도; …을 제외하고; 게다가
23 (과거 또는 미래의) 언젠가
24 이따금, 종종

접사에 따라 뜻이 달라지는 혼동 어휘3

1 개인적인, 사적인
2 인사의, 직원의; 전 직원
3 살아 있는
4 살아 있는; 생방송의, 실황 공연의
5 활기찬, 생기 있는
6 가치 있는, 소중한
7 (가치를 매길 수 없을 정도로) 귀중한
8 …에 영향받기 쉬운; …의 지배를 받는; 주제; 과목
9 주관적인
10 번갈아 하는; 격일의, 격주의, 하나 거르는; 대안의
11 대안의, 대체할 수 있는; 대안
12 옷감, 천
13 옷, 의복
14 옷, 의류
15 잠에서 깨다; 깨우다
16 깨어 있는; 잠에서 깨다; 깨우다
17 물체, 사물; 목표; 대상; 반대하다
18 목표, 목적; 객관적인

철자가 비슷한 혼동 어휘 1, 2

1 adapt
2 adopt
3 expand
4 expend
5 confirm
6 conform
7 command
8 commend
9 acquire
10 inquire
11 require
12 lie
13 lay
14 wonder
15 wander
16 access
17 assess
18 compliment
19 complement
20 attribute
21 contribute
22 distribute
23 find
24 found
25 sit
26 seat
27 aboard
28 abroad
29 vacation
30 vocation
31 fall
32 fell

철자가 비슷한 혼동 어휘 2, 3

1 ethical
2 ethnic
3 bold
4 bald
5 jealous
6 zealous
7 spontaneously
8 simultaneously
9 affect
10 effect
11 quite
12 quiet
13 quit
14 principal
15 principle
16 lose
17 loose
18 genuine
19 genius
20 sew
21 sow
22 saw
23 daily
24 dairy
25 diary
26 elect
27 erect
28 conscience
29 conscious
30 conscientious
31 consciousness
32 row
33 raw

점선을 따라 반으로 접어 반대쪽 페이지로 넘기면 ★
단어와 의미를 보기 쉽게 확인할 수 있습니다.

철자가 비슷한 혼동 어휘 2, 3

1 윤리적인, 도덕상의
2 인종의, 민족의
3 대담한, 용감한
4 대머리의
5 질투하는
6 열심인, 열성적인
7 자발적으로; 즉흥적으로
8 동시에, 일제히
9 영향을 미치다; …인 체하다
10 효과, 영향; 결과
11 아주, 완전히
12 조용한, 고요한
13 그만두다, 중지하다
14 주요한, 으뜸가는; 교장
15 원리, 원칙
16 잃다
17 느슨한, 풀린
18 진짜의; 진실된
19 천재(적 재능)
20 꿰매다, 바느질하다
21 씨를 뿌리다
22 톱
23 매일의; 일상의
24 우유의, 유제품의
25 일기
26 선거하다, 선출하다
27 똑바로 선; (똑바로) 세우다, (건물 등을) 짓다
28 양심, 도덕심
29 …을 의식하고 있는; 의식이 있는, 깨어 있는; 의식적인
30 양심적인, 성실한
31 【의학】 의식; 알고 있음, 인식
32 줄, 열; 배를 젓다
33 날것의; 가공하지 않은

철자가 비슷한 혼동 어휘 1, 2

1 적응시키다; 적응하다; 각색하다
2 입양하다; 채택하다
3 커지다, 확장하다
4 (돈·시간·노력 등을) 쓰다, 들이다
5 (예약·약속 등을) 확인[확정]하다; (사실을) 확인해주다
6 순응하다, 따르다
7 명령(하다); 지휘(하다)
8 칭찬하다
9 획득하다; (지식·기술 등을) 얻다, 습득하다
10 묻다; 조사하다
11 필요로 하다; (법·규칙 등이) 요구하다
12 눕다, 있다; 거짓말하다
13 …을 눕히다, …을 놓다
14 …이 궁금하다; 놀라움, 경이
15 방랑하다, (떠)돌아다니다
16 접근(성), 이용(성); 접근하다
17 평가하다; (가치·요금 등을) 매기다, 사정하다
18 칭찬(하다)
19 보충물; 보완하다
20 …의 탓[덕]으로 돌리다; 성질, 특성
21 기부[기증]하다; …에 기여하다
22 분배하다, 배급하다
23 찾다, 발견하다
24 설립하다
25 앉다; 앉히다
26 앉히다; 좌석, 자리
27 (기내 등에) 탑승[승선]하여; (열차 등의) 안에서[으로]
28 외국에, 해외로
29 방학
30 천직, 직업; 소명, 사명감
31 떨어지다; 넘어지다; (특정한 상태가) 되다
32 …을 쓰러뜨리다; 나무를 베다

접두사 · 접미사 · 어근 리스트

접두사

DAY 01	
pro- (pur-)	앞으로
pre-	미리, 먼저
fore-	… 앞에, 전에
post-	… 뒤에, 후에
in[1]- (il-)	안에, 위에
DAY 02	
out- (ut-)	… 밖으로; …을 능가하는
over-	넘어, … 너머, 위에; 과도하게
extra- (extro-, exter-)	… 밖의; …을 넘어서
mis-	잘못된
DAY 03	
re-	다시; 뒤에
inter-	… 사이에; 상호 간
dia-	… 사이에; 가로질러
trans-	이쪽에서 저쪽으로; …을 통해
DAY 04	
de-	아래로; 떨어져; '반대'; '강조'
under-	아래에
ex- (e-)	밖으로; '강조'; …을 넘어서; 이전에
DAY 05	
un-	'부정', '반대'
dis- (dif-)	'부정', '반대'; 떨어져, 분리된
in[2]- (il-, im-, ir-)	'부정'
DAY 06	
super- (sover-, sur-)	위에, 초월해서
up-	위로
sub- (suf-, sug-, sup-)	…의 아래에
anti- (ant-)	…에 대항[반대]하여
ante- (ant(i)-, an-, anc(i)-)	앞, 전에
DAY 07	
com- (con-, cor-, col-)	함께; '강조'
sym- (syn-)	함께
multi-	많은
ab-	떨어져; '강조'
DAY 08	
en- (em-)	…이 되게 하다; … 안에
tele-	멀리
auto-	자신의, 스스로의
per-	완전히; 두루
se-	떨어져
DAY 09	
ad- (ac-, ap-, a-, ab-, ar-)	…에, …로; …을 향해
a-	…에; '강조'; '완료'
with-	뒤쪽으로; …에 대항하여
geo-	지구의, 땅의
DAY 10	
contra- (contro-, counter-)	…에 반대[대항]하여
mono-/uni-	하나의; 혼자의
bi-(ba-)/du-/twi-	둘
tri-	셋
hemi-/semi-	반
quadr-	넷
penta-	다섯
hexa-	여섯
sept(em)-	일곱
octo-	여덟
novem-	아홉
dec(a)-/decem-/deci-	열
cent(i)-	백; 백 분의 일
kilo-	천
milli-	백만

명사형 접미사	
DAY 11	
-er/-ee/-or	행위자
-ant/-ent	행위자
-ist	행위자
-ive	행위자
-ary	행위자; 지칭
-ic(s)	학문
-ance/-ence	행위; 성질; 상태
-(e)ty/-ity	행위; 성질; 상태
-y/-ry	행위; 성질; 상태
-al	행위; 성질; 상태
-ure	행위; 성질; 상태
-ment	행위; 성질; 상태; 결과물
-ion/-(a)tion	행위; 성질; 상태
-th/-t	행위; 성질; 상태
-ness	행위; 성질; 상태
-(a)cy	행위; 성질; 상태
-ship	자격; 특성
-hood	시대; 관계
-ism	주의; 특성
-(l)et/-ette	작은 것을 가리키는 말
-le/-el	작은 것을 가리키는 말

형용사형 접미사	
DAY 12	
-able/-ible	가능성, 능력, 적합성
-ful	풍부
-ic/-ical	성질, 성향
-ar(y)/-ory	성질, 성향
DAY 13	
-ly	성질, 성향
-ous	성질, 성향
-ate	성질, 성향
-ant/-ent	성질, 성향
-ish	성질, 성향
-al/-ial/-ual	성질, 성향
-ive/-ative	성질, 성향
-y	성질, 성향
-less	결핍, 결여

동사형 접미사	
DAY 13	
-ize	…화하다
-ate	…하게 만들다
-(i)fy	…화하다
-en	…되게 하다
-le	(반복적인 행동을) 하다

부사형 접미사	
DAY 13	
-ly	방식
-ward	방향
-way/-wise	방법

어근	
DAY 14	
ag (act, ig)	행하다; 작용하다; 몰다
alt (ol)	높은; 자라다, 성장하다
alter (al)	다른
ang (anx)	질식시키다
ann	1년의, 해마다
apt (att)	적합한
DAY 15	
art	인공; 예술, 기술
aster (astro, sider)	별
aud/ey	듣다
band (bond, bund, bind)	묶다
bar	막대; 장애
bio	생명

DAY 16	
cap[1] (chief, chiev)	머리, 우두머리
cap[2] (cupy, cip, cept, ceive)	잡다, 취하다
car (char)	마차, 탈것; 운반하다, 짐을 싣다
DAY 17	
cast	던지다
cause (cuse)	이유
cede (ceed, cess, ceas)	가다
centr	중심
cern (cri, crimin)	체로 쳐서 가려내다; 분리하다
cert	확실한
DAY 18	
char (cher)	사랑하는, 소중한
cid (cas, cay)	떨어지다
cide (cis)	죽이다; 자르다
circul (circu(m))	원; 둘레에
cit	소환하다, 부르다
civi (citi)	시; 시민
claim (cil)	부르다, 외치다
DAY 19	
clin (clim)	굽다; 경사지다
clud (clos)	닫다
cogn ((g)no, kno, quaint)	알다
cord (co(u)r)	마음
corp	몸, 단체, 조직체
DAY 20	
crea (cre, cruit)	만들다; 자라다
cred (creed, grant)	믿다
cult (colon)	경작하다
cur	달리다, 흐르다; 주의, 관심, 돌봄
dam (demn)	손실; 비난

DAY 21	
deb (du)	신세 지다
der (t[d], dit)	주다
dict (dic, dex)	말하다, 부르다
dom	집; 주인
don (dot, dos)	주다
DAY 22	
duc	인도하다
electr	호박(琥珀)의; 전기의
equ/ident	같은
ess (sent)	존재하다
estim (esteem)	평가하다
fa (fess)	말하다
DAY 23	
fac (fec, fi(c[g]), fy, fair)	만들다; 행하다
fals (fail, faul)	속이다; 잘못된
fare	가다
DAY 24	
fend	때리다, 치다
fer	나르다, 가져가다; (작물 등을) 산출하다
fid (faith, fy)	믿다
fin	끝내다; 경계; 한정하다
flect (flex)	굽히다
flict	치다
DAY 25	
flo (flee)	흐르다; 날다
flu	흐르다
form	형태, 구성
fort (for)	강한
frag (frac)	부수다
fund (found)	바닥; 기초를 두다

DAY 26	
fus (fund)	붓다; 녹이다
gard (gar, guard, guarant)	지켜보다; 보호하다
gener (gen, gn)	출생; 생성하다
gest (gist)	나르다; 가져오다
gra (gri)	붙잡다
DAY 27	
grad (gress, gree, gred)	걸어가다; 걸음, 단계
graph	그리다; 쓰다
grat (gree, grac)	기쁘게 하는; 감사하는
grav (grief)	무거운
hab (hib, ab, have)	갖다; 살다
hered (herit, heir)	상속인
DAY 28	
host (hospit)	손님; 낯선 사람
hum (humili)	땅
insul (isol)	섬
it (ish)	가다
ject	던지다
jus (ju(r))	법; 올바른
DAY 29	
labor	일하다
lack (leak)	부족
lat	나르다
lax/ly (leas, lay)	느슨하게 하다; 내버려 두다
lect[1] (leg)	모으다; 선택하다
lect[2] (leg)	읽다
DAY 30	
leg (leag, loy)	법률; 위임하다
lev (liev)	올리다
liber (liver)	자유롭게 하다
lig (ly, li)	묶다
limin (limit)	문턱, 경계

DAY 31	
liter	글자
loc	장소
log	말
long (leng, ling)	갈망하다; 긴
lus	놀다
DAY 32	
magni (master, major, mayor, majes, maxim)	거대한
mand (mend)	맡기다; 명령하다
manu (main, man(i))	손
mechan (machin)	기계
DAY 33	
medi (me)	중간
memor (member)	마음에 새겨 두는
ment (min, mon)	마음; 생각나게 하다; 기억하다; 경고하다
merc	장사하다; 보상하다
merge	물에 잠기다
DAY 34	
meter (meas, mens)	재다
migr	이동하다
min (minim)	작은; 돌출하다
mir (mar)	놀라다
DAY 35	
mit (miss, mess)	보내다
mod (mold)	척도
mort (murd)	죽음
DAY 36	
mov (mot, mo)	움직이다
mun (mon)	의무
mut	바꾸다
nat	태어난

neg (ny, ne)	부인하다
norm	기준
DAY 37	
not	표시하다; 알다
nounce	보고하다, 발표하다
nov (new)	새로운
numer	숫자, 수
nutri (n(o)ur)	영양분을 주다, 기르다
od (ed)	노래 부르다
oper	일
opt (opin)	선택하다
DAY 38	
ordin	순서
ori	떠오르다
par[1] (pair, per)	준비하다, 준비시키다
par[2] (pear)	보이는
par[3] (peer)	동등한
part (port)	부분
DAY 39	
pass (pace)	통과하다; 발걸음
path (pati, pass)	(고통 등을) 겪다, 느끼다
patr (patter)	아버지
ped	발
pel (peal, pol, pul)	몰다, 밀어 넣다
pen (pun)	벌
DAY 40	
pend (pens, pond)	매달다; 무게를 달다
per	시험 삼아 해보다
pet (peat)	추구하다
phan (phas, phen, fan, pan)	보이다
DAY 41	
plaud (plod)	박수치다
ple (pl(i), ply, plen)	채우다
pleas (plea)	기쁘게 하다
plic (plex, ply, plo(y), ploit)	접어 겹치다; 짜다
plor	외치다, 울다
DAY 42	
polit (polic, polis)	시민; 도시
popul (publ)	사람들
port	운반하다; 항구
pos (pon, pound)	놓다
DAY 43	
poss (pot)	…할 수 있다
preci (prais, pric)	값
prehend (pris, prey)	붙잡다
press	누르다
prim (prin, pri)	제1의, 최초의
DAY 44	
priv	떼어놓다
prob (prov)	시험하다, 증명하다
proper (propri)	자기 자신의
punct (point)	점
put	생각하다
quir (quer, quest, quisit)	구하다; 묻다
DAY 45	
rang (rank)	줄
rat (reas)	계산하다; 추론하다
rect (reg, rul, reig, roy)	바르게 이끌다; 통치하다
rot (rol)	바퀴; 두루마리
rupt (rout)	깨다
DAY 46	
sacr (saint)	신성한
scend (scal)	오르다; 사다리
sci	알다